车站信号工程施工

安伟光　阚焕章　窦振荣　主编
郜建民　郭庆英　主审

中　国　铁　道　出　版　社
2010 年 · 北 京

内 容 简 介

本书较全面地收集、整理、编汇了当前铁路车站信号工程施工的新标准、新工艺、新方法。内容包括：信号光电缆线路施工，室外信号设备安装及配线，室内信号设备安装及配线，计算机联锁设备安装与调试，混凝土基础施工，防雷电磁兼容及接地，信号设备建筑限界，系统调试与验收交接等。

本书可供从事车站信号工程施工的工人和工程技术人员学习使用。也可供相关维修单位和大中专院校师生学习参考。

图书在版编目（CIP）数据

车站信号工程施工／安伟光等主编．—北京：中国铁道出版社，2010.11
ISBN 978-7-113-11995-9

Ⅰ.①车… Ⅱ.①安… Ⅲ.①铁路信号—工程施工 Ⅳ.①U282

中国版本图书馆 CIP 数据核字（2010）第 231406 号

书　　名：车站信号工程施工
作　　者：安伟光　阚焕章　窦振荣　主编

责任编辑：魏京燕　　**电话：**51873115　　**电子信箱：**dianwu@vip.sina.com
封面设计：冯龙彬
责任校对：张玉华
责任印制：郭向伟

出版发行：中国铁道出版社（100054，北京市宣武区右安门西街 8 号）
网　　址：http://www.tdpress.com
印　　刷：北京铭成印刷有限公司
版　　次：2010 年 12 月第 1 版　　2010 年 12 月第 1 次印刷
开　　本：787 mm×1 092 mm　1/16　印张：28　字数：706 千
书　　号：ISBN 978-7-113-11995-9
定　　价：70.00 元

前　言

铁路车站信号设备是提高铁路运输效率、保证行车安全、改善运营条件的重要基础技术设备，是铁路现代化的重要标志之一。

铁路信号工程施工是指信号设备投入运营前进行的勘测设计、材料设备制造及工程施工的总称。铁路车站信号设备的新建、改建、扩建，是通过信号工程施工来实现的。

随着铁路信号技术的不断发展，铁路信号工程的建设者以铁路大提速为契机，以技术更新为依托，坚持技术创新，工艺改革，新标准、新工艺、新方法层出不穷，既优化了施工技术管理，也大大推动了施工技术进步，使铁路信号施工技术水平迈上了新台阶。

本书以铁道部最新颁布的铁路信号施工技术管理规范、最新批准的定型电路和标准设备为依据，较全面地收集、整理、编汇了当前铁路车站信号工程施工的新标准、新工艺、新方法。主要介绍了铁路车站信号工程施工的组织管理、信号光电缆敷设、室内外信号设备安装配线、调整试验、开通验交、信号混凝土制品、预制等施工工艺和施工方法。重点介绍了车站计算机联锁、新型道岔转辙机、新型信号电缆地下接续工艺、新型信号设备、器材的安装调试方法。

本书在介绍施工方法时注意深入浅出，不但介绍工艺应该怎样施工，而且还讲明如何做才能达到施工高标准，并从提高工程经济效益更好地为运输生产、维修服务出发，较全面地阐述了如何改进施工方法、提高工作效率、改善工程质量的途经和确保安全生产等方面的措施。可作为施工单位的技术培训教材。

本书由安伟光、阚焕章、窦振荣主编。

参加本书编写或提供相关技术资料的有（排名不分先后）：睢宁生、单冬、付占华、赵海新、刘胜春、李卫娟、纪晏宁、张新民、徐国斌、郭屯、刘守芳、张朝波、代永维、许云霞、胡彬辉、郭立冬、李志文、李树合、王桂章、张振国、王福生等同志。

本书由邰建民、郭庆英主审。

参加本书审核校阅的有（排名不分先后）：周昌、陈广存、薛瑞民、黄立群、龚南富、冯汉生等同志。大家提出了很多宝贵的修改意见。

由于编者水平所限，书中不免有很多疏漏、错误和不足之处，肯请专家、读者提出批评指正。

编　者

2010 年 10 月

目 录

第一章　车站信号工程施工内容

第一节　车站信号工程施工内容及要求

一、施工内容

车站信号工程是指车站信号设备投入运营前进行的勘测设计、材料设备制造及工程施工的总称。

车站信号工程施工则是指根据设计文件和有关技术规定对车站信号设备进行的建筑安装及有关工作。

车站信号工程施工的主要内容有：

1. 敷设光电缆线路；
2. 安装调试地面固定信号机；
3. 安装调试电动或电液等道岔转辙设备；
4. 安装调试轨道电路设备；
5. 安装调试室内联锁设备；
6. 安装调试信号电源设备；
7. 安装防雷接地装置；
8. 制作信号混凝土基础等；
9. 系统调试与验收交接。

二、施工要求

1. 车站信号工程施工必须严格按照批准的设计文件和经有关方面会审的设计图纸进行施工。如需变更，应符合现行铁路基本建设变更设计管理办法的规定。

2. 信号工程施工应根据设计要求，与相关工程密切配合，正确选用施工方法，认真编制施工组织设计。

3. 施工单位应在验证采用的信号系统设备和产品符合合同及相关文件规定后，根据供应商提供的设备和产品的技术文件进行施工，必要时由相关技术人员进行指导与配合，并做好施工记录。

4. 信号工程施工应积极推广采用新技术、新工艺、新设备、新材料、新检测方法。施工中应认真做好记录，积累资料，不断总结经验，提高信号施工技术水平。

5. 信号工程施工中应严格按照工程质量标准进行管理，加强施工过程控制及检测工作，确保信号工程施工高质量。

6. 信号工程施工应严格遵守国家有关安全生产、环境保护、节能减排等法规。

7. 信号工程应按铁道部现行的铁路建设项目竣工验收交接办法及有关规定办理交接验收，并按规定提交竣工文件、资料。

车站信号工程不是孤立地进行的，除了上述的站场线路工程或局部改造的配合以外，还伴随有电力、通信工程以及信号房建工程。这些工程不完成，信号工程就不能施工或者完工以后不能开通使用。所以在车站信号施工中,要重视施工配合工作,施工单位和施工人员应与工务、电力、房建、通信等工程部门及运营维护部门密切配合,互相协作,共同完成施工任务。

第二节　车站信号工程施工阶段

车站信号工程施工大体分三个阶段进行:施工准备阶段;施工阶段;竣工验收、交接开通阶段。

一、施工准备阶段的主要工作

1. 认真审核图纸及设计文件,确认电路接线图与配线图一致,对于图纸存在的问题及时提供设计单位解决。

2. 根据设计文件编制施工预算和材料申请计划,正确选用所需器材设备。到料后,对器材设备进行严格的电气特性和其他性能的检验测试。

3. 搞好施工定测。会同有关部门,在施工站场按图纸确定设备安装位置。

4. 编制施工组织设计,提出该项工程的劳力计划、施工组织形式,对施工进度做出统筹安排。

二、施工阶段的主要工作

1. 严格遵守和执行铁道部颁发的《铁路技术管理规程》、《铁路信号设计规范》、《铁路信号工程施工质量验收标准》等各项技术法规组织施工。

2. 根据工程的具体情况,为了满足某些特定的技术条件和运营部门的合理要求,制定出该工程的施工标准、质量要求和安全生产措施。

3. 抓好施工工序和作业的组织形式,做出切实可行的施工进度安排,确保施工工期的实现。

4. 搞好与接管单位及配合单位的协作关系,在施工过程中及时解决工程有关问题,不留隐患,让接管使用单位满意。

5. 在施工中大力推行新工艺、新技术、新的施工机具,确保施工高质量。

三、竣工验收、交接开通阶段的主要工作

1. 施工单位按设计文件完成全部工作量并在自检自验全部合格后,发出竣工电报,请求接管单位验收开通。

2. 认真组织人力和技术力量配合接管单位搞好工程验收和全面的信号联锁试验等工作。对接管单位提出的工程问题,经协商认真解决,不留工程隐患和后遗症。

3. 做好工程开通前的一切准备工作,确保工程交接开通一次成功,开通后信号设备运行正常,接管使用单位满意。

4. 工程开通后,过一段时间,施工单位要派人进行工程回访,以及时解决使F用后工程出现的问题,确保工程百年大计。

第二章　施工准备

施工准备阶段主要工作有：

核对设计文件；施工调查及施工复测；编制施工组织设计；编制施工预算及用料计划；签订工程有关单位施工配合协议；与设备管理单位和行车组织单位签订施工安全协议；向建设单位呈报开工报告等。

第一节　一般规定

1. 施工单位签订工程合同后，应组建工程项目部及施工队伍，项目部应设置必要的管理岗位及配备相关工程技术人员。

2. 工程项目部应建立健全各项管理制度，并制订落实措施，实行工程全过程监控，确保工程按合同要求保质保量按时完成。

3. 信号设备、主要材料进场后应进行检验，其规格、型号及质量应符合设计要求及相关技术标准的规定。不合格的，严禁使用。

4. 信号工程施工应做好首件（段）定标工作，确定施工工艺及施工方法。

第二节　施工文件

施工单位在施工前应根据工程内容取得相关施工设计文件。

施工单位应组织有关工程技术人员全面了解、熟悉设计文件，并掌握工程的设计标准、技术条件和相关要求。

施工单位应指定专人按下列要求对设计文件进行核查，并做好记录。发现问题及时与建设单位、设计单位、监理单位联系解决。

核对设计文件主要有以下内容：

(1) 设计文件的组成内容应符合合同的有关规定，施工图纸无遗漏、错误，并与施工现场实际相符；设计说明书、工程数量、设备和主要器材的规格、型号应与施工图相符。

(2) 室内、外设备的安装位置和线缆（包括预留电缆槽道）敷设路径应符合设计要求。

(3) 工程所采用的新技术、新产品、新工艺、新设备应具备相应的准入审批手续。

第三节　施工组织管理流程

工程施工组织管理流程见图 2－1。

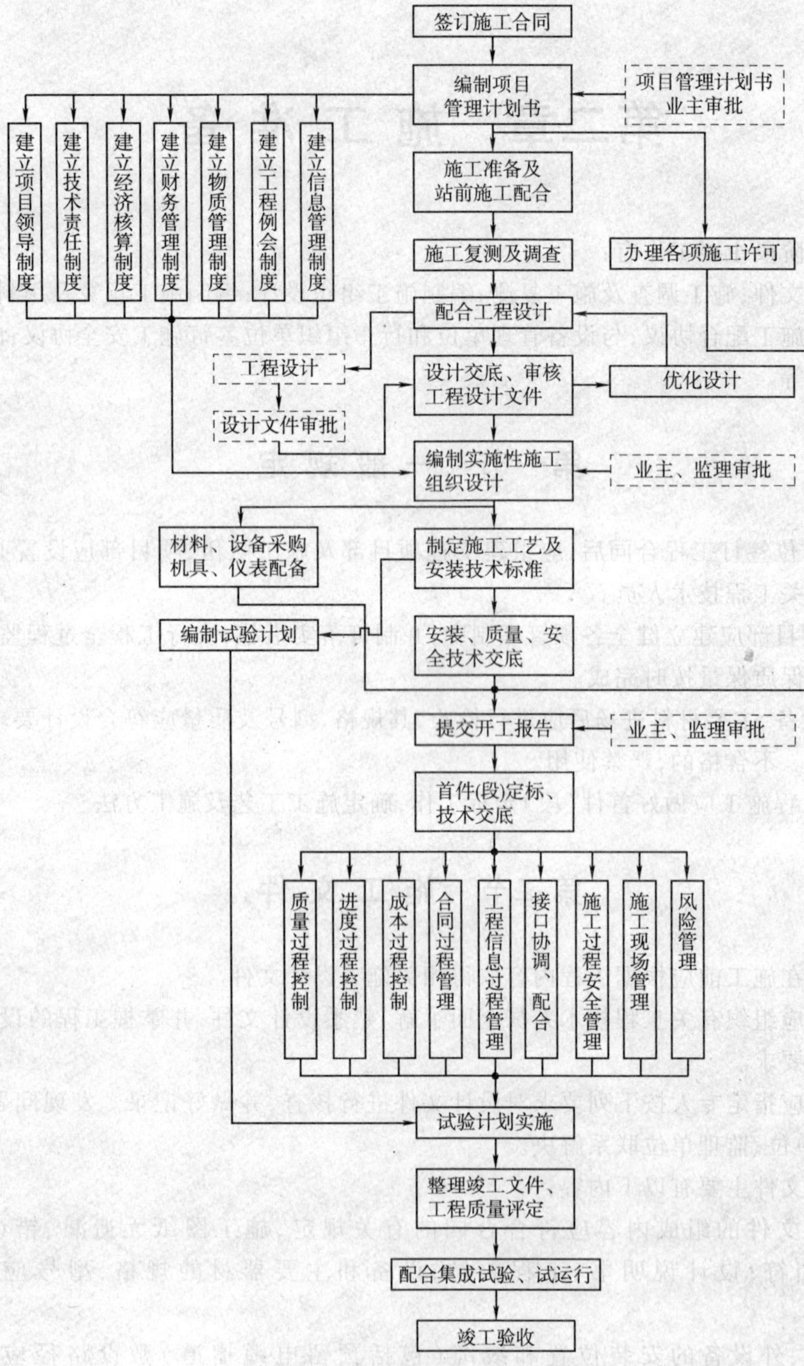

图 2－1　施工组织管理流程图

第四节　施 工 调 查

施工单位在施工前应参加由建设单位组织，设计、监理、相关交叉施工、运营和接管单位共同进行的现场调查和施工定测（包括技术交底）工作。

现场调查和施工定测工作应包括下列内容：

一、准备工作

1. 参加人员

(1)工程负责人:负责现场调查与施工定测的组织工作;对外关系的协调;工程总体进度协调等。

(2)技术人员:应为该工程的技术主管。负责核对图纸;确定设备安装位置和电缆径路;定测中技术问题的协调;参加定测会议讨论纪要等。

(3)班组人员:2~3人,最好是班组长参加。负责设备安装位置和电缆径路的测量;画定测标记(或打定测标桩);记录与施工有关事项等。

2. 使用工具用品

(1)皮尺或测量绳(50 m或100 m)。

(2)油画笔和白油漆及钢丝刷和棉纱。

(3)记录纸和硬板夹。

(4)标桩及打桩工具等。

二、施工定测

1. 核对前期工程的实际状况与设计图纸是否一致

(1)线路土石方工程、桥梁、涵洞、隧道、道口、排水沟、站台、信号房屋、电力供应等工程的完成情况以及这些工程对施工的影响程度。

(2)车站信号工程中,线路配置、股道有效长及线间距离是否与设计一致,线路工程是否完成,以及这些工程对施工的影响程度。

(3)车站信号工程中,道岔的铺设是否按设计要求就位,道岔类型及铺设坐标是否正确,道岔组成是否完整,余留问题对工程的影响程度。

2. 核对设备坐标

(1)核对信号楼中心线路坐标,应该与信号设备平面布置图相符,如有差别,应在定测图纸上记录下实际坐标,并打下标桩(或做出明显标记)。

(2)以信号楼中心为"0"坐标,核对信号设备安装位置,应该与信号设备平面布置图相符,如果有差别,应在定测图纸上记录下实际坐标。

(3)核对信号设备之间坐标的相对位置,应该与信号设备平面布置图相符,如有差别,应在定测图纸上记录下实际坐标的变化情况。

(4)核对站场中各股道中心间距离,应该与信号设备平面布置图相符,如果有差别,应在定测图纸上记录下实际距离的变化情况。

3. 复测电缆径路

(1)选择电缆径路应注意的主要事项

①通过股道及障碍物较少。

②便于搬运、施工、维修。在站内,尽量不选线间距离小、石砟厚以及有难以排除的堆积物、障碍物的地段;在区间,尽量不选路肩、边坡。

③避免通过酸、碱、盐等化学腐蚀物质的地带及径路上有坚石、流沙、池沼、污水坑的地带。

④禁止在道岔岔尖、辙叉、钢轨接头处穿越股道。

⑤平行于股道的电缆径路,应尽量选择股道外侧,并应满足有关距离要求。

⑥电缆径路遇到电力线路、接触网杆塔及接地体时，应满足有关规定的要求。

⑦在满足以上诸点的前提下，两设备间的距离应该最短，以节省电缆。

(2)确定并实测电缆径路

①站内干线电缆径路和区间干线电缆径路，要经有关部门共同研究确定并记录如下内容：电缆径路的走向；与线路的距离；经过桥梁、涵洞、隧道、道口、障碍及特殊地质等防护方法。

②测量站内电缆径路可采用实测与计算相结合的方法，应在实测中取得有关数据；

由信号楼(或继电器室)电缆引入口至干线电缆沟的距离；

电缆进入信号楼(或继电器室)后由引入口至分线盘的走向长度，加上做头配线预留量，敷设弯曲量及储备量；

方向盒及各种信号设备的坐标；

电缆横穿铁路的位置坐标，并标明同时穿过几股道及各股道间的距离；

电缆径路不平行于正线股道或上、下坡引起的增加量；

跨越各种障碍的处所、数量及防护方法等。

对于电缆径路比较复杂的车站采用实测的方法取得有关数据。

(3)计算电缆长度绘制实测电缆径路图

此项工作应在定测工作完成后进行，在绘制实测电缆径路图时应注意以下几点：

①按照信号平面布置图和定测商定的电缆径路及走向绘制电缆径路图；

②绘制电缆径路图时注意设备坐标应相对准确；

③电缆过道位置应准确，几根电缆在同一位置过道，应集中在一起并用标记表示，以便统计过道管数量；

④计算电缆长度时，在实测数据的基础上应按有关规定增加出土做头量、储备量、自然弯曲量等；

⑤电缆径路图应经设计人员复核。

4. 复测安装工程有关内容

安装工程包括：地面固定信号机、转辙装置、轨道电路、室内设备及箱盒安装等，信号设备的安装要求严格，有些工作需有关单位配合，因此在定测中要把施工及配合工作量了解清楚，为施工打好基础。

(1)复测地面固定信号机

①地面固定信号机的安装位置应当符合设计图纸及施工规范要求。

②地面固定信号机的显示距离应当符合《铁路技术管理规程》(简称《技规》)的要求，在定测时应选择适当地点使其显示距离达到标准，但因条件限制达不到规定要求时，应根据现场不同情况，采取不同方式处理：

a. 进站、进路、出站信号机在不满足最低显示距离的条件下，可增设复示信号机。

b. 由于水鹤及其他建筑物影响信号机显示距离和瞭望条件而又无法通过移动信号机安装位置避开时，应提议建设单位协调有关部门采取移设措施，由于树木遮蔽信号显示时，应调查树木数量，提请有关部门砍伐，排除障碍，保证信号机的显示距离。

③注意地面固定信号机的上空附近是否有接触网或高压电线路，应满足安全距离。

④若遇有扩大货物列车通过的线路，应当满足限界加宽的要求，由于线间距离不够不能满足限界加宽的要求时，可提请工务部门整理线路满足安装要求。也可将高柱信号机改为矮型信号机或设置信号托架、信号桥等措施加以解决。

⑤地面固定信号机必须设于线路右侧时,应经铁路局批准。

⑥在保证信号机的显示距离、瞭望条件、建筑限界和其他有关技术规定的前提下,应尽量考虑方便施工,并为维修使用创造必要的条件。

(2)复测转辙设备

①现场道岔的类型、规格及结构应符合设计和有关标准,若与设计和有关标准不符,应提议建设单位协调有关部门解决。

②调查道岔是否方正和开程尺寸以及枕木是否需要更换或调整等需工务配合的工作量。

③调查原有转辙设备对施工的影响,以确定开通时新旧设备倒替方案。

④转辙设备的安装位置,应考虑方便调车作业和电务维修,尽量设于空旷或线间距离较大侧,当设于任何一侧对调车及维修都没有影响时,就尽量安装在原有转辙设备的另一侧,并考虑减少过道,方便施工和节约材料。

(3)复测轨道电路

①调查道岔、线路的钢轨类型及长度,以复核钢轨绝缘、钢轨接续线及道岔跳线的工程数量;调查轨距杆的类型及数量;调查道岔连接杆绝缘的类型及数量,以核实各工程项目的工程数量。

②调查各轨道区段送、受电端及道岔的轨枕类型,以确定箱盒连接线和道岔跳线的固定方式。道岔的锰钢岔心应加焊安装塞钉的软铁,若未加焊提请工务部门解决。

③调查影响轨道电路的各种因素:桥梁的钢梁及护轮轨端部与钢轨间是否有绝缘措施;道口垫板的预制件是否有铁框,控制栏木的过轨钢丝绳是否有防护,能否造成短路;道床严重污染易造成轨道电路的漏泄等。遇到上述情况应提议建设单位协调工务部门解决。

④站内股道或区间线路为焊接长轨时,应由工务部门按照设计确定的坐标,留出钢轨绝缘的安装位置,其位置应在缓冲轨中间接缝处。

⑤钢轨绝缘的安装位置应符合设计图纸及施工规范的要求;轨道电路死区段及两相邻轨道电路死区段的间隔应符合施工规范的要求。

⑥超限绝缘的设置应由设计及有关部门决定,在设计图纸标明,并在新增电路里采取防护措施。

⑦设有站内电码化设备的正线道岔的钢轨绝缘,不要安装在通过列车的正线上。

⑧钢轨绝缘不得安装在道口上;遇有异型接头、安装绝缘处的轨缝过大或过小,都不宜安装绝缘,须经工务部门调整后再行安装。调查统计需工务配合的工作量。

5. 调查施工现场的其他有关内容

包括:交通状况、住宿条件、屯料场地等,为施工进驻提供情报。

6. 整理定测资料

(1)把定测中各有关单位形成一致意见的内容,按部门分类整理记录;有关变更设计的内容应详细记录,供定测会议确认。

(2)对于定测中有争议的内容,要立论查据,准备在定测会上充分发表意见,供会议讨论。

(3)整理工程中须有关部门配合的工作量,供定测会议讨论。

(4)统计定测后主要工作量,并与设计文件相比较,整理出增加项目或数据的内容,供定测会议讨论。

(5)整理施工驻地的有关情报,找出须建设单位或有关单位提供方便的内容供定测会议讨论,以求得支持。

7. 施工定测会议

定测会议应由建设单位主持,邀请参加定测的有关单位及路局主管业务部门参加;邀请前期工程的有关单位参加;就工程定测中涉及的问题进行讨论,取得一致意见,明确责任范围,决定争议问题的处理意见并做出纪要,为工程顺利开展奠定良好基础。施工定测会议包括:

(1)会议应在设计文件审查会的基础上,结合施工定测中研究的问题,明确施工图纸和设计文件的完整程度和准确程度,对不完善部分提出修改意见。对变更设计明确报批手续和费用来源。

(2)会议应就前期工程的有关问题进行讨论,明确完成日期,责成有关单位执行。凡涉及与其他专业施工有交叉影响的施工内容,施工单位应在现场调查的基础上拟定好施工配合方案,并与相关施工单位在施工前签订安全施工协议,办理施工许可证(开工报告)。

(3)会议应就定测中各部门对工程提出的意见,按部门、按系统进行复议,明确各有关单位对工程的责任和义务,确认各自的工程量和配合工作量。

(4)会议应就各工程单位和配合单位的工作量,确认工程费用和配合费用。

(5)会议应对定测中有分歧的问题进行讨论,让有关单位充分发表意见使分歧得到统一。若双方坚持已见,可把双方意见同时写入纪要并报上级裁决。

(6)会议应对工程的工期及主要形象进度进行讨论,以便协调总体工程进度和配合进度。

(7)会议应对讨论的问题和处理意见做出纪要,并形成工程文件分发有关单位。

第五节 实施性施工组织设计

实施性施工组织设计应以施工合同和指导性施工组织设计为基础,结合现场施工具体情况,制订切实可行的施工方案和各项保障措施,全面响应指导性施工组织设计的各项要求。

一、编制依据、编制范围及设计概况

编制依据主要包括:①国家法律、法规和铁道部规章制度;②国家对本项目的批复文件;③本项目采用的标准、规范、规程等;④铁道部与地方政府的有关协议、纪要等;⑤铁道部对本项目批复文件;⑥勘察设计合同以及合同的有效组成文件;⑦科学研究及试验成果;⑧当前铁路建设的技术水平、管理水平和施工装备水平;⑨施工组织调查报告。⑩建设单位编制的指导性施工组织设计、招标文件以及本单位的投标文件等。编制范围应包括本标段的工程范围。设计概况应包括出图计划及图纸供应情况。

二、工程概况

包括线路概况、主要技术标准、主要工程项目及数量、工程特点、控制和重难点工程的分析和对策、其他有关情况。以上均应结合相应的标段工程、单位工程、地段或工点等具体情况进行编写,线路概况可先反映整个项目情况。

三、建设项目所在地区特征

包括自然特征、交通运输情况,沿线水源、电源、燃料等可利用的情况,当地建筑材料的分布情况,其他有关情况等。

四、总体施工组织安排

包括施工总体目标，施工组织机构及职责分工、队伍部署和任务划分，开、竣工日期及总工期，总体施工顺序及主要阶段工期安排，施工准备、建设协调方案，主要进度指标及分项工程施工进展计划，工程的接口及配合，关键线路及施工总平面布置示意图、总体施工组织形象进度图、施工进度计划横道图、网络图等图表。

五、临时工程和过渡工程

包括大型临时工程和过渡工程及驻地与营房等小型临时设施设置的具体方案、标准、规模、能力、主要工程数量和主要设备数量，并附施工总平面布置等。

六、控制工程及重难点工程（包括高风险工程）的施工方案

包括工程概况、施工方法、施工装备、施工顺序和作业空间规划、劳动及作业组织方式、关键工序施工工艺及质量控制、施工难点和应注意的问题等。

七、施工方案

包括确定施工方法、选择施工装备、制订施工顺序和作业组织方式。各专业工程按施工顺序分别制订施工方案和技术措施，并突出质量控制、检测方法和手段。

八、资源配置

包括主要工程材料设备采购供应方案、分年度主要材料设备计划、关键施工装备的数量及进场计划、劳动力计划、资金使用计划等。

九、管理措施

包括标准化管理、质量管理措施、安全管理措施、工期控制措施、投资控制措施、环境保护措施、水土保持措施、文物保护措施、文明施工措施、节约用地措施、冬季施工措施、夏季施工措施、雨季施工措施、预警机制和应急预案、信息化管理等。

十、引用的设计文件与施工规范

包括本段使用的设计文件及引用的现行有效铁路工程建设标准规范。

十一、进一步研究解决的问题及建议

十二、施工组织图表

见《铁路工程施工组织设计指南》（铁建设〔2009〕226号）。

第六节 编制施工预算和材料申请计划

铁路信号工程的施工预算是施工文件的必要组成部分，是全面反映工程项目的投资和投资构成的主要文件，也是核算工程成本的基础和依据。

材料是施工的物质基础，材料申请计划是工程材料采购、保管、发放、使用的依据，也是核算工程成本支出的主要依据。

因此编制施工预算和材料申请计划是工程管理的基础工作，必须认真做好。

一、编制施工预算

1. 编制的依据

(1)铁道部发布执行的《铁路基本建设工程设计概（预）算编制办法》（现行文件为铁道部

铁建设〔2006〕113 号)；

(2)铁道部发布执行的《铁路工程建设材料基期价格(2005 年度)和铁路工程施工机械台班费用定额(2005 年度)》；

(3)批准的设计文件和工程图纸；

(4)施工合同等。

2. 定额的采用

执行铁建设〔2006〕205 号《铁路工程预算定额第六册信号工程》。

3. 费用组成

按照铁建设〔2006〕113 号《铁路基本建设工程设计概(预)算编制办法》规定,概、预算费用由建筑工程费、安装工程费、设备购置费、其他费用和预备费组成。

4. 预算文件的基本内容

编制说明：

(1)编制依据:说明编制本预算依据的各种文件、办法、协议、纪要及公文等。

(2)编制范围:说明建设名称,起讫地点、里程及建设单位、施工单位等。

(3)采用现行有效的定额标准,缺项部分,做出单价分析。

5. 编制预算常用的表格

工程概(预)算常用的表格按照铁建设〔2006〕113 号《铁路基本建设工程设计概(预)算编制办法》规定的有关表格填写。

二、编制材料申请计划

1. 编制依据

(1)施工预算；

(2)概(预)算定额和定额外工程项目单价分析；

(3)施工组织设计；

(4)材料目录等。

2. 编制要求

(1)按照材料目录的顺序编制；

(2)材料的单价应采用现行价格(分别属甲方供料、物资部门供料、自行采购材料的执行价格)；

(3)控制台、人工解锁按钮盘和非定型产品应附 4 份加工图纸；

(4)材料的规格应准确、规范；

(5)一般以工程件名编制材料申请计划,若含多件单位工程,电气集中应以站、自动闭塞应以站间区间列出分计划；

(6)材料的数量应符合定额或单价分析,对于易损料应按规定系数增加损耗量；

(7)新产品应注明生产厂家；

(8)在编制说明中应说明编制依据,按照施工组织设计要求提出供应进度。

第七节　施工现场管理

施工准备阶段的施工管理工作主要有:施工驻地和料库的建立;材料的订购与入库出库检查;签订施工行车安全包保协议;签订施工配合协议;制定本工程的施工技术和工艺标准;在条

件具备的基础上向建设单位呈报开工报告;建设单位批准开工报告后,发开工电报通告工程有关单位,为顺利施工打下良好基础。

一、施工驻地和料库的建立

施工驻地和料库的建立应本着便于施工和节俭的原则,注意以下几个问题:

(1)除安全因素外,施工驻地和料库应尽量建立在一起;

(2)施工驻地和料库应通电、通水、通路、通电话、场地平整;

(3)信号工程用料主要是电气产品,因此料库应防雨、防潮;

(4)要考虑预制场地和汽车停放场地;

(5)料库应建在能办理整车和零担货物运输的车站;

(6)考虑环境卫生和社会治安综合治理。

二、材料的订购与入库出库检查

铁路信号工程的目的是提高运输效率和保证行车安全,责任重大,因此必须把好订货和入库出库检查关,为工程质量提供可靠的保证。

1. 专用信号产品,凡是已纳入 CRCC 认证范围的,必须订购通过 CRCC 认证的产品;对未纳入 CRCC 认证的产品,则必须订购通过铁道部科技成果鉴定或技术审查,允许上道使用的产品。

2. 专用信号产品入库前,必须认真履行入库检查手续,对不合格的材料不得入库,并及时报告主管部门做出处理,绝不许发放到施工现场。

3. 信号产品的入库检查主要着重以下几点:

(1)产品的包装能保证设备安全,满足正常运输条件和现场储运条件,入库前包装无破损;

(2)产品开箱后,应检查设备表面整齐无磕碰,门、锁灵活可靠,部件齐全,无破损、无锈蚀,安装牢固;

(3)随产品提供的技术资料应翔实可靠,随机备件齐全并实用;

(4)抽检产品的标称数量(重量或长度)和实物相符;

对不符合要求的产品要作出记录,并通知有关部门向生产厂提出咨询,直至退换。

4. 工程段和施工班组领料时,在办理计划领用手续后,应对材料进行出库检查,不合格材料不得办理出库手续。

5. 对信号产品的出库检查,除入库检查的条件外还应增加以下检查内容:

(1)对有防水、防尘功能的产品应检查防水、防尘的性能良好;

(2)各种电气产品应有产品合格证和出厂检测报告,整机电气产品、电子产品、计算机和网络设备,应检验产品的绝缘性能,符合出厂指标;

(3)信号电缆应在库内进行单盘测试,各种电气指标应符合出厂指标要求,并作好测试记录;

(4)由多种机件组合的材料应检查配件齐全,外观整齐,无锈蚀。

三、签订施工安全包保协议

信号工程在铁路旁施工,有些设备必须安装在行车设施上,这会影响运输、危及安全。因此信号工程开工前,应与主管运输有关部门签订施工安全包保协议。

协议中应说明本工程施工范围、主要工作量、施工程序,对运输的影响范围和施工安全措施等，使运输部门对工程情况有较全面的了解，对工程给予支持和帮助，对影响运输的因素进行防范，做到施工运输两不误。

四、签订施工配合协议

为了使施工顺利开展，开工前施工单位应与有关单位签订施工配合协议。协议的主要内容有：

(1)施工配合的主要工作量、配合进度要求；

(2)信号工程的施工范围和对配合单位的影响程度；

(3)配合施工部分的质量要求和施工安全措施；

(4)配合单位派出安全和质量监理人员的职权及监理程序；

(5)双方的责任和义务及验收交接办法；

(6)配合费用和付款办法；

(7)协议的起止日期。

目前信号工程配合单位和配合范围主要有：

工务段：线路、路基、桥涵、隧道等。

车务段：施工要点、挖沟、破站台等。

建筑段：房屋电缆引入、破站台、室内沟槽等。

水电段：工程电力引入、施工用电等。

电务段：施工配合、器材测试、隐蔽工程的随工监理签认、动用行车设备的配合及验收签认、工程竣工前后的质量验收评定等。

工程监理站及监理工程师：代表建设单位协调工程进度、工程质量监理、随工检查和质量认证、工程进度认证等。

五、向建设单位呈报开工报告

施工单位的施工准备达到下列要求，可向监理单位、建设单位呈报《工程开工申请表》和各项准备工作已完成的证明文件。

(1)设计提供的施工图纸和设计文件能满足工程进度和建设费用的需要；

(2)施工、机械、仪器仪表、人力安排已进场，能满足工程进度的需要；

(3)工程主要材料的供应满足工程进度的需要；

(4)施工配合协议签订完备；

(5)工程的前期进度达到本工程开工条件；

(6)施工必要的用地、排干等协议业已签订等。

开工申请经监理单位和建设单位批准后，提交《工程开工报告》，宣布工程正式开工。

第三章　信号光电缆线路施工

信号光电缆施工是车站信号工程中的主要隐蔽工程，施工质量的好坏直接关系到设备的正常使用和使用年限。信号光电缆主要起着室内外设备的电路连接作用。使用中的电缆芯线，尤其是使用中的干线电缆芯线，只要有一处损坏，往往影响整个咽喉区设备的正常使用。而且信号光电缆均埋设于地下，处理电缆故障时的测试、查找、挖掘、修复均比较困难。信号电缆施工中不慎使电缆受损后，短时期内不一定会有反应，待设备试验开通或正式交付使用后，受损处因受潮气、水浸的侵蚀，会使绝缘下降，此时会出现电压下降、电源接地、甚至使设备误动等故障，给试验开通和维修带来困难，或将来会严重危及行车安全，因此而造成的行车事故，有不少实例记载。由此可见，施工中的隐蔽工程施工是至为重要的。

在施工中特别要认真贯彻执行 TB 10306《铁路通信、信号、电力、电力牵引供电工程施工安全技术规程》的有关安全规则：

(1)光电缆开挖作业前，施工单位应与相关单位对光电缆路径、交叉施工的项目等进行定测，对前期预设的沟、槽、管、线进行核查。开挖作业应有可靠的防护和抢修措施。

(2)多工种交叉施工时应做好防护，防止其他专业施工损坏电缆、箱盒及管道等设备。

(3)光电缆(及贯通地线)的施工挖沟、敷设和运输应符合 TB 10306 的规定。

(4)营业线进行光电缆过轨施工时，应利用天窗点施工，严禁大面积开挖，每一处过道应有一名监护人员进行监护。

(5)人工敷设贯通地线时，严禁压、折、摔、磨、扭曲贯通地线，不得在地上拖拉贯通地线。贯通地线应平顺连接。

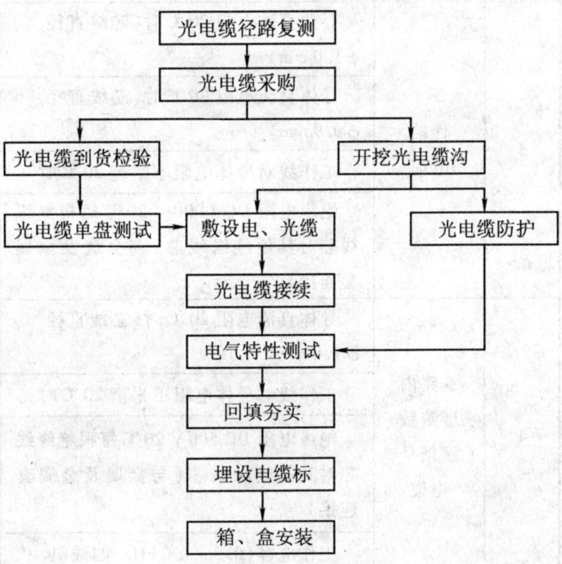

图 3－1　光电缆线路工程施工流程图

(6)更换信号室外光电缆时，电缆室内部分必须从分线盘拆除至信号机械室电缆井，室外光电缆必须从箱盒内部拆除至本箱盒基础下方。

第一节　工序流程

光电缆线路工程按图 3－1 所示流程进行施工。根据施工组织设计和现场实际情况也可进行相应调整。

第二节　光电缆测试

一、综合测试

各种信号电缆在敷设前应进行单盘测试,接续前、后应进行电气测试,电缆工程结束后应进行综合测试。各项测试应认真做好记录,并妥善保存,以作为竣工验收时重要的原始记录。各主要电气特性测试结果应符合表 3-1 的要求。

表 3-1　信号电缆主要电气特性

序号	电缆类别	项　目	单位	标准	换算公式
1	普通信号电缆	导体直流电阻 20 ℃时(芯线直径 ϕ1.0 mm)	Ω/km	≤23.5	L/1 000
		绝缘电阻(芯线间,芯线对屏蔽层及金属护套间)	MΩ · km	≥500	1 000/L
2	综合扭绞电缆	导体直流电阻 20 ℃时(芯线直径 ϕ1.0 mm)	Ω/km	≤23.5	L/1 000
		绝缘电阻(芯线间,芯线对屏蔽层及金属护套间)	MΩ · km	≥3 000	1 000/L
3	计轴电缆	导体直流电阻 20 ℃时(芯线直径 ϕ1.0 mm)	Ω/km	≤23.5	L/1 000
		导体直流电阻 20 ℃时(芯线直径 ϕ0.9 mm)	Ω/km	≤28.5	
		工作线对导体电阻不平衡 20 ℃时	%	≤2	
		绝缘电阻 DC 1 000 V 20 ℃每根绝缘线芯对其他绝缘线芯(与金属及金属套连接)	MΩ · km	≥10 000	1 000/L
4	铁路内屏蔽数字信号电缆	导体直流电阻 20 ℃时(芯线直径 ϕ1.0 mm)	Ω/km	≤23.5	L/1 000
		工作线对导体电阻不平衡 20 ℃时	%	≤1	
		绝缘电阻 DC 500 V 20 ℃每根绝缘线芯对其他绝缘线芯(与金属及金属套连接)	MΩ · km	≥10 000	1 000/L
		工作电容(0.8～1.0 kHz)四线组	nF/km	28±2	L/1 000
5	应答器电缆	导体直流电阻　20 ℃	Ω/km	≤9.9	L/1 000
		工作线对导体电阻不平衡 20 ℃时	%	≤2	—
		绝缘电阻 DC 100～500 V 20 ℃	MΩ · km	≥10 000	1 000/L
		工作电容(0.8～1.0 kHz)	nF/km	≤42.3	L/1 000

1. 用兆欧表测试绝缘　可按:$R_X = 0.001 \times L \times R_m$ 计算。

式中:L——电缆实际长度(m);

R_m——仪表测量值(MΩ);

R_X——换算到每千米电缆的实际绝缘电阻值(MΩ)。

2. 电缆如经暴晒后测量所得的数据　不得作为电缆电气特性的结论。

对于工程中所采用的特殊规格的电缆,其电气特性应符合设计要求及其相关产品技术标准的规定。

信号电缆单盘测试后应及时封端。

光缆单盘测试参数应符合相关技术标准的规定。

二、普通信号电缆绝缘测试

信号电缆绝缘测试包括下列内容:

1. 芯线间绝缘电阻测试

将电缆两端的芯线互相分开,测试端芯线剥去约20 mm外皮。用500 V兆欧表一线与芯线1连接,以每分钟约120转的速度摇动手摇把,另一线依次与其他各芯线接触。与芯线2刚一接触时,兆欧表指针会向零偏转,但很快又回升,稳定在实际绝缘值处。指针稳定后,可读出芯线1与芯线2之间的绝缘电阻值。另一线离开芯线2与芯线3接触,测出芯线1与芯线3之间的绝缘电阻值。用同样方法同测出芯线1与其他各芯线之间的绝缘电阻值。将兆欧表一线换成与芯线2连接,另一线依次与芯线3之后的各线相碰,可分别测出芯线2与其他各芯线之间的绝缘电阻值。并用依次测出其他芯线之间绝缘电阻值。

测试电缆芯线间绝缘电阻还有另一种方法:兆欧表一线与芯线1连接,其他各芯线并联后与另一线连接,只需摇动一次即可测出芯线1与其他各芯线之间的绝缘电阻值。测出芯线1的绝缘电阻值之后,从并联芯线中抽出芯线2,同样方法测出其与其他各芯线间的绝缘电阻值。如测到某芯线与其他各芯线间绝缘电阻为零或低于标准时,再分开并联芯线逐一接触,以查明与其中的某一芯线绝缘不良。

2. 芯线与地之间绝缘电阻测试

测试尚未敷入地下的电缆芯线与地之间绝缘时,兆欧表接地端子的表棒与电缆的铠装钢带连接(聚氯乙烯外护套型电缆须待敷设后方测试芯线对地绝缘),摇动摇把,线路端子另一表棒分别与每一芯线接触一次,即可测出芯线与地之间的绝缘。也可将全部芯线并联在一起,对地一次测试,发生绝缘不良时,再逐一测试,以查明对地绝缘不良的芯线。测试已敷入地下的电缆芯线与地之间绝缘时,兆欧表接地端子的表棒可与设备接地线连接,或直接与地做良好接触。

3. 芯线电阻测试

测试芯线电阻的目的是检查电缆各芯线有无断线。将电缆一端芯线剥去外皮后拧成一体,万用电表置电阻×1挡校准表针,另一端所有芯线分开,一棒与芯线1连接,另一棒可与任一芯线连接,即可测出芯线1与该芯线串联电阻值,取其半值即为芯线1的电阻。按直径为1 mm的铜芯线,在+20 ℃时的直流电阻每公里不大于23.5 Ω,根据所测电缆的实际长度衡量芯线1是否导通良好。一般并不计较精确的电阻值,目的是查明芯线无断线。测毕芯线1之后,表棒逐一与芯线2依次接触,检查所有芯线导通情况。

表3-2　电缆绝缘测试记录

测试仪表:QZ2B型兆欧表(Q2026)　　　　测试环境:晴

序号	电缆型号	规格	端别	出厂盘号	自编盘号	长度(m)	外观	保气	线间绝缘(MΩ)	芯线对地绝缘(MΩ)	测试者	日期

技术负责人　　　　质量工程师　　　　监理工程师

信号电缆绝缘测试应包括三次,即电缆敷设前电缆预配时的测试,电缆运抵现场敷设前的测试及电缆配线后的测试。三次测试数据均应填入电缆绝缘测试记录表(见表3-2)内,日后作为竣工资料。

三、铁路内屏蔽数字电缆单盘电缆测试

1. 测试项目

铁路内屏蔽数字信号电缆分为A、B两种类型,由于在电缆生产过程中屏蔽四线组在A型和B型电缆内部成缆工艺方面存在差别,故B型电缆的屏蔽四线组与屏蔽四线组之间的结构位置,与A型电缆中屏蔽四线组与屏蔽四线组以及屏蔽四线组与其他普通四线组的结构位置也不相同;另外,在电缆的应用中,屏蔽四线组与普通四线组的运用方式不同;因此在单盘电缆测试中,对不同类型的铁路内屏蔽数字信号电缆,测试的项目及标准有一定区别。

2. 单盘电缆测试方法

(1)流程图

单盘电缆测试流程如图3-2所示。

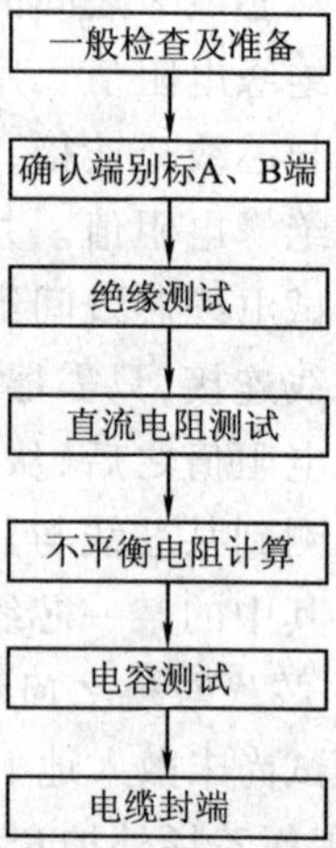

图3-2 电缆单盘测试流程图

(2)一般检查及准备

①为了便于施工及管理,单盘电缆测试前,要对每一单盘电缆进行统一编号,并用红油漆在电缆盘两侧标注清晰。

②首先检查电缆盘外包装是否完整,电缆外观是否有破损等现象,并填写"电缆检查记录表"。

③检查电缆铝护套密封性能

a. 用气压表测量电缆内气压值并与电缆出厂的气压值比较,判断电缆护套是否密封。

在电缆出厂前,电缆生产厂家通常采用检测电缆密封的方法是:在电缆铝护套内充入压力为100~200 kPa的干燥空气以检查电缆密封性能。电缆出厂后经过贮存、运输及现场存放等环节需要一定的时间,所以一般情况下电缆内气压变化较小的电缆可认为电缆密封良好。

b. 当电缆内无气压时,应及时在铝护套内充入压力为0.4 MPa的干燥空气或氮气,气压稳定后保持6 h内气压不降低为合格。

④将测试仪表准备齐全(仪表必须经计量合格)。

⑤开剥电缆护套

电缆的开剥长度以能够进行仪表连接的最小距离为宜,一般按下列尺寸开剥电缆:

a. 电缆盘外端电缆开剥长度为150~200 mm。

b. 电缆盘内端电缆开剥长度为50~100 mm。

⑥确认电缆端别

规定电缆的端别、组别和线序,主要是为了统一标志,便于施工和维护。电缆在制造时已在每个四线组的外面绕有作为标志的丝(带),识别的方法如下:

a. 以电缆四线组的颜色排列顺序确定。面对电缆端头,绿色四线组在红色四线组的顺时针方向侧为A端,反之为B端。

b. 以每个四线组内芯线绝缘层的颜色排列顺序确定。面对电缆端头,在一个四线组内绿色单芯线在红色单芯线的顺时针方向侧为A端,反之为B端。

c. 确认电缆端别后,及时在电缆盘两侧明显位置标注电缆盘外端的电缆端别并作记录,

当电缆外端别为 A 端时，标写“外 A”字样；当电缆外端别为 B 端时，标写“外 B”字样。同时用记号笔分别在电缆的内、外端头 50 mm 处，A 端标写“A”字样，B 端标写“B”字样。

(3)电缆电气特性测试

①导线直流电阻测试

信号电缆芯线的导线，是用铜质材料按一定的直径制成的，在电缆制造过程中，有时需要将导线连接起来，如果焊接不良会产生附加电阻。此外，在成缆以及运输过程中在外力的作用下也有可能造成电缆芯线结构上的缺陷，导致导线直流电阻发生变化。通过测量可以检验电缆的出厂质量。

在测试导线直流电阻过程中，当周围环境温度变化较大时，须考虑环境温度的变化，将测试值换算成 20 ℃时电阻值。温度 20 ℃时每公里长度芯线直流电阻值(R_{20})换算公式为：

$$R_{20}=\frac{R_x}{1+a_{20}(t-20)}\cdot\frac{1\,000}{L}$$

式中：R_{20}——20 ℃时每公里长度电阻值(Ω/km)；

L——电缆长度(m)；

t——测量时的环境温度(℃)；

a_{20}——电阻温度系数[1/℃(0.003 93)]；

R_x——实测电阻值。

a. 测试方法如图 3－3 所示。

b. 将屏蔽四线组待测芯线的两端分别连接到直流电桥的测试端子上，测量电阻值，如图3－3 所示，填写测试纪录。全部内屏蔽组的芯线测试完成后，用粉笔在电缆盘上标写“直流电阻”的字样，以表示该单盘电缆的直流电阻测试完毕。

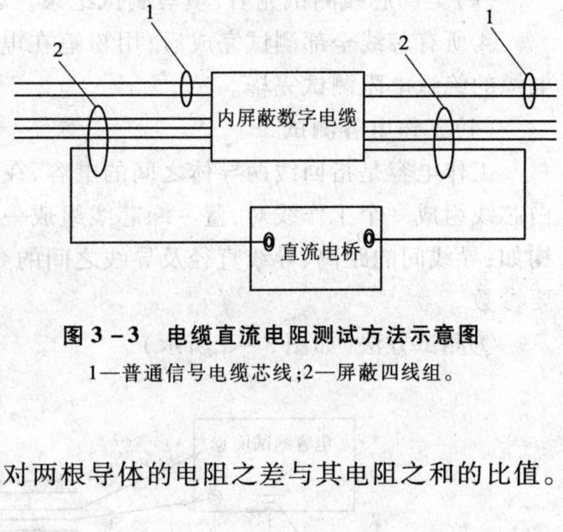

图 3－3　电缆直流电阻测试方法示意图

1—普通信号电缆芯线；2—屏蔽四线组。

②工作线对导体电阻不平衡计算

工作线对导体电阻不平衡是指屏蔽四线组内每个工作线对的电阻不平衡。也就是在一个屏蔽四线组内，红、白芯线为 1 个工作线对，蓝、绿芯线为 1 个工作线对。

工作线对导体电阻不平衡的定义为：工作线对两根导体的电阻之差与其电阻之和的比值。

例如：

$$\text{工作线对导体不平衡电阻}=\frac{R_{20}(H)-R_{20}(B)}{R_{20}(H)+R_{20}(B)}$$

式中：$R_{20}(H)$——20 ℃时红线直流电阻；

$R_{20}(B)$——20 ℃时白线直流电阻。

③绝缘电阻测试

加在电缆芯线之间或芯线对地之间的直流电压(U)与通过它的漏电流(I)之比称为绝缘电阻。如以 R_i 表示绝缘电阻，则

$$R_i=\frac{U}{I}$$

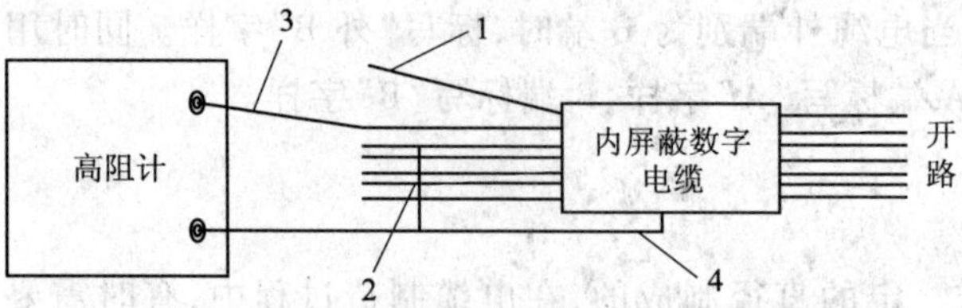

图 3－4　电缆绝缘电阻测试方法示意图

1—已测试完的芯线；2—待测芯线；3—测试芯线；
4—电缆的钢带、铝护套、屏蔽层及排流线。

电缆绝缘电阻的大小主要取决于电缆所使用的绝缘材料的电气性能和电缆的制造工艺质量等因素，绝缘电阻还与电缆缆芯的干燥程度有关。绝缘电阻下降到一定程度时，介质损耗增大，串音增大，传输特性劣化，直接影响信号的正常传输。

测量绝缘电阻的仪表一般有 1 000 V 兆欧表（摇表）、高阻计等，高阻计具有较宽的测试范围，在单盘电缆测试中一般采用高阻计测量绝缘电阻。

a. 测试方法如图 3－4 所示。

b. 测试步骤

（a）首先将电缆外端所有的芯线、钢带、铝护套、内屏蔽层及排流线用一端用带有鳄鱼夹的导线连接，连接后接到高阻计测试端。然后从连接后的电缆芯线中的任意取出一根与高阻计的另一个测试端连接。

（b）将电缆盘内端电缆的芯线全部开路。

（c）进行单根芯线对其他芯线及金属护层的绝缘电阻测试。

（d）将测试完的单根芯线与未测试芯线分开，依次测量。

（e）全部芯线测试完后，填写测试纪录。

④所有芯线全部测试完成后，用粉笔在电缆盘上标写“绝缘电阻”的字样，以表示该单盘电缆的绝缘电阻测试完毕。

（4）工作电容测试

工作电容是指回线两导体之间的电容，在铁路内屏蔽数字信号电缆中，屏蔽四线组内红－白芯线组成一个工作线对，蓝－绿芯线组成一个工作线对。工作电容的大小，主要由电缆的结构如：导线间的距离、导线直径及导线之间的介质所决定。工作电容是电缆电气特性的一个主要参数。

①测试方法（如图 3－5 所示）。

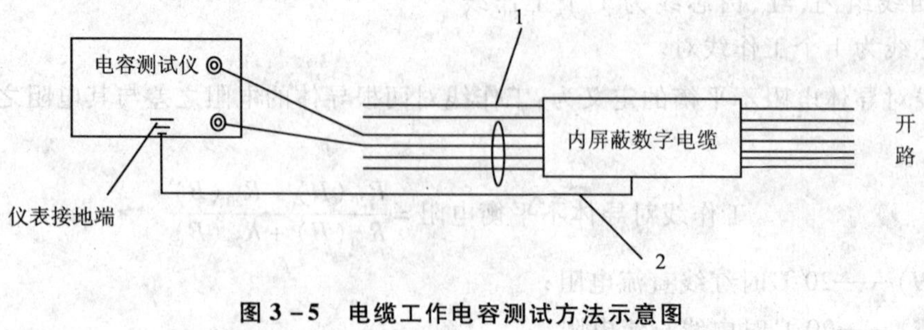

图 3－5　电缆工作电容测试方法示意图

1—屏蔽四线组；2—电缆的钢带、铝护套、屏蔽层及泄流线。

②测试步骤

a. 将电缆盘内端电缆的芯线全部开路。

b. 将电缆盘外端电缆的钢带、铝护套、全部屏蔽层及排流线用一端带有鳄鱼夹的导线连接，连接后接到测试仪表的接地端。

c. 将电缆外端头任意一组内屏蔽四线组的红、白线对或蓝、绿线对连接到电容测试仪的测试端子上。

d. 测试电容值，填写测试记录。

e. 测试全部完成后，用粉笔在电缆盘上标写“工作电容已测试”的字样，以表示该单盘电缆的工作电容已测试完毕。

四、电缆单盘测试用主要仪表、工具(见表 3－3)

表 3－3　电缆单盘测试用主要仪表、工具表

序号	名　称
1	电容测试仪
2	高阻计
3	直流电桥
4	剥线钳
5	偏口钳
6	电工刀
7	钢锯
8	锯条
9	喷灯
10	温度计
11	计算器

五、光缆单盘检测

光缆敷设前应按下列要求进行单盘检测：

1. 根据到货清单，核对光缆的盘号、型号、规格、盘长、端别、数量，检查外观包装有无破损、缆线有无损坏、压扁等情况并详细记录。对包装有受损、外护层有损伤的单盘，在测试时应重点检测。

2. 根据光缆出厂记录并对照实物，检查光缆程式、光纤、绝缘介质、加强芯、屏蔽层、色谱标志及其他机械物理特性是否满足设计要求。

3. 用光时域反射仪(OTDR)，对光缆进行长度及固有衰减测试，并做好光缆单盘测试记录。光缆单盘固有传输衰耗应满足下列要求：

1 310 nm 波长衰减 $\alpha_0 \leqslant 0.35$ dB/km；

1 550 nm 波长衰减 $\alpha_0 \leqslant 0.22$ dB/km。

设计有特殊要求时，按设计要求进行。

六、电缆封端

为了保证电缆质量，单盘电缆测试结束后，要立即对测试用的电缆端头进行密封处理，避免因电缆进水受潮而影响其电气特性。下面介绍两种电缆封端的方法：

1. 采用热缩端帽封端

(1)用钢锯将电缆测试端整齐锯断，去掉已开剥的部分。

(2)用清洁布将电缆端头擦净，然后用砂布条对电缆端头外护套 100 mm 部分进行打磨。选择与电缆外径相适合的热缩端帽套在电缆端头上。

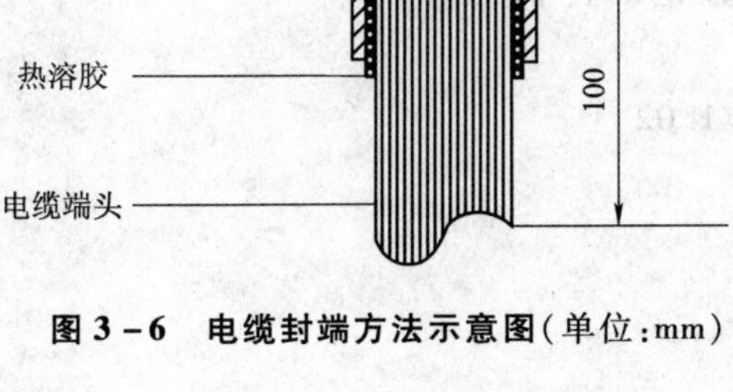

图 3－6　电缆封端方法示意图(单位：mm)

(3)点燃喷灯，待喷灯火苗正常后用喷灯对热缩端帽均匀加热，当热缩端帽均匀地包裹在电缆上且热溶胶流出后停止加热，如图 3－6 所示。注意：用喷灯加热时要随时观察热缩端帽的变化，避免因过度加热而影响封端质量。同时要注意人身安全，避免烫伤。

(4)待热缩端帽冷却后，用尼龙扎带或铁丝等将电缆端头绑扎固定在电缆盘上。

(5)清理现场。

2. 采用30号胶封端

首先将电缆端头清洁干净，将30号胶切成小块放入铁容器中（不要装满），用喷灯或炉火均匀加热，并及时搅拌，溶胶温度一般在140 ℃～150 ℃（不超过180 ℃），同时注意搅拌和尽量减少加热时间。将电缆端头（冬季施工时可先将电缆端头进行加热）浸入溶化的胶桶中，浸入时间视胶液温度而定，一般在10～30 s，时间不宜过长。将电缆端头拿出胶液，检查端头浸入部分是否有没沾着的部分，补浸后冷却，用胶布缠绕严密，之后按上述方法再浸第二遍胶。

如电缆因故不易浸沾时，可用毛刷沾上溶化的胶液在电缆端头上均匀涂抹，效果相同。采用30号胶封端时要注意安全，避免烫伤。

第三节　光电缆敷设

一、敷设准备工作

1. 光电缆径路调查

在本书第二章施工准备工作中已谈到工程开工前的现场定测，其中包括电缆径路的定测。班组接到电缆径路图，对即将施工的现场进行实地调查，复核电缆径路的走向、长度、过道地点是否与电缆径路图相符。此外，还需调查电缆防护方法以及防护工作量统计，防护件加工。进一步还需掌握电缆径路上的土质、地形情况，准备相应的工具。掌握径路上有无笨重障碍物，提前与有关单位联系或自行组织劳力搬移，以免影响工程施工。针对调查中发现的问题，班组还可向技术室提出电缆径路的局部调整修改意见，经技术室复核同意后，班组即根据修改后的电缆径路图进行电缆施工。

2. 电缆配盘

电缆敷设前，工程技术人员要根据电缆实际的到达长度和使用长度进行电缆的配盘工作和支线电缆的预配工作。

通过配盘使电缆得到合理的使用，减少电缆接头的数量，避免浪费；通过电缆配盘能够做到电缆的专段专用，有效防止混乱使用，使电缆使用做到有序可控；配备时要避免将电缆接头放置在河流、公路、铁路、桥梁、道口、涵洞上。预配支线电缆前，要进行电缆径路的实测。配盘后，进行支线电缆的预配工作，雨天不宜在室外进行电缆预配工作。

(1)配盘工艺流程

①根据设计图对电缆径路进行实测，建立电缆使用台账。

②先对干线长电缆进行配盘；当某一根干线电缆长度超过整盘电缆长度时，先用整盘，不足的长度另搭配短电缆（一般应大于100 m）。

③将每一盘电缆的使用情况都详细记录在电缆配盘记录表中。

④电缆长度可按下列公式计算：

$$L=(l+X\times G+a)\times 1.02$$

式中：L——电缆总长度(m)；

l——电缆沟实测长度(m)；

G——电缆穿越股道数；

X——股道间距离（最小值取5.5）(m)；

a——电缆附加长度，包括室内储备量5 m，分线盘做头量3 m，室外每端呈“Ω”状（或“S、

∽”状)储备量2 m,每端出入土及做头量为2 m,电缆过桥时两端储备量2 m;

1.02——敷设电缆的自然弯曲系数。

(2)支线电缆的预配

预配步骤如下:

①准备电缆预配的工具和材料,见表3-4。

表3-4 支线电缆预配主要工具表

序号	名称	规格	备注
1	喷灯		
2	钢锯		
3	电缆支架		
4	卷尺		
5	克丝钳		
6	铁棍	不小于 ϕ50 mm	

②根据电缆配盘记录找出需要预配的整盘电缆。

③将电缆用叉车运到工作区,没有叉车的情况下,按电缆盘的滚动方向推电缆盘同时配备足够的人力,注意人身安全。

④开启电缆盘防护时,注意不要损伤电缆。

⑤电缆到位后,一般用一根直径不小于50 mm、长3.5 m的实心铁棍从电缆盘中间的圆孔中穿出,电缆盘两端露出的铁棍要平均,否则电缆盘架起后影响电缆盘的稳定性。电缆盘较轻时,也可用钢管等代替铁棍。

⑥将电缆支架平稳地放在电缆盘两边铁棍的下面,电缆支架和电缆盘的距离一般在400 mm左右。

⑦将电缆盘架起,电缆盘离地面的高度不要超过150 mm,两支架架起高度要一致,以免在电缆的拉动过程中影响电缆支架的稳定。

⑧拆除固定电缆端头的装置,记录电缆端头的长度标志,这样便于掌握拉出电缆的长度。

⑨按照盘上所标的箭头方向转动电缆盘,以免造成电缆松脱。电缆一般从电缆盘的下方拉出,增加电缆盘转动过程中的稳定性。

⑩根据电缆需要的长度拉出电缆后,用钢锯整齐锯断。

⑪电缆截断后应及时进行封端处理,以防止电缆进水受潮而影响电缆的电气特性。

⑫用尼龙扎扣在每根电缆上绑扎电缆铭牌。铭牌的绑扎应牢固,以免脱落造成电缆的混乱。

⑬电缆可以用空盘盘卷,或盘成半径大于电缆外径15倍(内屏蔽数字电缆为20倍)的圆圈,盘卷后的电缆用铁线或绳索进行绑扎并按顺序堆放,以便于搬运。

⑭电缆从整盘上截取后,在整盘上标明总长中减去的电缆长度,便于了解本盘的剩余长度。

⑮电缆使用的情况做好详细记录,见表3-5。

⑯预配结束,卸下电缆支架和铁棍,将剩余电缆封端、防护后放回原来位置。

⑰收拾工具、材料,清理现场。

表3-5 ______站(区间)电缆配盘记录表

序号	电缆自编号	端别	原有长度	使用长度	剩余长度	使用地点	备注
1							
2							
3							
4							

续上表

序号	电缆自编号	端别	原有长度	使用长度	剩余长度	使用地点	备注
5							
6							
7							
8							
9							
10							
11							

配盘时间：____年____月____日　　　　负责人：______

3．光缆配盘

(1)干线光缆配盘应根据径路长度，选择合适的光缆盘长，确保光缆分歧接头落在相关设备附近。

(2)尽量按出厂盘号顺序排列，以减少光纤参数差别所产生的接头本征损耗。非出厂盘号顺序排列时，相邻两盘光缆的光纤模场直径之差应小于 1 μm。

(3)在既有线敷设的光缆，光缆配盘时接头位置不应落在河流、公路、铁路、桥梁等位置上；光缆接头位置应满足安全要求并考虑维护需要。配盘时还应根据光缆盘长和路由情况，尽量做到不浪费光缆和减少接头。

(4)应尽量避免短段光缆；短段光缆长度一般不小于 200 m。

4．光电缆铭牌的制作

(1)电缆铭牌的制作原则

①预配、敷设及配线时均应拴挂统一格式的电缆铭牌，拴挂电缆铭牌可以避免电缆的错误使用，利于电缆的维护。

②铭牌在电缆预配、敷设及配线前根据电缆径路图制作。

③铭牌字迹应工整、不模糊，具有耐久、防水等特点。

④电缆铭牌应根据电缆径路图记录电缆的用途。

⑤标明电缆的起止设备名称、长度、电缆芯数及备用芯数、端别。如图 3－7 所示。

5．光电缆运输

光电缆运输一般采用汽车或轨道车等交通工具。在光电缆的装卸过程中，宜采用叉车、吊车等专用的装卸机械。同时应有专人负责、统一指挥，并配备足够的人力，注意电缆的防护，避免造成人体伤害及损伤电缆。

(1)光电缆的装卸步骤

①根据配盘记录找到电缆，并运到合适的装卸位置。

②汽车到位后，在车厢内将支撑、防滑桩安装好。

③将光电缆盘平稳地放在两个防滑桩中间。

④用大绳或紧线器从电缆盘的中间穿出后捆绑在汽车挂钩上，并确认捆绑牢固。如图3－8 所示。

⑤在铁路边卸车时，光电缆的卸车位置应注意铁路的限界，并避免在人行道及公路位置卸车。将光电缆运到指定位置后，松开大绳或紧线器，把光电缆放在平稳地段，用三角木等防滑物品将其固定。如图 3－9 所示。

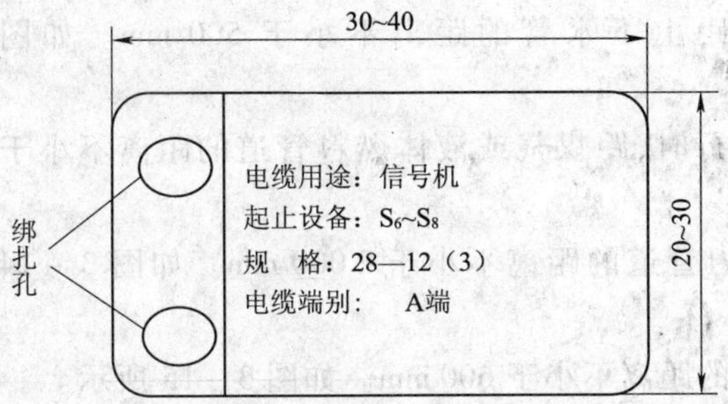

图 3－7　电缆铭牌示意图(单位:mm)

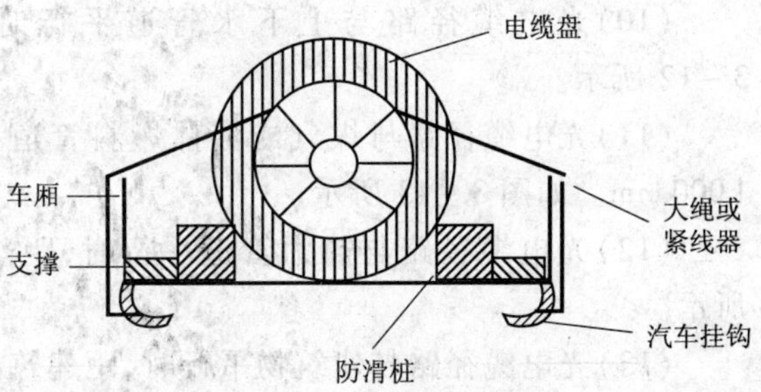

图 3－8　电缆运输示意图

二、光电缆径路

在光电缆工程施工前，施工单位要复核实际光电缆径路是否与光电缆径路图的走向、长度、过道地点等相符。同时根据光电缆径路的实际情况选择正确的电缆径路、电缆防护方法以及做好防护工作量的统计，防护件加工。进一步还需掌握光电缆径路上的土质、地形情况，准备相应的施工工具。掌握径路上有无笨重障碍物，提前与有关单位联系或自行组织劳力搬移，以免影响工程施工。同时在光电缆径路施工时，清洁工作也很重要，做到环保施工也是施工单位的一个重要施工环节。

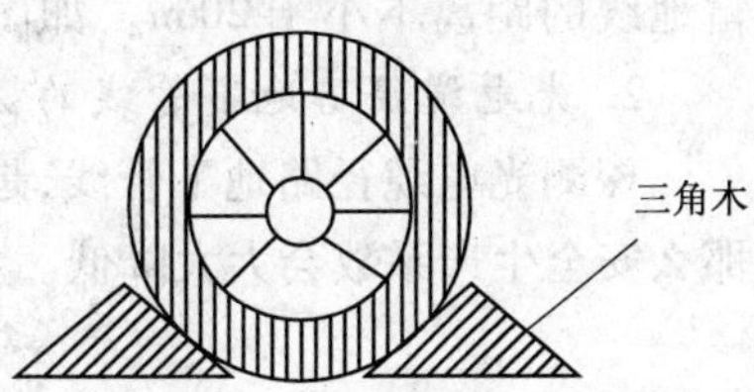

图 3－9　电缆盘固定示意图

1. 光电缆径路的选择原则

(1)两设备间距离最短。

(2)通过股道及障碍物最少。

(3)利于施工及维修方便。

(4)避开线路和其他建筑物的改、扩建处。

(5)避免在道岔的岔尖、辙岔心和钢轨接头处穿越股道。

(6)避免通过碱、酸、盐性等有化学腐蚀物质的地带，各种管道径路复杂地带。

(7)避免通过土壤松软容易塌陷的地带，以及坚石、池沼、污水坑等处。

(8)光电缆径路与铁路平行时，距最近轨底边缘的距离，在线路外侧 L 为 2 m。如路基宽度不够时，在保证轨底边缘与电缆间斜面距离不小于 2 m 的情况下，L 可减至不小于 1.7 m。在线路间，L 为 1.6 m。若线路间距为 4.5 m，此项距离 L 可减至不小于 1.5 m。距铁路边排水沟边沿不小于 1 000 mm。如图 3－10 所示。

(9)光电缆径路与公路平行时，距公路路面边沿和排水沟边沿不小于 1 000 mm，如图 3－11 所示。

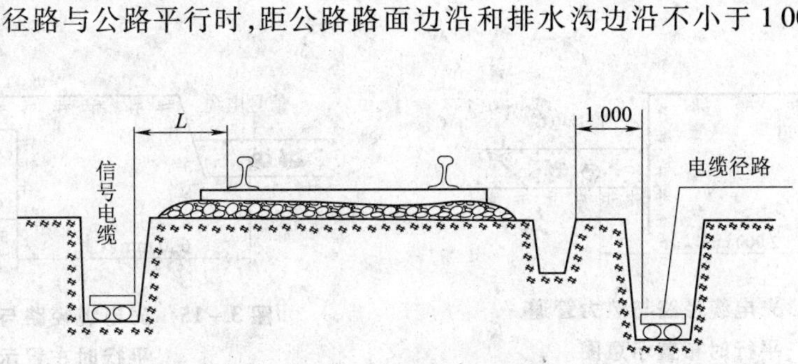

图 3－10　光电缆径路与铁路平行时布置示意图(单位:mm)

(10)光电缆径路与上下水管道平行时,距上下水管的距离不小于 500 mm。如图 3－12 所示。

(11)光电缆径路与煤气或液体燃料管道平行时,距煤气或液体燃料管道的距离不小于 1 000 mm。如图 3－13 所示。

(12)光电缆径路与热力管道平行时,距热力管道的距离不小于 2 000 mm。如图 3－14 所示。

(13)光电缆径路与建筑物平行时,距建筑物的距离不小于 600 mm。如图 3－15 所示。

(14)光电缆径路在树木附近时,距树木的距离不小于 2 000 mm。如图 3－16 所示。

(15)干线光电缆与电力杆平行时,距电力杆边缘的距离不小于 700 mm,距电力线路的防雷地线的距离不小于 20 m。如图 3－17 所示。

2. 光电缆径路地下管线的探测

探测光电缆径路地下管线,是开挖光电缆沟前很重要的一项工作。如果不进行探测就施工,那么安全生产系数会大大降低。如果通过探测后再施工将在很大程度上提高安全生产的系数。

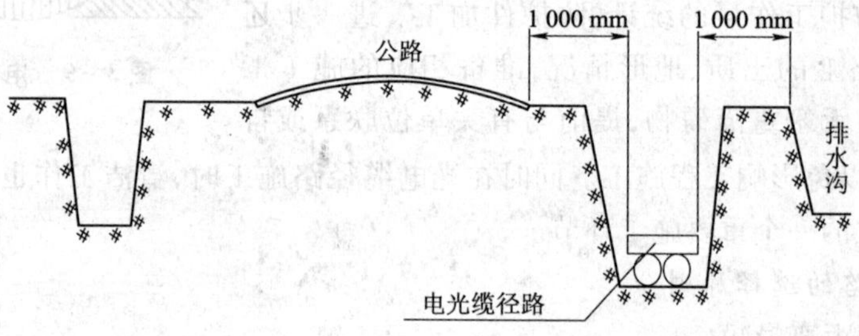

图 3－11　光电缆径路与公路平行时布置示意图

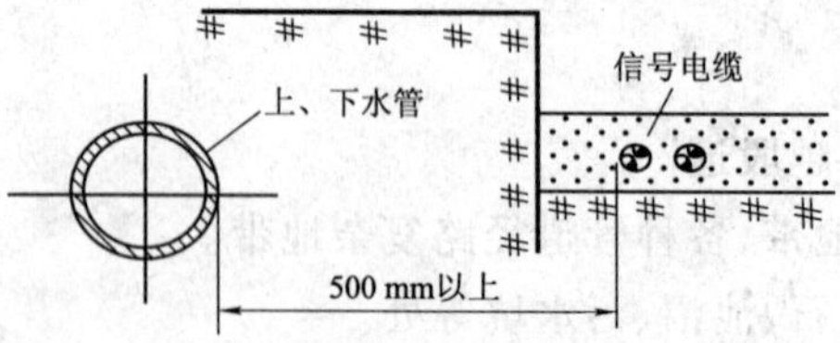

图 3－12　光电缆径路与上下水管平行时布置示意图

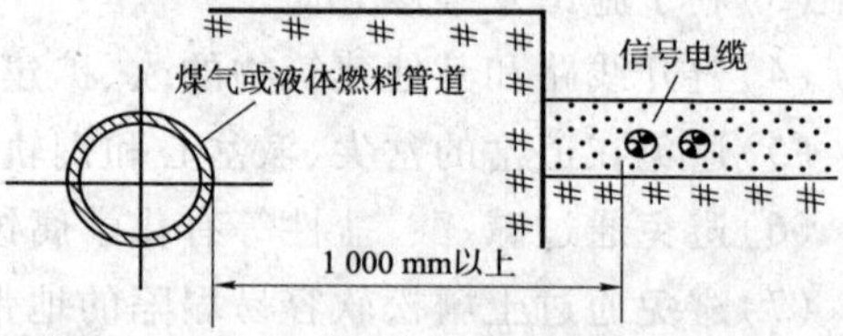

图 3－13　光电缆径路与煤气或液体燃料管道平行时布置示意图

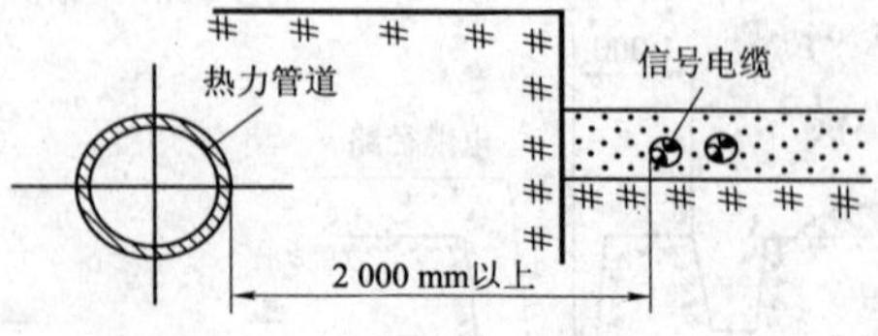

图 3－14　光电缆径路与热力管道平行时布置示意图

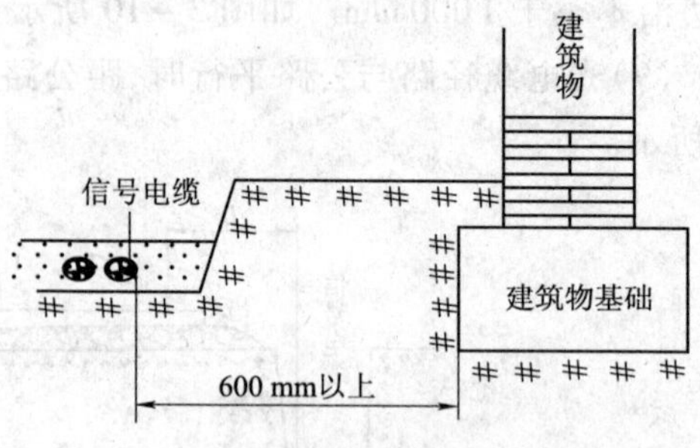

图 3－15　光电缆径路与建筑物平行时布置示意图

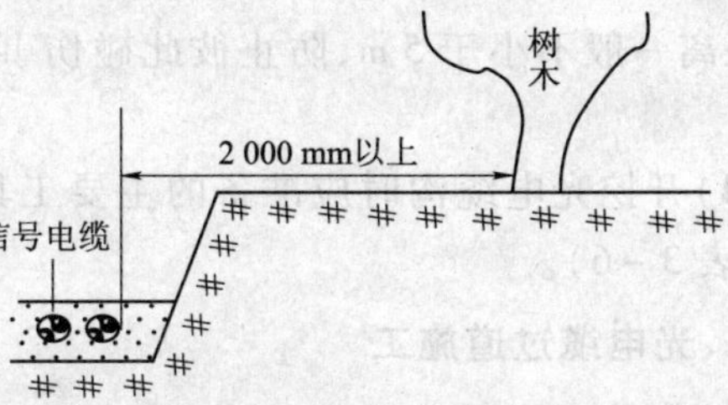

图3－16　光电缆径路在树木附近时布置示意图

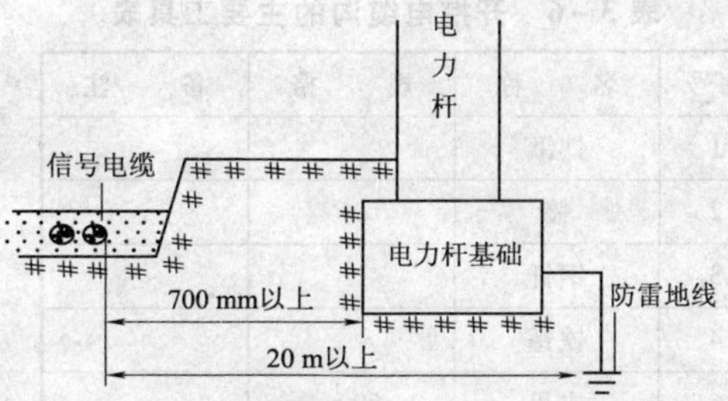

图3－17　光电缆径路与电力杆平行时布置示意图

测试步骤如下：

(1)地下管线探测仪的性能好坏，直接影响探测结果。因此探测前，一定要试验仪器性能良好。

(2)联系有关设备维护部门，确认光电缆径路中地下管线埋设位置。

(3)在有关人员的带领下，对选择的光电缆径路进行现场探测，选择出最佳的电缆径路。

3. 光电缆沟画线

光电缆径路探测时，只有配合进行电缆沟的画线工作，才能保证开挖的是经过探测的最佳径路。如果只进行探测而不配合画线，则地下探测的意义大大降低；如果进行画线而不进行探测，则安全生产系数大大降低。因此探测工作和画线工作配合进行，才是最好的施工方法。

画线步骤如下：

(1)施工人员沿探测的线路将线绳拉直，拉线时不能随意扩大已探测好施工范围。

(2)根据光电缆沟的宽度，沿线绳用白灰水画出两条光电缆沟的边线。光电缆沟的宽度可以根据光电缆的数量及防护情况决定。

4. 开挖光电缆沟

(1)施工人员在挖沟时尽量不超出画线的范围。如果超出了探测范围，那么探测和画线工作就变得毫无意义。如果因施工需要必须超出画线范围时，也要经过探测后再施工。

(2)开挖的光电缆沟要求沟直且沟底平，同时要深度符合电缆的埋设深度：

①光电缆埋设深度距地面不能小于700 mm。

②石质地段光电缆的埋设深度不能小于500 mm。

③在农田及有农作物地段光电缆的埋设深度不能不小于1 200 mm。

④箱盒设备处的储备光电缆埋设深度受条件限制不能与引入沟同深时，可以适当减少光电缆的埋设深度，但也不能小于200 mm，同时在箱盒设备处设置围桩进行防护。

⑤在铁路边开挖光电缆沟及开挖过道时，要采取相应的防护措施避免污染道床。防护材料如彩条布或塑料布等。

(3)开挖光电缆沟时应注意的安全事项

①挖成的光电缆沟在未敷设电缆前有塌方的可能，塌方则会危害行车安全，因此必须采取必要的防护措施，并尽量缩短光电缆沟敞口时间。

②已经挖好的光电缆沟敞口过夜时，必须采取安全防护措施，并及时通知车务人员注意，同时设专人防护。

③在线路附近施工时，设专人防护，列车接近时通知施工人员离开危险地带。

表 3－6　开挖电缆沟的主要工具表

序号	名　　称	规　　格	备　　注
1	铁锹		
2	镐		
3	钢钎		
4	铁锤		
5	皮尺	50 m	

④两人前后同时开挖光电缆沟时，两人间的施工距离一般不小于 5 m，防止彼此碰伤事故的发生。

(4)开挖光电缆沟时应准备的主要工具、材料(见表 3－6)。

三、光电缆过道施工

随着铁路现代化建设的需要及列车运行的大提速，对过道安全施工的要求也越来越高。以往光电缆过道采用的开挖过道方式，已经不能适应现代施工的需要。因此现在电缆过道的施工一般多采用顶管的施工方法，条件允许的情况下也可采用开挖和掏挖的方法。同时光电缆过道时，要避开钢轨接缝处，选择在两个轨枕之间的空隙处过道。施工时必须设专人防护，同时不允许中途停止施工使过道敞口过夜，做到万无一失，安全生产。以下介绍几种光电缆过道的施工方法：

1. 顶管过道施工法(操作步骤)

(1)测量后用白灰画出过道位置线。

(2)沿画线位置，将过道处轨枕两端的石砟清理干净。

(3)按照顶管机的操作工艺挖出辅助槽和顶管机操作坑，深度挖至地面 200 mm 以下，以满足电缆防护管的埋设要求。如图 3－18 所示。

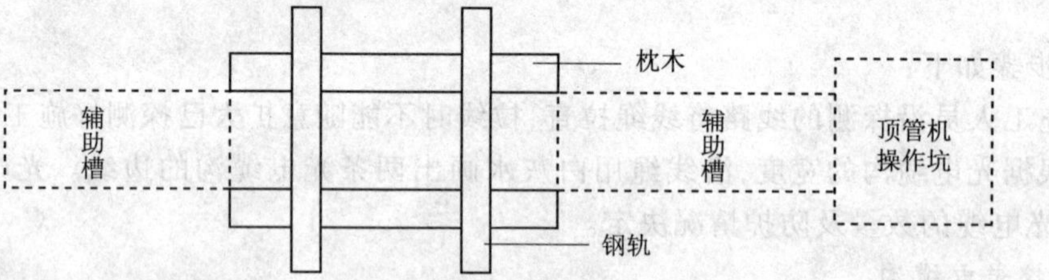

图 3－18　顶管过道施工示意图

(4)将顶管机放入机坑，把防护管水平放置在顶管机和线路之间的辅助槽内，防护管一端与顶管机连接，线路一端安装顶撞头。

(5)开动顶管机将防护管从另一端顶出。

(6)取下顶撞头，用麻袋片等材料将管口堵塞，回填。

(7)收拾工具，清理现场。

2. 掏挖过道法(操作步骤)

(1)开挖操作坑部分参照顶管法。

(2)从过道一侧用打洞铲沿坑底水平方向开挖圆洞，圆洞直径相当于防护管的外径，打洞铲尾部装有接头，长度不够时可以连接。

(3)圆洞打通后，将防护管放入洞内。

(4)用麻袋片等材料将管口堵塞，回填、捣实松土。

(5)收拾工具，清理现场。

3. 开挖过道法操作步骤

(1)测量后用白灰画出过道位置线。

(2)沿画线位置，先将过道处轨枕间及两端的石砟清理干净，堆放石砟不侵限。

(3)挖出的土堆放在线路外侧,深度挖至地面200 mm以下,以满足电缆防护管的埋设要求。

(4)将防护管放入过道内,用麻袋片等材料将管口堵塞,先回填土后回填石砟并分层夯实。

(5)收拾工具,清理现场。

四、光电缆敷设

1. 电缆敷设要求

(1)电缆敷设时,要严格按设计的要求确定电缆A端的朝向,同时电缆要A、B端对接。

(2)贯通地线或分支地线敷设在电缆沟或电缆槽的最底层及大地侧,贯通地线采用截面积为25 mm^2 的铅包铜缆或35 mm^2 的裸铜缆。分支地线一般采用聚乙烯外护套25 mm^2的多股铜缆。

(3)电缆沟内,距信号楼最近端的设备电缆排列在线路侧,由近端电缆到远端电缆顺序排列整齐。如图3-19所示。

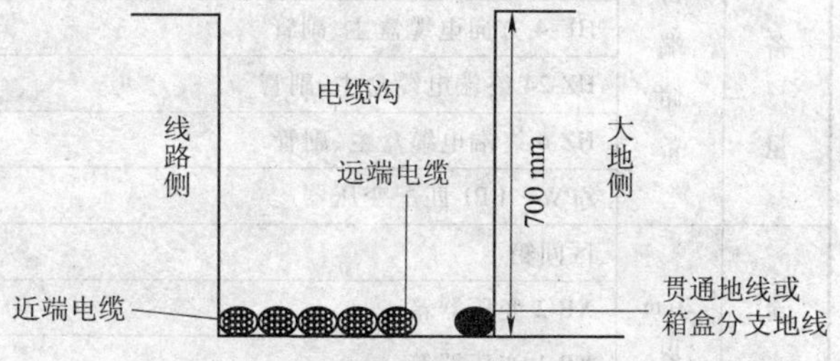

图3-19　电缆敷设排序示意图

(4)电缆敷设时弯曲半径要大于电缆外径的15倍(内屏蔽数字电缆为20倍),不能出现背扣、小弯及损伤电缆外护层现象。

(5)敷设时要有专人负责、统一指挥。

(6)检查确认电缆的敷设位置、规格型号与电缆径路图相符。

(7)所有地点电缆储备量均不能盘成环状(“O”形),可盘成“Ω”状或“∽”状布置。电缆储备量及做头量见表3-7。

2. 光缆敷设的要求

(1)光缆敷设、接续或固定安装时的弯曲半径不应小于光缆外径的15倍。光缆敷设和接续时,铅护套光缆的弯曲半径不应小于电缆外径的7.5倍。

(2)干线槽道或站场槽道中敷设光缆前,应对槽道进行清理,保证槽道洁净。

(3)既有槽道中敷设光缆前,应做好下列工作:

①对槽道进行勘查,当有破损时,在确保既有光缆安全的前提下,进行修复处理;

②清除盖板上方的土层或碎石,防止杂物掉入槽内,敷设后及时按原样恢复槽道盖板。

(4)光缆敷设时外护套不得破损,并针对下列情况采取相应保护措施:

①光缆槽道遇接触网杆基础障碍处,光缆穿越时应加垫软物进行防护处理,防止光电缆外皮摩擦受损;

②在过铁路等穿越管状障碍物时,钢管口应加装喇叭口,防止光电缆刮皮受损。

(5)光缆敷设时,应行进匀速、受力均匀,避免急拉、背扣、浪涌等现象。

(6)光缆引入机房后,应用防火泥将引入口封堵,防止老鼠或异物进入。

3. 敷设光电缆的主要工具、材料

(1)敷设光电缆用的主要工具、材料除增加使用电台(对讲机)外,其他见支线电缆预配主要工具表。通过使用电台(对讲机),使施工人员之间的联系更加便利,可以大大提高工作效率。

(2)敷设贯通地线或分支地线用的工具、材料与敷设光电缆相同。

4. 光电缆的敷设基本步骤

(1)准备敷设光电缆的工具、材料,光电缆径路图和配盘记录。

表 3－7 电缆储备量及做头量表

项目				单位	数量
室外电缆进入室内储备量				mm	5 000
室外电缆进入室内做头量				mm	3 000
室外储备量	20 m 以上电缆每端储备	区间箱		mm	2 000
		XB-2 变压器箱		mm	2 000
		XB-1 变压器箱		mm	2 000
		HZ-12 终端电缆盒		mm	2 000
		HZ-0 终端电缆盒		mm	2 000
		HF-7 方向电缆盒主、副管		mm	2 000
		HF-4 方向电缆盒主、副管		mm	2 000
		HZ-24 终端电缆盒主、副管		mm	2 000
		HZ-6 终端电缆盒主、副管		mm	2 000
		ZPW · BP1 匹配变压器		mm	2 000
室外储备量	20 m 以下电缆每端储备	区间箱		mm	1 000
		XB-2 变压器箱		mm	1 000
		XB-1 变压器箱		mm	1 000
		HZ-12 终端电缆盒		mm	1 000
		HZ-0 终端电缆盒		mm	1 000
		HF-7 方向电缆盒主、副管		mm	1 000
		HF-4 方向电缆盒主、副管		mm	1 000
		HZ-24 终端电缆盒主、副管		mm	1 000
		HZ-6 终端电缆盒主、副管		mm	1 000
		ZPW · BP1 匹配变压器		mm	1 000
电缆做头量		区间箱		mm	2 000
		XB-2 变压器箱		mm	1 000
		XB-1 变压器箱		mm	800
		HZ-12 终端电缆盒		mm	350
		HZ-0 终端电缆盒		mm	350
		HF-7 方向电缆盒	主管	mm	500
			副管	mm	1 500
		HF-4 方向电缆盒	主管	mm	400
			副管	mm	1 000
		HZ-24 终端电缆盒主、副管	主管	mm	400
			副管	mm	550
		HZ-6 终端电缆盒主、副管	主管	mm	350
			副管	mm	350
		ZPW · BP1 匹配变压器		mm	400
箱盒分支地线储备和做头量				mm	1 500
贯通地线接续或贯通地线与分支地线接续量				mm	100
电缆过桥两端储备量				mm	2 000
电缆接续两端储备量				mm	1 000

(2)光电缆盘及电缆支架的固定方法,参照支线光电缆预配的固定方法。由于受施工场地的限制,没有适宜的固定地点时,要采取相应的措施将光电缆支架尽量放平稳。一般可将固定点铲平或垫平。

(3)负责始端电缆人员一般将光电缆从电缆盘的下方拉出。这样与将光电缆从电缆盘上方拉出相比,能让光电缆盘在运动过程中相对稳定。

(4)负责看守电缆盘的人员按照盘上所标的箭头方向转动光电缆盘,以免造成光电缆松脱。

(5)负责始端光电缆人员通过电台和光电缆中间的人员以及守盘的人员随时联系,了解光电缆敷设的情况。

(6)光电缆到达位置后,负责始端光电缆人员拴挂始端光电缆铭牌,留好光电缆储备量后,通过电台通知中间和守盘的人员,光电缆盘停止转动。

(7)负责始端光电缆人员从光电缆始端开始,把光电缆顺序放入电缆沟,光电缆之间不能互相交叉。

(8)光电缆理顺后,留够末端光电缆备用量后,守盘人员用钢锯将光电缆整齐锯断,并挂好末端光电缆铭牌。

(9)光电缆截取后要及时封端,以防止光电缆进水受潮而影响光电缆的电气特性(见电缆的封端)。

(10)如果光电缆从整盘上割取,则需要在整盘上标明总长中减去的光电缆长度,以便于了解本盘光电缆的剩余长度。

(11)光电缆敷设后,将光电缆使用的情况做好详细记录(具体见光电缆配盘记录表3－5),敷设好的光电缆在光电缆径路图上做红色标注,防止重复敷设。

(12)光电缆敷设结束,收拾工具,清理现场。

(13)在光电缆敷设过程中过桥时,桥的两端储备量要有专人负责预留;桥的两端要设专职防护员了解列车的运行情况,随时与敷设人员联系保证行车、人身及电缆的安全。

(14)在光电缆敷设过程中过隧道时,要配备足够的照明设备;同时隧道两端要设专职防护员了解列车的运行情况,随时与敷设人员联系保证行车、人身及电缆的安全。

(15)在光电缆敷设过程中过轨、公路时,轨道、公路两端要有专人负责看守;在电缆敷设过程中需转弯、穿越障碍时,要有专人看守,防止电缆损伤。

(16)光电缆穿过防护管时,要在防护管管口处安装电缆防护套,以免损伤电缆。防护管口电缆防护套示意图如图3－20所示。

(17)在有条件的车站,与车务要点,用轨道车的平板车装运干线电缆敷设,既可节省人力,又可加快施工进度。

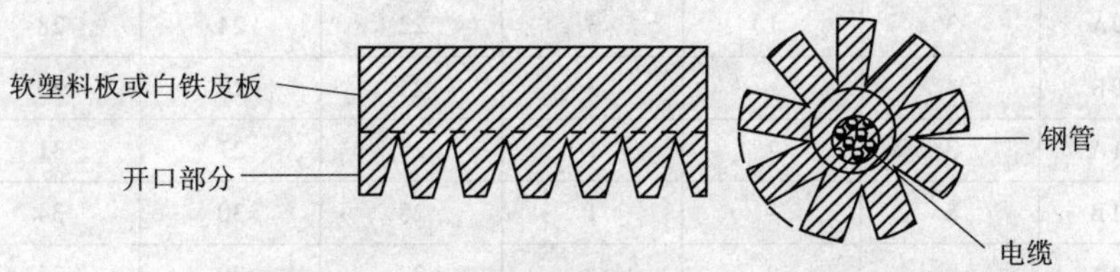

图3－20　防护管口电缆防护套示意图

注:使用时将光电缆防护套卷成圆桶状塞入管口内,开口部分折起阻挡防护管管壁,电缆移动后,保护电缆不损伤。

第四节 光电缆的防护

因为贯通地线与光电缆同沟敷设,所以二者采用的防护方法及材料基本相同。

一、光电缆防护材料

1. 光电缆的防护材料主要包括防护管和防护槽。防护管包括钢管、铸铁管、硬塑料管等。防护槽包括水泥槽、复合槽、钢槽等。

2. 光电缆防护管、防护槽及其他防护器材进场前一定要进行验收。检查产品质量证明文件是否齐全、外观是否有破损等,不合格的一律不准使用。使用时防护管内径要大于电缆外径的1.5倍以上。

3. 选择防护管时,参照表3－8所示电缆成品参考外径。

二、光电缆防护方法

1. 当光电缆的埋设深度大于或等于700 mm时,采取分层夯实的直埋防护方式。施工步骤如下:

(1)光电缆上先覆盖200 mm软土;当光电缆为多层时,两层电缆之间覆盖100 mm软土或砂。

(2)回填深度达到500 mm后,用木夯夯实。木夯示意图如图3－21所示。

(3)把剩余的土回填入电缆沟内,再用木夯夯实。

(4)光电缆沟和地面填平后,再在电缆沟上隆起高出地面100 mm的土堆。

(5)收拾工具,清理现场。

表3－8 铁路内屏蔽数字信号电缆成品参考外径(以焦作为例)

序号	芯数	屏蔽四线组数	非屏蔽四线组数	绝缘单线	参考外径(mm)			
					塑料护套		综合护套	铝护套
					非铠装型	铠装型	铠装型	铠装型
1	8B	2	–	–	21	23	27	30
2	12A	2	1	–	21	23	27	32
3	12B	3	–	–	22	24	28	31
4	14A	2	1	2	23	23	27	30
5	14B	3	–	2	22	24	28	31
6	16A	2	2	–	22	26	28	32
7	16B	4		–	24	26	30	36
8	19A	3	1	3	22	24	28	33
9	19B	4	–	3	24	26	30	36
10	21A	3	2	1	25	27	31	35
11	21B	5	–	1	28	30	34	37
12	24A	4	2	–	27	29	33	37
13	24B	6	–	–	29	31	35	40
14	28A	4	3	–	27	29	33	40

续上表

序号	芯数	屏蔽四线组数	非屏蔽四线组数	绝缘单线	参考外径(mm)			
					塑料护套		综合护套	铝护套
					非铠装型	铠装型	铠装型	铠装型
15	28B	7	–	–	29	31	35	40
16	30A	4	3	2	27	29	33	38
17	30B	7	–	2	29	31	35	40
18	33A	4	4	1	29	31	35	39
19	37A	4	5	1	30	32	36	39
20	42A	5	5	2	33	35	39	42
21	44A	6	5	–	34	36	40	44
22	48A	6	6	–	34	36	40	44

注:施工单位在敷设电缆前,应认真核对电缆参考外径,严格按电位允许的弯曲半径施工,对不同电缆工厂的电缆在订货时,应有电缆参考外径表。

2. 根据施工规范要求,电缆穿越轨道时要采用防护管对光电缆进行防护。防护管两端各伸出轨枕端不得小于500 mm,埋于地面200 mm以下。在防护管管口处,用麻袋片将电缆缠绕后将管口封堵。如图3－22所示。

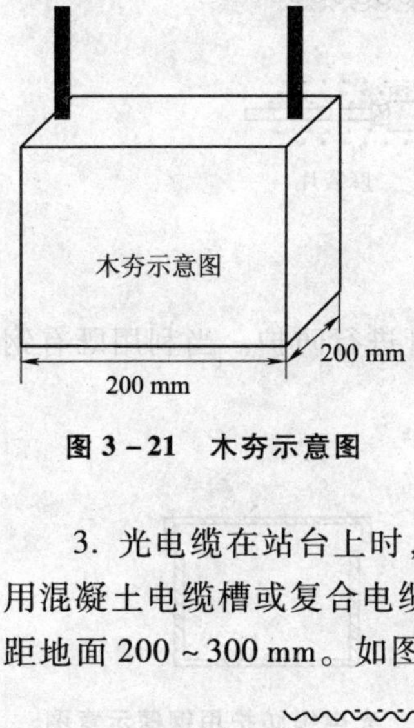

图3－21　木夯示意图

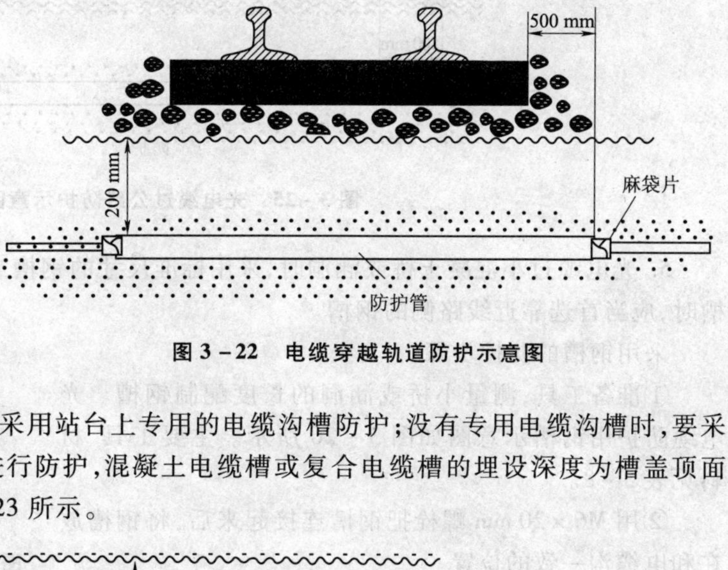

图3－22　电缆穿越轨道防护示意图

3. 光电缆在站台上时,一般采用站台上专用的电缆沟槽防护;没有专用电缆沟槽时,要采用混凝土电缆槽或复合电缆槽进行防护,混凝土电缆槽或复合电缆槽的埋设深度为槽盖顶面距地面200～300 mm。如图3－23所示。

图3－23　站台电缆槽防护示意图

电缆槽防护步骤:

①将电缆槽对齐,接口处不留缝隙。

②在光电缆上填沙并将电缆槽填满，这样做是为了避免电缆槽形成水道。

③盖上电缆槽盖板，盖板接口处不留缝隙，并用混凝土砂浆封堵。

电缆槽要采用分歧和直形两种形式，做到规范施工。如图 3－24 所示。

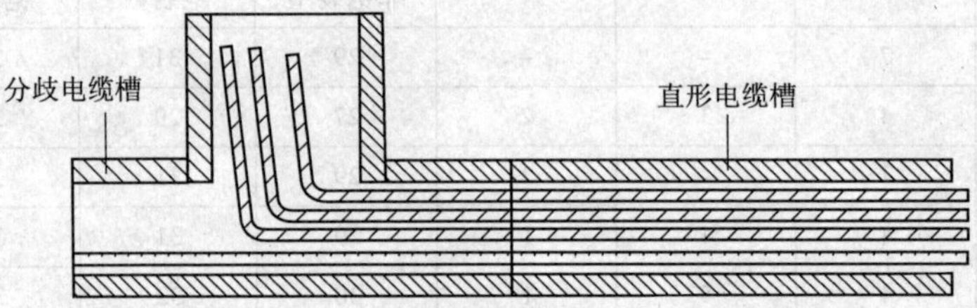

图 3－24　分歧、直通电缆槽防护示意图

4. 光电缆穿越公路时，一般采用钢管对光电缆进行防护，钢管埋深不低于 500 mm，埋深大于 1 200 mm 时，防护管可以采用硬塑料管。防护管两端露出公路边缘不小于 500 mm。在防护管管口处，用麻袋片将电缆缠绕后将管口封堵。防护前用卷尺等测量工具，测量公路的宽度，提前预制防护管。如图 3－25 所示。

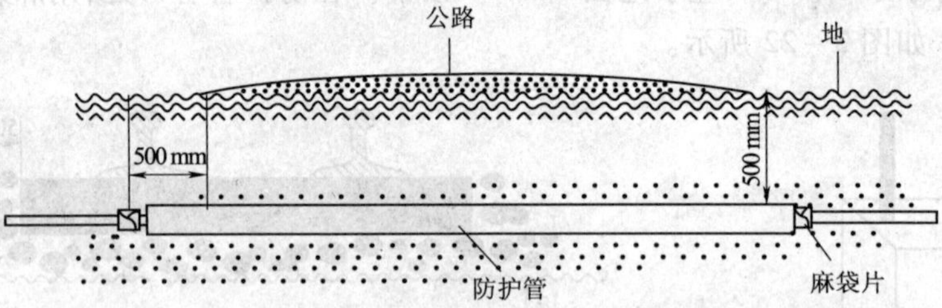

图 3－25　光电缆过公路防护示意图

5. 光电缆过小混凝土桥或涵洞时，采用标准尺寸的钢槽或钢管进行防护。当利用既有钢槽时，应当首选靠近线路侧的钢槽。

采用钢槽的防护步骤：

①准备工具，测量小桥或涵洞的长度配制钢槽。光电缆防护用钢槽示意图如图 3－26 所示。主要工具、材料见表 3－8。

②用 M6 × 20 mm 螺栓把钢槽连接起来后，将钢槽放在和电缆沟一致的位置。

图 3－26　光电缆防护用钢槽示意图

③钢槽的转弯部位采用 120°角的特殊钢槽。

④桥或涵洞两侧各放置一块混凝土基础，对钢槽固定。

⑤在钢槽口处，用麻袋片等材料把电缆缠绕后，将钢槽堵塞严密，防止钢槽口割伤电缆。

⑥将槽盖盖好，每隔 0.5 m 套上钢槽卡箍，用 200 mm 扳手将钢槽专用卡箍螺丝拧紧。

⑦用钢槽卡箍将钢槽固定在基础螺栓上，并用 200 mm 扳手紧固。如图 3－27 所示。

⑧如小桥或涵洞的长度超过 3 m，则在两个基础中间每隔 1.5 m 用混凝土砂浆灌注，将钢槽固定在小桥或涵洞上。

⑨收拾工具，清理现场。

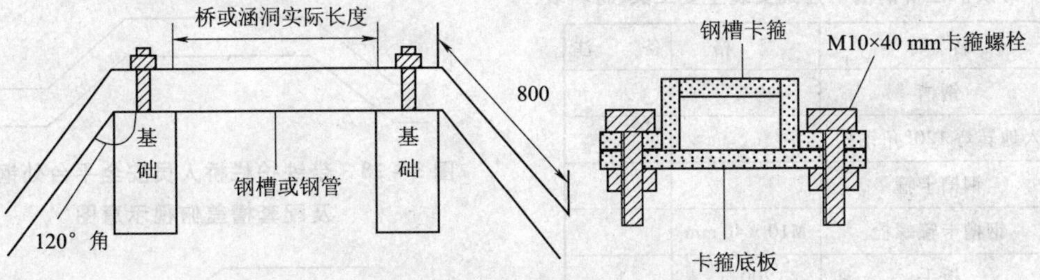

图 3－27　过小混凝土桥或涵洞防护示意图

6. 光电缆过带铁护栏长桥的防护：

光电缆过带铁护栏长桥时一般采用钢槽防护。为了便于工务维护线路，钢槽应当采用下挂安装方式。如图 3－26、图 3－28、图 3－29、图 3－30 所示。

防护步骤：参照光电缆过小桥或涵洞的防护步骤。

钢槽的下挂式安装步骤：

①首先用测量工具测量桥的长度并配制钢槽。主要的安装工具及材料见表 3－9。

②准备发电机、13 mm 手电钻、ϕ10 mm 钻头等钻孔工具准备钻孔。

③用钢卷尺从钢轨平面水平方向往角钢护栏上拉一条直线，用记号笔在护栏上做好标记，作为托架安装的水平基准线。

表 3－8　主要工具、材料表

序号	名　称	规　格	备　注
1	钢槽		
2	120°角转弯钢槽		
3	钢槽卡箍		
4	钢槽卡箍螺栓	M10 × 40 mm	
5	基础螺母	M8	
6	基础		
7	扳手	200 mm	
8	锹		
9	镐		
10	皮尺	50 m	
11	钢槽接头螺栓	M6 × 20 mm	

④用手锤和号眼铳子在需要钻孔的位置号眼。号眼要准确否则将影响钻孔及安装质量。

⑤将钻头安装在电钻上。

⑥打开发电机，把电钻连接在发电机上，开动电钻钻孔。

⑦钻孔完毕，关闭电钻、发电机。

⑧用毛刷将钻孔中的铁屑清扫干净，从线路往大地方向穿上 M10 × 30 mm 托架固定螺栓。

⑨装上托架，套上垫片、弹簧圈，用扳手将螺母拧紧。

⑩托架安装结束。

⑪用 M6 × 20 mm 接头螺栓、螺母、垫片、弹簧圈把钢槽连接成每段 3 m 的长度，用扳手拧紧后，与桥端入地 800 mm、转弯 120°角的特殊钢槽连接。

⑫从桥的一端开始逐段连接。

⑬钢槽全部放到托架上，盖上槽盖并用卡箍固定。

⑭把装好的钢槽调平调直。

⑮钢槽安装完毕，收拾工具，清理现场。

7. 光电缆过隧道的防护：

光电缆过隧道时，一般采用电缆槽或预留的槽道对光电缆进行防护。如遇到不采用电缆槽道防护的隧道，也可以采用光电缆壁挂防护方式，比如地下铁道通常采用光电缆壁挂方式。

表 3 – 9　带铁护栏桥钢槽下挂式安装主要工具、材料表

序号	名　称	规　格	备　注
1	钢槽		
2	入地转弯 120°角钢槽		
3	钢槽卡箍		
4	钢槽卡箍螺栓	M10 × 40 mm	
5	扳手	200 m	
6	锹		
7	镐		
8	皮尺	50 m	
9	钢锯		
10	钢锯条		
11	钢槽接头螺栓	M6 × 20 mm	
12	钢槽托架		
13	发电机		
14	电钻	13 mm	
15	钻头	ϕ10 mm	
16	托架固定螺栓	M10 × 30 mm	
17	记号笔		
18	手锤		
19	号眼铳子		
20	安全平台转弯 120°角钢槽		

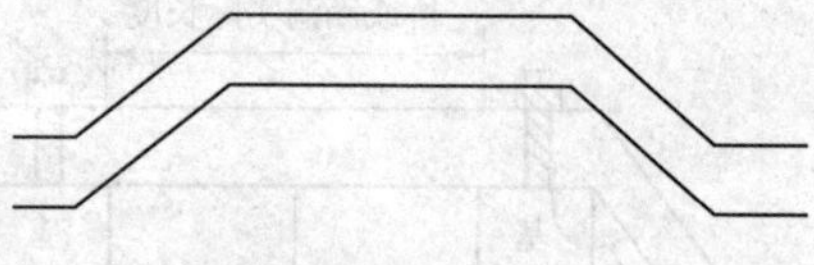
图 3 – 28　带铁护栏桥人员安全平台处钢槽及配套槽盖俯视示意图

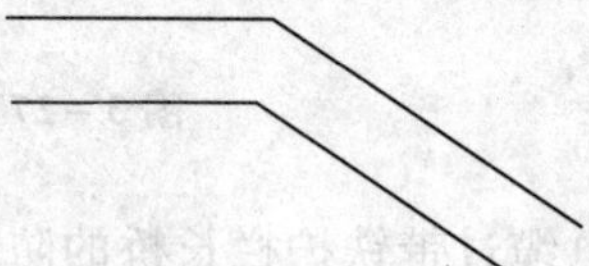
图 3 – 29　带铁护栏桥入地钢槽及配套槽盖侧视示意图

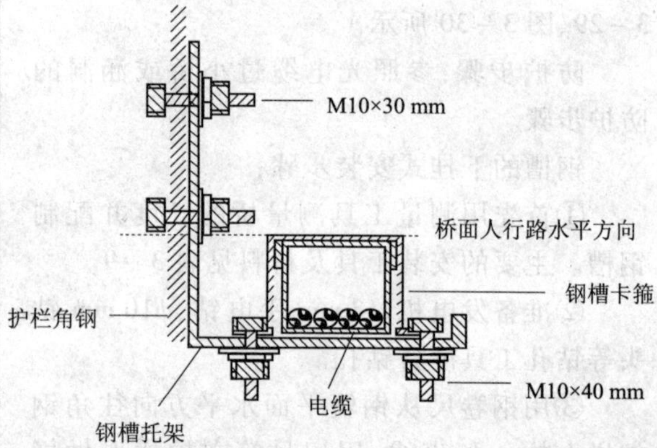

图 3 – 30　带铁护栏桥钢槽下挂式安装示意图

而光电缆壁挂又有电缆挂钩或托臂两种方式，挂钩或托臂的安装间距一般在 1 m 左右。采用壁挂防护时，隧道口可采用如图 3 – 31 方式防护。电缆托臂如图 3 – 32 所示。

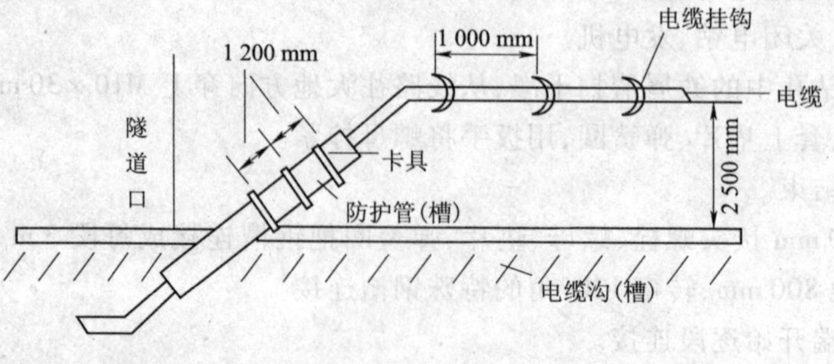

图 3 – 31　隧道口光电缆的防护管(槽)安装示意图

8. 光电缆过水沟、水渠采用钢管防护：

(1)首先需要测量水沟的跨度，然后配制钢管。

(2)为了预防防护钢管被野火燃烧的隐患，电缆防护管一般敷设在地下。钢管顶面距水沟度面的埋设深度要大于 200 mm；防护钢管的内径要大于电缆外径的 1.5 倍，同时防护钢管的两端要伸出水沟边沿 500 mm 以上。如图 3 – 33 所示。

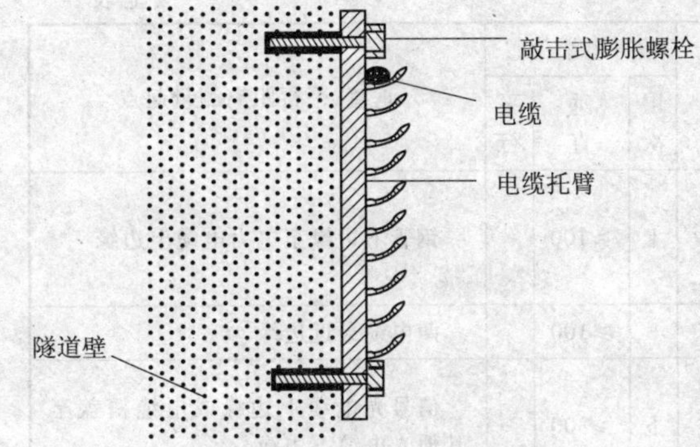

图 3－32 隧道电缆托臂侧视示意图

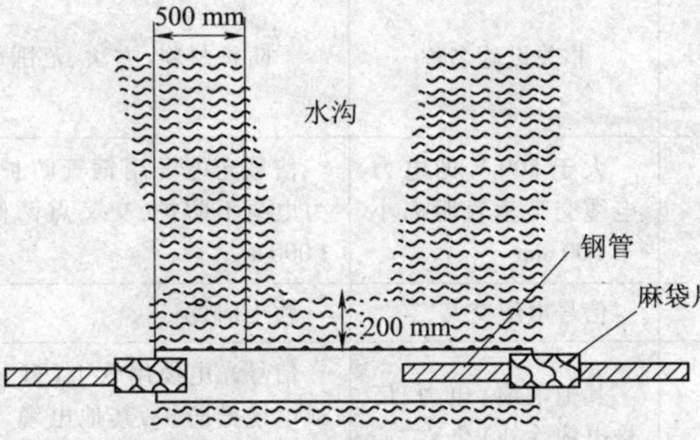

图 3－33 光电缆过水沟钢管防护示意图

9. 光电缆在通过坚石等地段或埋深不足 700 mm 时，一般采用电缆槽或钢槽对光电缆进行防护。

10. 光电缆要尽量避免在居民点、地下排水沟、取土坑等附近通过，必须要通过时，要在光电缆上、下各敷设软土（或砂）100 mm，并在上面敷砖（管、槽）防护。如图 3－34 所示。

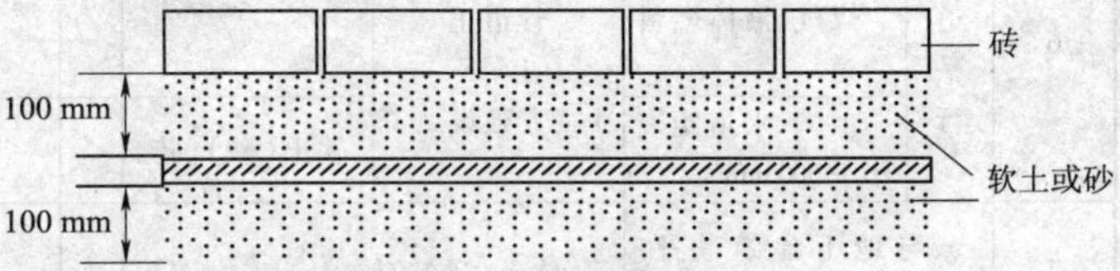

图 3－34 电缆砂砖防护示意图

11. 光电缆地下接续时，地下接续处一般用电缆槽对电缆进行防护，防护长度不小于 1 m。

12. 室外光电缆要尽量远离其他管线、建筑物，当不得已与其他管线、建筑物交叉或平行敷设时，应按表 3－10 进行防护。

13. 特殊地区（点）的光电缆防护：

（1）有白蚁危害地区的光电缆敷设过程中，应及时通知、配合当地的白蚁防治部门进行白蚁的预防治理，加强光电缆的防护。

（2）在室内的光电缆（线）引入孔处，按引入孔尺寸用防火、防鼠材料或水泥砂浆将电缆（线）引入孔封堵严密。

表 3－10 光电缆与其他管线、建筑物交叉或平行敷设防护表

序号	相关设施名称	防护材料、方法、范围	信号电缆位置：层次	信号电缆位置：垂直	信号电缆位置：平行	垂直、平行距离测量起点
1	热力、煤气、燃料管道交叉垂直距离小于500 mm	钢管交叉点两侧各 1 000 mm，连敷软土	上	≥300		钢管下边缘或电缆槽底至管道上边缘
			下			钢管上边缘或电缆槽盖至管道下边缘
2	其他管道交叉垂直距离小于 500 mm	软土（砂）、砖：交叉点两侧各1 000 mm，上、下软土（砂）各100 mm，上下敷砖	上	≥300		信号光电缆下边缘至管道上边缘
						信号光电缆上边缘至管道下边缘
		软土（砂）、砖：交叉点两侧各1 000 mm	下			电缆槽底至管道上边缘
		电缆槽：交叉点两侧各 1 000 mm	上			电缆槽盖至管道下边缘
			下			

续上表

序号	相关设施名称		防护材料、方法、范围		信号电缆位置 层次	信号电缆位置 垂直	信号电缆位置 平行	垂直、平行距离测量起点
3	大于500 V的电力电缆交叉垂直距离小于500 mm		信号光电缆用钢管防护，电力电缆不防护，交叉点两侧各1 000 m		上	≥100		钢管下边缘至电力电缆上边缘
4	信号电缆交叉		软土（砂）			≥100		两电缆最近边缘
5	其他电缆（电力、信号电缆除外）交叉		信号光电缆用软土（砂）、砖或电缆槽防护，其他电缆不防护，交叉点两侧各1 000 mm		下	≥300		信号光电缆上边缘或电缆槽盖至其他光电缆下边缘
6	管道平行	热力管道距离小于2 000 mm	严禁在管道正上、下方敷设	隔热材料			≥500	光电缆边缘至管道边缘
		煤气、液体燃料管道					≥1000	
		上、下水道距离小于500 mm		软土（砂）、砖			≥100	
7	与地下建筑物平行，距离小于600 mm		软土（砂）、砖				≥100	光电缆边缘至建筑物边缘

三、光电缆埋设标

1. 光电缆埋设标的埋设要求

(1)光电缆埋设标要准确地埋设在光电缆径路上，以便于电务维修人员在维护光电缆时能够很方便地找到电缆。

(2)光电缆埋设标埋设后，要在光电缆径路图上，对信号楼到光电缆径路终端的埋设标进行统一编号，并记录实际埋设的公里标和到最近线路中心的距离。

(3)在桥梁两端的备用光电缆处以及隧道两端的光电缆埋设处都要埋设电缆埋设标。

(4)在光电缆的分支处、转向处、接近建筑物的最近点、可能遭受意外损伤的地点、穿越障碍物点、箱盒设备接地点、光电缆接续处及与其他光电缆和管道交叉点埋设光电缆埋设标。

(5)长度大于200 m中间又无转向或分支电缆埋设标的电缆径路，需要每隔100 m的距离安装一光电缆埋设标。

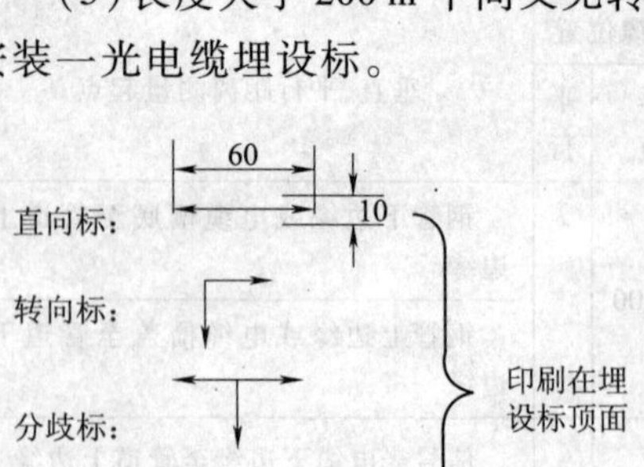

图3－35　光电缆埋设标表示方向示意图（单位：mm）

(6)光电缆埋设标上要标明埋设标的编号、用途和光电缆的埋深及日期。

2. 光电缆埋设标的类型（以mm计）

(1)按光电缆方向分：直向标、转向标、分歧标。如图3－35所示。

(2)按名称分：电缆标、接续标、地线标。如图3－36所示。

3. 光电缆埋设标的埋设步骤

(1)准备施工工具和材料并运到施工现场。埋设用的主要工具和材料见表3－11。

(2)用铁锹在电缆径路上挖长0.5 m、深0.3 m的坑。

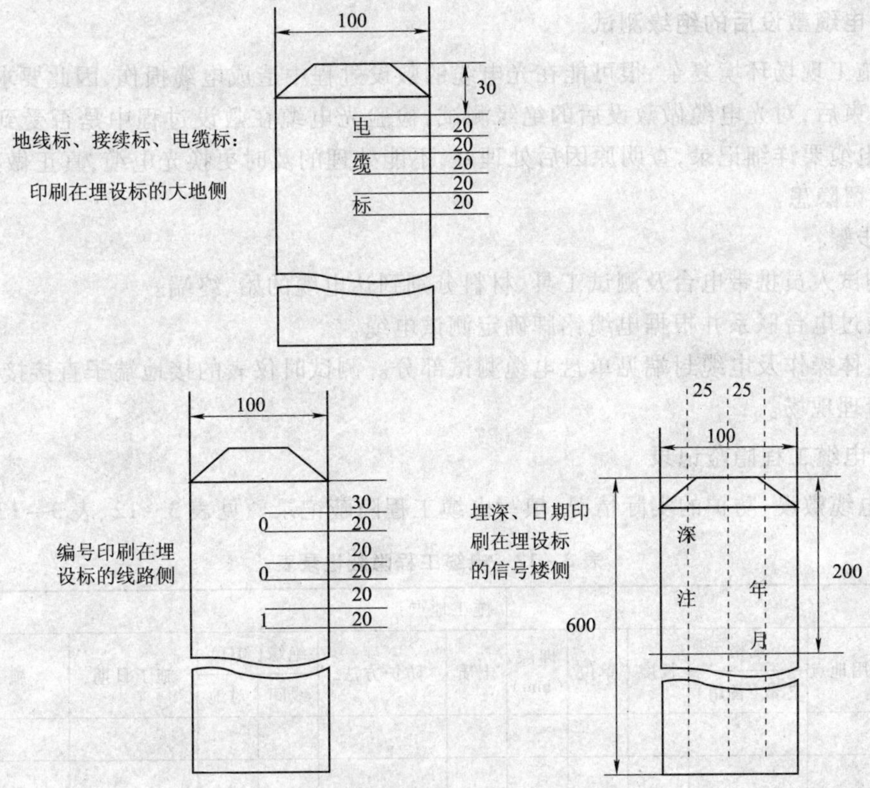

图 3-36 光电缆埋设标示意图(单位:mm)

(3)坑挖好后,用木夯将坑底整平夯实。注意不要过度用力,防止损伤电缆。

(4)将埋设标放入坑内,埋设标高出地面 300 mm。

(5)把坑填平后夯实,预防自然沉降。

(6)使用字模和红色(或黑色)自喷漆印上埋设标对应的编号、作用、日期及电缆埋深。

(7)测量埋设标的公里标和最近线路中心的垂直距离,记录在电缆径路埋设标示意图上。如图 3-37 所示。

(8)收拾工具,清理现场。

表 3-11 主要埋设工具和材料表

序号	名 称	规 格	备 注
1	光电缆埋设标		
2	铁锹		
3	皮尺	50 m	
4	红色自喷漆		
5	字模		
6	木夯		
7	电缆径路图		
8	记号笔		

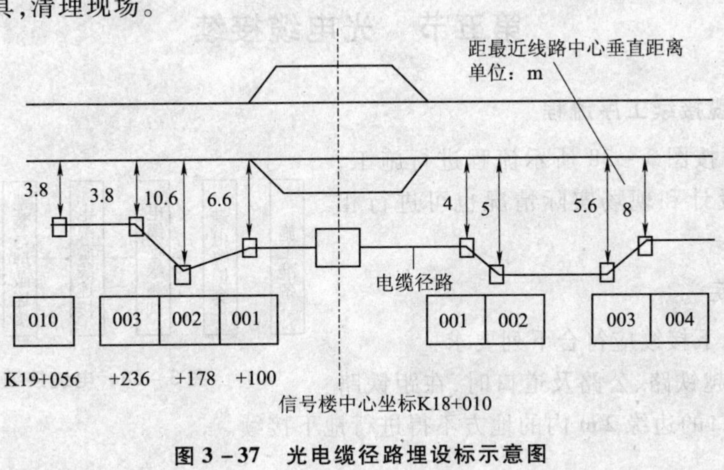

图 3-37 光电缆径路埋设标示意图

四、光电缆敷设后的绝缘测试

由于施工现场环境复杂，很可能在光电缆的敷设过程中造成电缆损伤，因此要求在电缆敷视、防护结束后，对光电缆做敷设后的绝缘测试，检验光电缆在敷设过程中是否受到损伤。不合格的光电缆要详细记录，查明原因后处理好，不能处理的及时更换光电缆，真正做到早发现、早处理，不留隐患。

测试步骤：

(1)测试人员携带电台及测试工具、材料分别到达电缆的始、终端。

(2)通过电台联系并根据电缆铭牌确定测试电缆。

(3)具体操作及电缆封端见单盘电缆测试部分。测试时仪表的接地端子直接接地。

(4)清理现场。

五、光电缆工程隐蔽记录

按光电缆敷设、防护的实际情况，填写电缆工程隐蔽记录。见表 3－12、表 3－13。

表 3－12　电缆工程隐蔽记录表

工程名称：						施工地点：					
序号	电缆使用地点	规格	长度	单位	埋深（mm）	土质	防护方法	绝缘（MΩ）		施工日期	施工负责人
		芯数（备用）						线间	对地		

质检：　　　　　　　　　　　　监理：　　　　　　　　　　　　接管单位：

表 3－13　光缆隐蔽工程记录表

站＿＿＿＿＿＿＿＿站＿＿＿＿＿＿＿＿工程

编号	施工地段	规格	长度（m）	土质	埋深（m）	备注（防护）

施工技术负责人：　　　　　　随工人员：　　　　　　监理工程师：　　　　　　日期：

第五节　光电缆接续

一、信号电缆接续工序流程

电缆接续可按图 3－38 所示流程进行施工，根据施工组织设计和现场实际情况也可进行相应调整。

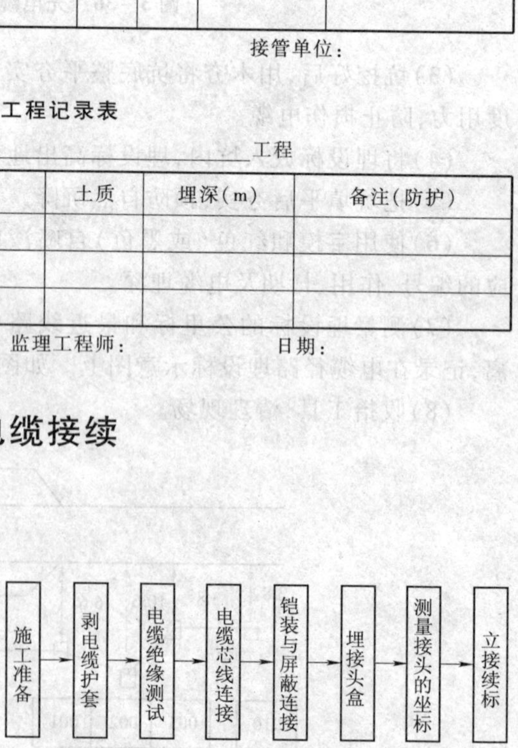

图 3－38　电缆接续流程图

二、一般规定

信号电缆地下接续应符合下列要求：

(1)电缆穿越铁路、公路及道口时，在距铁路钢轨、公路和道口的边缘 2 m 内的地方不得进行地下接续。

(2)电缆地下接续地点距热力、煤气、燃料管道不应小于 2 m；当小于 2 m 时，应有防护措施。

(3)电缆地下接续时，电缆的余留量长度不得小于 2 m。

(4)电缆的地下接头应水平放置，接头两端各 300 mm 内不得弯曲；并且用电缆槽防护，防护长度不应小于 1 m。

(5)电缆接续中不得使用腐蚀性焊剂，无虚接、假焊、有毛刺。

(6)电缆地下接续材料的质量、型号、技术指标应符合有关规定。

(7)电缆地下接续完毕，应及时进行芯线导通和芯线对地、芯线间绝缘电阻值的测试。

(8)同径路的两根电缆接续位置间的距离应大于 1 m。

三、HDM-T 型、HDM-T-P 型免维护地中电缆接续盒及接续工艺

HDM-T 型免维护地中电缆盒为一般信号电缆接续用。

HDM-T-P 型免维护地中电缆盒为内屏蔽铁路数字信号电缆接续使用。

两种免维地中电缆盒的接续工艺均为中国铁路通信信号集团公司信号施工工艺研究所根据一般信号电缆和内屏蔽铁路信号电缆的技术特征和铁路电务维修体制改革方向并吸取国内、外各类电缆接续装置的优点开发研制成功的。

两种免维护地中电缆盒的制作工艺采用多级密封措施，选用性能好、寿命长的材料制作。盒内电缆芯线接续采用新型压接技术，操作简单、易于掌握、提高了接续速度并保证了接续质量。可以做到与电缆同寿命免维护。

HDM-T 型免维护地中电缆盒已于 1999 年 4 月 2 日通过了铁道部技术审查。于 2001 年 6 月 3 日由国家知识产权局批准授予专利权。

HDM-T-P 型免维护地中电缆接头盒于 2003 年 11 月被铁道部(科技运函〔2003〕121 号文)批准为 ZPW-2000A 自动闭塞施工安装工艺标准。

HDM-T 型和 HDM-T-P 型免维护地中电缆盒的接续工艺基本相同。HDM-T 型免维护地中电缆盒的接续工艺只比 HDM-T-P 型免维护地中电缆盒的接续工艺少电缆内屏蔽层连接的工艺部分。下面系统介绍 HDM-T-P 型免维护地中电缆盒接续工艺。

1. 工艺流程

免维护地中电缆接续一般按图 3－39 所示流程进行。

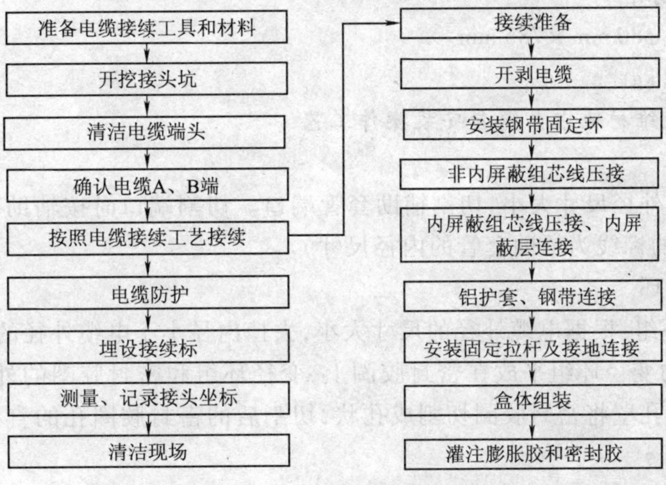

图 3－39　免维护电缆接续流程图

2. 地中电缆盒结构图

HDM-T-P 型免维护地中电缆盒结构如图 3－40 所示。

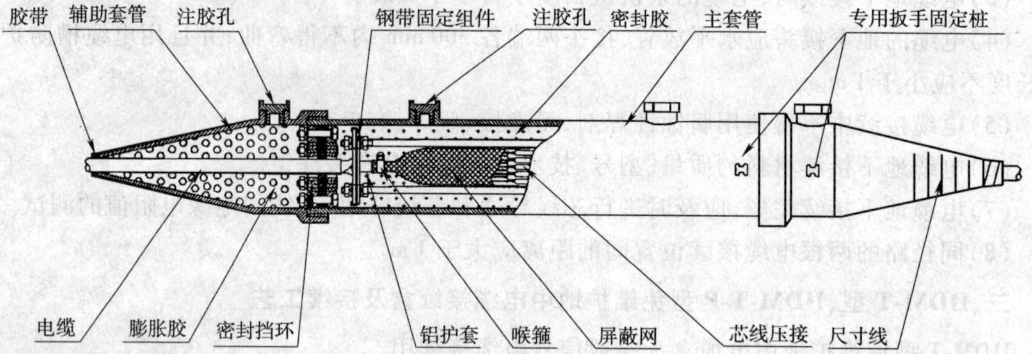

图 3－40　HDM-T-P 型免维护地中电缆盒结构图

3. 工艺特点

(1)适用于国内各种地质条件下的电缆接续;

(2)多级密封防护,可做到免维护;

(3)采用压接技术,接续省时、省力,质量可靠;

(4)接续部位与电缆同结构,确保电缆通道的各项性能;

(5)抗拉机械应力部分采用金属附件固定;

(6)铝护套连接,采用金属屏蔽网,以实现磁屏蔽和电屏蔽;

(7)采用可变径密封胶片和变径环,可方便地用于不同外径的电缆;

(8)电缆盒整体结构机械强度高、耐腐蚀性强,适应环境温度广,抗磁、电干扰性能强;

(9)选用优质材料,性能好、寿命长;

(10)只用一般及配套小工具即能操作,施工方便;

(11)由于工艺简单,可靠性高;且体积小、重量轻、便于携带,尤适用于线路抢修之用。

4. 主要技术参数

(1)常温密封、高温密封、温度循环、静负荷、冲击、振动、轴向拉力等特性均符合 Q/JG 002.3 规定的技术标准。

(2)外形尺寸:ϕ80 mm × 785 mm。

(3)重量:3.72 kg。

5. HDM-T-P 免维护地中电缆盒安装操作工艺

(1)接续准备

①根据电缆的外径尺寸大小,切割辅助套管端口。切割端口时按辅助套管上的标线尺寸切割(辅助套管上的标线为辅助套管的内径尺寸)。

②组装密封挡环

a. 选择变径环组:根据电缆外径的尺寸大小,去掉内径小于电缆外径的变径环。

b. 将选择好的变径环组平放在密封胶圈上,变径环组和密封胶圈的外圆对齐,用专用切割刀沿变径环组内孔壁将密封胶圈切割成孔状,切割后的密封胶圈孔的直径应小于变径环组内孔直径 1 mm。

c. 组装密封挡环:将变径环组、密封胶圈、外挡片、内挡片用 6 根 M6 × 35 的螺栓连为一体

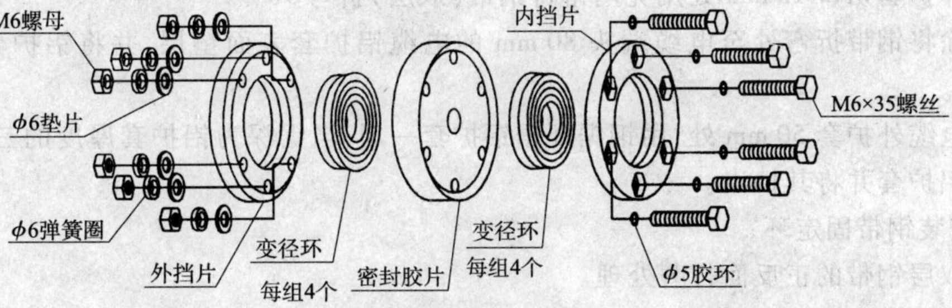

图 3－41　密封挡环配件位置图

（暂不拧紧），如图 3－41 所示。

③用钢锯锯断电缆端头，确认电缆 A、B 端别正确。

④用棉纱将电缆端头 1 m 范围的电缆外护套表面擦拭干净。

⑤按顺序依次将辅助套管→密封挡环组（紧固螺母面向辅助套管侧）→钢带固定环套在电缆护套上（两侧电缆相同）。

⑥将主套管套在一侧电缆上，见图 3－42。

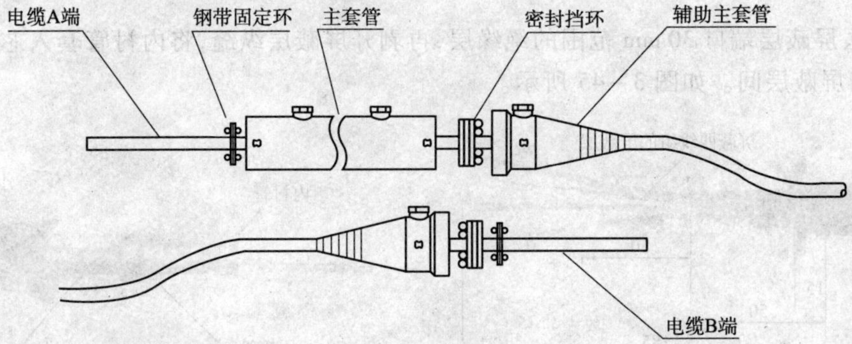

图 3－42　电缆护套外观结构图

⑦注意事项

a. 选择变径环组必须根据接续电缆的直径，严禁随意组合。

b. 密封挡环和钢带固定环在电缆中的位置，要严格按图 3－43 组装顺序和零件位置的方向安装。

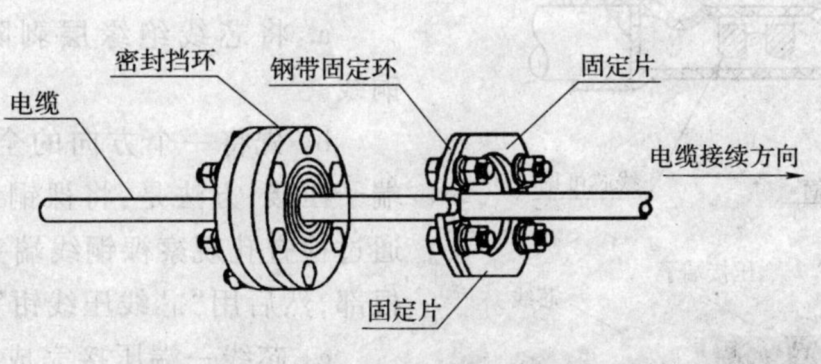

图 3－43　密封挡环和钢带固定环位置图

（2）开剥电缆

①距电缆端头 500 mm 处用电工刀环切电缆外护套一周，并向端头纵向切割将其除去。

②距外护套切口 15 mm 处用克丝钳将钢带(双层)折弯 90°。

③剥除将钢带折弯处至电缆端头 80 mm 的电缆铝护套表面垫层,并将铝护套用砂布条打磨。

④距电缆外护套 50 mm 处,用钢锯环锯铝护套一周,当锯深为铝护套厚度的三分之二时,轻轻折断铝护套并将其抽出。

(3)安装钢带固定环

①将双层钢带的正反面打磨处理。

②松开钢带固定环上的螺栓,将钢带夹在固定环中间间,用螺栓紧固牢靠;保留钢带固定环外侧的钢带 5 mm,将多余部分剪去,再将固定环外的钢带折弯后整平。

③将铝护套屏蔽网一端套在距电缆外护套切口 30 mm 的铝护套上,用喉箍将其与铝护套紧固牢靠,然后将屏蔽网全部推向固定侧,露出电缆芯线。

(4)芯线接续

非屏蔽线组的芯线接续除不进行屏蔽连接外,其他部分与内屏蔽线组芯线接续相同。

①开剥芯线屏蔽层

a. 距铝护套切口 50 mm 处将屏蔽线组的屏蔽层剪断,保留芯线长度 185 mm,如图 3－44 所示。

b. 除去屏蔽层端口 30 mm 范围的绝缘层,再剥开屏蔽层纵缝,将内衬管套入芯线,将其放置在芯线与屏蔽层间。如图 3－45 所示。

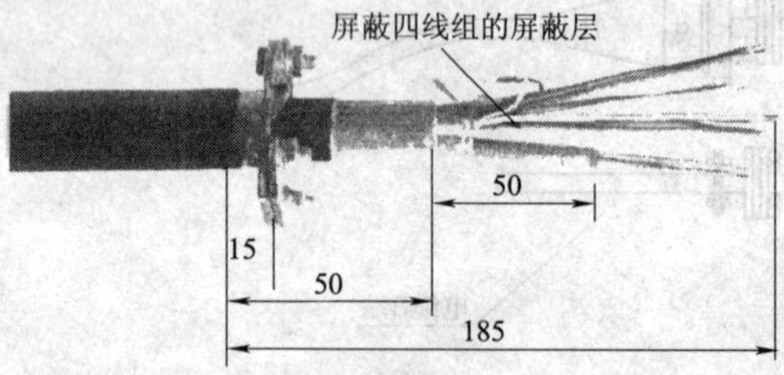

图 3－44　内屏蔽四线组开剥尺寸示意图(单位:mm)

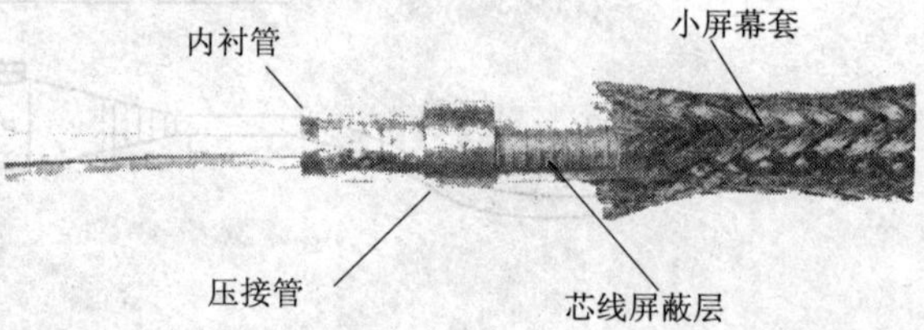

图 3－45　屏蔽压接示意图

c. 将屏蔽压接管放置在屏蔽层外端。

d. 将小屏蔽网穿入屏蔽线组的一端。

②芯线压接

a. 将芯线绝缘层剥除 6 ~ 8 mm 露出裸铜线。

b. 先将一个方向的全部电缆芯线用接线端子压接,方法是:将裸铜线穿入压接端子筒,通过检查孔观察裸铜线端头穿至压接端子筒的根部,然后用“芯线压线钳”压接,见图 3－46。

c. 芯线一端压接完成后,再用同样方法将对应的另一侧电缆芯线压接。全部芯线压接完成后,检查核对压接的线组线对,确保芯线接续正确,如图 3－46 所示。

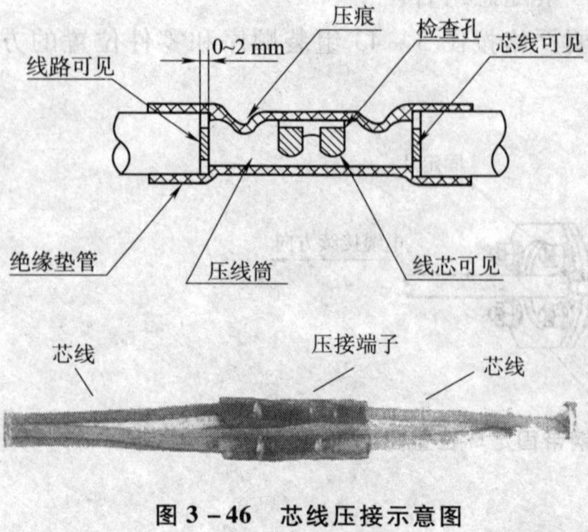

图 3－46　芯线压接示意图

③压接注意事项

a. 在芯线压接过程中始终保证电缆芯线在压接端子筒内的位置正确。

b. 压线钳与压接端子筒及芯线呈垂直状，压接时压接钳不得晃动。

c. 压线应一次压紧，压线钳压紧后，能自动松开，表明压接成功，严禁对压接后的端子进行再次压接。

d. 压线钳与压线筒及芯线的位置必须如图 3－47 所示，不得颠倒。

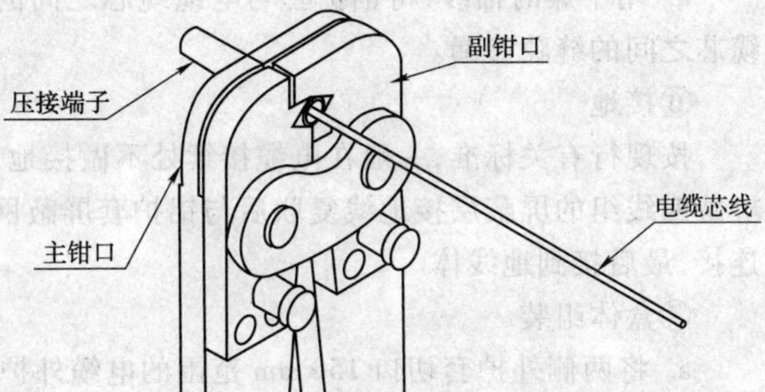

图 3－47　芯线与压接钳位置图

④芯线屏蔽层连接

a. 将小屏蔽套沿接续完的芯线恢复成直线状，小屏蔽套的两端分别与屏蔽层搭接 15 mm。

b. 将内衬管移到屏蔽层切断口处，使屏蔽层覆盖内衬管。内衬管的端口探出屏蔽层切断口 1 mm，以防止压接时屏蔽层切断口与芯线接触。

c. 先将屏蔽压接管套入小屏蔽套，再将屏蔽压接管移到与内衬管规定的位置，用“屏蔽层专用压接钳”在屏蔽压接管处压接，使电缆两侧屏蔽四线组的屏蔽层连接，见图 3－48。

d. 注意：屏蔽连接时应特别注意屏蔽层切口的处理，确保屏蔽层与芯线间的电气特性良好。

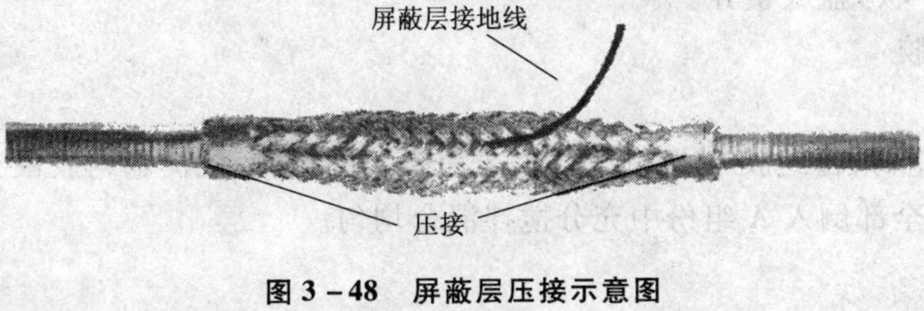

图 3－48　屏蔽层压接示意图

⑤铝护套、钢带连接

a. 全部芯线接续完毕后，将接续后的电缆芯线恢复直线状态。

b. 将铝护套屏蔽网沿电缆芯线拉至另一侧电缆的铝护套处，用喉箍将屏蔽网与铝护套固定连接。

c. 将固定拉杆安装在固定环凹槽内，如图 3－49 所示。

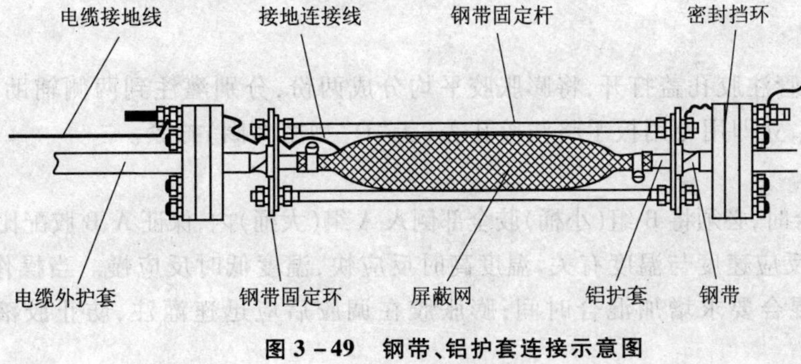

图 3－49　钢带、铝护套连接示意图

d. 用干燥的棉纱，将铝护套与电缆缆芯之间的缝隙填塞，防止灌胶时胶液沿铝护套与电缆芯之间的缝隙渗漏。

⑥接地

按现行有关标准，一般在电缆接续处不做接地。特殊情况下，电缆接续处需要接地，应将屏蔽四线组的屏蔽层接地线复联后与铝护套屏蔽网连接在一起，再与密封挡环上的接地端子连接，最后接到地线体。

⑦盒体组装

a. 将两侧外护套切口 150 mm 范围的电缆外护套用砂布打毛。

b. 将主套管移至电缆接续的中间部位。

c. 将两端的密封挡环推入主套管，外挡环与主套管端面在同一平面上，调整主套管注胶孔的位置，使接头盒落地后注入胶孔与地面垂直向上。

d. 用扳手按对角、轮换的顺序，紧固密封挡环的螺丝，使密封胶片受挤压后径向膨胀；一端完成后再用同样方法安装另一端密封挡环。紧固密封挡环的螺丝时，必须按对角轮换的要求均匀拧紧，不可盲目用力，避免用力过大损坏密封部件。

e. 将辅助套管与主套管对接，用专用扳手拧紧，辅助套管注胶孔应与主套管上的注胶孔在同一条直线上其角度差不大于 ±15°。

f. 在辅助套管小口径端与电缆之间用密封胶带缠包，防止灌胶时胶液渗漏。

⑧灌注密封胶和膨胀胶

将接头盒水平放入电缆接头坑底部，保持主套管注胶孔与地面垂直；两端电缆储备量呈“Ω”状（或“S、∽”状）盘放整齐。

a. 灌注密封胶

(a) 调胶

密封胶为双组份，密封胶 A 组份（大桶）开盖后，先将盒底沉淀物与胶液充分搅拌均匀，再将 B 组份（小桶）全部倒入 A 组份中充分搅拌混合均匀。

(b) 灌胶

打开主套管上的两个注胶孔盖，将密封胶用漏斗从主套管上的一个注胶孔向盒体内灌注，待胶液溢出注胶孔后，等待 10 min，补齐胶面；再用专用扳手将两个注胶孔盖（有“O”型密封圈）拧紧。

b. 灌注膨胀胶

(a) 调胶

将胶袋的中间卡条取出用后，使 A、B 胶液混合，然后用手反复揉搓胶袋使 A、B 胶液充分混合均匀。

(b) 灌胶

将两侧辅助套管注胶孔盖打开，将膨胀胶平均分成两份，分别灌注到两侧辅助套管内，待胶面溢出注胶孔后，立即用专用扳手将注胶孔盖（无“O”型密封圈）拧紧。

c. 注意事项

(a) 密封胶混合时，必须将 B 组（小桶）胶全部倒入 A 组（大桶）内，保证 A、B 胶配比正确。

(b) 膨胀胶的反应速度与温度有关，温度高时反应快，温度低时反应慢。当操作环境温度较低时，应按胶体混合要求增加混合时间；膨胀胶在调胶后应迅速灌注，防止胶液在胶袋内膨胀。

(c)安装注胶孔盖时应将套有"O"型密封圈的注胶孔盖拧在主套管上,并用专用内六角扳手拧紧至密封圈压平即可,避免用力过大造成胀裂注胶孔或扭断注胶孔盖。

⑨机械防护、回填

在接续部位安装接头防护槽,先填埋 200 mm 的松土,然后将接头坑全部填满。

⑩工具、材料

a. 工具表(见表 3－14)

b. 材料表

(a)电缆盒配件明细表/套见表 3－15 所列。

表 3－14　工具表

序号	名　称	规格	单位	数量	备　注
1	工具箱		个	1	
2	钢锯		把	1	
3	电工刀		把	1	
4	克丝钳		把	1	
5	偏口钳		把	1	
6	剥线钳		把	1	可控剥线尺寸
7	剪刀		把	1	
8	压线钳	VS. J1	把	1	
9	活扳手	150 mm	把	1	
10	呆板手	10 mm	把	2	
11	螺丝刀		把	1	
12	棘轮扳手	10 mm	把	1	
13	钢丝刷		把	1	
14	钢丝刷		把	1	
15	接续支架		付	1	
16	切胶刀		把	1	
17	专用扳手		把	2	

表 3－15　配件明细表

序号	名　称	单位	数量	备　注
1	主套管	个	1	
2	辅助套管	个	2	
3	注胶孔盖	个	4	
4	内挡环	个	2	
5	外挡环	个	2	
6	变径环(每组包括 1#、2#、3#、4# 变径环各一个)	组	2	
7	密封胶垫	个	2	
8	M6×35 螺栓	套	12	
9	M6×15 螺栓	套	8	
10	钢带固定环	组	2	
11	喉箍	个	2	
12	固定拉杆	组	2	
13	屏蔽网	根	1	
14	密封胶	桶	1	
15	膨胀胶	袋	1	
16	注胶漏斗	个	1	
17	ϕ5 mm"O"型环	个	12	
18	ϕ14 mm"O"型环	个	12	
19	压接端子	个	30	
20	砂布条	条	2	
21	密封带	卷	1	

(b)其他材料见表 3－16 所示。

表 3－16　其他材料表

序号	名　称	单位	数量	备　注
1	棉纱	kg	适量	
2	脱脂棉	kg	适量	

四、光缆接续工艺

本作业指导是依据中国铁路通信信号上海工程集团苏州光电缆工艺研究所生产的 GYS-JB 型防震光缆接头盒(实用新型专利申请号:200920072631.9),适用于高速铁路(客运专线)、城际铁路等光缆线路的分歧、直通、成端的接续。

1. 工艺流程(见图 3-50)

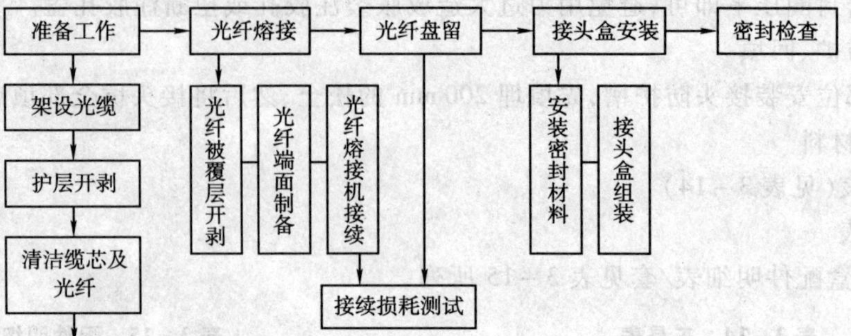

图 3-50 光纤接续测试工艺流程图

2. 工艺操作

(1)准备工作

①将两侧的光缆引出电缆槽,用棉纱擦去光缆外护套上污泥,(距端头 2.3 m)用钢锯锯去两侧端头(约 100 mm)。

②把已理直的光缆架设在工作台两侧的固定支架上。见图 3-51(a)。

③打开接头盒,取出连接支架及配件。

(2)护层开剥

①在两侧光缆上各套入两只与光缆外径相匹配的挡圈待用。

②距光缆端头 1 800 mm 处,用专用切割刀环切外护套一周,然后轻折几次使环切处折断,往端口侧用力抽去,裸露 LAP 护套。见图 3-51(b)。

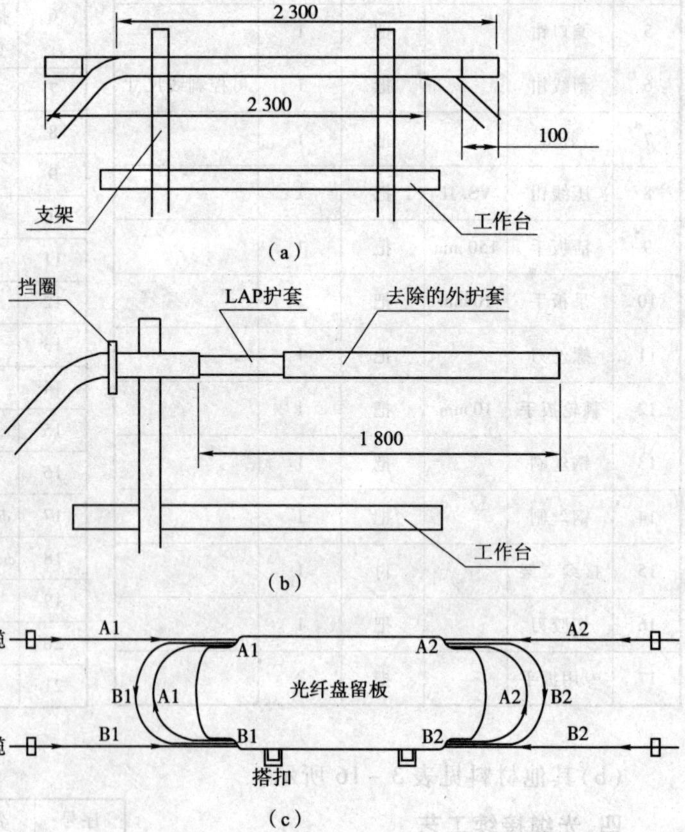

图 3-51 工艺操作示意图(单位:mm)

(3)清洁缆芯及光纤

①从光缆缆芯端头松解包层至护套切口处,并用刀片将油膏包层割除,裸露光纤或塑管以及填充物,加强芯等。

②依次用棉纱、清洗剂和酒精棉将裸露光纤或塑管、加强芯上油膏擦净，并剪去填充物等。

(4)连接支架、加强芯安装

①用断线钳距外护套切口 140 mm 处将光缆加强芯剪断。

②将光缆连接支架上的光缆夹箍紧固在两端光缆上，夹箍距外护套切口 5 mm。(如缆身小于夹箍内孔直径，应在该部位缠绕若干层橡胶自粘带)

③将光缆加强芯穿入支架孔内固定。

(5)预留盘、盘留板安装

①按顺序检查光纤的排列，把两侧光纤分开理顺、编号。将两头已处理干净的带松套管的光纤 A、B 两端分别置入预留盘中，沿着引入口预留一个整圈，长度约为 700mm，(如有分歧光缆应将干线光缆和分歧光缆的松套管均盘于干线光缆加强芯上面)然后再从原引入处引入至上面的光纤盘留板上。

②将加强芯穿入 M10×20 的带槽螺栓，拧紧螺帽。

③用扎带在连接支架预盘留引入口将松套管固定，扎带不得收得过紧，松套管能自由伸缩为宜，然后装上光纤盘留板，(如有分歧光缆，干线光缆和分歧光缆的引入顺序为：先引干线光缆 A1；A2 再引分歧光缆 B1；B2 便于维护时光纤盘留板的翻转。如图 3－51(c)示意)把光纤引入至光纤盘留板上。

④在光纤盘留板引入口处，用松套割刀将松套管环切一刀，轻轻折断并抽去，露出光纤，并用酒精棉擦净。然后用扎带将松套管固定在光纤盘留板上。

(6)光纤接续

①光纤接续时按束管和色谱顺序编号。

②光纤端面的制备和接续：

a. 用光纤切割刀制备端面。

b. 将光纤放入熔接机熔接。

c. 注意观察光纤端面的质量，如发现光纤端面不符合要求应重新制备。

d. 按照光纤熔接机操作程序进行光纤熔接。

(7)光纤接续测试

①在测试点，将尾纤接入 OTDR，尾纤的另一端接 2 km 左右裸光纤，再通过 V 型槽与被测光纤连接。

②接续点接完一根光纤后，通知测试点用 OTDR 测试光纤接头损耗。如不符合要求，应重新熔接。

(8)光纤接头加强管安装

光纤熔接完后，用光纤接头保护管热熔保护。

(4)光纤的盘留

将熔接好的光纤盘于光纤盘留板内，盘留半径应大于 40 mm，并把光纤保护管依次安放在保护管固定槽内，每个槽道安放一根光纤保护管，每层盘片最多盘留 12 芯光纤，盘留时应将 A、B 两侧光纤同时压花盘留，盘留圈数尽量控制为偶数，以达到相互抵消扭力的作用，如盘留圈数是奇数应将扭度控制在 360°以内。最后将光纤接头保护管按顺序放入固定槽内。将防震垫小心地安放在光纤盘留板内然后装上第二层光纤盘留板，以此类推，直至全部光纤接续完毕。

(10)接头盒组装

①严格按照接头盒操作细则或安装说明书进行组装。将接头盒下盒体由下而上套到连接

支架上,用记号笔分别标出密封区域,然后在密封区域用密封带缠绕,缠绕外径约为28 mm,同样尺寸在堵头上缠绕密封带。

②把两根密封条分别嵌入盒体两边的槽道内,在盒体两端的中间也各放上两短段密封条。

③在无光缆引入的盒体端口处放入缠好密封带的堵头,松开下盒体两侧的光缆固定卡,将下盒体由下而上套到连接支架上,然后将光缆固定卡拧紧固定光缆。(同时紧固前在此位置的光缆上缠绕橡胶自粘带或塑料自粘带)

④将上盒体合到下盒体上,上下对齐,交替对角拧紧所有外部紧固螺栓。

(11)防震支架的固定

按固定支架的固定孔位置在电缆槽底部打四个孔,装上M6的膨胀螺栓,各套上两片防震橡胶垫,然后把固定支架固定在上面,将安装完的接头盒放置在固定支架内,并装上穿钉螺栓拧紧螺帽。

3. GYS-JB型接头盒配件名称及分列图(见图3-52)

4. 机具设备

本作业所采用的机具设备见表3-17。

表3-17 机具设备表

序号	名称	规格	单位	数量	备注
1	发电机	800~1000W	台	1	野外供电(220 V)
2	稳压器	500 W	台	1	电源稳压
3	熔接机	日本古河	台	1	光纤接头
4	充气帐篷	7 m^2	顶	1	包括皮老虎
5	工作台		把	1	
6	工作伞		把	1	
7	工作凳		只	3	
8	工作灯	60 W	只	2	220 V
9	勤务电话		只	2	通信联络
10	电风扇		台	1	夏天施工用
11	吹风机		把	1	接头时备用
12	插销板	4连多孔式	块	3	连线10 m
13	专用工具提箱		只	1	含光纤使用工具
14	材料箱		只	1	含光纤使用材料
15	光纤切割刀	日本古河	把	2	
16	镊子		把	2	
17	剪刀	医用	把	2	
18	验电笔		支	1	
19	克丝钳		把	2	
20	偏口钳		把	2	
21	锯弓		把	1	
22	组合工具	28件	套	1	
23	扳手	150#活络	把	2	
24	卷尺	2 m	把	1	
25	电工刀		把	1	
26	喷枪		把	1	
27	材料盒		只	1	

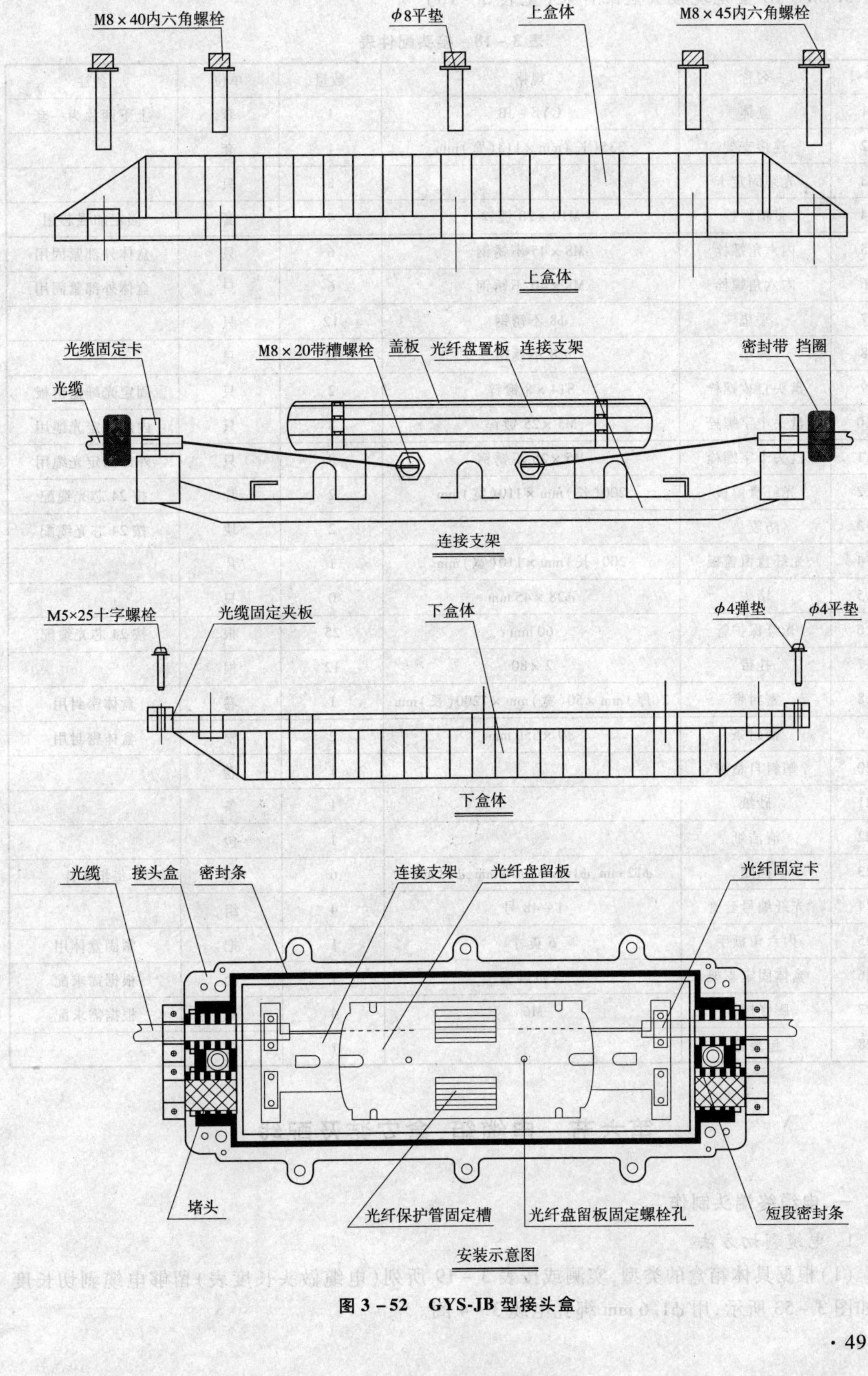

图 3－52　GYS-JB 型接头盒

5. GYS-JB 型光缆接头盒配件表(见表 3-18)

表 3-18　接头配件表

序号	名称	规格	数量	单位	备注
1	盒体	GYS-JB	1	套	上下两片为一套
2	连接支架	335(长)mm×113(宽)mm	1	套	
3	光缆固定卡		8	只	
4	带槽螺栓	M10×20 镀锌	4	套	固定加强芯用
5	内六角螺栓	M8×45 不锈钢	6	只	盒体外部紧固用
6	内六角螺栓	M8×40 不锈钢	6	只	盒体外部紧固用
7	平垫	ϕ8 不锈钢	12	只	
8	弹垫	ϕ8 不锈钢	12	只	
9	盘头自攻螺栓	ST4×8 镀锌	2	只	固定光纤盘留板
10	盘头十字螺栓	M5×25 镀锌	8	只	内部固定光缆用
11	盘头十字螺栓	M5×25 不锈钢	8	只	外部固定光缆用
12	光纤盘留板	200(长)mm×110(宽)mm	2	片	按 24 芯光缆配
13	防震垫		2	块	按 24 芯光缆配
14	光纤盘留盖板	200(长)mm×110(宽)mm	1	片	
15	堵头	ϕ28×45 mm	0	只	
16	光纤保护管	60 mm	25	根	按 24 芯光缆配
17	扎带	2×80	12	根	
18	密封带	2(厚)mm×50(宽)mm×1200(长)mm	1	卷	盒体密封用
19	密封条	ϕ9×550 mm	2	根	盒体密封用
20	塑料自粘带		1	卷	
21	砂纸		1	条	
22	清洁纸		1	包	
23	挡圈	ϕ12 mm,ϕ14 mm,ϕ16 mm,ϕ18 mm	6	组	每组 4 片
24	光纤编号套管	1~48 号	4	组	
25	内六角扳手	6 英寸	1	把	紧固盒体用
26	盒体固定支架	含防震垫	1	套	根据需求配
27	膨胀螺栓	M6	4	只	根据需求配
28	包装箱		1	只	

第六节　电缆箱、盒安装及配线

一、电缆终端头制作

1. 电缆剥切方法

(1)根据具体箱盒的类型,实测或按表 3-19 所列(电缆做头长度表)留够电缆剥切长度 L,如图 3-53 所示,用 ϕ1.6 mm 绑扎电缆 3~4 圈。

表 3－19　电缆做头长度表

名称	XB-1	XB-2	HZ-12	HZ-24	HF-4	HF-7
L	800	1 000	350	主 400 副 550	主 500 副 900	主 500 副 1 100
A	60	70	100 70	主 80 副 80	主 80 副 60	主 90 副 70

(2)将电缆穿过防护管及垫圈。

(3)如图 3－53 所示，除去电缆外护套，一般先切一横向口，再切一道纵向切口。

(4)把钢带剥至铁线绑扎处，并用汽油将钢带及内护套擦洗干净，两根钢带从根部量取 100～140 mm 剪断，折成双层做钢带耳朵。

(5)剥切内护套时，根据电缆引入不同箱盒，按表 3－19 所列，留够内护套高度 A，剥切时，剥切刀口的深度一般为内护套厚度的 2/3，千万注意，勿切割透内护套，以防损伤电缆芯线。

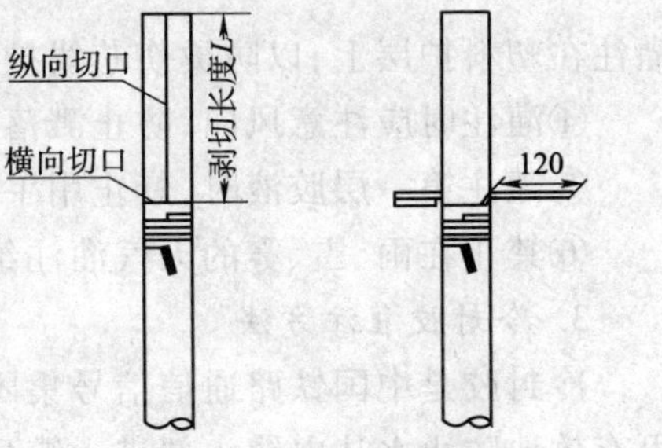

图 3－53　电缆头剥切示意图(单位：mm)

(6)上述各步骤完成之后，在铁线绑扎处用麻袋条缠绕后，用铁线绑紧，将电缆退到麻袋条堵塞管口为止，钢带耳朵与保护管管口持平，做成的电缆端头的剖面图如图 3－54 所示，把电缆剥切部分从电缆箱盒底部引入电缆孔引入，上紧螺栓，钢带耳朵被紧固在箱盒底部与保护管管口之间。

2. 绝缘胶灌注方法

(1)准备：检查麻袋条是否已将防护管管口与钢带耳朵之间的空隙堵严，把箱盒准备灌注胶的地方清理干净，沾有油污的地方用汽油擦洗干净。

(2)熔胶：将绝缘胶敲碎，放入铁容器中，不要装满，用喷灯或其他炉火徐徐加热之，并及时搅拌，以防壶底部分被熬焦，为了保证电缆绝缘性能良好，尽量降低绝缘胶灌注时的温度以减小聚乙烯、聚氯乙烯塑料护套的热变形，一般使绝缘胶熔化时的温度不超过 150 ℃为宜，见表 3－20 所列。

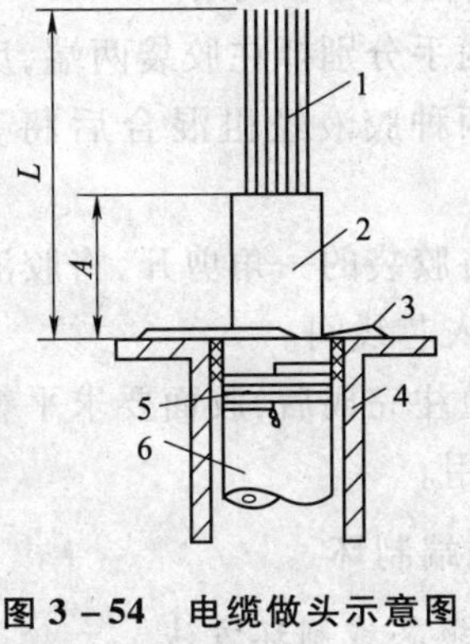

图 3－54　电缆做头示意图

1—芯线及套管；2—内层护套；3—钢带；4—电缆保护管；5—φ16 镀锌铁线绑扎 5～8 圈；6—外层护套。

(3)操作：参阅表 3－21 所列，首先确定灌注胶液深度，并做记号，一般胶面保持在低于内护套高度 10～15 mm 为好，根据具体情况分两到三次灌注完毕，保证绝缘胶面光亮、平整、无麻面皱纹及塌陷。

表 3－20　聚乙烯、聚氯乙烯塑料热变形温度表

温度(℃) \ 名称	聚乙烯			聚氯乙烯	
	高密度	中密度	低密度	硬质	软质
热变形温度 (负荷 18.6 kg/cm^2)	43～49	41～49	32～41	54～80	－ (注)

注：软质聚氯乙烯塑料不受负荷时的热变形温度为 155 ℃。

表 3－21　信号绝缘胶熔化状态温度表

熔化状态	温度(℃)
已熔化成流体，提起搅拌棒时只有少量点滴状胶液下坠	230 左右
经冷却仍保持流体，提起搅拌棒时，胶液呈细线状下坠	200 左右
经冷却仍保持流体，提起搅拌棒时，胶液呈股状下坠	170 左右
经冷却已成半流体状	130 左右
经冷却已成半流体状，提出搅拌棒时，壶内胶液随棒提起	100 左右
经冷却已成厚糊状、流淌困难无法再灌注	80 左右

(4)灌绝缘胶时的注意事项

①熬绝缘胶时应注意不断搅拌，壶内不宜一次熬得过满，由于信号绝缘胶能燃烧，明火不能与已熔化的胶液接触，熬胶时不应火力太大，防止胶液燃烧炭化；

②充分固定端头设备后方可灌注胶液；

③灌注胶液时不可直接将胶液灌注在塑料护层上，以防烫伤芯线护层；

④灌注时应注意风向，防止溅落到其他地方影响美观，灌注人员应站在上风处，防止烫伤；

⑤灌注第一层胶液时，禁止用手握棉纱，抓在封端底部堵漏，以防被漏出的胶液烫伤；

⑥禁止在雨、雪、雾的天气灌注绝缘胶。

3. 冷封胶灌注方法

冷封胶是中国铁路通信信号集团公司信号施工工艺研究所研制的新产品。密封性能好，可有效地防止水从电缆头部进入缆身。

操作方法是：

(1)将电缆端头直立并安放稳固，将电缆芯线分开。

(2)撕开冷封胶外袋，取出内袋。

(3)两手分别捏住内袋卡条两侧边缘，向两侧用力拉，至胶条由槽中滑出，一手抓住塑料槽，一手用力向外拉胶条。

(4)两手分别抓住胶袋两端，反复上下倒折胶袋，使 A、B 两种胶液粗混合。

(5)两种胶液经粗混合后将其放在手心上，双手揉搓(勿留死角)，揉搓至胶液充分混合。

(6)将胶袋的一角剪开，将胶液沿芯线侧方灌注到胶盒内，随即将芯线松动几下使冷封胶更充分进入芯线间。

(7)灌注完成后，胶面要求平整且高出屏蔽层 20 mm 以上。灌封头在 12 h 内严禁受挤压等外力作用。

二、线端制环

1. 电缆芯线制环方法

(1)用剥线钳剥去线皮 40～50 mm，剥线时注意勿损伤芯线。

(2)左手大拇指甲顶在离线皮 2～3 mm 处，右手将线端向左拉，使其在拇指处与线身成约 120°角。

(3)左手食指放于裸线右侧，右手将线头做圆形带动裸线形成半圆时，慢慢向下弯，线环便渐渐形成，剪去圈尾，线环便形成了，如图 3－55 所示。

2. 芯线线环上端子技术要求

(1)线环应顺时针方向上端子，如图 3－56A 所示；

(2)电缆芯线制环环尾不可留得太长，以防压脖，如图 3－56B 所示；

(3)线环与线环之间必须有合适的垫片，线环根部的塑料护套不得塞入两垫片之间，如图 3－56C 所示，塑料护套也不应太短，如图 3－56D 所示；

图 3－55　电缆芯

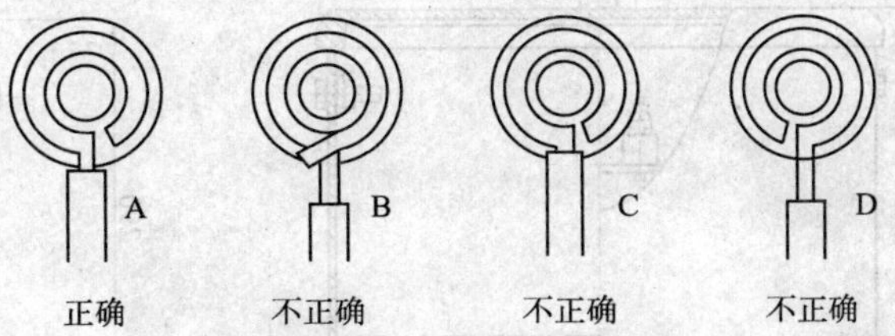

图 3－56　芯线线环上端子

(4)线环大小应比端子螺杆直径大 1～2 mm；

(5)上线环之前，应首先充分紧固螺杆的根母；

(6)电缆芯线线环上端子勿使配线余量离线环根部过低，应保证芯线靠端子处有一段平直。芯线线头按可重复做 2～3 个线环留备用量。

三、变压器箱安装及配线

信号设备广为采用的变压器箱有两种：XB_1 型、XB_2 型。其中，XB_1 型较小，可引入四根电缆，箱内最多可设二柱接线端子 14 个。一般使用于交流轨道电路区段单送电、单受电、一送多受的单受电或双受电、高柱三显示、二显示色灯信号机、复示信号机、棚下发车表示器、进路复示器、电动转辙机启动箱等。XB_2 型较大，可引入五根电缆，箱内最多可设二柱端子 18 个。一般使用于交流轨道电路区段双送电、一送一受、单送电(送电变压器为 BG-1 型)、一送一受(一送多受中的单受)，或使用于高柱四显示、五显示色灯信号机，或使用于电动转辙机。

1. XB_1 型、XB_2 型变压器箱规格(见表 3－22)

表 3－22　变压器箱引入允许电缆芯线表

变压器类型	最多可容纳数		电缆引入孔		重量(kg)
	二柱端子(个)	电缆保护管(根)	孔径(mm)	允许电缆 PYV22(芯)	
XB_1	14	4	22×4	16×4	62
XB_2	18	5	26×5	24×5	82

XB_1、XB_2 变压器箱的尺寸如图 3－57、图 3－58 所示。

变压器箱使用同一种基础，基础高 500 mm，宽 300 mm，厚 80 mm，两固定螺栓间距240 mm。设于轨道旁时埋设深度以基础面与轨底相平，变压器箱靠轨一侧的边，与近轨内侧不得少于 1 160 mm；设于平地时以基础面高出地面 200 mm 为宜。根据不同使用，按规定尺寸将基础位置划出，基础坑宽至少需保持 400 mm，长按所用型号而定，深约 300～500 mm。基础坑应挖成直壁长方形。坑挖成后将两基础放入，不带斜角的一侧向坑中心一边一个。变压器箱搁在两基础上，固定螺栓穿入孔内，螺母略微拧紧。将基础向两旁拨直，然后拧紧螺母。螺母拧紧后，变压器箱与基础便连成一体，可根据需要左右上下撬动。接着便可将电缆引入封端。此时必须注意电缆余量的放置位置，如果基础坑与电缆沟相通，不可将电缆余量放置在离箱较远的坑沟交接处，以免日后信号工区需重新封端电缆时，不易找电缆余量。电缆余量也不能竖直圈在箱旁，防止再次挖坑时，一锹便将电缆挖伤。正确的埋设方法应将余量按规定盘成半径大于电缆直径 15 倍的圈，箱子埋在轨道旁时平放在背轨道一边；埋在信号机旁时，平放在背信号机一边。平放电缆后必须注意，基础不可压在它上边。

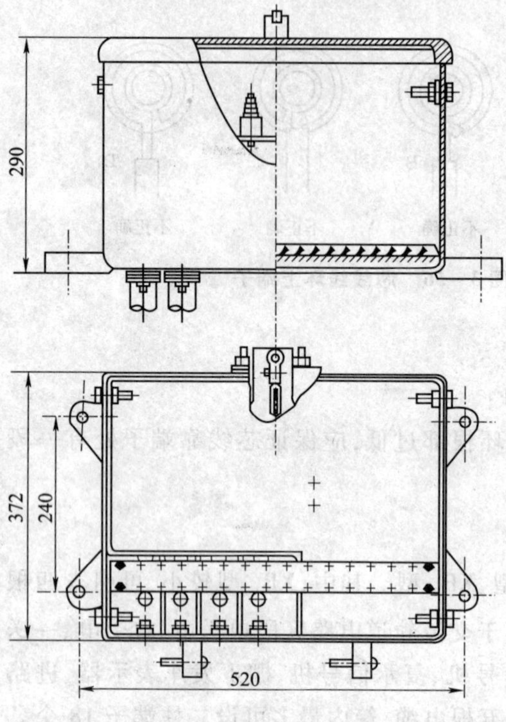

图 3－57　**XB$_1$** 变压器箱(单位:mm)

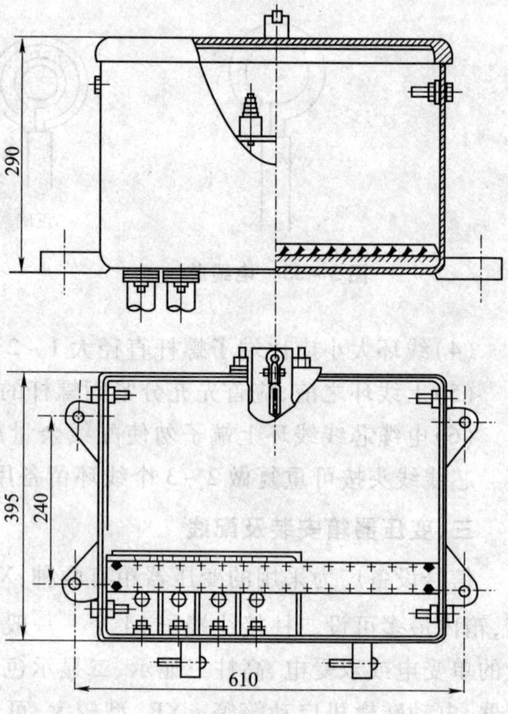

图 3－58　XB$_2$ 变压器箱(单位:mm)

变压器箱前后左右尺寸找正之后,打开箱盖将水平尺置于底板上,两个方向的水平全应抄平,然后填土。电缆备用量和两基础周围应填入泥土,即使原坑并无泥土,亦应从别处运几筐土倒入。基础周围应分层捣实,过一段时间,或一场大雨后还应再次检查有无歪斜,并及时扶正再次捣实。因时间长了扶正基础就不容易,必须挖空基础周围的土,方能扶正。

2. 变压器箱安装技术要求

(1)轨道变压器箱安装

①轨道电路送、受电端 XB$_1$ 或 XB$_2$ 箱单个安装如图 3－59 所示。

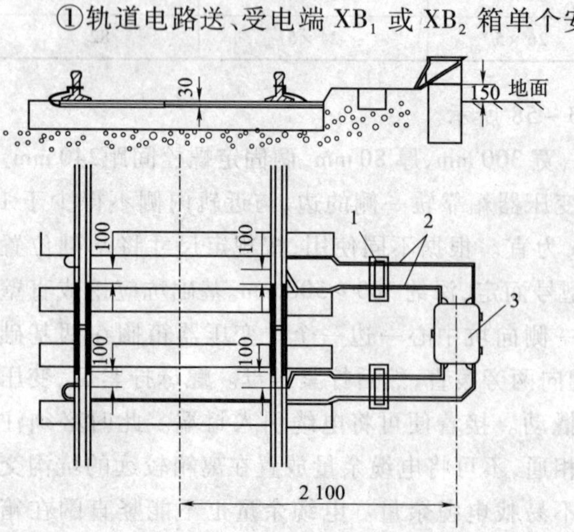

图 3－59　XB$_1$ 型或 XB$_2$ 型变压器箱安装(一个箱)

(单位:mm)

1—小枕木;2—钢轨引接线;3—变压器箱。

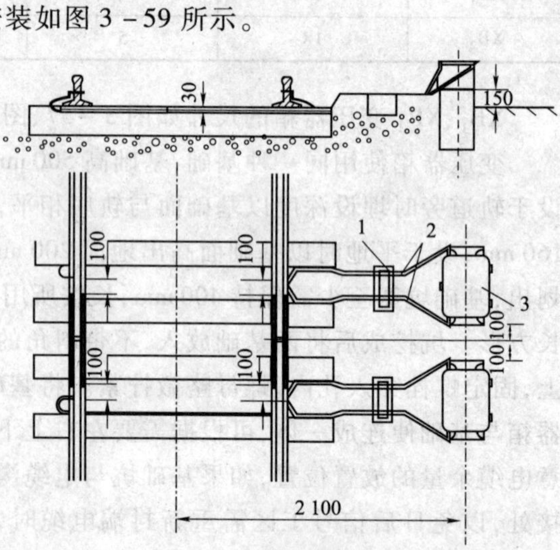

图 3－60　XB$_1$ 型变压器箱安装(两个箱)

(单位:mm)

1—小枕木;2—钢轨引接线;3—变压器箱。

②轨道电路送、受电端 XB_1 箱成对安装如图 3－60 所示。

(2)高柱色灯信号机用变压器箱安装

高柱色灯信号机用变压器箱安装见图 3－61 所示。变压器箱安装在显示方向的一侧,引线孔对准信号机柱,盒中心对准信号机柱中心。

(3)矮型信号机用变压器箱安装。

矮型信号机用变压器安装如图 3－62 所示。

(4)棚下发车表示器用变压器箱安装

棚下发车表示器用变压器箱安装在站台"T"型柱正面如图 3－63 所示,它的基础顶面与站台水泥地面相平,变压器箱前壁与柱间的间距为 250 mm。安装时须待变压器箱与信号机间配线完毕并且走线管固定后,方可分层填土捣实,基础周围使用混凝土(石子粒径采用10 mm以下俗称"瓜子片")铺平抹光。变压器箱底与站台地面间应无空隙,防止积存灰垢、垃圾。

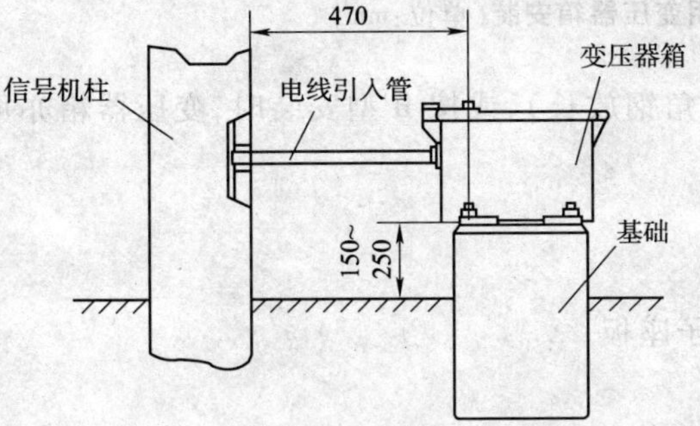

图 3－61　高柱色灯信号机用轨道变压器箱安装

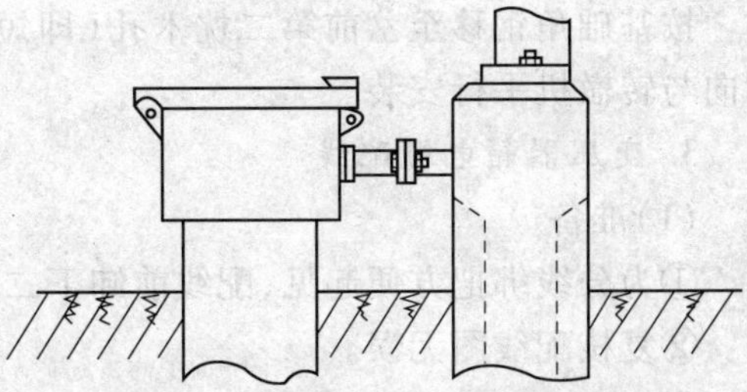

图 3－62　矮型信号机用变压器箱安装

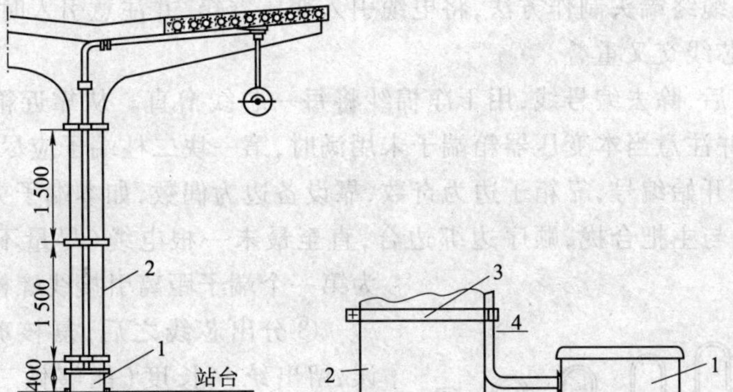

图 3－63　棚下发车表示器用变压器箱安装(单位:mm)

1—变压器箱;2—"T"型柱;3—卡箍;4—走线管。

(5)电动转撤机用变压器箱安装

ZD6 型电动转辙机用变压器箱(即电动转辙机启动箱),安装在电动转辙机蛇管入口一侧,并且箱前壁的蛇管引入口对向转辙机蛇管引入口 ZD6 型转辙机用变压器箱,基础埋设深度及离转辙机距离与上相同。变压器箱中心距近轨内侧应不小于 1 780 mm 如图 3－64 所示。因为 ZD6 型转辙机电机与变压器箱在同一端,变压器箱离线路中心过近或造转辙机过近均会影响手摇转辙机。

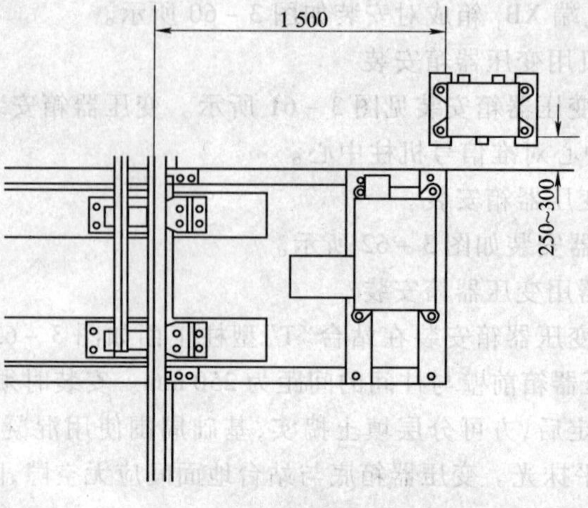

图 3－64　ZD6 型电动转辙机用变压器箱安装(单位:mm)

按基础角钢移至岔前第二枕木孔(即短基础角钢放长),或按 B 型安装时,变压器箱亦可横向与转辙机平行安装。

3. 变压器箱电缆配线

(1)准备

①为分线绑把方便起见,配线前卸下二柱端子座板。

②复核配线图无误。

③配线之前应完成电缆测绝缘及编号,扭绞电缆可按芯组分线。

(2)配线

①按照前述电缆终端头制作方法,将电缆引入变压器箱,并注意引入时按各自的配线端子排列,以减少电缆芯线交叉重叠。

②芯线剪号之后,除去编号线,用干净棉纱将每一芯线撸直。从靠近箱壁的电缆开始,按配线图依次出线,并注意当本变压器箱端子未用满时,第一块二柱端子应尽量空着,最好摘掉,从第二块二柱端子开始编号,靠箱子边为奇数,靠设备边为偶数,如本端子为过渡端子,把另一根电缆引来的芯线与主把合拢,顺序边绑边合,直至最末一根电缆(尽量不用第一个端子,因为第一个端子距离引接线螺栓太近)。

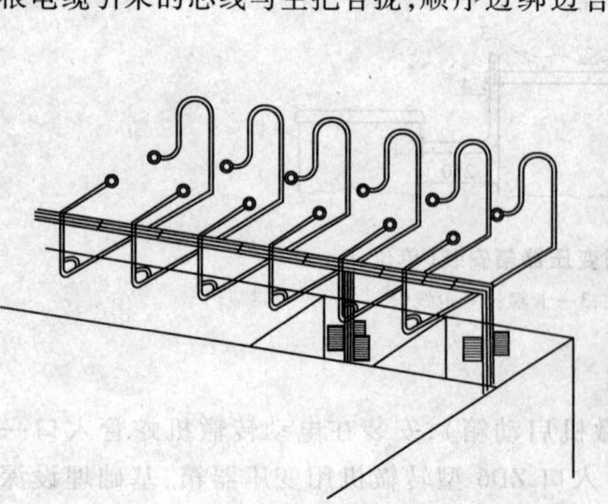

图 3－65　变压器箱电缆配线

③分出芯线之后,复核剪线号与配线图无误,留出统一长度(能够做三次线环)制线环。如图 3－70 所示,靠近箱子的奇数端子其芯线做成鹅头弯状,靠近设备一侧的偶数芯线在靠近线把处绕一圈直径约为 30 ~ 40 mm 的备用圆圈,将备用芯线撸直,按最远端子留够长度,缠绕成直径约为 15 ~ 20 mm 左右的螺旋圈,并整齐地围在本根电缆的根部。

④配线要求横平竖直,走线均匀,整齐美观。

⑤电缆芯线制环上端子的方法同前。

(3)电缆配线的质量要求

①配线美观,弯度一致,绑线整齐;

②鹅头弯及盘圈高度一致，并不超过盒沿；

③芯线端子上线应符合电缆芯线线环上端子的技术要求，主、副管电缆芯线呈一直线；

④端子编号正确，配线与配线图一致，电缆绝缘良好。

四、电缆盒安装及配线

1. 电缆盒的类型及规格(见表3－23)

表3－23　电缆盒的类型及规格

电缆盒		
终端盒	方向盒	杆上盒
HZ-0	HF-4	HG-6
HZ-6	HF-7	HF-10
HZ-12		HG-16
HZ-24		HG-24

2. 终端电缆盒安装及配线

(1)终端电缆盒的规格见表3－24所列，各种终端盒的尺寸如图3－66、图3－67、图3－68、图3－69所示。

表3－24　终端电缆盒的规格

类型	电缆引入孔		电缆引入管		六柱端子(个)	保护管(根)	重量(kg)
	孔径(mm)	允许PYV29(芯)	孔径(mm)	引入电线			
HZ-0	22	16				1	7.5
HZ-6	22,28	16,30			1	2	14
HZ-12	28	30	25	8	2	1	10
HZ-24	24,28	21,30	30	12	4	2	20.5

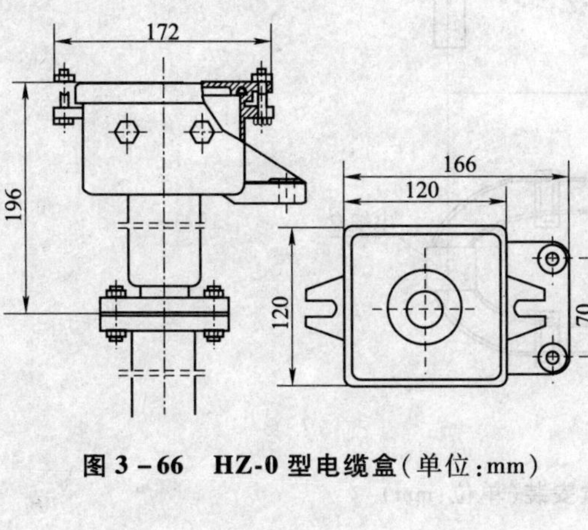

图3－66　HZ-0型电缆盒(单位:mm)

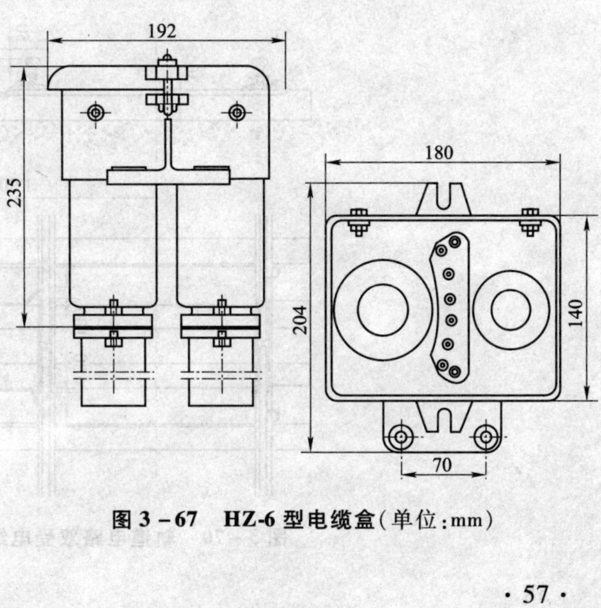

图3－67　HZ-6型电缆盒(单位:mm)

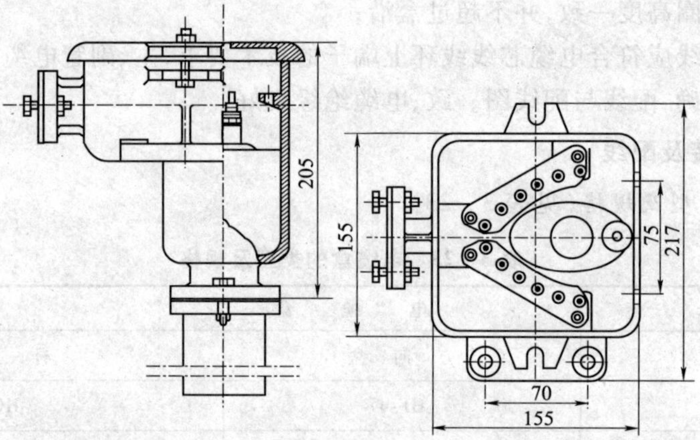

图 3-68　HZ-12 型电缆盒(单位:mm)

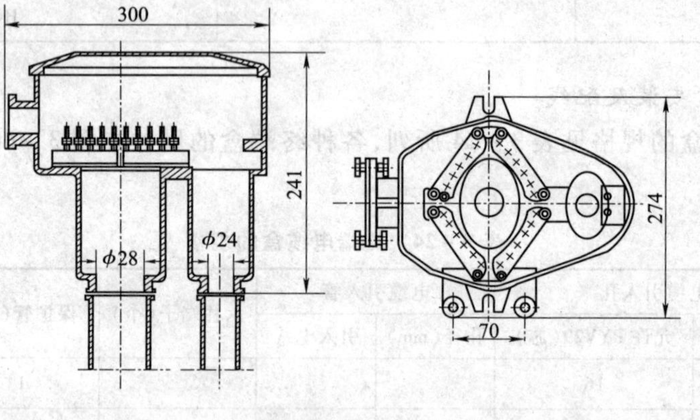

图 3-69　HZ-24 型电缆盒(单位:mm)

(2)终端电缆盒安装

电缆盒引线口应背向轨道侧,顶面与钢轨顶面平,低洼积水地区可适当提高,但不得侵限。

①轨道电路双送(受)电缆盒安装,如图 3-70 所示。

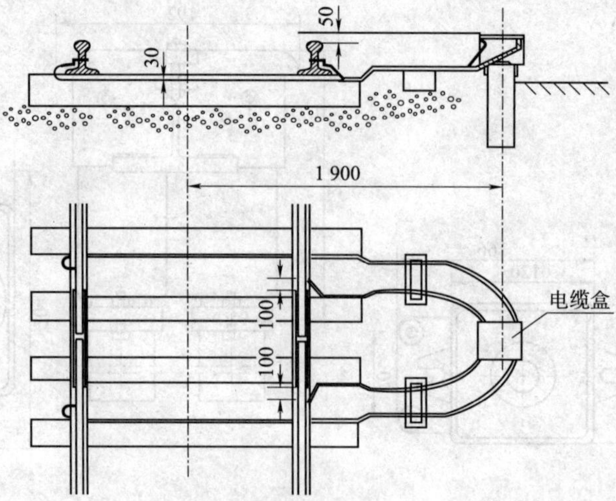

图 3-70　轨道电路双受电缆盒安装(单位:mm)

②轨道电路单送(受)电缆盒安装,如图 3－71 所示。

③高柱色灯信号机用终端电缆盒安装,如图 3－72 所示。

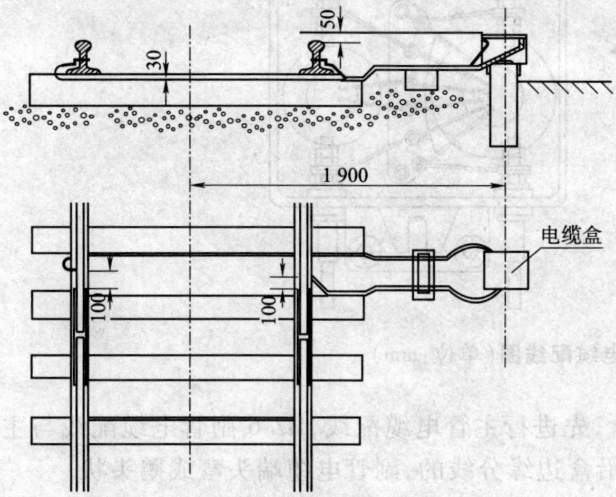

图 3－71 轨道电路单受电缆盒安装(单位:mm)

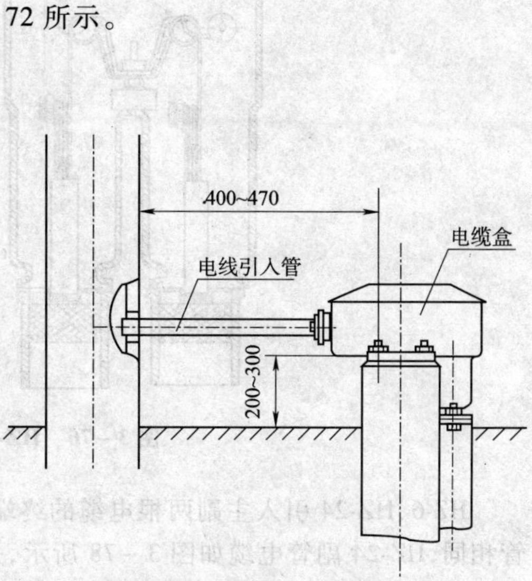

图 3－72 高柱色灯信号机用电缆盒安装(单位:mm)

电缆盒安装于信号显示一侧。

④矮型色灯信号机用终端电缆盒安装,如图 3－73 所示。

矮型色灯信号机安装尺寸由矮型色灯信号机决定。

⑤电动转辙机用终端电缆盒安装,如图 3－74 所示。

(3)终端电缆盒电缆配线

终端电缆盒电缆配线的方法与步骤基本与配变压器箱电缆相同,各种终端盒电缆配线应符合图 3－75、图 3－76、图 3－77、图 3－79 所示的施工标准,并如图中所示确定终端电缆盒端子编号。

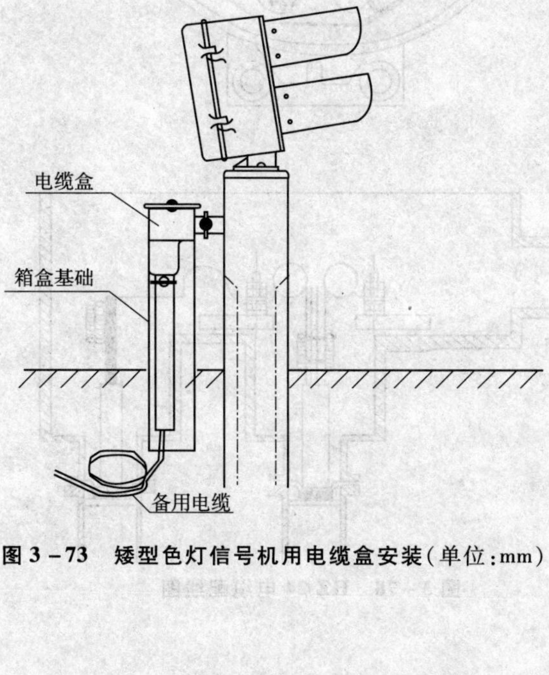

图 3－73 矮型色灯信号机用电缆盒安装(单位:mm)

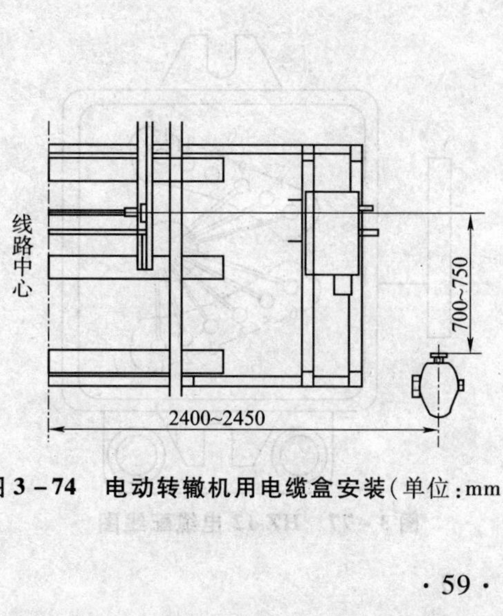

图 3－74 电动转辙机用电缆盒安装(单位:mm)

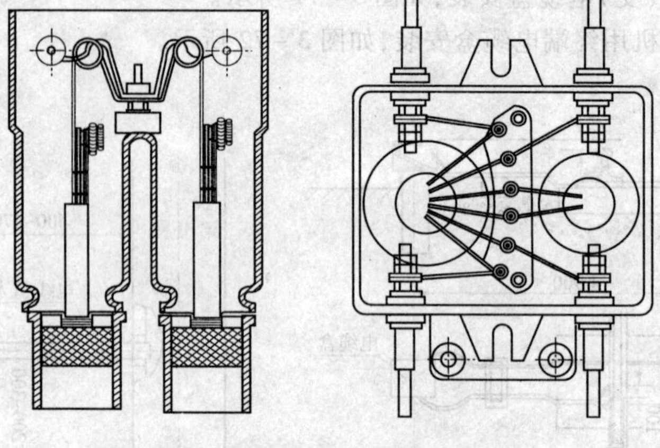

图 3－76　HZ-6 电缆配线图(单位:mm)

HZ-6、HZ-24 引入主副两根电缆的终端盒,先进行主管电缆配线,HZ-6 副管电缆配线与主管相同,HZ-24 副管电缆如图 3－78 所示,是沿盒边缘分线的,副管电缆端头弯成鹅头状。

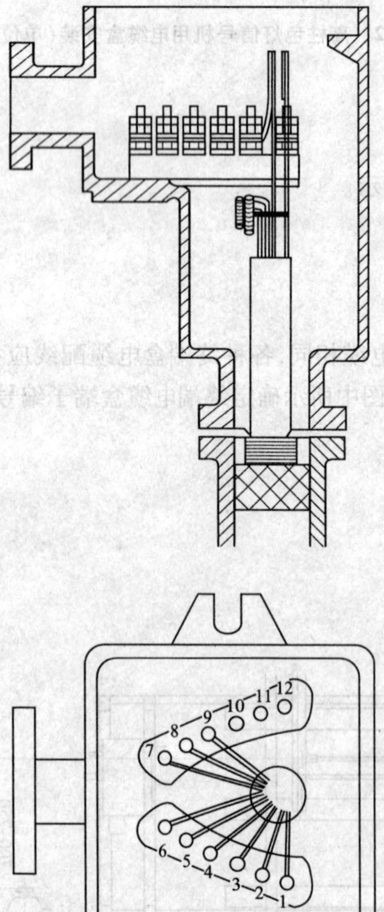

图 3－77　HZ-12 电缆配线图

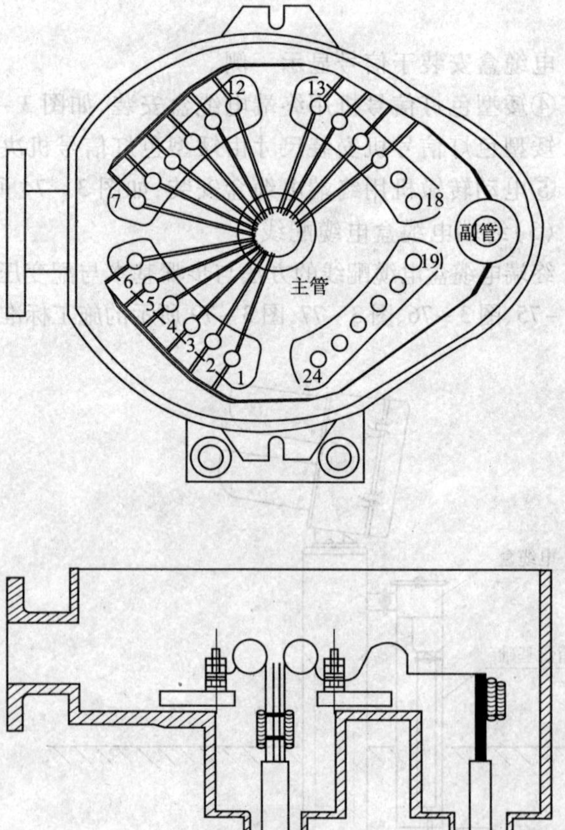

图 3－78　HZ-24 电缆配线图

3. 方向电缆盒安装及配线

(1)方向电缆盒的规格及尺寸

方向电缆盒分 HF-4、HF-7 两种规格,如图 3－79、图 3－80 所示,一般用于三根以上电缆的分歧接续、电缆中间接续也可使用,方向电缆盒的规格见表 3－25 所列。

表 3－25　方向电缆盒的规格

类　型	最多可容纳数		电缆引入孔		重量(kg)
	六柱端子(个)	保护管(根)	孔径(mm)	引入电缆(芯)	
HF-4	4	5	24×3 28×2	21×3 30×2	
HF-7	5	8	22×4 28×3 32	16×4 30×3 48	

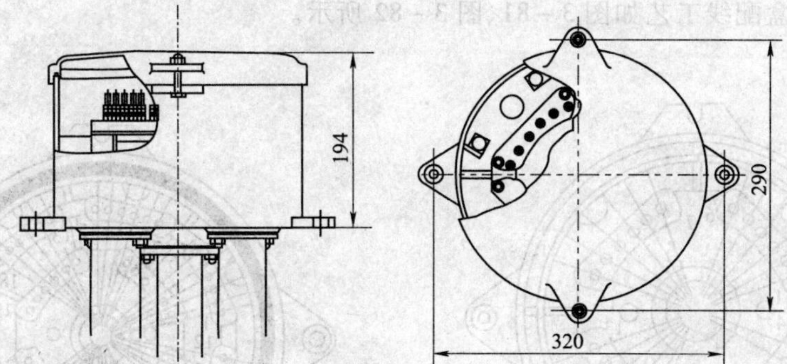

图 3－79　HF-4 型电缆盒(单位:mm)

(2)方向电缆盒安装

①方向电缆盒设于电缆线路上时,方向盒两基础与钢轨保持垂直;

②方向电缆盒设于两股道之间,方向盒中心距左右线路中心均应保持在 1 900 mm 以上;

③方向电缆盒设于道旁时,根据线路外侧地形,可埋设得远些,尽量避免设于路边、道口和电缆沟上。基础顶面高出地面 200 mm 以上;

④方向电缆盒设于电动转辙机、矮型调车信号机、轨道电路等设备附近时,埋设高度应兼顾其他设备,尽量使它们集中培土砌围,否则将方向电缆盒旁移,以便单独砌围;

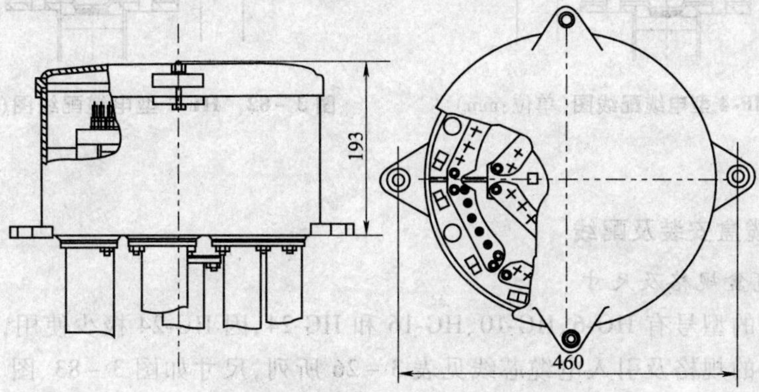

图 3－80　HF-7 型电缆盒(单位:mm)

⑤两个或两个以上方向电缆盒成排埋设时，高低间距应一致，且与线路或建筑物平行。

(3)方向电缆盒电缆配线工艺

①准备

配线之前首先复核电缆配线图无误，完成电缆叫号。同时进行电缆绝缘测试，并做好记录。

②配线

按照前述电缆终端头制作方法，将电缆引入方向电缆盒中，注意引电缆时尽量避免在本电缆引入孔附近出线，以做到线把走线均匀、并加长备用量。

a. 先进行主管电缆配线，芯线端头做成高 30 mm 的鹅头弯平上端子。

b. 副管电缆芯线沿盒的边缘绑把分线，线把距盒边的距离在 1 ~ 2 mm 左右，复核分线与配线图无误后，芯线端头做成高 30 mm 的鹅头弯平上端子。

c. 1#端子指向信号楼方向，即所谓面向站内 1 点钟为 1 号端子。

d. 方向电缆盒配线工艺如图 3 – 81、图 3 – 82 所示。

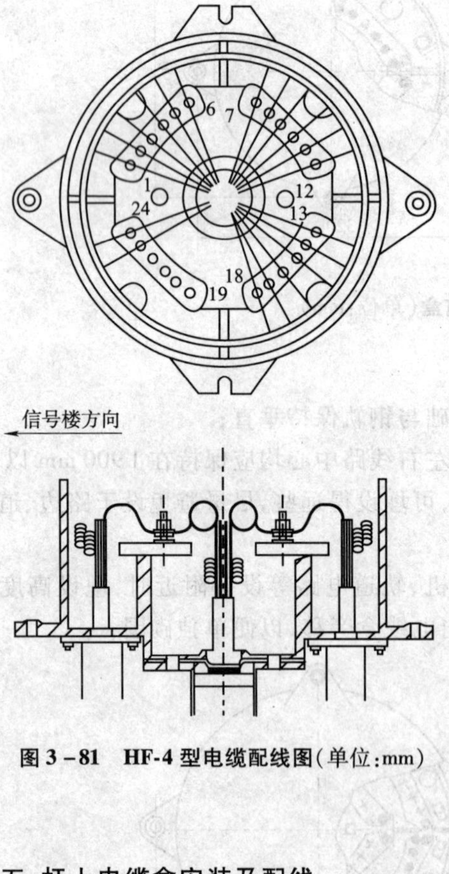

图 3 – 81 HF-4 型电缆配线图(单位:mm)

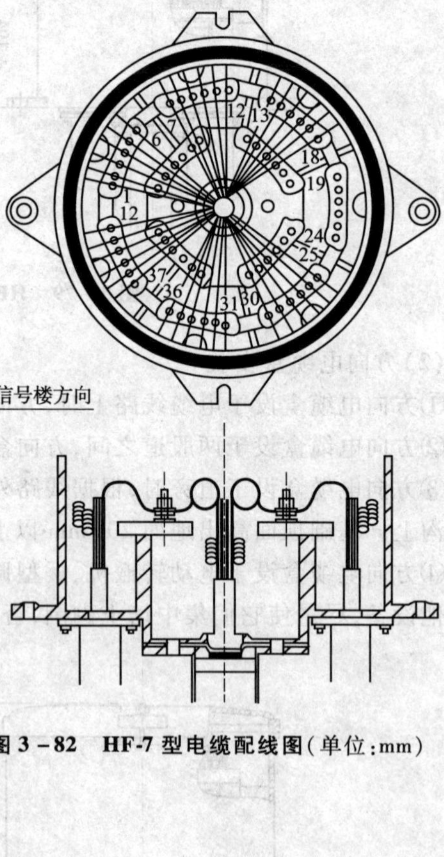

图 3 – 82 HF-7 型电缆配线图(单位:mm)

五、杆上电缆盒安装及配线

1. 杆上电缆盒规格及尺寸

杆上电缆盒的型号有 HG-6、HG-10、HG-16 和 HG-24，因 HG-24 极少使用，不做介绍。

杆上电缆盒的规格及引入电缆芯线见表 3 – 26 所列，尺寸如图 3 – 83、图 3 – 84、图 3 – 85 所示。

表 3－26　杆上电缆盒的规格及引入电缆芯线

类型	电缆保护管引入			电线引入管		真空避雷器座（个）	熔断器（3A）（个）	重量（kg）
	孔径（mm）	引入电缆（芯）		孔径（mm）	引入电线（个）			
		PYV	PYY29					
HG-6	30	33	24	25	8	6	2	14
HG-10	40	61	61	38	20	10	2	16.5
HG-16	40	61	61	38	20	16	2	20

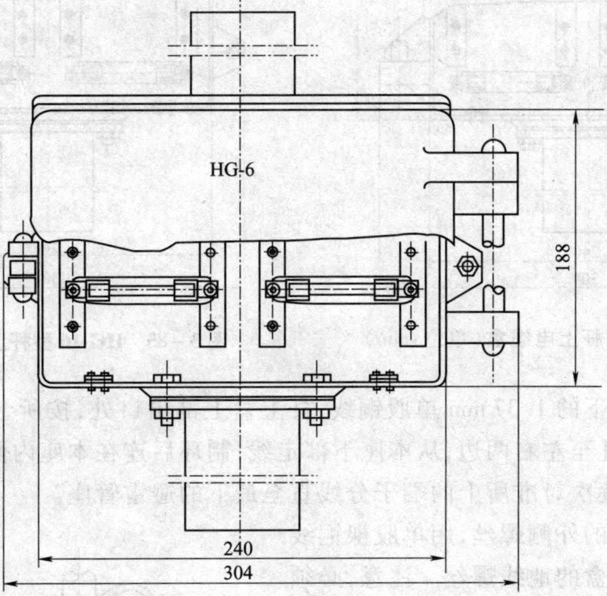

图 3－83　HG-6 型杆上电缆盒（单位：mm）

2. 杆上电缆盒安装

（1）杆上电缆盒安装在电杆靠近铁路一侧，盒中心距地面高度不得小于 1 500 mm，电缆保护管埋入地下不得小于 300 mm。

（2）上、下部铁管安装应符合下列要求：上部管弯头应平行于低压线条设置，其管口高于低压线条 100～150 mm；有低压联络箱时，电源可直接引入杆上电缆盒；上部管卡箍应在横担上方安装一个，距杆上电缆盒中心 600 mm 处安装一个，每隔 1 m～1.5 m 安装一个；下部管卡箍应在距杆上电缆盒中心 600 mm 处安装一个，弯头管口处引入线应防护。管直箍平，固定牢固，油漆完好。如图 3－86 所示。

（3）杆上电缆盒地线安装。

3. 杆上电缆盒电缆配线

电缆芯线先合拢绑把约 30 mm 分出备用芯线，将其他线再向上绑去，绑至本端子时抽线左右各一根，现场以杆上电缆为主来配线，这样能保证芯线对准端子抽线时不会左右交叉，而电缆的另一端一般是通向继电器箱（室）或电缆盒副管为多，所以杆上电缆芯线为主进行编号为好，尽量保持一端整齐，此配线原则也适用于其他任何配线。

电缆芯线抽出后，对准端子做成鹅头弯上端子，还应留 40～50 mm 余线做环，电缆芯线制成环后，连上避雷管座或电源熔断器内侧一端的上部螺丝。注意上端子之前，必须检查内侧的上下放电螺丝有一定的小间隙，以透过一张纸即可，千万不能直接相碰。

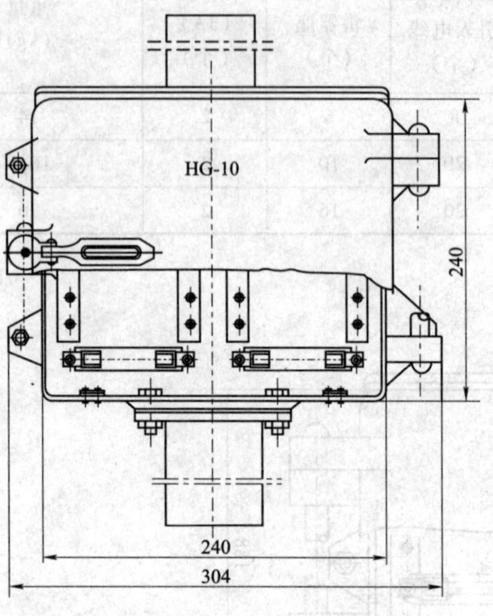

图 3－84　HG-10 型杆上电缆盒(单位:mm)

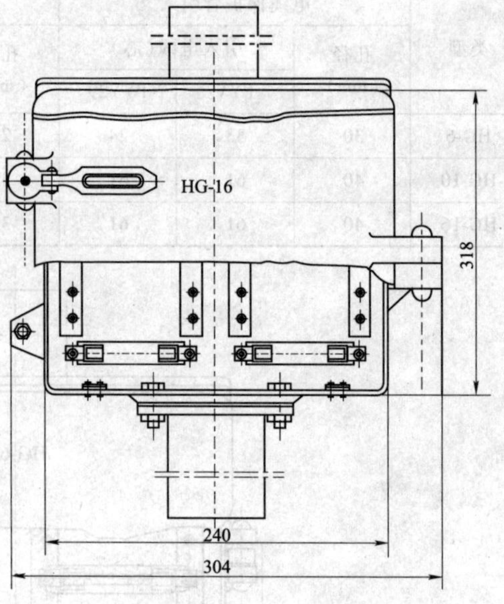

图 3－85　HG-16 型杆上电缆盒(单位:mm)

从上部架空线引下的 1.37 mm 单股铜线，杆上盒上部出口处，按所上奇、偶数端子分成左右两把，沿盒两边绑扎至左右两边，从本座下部走线，制环后连在本座内侧一端的下部螺丝上，其余导线再往下绑，逐次对准所上的端子分线直至最下的避雷管座。

将所有避雷器座的外侧螺丝，用单股裸铜线绕圈连通后接在杆上盒的地线螺丝。注意，必须设有符合电气特性的专门接地线，不可利用电杆接线等代用。

上部引入的单股铜芯线在上部架空线处需剥开 700 mm 的裸铜线，在大瓷瓶上绕两周后，卡在线口处，留 80 mm 紧密地绑扎在刮干净的架空线尾上，涂以焊锡膏用火烙铁加焊锡焊牢固。

第七节　电缆故障及处理方法

信号电缆在制造、运输、敷设、封端过程中往往由于各种原因造成故障，使电缆无法正常使用。在尚未敷设之前，发现电缆存在故障时，可通过测查直接查明故障地点，进行必要的处理。如已经敷设后的电缆发生故障，则需要通过测查、计算、测量、试挖故障地点等方法进行处理。本节将叙述电缆的故障种类及其测查、处理方法。

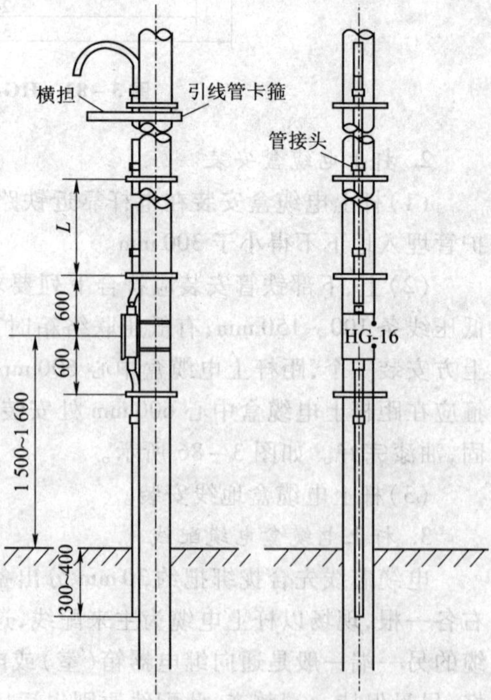

图 3－86　HG 型杆上电缆盒安装(单位:mm)

一、电缆故障及判断方法

信号电缆的故障可分为两大类:电缆低阻绝缘障碍和电缆高阻绝缘障碍。比如:电缆任意芯线对连接钢带的其余芯线的绝缘电阻在温度为20 ℃时,应不小于500 MΩ/km,如果故障点的绝缘电阻变为0 Ω 或0.2 MΩ 以下,均属电缆低阻障碍。又如,电缆芯线接地、混线点的接触电阻大于0.2 MΩ,属电缆高阻绝缘障碍。

信号电缆从发生故障的原因来看,可以分成以下三种故障:芯线接地故障;芯线混线故障;芯线断线故障。这些故障的判断方法如下。

1. 电缆芯线接地故障的判断方法

(1)将故障电缆两端的所有芯线分开。取直流电压表一块和电池一组按图3－87所示接线。图中故障电缆如为尚未敷设的钢带铠装电缆时,电池组负极与钢带连接;如已敷入地下,则可直接与大地连接。故障电缆如为无钢带铠装电缆,芯线接地故障只会在敷入地下后出现。接线后用电压表负极线逐一与电缆芯线相接,当电压表指针偏转时,说明该芯线有接地故障。

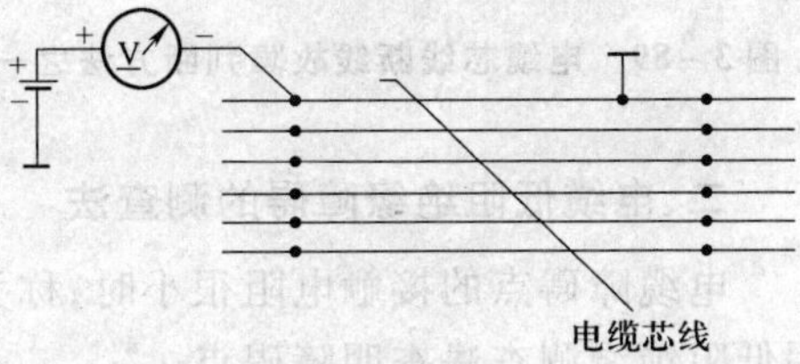

图3－87　电缆芯线接地故障判断方法

(2)用兆欧表一线与钢带或大地连接,摇动兆欧表摇把,另一线逐一与电缆芯线相接,当兆欧表指示零欧时,说明该芯线有接地故障;如指示低阻值,说明该芯线对地之间绝缘不良。

2. 电缆芯线间混线故障的判断方法

(1)将故障电缆两端的所有芯线分开。直流电压表正极线与电池组正极连接,电池组负极线与任一芯线连接,然后用直流电压表负极线依次与其余芯线相接,如接触过所有芯线而电压表指针未偏转,说明该芯线与其他芯线之间不存在混线故障。如接触到某一芯线,电压表指针产生偏转,说明该两芯线之间存在混线故障,如图3－88所示。

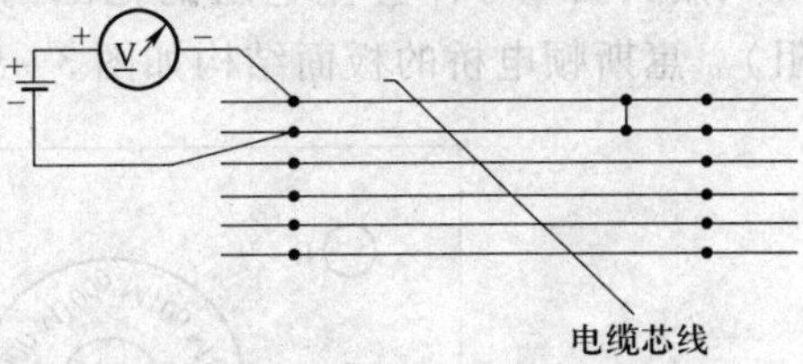

图3－88　电缆芯线间混线故障判断方法

(2)图3－93中的直流电压表及电池组改为万用电表置电阻挡,亦可判断出两电缆芯线间的混线故障。万用电表一线与任一芯线连接,另一线依次与其余芯线连接,如指针指示较低电阻(几或几十欧),说明该两芯线间有混线故障。

(3)兆欧表一线与任一芯线连接,摇动摇把,另一线依次与其余芯线相接,与上一种判断方法相同,也可查明相混的两线。

3. 电缆芯线断线故障的判断方法

(1)将故障电缆的一端芯线并联后与大地连接,另一端芯线分开。直流电压表正极线与电池组正极连接,电池组负极线与大地连接,然后用直流电压表负极线逐一与电缆芯线相接,发现电压表指针未偏转时,说明该芯线中断,如图3－89所示。

(2)将故障电缆的一端芯线并联,另一端芯线分开,按图3－90所示接线。直流电压表负极线依次与其余芯线相接,如指针偏转,说明两芯线导通良好;如指针未偏转,说明该线有断线故障,如图3－90所示。

(3)图3－90中的直流电压表及电池组改为万用电表置电阻挡,亦可判断出断线芯线。万用电表一线与任一芯线连接,另一线依次与其余芯线连接,如指针指示较高电阻(几百或几千欧),说明该芯线有断线故障。

(4)图 3－95 中的直流电压表及电池改为兆欧表,亦可判断出断线芯线。判断方法与(3)相同。

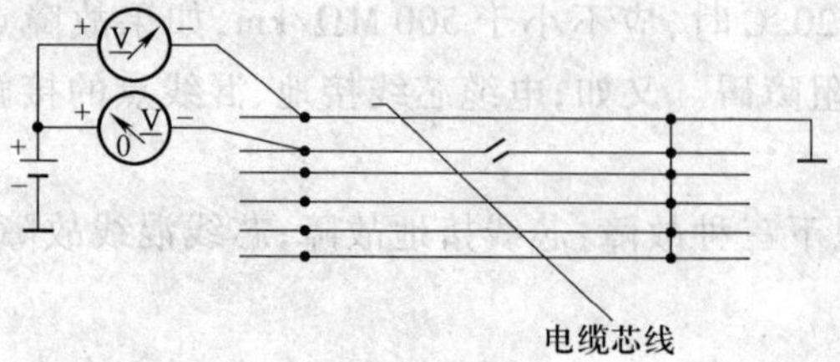

图 3－89　电缆芯线断线故障判断方法之一

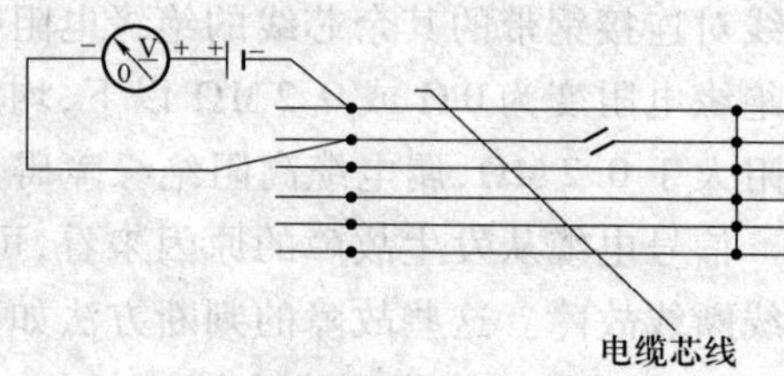

图 3－90　电缆芯线断线故障判断方法之二

二、电缆低阻绝缘障碍的测查法

电缆障碍点的接触电阻很小时,称为低阻绝缘障碍。信号电缆芯线发生接地或混线时,采用低阻绝缘测查法查明障碍点。

1. 电缆芯线接地故障测查

测查电缆芯线接地故障时,接地电阻越小,测出的数据越准确,计算出来的故障点也越准确。反之,如接地电阻虽已不符要求,但仍然具有较高阻值时,测查就不易做到准确。电缆低阻绝缘障碍指故障点的接触电阻在 0.2 MΩ 以下。

惠斯顿电桥可用来测试电缆芯线接地或混线故障。惠斯顿电桥亦称“携带式直流电阻电桥”,用其测量导体直流电阻的范围为 $0.0001 \sim 10^7\,\Omega$,测量误差为 ±0.2%(测 $10 \sim 10^5\,\Omega$ 电阻)。惠斯顿电桥的板面结构如图 3－91 所示。

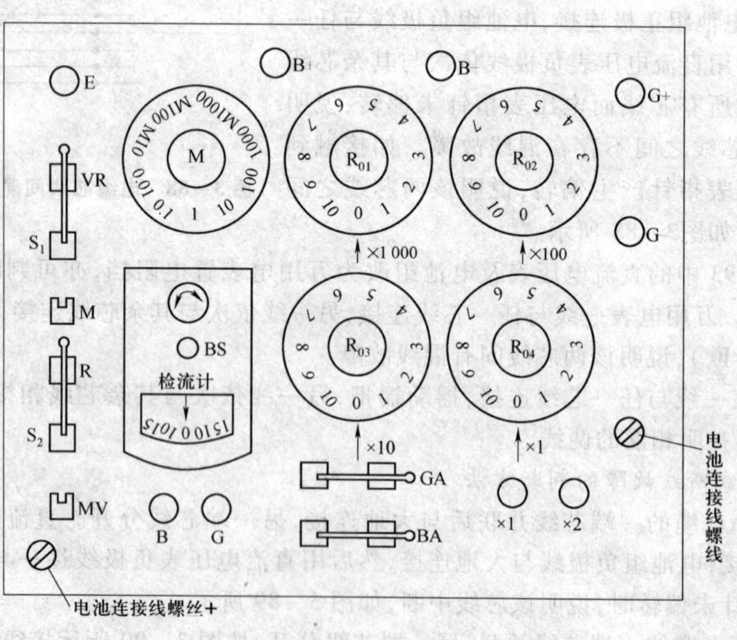

图 3－91　惠斯顿电桥板面结构图(850 型)

图中　X_1、X_2——被测电阻接线端子。

S_1、S_2——转换电路闸刀,以改变电桥内部接线,用不同的方法进行测量。

E——地线接线端子。

G＋、G－——外接检流计接线端子。
B＋、B－——外接电源接线端子。
B——电源按钮，按下时电池接入电桥电路。
G——检流计按钮，按下时检流计接入电桥电路内。
GA——外接检流计与原有检流计转换闸刀。
BA——外接电源与原有电池转换闸刀。
R_0——测定臂旋钮，又称标准电阻臂。由 R_{01}、R_{02}、R_{03}、R_{04} 四个十进位的可变电阻器组成，阻值分别为 1 000 Ω、100 Ω、10 Ω、1 Ω。
M——比率臂旋钮，用来变换比率臂（即平衡臂）的倍率 $\frac{A}{B}$。另专用马来法来变换固定电阻的有三挡：M10 Ω、M100 Ω、M1 000 Ω。
零位旋钮——核准表针指零用。
表针锁扣——锁住表针便于携带时防震用。
检流计——表针应指零位，左右各分 5、10、15 三大格，每格又分为五小格。左右为正、负之分。
电源——1 号电池三节，串联电压为 4.5 V，装于壳体左侧正极向外。

测查时，取一根对地绝缘良好的芯线 a 与电桥的 X_1 端子连接，接地故障芯线 b 与 X_2 端子连接。电桥 B＋、B－端子外接电池约 22 V，BA 闸刀倒向外接电源位置，S_1 闸刀倒向 M 方向，S_2 闸刀向 MV 方向（即采用马来法），如图 3－92 所示。将电缆芯线 a、b 的另一端做良好的短接，这样的通过接地点 *c* 形成电桥的两个桥臂。先用环阻法测定 X_1、X_2 端子间的环线电阻，即 $2R_L$ 的电阻值。然后再测 X_2 端子至故障点 *c* 一段的电阻，即 R_X 的电阻值。按下电源按钮 B，再断续按下检流计按钮 G，根据检流计指针偏转情况，调整桥臂 *M* 和 R_0。电桥平衡后将读数代入下式：

$$R_X=\frac{2R_L\cdot R_0}{M+R_0}$$

式中：$2R_L$——电缆环线电阻值（Ω）；
R_0——测定臂读数（Ω）；
M——比率臂读数（Ω）；
R_X——X_2 端子至接地点的芯线电阻（Ω）。

求得 R_X 阻值之后，即可换算出确切的接地点（见下述）。

2. 电缆芯线混线故障测查

测查时，取一根芯线间绝缘良好的芯线 a 与电桥的 X_1 端子连接，存在混线故障的芯线 b 与 X_2 端子连接，另一混线故障的芯线 c 与 E 端子连接，a、b 两线的另一端做良好的短接。这时，通过混线点同样形成电桥的两个臂。先用环线法测定 X_1、X_2 端子间的环线电阻，即 $2R_L$ 的电阻值。然后再测 X_2 端子至故障点 *d* 一段的电阻，即 R_X 的电阻值，如图 3－93 所示。采用马来法使电桥平衡，将读数代入下式：

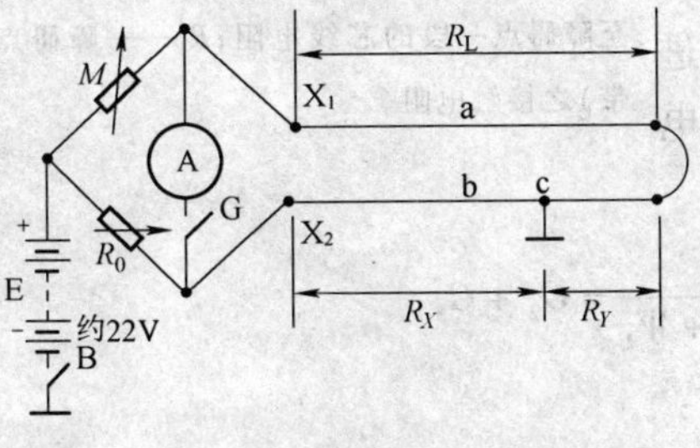

图 3－92　电缆芯线接地故障测查

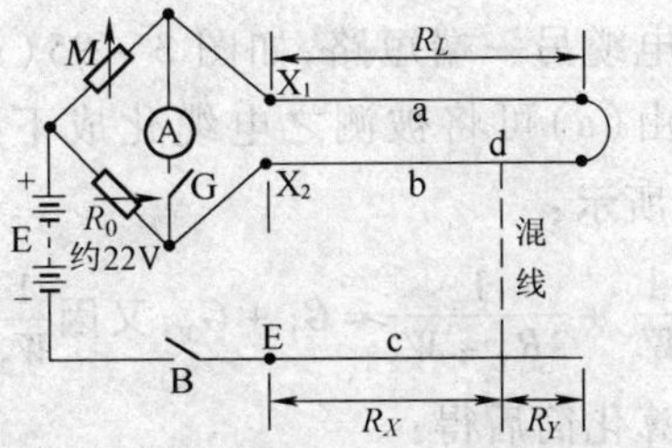

图 3－93　电缆芯线混线故障测查

$$R_X = \frac{2R_L \cdot R_0}{M + R_0}$$

求得 R_X 电阻值之后，即可换算出确切的混线点(将在下一点内叙述)。

如因故无法得到环线电阻 $2R_L$ 阻值时，可采用综合法测查，然后代入公式亦可求得 R_X 电阻值。

进行电缆低阻绝缘障碍测查时，应注意以下几点：

(1)凡是将测试线短接或接地时，均应要求接触电阻越小越好，以确保测试数据的准确性。

(2)按下检流计按钮调整电桥平衡时，看到指针偏转情况后，应立即松开按钮，以免过流烧毁检流计。

(3)测试时电桥应放置平衡，预先将指针校准在零位。

(4)调整比率臂及固定臂电阻值时，应先大后小，防止过流。

三、电缆高阻绝缘障碍的测查法

电缆的障碍点接触电阻很大时，称为高阻绝缘障碍，须用特殊方法来测定障碍点。采用电缆高阻绝缘障碍测查法时，障碍电缆应具备以下条件：

(1)供测试的两条芯线，其绝缘电阻值应相差 30% 以上，因绝缘电阻相差越大，测出的数据准确度越高。

(2)两被测试芯线的电阻值应相同。

(3)两被测试芯线中，只应有一处障碍点。

(4)在没有障碍的区段内，电缆的绝缘电阻应较大。

(5)障碍点的接触电阻，在测量时应固定不变。

1. 测查障碍点接触电阻大于 0.2 MΩ 的电缆芯线接地或混线障碍点时，可采用可变比率臂电桥的开路及短路法

首先将电桥的 S_1 闸刀倒向 M 位置，S_2 闸刀倒向 MV 位置(即马来法)，障碍芯线与 X_2 端子连接，另一根辅助测试线与 X_1 端子连接，接地端子 E 与钢带或大地连接，B +、B - 端子与外接 45 V 电源连接，BA 闸刀倒向外接电源方向。

先将电缆另一端开路，如图 3 - 94 所示。调节 M 和 R_0 阻值，使电桥平衡后，将读数代入下式：

$$\frac{M}{R_0} = \frac{R_X + W_1}{R_X + W_2}$$

因为 R_X 与 W_1 或 W_2 比较，可略去不计，故可改为：

$$\frac{M}{R_0} = \frac{W_1}{W_2} = P_1$$

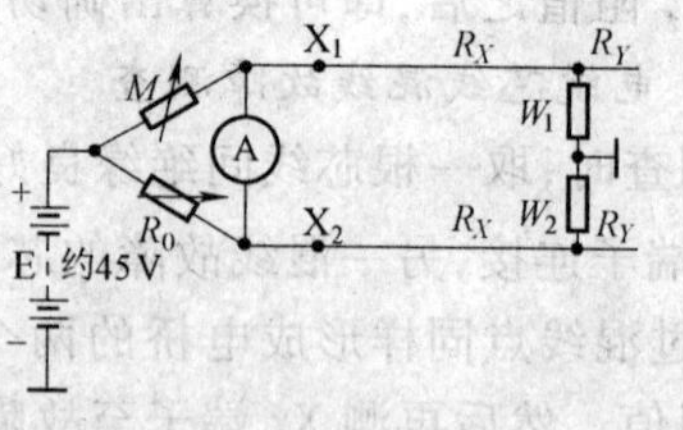

图 3 - 94　电缆高阻绝缘障碍测查方法(一)

图中 R_L——电缆芯线全长的电阻值；R_X——X_2 端子至障碍点一段的芯线电阻；R_Y——障碍点与地(或钢带)之接触电阻。

再将电缆另一端短路，如图 3 - 95(a)所示进行测试。由(a)可将被测之电缆化成下列等值电路，如(b)所示：

因为 $\frac{1}{W_1} + \frac{1}{2R_Y + W_2} = G_1 + G_3$，又因 $\frac{1}{W_2} + \frac{1}{2R_Y + W_1} = G_2 + G_3$

经运算化简后得：

$$R_1 = \frac{2R_Y W_1}{W_1 + W_2 + 2R_Y} \quad R_2 = \frac{2R_Y W_2}{W_1 + W_2 + 2R_Y} \quad R_3 = \frac{W_1 W_2}{W_1 + W_2 + 2R_Y}$$

图 3－95(b)的电路,其右边的三角形可化为星形如(c)所示,调节 M'和 R'_0 阻值,使电桥平衡后,得下列方程:

$$\frac{M'}{R'_0}=\frac{R_X+\dfrac{2R_YW_1}{W_1+W_2+2R_Y}}{R_X+\dfrac{2R_YW_2}{W_1+W_2+2R_Y}}$$

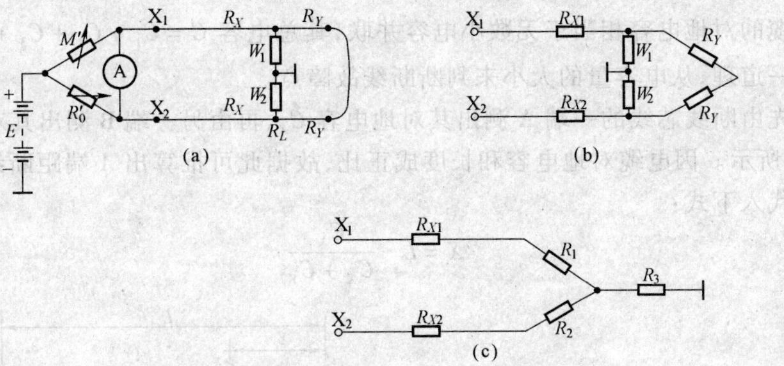

图 3－95　电缆高阻绝缘障碍测查方法(二)

式中 $2R_Y$ 的值比 W_1+W_2 之值小得多,故可略去不计,即

$$\frac{M'}{R'_0}=\frac{R_X+\dfrac{2R_YW_1}{W_1+W_2}}{R_X+\dfrac{2R_YW_2}{W_1+W_2}}=P_2 \tag{2}$$

经运算化简后得

$$R_X=\frac{2R_L(P_1-P_2)}{(P_1-1)(P_2+1)} \tag{3}$$

将两次测查数据代入(3)式即可求得 R_X 电阻值。求得 R_X 电阻值之后,即可换算出确切的故障点。

2. 采用可变比率臂(马来法)测查电缆芯线断线

断开电源开关 B 及检流计开关 G,外接检流计端子 G＋、G－接耳机,外接电源端子 B＋、B－接音频振荡器(800 Hz 或 1 000 Hz),地线端子 E 与钢带连接。S_1 闸刀倒向 M 位置,S_2 闸刀倒向 MV 位置,比率臂旋至 M 1000。

将导通良好的电缆芯线 a 与 X_1 端子连接,断线芯线 b 与 X_2 端子连接,该两芯线的另一端短路。钢带与地线端子 E 连接,如图 3－96 所示。戴上耳机并接通振荡器,按下 B、G 按钮,调整测定臂电阻值 R_0,一直到耳机内听不到蜂鸣声或音量减到最小时为止,此时表示电桥已经平衡。将所测数据代入下式,要直接求出 X_2 端子至电缆芯线断线故障点 C 的距离为 d。

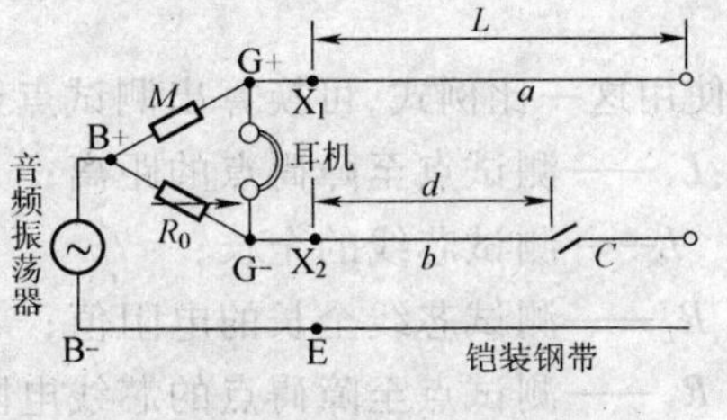

图 3－96　可变化比率臂测查电缆芯线断线

$$d=\frac{2M\cdot L}{R_0+M}$$

式中：d——X_2 端子至断线点长度（m）；

M——比率臂电阻值（Ω）；

L——被测电缆芯线全长（m）；

R_0——测定臂电阻值（Ω）。

3. 采用电容测试器测查电缆芯线断线

一根电缆的对地电容相当于无数小电容并联，其总电容 $C=C_1+C_2+C_3+\cdots\cdots$ 电容测试器即根据这一道理，从电容量的大小来判断断线故障点。

测试时先由断线芯线的一端 A 测出其对地电容 C_X，再由另一端 B 测出其对地电容 C_Y，如图 3－97（a）所示。因电缆对地电容和长度成正比，故据此可推算出 A 端距断线点 C 的距离。将测试数据代入下式：

$$X=L\cdot\frac{C_X}{C_X+C_Y}$$

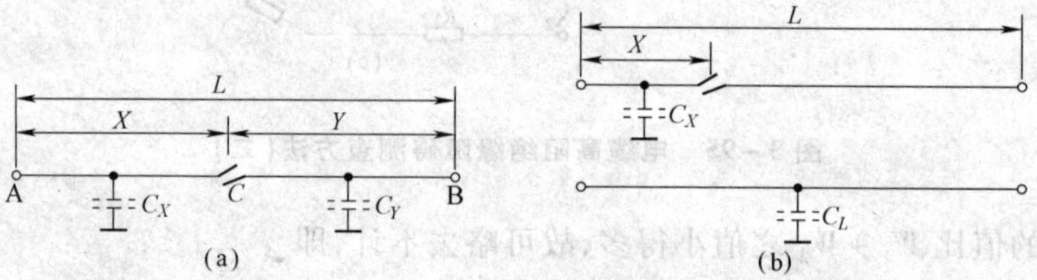

图 3－97　电容测试器测查电缆芯线断线方法

式中：L——电缆长度。

为了免除在电缆两端测试的麻烦也可用比较法测查电缆断线故障点，如图 3－97（b）所示。先测出对地电容 C_X，再测出另一条导通良好芯线的对地电容 C_L，将测试数据代入下式，可直接算出断线点。

$$X=L\cdot\frac{C_X}{C_L}(\text{km})$$

四、电缆障碍点的计算

信号电缆芯线的截面积可视为都是均匀相等的，所以芯线电阻与芯线长度成正比，即

$$\frac{L}{R_L}=\frac{L_X}{R_X}$$

$$L_X=\frac{L\cdot R_X}{R_L}$$

使用这一比例式，可换算出测试点至障碍点的距离。

式中：L_X——测试点至障碍点的距离；

L——测试芯线的全长；

R_L——测试芯线全长的电阻值；

R_X——测试点至障碍点的芯线电阻值。

例如采用电缆低阻绝缘障碍测查法测查电缆芯线接地故障点，已求得 R_X 电阻值为 5.72 Ω，已知芯线全长为 500 m，电阻为 11 Ω，故可换算出测试点至障碍点的距离 L_X：

$$L_X = \frac{500 \times 5.72}{11} = 260\ \mathrm{m}$$

对于尚未敷设的电缆，换算出故障点距离之后，能较快地查到故障点。但对于已埋入地下的电缆，在换算出故障点距离之后，还需按距离量出故障点，这就要求量电缆长度时必须准确，否则会挖不准地点。

按计算距离挖出电缆故障点之后，如果沟内有多条粗细相仿的电缆，可采用音频信号确定出故障电缆，以便于处理。将故障电缆一端的芯线全部并接，从另一端找两根备用芯线与音频信号发生器连接，送上音频信号。在挖出的故障点将感应接收器逐条放置于电缆面，通过耳机监听，能听到音频信号的电缆即为故障电缆。音频信号发生器输出的音频信号电压大小应视电缆长短调整。

五、使用 6405 型电缆探测器查找电缆故障

1. 测电缆线对障碍

(1)振荡器

①障碍线对分别接“音线”和“铝皮”，功率开关掷“放大”，输出开关掷“通话”，调节阻抗使输出最大；

②打开电源开关，调节音量；

③把开关掷“断续”。

(2)接收器

①将二号探头插入，打开开关；

②开关掷“找障碍”；

③使探头贴近电缆探测音量变化情况，找出变化点，即是障碍点。

(3)探测各种障碍的连接方法

①混线：如图 3－98 所示。

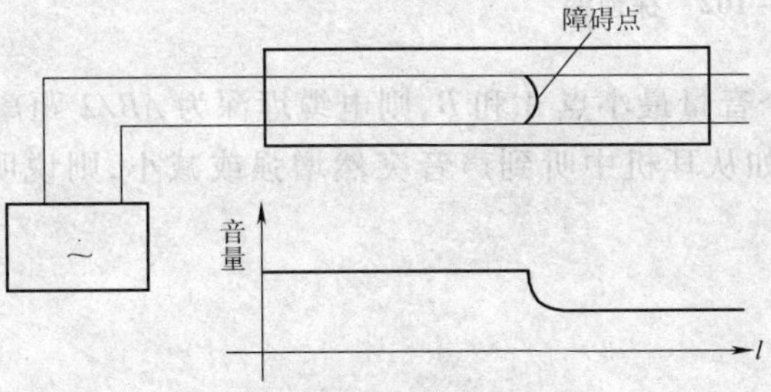

图 3－98　探测混线

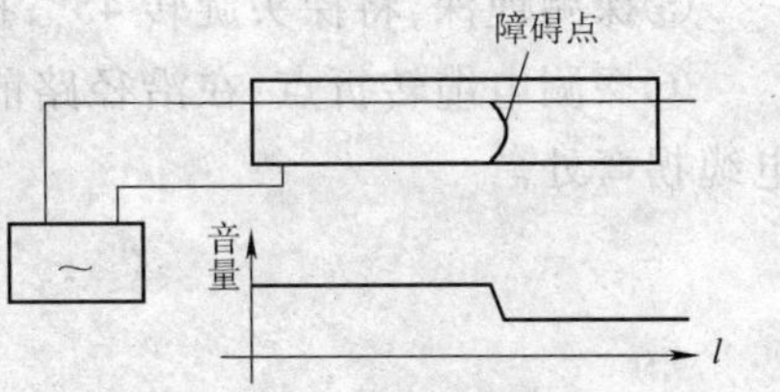

图 3－99　探测接地

②接地：如图 3－99 所示。

③错对：如图 3－100 所示。

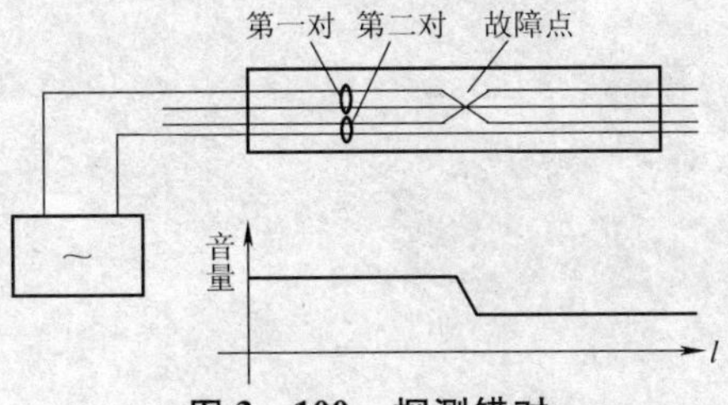

图 3－100　探测错对

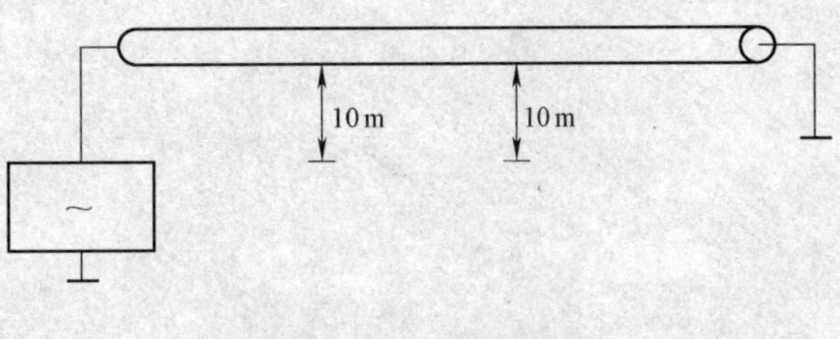

图 3－101　探径路

2. 探测电缆径路及埋深

(1)振荡器(如图3－101所示)

①选用一导电性能良好的芯线作为放音线,另外用一根线接在铝护套或铠装钢带上,地线距电缆10 m处(接地电阻小于15 Ω)功率转换开关掷“放大”,输出转换开关掷“通话”,调节输出阻抗,使输出最大,电缆另一端将放音线接地;

②打开电源,调节输出;

③将开关掷“断续”即可送出400 Hz断续信号。

(2)接收器

①将一号大探头插入,打开电源,调节音量适当;

②送受话器转换开关掷在“耳机”“话筒”端子上;

③探头转换开关掷“找故障”;

④使探头平行于地面探索声音最小点,电缆两边声音大,如图3－102所示;

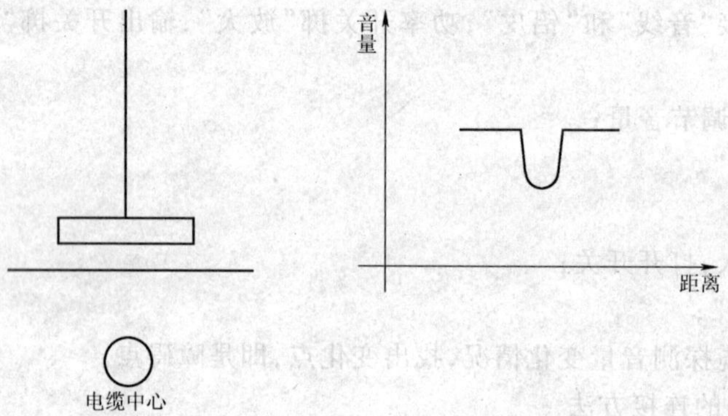

图3－102　探埋深

⑤探测埋深,将探头旋转45°,找出两个音量最小点A和B,则电缆埋深为$AB/2$距离;

⑥探测电缆转折点,在沿径路前进中,如从耳机中听到声音突然增强或减小,则说明遇到电缆拐弯处。

第四章　信号设备建筑限界

第一节　一 般 规 定

1. 信号设备除车辆减速器、限界检查器、轨道接触器外，任何部分均不得侵入信号设备建筑接近限界。列车运行速度小于或等于 160 km/h 时，不得侵入表 4－1 规定的限界。列车运行速度大于 160 km/h 时，应符合现行《客运专线铁路信号工程室外设备安装规程》（TB 10216—2009）的相关规定。

表 4－1　信号设备建筑接近限界（mm）

序号	设备名称或距轨面距离			限界标准技规规定	说　明
1	正线信号机、站线信号机（通行超限货物列车）			2 440	所属轨道中心至设备凸出边缘
2	站线信号机			2 150	
3	其他轨旁设备	1 100 以上	正线	2 440	
4			站线	2 150	
5		350 ~ 1 100		1 875	
6		200 ~ 350		1 725	
7		25 ~ 200		1 500	
8		25 以下		1 400	

2. 在曲线线路上，信号设备建筑接近限界应按照现行《铁路技术管理规程》规定的曲线是基本建筑限界加宽办法执行。

3. 轨旁设备的安装不得妨碍大型养路机械作业。

4. 信号设备金属导体部分外缘与接触网带电部分距离不小于 2 000 mm，与回流线距离不得小于 700 mm。当其在 700 ~ 1 000 mm 时，应加绝缘防护。

第二节　信号机安装限界

1. 各种高柱信号机的机柱、梯子、机构的安装，应符合设计要求，并不得侵入建筑接近限界。

信号托架的横向桁架底边高出钢轨顶面的限界，在非电力牵引区段不得小于 6 000 mm；在电力牵引区段，应根据牵引供电的不同方式按设计规定，并经现场调查确定。信号桥及悬挂在无站台柱雨棚上信号机的安装限界应满足与接触网之间安全距离的要求。

2. 在非电力牵引区段的直线线路上，各种高柱信号机类型、埋深及机构安装尺寸，应符合表 4－2 的规定。

表 4－2　非电力牵引区段直线线路高柱信号机安装限界(mm)

序号	使用名称	型　式	机柱长度	埋　深	最下方灯位中心距轨面	机柱中心至所属线路中心	
						限界:2 440	限界:2 150
1	进站	四灯位带引导	11 000	2 000	5 000	2 630	2 340
2	进站或进路	四灯位带引导及进路表示器	11 000	2 000	5 000	2 630	2 340
3	出站或发车进路	五灯位带引导	11 000	2 000	5 000	2 630	2 340
4	出站或发车进路	四灯位带进路表示器	11 000	2 000	5 400	2 630	2 340
5	出站或发车进路	四灯位带二排进路表示器	11 000	2 000	5 400	2 630	2 340
6	出站或发车进路	五灯位	11 000	2 000	5 300	2 630	2 340
7	出站或发车进路	四灯位	10 000	2 000	5 300	2 630	2 340
8	出站或发车进路	三灯位带进路表示器	10 000	2 000	5 400	2 630	2 340
9	出站或发车进路	三灯位	8 500	1 700	5 300	2 630	2 340
10	出站、调车、预告	二灯位	8 500	1 700	5 300	2 630	2 340
11	复示	方板	8 500	1 700	5 500	2 630	2 340
12	通过(接近)	三灯位	8 500	1 700	4 500	2 630	
13	通过	三灯位带容许	8 500	1 700	3 500	2 630	
14	遮断及其预告信号机	方板一灯位	8 500	1 700	5 500	2 630	
15	驼峰及驼峰辅助	四灯位	10 000	2 000	5 300	2 630	2 340
16	驼峰复示	四灯位带方板	10 000	2 000	5 300	2 630	2 340

3. 各类矮型信号机的混凝土基础、埋深及机构安装尺寸应符合表 4－3 的规定。

表 4－3　矮型信号机安装限界(mm)

序号	使用名称	型　式	机构间距	基础埋深	基础顶面至轨面	基础中心至所属线路中心	机构中心距所属线路中心
1	出站或进站	五灯位	340	400	200～300	2 199	2 029
2	出站或进站	四灯位	340	400	200～300	2 199	2 029
3	出站或进站	四灯位带进路表示器	340	400	100～200	2 199	2 029
4	出站、进站或接近	三灯拉		500	200～300		2 029
5	出站或进站	三灯位带进路表示器		500	80～120		2 163
6	出站或调车	二灯位		500	200～300		2 029
7	复示	方板一灯位		500	200～300		2 095

4. 在交流电力牵引区段的直线线路上，进站、预告、通过高柱信号机机柱类型、埋深及机构安装尺寸符合表 4－4 的规定。

表 4－4　交流电力牵引区段直线线路高柱信号机安装限界(mm)

序号	使用名称	型　式	机柱		最下方灯位中心至轨面	所属线路中心至		说　明
			长度	埋深		机柱中心	机构中心	
1	进站	四灯位带引导	8 500	1 700	3 500	2 900	2 670	第一、二位机构中心间距为 1 200；第二位机构最下方灯位中心至引导机构中心为 720
2	预告	二灯位	8 500	1 700	4 500	2 900	2 600	机构安装在所属线路侧
3	通过(接近)	三灯位	8 500	1 700	4 500	2 900	2 600	机构安装在所属线路侧
4	通过	三灯位带容许	8 500	1 700	3 700	2 900	2 700	机构安装在所属线路侧

5. 在交流电力牵引区段站内高柱出站信号机机柱类型、埋深及机构安装尺寸应符合表 4－5 的规定。

表 4－5　交流电力牵引区段高柱出站信号机安装限界(mm)

序号	使用名称	型式	机柱		最下方灯位中心距轨面	所属线路中心至		邻近线路		说明
			长度	埋深		机柱中心	机构中心	限界:2 440	限界:2 150	
1	出站	二灯位	8 500	1 700	5 300	2 900	2 700		2 400	线间距 5 300
2	出站	三灯位	8 500	1 700	5 200	2 900	2 700		2 400	线间距 5 300
3	出站	四灯位	10 000	2 000	4 700	2 900	2 700		2 400	线间距 5 300
4	出站	二灯位	8 500	1 700	5 300	2 900	2 700	2 630		线间距 5 530
5	出站	三灯位	8 500	1 700	5 200	2 900	2 700	2 630		线间距 5 530
6	出站	四灯位	10 000	2 000	4 700	2 900	2 700	2 630		线间距 5 530

6. 各种标志牌内侧距所属线路钢轨内侧边缘不小于 2 380 mm，埋设深度和安装高度应符合下列要求：

(1)预告标的埋设深度不小于 1 250 mm，顶部距路基面 2 500～2 550 mm；

(2)四显示机车信号接通标、四显示机车信号断开标的埋设深度不小于 1 000 mm，标志板中心距路基平面 2 050～2 100 mm；

(3)轨道电路调谐区标的埋设深度不小于 1 000 mm，标志板中心距路基平面 2 050～2 100 mm；

(4)点式设备标的埋设深度不小于 1 000 mm，三角底边距路基平面 1 800～1 850 mm。

桥上、隧道内的各种标志牌安装受地形限制不能满足上述要求时，可适当调整，但不得侵入限界。

第三节　其他信号设备安装限界

1. 发车表示器当采用混凝土机柱安装时，可采用 8.5 m 型，机构中心距所属线路轨面的高度不得小于 5 800 mm。如采用吊装方式安装在站台雨棚下时，机构中心距所属线路轨面高度不小于 3 500 mm，距所属线路中心水平距离不小于 2 576 mm。

按钮柱表示灯中心距地面（线间铺满道砟时为砟面）为 1 500 mm。

2. 发车线路表示器，基础顶面距所属线路轨面为 200 ~ 300 mm，基础埋深不得小于 500 mm，机构中心距所属线路中心不得小于 2 029 mm。

3. 道岔转辙握柄，握柄底座面距轨底为 142 mm，握柄中心距邻近线路中心：电锁器一侧靠近线路时，不得小于 2 046 mm；另一侧靠近线路时，则不得小于 1 921 mm。

4. 道岔表示器、脱轨表示器的安装限界尺寸，应符合下列要求：

（1）带柄大型或无柄大型表示器安装在正线或通过超限列车的站线时，表示器中心距所属线路中心的距离，不得小于 2 565 mm。

（2）带柄大型或无柄大型表示器安装在不通过超限列车的站线时，表示器中心距所属线路中心的距离，不得小于 2 275 mm。

（3）带柄小型或无柄小型表示器的中心距所属线路中心的距离，不得小于 2 020 mm。

（4）脱轨表示器的中心距所属线路中心的距离，不得小于 2 020 mm。

5. 继电器箱、区间设备箱，靠近线路侧的基础螺栓距线路中心的距离，不得小于2 800 mm。扼流变压器的安装不得侵入建筑接近限界。

6. 距所属轨面垂直高度不大于 1 100 mm 的轨道电路轨旁设备的凸出边缘距所属线路近侧钢轨外沿的水平距离不小于 1 500 mm。

7. 转辙机的安装限界应符合安装标准图的规定。

8. 补偿电容、应答器等线上信号设备的安装限界应符合设计要求。

第五章　室外设备安装

室外设备的安装主要介绍各类色灯信号机、电动转辙机、轨道电路、继电器箱、变压器箱及电缆箱盒等设备的安装方法和施工工艺，以及设备砌围、培土、涂漆、名称书写等施工方法。

第一节　地面固定信号机的安装

一、一般规定

1. 信号机施工一般包括挖机柱坑、立机柱、安装机构、调整测试等。

2. 信号机及标志牌的设置应符合设计要求，设在列车运行方向的左侧或其所属线路的中心线上空。特殊地段因条件限制，需设于右侧时，必须按现行《铁路技术管理规程》的规定执行。

3. 信号机或标志牌的位置和显示方向，应保证从列车上不至于误认为是邻线的信号机或标志牌。

4. 信号机及标志牌的安装限界，应符合现行《铁路技术管理规程》中客货共线铁路建筑限界的相关规定。

5. 为了不受接触网腕臂的影响，进站信号机机构的安装高度可进行适当调整。

6. 进站、预告、通过信号机与接触网支柱同侧设置时，信号显示区域不应受接触网设备遮挡。

7. 信号机配线应符合下列要求：

(1)采用多股铜芯绝缘软线，其标称截面积不小于 1.5 mm^2。

(2)绝缘软线不得有破损、老化现象。

(3)绝缘软线不得有中间接头。

(4)配线在箱盒、机构内部应绑扎整齐。

(5)配线两端芯线可用铜线绕制线环或冷压接线端子压接等方式做头。

(6)配线在机柱、电线引入管进出口处应加防护。采用橡皮电缆或塑料绝缘电缆时，可不加防护。

8. 信号机的安装施工特别执行以下安全技术规程：

(1)运输各种水泥电杆，运输前对电杆堆放位置进行选取，并详细了解运输路径，确保运输过程中的道路交通安全。

(2)立杆前要仔细检查立杆工具结实无损伤。对参加作业人员进行程序及方法的培训。

(3)在电力牵引区段，竖立或拆除信号机柱及吊装信号机构时，作业人员距接触网带电体部分不小于 2 m。

(4)在营业线进行信号机施工时，应在车站行车室设驻站联络员。

二、工序流程

1. 信号机施工可按图 5-1 所示流程进行施工。

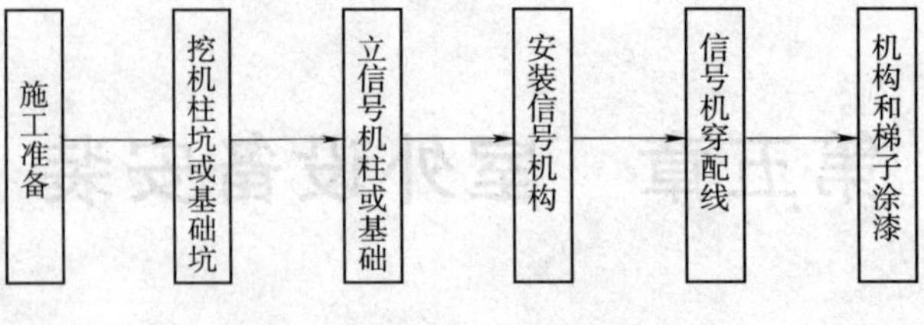

图 5－1　信号机施工流程图

2. 根据施工组织设计和现场实际情况也可对图 5－1 所示流程进行相应调整。

三、色灯信号机显示要求和设置原则

1. 色灯信号机显示应满足的技术要求

按铁路技术管理规程规定：

进站、通过、遮断信号机的显示距离不得少于 1 000 m；

出站、高柱进路信号机不得少于 800 mm，高柱预告、驼峰、驼峰辅助信号机的显示距离不得小于 400 m；

调车、矮型出站、矮型进路、复示信号机、容许、引导信号以及各种表示器的显示距离不得少于 200 mm。

进站、通过、预告、遮断信号机的显示距离在最坏条件下不得少于 200 mm。

2. 设置原则

(1)各种信号机应设在列车运行方向的左侧或其所属线路的中心线上空。不得已需设于右侧时，必须经铁路局批准。

信号机位置一般要求与绝缘节并置，必要时也可以有前后的伸缩，但应符合铁路工程技术规范的规定。

①进站、接车进路、调车和单线双向自动闭塞区间并置的通过信号机处的钢轨绝缘，可装在信号机前方或后方各 1 m 的范围内；

②出站和自动闭塞区间单置点通过信号机处的钢轨绝缘，可装在信号机前方 1 m 或后方 6.5 m 的范围内。

当达不到有关规定时，应在定测时与有关单位研究确定用前移信号、或要求工务锯轨、换轨来解决。

(2)信号机设于线路间时，两线路中心距离须满足表 5－1 的要求。

(3)各种用途的信号机设置位置如下：

①进站信号机应设在距进站第一道岔尖轨尖端(顺向为警冲标)不小于 50 m 的地点。车站为了便于调车作业，往往要求进站信号机距进站第一道岔远一点，但过远不便于日常维修和故障处理。如因调车作业和制动距离的需要，原则上不超过 400 m。

②出站信号机应设于每一发车线的警冲标内适当地点。在限界允许的条件下，一般与轨端绝缘并排安装，轨端绝缘距警冲标距离不少于 3.5～4 m。

③非自动闭塞区间预告信号机应设在距其主体信号机不少于 800 m 处。但预告或其主体信号机的显示距离不足 400 m 时，其安装距离不得小于 1 000 m。

④调车信号机应设在对向道岔前方第一接缝处(如道岔为现地操纵或局部控制时，则应考虑保护区段的长度)或距顺向道岔警冲标不少于 3.5 m 绝缘接缝处。

⑤自动闭塞区段的通过信号机应设在闭塞分区或所间区间的分界处，闭塞分区的划分由牵引计算确定。通过信号机不应设在停车后可能脱钩的地点，并尽可能不设在起动困难的地点。两架通过信号机间的距离，不得小于1 200 m。进站信号机前方的第一架通过信号机离进站不小于1 200 m，一般不大于1 500 m，并画上三条黑斜线。

表 5－1　信号机设于线路间时线间距离表

设备名称	线　间	线间距离(mm)
高柱信号机	正线与正线	不小于5 260
	正线与站线	不小于4 970
	站线与站线	不小于4 680
矮型信号机(一型)	正线与站线	不小于4 054
矮型信号机(二型)	正线与站线	不小于4 394
局部控制盘	正线与正线	不小于5 404
	正线与站线	不小于5 114
	站线与站线	不小于4 824

表 5－2　不同显示的色灯信号机机柱长度及埋深表

色灯信号机种类(透镜式)	机柱长(mm)	埋深(mm)
双机构色灯信号机(四显示带三灯进路表示器)	11 000	2 000
双机构色灯信号机(四显示带六灯进路表示器)	11 000	2 000
双机构色灯信号机(四显示带进路表示器及引导)	11 000	2 000
双机构色灯信号机(四显示带引导)	11 000	2 000
双机构色灯信号机(五显示带引导)	11 000	2 000
双机构色灯信号机(五显示)	11 000	2 000
双机构色灯信号机(四显示)	10 000	2 000
单机构色灯信号机(三显示带三灯进路表示器)	10 000	2 000
单机构色灯信号机(三显示)	8 500	1 700
单机构色灯信号机(二显示)	8 500	1 700
单机构色灯信号机(三显示带容许)	8 500	1 700
柱上发车表示器	7 000	1 400
机柱埋深为机柱底至面尺寸		

注：当线路道床过高，埋设不够标准时，应加设1 000 mm×1 000 mm的混凝土围桩加固。当埋深大于标准0.5 m时，需更换机柱。

四、高柱色灯信号机安装标准

1. 水泥机柱的埋深及高度。不同显示的色灯信号机，所采用的机柱长度及埋深如表5－2所列。

2. 水泥信号机柱质量鉴定。水泥信号机柱的质量鉴定应符合下列标准：

(1)裂缝未超过下列规定者准许安装使用：

①裂缝宽度小于0.2 mm，长度不大于周长的2/3。

②裂缝条数在5条以内，间距在200 mm以上，或条数超过5条，但裂缝均匀分布，间距在300 mm以上的。

③裂缝在机柱顶部1 500 mm以内的(特殊严重的除外)。

④纵向裂缝不超过1条，宽度在0.2 mm以内，长度小于1 000 mm，混凝土面无剥落现象。

(2)裂缝在下列范围内，经修补处理后可以使用：

①裂缝宽度在0.21～0.5 mm以内者，应涂环氧树脂胶浆。

②裂缝宽度在0.5～1 mm以内者，应用环氧树脂砂浆。

(3)裂缝宽度与损坏程度超过下列规定者，不得使用：

①裂缝宽度超过1 mm者。

②混凝土面损伤、脱落，并纵向主筋外露者。

③裂缝虽在0.21～1 mm内，但整圈裂通或两圈距离又小于500 mm者。

④机柱碰伤至弯曲的最大矢度超过$l/200$者(l为机柱总长)。

各项裂缝宽度，均以机柱按两规定支点平放时实测数字为准。

3. 高柱信号机的基本宽度为 380 mm、410 mm 两种。信号机基本宽度包括梯子宽度、梯子接头螺栓外露部分的加宽和倾斜量。基本宽度的二分之一加建筑限界即为机柱的中心位置。基本宽度计算应考虑信号机在距钢轨顶面 5 m 高处倾斜不超过 40 mm，即机柱与地面的倾斜角不应大于 0.5°，下沉 200 mm 为限度。

380 mm 宽度适用于梯子内宽 250 mm 的水泥柱色灯信号机及单导线臂板信号机。

410 mm 宽度适用于梯子内宽 300 mm 的水泥柱色灯信号机及单导线臂板信号机。

4. 水泥信号机柱的顶端以及引入线防护罩口应用水泥封堵牢固。

5. 信号机各部件不得有破损、裂纹现象，各种连接销、开口销配齐，其劈开角度以 60° ~ 90°为标准，双臂劈开钳子角度一致。

6. 所采用的各种色玻璃或透镜，颜色必须符合标准。各种不同显示的高柱色灯信号机机构安装尺寸如图 5－2 所示。图 5－2(1) 为四灯位带进路表示器（三灯）信号机；图 5－2(2) 为四灯位带进路表示器（六灯）信号机；图 5－2(3) 为四灯位带进路表示器及引导进站信号机；图 5－2(4) 为四灯位带引导进站信号机；图 5－2(5) 为五灯位带引导进站信号机；图 5－2(6) 为五灯位信号机；图 5－2(7) 为四灯位信号机；图 5－2(8) 为三灯位带进路表示器（三灯）信号机；图 5－2(9) 为三灯位出站信号机；图 5－2(10) 为二灯位出站、调车、预告信号机；图 5－2(11) 为三灯位带容许通过信号机；图 5－2(12) 为三灯位通过信号机；图 5－2(13) 为复示信号机；图 5－2(14) 为遮断信号机。

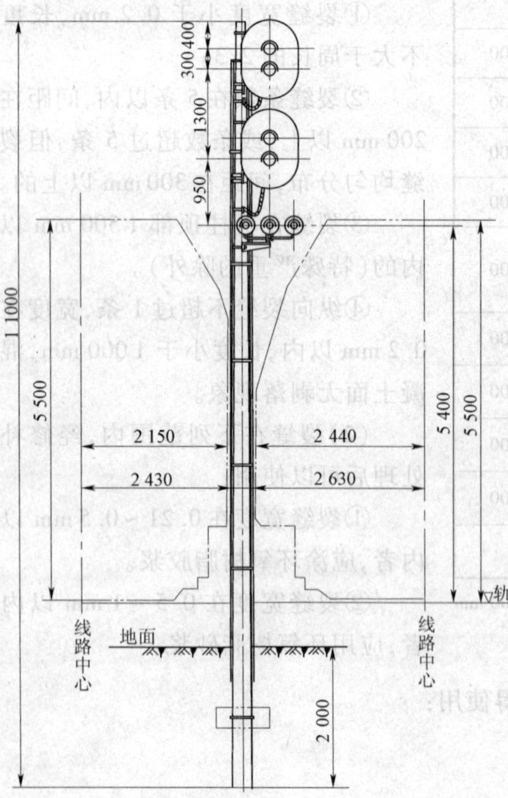

图 5－2(1)　四灯位带进路表示器（三灯）信号机

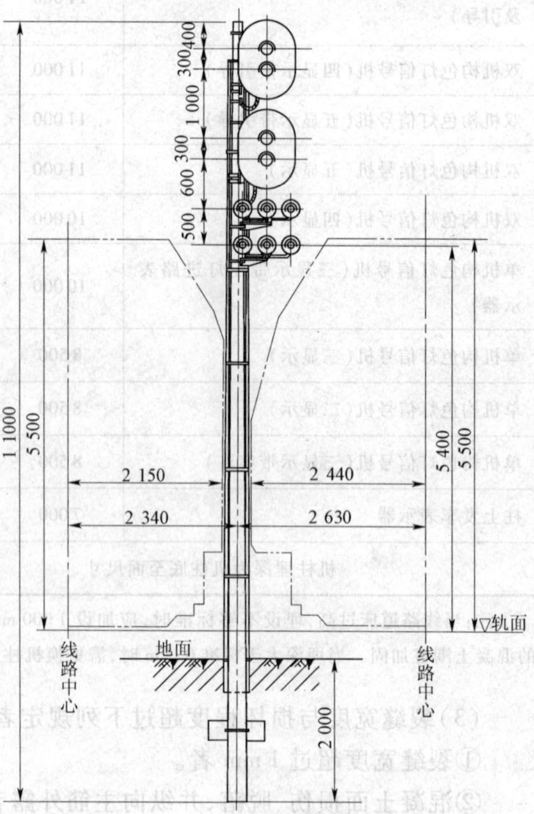

图 5－2(2)　四灯位带进路表示器（六灯）信号机

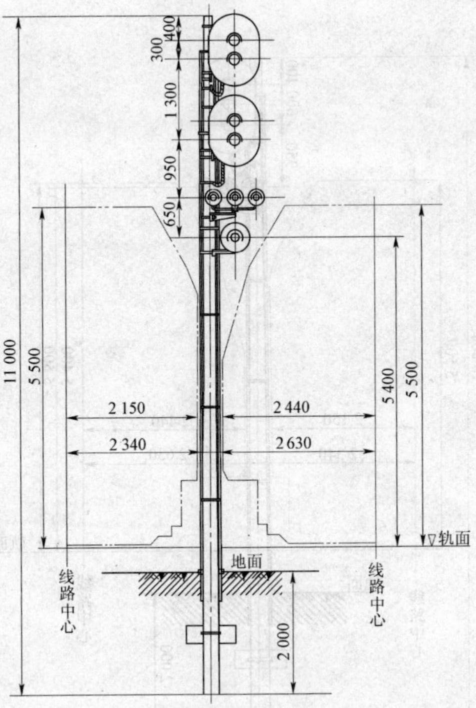

图 5－2(3)　四灯位带进路表示器及引导进站信号机

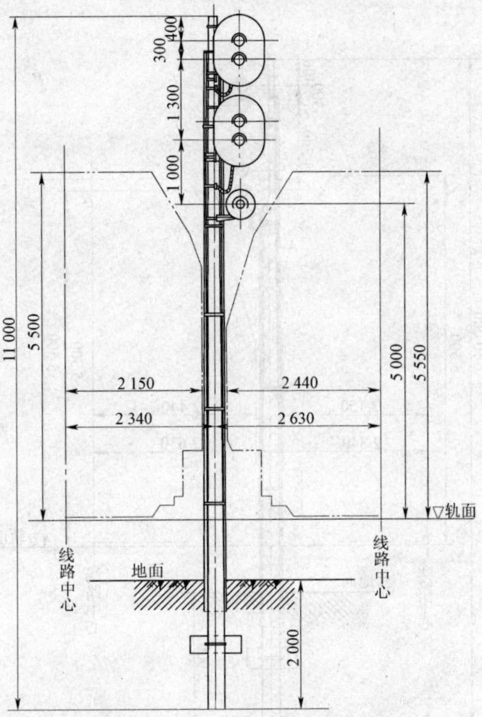

图 5－2(4)　四灯位带引导进站信号机

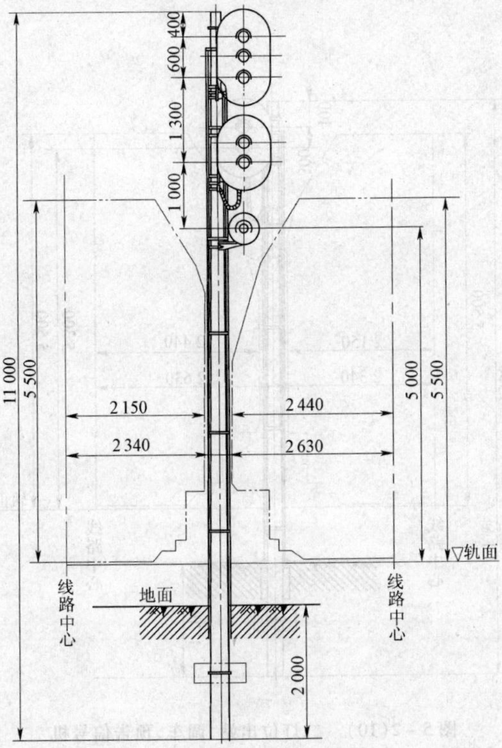

图 5－2(5)　五灯位带引导进站信号机

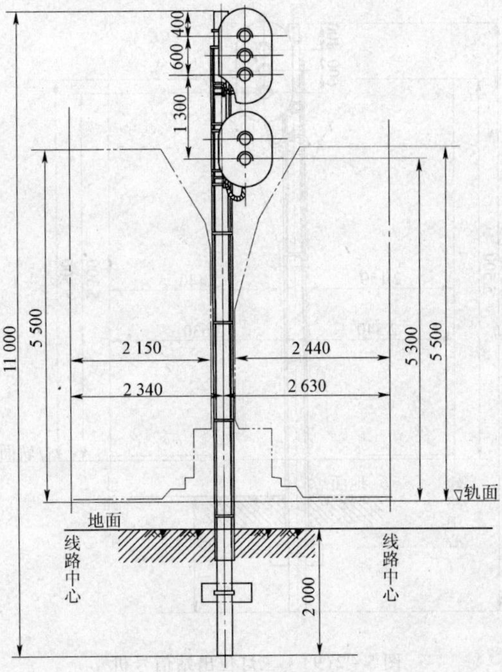

图 5－2(6)　五灯位信号机

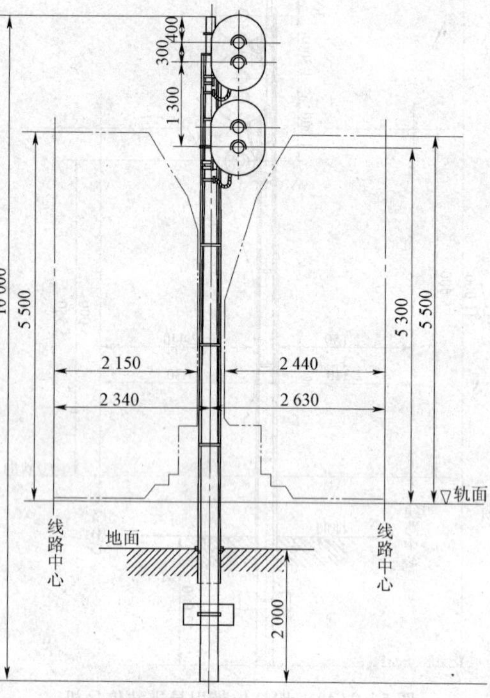

图 5－2(7) 四灯位信号机

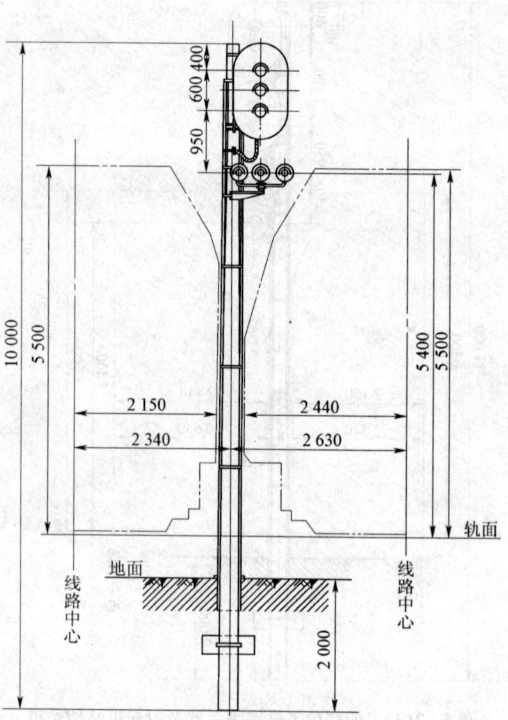

图 5－2(8) 三灯位带进路表示器(三灯)信号机

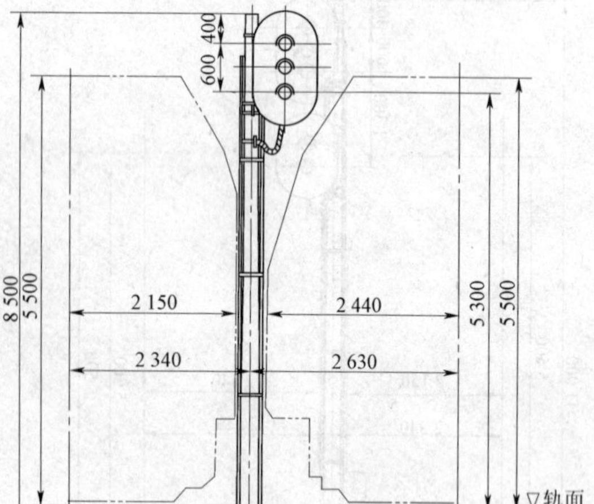

图 5－2(9) 三灯位出站信号机

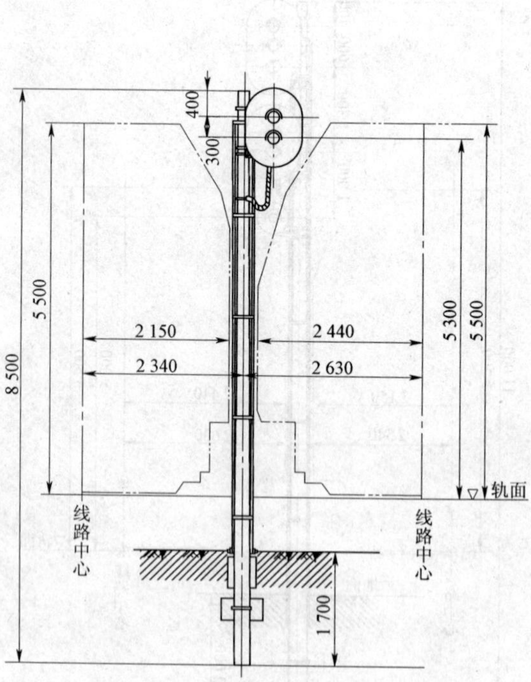

图 5－2(10) 二灯位出站、调车、预告信号机

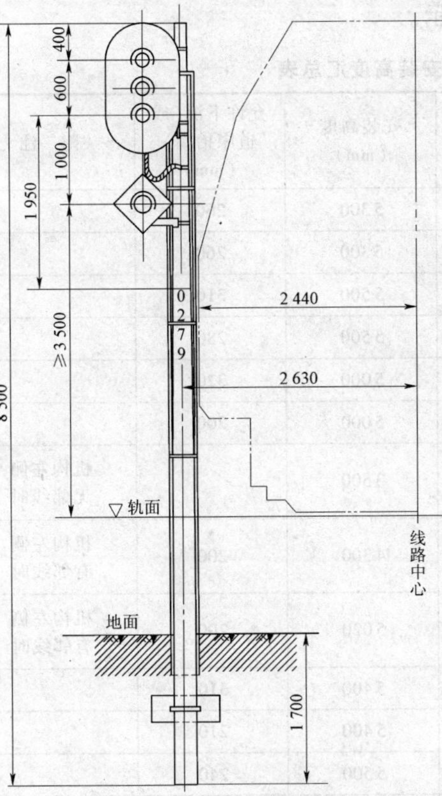

图 5－2(11)　三灯位带容许通过信号机

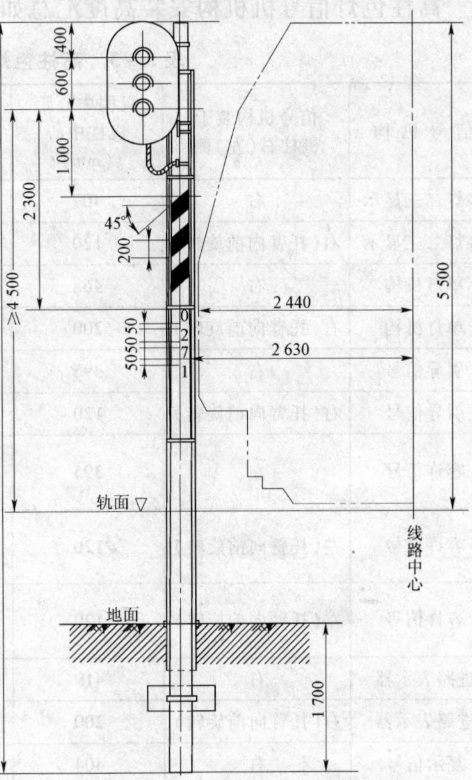

图 5－2(12)　三灯位通过信号机

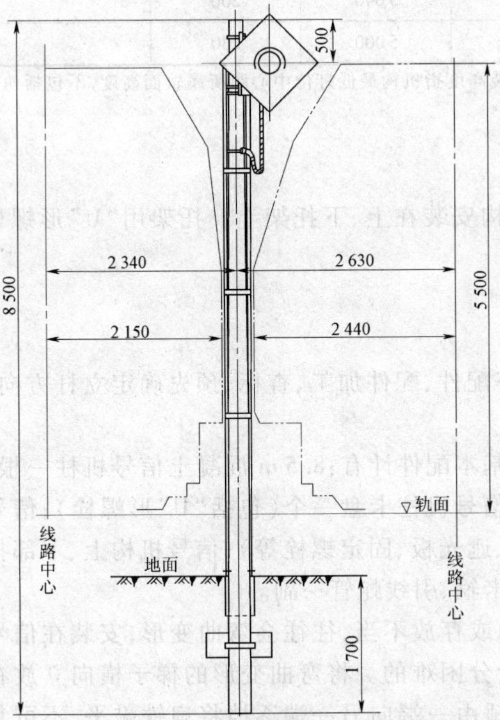

图 5－2(13)　复示信号机

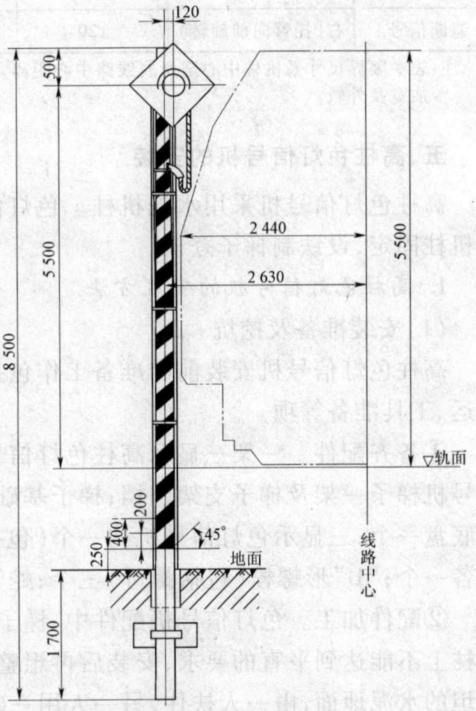

图 5－2(14)　遮断信号机

图 5－2　高柱信号机机构安装尺寸图(单位:mm)

高柱色灯信号机机构安装高度汇总如表 5－3 所示。

表 5－3　高柱色灯信号机机构安装高度汇总表

信号机构	信号机构装于机柱右(左)侧	机构中心距机柱中心(mm)	限界尺寸(mm)	安装高度(mm)	允许下沉(或道床抬高)(mm)	附　注
多灯二三显示	右	407	2 440	5 300	260	
多灯二三显示	右(托臂向前旋转)	120	2 150	5 300	260	
单灯机构	右	468	2 440	5 500	310	
单灯机构	右(托臂向前旋转)	200	2 150	5 500	280	
引导信号	右	395	2 440	5 000	320	
引导信号	右(托臂向前旋转)	120	2 150	5 000	200	
容许信号	左	395		3 500		机构左侧无邻线时
容许信号	左(托臂向前旋转)	120	2 440	4 300	200	机构左侧有邻线时
容许信号	左(托臂向前旋转)	120	2 150	5 020	200	机构左侧有邻线时
进路表示器	右	419	2 440	5 400	310	
进路表示器	右(托臂向前旋转)	200	2 150	5 400	210	
复示信号	右	404	2 440	5 500	240	
复示信号	右(托臂向前旋转)	140	2 150	5 500	200	
遮断信号	右(托臂向前旋转)	120	2 150	5 640	200	
遮断信号	右(托臂向前旋转)	120	2 440	5 000	230	

注：表中限界尺寸系机柱中心至所属线路中心距离。表中安装高度指机构最低灯位中心距所属轨面高度，不包括曲线加宽及外轨。

五、高柱色灯信号机的安装

高柱色灯信号机采用水泥机柱。色灯信号机构安装在上、下托架上。托架用“U”形螺栓与机柱固定，设铁制梯子登机。

1. 高柱色灯信号机的安装方法

(1)安装准备及挖坑

高柱色灯信号机安装前的准备工作包括：备齐配件、配件加工、查标、预先确定立杆方向、搬运、工具准备等项。

①备齐配件。一架三显示高柱色灯信号机的基本配件计有：8.5 m 混凝土信号机柱一根；信号机梯子一架及梯子支架四档；梯子基础一个；信号机柱卡盘一个(包括“U”形螺栓)；信号机底盘一个；三显示色灯信号机构一个(包括遮檐、遮光板、固定螺栓等)；信号机构上、下部托架各一个；“U”形螺栓(包括螺母)三个；蛇管头及卡箍、引线蛇管一副。

②配件加工。色灯信号机配件中，梯子因运输或存放不当，往往会弯曲变形，安装在信号机柱上不能达到平直的要求，安装后再想整直是十分困难的。将弯曲变形的梯子横向立放在平坦的水泥地面，由一人扶住，另一人用一磅半手锤由一端向另一端逐档将扁铁敲平，不可集中一处敲打过度，防止扁铁凹状变形。不断将梯子放平，观看整条扁铁是否成直线，同时也看出哪一段不平，以便加强敲击。一侧敲直后，同样方法将另一侧敲直。扁铁侧面敲直后，将梯

子平放水泥地面，观看有没有凹凸处，同样方法逐渐敲平。这样反复几次，直至从正面与侧面看都能呈一直线。

此外，梯子支架如有不平也应整成平直，各种螺栓应清扫注油，拧活螺母。这些工作如不在地面做好，安装时会感到困难。

各种配件的除锈油漆也应预先做好。

③搬运：运搬中应注意以下几点：

各种带丝扣的配件不可直接向地下扔去，防止损坏丝扣；

已整成平直的梯子不可再抛扔，应轻轻平放在地面，防止再度变形；

搬运色灯机构时，应将门关闭扣上门搭用小铁丝拧上，防止中途自动落门。

④挖坑：埋设在软土质地区的信号机柱底部需加“底盘”，以防止机柱下沉，这样的信号机坑需挖成方形。挖方坑须有两人进行，使用锹镐一挖到底，坑宽以 0.5 m 见方略宽于底盘为宜。坑挖至 1.5 m 时，只能改用短把锹镐进行（锹把 400 mm 左右），否则无法将土扔出。使用底盘的坑深应由机柱埋深加上底盘厚度 80 mm，此时挖掘比较困难，故坑宽最好稍大些，虽然多挖一些土，但便于底层挖掘。挖过 1.5 m 深时，必须注意土质，遇到流沙或渗水易发生塌方的土质，应改成阔口坑，防止发生塌方危及人身安全。在两线间挖方形坑，遇到石砟较厚（超过 0.5 m）并且两线间距较近时，挖坑必须在专人防护下进行。坑址的石砟除尽后，应在地面加设木板，防护石砟塌落，凡是有车通过时必须离开坑内躲让。方坑挖成后，应考虑立杆方向将“马槽”挖出来，最后将底盘平放入坑底，用撬棍拨正。

⑤立杆工作能否顺利和安全，一定程度取决于坑的形状是否合理。目前，立杆仍以“把杆”立杆法为多。这种立杆法要求立杆槽（俗称“马槽”）较深较长为好。一般约需 1.5 m 长，斜坡深度 0.5 m。洞口最好不要过阔，这样机柱头部稍稍提起，根部就能进入洞的中下部，不但便于立起，而且不会左右摆动，有利于安全。“马槽”位置是以信号机坑为中心，根据立杆方向决定的。

信号机坑还可挖成长方形，用镐刨出方形坑位，将面层挖至 0.5 m 深，进入坑内站在“马槽”位置的末端，继续向下挖至 1.2 m 深，此时已形成一个“台阶”，注意坑口不要挖得过大，“马槽”也不要挖得过宽。人再下一层站在 1.2 m 深处，向下再挖 600 mm 左右即可，整个坑呈二台阶形，再将“台阶”边稍稍修成斜坡形即变为一条理想的“马槽”。挖长方坑的缺点是出土量较多，比较费力；优点是挖坑方便，能使得上力，便于立杆。

挖信号机圆坑的方法是以信号机坐标为中心，面层挖至无法使用锹镐时，改用打洞刀铲和瓢，将洞打至需要的深度，整个洞呈直筒状。然后根据立杆方向挖出“马槽”。挖圆坑的优点是出土量少；缺点是刀铲打洞比较费力，而且使不上劲，立杆后还需将面层挖至埋下卡盘的深度。

立杆最忌“锅底”坑。但在乱石、流沙、厚石砟地段，往往不可避免地会挖出“锅底”坑。岩石地段采用爆破方法也会出现“锅底”坑。遇此，应尽量将坑底修成平面，坑口用枕木围栏，并竖放几根木板做“挡板”，坑的附近预先准备足够泥土，以备立杆后使用。

（2）机柱搬运

机柱大搬运，一般均采用双滑板绳索拉动装车及绳索逐步放松卸车的方法。

机柱应卸在信号机坐标处，或已挖成的洞口。近距离的移动，采用绳索套住机柱根部，并在机柱孔内插入钢钎或木棒，压住绳索不致脱落，拉动绳索使机柱向用力方向窜动，根部移至坑口并对准立杆方向。

混凝土机柱搬运、堆放应注意两个受力点(即支点),头部距杆长为0.21 L,根部距杆长为0.15 L处。无论堆放或抬动,均应在该两点处着力,以免搬运中使柱体出现裂纹或受损。

在施工中短距离运搬水泥机柱时,可用单轨车装运,或人力抬动。装运前,首先与车站值班员办理登记要点手续,用大绳、撬棍将机柱拽到钢轨附近,将机柱小头抬起。单轨车推进边抬边推,直到将机柱平放在单轨车两边平衡为止。然后用两块木垫挤住,以防止机柱滚动。推车时机柱侧不准走人,以防止机柱滚下砸伤,同时在单轨车前后方各50 m处,设专人按安全防护规定要求进行防护。

(3)立机柱

色灯信号机立杆广泛采用"把杆"立杆法。"把杆"立杆就是用两根大木杆以钢丝套、包箍将它们的梢部连接,制成"八"字形"把杆"。将"把杆"骑在平放地面的机柱上,机柱上部用绳索"拖绳"与"把杆"顶部的铁环挂钩连接,将"把杆"立起与地面成45°角。把杆立起后,将拖绳系紧。"把杆"的另一方向用由两只滑轮葫芦组成的变向滑轮组钢丝绳系统,用根绳与正前方固定物系牢,以使"把杆"停在45°角的位置,如图5-3所示。拉动钢丝绳系统,动滑轮与定滑轮之间的距离被收小,"把杆"逐渐立直,机柱也就被拉起。当"把杆"动作到135°角并向前倒状时,机柱便立在坑内。

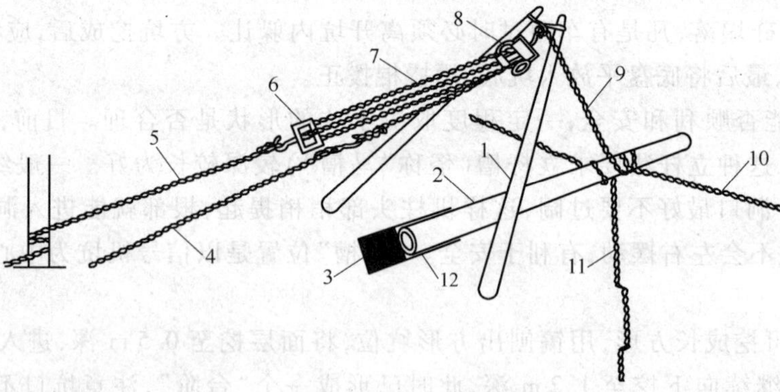

图5-3　"把杆"立杆

1—把杆;2—信号机柱;3—信号机柱坑;4—滑轮组大绳;5—根绳;6—动滑轮;
7—滑轮组钢丝绳;8—定滑轮;9—拖绳;10—溜绳;11—边绳;12—"马槽"。

使用"把杆"立信号机柱至少需10~15人,立8.5 m或11 m机柱,仅拉大绳的人数不同,其他基本人员相同。以下按分工不同简叙信号机柱立杆方法(以立11 m机柱为例)。

指挥(1人):立于离机柱梢部至少3~5 m处,负责指挥各项动作的开始、暂停或停止;确定根绳固位位置;机柱被拉起后,指挥两"边绳"保持上升的机柱左右平衡。根据掌兜情况指挥"滑轮"拉动进度,保持机柱稳步上升并顺利进入坑内。机柱进入坑内后,掌握机柱侧面的垂直度。机柱应向机构安装位置相反方向略为倾斜,其倾斜角不应大于0.5°,即在距钢轨顶面5 m处机柱中心线的偏斜量不超过30 mm。指挥培土捣固,固定下卡盘,适时拆除根绳及"把杆"。负责立杆工作的安全,遇到突然情况发生,能沉着应变,以保证人身安全为主,并尽量采取补救措施。

掌兜(1人):是整个立杆工作中比较危险的岗位。立杆前,校核机柱与"马槽"的位置,检查"马槽"是否符合要求,并将滑板放入坑内对准机柱。拉动机柱时,用撬棍控制柱根部不偏离滑板。随着梢部的不断升起,机柱重心逐渐向下移动到根部顺着滑板进入坑内。此时,如果机柱根部未能进入坑内或被卡住不能顺利下滑，应及时通知指挥者发出暂停信号以采取措施。根据指挥的要求，组织调整机柱的位置、垂直度和方向并向坑内培土。“锅底”坑立杆，机柱将至 90°时，应及时迎向加上叉杆，防止机柱扑倒。

掌把杆(2 人)：立杆方向决定后，负责将拖绳拴在机柱上部吊装支点处，把杆左右均衡地架在机柱上，把杆顶部前后挂上定滑轮和拖绳。机柱梢部挂左右边绳和溜绳，绑挂完毕后应检查各个系扣是否牢固。起把杆前，应在把杆落地处用锹挖出一个小坑，以备杆腿能立在坑内不致移动。起把杆时应将锹插在小坑内，抵住把杆并踩住杆腿，始终保持杆腿在原处落地不向前伸。把杆立起后根据指挥者要求调整位置，用锹先挖出新的小坑，然后，提起把杆上的把手，稍离地面移入新坑。起杆时大把杆开始受力，将机柱拉起，此时应十分注意杆腿稳定，如杆腿滑离原地或向一侧倾斜，极有可能引起倒杆，掌把杆者应及时向指挥反映，暂停起杆或放回原处，重新放置杆腿。机柱立入坑内后，协助掌兜者移动杆位和培土捣固。在斜坡或靠近斜坡处立杆，采用单腿接长，仍保持把杆两腿高低平衡。

根绳(1 人)：把杆位置决定后，把杆顶部后铁环挂拖绳，前铁环挂定滑轮，动滑轮与根绳连接。根绳须采用钢丝绳，延伸方向应与机柱、“马槽”成一直线，即所谓“立杆方向”。指挥者根据机柱立起方向的上空无阻挡物，立把杆处地势无悬殊高低，钢丝绳索拉动方向无障碍等等因素决定立杆方向。起把杆前，应选择根绳固定地点，根绳一般长50 m，固定得远一点，即与地面夹角小一点，起杆拉绳就轻一点。固定根绳可以借助树木、轨道或临时打钢钎。切不可选择根基不牢的物体固定根绳。防止根绳受到拉力时，出现“连根拔”现象造成倒杆。固定根绳的方法：先将根绳绕在固定物上，将尾部带成圈形如图 5－4(a)所示。起把杆时，应拉根绳，不可拉滑轮组的钢丝绳，避免损失滑轮组钢丝绳的有效长度。随着把杆升起，随时将根绳收紧，把杆起妥后，将根绳圈形尾部再绕一周，前后共成两周，与绷紧的根绳系一个扣，压在它的下边，圈内插入木棍别住固定物，如图5－4(b)所示。根绳绕两周再压在受力绳下边，是为了使根绳受力加大，系扣更紧，不会跑绳。

(a)根绳尾部带成圈形　　　　(b)根绳系扣和别紧

图 5－4　根绳别紧方法

1—固定物；2—根绳；3—小木棍。

拉绳(6 人)：起把杆时协助拉根绳。起杆时听指挥者口令拉动连接滑轮组钢丝索端的大绳。拉绳时不可猛拉猛拖，或一拉一松，应听口令稳步地拉或停，暂停时应带紧绳索。拉到机柱立起后，把杆只起一点保持机柱平衡的作用，拉绳者可到杆下协助培土捣固。

边绳(4 人)、溜绳(1 人)：随着机柱慢慢立起，会产生左右摆动。此时，左右边绳应听从指挥者口令，哪边多使劲哪边少使劲，以抵消机柱的摆动，保持平衡起杆。听到指挥口令需要自己用力时应悠悠地拉紧边绳，切不可猛拉猛放。机柱立起与地面成 70°～80°角时，与拉绳方向相反的溜绳应以一人稍稍带紧，防止起杆至 90°时拉绳过度。尤其是锅底坑立杆，更应加强溜绳力量,谨防翻兜倒杆。机柱立起后,左右边绳听口令拉动机柱,以调整机柱的垂直度。机柱培土中适时安装机柱卡盘并注意安装方向,培土完毕,只需将边绳向上用力一甩,挂钩即可脱开自动落下。

对于"锅底坑"立信号机应特别加强注意,机柱立成70°~80°时,前后各增加一副小叉杆,前叉迎着机柱,后叉顶住机柱。小叉杆应时时落地,尤其机柱成90°时,全靠小叉杆和边绳保持直立,切不可麻痹大意。此时动作应快,抓紧培土确保安全。

(4)配件组装

梯子组装:色灯信号机梯子分为上下两部,用螺栓连接,梯子支架有4~6档不等。将梯子的上、下两部平置地面,对齐连接眼孔,螺栓自内向外穿,螺母未充分拧紧之前应将整架梯看直,然后拧紧螺母。将带弯的梯子支架装最上部,并将卡箍装齐,但卡箍螺栓不要拧紧。其余支架由短至长,依次向下固定在梯子上,在每道支架上只拧一只卡箍螺栓,以便吊起梯子,后半部卡箍可靠拢机柱。

托架组装:每一组色灯信号机构均需使用上、下托架各一个,如图5-5所示。安装前上部托架应将吊耳调整螺栓由下往上穿入,将U形螺栓试套入两孔内,均将丝扣注油试拧螺母。下部托架只将两只U形螺栓试套和试拧螺母即可。试拧、试套是为了防止安装时,在机柱上遇到难拧螺母或U形螺栓无法套入孔内。

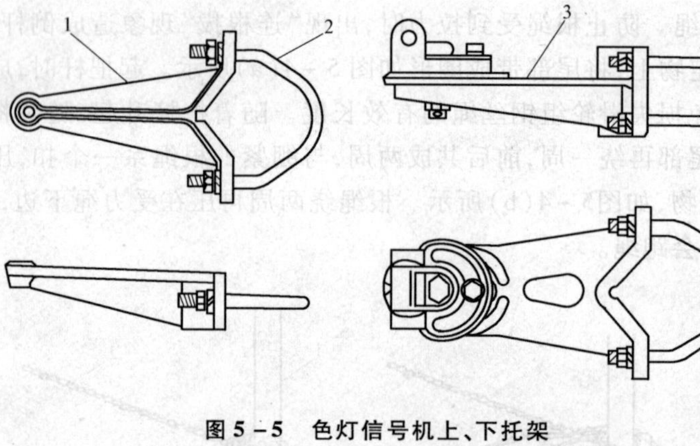

图5-5　色灯信号机上、下托架

1—上部托架;2—U形螺栓;3—下部托架;4—U形螺母。

机构及背板、遮檐组装:机构的调整螺栓及蛇管接头的U形螺栓应注油试拧螺母。门扣和铰链如不活动或损坏、锈死,均应在地面预先注油拧动。将左、右背板用螺栓从正面穿入拧紧螺帽,两边的四根拉带用同样方向拧紧,背板的正面朝下,将机构透镜组向下,套入背板孔内,四根拉带与机构用螺栓连接,翻起机构将透镜组向上,将遮檐用螺栓固定在透镜外框上。机构吊装前应将27×110大螺栓由上向下插入转盘孔内,不要加螺母,以便吊至下托架顶面时可直接穿入托架孔内。如图5-6所示。

(5)高柱色灯信号机组装

吊装机构时,先由一人使用登杆脚扣或三角板,将小拉绳头拴在腰带上带至杆顶,系牢安全带后解开小拉绳抓在手中,将"弯杆滑轮"(如图5-7所示)提到杆顶,先将弯杆插入机柱顶孔内,再解开绳结,将绳头穿过滑轮挂上弯杆并往杆下倒绳,如图5-8所示。移动脚扣或三角板到梯子安装方向的另侧,将弯杆转向梯子侧。杆下将绳头从梯子第二档穿过第三档,拴在第四档，系普通绳扣两次，如图 5 - 9 所示。绳子穿档是为了使梯子起吊后能别住劲，不左右晃荡。另一端由 2 ~ 3 人拉绳，梯子离地后由 1 人扶住其下部慢慢往机柱移动。梯子斜立起后停止拉绳，杆上抓住梯子第一支架将后卡箍靠拢机柱，合拢前卡箍，穿上螺栓略略拧紧螺母，杆上的人即可登梯工作，顺序将各支架的前卡箍与后卡箍合拢，略略拧紧螺母。梯子第一支架安装在离机柱顶约 400 mm 处。全部支架撑起后，先从正面调整梯子方向，整个梯子不可歪斜或扭曲，从正面看应与机柱中心线平行。然后从侧面调整支架水平，每一支架须与机柱中心线成直角，调好一个即拧紧其螺母。

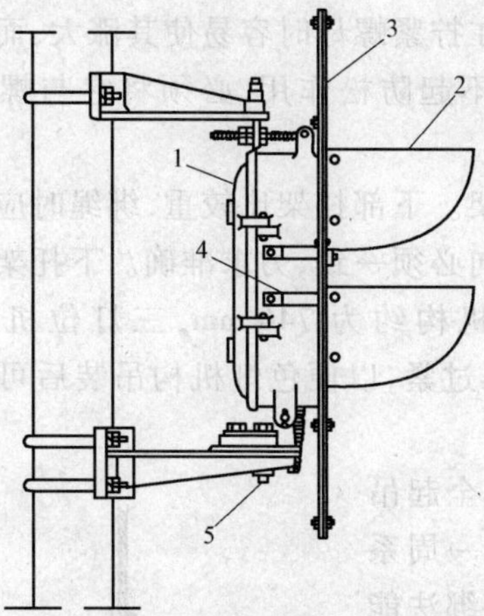

图 5 - 6　高柱透镜式机构组装

1—机构；2—背板；3—遮檐；4—大螺栓；5—拉带。

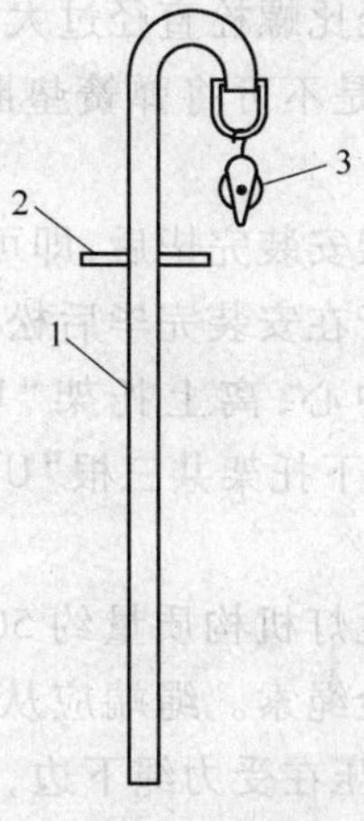

图 5 - 7　弯杆滑轮

1—弯头铁管；2—穿钉；3—滑轮。

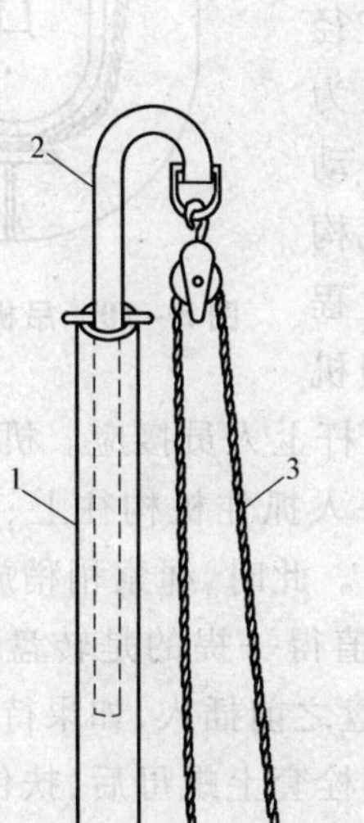

图 5 - 8　弯杆滑轮插入机柱顶孔内

1—信号机柱；2—弯杆滑轮；3—小拉绳。

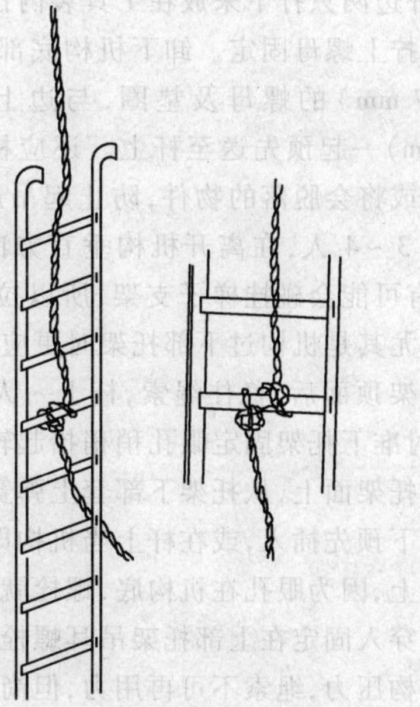

图 5 - 9　吊梯子结绳方法

在梯子入地处挖400 mm宽、500 mm深的梯子基础坑，将梯子基础放入坑内，用12 mm螺栓与梯子连接，然后培土捣固。至此，梯子已充分牢固，不再会因登梯而走形。

由两人登梯，一人站梯子，另一人踩三角板系安全带站在机柱外侧。将上托架吊至柱顶稳住，机上二人接住后，将"U"形螺栓套入机柱，固定在离机顶约150 mm处。"U"形螺栓必须先加铁垫片，再加相同孔径的弹簧垫圈，然后拧紧螺母。

弹簧垫圈的作用是不使拧紧的螺母有自动松动的可能，这一作用对保证机械强度是很重要的。弹簧垫圈采用优质弹簧钢制成顺时针方向单圈弹簧，螺母按顺时针方向拧紧时，将弹簧垫圈压平，拧紧的螺母受到弹力，达到不易自动松脱的目的。使用弹簧垫圈需注意两点：一是不可采用孔径比螺栓直径过大的弹簧垫圈，过大的垫圈在拧紧螺母时容易使其涨大，而且不起防松作用；二是不可将弹簧垫圈放在铁垫片下边，这样不起防松作用，必须将它与螺母直接接触。

上部托架安装完毕后，即可用同样方法起吊下部托架。下部托架比较重，绑绳时应使其正面朝上并便于在安装完毕后松开绳扣。上、下托架的方向必须一致，力求准确。下托架的上部"U"形螺栓中心，离上托架"U"形螺栓中心，二灯位机构约为746 mm，三灯位机构约为1 046 mm。上、下托架共三根"U"形螺栓，均不要一次拧得过紧，以便色灯机构吊装后可适当调整位置。

二灯位色灯机构质量约50 kg，三灯位的约80 kg，安全起吊的关键在于拴绳索。绳端应从背板拉带内穿过，绕机构一周系扣，将绳端绕压在受力绳下边，如图5-10所示。这样的绑法能保持机构垂直上升，便于杆上安装；绳扣端被受力绳压住，绳索越受力，绳扣越被拉紧，但整个绳索环套却不会被束紧，以便于解绳套。还应注意机构上部调整螺栓不要被绳索压住，防止安装时螺栓无法套入上部托架。螺栓里边两只螺母拧到适当位置，外边两只拧下来放在工具袋内预先送至杆上，以便套入螺栓后再拧上螺母固定。卸下机构底部转盘中心的转动螺栓（直径为27 mm）的螺母及垫圈，与边上的转盘固定螺栓（直径为20 mm）一起预先送至杆上。还应检查机构上没有任何会自动脱落或将会脱落的物件，防止起吊后物件落下伤人。起吊机构应有3~4人，在离开机构垂直方向处拉绳。机构吊起的过程中，有可能会碰挂梯子支架，所以拉绳时不可莽撞，防止碰损机构。尤其是机构过下部托架时更应小心，放慢起吊速度，以便杆上人员接应。机构转盘吊过下部托架顶面后，稳住绳索，杆上一人抓住机构顶上的绳索，一人抓住机构往上、下托架之间移动，对准下托架固定眼孔稍稍抬起转盘，转动螺栓即穿入孔内。此时，绳索稍稍放松，让机构落在下托架面上，从托架下部套上弹簧垫圈并稍稍拧紧螺母。值得一提的是转盘转动螺栓必须在杆下预先插入，或在杆上当机构即将落在托架面上抬起转盘之前插入，如果待机构完全落在托架上，因为眼孔在机构底，螺栓就很难插入了。转盘固定螺栓套上螺母后，扶住机构，将调整螺栓穿入固定在上部托架吊耳螺栓的固定眼孔内，迅即拧上两只螺母。此时，上、下托架已承受机构压力，绳索不可再用力，但尚不可撤绳。将转盘固定螺栓插入弧槽孔内，也从托架下部套入弹簧垫圈并稍稍拧紧螺母，同时给转动螺栓补加开口销。

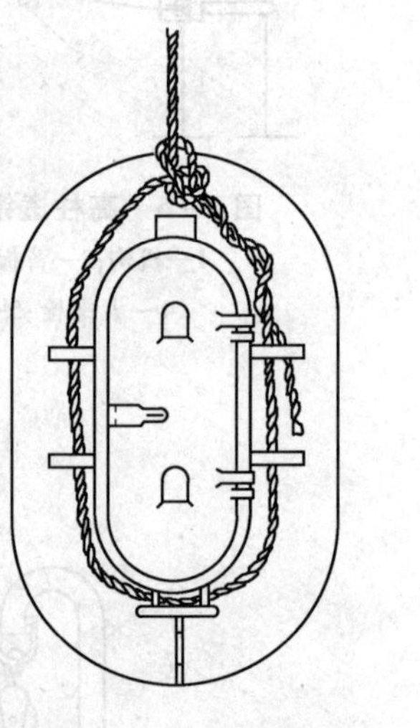

图5-10　吊机构结绳方法

检查色灯机构安装方向是否合适，上、下托架中心线是否在同一垂直面上，并与钢轨成

45°,安装尺寸是否正确,此时,移动还比较方便,只需将绳索拉紧,稍稍松动上下托架"U"形螺栓的螺母,用手锤可将"U"形螺栓上下敲动,或将整个托架左右敲动。全部符合要求后,用扳手充分拧紧全部螺母,方可解去绳索。

2. 组合式信号机构安装

(1)XSZ 组合式信号机构安装

XSZ 组合式信号机构根据装配偏散镜的不同分为 XSZ1、XSZ2、XSZ3、XSZ4 四种型号。每种偏散镜可分为 A 面和 B 面使用。

XSZ 信号机构的安装与调整方法如下:

①XSZ 组合式信号机构根据信号显示要求分别组成二灯位或三灯位信号机构,装到安装架上。安装架同原 XSG 高柱色灯信号机上、下托架连接,连接方法如图 5－11、图5－12所示。

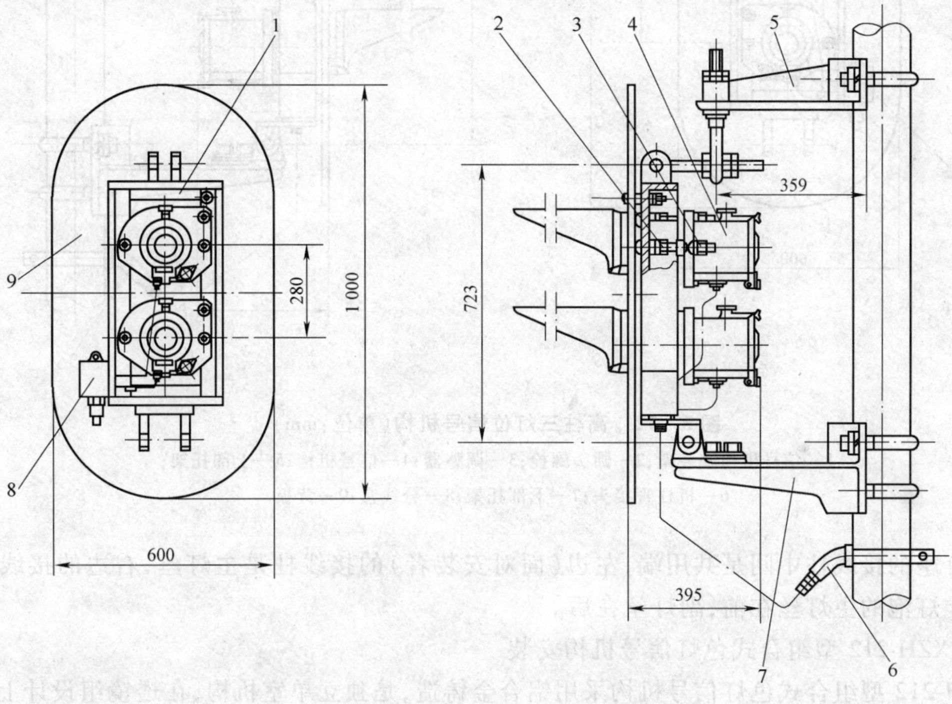

图 5－11　高柱二灯位信号机构(单位:mm)

1—信号机安装架;2—圆头螺栓;3—调整器;4—信号机构;5—上部托架;

6—机柱管接头;7—下部托架;8—分线盒;9—背板。

②从背板开口的后侧将信号机构装入安装架,用圆头螺栓和调整器将信号机构固定,信号机构应装在调整器的两个球形垫圈之间。

③根据线路情况确定调整点,并在调整点处立一个标牌,标牌中心画上明显的十字线。

④将调整用望远镜插入信号机构的望远镜插孔内,然后调整安装架,使机构朝向调整点,并将安装架固定。用固定在安装架上的三个调整器进行精确调整。先调垂直位置,然后调水平位置,最终使望远镜的十字线准确落在调整点的标牌中心。

⑤将调整器中的两上顶丝拧紧,把信号机构可靠地固定在安装架上。

⑥每个机构的点灯线接到安装架的分线盒内的端子板上,而信号机柱下引来的电线按照对应位置接到端子板的另一端。

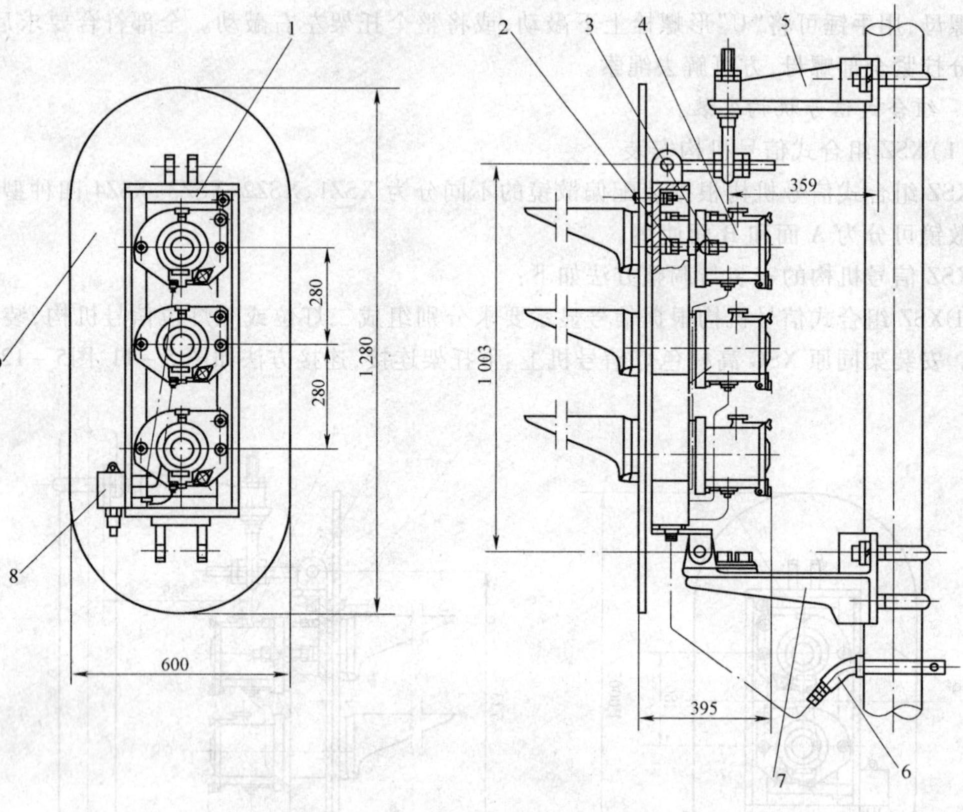

图 5－12　高柱三灯位信号机构(单位:mm)

1—信号机构安装架;2—圆头螺栓;3—调整器;4—信号机构;5—上部托架;
6—机柱管接头;7—下部托架;8—分线盒;9—背板。

⑦灯座的接线柱中间是共用端,左边(面对安装者)的接线柱是主灯丝,右边的接线柱是副灯丝。灯泡的主灯丝在前,副灯丝在后。

(2)XZH-212 型组合式色灯信号机构安装

XZH-212 型组合式色灯信号机构采用铝合金铸造,是独立单室机构,在透镜组设计上做到两块透镜玻璃间隙可以调整,实现满光对应。弯道可以加装散光玻璃。显示距离可达 1 500 m 以上,现场吊装或更换机构不必调整灯光,只需对准方向,显示即可达到要求。由于采用铝合金压铸,因而有重量轻、强度大、耐老化、防水、防潮等特点。灯壳背板、遮板沿表面采用喷塑工艺及电解墨两种工艺,整机采用整件框架分体灯室机构,上、下灯位光轴一致。

主要技术性能指标:

环境温度为 －40 ℃ ~60 ℃;灯泡型号为 TX-12 V-25 W、TX-12 V-30 W;适用于ϕ139、ϕ212 内外透镜玻璃;显示距离为 1 500 m 以上;外壳强度不低于原信号机构强度;单机构质量为 4.5 kg。

XZH-212 型组合式色灯信号机构重量轻、体积小,吊装时不必用吊铸铁机构的滑轮、大绳吊装,只用人手提机构,安装到机柱顶的机构托架上即可,既节省了人力,又加快了施工进度。

六、信号托架、信号桥的安装

线路间距离不足或其他原因导致色灯信号机无法正常安装时,可采用信号托架。按设置的信号机数信号托架可分为单托架和双托架两种。单托架一般用于电气集中进、出站色灯信号机；双托架中的单桁双托一般用于电气集中出站色灯信号机，双桁双托用于驼峰自动集中双峰驼峰信号机。按信号托架所跨越的股道数，可分为跨半股道、跨一股道和跨越一股半道等几种。

信号托架的安装应按下列标准：

(1)托架内侧边缘与线路中心的距离为 2 632 mm，横向桁架即托臂的底，距钢轨面高度应不侵入限界，并考虑基础下沉或道床抬高 200 mm 时的余量。

(2)基础埋深应符合设计图纸的规定，培土时应分层夯实，根据地形需要，加设土围。

(3)施工时应使基础面向所属股道外侧倾斜，倾斜应根据设计计算确定。

(4)托架桁架材质必须符合设计要求，焊接及铆固牢靠。

(5)第一位信号灯中心距托架顶面不得超过 1 700 mm，其余的顺序向下排列，必要时可将引导信号、调车信号机或进路表示器安装在工作台上。

单托架基础一般均设计成"T"形，托架柱立起后，桁架与"T"形基础成"十"字形，以保持整个托架平衡。施工信号托架时，根据设计图，在安装位置先挖出"T"形坑，稳整个基础一半高度的模型板，灌注混凝土拆模后养护 28 天方可培土捣固，立托架柱。托架柱为正方形钢筋混凝土预制件，因其重量过沉，不宜长途搬运，故采用现地预制。稳模板时应考虑立柱方向，因柱上有钢铁附件，预制后无法再改变立柱方向，况且，现场起重设备及人力也很难将柱体做大幅度移动，故稳模板前必须充分调整现场地形，决定了立柱方向后，方可决定模型板安装方向。预制托架柱应尽量靠近已灌注成形的基础，以利于立柱。按设计尺寸稳模板，放入钢筋架，灌注混凝土并嵌入附件，拆模后须养护 28 天以上方可立柱。

立柱前应做好工具、材料和安全三方面的准备工作。包括：准备足以吊起托架柱的起吊设备，必要时，还需备有应付紧急情况的辅助起吊设备；准备足量的水泥、石砟、河沙和水，以及上部基础模型板。如坑口余土不够的话，还须预先准备泥土。设专人指挥，制定起吊方案，封锁要点、安全防护和应急措施。

起吊设备将托架柱吊入下部基础坑内之后，将上部基础模型板稳在下部基础面上，四周培土稳固，灌满混凝土并抹平表面。

桁架为角铁结构件，预先在地面除锈油漆，待上部基础拆模、养护并捣固后，由起吊设备吊至托架柱顶进行安装。引向色灯信号机的配线由铁管、弯头防护，并使用卡箍固定在托架柱上。放线时每架信号机最好考虑 2 ~ 3 条备用线条，因为遇到需更换线条，或增加线条时，拆管加线条是十分困难的。

信号托架如采用角钢构件作托架柱时，一次灌注混凝土基础并安设基础螺栓，经标准养护并培土捣固后，方可吊装托架及悬臂梁。具体施工方法与信号桥安装相仿。

信号桥为工厂制造的角钢结构件，横跨两股或数股道。角钢结构运至现场后，进行除锈油漆，然后拼装成整体，根据信号配线敷设防护管及穿线，最后按设计图校核各部尺寸。按设置坐标挖出基础坑，稳模板时应注意标高尺寸。待一边的基础灌注拆模后，再稳另一边的基础模板，比较稳妥。如果两边同时灌注，拆模后往往会出现尺寸误差，再想拨动基础是非常困难的。稳后一基础模板时，要特别严格按设计图保持两边基础螺栓间距和对角线长度的一致。如基础位置有误差，可适当以基础螺栓偏离基础中心来适应尺寸偏差。后稳的基础面应严格与先稳的基础面抄平，以保持信号桥安装后不倾斜。

起吊信号桥时需封锁要点，跨度较大的信号桥需两台吊机同时起吊方能确保顺利安装。信号桥套入基础螺栓后，加弹簧垫圈充分拧紧螺母。不论信号托架或信号桥上的色灯信号机构，其安装与高柱色灯信号机基本相同。

七、矮型色灯信号机的安装

矮型色灯信号机直接安装在混凝土基础上，用基础上预埋的螺栓固定。基础采用集中预制，现场埋设。

1. 挖坑：矮型色灯信号机可分为单机构和双机构两种。基础坑中心距线路中心尺寸：单机构不小于 2 029 mm，双机构不小于 2 199 mm。矮型信号机一般均应对准钢轨绝缘节，如果与轨道电路送受电变压器箱设在同一处时，则宜向显示方向前移1 m，以免矮型信号机基础影响变压器箱打开箱盖，也便于维修。单机构基础宽 300 mm，厚 220 mm，双机构宽 640 mm，厚 220 mm。坑的大小应据此尺寸适当加大。基础面应高于轨面 200 ~ 300 mm，单机构基础高为 1 100 mm，双机构基础高为 1 000 mm，故单基础坑底应在轨面下 800 ~ 900 mm，双机构坑底应在 700 ~ 800 mm。

2. 埋设基础：基础放入坑内时应注意引线管方向，顶面应高于轨面 200 ~ 300 mm，基础边缘距线路中心的距离应满足建筑限界的要求。基本尺寸稳定之后，使用水平尺抄平，不使左右前后倾斜，尤其是前后倾斜会影响色灯信号机的显示距离。方向、水平全稳定之后在基础底部四周培土约 200 ~ 300 mm 并捣固，不使其走动。其余培土最好在安装电缆盒与基础引线管对接之后再进行，以免重复培土和挖土。基础埋深不得少于 500 mm。设于高道床的矮型信号机基础，只用石砟掩埋是不够稳固的，遇此必须砌围加固。

3. 基础培土捣固后即可安装矮型色灯信号机构。

矮型色灯信号机构及基础可由两人使用绳索杠棒做小运搬。

机构座套入基础螺栓前，应使用小铁丝穿入弯头引线管，从电缆盒内引出，然后将机构座套入基础螺栓，加弹簧圈拧紧螺母。色灯信号机构其仰角由铸铁件决定无法调整，机构安装牢固后应检查其仰角是否合适，或供电点灯后发现高低不合适时，应及时采取挖土扶正基础的办法加以纠正。不宜采取松螺母在机构底座与基础面之间垫铁片的方法来调整显示方向的高低。

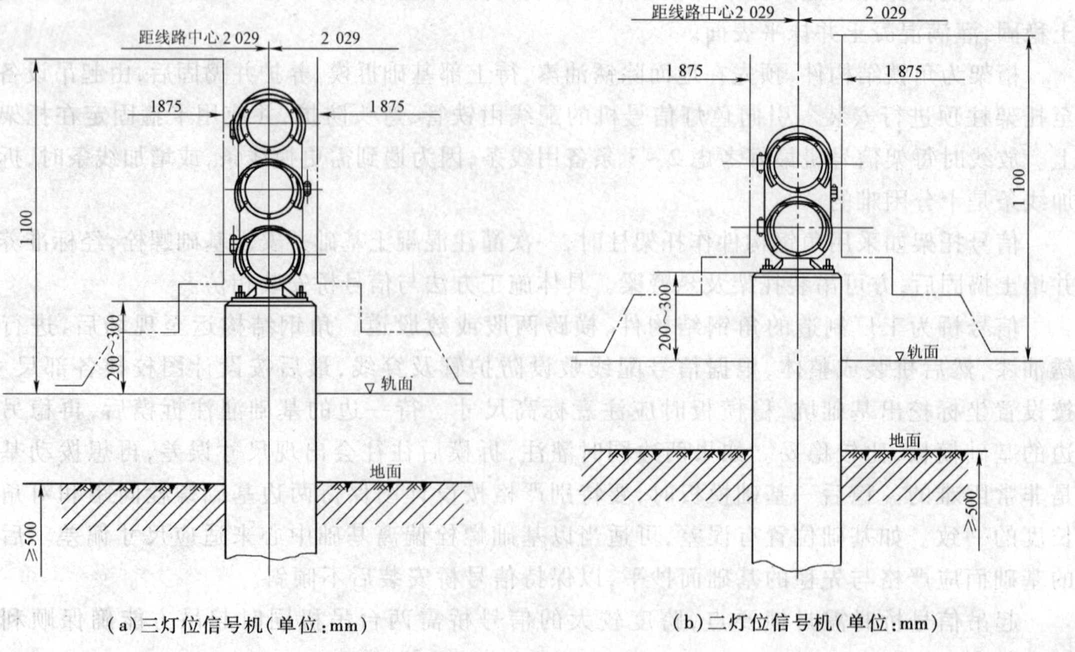

(a) 三灯位信号机（单位：mm）　　(b) 二灯位信号机（单位：mm）

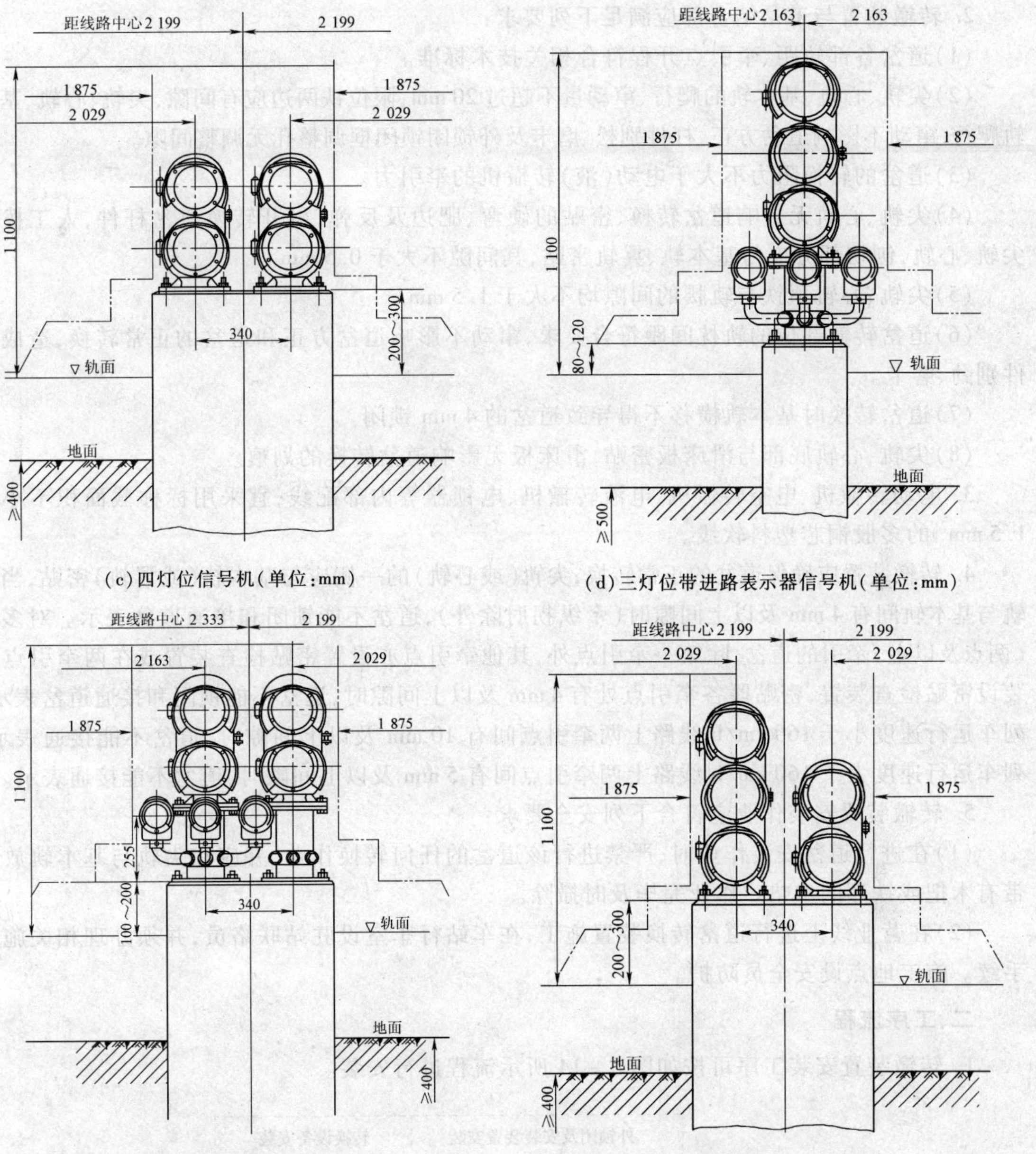

(c) 四灯位信号机（单位：mm）

(d) 三灯位带进路表示器信号机（单位：mm）

(e) 四灯位带进路表示器信号机（单位：mm）

(f) 五灯位信号机（单位：mm）

图 5－13　各种显示的矮型色灯信号机安装尺寸图

色灯机构安装后即可套入预配线把，将线端用预先穿入的小铁丝钩出弯管引入电缆盒内。

4. 各种矮型信号机安装尺寸如图 5－13 所示。

设于隧道内、桥梁上的矮型信号机具体安装方法不同，故安装尺寸应视现场条件不同而定。

第二节　转辙装置安装

一、一般规定

1. 转辙装置安装一般包括线路调整、安装外锁闭装置、安装转换设备等。

2. 转辙装置与道岔结合部应满足下列要求：

(1)道岔各部轨距、牵引点开程符合相关技术标准。

(2)尖轨、心轨、基本轨的爬行、窜动量不超过 20 mm,限位铁两边应有间隙,尖轨、心轨、基本轨爬行、窜动不影响道岔方正,杆件别松、磨卡及外锁闭锁闭框调整孔无调整间隙。

(3)道岔的转换阻力不大于电动(液)转辙机的牵引力。

(4)尖轨、心轨无影响道岔转换、密贴的硬弯、肥边及反弹,甩开转换道岔杆件,人工拨动尖轨、心轨,刨切部分应与基本轨、翼轨密贴,其间隙不大于 0. 5 mm。

(5)尖轨、心轨顶铁与轨腰的间隙均不大于 1. 5 mm。

(6)道岔转辙部位的轨枕间距符合要求,窜动不影响道岔方正和道岔的正常转换,造成杆件别劲、磨卡。

(7)道岔转换时基本轨横移不得导致道岔的 4 mm 锁闭。

(8)尖轨、心轨底部与滑床板密贴,滑床板无影响道岔转换的划痕。

3. 电动转辙机、电空转辙机、电液转辙机、电锁器等内部配线,宜采用标称截面积不小于 1. 5 mm^2 的多股铜芯塑料软线。

4. 转辙装置应确保道岔的正常转换,尖轨(或心轨)的一侧应与基本轨(或翼轨)密贴,当尖轨与基本轨间有 4 mm 及以上间隙时(牵纵拐肘除外),道岔不能锁闭和接通道岔表示。对多点(两点及以上)牵引的道岔,除第一牵引点外,其他牵引点亦设置密贴检查装置或在两牵引点间装设密贴检查装置,密贴段各牵引点处有 4 mm 及以上间隙时,道岔不能锁闭和接通道岔表示;列车运行速度小于 160 km/h 线路上两牵引点间有 10 mm 及以上间隙时,道岔不能接通表示,列车运行速度大于 160 km/h 线路上两牵引点间有 5 mm 及以上间隙时,道岔不能接通表示。

5. 转辙装置安装作业应符合下列安全要求：

(1)在进行道岔安装作业时,严禁进行该道岔的任何转换作业,并应在尖轨与基本轨放置带有木把或铁环的木垫。作业完毕及时撤除。

(2)在营业线上进行道岔转换装置施工,在车站行车室设驻站联络员,并须办理相关施工手续。施工地点设安全员防护。

二、工序流程

1. 转辙装置安装工序可按如图 5 – 14 所示流程进行安装。

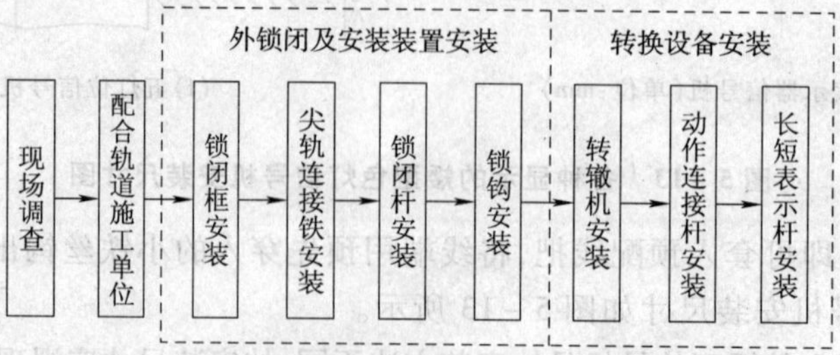

图 5 – 14　转辙装置施工流程图

2. 当不采用外锁闭装置时,线路调整合格后,可直接安装转换设备。

三、安装装置

安装装置的规格、安装方式应符合设计要求。

电动转辙机安装装置包括：基础角钢（125 mm × 80 mm × 10 mm 角钢）、短基础角钢（125 mm × 80 mm × 10 mm 角钢）、60 kg/m 及以上道岔长短基础角钢采用（125 mm × 80 mm × 12 mm 角钢）、基础角钢固定装置（亦称角形铁）、固定螺栓、螺母以及垫板、绝缘件等。

为了安装好电动转辙机，需对上述这些部件进行截取、除锈、钻孔、油漆等加工。

1. 基础角钢加工

ZD6 型电动转辙机，安装在单开道岔时，基础角钢长度，每根截取3 150 mm；交分道岔或交分道岔活动心轨的基础角钢长度，应按所需长度截取。基础角钢上的短基础角钢固定眼孔可以按不同的转辙机类型预先钻好，其他的眼孔待安装尺寸测出后一次钻孔，因为不同道岔电动转辙机的安装尺寸是不尽相同的。工厂出品的基础角钢已按不同道岔类型截取适当尺寸，并按不同转辙机类型预先钻有短基础角钢固定眼孔。

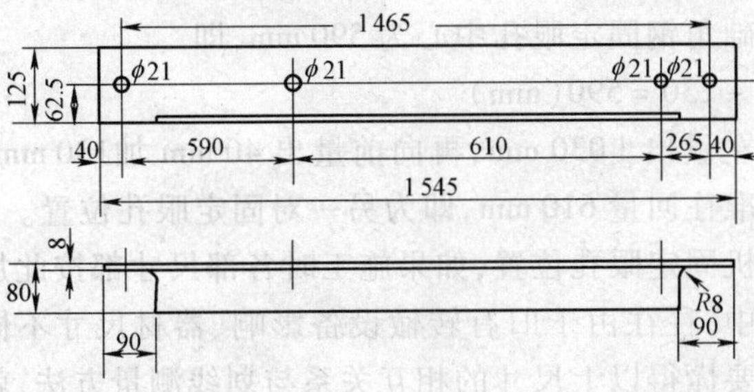

图 5 – 15　单开道岔 ZD6 型电动转辙机用短基础角钢

（单位：mm）

2. 短基础角钢加工

ZD6 型电动转辙机短基础角钢如图 5 – 15 所示。在自行加工短基础角钢时可按图截取并锯去一角边，与基础角钢连接眼孔可预先钻毕。电动转辙机 A 型安装或 B 型安装不同时，其固定眼孔位置不同。在按照同一张标准图安装时，短基础角钢上的转辙机固定眼孔的位置是相同的，因而可以预钻。但在前后基础角钢中心（即角形铁在钢轨上的固定眼孔中心）距第一连接杆中心尺寸变化时，其位置也随之变化。有时转辙机固定眼孔也可以在基础角钢安装完毕，试装转辙机时直接比照转辙机眼孔划出位置，然后再进行钻孔。在道岔不完全方正时，这样做可以保证转辙机动作杆及密贴调整杆与第一连接杆平行。

这里介绍一下短基础角钢加工尺寸是如何计算的。短基础角钢的长度、固定眼孔的间距及电动转辙机固定眼孔的位置在各类电动转辙机安装标准图上都已标明。这些尺寸的确定取决于以下几个因素（以安装 ZD6 型电动转辙机为例）：

第一，电动转辙机固定眼孔的间距。不同类型的电动转辙机的长度是不同的，ZD6 型两固定眼孔中心距离为 610 mm，这一尺寸规定了短基础角钢上电动转辙机两固定眼孔的中心距离。ZD6 型电动转辙机的宽度均为 360 mm，它决定了两短基础角钢在基础角钢上两固定眼孔的中心距离。

第二，短基础角钢两端在基础角钢上的固定眼孔的间距，即同一基本轨上两角形铁固定眼孔中心距离，在安装标准图上 ZD6 型为 1 465 mm。

第三，道岔第一连接杆中心与前后两基础角钢中心（即角形铁固定眼孔中心）的距离，决定了基础角钢的安装位置，也决定了电动转辙机在短基础角钢上的位置。在安装标准图上，普通单开道岔（扁钢型第一连接杆）ZD6 型安装前为 1 030 mm，后为 435 mm。

第四，道岔第一连接杆的类型不同，使密贴调整杆杆架的类型也不同，杆架圆弧中心（即密贴调整杆或电动转辙机动作杆中心）与第一连接杆的水平距离也不相同，采用方钢型第一连接杆时，该水平距离为 40 mm，采用扁钢型第一连接杆时为 80 mm。

第五，不同类型的电动转辙机靠近动作杆一侧的固定眼孔中心与动作杆中心距离是不同的,ZD6 型为 130 mm。

现以采用方钢型第一连接杆普通单开道岔 ZD6 型电动转辙机安装为例,说明其短基础角钢眼孔加工尺寸的计算及以上尺寸的相互关系(见图 5-15)。

由上可知,此种类型的角形铁安装尺寸,以第一连接杆中心线为准,前为 1 030 mm,后为 435 mm。首先将两角钢背靠背立起,用木夹卡紧,125 mm 宽面向上,并将固定眼孔中心对齐。由右边第一眼孔(即短基础角钢固定眼孔)中心线向左量出 435 mm,即为第一连接杆中心线位置,从该线往回量 40 mm 为电动转辙机动作杆中心线位置,再往回量130 mm,即可用尺寸划出第一对电动转辙机固定眼孔中心位置。然后以此线为准向左量 610 mm,即为电动转辙机第二对固定眼孔位置。此时可测得第一对电动转辙机固定眼孔中心,距短基础角钢固定眼孔中心为 265 mm,即

$$435-40-130=265(\text{mm})$$

第二对电动转辙机固定眼孔中心,距短基础角钢固定眼孔中心为 590 mm,即

$$1\,030-610-40-130=590(\text{mm})$$

同样,如果由左边短基础角钢固定眼孔向左量出 1 030 mm,再向前量出 40 mm 加130 mm,即为电动转辙机第一对固定眼孔位置,以此为准往回量 610 mm,即为另一对固定眼孔位置。

当然,由于标准图上已经标出了电动转辙机固定眼孔位置,如果施工时各部尺寸都按此加工,是可以直接测量钻孔的。但是在实际施工中,往往由于旧有转辙设备影响、器材尺寸不同等因素,不能完全套用标准安装尺寸。这时只要懂得以上尺寸的相互关系与划线测量方法,就可以方便地自行确定安装尺寸,集中加工预制短基础角钢(加工前应注意做好具体道岔加工尺寸的记录),并能保证一次安装成功。在道岔第一连接杆略有偏斜时,可以将短基础角钢上的电动转辙机固定眼孔孔径加大为 22 ~ 23 mm,使之在安装时有一定的调整余量。

3. 基础角钢安装装置涂漆

工厂产品仅涂防锈漆,安装前预先涂灰漆。

4. 固定螺栓、螺母加工

螺栓、螺母如已出现锈迹,安装前预先用钢丝刷除锈,丝扣内涂一层机油待用。

5. 杆件加工

拆除杆件的包装,除去各连接销的开口销,取出连接销,清扫、涂油,并校正两连接销孔中心使之在同一直线上,并检查孔径,以用手锤轻轻敲击能插入或取出销子为宜。检查杆端开口的劈开距离有无变化,如有变化应预先恢复原来尺寸。拧活杆件上的各种螺母、轴套、挡环,涂油后将内侧拧至适当位置,外侧套在杆件端部。丝扣处除垢、涂油。杆身涂油漆待用。

四、道岔外锁闭装置

1. 概述

随着铁路客货运量的增加,列车速度的提高,轨道结构不断向重型化、现代化发展。为了实现对转辙设备新的技术要求,参考国外经验,研制了几种道岔外锁闭装置。主要有:分动道岔燕尾式外锁闭、分动道岔钩型外锁闭、可动心轨外锁闭。

钩型外锁闭装置是在总结了使用燕尾式外锁闭装置的经验和中国道岔环境基础上研制的外锁闭装置。目前在提速、高速区段均采用此种制式。下面介绍钩型外锁闭的安装。

2. 钩型外锁闭装置构成

(1)装置构成:由锁闭杆、锁钩、锁闭框、尖轨连接铁、销轴、锁闭铁等部件组成,如图 5-16 所示。

(2)部件组成

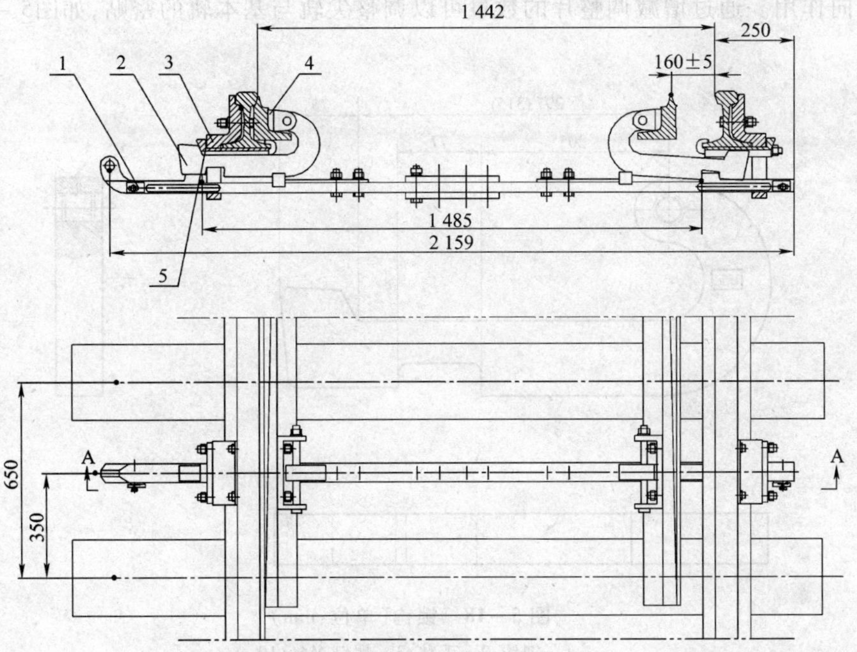

图 5-16 钩型外锁闭装置(单位:mm)

1—锁闭杆组;2—锁钩组;3—锁闭框组;4—尖轨连接铁;5—锁闭铁。

①锁闭杆组:由锁闭杆、绝缘垫板、连板、限位圈和紧固件组成。其作用是通过安装装置与电动转辙机动作杆连接,利用锁闭凸台和锁钩缺口作用,推(拉)动两侧尖轨到达正确位置(如图 5-17)所示。

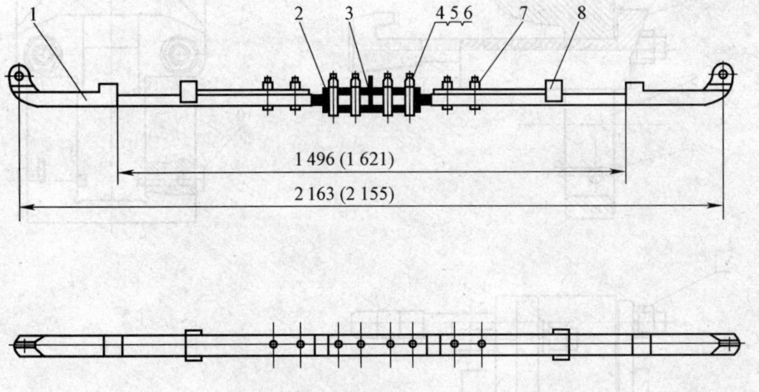

图 5-17 锁闭杆(单位:mm)

1—锁闭杆;2—连板;3—绝缘垫板;4—螺栓 M20×95;5—螺母 M20;
6—垫圈 20;7—螺栓 M20×75;8—限位块。

注:括号内数字为第二牵引点。

②锁钩组:由锁钩,左、右限位板,毡圈及紧固件组成。锁钩头部与锁轴连接,下部缺口与锁闭杆凸台作用,通过连接铁带动尖轨运动,尾部内斜面与锁闭铁作用,将密贴尖轨与基本轨锁闭(如图 5-18)。

③锁闭框组:由锁闭铁、锁闭框、固定螺栓、导向销、调整片和紧固件组成。锁闭铁与锁钩作用把尖轨与基本轨锁闭,锁闭框起固定锁闭铁、支承锁闭杆的作用,导向销是在锁闭杆两侧

槽内起导向作用。通过增减调整片的数量可以调整尖轨与基本轨的密贴，如图5－19所示。

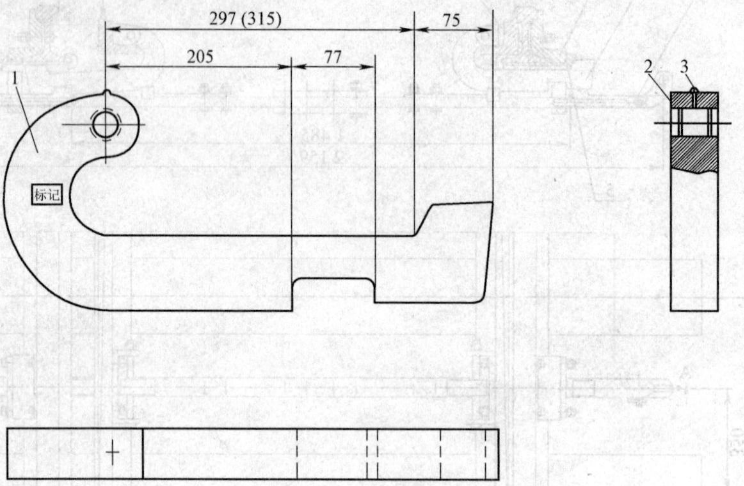

图5－18　锁钩(单位:mm)

1—锁钩;2—毛毡;3—螺钉 M4×10。

注:括号内数字为第二牵引点的。

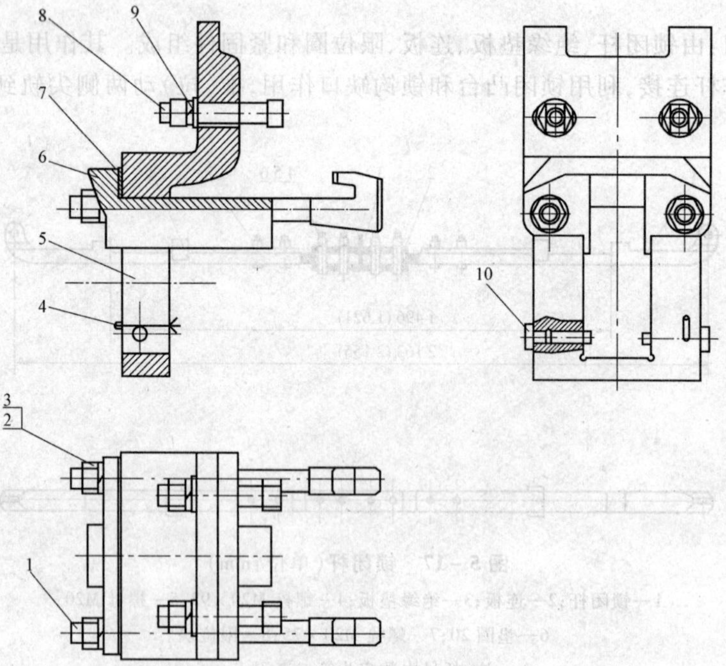

图5－19　锁闭框

1—固定螺栓;2—螺母 M20;3—螺圈 20;4—开口销 5×60;5—锁闭框;

6—锁闭铁;7—调整片;8—螺栓 M20×80;9—垫圈 20;10—导向销。

④尖轨连接铁:由尖轨连接铁、锁轴和紧固件组成。尖端连接铁用螺栓与基本轨连接，由锁轴将其与锁钩连接，如图 5－20 所示。

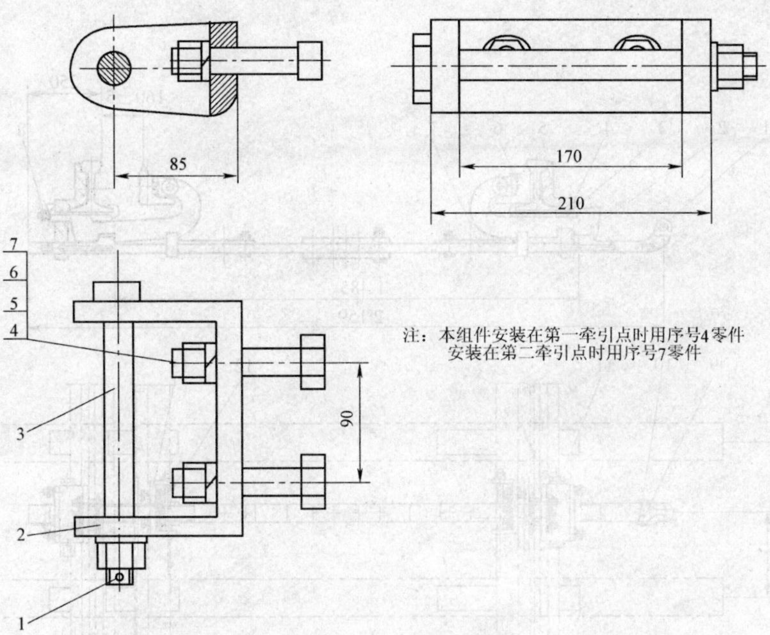

图 5－20 销轴与连接铁连接图(单位:mm)

1—开口销 5×40;2—尖端连接铁;3—销轴;4—螺栓 M20×90;
5—螺母 M20;6—螺圈 20;7—螺栓 M20×105。

3. 钩型外锁闭的安装调整

(1)安装外锁闭装置对道岔的要求

①道岔及各部尺寸及零部件的安装符合设计图纸。

②直尖轨头刨切起点直股轨距 1 435 mm ±1 mm(日常养护维修标准 $1\,435^{+3}_{-2}$ mm)。

③装外锁闭装置前,两尖轨分别与相应的基本轨做密贴检验,确认尖轨在轨头刨切范围内与基本轨的缝隙小于 1 mm。

④顶铁与尖轨轨腰间隙小于 1.5 mm。

⑤尖轨与滑床台应密贴,每侧尖轨第一及第二牵引点钢岔枕的滑床台必须保持 3 块密贴(指有磨痕或缝隙不大于 1 mm)。

⑥道岔预铺时,要求转辙机两根基本轨锁闭铁的安装孔在同一轴线上,允许偏差 ±3 mm。

(2)安装、调整

①钩型外锁闭在道岔尖轨和可动心轨安装如图 5－21 所示。

②尖轨钩型外锁闭安装、调整

a. 用螺栓 M20、防松垫、弹垫、螺母 M20 将锁闭框装于基本轨上(不可拧紧螺母)。

b. 用螺栓 M20、防松垫、弹垫、螺母 M20 将尖轨连接铁装于尖轨上。

c. 将锁闭杆装入锁闭框内后,将锁钩放在锁闭杆上,并在锁钩孔内涂润滑脂。

d. 拨动锁闭杆,当锁钩孔对上尖轨连接铁的孔后,穿上销轴,并用平垫圈、弹垫和螺母 M20 拧紧后,穿入开口销,将锁闭铁插入锁闭框方孔内,固定螺栓一头钩住基本轨,另一头穿入锁闭框和锁闭铁孔内,带上平垫圈、弹垫和螺母 M20。

e. 撬动尖轨使装有锁闭铁侧处于密贴状态,另一侧处于自开状态,用手托起锁钩,拨动锁闭杆位置。

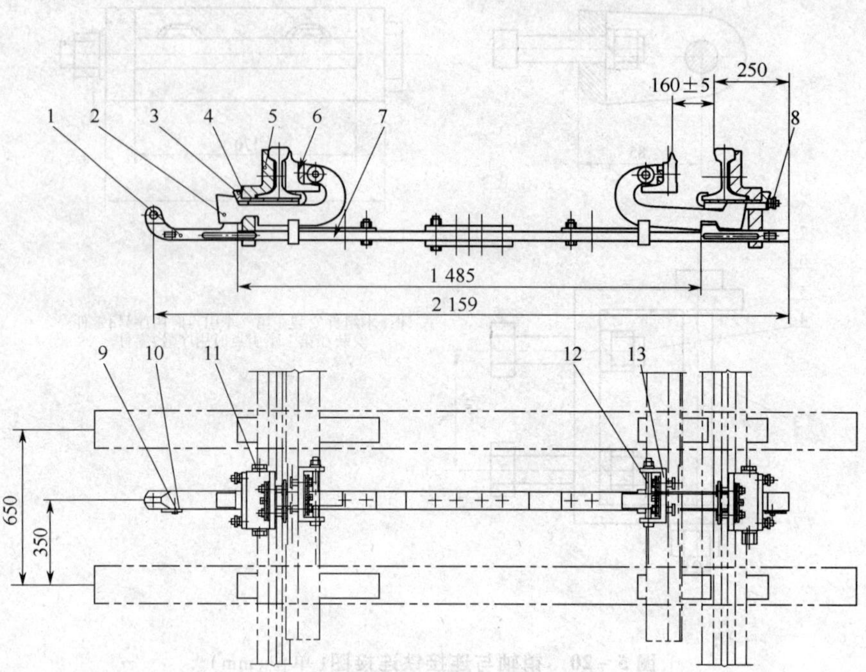

(a) 钩型外锁闭装置在尖轨安装图

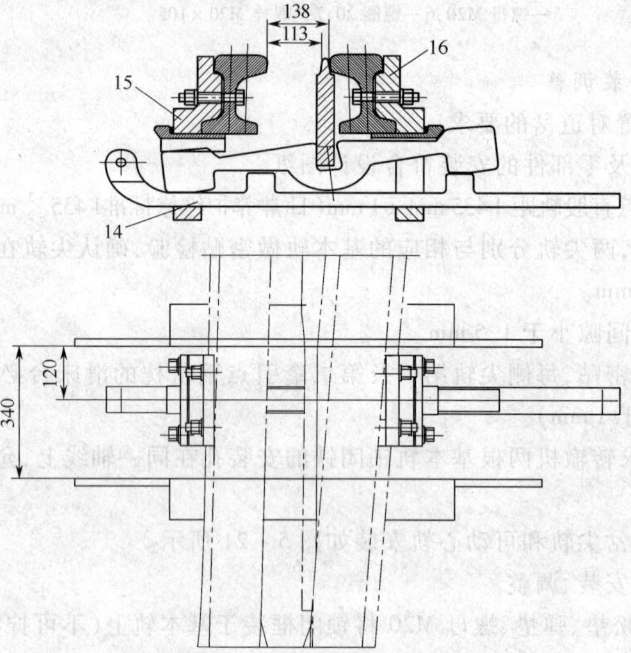

(b) 钩型外锁闭装置在可动心轨安装图

图 5－21　钩型外锁闭装置在尖轨、可动心轨安装图(单位:mm)

1—锁闭杆;2—锁钩;3,15,16—锁闭铁;4—调整片;5—锁闭框;6—调整垫;7—限位铁;8—固定螺栓;9—可调限位块;10—限位块;11—定位螺母;12—销轴;13—尖轨连接铁;14—锁闭杆钩。

f. 按照上述序号 c、序号 d 的方法安装另一侧锁钩、销轴、固定螺栓和锁闭铁。

g. 通过左右拨动锁闭框调整锁闭杆与转辙机动作杆平行后，拧紧固定锁闭框螺母，并通过安装装置的动作拉杆将锁闭杆与转辙机的动作杆连接在一起。

h. 通过在锁闭铁和锁闭框中间增减调整片，保证基本轨和尖轨密贴，且尖轨与基本轨在锁闭杆中心处应留 0.2～0.8 mm 的间隙。

i. 检测道岔开口：首先通过调整安装装置动作拉杆使两侧开口相差不超过 3 mm，然后检查道岔开口符合规定要求，若开口大于规定值时，可通过减少密贴调整片，同时在尖轨连接铁和尖轨间加调整垫调整，如一动左侧道岔开口为 161 mm 时，可通过减少 2 mm 密贴调整片，加 2 mm 调整垫将道岔开口调整为 159 mm。

j. 检查在各牵引点锁闭杆中心处，插入 4 mm 厚、20 mm 宽的钢板，外锁闭装置不得锁闭，且不得接通转辙机内表示接点；在相邻两牵引点间任一位置插入 10 mm 厚、20 mm 宽的钢板，不得接通转辙机内表示接点，若不满足要求可通过增减调整片调整，满足要求后拧紧固定锁闭铁的螺母。在 160 km/h 以上线路上的道岔，两牵引点间采用密贴检查器做夹异物检查，检查标准为 5 mm。

k. 在锁闭框上装定位螺栓和弹垫，并将限位块和可调限位块用 M12 螺栓和弹垫紧固在锁闭杆上，可调限位块与锁闭框间应留有 1～3 mm 的间隙，保证其不影响道岔开口，将限位铁用 M20×65 的螺栓固定于锁闭杆上。

l. 销轴及各磨擦面涂润滑油。

m. 将防松片分别穿在锁闭框、尖轨连接铁处的螺栓和防松片上后加开口销；固定螺栓头部装防松盖，并通过平垫圈调整螺母插入防松盖的深度大于 5 mm。

③心轨钩型外锁闭装置安装、调整

a. 将锁闭铁、齿板、绝缘板、T 形螺栓、绝缘管用 M30×90 的螺栓、螺母按图所示固定于钢枕上。

b. 通过调整垫板厚度调整心轨与翼轨密贴，心轨与翼轨在锁闭杆中心处应保留0.2～0.8 mm的间隙。

c. 通过调整安装装置动作拉杆调整两侧锁闭量均匀。

d. 在第一牵引点锁闭杆中心处插入 4 mm 厚、20 mm 宽的钢板，外锁闭装置不得锁闭，且不得接通转辙机内表示接点。

e. 销轴及各磨擦面涂润滑油。

④全部调整好后，再在锁闭框上装定位螺栓和弹簧垫圈，并将限位块同螺栓和弹簧垫固定在锁闭杆上。

五、转辙机安装

1. ZD6 系列电动转辙机安装

(1)安装要求

①减速器的输入轴及输出轴在减速器中的轴向窜动量不大于 1.5 mm，动作灵活，通电转动时无噪声。

②摩擦联接器

a. 道岔在正常转动时，摩擦联接器不空转；道岔转换终了时，电动机应稍有空转；道岔尖轨因故不能转换到位时，摩擦联接器应空转。

b. 摩擦联接弹簧调在规定摩擦电流条件下，相邻弹簧圈最小间隙不小于 1.5 mm；弹簧不得与夹板接触。

c. 摩擦带与内齿轮伸出部分，应保持清洁，不得锈蚀或沾油。

③自动开闭器

a. 绝缘座安装牢固、完整、无裂纹；动接点不松动，静接点应长短一致，相互对称，接点片不弯曲，不扭斜，辅助片作用良好。

b. 动接点在静接点片内的接触深度不小于4 mm，用手扳动动接点，其摆动量不大于3.5 mm；动接点与静接点座间隙不小于3 mm；接点接触压力不小于4.0 N；速动爪落下前，动接点在静接点内有窜动时，应保证接点接触深度不少于2 mm。

c. 速动爪与速动片的间隙在解锁时不小于0.2 mm，锁闭时为1～3 mm。

d. 速动片的轴向窜动，应保证速动爪滚轮与滑面的接触不少于2 mm；转辙机在转动中速动片不得提前转动。速动爪的滚轮在传动中应在速动片上滚动，落下后不得与启动片缺口底部相碰。

e. 在动作杆、表示杆正常伸出或拉入过程中，拉簧的弹力适当，作用良好，保证动接点迅速转接，并带动检查柱上升和下落。

④动作杆

a. 动作杆与齿条块的轴向移位量和圆周方向的转动量均不大于0.5 mm。

b. 齿条内各部件和连接部分应油润，各孔内不得有铁屑及杂物；挤切销固定在齿条块圆孔内的台上，不得顶住或压住动作杆。

c. 锁闭齿轮圆弧与动作齿条削尖齿圆弧应吻合，无明显磨耗，接触面不小于50%，在动作齿条处于锁闭状态下，两圆弧面应保持同圆心。

⑤表示杆内检查块的上平面应低于表示杆的上平面0.2～0.8 mm，检查柱落下检查块缺口内两侧间隙为1.5 mm ±0.5 mm（ZD6-J型机应不大于7 mm）。

⑥移位接触器

a. 当主销折断时，接点应可靠断开，切断道岔表示。

b. 顶杆与触头间隙为1.5 mm时，接点不应断开；用2.5 mm垫片试验或用备用销带动道岔（或推拉动作杆）试验时，接点应断开，非经人工恢复不得接通电路。其所加外力不得引起接点簧片变形。

⑦直流电动机

a. 电动机的线圈无混线、无断线，转子与磁极间不磨卡，转子的轴向游程不大于0.5 mm。

b. 换向器表面光滑、干净，换向片间的绝缘物不得高出换向器的弧面。

c. 炭刷于刷握盒内上下不卡阻，四周无过量旷动，弹簧压力适当，炭刷与换向器呈同心弧面接触，接触面积不少于炭刷面的3/4，工作时应无过大火花，炭刷长度不小于炭刷全长的3/5。

⑧转辙机摩擦电流

a. ZD6-A型、ZD6-D型、ZD6-F型、ZD6-G型、ZD6-H型转辙机单机使用时，摩擦电流为2.3～2.9 A。

b. ZD6-E型和ZD6-J型转辙机双机配套使用时，单机摩擦电流为2.0～2.5 A。

(2)ZD6型电动转辙机的技术特性

ZD6型电动转辙机的技术特性见表5－4。

表 5－4　ZD6 系列电动转辙机技术特性表

项　　目	ZD6－A 型	ZD6－D 型	ZD6－E 型	ZD6－J 型	ZD6－F 型
额定负载　(N)	2 450	3 432	5 884	5 884	4 413
额定直流电压　(V)	160	160	160	160	160
动作电流　(A)	≤2.0	≤2.0	≤2.2	≤2.2	2.2
转换时间　(s)	≤3.8	≤5.5	≤9	≤9	≤6.5
动作杆动程　(mm)	165 ±2	165 ±2	190 ±2	165 ±2	130 ±2
表示杆动程　(mm)	86 ~ 167	145 ~ 185	70 ~ 196	70 ~ 196	1、2、3#
主锁闭力　(N)	29 420 ±1 961	29 420 ±1 961	49 033 ±3 266 不可挤	29 420 ±1 961	29 420 ±1 961
副锁闭力　(N)	—	—	14 710	—	14 710 ~ 17 652

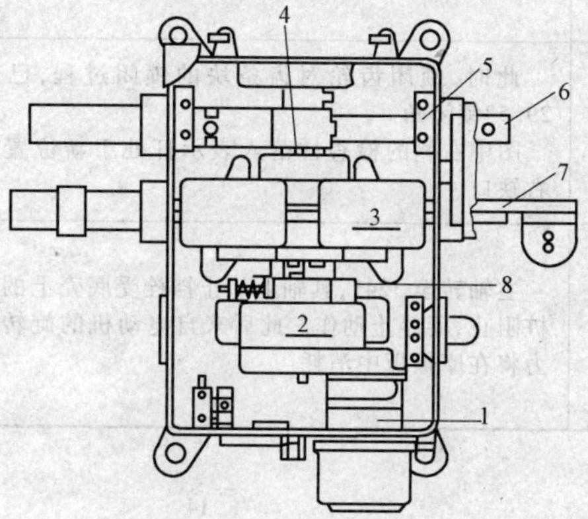

图 5－22　ZD6 型电动转辙机

1—电动机；2—减速器；3—自动开闭器接点组；4—主轴；5—移位接触器；6—动作杆；7—表示杆；8—摩擦板。

(3)ZD6 电动转辙机结构组成

ZD6 型电动转辙机由电动机、减速器、自动开闭器接点组、主轴、动作杆、表示杆、移位接触器、底壳及机盖等九部分组成，如图 5－22 所示。减速器、自动开闭器及主轴等部分可以单独装卸，互不影响，以便于检修。其中减速器和自动开闭器的底脚都开有定向槽，以保证它们固定在底壳内时，与主轴的中心线轴向同心，安装后不需调整其左右位置。

图 5－23 是 ZD6 型电动转辙机的工作原理图，图中各机件所处的位置是动作杆由右向左移动后的停止状态。此时自动开闭器的第 1、3 两排接点闭合。

(4)ZD6 型电动转辙机主轴旋转过程中各传动件的动作情况。在主轴旋转过程中，可完成电路的转接以及机械的解锁、转换、锁闭等动作。主轴的 324°转角中各段的作用如表 5－5 所列。

表 5－5　主轴旋转过程中各传动件的动作情况

主轴转角	摇把圈数 (±0.5 圈)	传　动　件　的　动　作	注
0°	0	各传动件处于停止状态	
8.5°	0.97	启动片对图中左侧速动爪上的滚轮做空转	启动片同时带动主轴旋转，并使锁闭齿轮的弧面从齿条块的削尖齿上退转 8.5°，即此时已解锁 8.5°
10.2°	1.2	启动片推动滚轮，使动接点组向左退离并断开第 3 排接点，即切断表示电路	
17.8°	2.0	启动片继续推动滚轮，使动接开始接通第 4 排接点，即接通下次返回动作的电源电路	
25°	2.8	启动片推动滚轮的过程结束，并使动接点在第 4 排接点中插入完毕	左侧的检查柱完全退离表示杆上的左缺口

续上表

主轴转角	摇把圈数（±0.5圈）	传动件的动作	注
27.2°	3.1	启动片上的拨片钉开始拨动速动片也随之按反时针方向旋转	
32.9°	3.7	启动片继续带动主轴旋转。锁闭齿轮的弧面已从齿条块的削尖齿上退转32.9°，完全脱开弧面锁闭关系，即已解锁完毕。此后，将开始由锁闭齿轮的轮齿拨动齿条块向右移动，即开始动作杆的转换过程	
291.1°	33.2	齿条块及动作杆向右移动 156^{+2} mm，牵引尖轨改变位置，完成转换过程。此后，锁闭齿轮的弧面将进入齿条块的另一个削尖齿上，开始对齿条块进行转换后的锁闭	在转换过程中，左、右两组速动爪均处于被速动片支起状态。两组动接点分别保持在第1、4两排接点组中
320.6°	36.4	图中右侧速动爪迅速落入速动片缺口中，使其动接点组快速断开第1排的电机电路，接通代表尖轨到达并被锁闭在新位置的第2排表示电路接点	此时，锁闭齿轮对齿条块的锁闭过程，已达到29.5°锁闭角。 图中右侧的检查柱落入表示杆处于新位置后的右缺口
324°	36.9	电动机被切断电源后，旋转惯性力使主轴继续转至324°。此时，锁闭齿轮的弧面与齿条块的削尖齿之间已完成同心弧面重合32.9°锁闭角的锁闭过程，并最后使动作杆和尖轨不得反向移动	主轴转至324°，其轴上的止挡栓受底壳上的止挡桩阻止，而停止动作。此后来自电动机的旋转惯性力将在摩擦板中消耗

(5)电动转辙机安装的技术要求及安装前的准备工作

①对道岔的技术要求

安装转辙机之前须进行一次全面的调查，如道岔型号、基本轨类型、轨距、尖轨开程、枕木位置、道岔方正、新设道岔铺设情况以及原转辙设备等情况等。通过调查做好记录，不符合要求的地方请工务部门调整至符合技术要求。

a. 道岔型号及轨距：道岔型号不同，尖轨的长度和尖轨理论尖端处的轨距也就不同，见表5－6所列；尖轨长度为6 250 mm及以上者，尖轨理论尖端在实际尖端前50 mm处，尖轨尖端处的轨距一般都要加宽，在测量转辙机基础角钢尺寸时需注意。

b. 道岔钢轨类型：50 kg/m钢轨的道岔或60 kg/m钢轨的道岔所用的角形铁是不同的。掌握基本轨类型后方可确定所用角形铁。

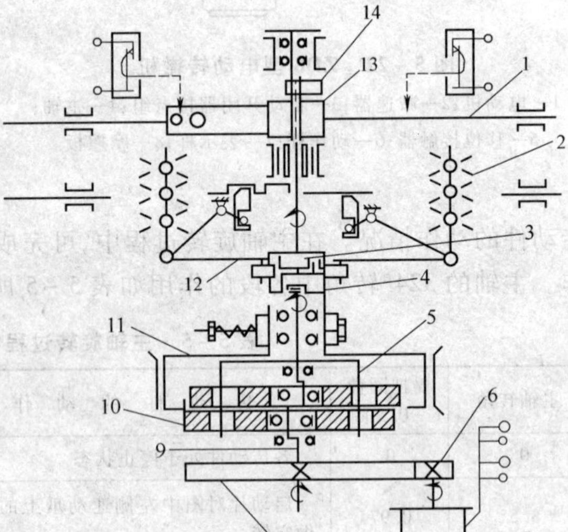

图5－23 ZD6型电动转辙机工作原理

1—动作杆；2—自动开闭器接点组；3—速动片；4—启动片；5—输出轴；6—齿轮；7—电动机；8—齿轮；9—输出轴；10—外齿轮；11—内齿轮；12—速动爪；13—锁闭齿轮；14—止挡栓。

表 5－6　道岔型号及轨距表

道岔号数	尖轨长度（mm）	尖轨理论尖端处轨距（mm）
双开道岔、大号码道岔交分道岔等		应符合标准图规定,无标准图时,由铁路局规定
	6 250	1 450
9	6 250	1 450
12	7 700	1 455

c. 尖轨开程:ZD6 型电动转辙机动作杆动程为 156 mm。按照规定密贴调整杆的调整游间不得小于 5 mm。因此,尖轨第一连接杆处与基本轨之间的开程,加上密贴调整游间,应该等于电动转辙机动作杆动程。《铁路工务规则》规定:尖轨在第一连接杆处的最小动程,直尖轨为 142 mm,曲尖轨为 152 mm,以使车轮对尖轨不发生横向挤压。所以,安装动程为 156 mm 的 ZD 型转辙机,道岔尖轨开程应调整在 142 ~ 151 mm。

尖轨开程如果大于标准,可会同工务进行整治,方法有二:

第一,在尖轨第一连接耳铁与尖轨间加垫“山”字铁片;

第二,加工并更换长度合适的第一连接杆。

d. 有关轨枕位置调整:对普通单开道岔进行 ZD6 型电动转辙机安装时,尖轨第一连接杆中心与尖轨端轨枕中心的距离以 330 mm 为宜;与岔心端轨枕中心距离以 285 mm 为宜。

e. 尖轨是否方正:尖轨是否方正,是以尖轨第一连接杆与基本轨直股或直股延长线是否垂直来衡量的。如果不成垂直,应联系工务整治。

f. 新设道岔是否按设计铺设就位,部件是否完整,并符合上述诸点要求。

g. 原有转辙设备安装情况:原有的转辙设备比如带柄道岔标志、道岔握柄、转换锁闭器等占据电动转辙机安装位置,应根据现场情况,拟定出移设方案(或封锁施工倒替方案),以腾出转辙机安装位置。

h. 带滑床板的轨枕均不得有沉落现象,否则会出现“窜板”、“吊板”造成道岔转换过程中尖轨颤动加重负载。

②电动转辙机安装技术要求

a. 各种类型道岔安装设备应符合相应的定型安装图。

b. 道岔岔尖前后偏移不超出 20 mm。轨枕应不影响基础角钢、密贴调整杆及表示杆的安装与调整。

c. 电动转辙机的动作杆与密贴调整杆安装在一直线上,与表示杆、道岔第一连接杆平行。

d. 基础角钢应与直股轨道垂直,角钢垂直一边要尽量靠近枕木,转辙机应与基础角钢垂直。

e. 基础角钢应平直无弯,保证有足够的强度,角形铁应与钢轨密贴(腹部除外)。

f. 密贴调整杆动作时,空动距离应在 5 mm 以上;各种连接杆的调整丝扣露出螺帽外的余量应不小于 10 mm。

g. 所有经过轨底的器件,距钢轨底面净距离不小于 20 mm。

h. 各部分绝缘安装正确,不遗漏,不破损,各部分螺栓应紧固,并达到规定的紧固力矩。

③电动转辙机安装类型

根据设计不同,电动转辙机安装方向和位置均有所不同。搞清电动转辙机安装类型,方能正确进行安装和配线。

a. 电动转辙机两种不同方向的安装

从图 5－24 可看出,同一组道岔的电动转辙机可有两种不同方向的安装。

图 5－24(a),电动转辙机中的电机在岔心一侧,手摇电机时背对岔心,将此种安装称为

“A 型安装”。

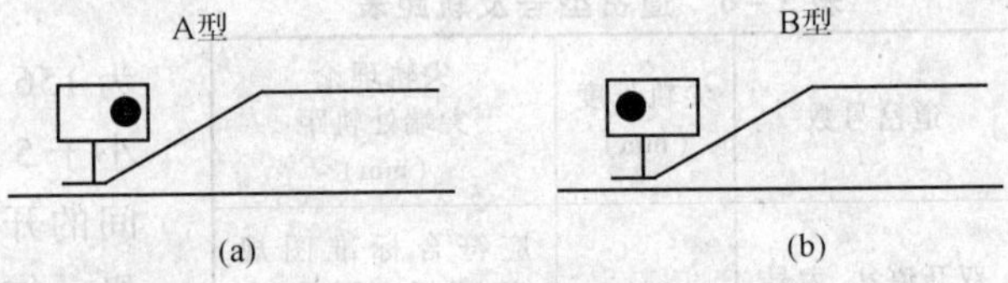

图 5－24　电动转辙机安装类型

图 5－24(b)，电动转辙机中的电机在岔尖一侧，手摇电机时面对岔心，将此种安装称为“B 型安装”。

同一组道岔电动转辙机均可采用 A 型安装，或 B 型安装。A 型安装时，密贴调整杆在第一连接杆的岔尖一侧；B 型安装时，密贴调整杆在第一连接的岔心一侧。设计时一个站的道岔一般均统一采用 A 型或 B 型安装。

b. 电动转辙机的动作杆位置与静接点闭合位置的确定方法

电动转辙机动作杆伸出或拉入的状态，与接通静接点的状态有一定的对应关系。确定电动转辙机动作杆位置的方法是：立于电机处看动作杆，从转辙机右侧伸出的称为右伸产品或正装；从转辙机左侧伸出的称为左伸产品或反装。

c. ZD6 型电动辙机动作杆位置与静接点闭合位置的关系

ZD6 型电动转辙机变位时，首先接通第二或第三排静接点。

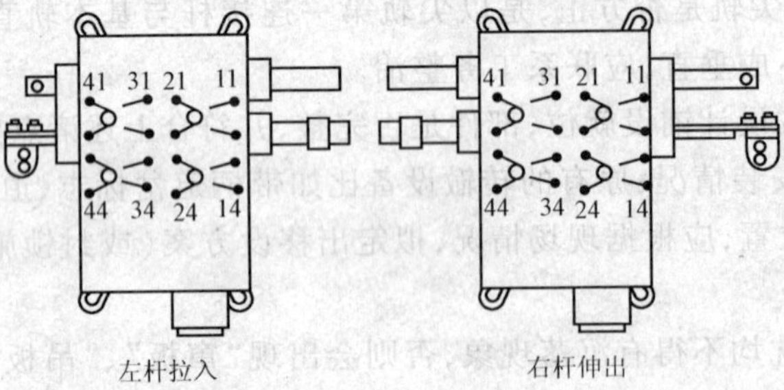

图 5－25　ZD6 型电动转辙机左杆拉入或右杆伸出

图 5－25 为 ZD6 型电动辙机左杆拉入或右杆伸出，此时它的静接点接通第二、四排；图 5－26 为 ZD6 型电动转辙机左杆伸出或右杆拉入，此时它的静接点接通第一、三排。由此可见，动作杆动作方向与静接点闭合方向相反。

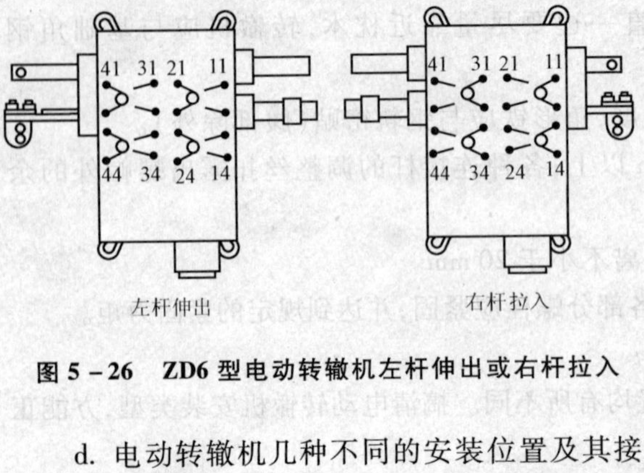

图 5－26　ZD6 型电动转辙机左杆伸出或右杆拉入

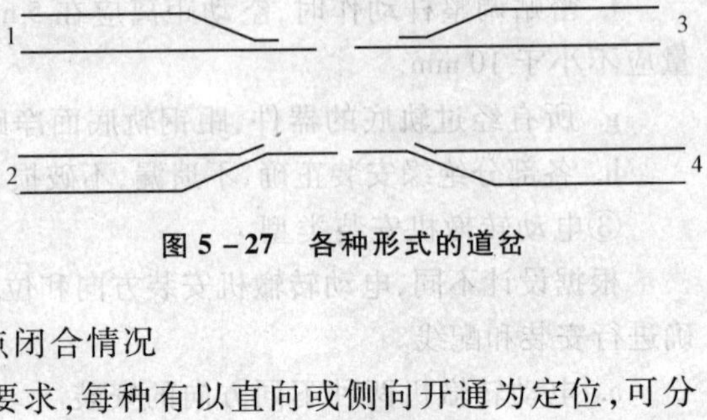

图 5－27　各种形式的道岔

d. 电动转辙机几种不同的安装位置及其接点闭合情况

单开道岔可分为左开、右开两种。根据设计要求，每种有以直向或侧向开通为定位，可分为四种，如图 5－27 所示。电动转辙机安装在道岔的位置不同，可分为左侧和右侧两种。

安装在同一组道岔左侧或右侧的电动转辙机，在定位时，它们的动作杆伸出或拉入位置是不会相同的。电动转辙机不但因左、右位置不同会使静接点闭合位置不同，而且因安装方向不同或转辙机类型不同，也均会使静接点闭合位置不同。这种不同的安装位置与静接点不同的闭合位置之间的关系，直接决定电动转辙机的配线类型。所以这种关系在转辙机配线时，是一定要搞清楚的。

图 5－28 中的电动转辙机全是 A 型安装，道岔开通定位时，转辙机的动作杆都处于左拉入或右伸出状态，它们的静接点闭合第二、四排。图 5－29 中的电动转辙机全是 B 型安装，道岔开通定位时虽与图 5－28 相反，但对转辙机动作杆来说，仍然是左拉入或右伸出，所以，它们的静接点也是闭合第二、四排。

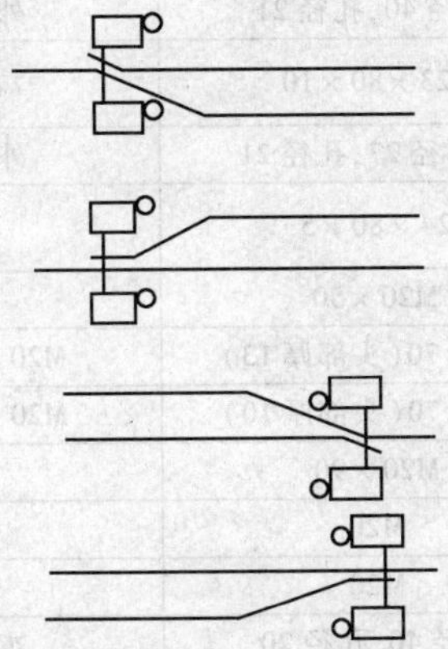

图 5－28　ZD6 型电动转辙机 A 型安装左拉或右伸

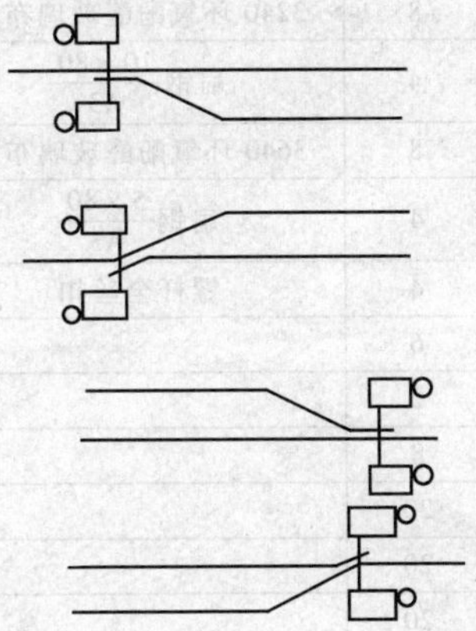

图 5－29　ZD6 型电动转辙机 B 型安装左拉或右伸

图 5－30 中的电动转辙机全是 A 型安装，道岔开通定位时，转辙机的动作杆都处于右拉入或左伸出状态，它们的静接点闭合第一、三排。图 5－31 中的电动转辙机全是 B 型安装，道岔开通定位时虽与图 5－30 相反，但对转辙机动作杆来说，仍然是右拉入或左伸出，所以，它们的静接点也是闭合第一、三排。

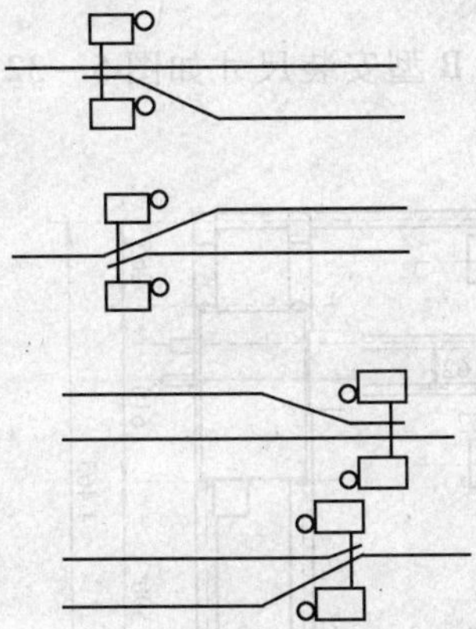

图 5－30　ZD6 型电动转辙机 A 型安装右拉入或左伸

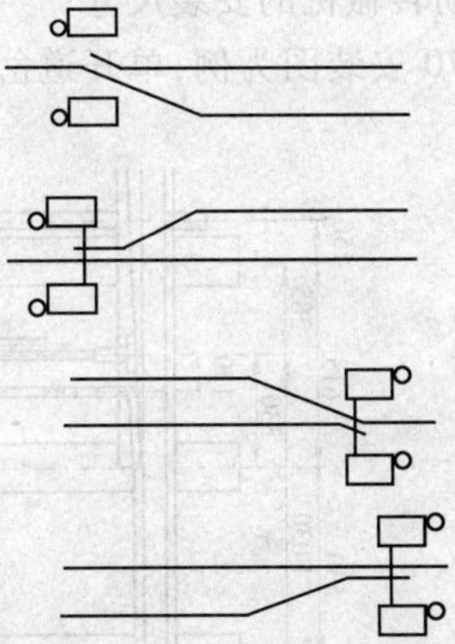

图 5－31　ZD6 型电动转辙机 B 型安装右拉或左伸

(6)单动道岔 ZD6 型电动转辙机安装方法

①ZD6 型电动转辙使用材料

ZD6 型电动转辙机使用材料见表 5－7 所列。

表 5－7　ZD6 型电动转辙机使用材料

名　称	数量	材　料	规　格	
			使用 50 kg/m 轨(mm)	使用 43 kg/m 轨(mm)
角形钢	4	扁钢 $\frac{20\times80}{A3}$	165×108.19×20×80	165×98.75×20×80
绝缘垫板	4	3240 环氧酚醛玻璃布板	255×85×5	255×85×5
绝缘垫圈	8	3240 环氧酚醛玻璃布板	外径 40,孔径 21	外径 40,孔径 21
垫　板	4	扁钢 $\frac{10\times80}{A3}$	123×80×10	123×80×10
绝缘管	8	3640 环氧酚醛玻璃布管	气外径 27,孔径 21	外径 27,孔径 21
角钢垫板	4	扁钢 $\frac{5\times80}{A3}$	24×80×5	24×80×5
螺　栓	4	螺杆全丝扣	M20×50	M20×50
螺　栓	6		M20×70(头部厚 13)	M20×70(头部厚 13)
螺　栓	2		M20×70(头部厚 10)	M20×70(头部厚 10)
螺　栓	8		M20×90	M20×90
螺　母	20		M20	M20
弹簧垫圈	20		M20	M20
垫　圈	20		外径 40,孔径 20	外径 40,孔径 20
基础角钢	2	角钢 $\frac{80\times125\times10}{A3}$	80×125×10×3 150	80×125×10×3 150
短基础角钢	2	角钢 $\frac{80\times125\times10}{A3}$	80×125×10×1 055	80×125×1 055
密贴调整杆	1	钢 $\frac{\phi36}{A3}$	1 820×36(丝扣长 500)	1 820×36(丝扣长 500)
表示杆	1	钢 $\frac{\phi30}{A3}$	1 480×30	1 480×30
尖端杆	1	钢 A3		

②电动转辙机的安装尺寸

以 9070 安装图为例,单开道岔 ZD6 型电动转辙机 B 型安装尺寸如图 5－32 所示。

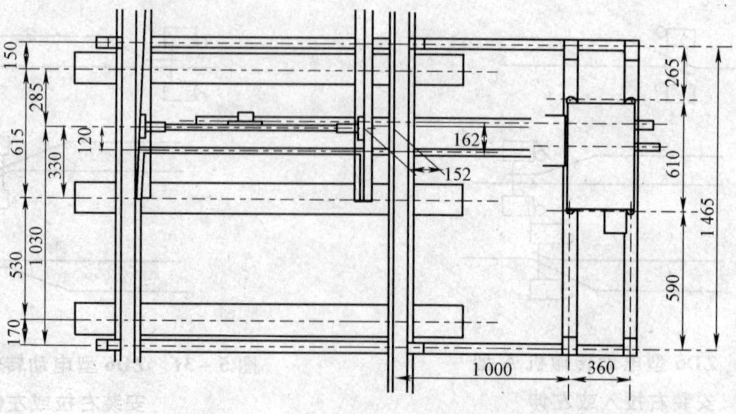

图 5－32　单开道岔 ZD6 型电动转辙机安装图(单位:mm)

③道岔的组成

道岔的组成如图 5－33 所示。图中 A 为直线线路，B 为侧线线路。

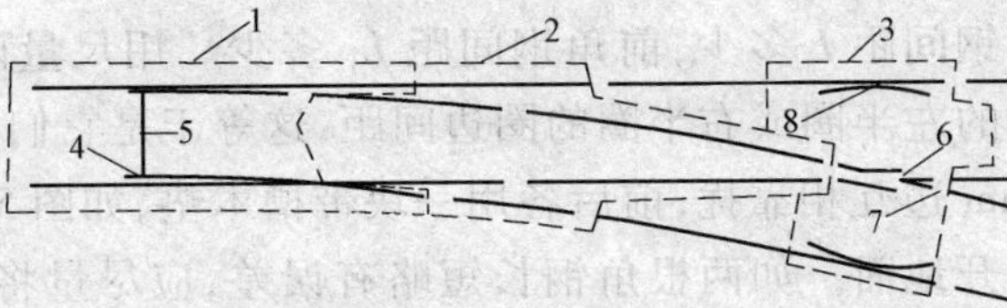

图 5－33 单开组合辙叉道岔

1—转辙部分；2—连接部分；3—辙叉部分；4—护轨；

5—翼轨；6—辙叉心；7—第一连接杆；8—尖轨。

④角形铁安装

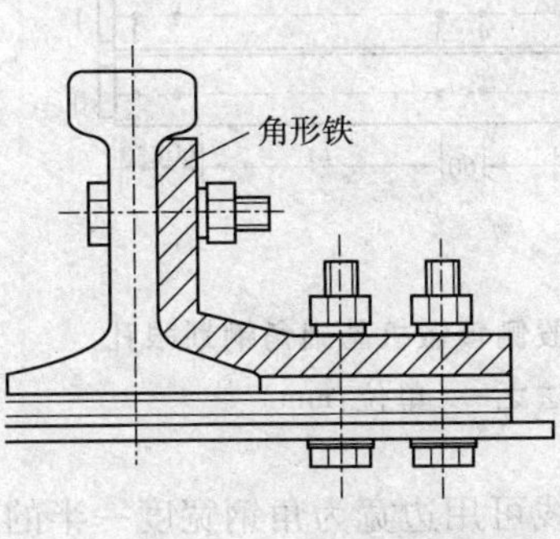

图 5－34 角形铁安装图

角形铁分 43 kg/m、50 kg/m、60 kg/m 型三种型号，安装时要注意使用规格，见图 5－34。用方尺卡在道岔基本轨直股上（不能卡在弯轨上），横臂与直股基本轨贴紧，直臂边线与第一连接杆中线重叠，用划针或特种铅笔在两基本轨面上做标记，画出第一连接杆的中心线，以第一连接杆向岔尖方向量 1 030 mm 做记号，同样从第一连接杆向岔心方向量出 435 mm 做记号，岔前后标记间距离即为 1 465 mm（以电号 9070 图为例）。

预先将四只角形铁的直面画出中线，每一只角形铁对准各自位置的轨面记号，用划针伸进角形铁孔内，在基础轨腰部画出圆圈，取下角形铁，用冲子冲出钻孔中心。

钢轨钻孔之后，用 20 mm × 70 mm 的螺栓从钢轨内侧穿出，装上原来画标记的角形铁，加直径为 20 mm 的弹簧垫圈，拧紧螺帽，用卷尺复核同侧两角形铁间距，若有出入，可松开螺母加以调整，然后用 450 mm 大扳手充分紧固。尖轨处须采用头部厚为 10 mm 的螺栓固定角形铁，否则将影响尖轨密贴。

⑤基础角钢安装

基础角钢与角形铁的固定眼孔，须经过现地测量，方能按尺寸号眼钻孔。电动转辙机安装在道岔直股侧或弯股侧，基础角钢上的眼孔位置是不相同的。所以，测出角形铁间距之后，在基础角钢面上号眼顺序也不相同。现以 ZD6 型安装尺寸为例，根据图 5－34 安装基础角钢。

⑥电动转辙机设于道岔直股侧

图 5－35 为电动转辙机设于道岔直股侧时，两基础角钢的眼孔尺寸。其中基础角钢Ⅰ称为岔后角钢；角钢Ⅱ为岔前角钢。两基础角钢的 125 mm 边，全靠向第一连接杆（也就是贴轨枕边），以便于安装角形铁螺

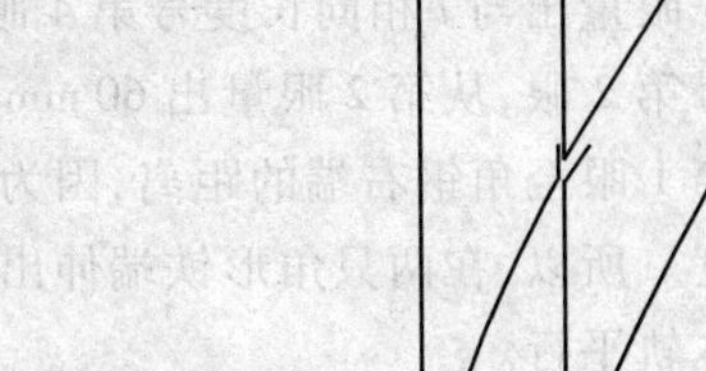

图 5－35 电动转辙机设于道岔直股侧时基础角钢的眼孔尺寸

栓和维修养护。

用钢卷尺从道岔轨底直接量出角钢Ⅰ的眼孔2和3之间的距离L,角钢Ⅱ的眼孔2和3之间的距离L_1并做好记录,注明道岔号,用简图画出道岔为左开或右开,转辙机在左侧或右侧,尖轨尖端距离,写明道岔后角钢间距L多少,前角钢间距L_1多少。用尺量两圆孔间的中心距离,为测量准确可同时量它们的左半圈或右半圈的圈边间距,这等于是它们的中心间距。

将两根基础角钢的125 mm边互相靠拢,前后各用一块带槽木垫,如图5－36所示,将竖边夹住,使两根角钢并拢并且离开地面。如两根角钢长短略有误差,应尽量将左边端对齐;如基础角钢上固定短基础角钢的眼孔已经钻毕,则必须将眼孔互相对齐。

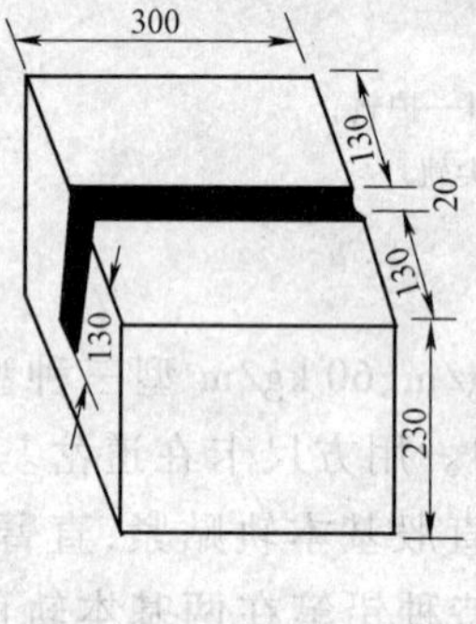

图5－36　带槽木垫（单位:mm）

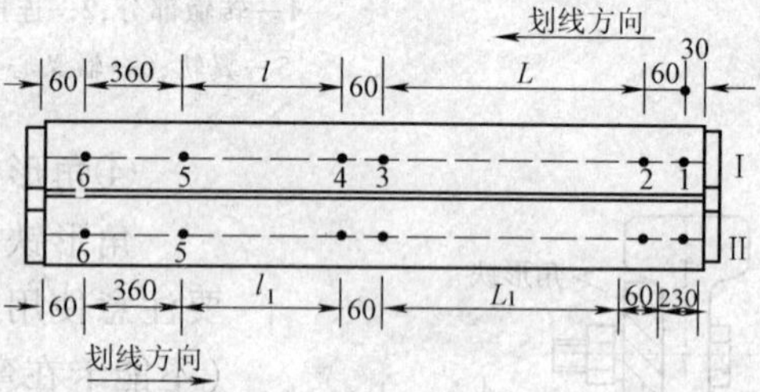

图5－37　直股侧转辙机基础角钢划眼孔方法之一（单位:mm）

先划角钢Ⅰ眼孔位置如图5－37所示。这里先说明一下,中心线可用边宽为角钢宽度一半的角形模铁在号眼位置画出。从角钢Ⅰ右端开始,向左量出30 mm号第1眼,从第1眼向左量出60 mm号第2眼,从第2眼向左量出实测的L长度号第3眼,从第3眼向右量出60 mm号第4眼。再从左端开始,向右量出60 mm号第6眼,从第6眼向右量出360 mm号第5眼。此时第4眼与第5眼之间的距离l也就自然而然地出来了。照此方法能保证眼孔5与直股基本轨内侧距离大于1 000 mm。

划角钢Ⅱ眼孔位置,从左端开始,量出60 mm号第6眼,从第6眼量出360 mm号第5眼,从第5眼量出与l相同长度号第4眼,从第4眼量出60 mm号第3眼,从第3眼量出实测的L_1长度号第2眼,从第2眼量出60 mm号第1眼。角钢Ⅱ第1眼至角钢右端的距离必然大于角钢Ⅰ第1眼至角钢右端的距离,因为基本轨弯股的关系,使两根相同长度的基础角钢余出不同的长度。所以,在两只角形铁端伸出余量不同。两根角钢的l和l_1相同,从而保证转辙机与直股基本轨平行。

对于两基础角钢相同位置的眼孔,像短角钢固定眼孔(如图5－37中5、6眼孔),直股基本轨上的固定眼孔(3、4眼孔),可用直边长为150 mm的角尺一次划出。用这种方法要特别注意将两角钢对齐并拢后才能划线号眼。

还有一种划线方法能使两根角钢的眼孔5与直股基本轨内侧保持1 000 mm。因为钢轨顶面内侧与外侧轨腰面(即与角形铁直边密贴的面)之间的距离,50 kg/m钢轨为43 mm;43 kg/m钢轨为42 mm。两种钢轨采用的角形铁长度是相同的,均为165 mm,其直边外侧至固定螺栓4的眼孔中心距离也均为140 mm。所以只要在1 000 mm距离内减去这两个尺寸,即可得到眼孔5至眼孔4之间的距离。使用于50 kg/m钢轨时为817 mm;使用于43 kg/m钢轨时为818 mm。使用非标准型角形铁时,只需减去直边外侧至眼孔4中心间的实测距离即可,如图5－38所示。将基础角钢Ⅰ、Ⅱ对齐合拢夹紧，其方法如前述，然后从左端开始，量出 60 mm 号第 6 眼，第 6 眼量出 360 mm 号第 5 眼，第 5 眼当基础角钢设于 50 kg/m 钢轨时量出 817 mm；43 kg/m 钢轨时量出 818 mm 号第 4 眼，第 4 眼量出60 mm号第 3 眼，然后角钢Ⅰ量出实测的 L 长度号第 2 眼；角钢Ⅱ量出实测的 L_1 长度号第 2 眼，第 2 眼各自量出 60 mm 号第 1 眼，其余的各自剩下多少算多少。这种划眼方法同样保证两角钢的 $l = l_1$，L、L_1 各为实测长度。

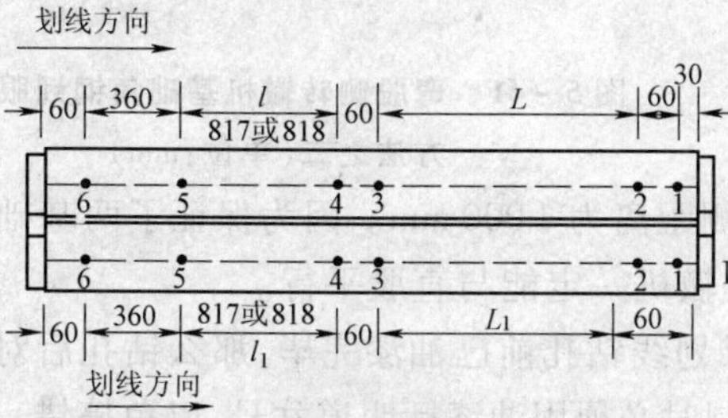

图 5－38　直股侧转辙机基础角钢划眼方法之二

$l = l_1$，设于 50 kg/m 钢轨时为 817 mm；

设于 43 kg/m 钢轨时为 818 mm。

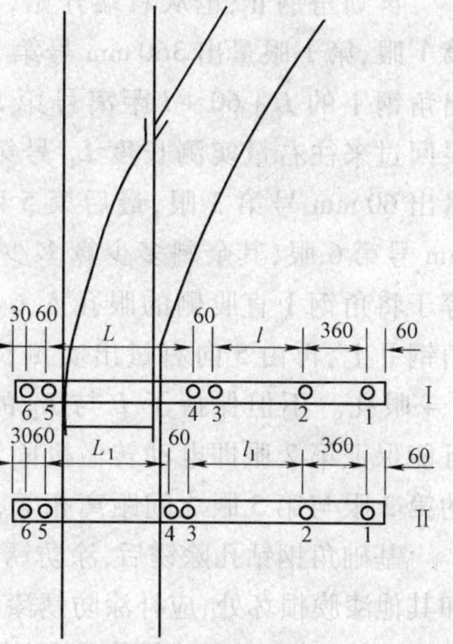

图 5－39　电动转辙机设于道岔弯股时，基础角钢眼孔尺寸（单位：mm）

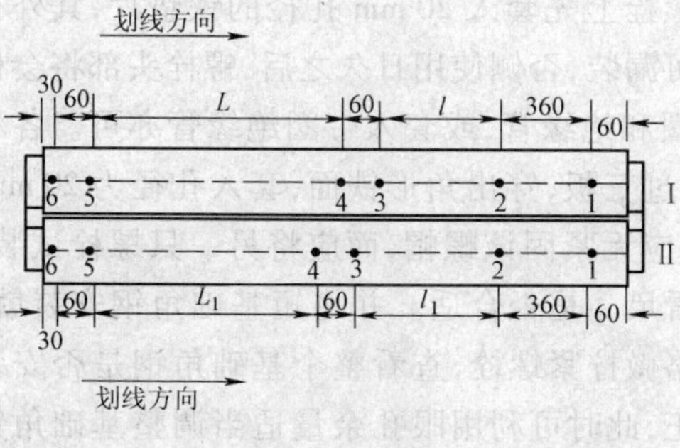

图 5－40　弯股侧转辙机基础角钢划眼方法之一（单位：mm）

眼号完之后，用冲子冲出钻孔中心，随即用 6 mm 电钻钻以 3 mm 小孔，然后统一用钻床钻孔。其中第 1、2、3、4 眼采用直径 28 mm 钻头；第 5、6 眼采用直径 21 mm 钻头，钻孔时必须将基础角钢水平固定，保证钻透的眼孔不错位。最后在基础角钢上还须注明道岔号码以及前或后，以便安装时对号入座。

⑦电动转辙机设于道岔弯股侧

图 5－39 为电动转辙机设于道岔弯股侧时，两基础角钢的眼孔尺寸。号眼孔前同样先实测出 L 和 L_1 的眼孔距离。同样将两根基础角钢的 125 mm 边互相靠拢，左右边端对齐。角钢Ⅰ、Ⅱ可同时划线，如图 5－40 所示。从左端量出 30 mm 各号第 6 眼，第 6 眼量出 60 mm 各号第 5 眼。角钢Ⅰ第 5 眼量出实测的 L 长度号第 4 眼，角钢Ⅱ第 5 眼量出实测长度 L_1 号第 4 眼。第 4 眼量出 60 mm 号第 3 眼。如果转辙机固定眼孔尚未钻成，那么同时改从右端量出 60 mm 号第 1 眼，第 1 眼量出 360 mm 号第 2 眼。第 2 眼与第 3 眼之间的距离有多少算多少。因为弯股的关系使 $L > L_1$，$l < l_1$，但第 2 眼与第 5 之间的总距离是相等的，也就是基础角钢能与左边的直股保持垂直。或者说安装后的电动转辙机能与直股保持平行，但第 2 眼与钢轨的内侧不一定正好 1 000 mm。

另一种划眼方法能使第2眼与钢轨内侧的距离保持1 000 mm,如图5-41所示。因为左轨为直股,右轨为变股,在安装角钢Ⅱ之处钢轨的内侧与转辙机的距离大于角钢Ⅰ处的距离,所以,应先划角钢Ⅰ,从右端开始,量出60 mm号第1眼,量出360 mm号第2眼,第2眼当基础角钢设于50 kg/m钢轨时量出817 mm,43 kg/m轨时量出818 mm号第3眼,第3眼量出60 mm号第4眼,第4眼量出实测长度L号第5眼,第5眼量出60 mm号第6眼,然后剩多少算多少。

再划角钢Ⅱ,也从右端开始,量出60 mm号第1眼,第1眼量出360 mm号第2眼,第2眼量出角钢Ⅰ的$L+60+l$距离号第5眼,然后第5眼回过来往右量实测长度L_1号第4眼,第4眼量出60 mm号第3眼,最后第5眼往左量出60 mm号第6眼,其余剩多少算多少。这样划法就等于将角钢Ⅰ直股侧的眼孔5、6用角尺平移到角钢Ⅱ上,再由5向右量出实测长度L_1,划出第3、4眼孔。不但保持了L与L_1的实测长度,而且能保证第2眼即电动转辙机固定螺栓距钢轨内侧距离为1 000 mm。因为保证了两基础角钢的第2眼与第5眼之间距离相等,所以安装后的转辙机一定能与直股平行。

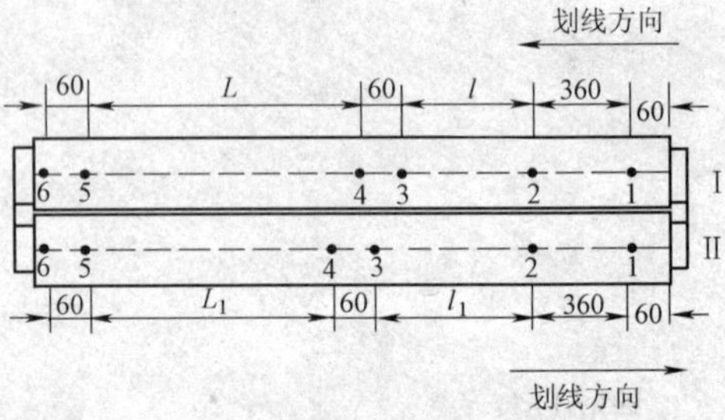

图5-41　弯股侧转辙机基础角钢划眼方法之二(单位:mm)

基础角钢钻孔除锈后,涂防锈漆,深灰漆。如果划线钻孔前已油漆完毕,那么钻孔后对孔内和其他漆膜损坏处,应补涂防锈漆和面漆。成批预制时必须用油漆标明道岔号,以免搞错。穿入轨底之前,对日后无法维修处可涂一层沥青。基础角钢按各自划线的道岔号码以及前后位置穿过轨底,与左右角形铁连接。线路中心最好由一人用撬棍轻轻抵住基础角钢,不使其歪斜,以便于安装角形铁绝缘。在角形铁与基础角钢之间,穿过轨底先放入绝缘垫板,再压上角钢垫板,然后与轨底外侧齐边放置10 mm厚的铁垫板。如使用带弯角形铁,不需放置10 mm厚的铁垫板。将三板的眼孔对齐基础角钢的眼孔,M20×90 mm螺栓上先套入20 mm孔径的铁垫片,其外径不得大于40 mm,但也不得小于30 mm。该铁片切不可漏装,否侧使用日久之后,螺栓头部将会楔入绝缘圈内与基础角钢相碰。铁片上再套入绝缘垫圈和绝缘管,或套入带圈绝缘管亦可。各将一只已套入绝缘管圈的螺栓穿入近轨的眼孔,螺栓通过三板,穿出角形铁面,套入孔径为20 mm的弹簧垫圈略略拧紧螺帽,如图5-42所示。此时不应无紧固该螺帽,而应将另一只螺栓试装,看看尺寸是否合适。并将短基础角钢安装就位,略微拧紧螺栓,查看整个基础角钢是否安装方正,此时可利用眼孔余量适当调整基础角钢位置。如果尺寸完全合适,则可将螺帽紧至弹簧垫圈将被压平。紧螺母之前必须用手摸或俯身察看绝缘管是否真正进入基础角钢眼孔内,不可将绝缘管呈歪斜状硬压入孔内。用手锤将三板的边敲齐,然后用450 mm大扳手充分拧紧螺母。

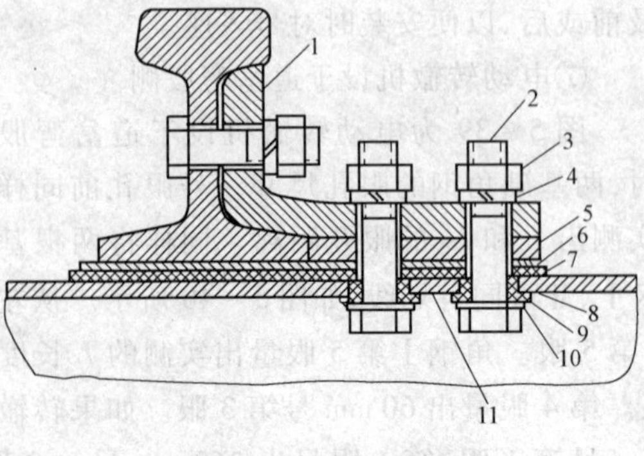

图5-42　角形铁绝缘

1—角形铁;2—螺栓;3—螺母;4—弹簧垫圈;5—垫板;6—角钢垫板;7—绝缘垫板;8—绝缘管;9—绝缘垫圈;10—垫圈;11—基础角钢。

⑧短基础角钢安装

两根短基础角钢横架在基础角钢上,竖边朝里。短基础角钢与基础角钢连接的眼孔已预先钻毕,直接使用M20×50 mm螺栓由下往上穿，加弹簧垫圈拧紧螺母即可。

前面已经介绍，电动转辙机固定在短基础角钢上的眼孔位置可预先钻孔。但如果尖轨不够方正，或基础角钢安装时尺寸略有偏差，均会使转辙机在短基础角钢上走位。所以，短基础角钢上固定转辙机的 4 只眼孔，也可在试装电动转辙机完全合适后再号眼钻孔。

⑨电动转辙机安装

短基础角钢固定后，按安装类型将电动转辙机放到角钢上，固定眼孔对准各自短基础角钢的中心线。在中心线上前后移动转辙机，使转辙机动作杆的中心线与杆架中心线成一直线，或与第一连杆中心线保持 40 mm 间距。此即称为电动转辙机对拉杆。

电动转辙机对拉杆有两种方法：

以尖轨密贴任一侧基本轨为准对拉杆。此种方法的缺点是，尖轨密贴另一侧基本轨时，密贴调整杆与第一连接杆总会出现稍不平行的现象。

以尖轨放在四开于两基本轨的中间位置为准对拉杆。此种方法的优点是从尖轨转换过程来看，直线运动距离较多。将上一种方法的偏于一侧不平行，分到了两侧，从而减少不平行程度。

选用上述两种方法对拉杆，可采用吊线，也可采用临时将密贴调整杆插入杆架，另一端套入转辙机动作杆来检查转辙机前后位置。相比之下，后者比前者容量看得准。不论用哪种方法，电动转辙机固定位置决定后，在短基础角钢面上号眼。然后推开密贴调整杆，移走转辙机，就地用钻架 21 mm 孔或将短基础角钢拆下送加工场钻孔。转辙机固定眼孔钻毕后，转辙机用 M20 × 70 mm 螺栓由下往下穿，加弹簧垫圈拧紧螺母。

⑩尖轨密贴调整杆的安装

尖轨密贴调整杆穿入杆架前，先拧入一只 36 mm 紧固螺母，顺丝扣凹槽套入一只挡环，挡铁背向紧固螺母，再拧入一只轴套，轴套止挡缺口面向挡铁。预先将杆架安装在第一连接杆上。适当扒除安装密贴调整杆枕木孔内的石砟，密贴调整杆从转辙机一侧穿过轨底。穿入杆架，将另一只轴套止挡缺口朝外拧入密贴调整杆，顺丝扣凹槽套入另一只挡铁，挡铁面向轴套，最后再拧入一只紧固螺母。拔去密贴调整杆的连接销，套入转辙机动作杆，三孔一致后插入连接销，加开口销并劈开。

杆架与第一连接杆固定时，视第一连接杆结构决定是否加绝缘。密贴调整杆安装后，如果出现向线路中心倾斜现象，则可在杆架与第一连接杆面（或绝缘垫板面），加设适当厚度的铁垫板，以提高杆架的高度，使密贴调整杆架保持水平。

⑪表示连接杆的安装

为克服因基本轨爬行带动尖轨移动，影响电动转辙机检查柱在锁闭时卡表示缺口的缺点，ZD6 型电动转辙机的表示杆不再与尖轨的第一连接杆连接，而与加设的尖端杆连接。电动转辙机使用尖端杆的尖端铁朝向第一连接杆，称为反装，尖端杆中线与第一连接杆中线间应保持 120 mm。尖端杆与尖轨之间的绝缘件安装方法与基础角钢绝缘件安装方法相同。安装后，将舌铁调到杆长的中间位置，左右以螺母拧紧，再与表示杆连接。

(7)复式交分道岔 ZD6 型电动转辙机的安装

复式交分道岔电动转辙机的安装，分为岔尖部分双转辙器左侧、双转辙器右侧和辙叉部分活动心轨等三种。电动转辙机采用 ZD6 型。下面以采用 ZD6 型电动转辙机为例，分述复式交分道岔电动转辙机的安装方法。

①ZD6 型电动转辙机设于交分道岔双转辙器左侧安装方法

a. 对双转辙器道岔的要求

复式交分道岔双转辙器共有4条尖轨、4条基本轨,但没有直股。4条尖轨的轨端必须在一条直线上,前后偏差不得大于4~5 mm;轨枕不得妨碍基础角钢的安装;两根第一连接杆必须经过改造,以符合设计要求;道岔开程保持142~151 mm。以上条件如不能达到,应请工务配合整治。

b. 安装尺寸和使用材料

ZD6型电动转辙机设于交分道岔双转辙器左侧时的安装尺寸如图5-43所示,使用材料见表5-8所列。

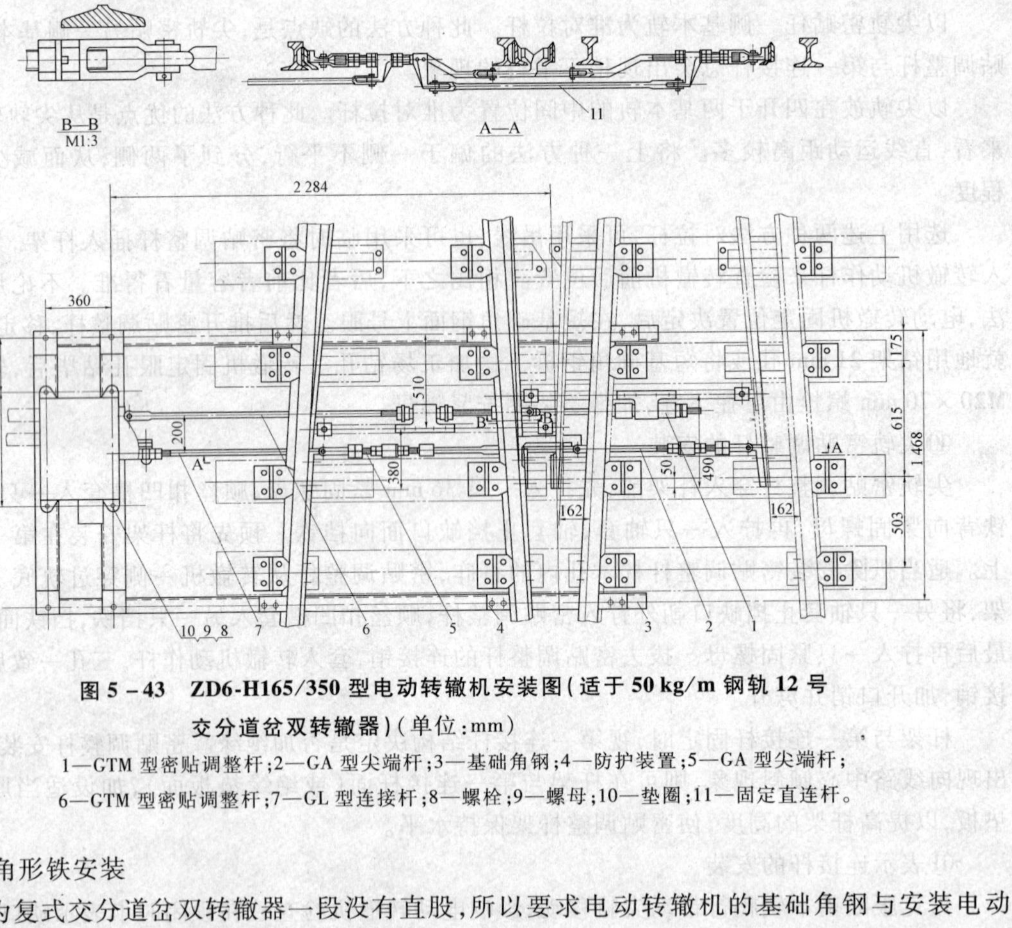

图5-43 ZD6-H165/350型电动转辙机安装图(适于50 kg/m钢轨12号交分道岔双转辙器)(单位:mm)

1—GTM型密贴调整杆;2—GA型尖端杆;3—基础角钢;4—防护装置;5—GA型尖端杆;6—GTM型密贴调整杆;7—GL型连接杆;8—螺栓;9—螺母;10—垫圈;11—固定直连杆。

c. 角形铁安装

因为复式交分道岔双转辙器一段没有直股,所以要求电动转辙机的基础角钢与安装电动转辙机侧的尖轨第一连接杆保持平行,在安装角形铁时,必须虚设出直股。以虚设的直股与该第一连接杆成垂直,找出角形铁安装位置,然后再平移到实际的斜股上去。这种方法在对称道岔角形铁安装中已作叙述。

将方尺架在斜股上,直臂边线与转辙机侧第一连接杆中线重叠,方尺的横臂向岔尖方向量出958 mm与斜股相交,该点即为岔前角钢左侧角形铁安装位置。方尺横臂向岔心方向量出510 mm,用角尺作直线与斜股相交,该点即为岔后角钢左外角形铁安装位置。角尺直线距离即为两角钢的左外角形铁错开距离α,也就是这段基本轨的倾斜距离。将方尺架在相对的斜股上,直臂边仍与第一连接杆中线重叠,按上法在斜股上找出左中角形铁的位置。同一根基础角钢找出两只角形铁位置之后,只要用直尺或吊线延长它们之间的连线,便能在另一组斜基本轨上找出另两只角形铁位置。然后用方尺来复核同一基本轨上两角形铁固定点间距是否为468 mm。

表5-8 交分道岔双转辙器使用材料表

名称	数量		材料	规格
	43 kg/m 轨	50 kg/m 轨		
角形铁	8		扁钢$\frac{20\times 80}{A3}$	165×98.75×80×20
角形铁		8	扁钢$\frac{20\times 80}{A3}$	165×108.19×80×20
绝缘垫板	8	8	3240 环氧酚醛玻璃布板	255×85×5
绝缘垫圈	16	16	同上	外径40,孔径21
垫板	8	8	扁钢$\frac{10\times 80}{A3}$	123×80×10
绝缘管	16	16	3640 环氧酚醛玻璃布管	外径27,孔径21
角钢垫板	8	8	扁钢$\frac{5\times 80}{A3}$	245×80×5
螺栓	6	6	螺杆全丝扣	M20×50
螺栓	8	8		M20×70(头部厚13)
螺栓	4	4		M20×70(头部厚10)
螺栓	16	16		M20×90
螺母	34	34		M20
弹簧垫圈	34	34		M20
垫圈	16	16		外径40,孔径20
基础角钢	2	2	扁钢$\frac{125\times 80\times 10}{A3}$	80×125×10×4300
短基础角钢	2	2	扁钢$\frac{125\times 80\times 10}{A3}$	80×125×10×1548
连接角钢	2	2	扁钢$\frac{75\times 75\times 8}{A3}$	75×75×8×1455
密贴调整杆	2	2		
表示杆	1	1		
木螺钉	6	6		20×120

角形铁位置决定后的号眼、钻孔以及安装方法,前已述及,不再重复。

d. 基础角钢安装

复式交分道岔双转辙器使用的基础角钢为4300 mm长。为叙述简便起见,基础角钢的号眼,采用边量边号。实际施工是一次测量,集中号眼。

将两根基础角钢的125 mm边同向并放,左右对齐用带双槽木塞夹住并垫起。从角钢左侧向右量2710mm 如图5-44所示,划一竖直线。先划角钢Ⅱ眼孔位置,以2710mm处为划线始点,向左量出$L_1/2$实测长度号第5眼,第5眼量出60 mm号第6眼,第6眼量出L_1左实测长度号第7眼,第7眼量出60 mm号第8眼。再从角钢左端开始量60 mm号第11眼,第11眼量出360 mm号第10眼,第10眼量出640 mm号第9眼。划线始点向右量出$L_1/2$实测长度号第4眼,第4眼量出60 mm号第3眼,第3眼量出L_1右实测长度号第2眼,第2眼量出60 mm号第1眼,余剩多少算多少。

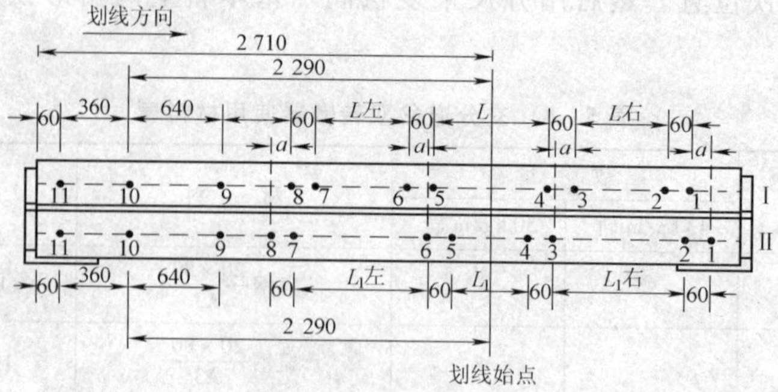

图 5－44　双转辙器左侧基础角钢划眼方法（单位：mm）

角钢Ⅰ从左向右划线，从左端量 60 mm 号第 11 眼，第 11 眼量出 360 mm 号第 10 眼，第 10 眼量出 640 mm 号第 9 眼，第 9 眼仍应与角钢Ⅱ第 9 眼完全对齐。第 9 眼量出角钢Ⅱ第 9 眼至第 8 眼距离，加上错开距离 α 号第 8 眼，第 8 眼量出 60 mm 号第 7 眼，第 7 眼量出 L 左实测长度号第 6 眼，第 6 眼量出 60 mm 号第 5 眼，第 5 眼量出 L 实测长度号第 4 眼，第 4 眼量出 60 mm 号第 3 眼，第 3 眼量出 L 右实测长度号第 2 眼，第 2 眼量出 60 mm 号第 1 眼，剩余多少算多少，余量肯定比角钢Ⅱ的多。号毕，可复核第 10 眼至划线始点线应为 2 290 mm。

另一种方法是由转辙机侧即本例中由左向右划线号眼方法。转辙机眼孔位置确定后，先划前角钢Ⅱ，由第 10 眼量 818 mm（50 kg/m 为 817 mm）号第 8 眼，使电动转辙机内侧固定眼孔中心与最近基本轨内侧保持 1 000 mm。其余各眼按实测量出。划后角钢Ⅰ时，用直角尺通过角钢Ⅱ的第 8 眼孔划一条角钢 中心线的垂直线延长到角钢Ⅰ，这就是虚拟直股的平行线，再向右量出距离 α，得角钢Ⅰ第 8 眼位置。以后按实测尺寸划出角钢Ⅰ各眼孔位置。

交分道岔在完成角形铁安装后，进行基本角钢加工尺寸测量时，首先应要求工务部门严格复核各部轨距，应画出道岔简图，标出前后角钢及转辙机位置，标明测距眼孔及实测尺寸，谨防差错。交分道岔基础角钢尺寸的精确性要求较高，这在施工时必须特别注意，保证每道工序的施工质量。

角钢号眼后的钻孔及安装方法，前已叙述。但应注意，同一根基础角钢的四个角形铁，由于基本轨的偏斜方向不同而向不同方向偏斜，要同时穿上基础角钢固定螺栓是很困难的。因而可以先松开各个角形铁与钢轨的固定螺栓，穿上基础角钢固定螺栓后再重新拧紧。为保证顺利安装，钢轨钻孔后，严格复核四个角形铁固定眼孔中心在同一直线上。

e. 短基础角钢及转辙机安装

短基础角钢安装方法以及转辙机安装方法与前述相同。双转辙器道岔无法安装反尖端杆。所以，在主密贴调整杆杆架上反向叠装表示连接杆杆架。

f. 尖轨密贴调整杆安装

从工务配件的机械强度、配件标准化以及安装位置来看，交分道岔均比不上单开道岔。岔区内长短规格的轨距杆、连接杆较多，而且，这些不利因素给尖轨密贴调整杆安装带来了困难。安装密贴调整杆之前，请工务尽量将各种杆件整治到符合标准，尤其各部紧固螺栓不可存在旷动；尖轨第一连接杆更换成方钢型第一连接杆；靠转辙机侧的第一连接杆中心安装在距本尖轨 330 mm 处；杆架向岔心方向安装；另一根第一连接杆中心安装在距本尖轨尖 490 mm 处，杆架向尖轨方向安装（见图 5－43）。这样方能使两个杆架孔的中心在一直线上。

密贴调整杆使用在交分道岔时，它的长度和弯度有时会不太合适，需现场加工后方能使用。与转辙机连接的密贴调整杆（亦称主密贴杆）丝扣，应先拧入连接另一密贴调整杆（亦称副密贴杆）的调整螺帽和舌铁，再拧入紧固螺母、挡铁、轴套。密贴调整杆长度以穿入杆架，拧入轴套、挡铁、紧固螺母，留出应有游间后，调整丝扣露出螺母至少有10 mm为准进行加工。将另两根尖轨置于相应位置，按同样要求进行副密贴调整杆试装，副密贴调整杆与主密贴调整杆的舌铁连接。

g. 表示杆安装

因为双转辙器道岔无法安装尖端杆，所以，转辙机的表示杆直接穿入表示杆杆架内，杆架采用M18×110 mm螺栓反向叠装在主密贴调整杆杆架上面。

h. 连接角钢的安装

双转辙器用电动转辙机的两基础角钢跨度比单开道岔要大。为了加强基础角钢的机械强度，在两基础角钢之间增设一根规格为75 mm×75 mm×8 mm的连接角钢。安装连接角钢时，直角向上，从横向将两基础角钢与三根轨枕连成一体。连接角钢的长度及钻眼尺寸，应根据现场具体情况，进行测量、钻眼、安装。

②ZD6型电动转辙机设于交分道岔双转辙器右侧安装方法

电动转辙机设于交分道岔双转辙器右侧时的安装方法、技术要求、材料数量、规格要求与设于左侧时相同。仅安装尺寸略有差异。

ZD6型电动转辙机设于交分道岔双转辙器右侧时的安装尺寸如图5－45所示。使用材料见表5－8所列。

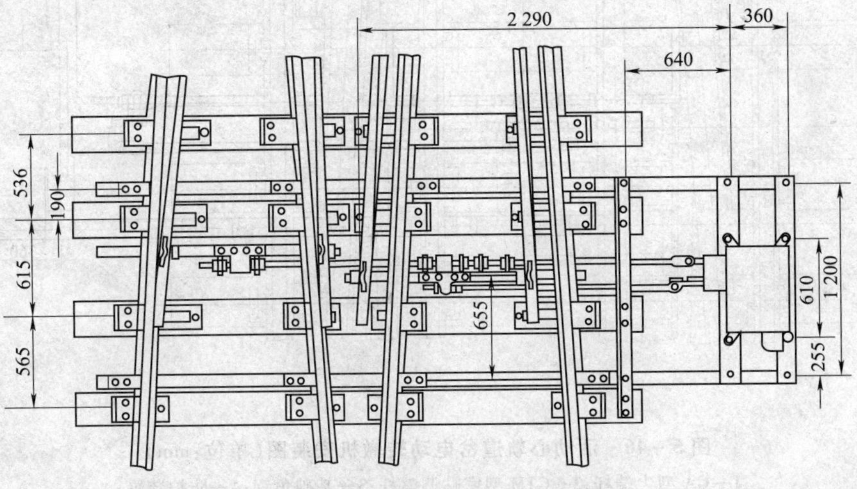

图5－45　ZD6型转辙机设于交分道岔双转辙器右侧时的安装尺寸（单位：mm）

③ZD6型电动转辙机设于交分道岔活动心轨时的安装方法

a. 对活动心轨道岔的技术要求

活动心轨道岔安装电动转辙机，对工务技术要求比较严格。安装前必须请工务配合，满足以下几点技术要求：

(a)两根第一连接杆的中心线距各自的尖轨尖端均应为450 mm。

(b)两组尖轨的尖端间距应为236 mm。

(c)尖轨开程应为85～90 mm。

(d)用撬棍将道岔撬向定位或反位时,尖轨应能密贴基本轨。

(e)道岔必须方正;第一连接杆符合设计要求。第二连接杆长短适量不影响尖轨密贴;枕木调整到规定位置。

工务满足上述技术要求后,在安装电动转辙机过程中不得再任意变动。

b. 安装尺寸和使用材料

活动心轨道岔电动转辙机安装尺寸如图 5-46 所示。使用材料见表 5-9 所列。

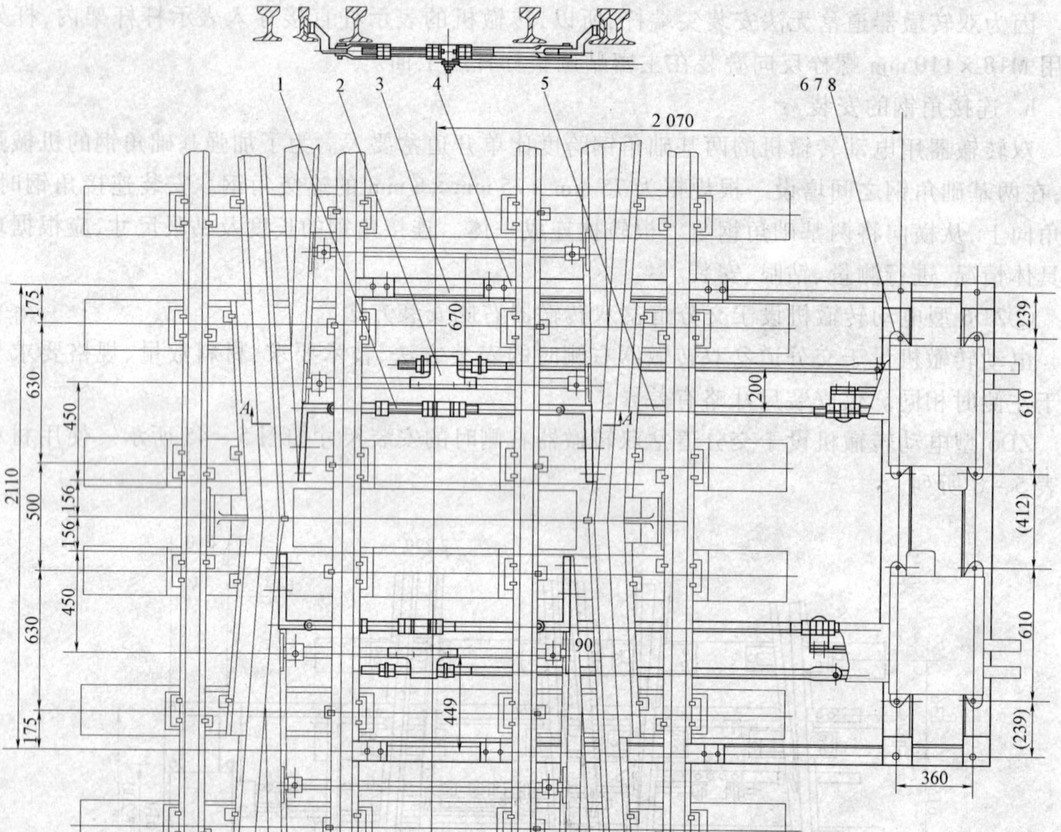

图 5-46 活动心轨道岔电动转辙机安装图(单位:mm)

1—GA 型尖端杆;2—GTM 型密贴调整杆;3—基础角钢;4—防护装置;
5—GL 型连接杆;6—螺栓;7—螺母;8—垫圈。

表 5-9 活动心轨道岔电动转辙机使用材料表

名 称	数 量		材 料	规 格
	43 kg/m 轨	50 kg/m 轨		
角 形 铁	8		扁钢 $\frac{20\times80}{A3}$	165×98.75×80×20
角 形 铁		8	扁钢 $\frac{20\times80}{A3}$	165×108.19×80×20

续上表

名　称	数　量		材　料	规　格
	43 kg/m 轨	50 kg/m 轨		
绝缘垫板	8	8	3240 环氧酚醛玻璃布板	255×85×5
绝缘垫圈	16	16	同　上	外径 40,孔径 21
垫　板	8	8	扁钢 $\frac{10\times80}{A3}$	123×80×10
绝缘管	16	16	3640 环氧酚醛玻璃布管	外径 27,孔径 21
角钢垫板	8	8	扁钢 $\frac{5\times80}{A3}$	245×80×5
螺　栓	10	10	螺杆全丝扣	M20×50
螺　栓	8	8		M20×70(头部厚 13)
螺　栓	16	16		M20×90
螺　母	34	34		M20
弹簧垫圈	34	34		M20
垫　圈	16	16		外径 40,孔径 20
基础角钢	2	2	扁钢 $\frac{125\times80\times10}{A3}$	80×125×10×3 800
短基础角钢	2	2	扁钢 $\frac{125\times80\times10}{A3}$	80×125×10×2 190
拉　带	3	3	扁钢 $\frac{50\times50\times5}{A3}$	50×50×5×660
连接角钢	1	1	扁钢 $\frac{75\times75\times8}{A3}$	75×75×8×3 252
密贴调整杆	2	2	钢 A3	2 300×36(丝扣长 400)
表示杆	2	2		
木螺钉	12	12		20×120

c. 角形铁安装

活动心轨的两侧在第一连接杆处里外均是直股,这对确定角形铁安装位置是有利的。两根基础角钢的角形铁可连成一个长方形,采用测它们的对角线距离是否相等的方法,可校核两根基础角钢是否方正。用方尺或吊线方法,可以复核同一基础角钢四个角形铁与基本轨的固定眼孔中心是否在同一直线上,同时复核同一基本轨上两角形铁间距是否相同。这样反复测量复核,可保证基础角钢的方正和顺利安装。

确定活动心轨角形铁位置的方法与上述几种道岔相似。将两根第一连接杆的中心线画在四根直股轨面上,它们之间的距离应为 1 212mm。两中心线各向反方向量出449 mm,在四根直股轨面上得到的另两条直线,即为两基础角钢的中心线,也就是它们的角形铁安装位置。两条基础角钢中心线的间距为 2 110mm。但是,有时第一连接杆中心线与基本轨直股垂直线有偏斜量,并且两根第一连接杆的偏斜量或偏斜方向不同,这时要工务处理使道岔方正是困难的。遇此,可以首先用方尺划出道岔的横向中心线,向各侧分别量出 1055mm 来确定基础角钢安装位置。角形铁安装位置确定后的号眼、钻孔、安装方法与前相同,不再重复。

d. 基础角钢安装

活动心轨电动转辙机使用的基础角钢长约 3 800 mm,从图 5－46 上来看两基础角钢的眼孔距离完全相同。但实际上由于材质和道岔铺设关系仍有所差异,必须逐根逐段地进行仔细测量和记录,分别预制,对号入座,否则是不能保证顺利安装的。号眼、钻孔的方法也与前相同,仅是眼孔距离不相同而已。

e. 短基础角钢及转辙机安装

交分道岔活动心轨处需对向安装两只转辙机,故它们的短基础角钢较长,约 220 mm。短基础角钢与其他转辙机短基础角钢相比,增设了三根 50 mm×50 mm×5 mm 的斜拉带小角钢,以增加短基础角钢的机械强度,这些眼孔可以预先钻好。

按图将两转辙机抬放在短基础角钢上,确定安装位置及号眼、钻孔。由于两根第一连接杆一般都有不同程度以至不同方向的偏斜量,为了保证转辙机动作杆与第一连接杆的平行,采用实地号眼钻孔的方法效果较好。在第一连接杆没有偏斜量或偏斜量很小时,也可预先钻好两台转辙机的固定眼孔,一次完成安装。安装方法与上两种转辙机相同。

f. 尖轨密贴调整杆、表示杆安装

活动心轨无法安装尖端杆,故尖轨密贴调整杆、表示杆的安装方法与 ZD6 型电动转辙机相同。

g. 连接角钢的安装

因为基础角钢较长,跨度较大,故增设一根规格为 75 mm×75 mm×8 mm 的连接角钢。其安装测量、号眼、钻孔、安装方法与双转辙器道岔相同,只是与轨枕的固定螺栓较多。

(8)18 号道岔 ZD6 型电动转辙机的安装

以电号 9074 安装图为例,介绍 ZD6 型电动转辙机安装于 18 号道岔(50 kg/m 钢轨 12.5 m 夹轨转辙器)的方法。

①18 号道岔电动转辙机使用材料见表 5－10 所列。

表 5－10　18 号道岔电动转辙机使用材料表

名　称	数量	规　格(mm)	名　称	数量	规　格(mm)
GL 型连接杆	1		钢管	6	
GTM 型密贴调整杆	1		导管导轮基础	3	
GA 型尖端杆	1		导管导轮	1	
基础角钢	1		导管导轮	2	
直角拐肘	2		直线螺扣接杆	1	
螺栓	8	M18×70	GTM 型密贴调整杆	1	
螺母	8	M18	基础角钢	1	
垫圈	8	18	螺栓	4	M20×80
直线普通接杆	1		螺母	4	M20
铆钉	4	6×42	垫圈	4	20

②18 号道岔电动转辙机安装尺寸,如图 5－47 所示。

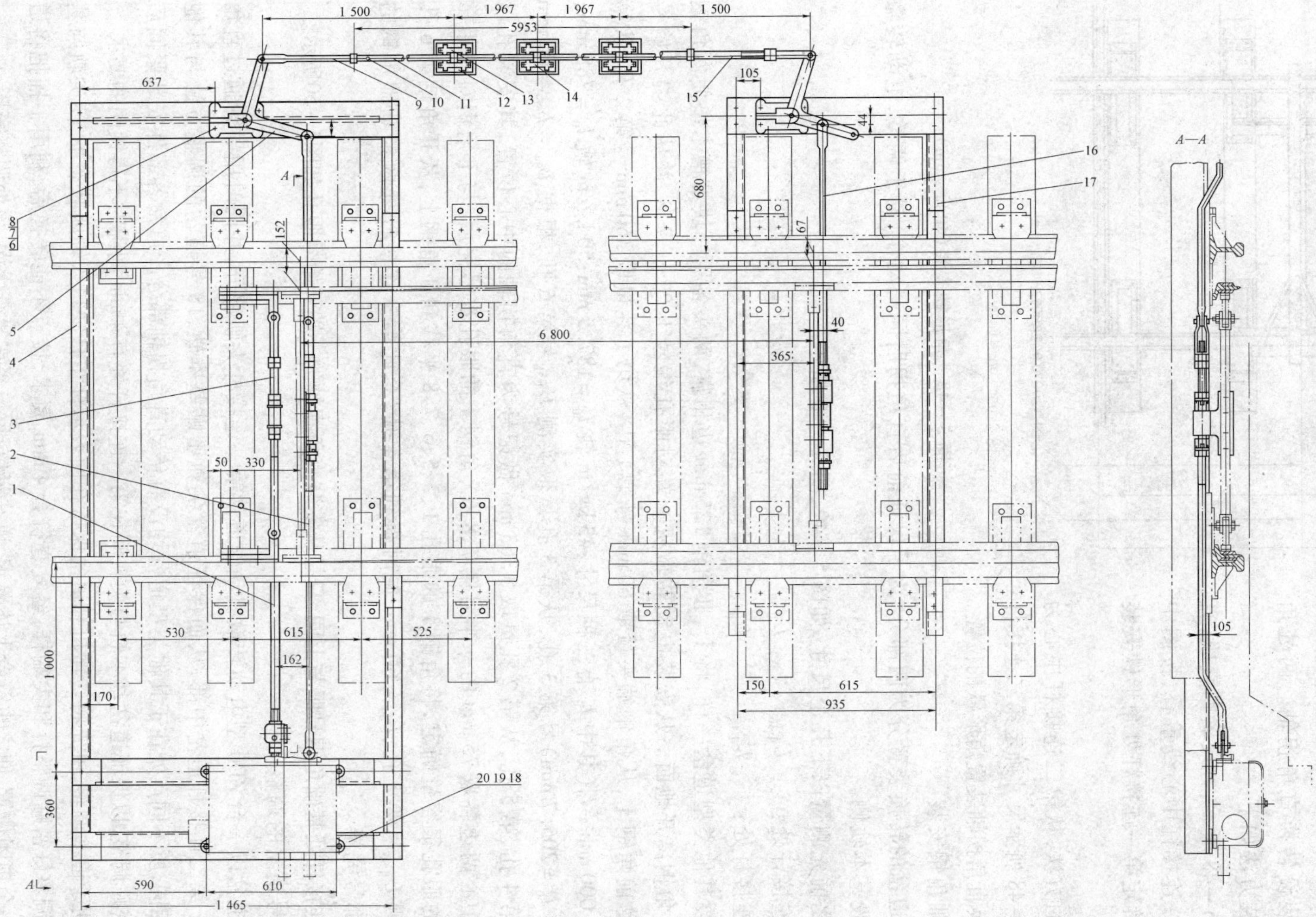

图 5－47　ZD6 型电动转辙机安装图（适用于 50 kg/m 钢轨 12. 5 m 尖轨转辙器）

1—GL 型连接杆；2—GTM 密贴调整杆；3—GA 型尖端杆；4—基础角钢；5—直角拐肘；6—螺栓；7—螺母；8—垫圈；9—直线普通连杆；10—铆钉；11—钢管；12—导管导轮基础；13—导管导轮；14—导管导轮；15—直线螺扣接杆；16—GTM 型密贴调整杆；17—基础角钢；18—螺栓；19—螺母；20—垫圈。

③角形铁安装

以电号 9074 安装图为例，18 号道岔的转辙装置在第一连接杆处一侧安装电动转辙机，另一侧安装拐轴，第二连接杆处装设转换直角拐轴。两处角形铁的安装方法如下：

如图 5－48 所示，方尺紧贴直股，直臂边与第一连接杆中心线重叠，按图中所标尺寸确定第一连接杆处角形铁安装位置。

同样的方法，从第二连接杆中心为准，按图 5－48 所示尺寸确定第二连接杆处安装转换直角拐轴装置角形铁的位置。

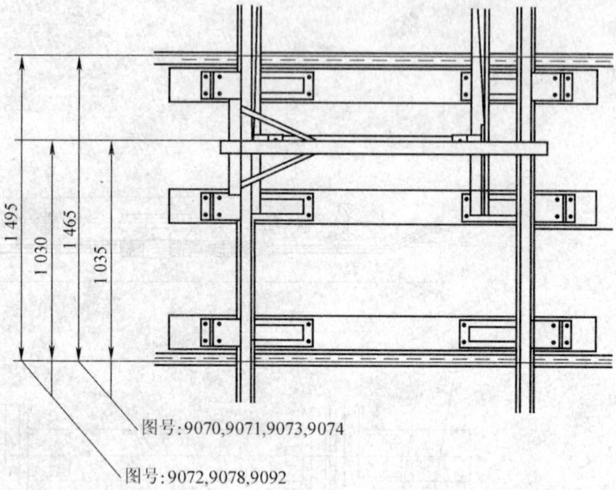

图 5－48　角形铁安装（单位：mm）

④基础角钢安装

18 号道岔的转换装置分为两部分，为了保证前后直角拐肘同一动作，易于调整，电动转辙机设在弯股基本轨侧。

号眼之前先测量以下几个尺寸，如图 5－49、图 5－50 所示。

第一连接杆处：　$L_{\text{I}36}$　　$L_{\text{II}36}$

第二连接杆处：　$L_{\text{I}14}$　　$L_{\text{II}14}$

与安装其他类型道岔一样，将Ⅰ、Ⅱ角钢 125 mm 边相靠，两头各用一块带槽木垫使两角钢竖边入槽，角钢离开地面。从安装电动转辙机一端对眼孔编号 1，2，…，7，8，并从此端开始号眼。先划岔前角钢Ⅰ，从角钢端头量取 60 mm 号第 1 孔，从第 1 孔量取 360 mm 号第 2 孔，从第 2 孔量取 1 000 mm $-l_0$（其中 l_0 有三种尺寸：43 kg/m 轨 $l_0=187.5$ mm；50 kg/m 轨 $l_0=788$ mm；60 kg/m 轨 $l_0=205.7$ mm）号第 3 孔，从第 3 孔量取实测 $L_{\text{I}36}$ 号第 6 孔，根据 $L_{34}=L_{56}=60$ mm 的关系号第 4 孔、第 5 孔，从第 2 孔量取 3 363 mm 做记号为直角拐轴的中心位置，其安装孔以此标记为中心两边各取 75 mm 的一半号第 7、8 孔，角钢Ⅰ的眼孔都号完后，与Ⅰ角钢对齐相靠的Ⅱ角钢的眼孔很容量确定，将角钢Ⅰ的眼孔 1、2、5、6、7、8 平移到Ⅱ角钢上，从Ⅱ角钢第 6 孔反向量实测 $L_{\text{II}36}$ 号第 3 孔，$L_{34}=60$ mm，同时得到第 4 孔，至此第一连接杆处两根基础角钢的所有眼孔都号完毕。

第二连接杆处基础角钢号眼与上同，只是从安装直角拐轴的一端开始号眼孔如图5－50所示。

⑤18 号道岔的调整

18 号道岔以一台 ZD6 型电动转辙机动作道岔第一连接杆尖轨部分，并同时用导管通过直角拐轴传动于第二连接杆道岔中部，从而保证道岔尖轨密贴基本轨，18 号道岔的调整方法与其他道岔基本相同，所不同点处在于其他类型道岔均没有传动直角拐轴部分。道岔各部件安装紧固后进行道岔密贴调整，以保证道岔基本轨与尖轨间在第一连接杆处有 4 mm 间隙时不得锁闭的要求。

为了便于道岔调整，可先将转辙机和道岔保持在使表示杆主杆缺口入锁闭状态下，使尖轨与基本轨密贴，调整好密贴调整杆和尖端杆，经复查符合 4 mm 要求，接点不能转换后，利用手摇把将道岔摇至另一个锁闭位置，使之也符合上述要求，道岔定位、反位多次复查无误，该处调整完毕。

对于第二连接杆的调整，首先不和道岔连接，先将两直角拐轴置于中央位置，调好其长短（导管），再调整第一连接杆处之密贴调整杆的固定异头弯，使直角拐轴反、定位走量平均，在

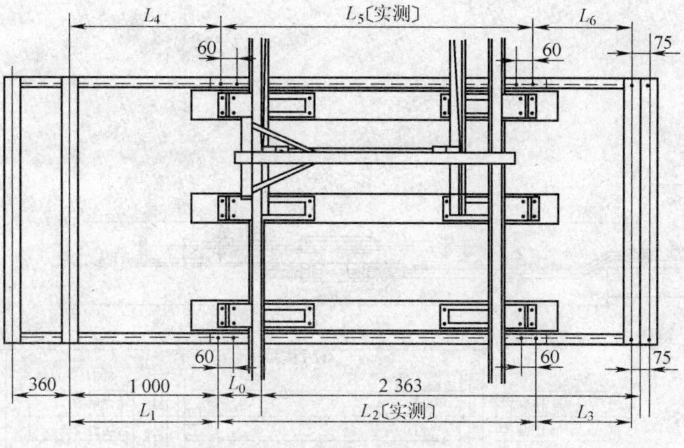

图 5-49　第一连接杆处基础角钢号眼(单位:mm)

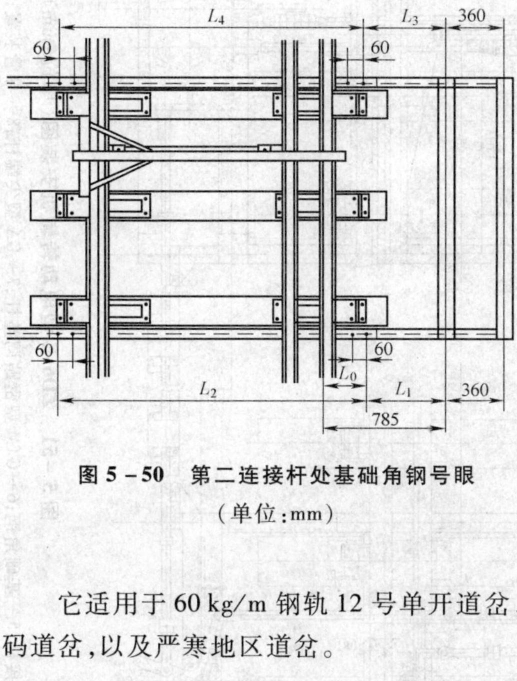

图 5-50　第二连接杆处基础角钢号眼(单位:mm)

末带动道岔(第二连接杆处)反、定位走量均等后,再连在一起调整其密贴,并检查 4 mm 要求。

第二连接杆处装有带弹簧轴套密贴调整杆,安装调整时,应使弹簧的压力数值接近于道岔转换阻力的数值,并需满足道岔密贴力的要求。弹簧轴套调整方法是这样的:装在道岔上的弹簧轴套在道岔密贴后,弹簧全压缩,此时可进行调整。关于导管部分可按图纸施工。

(9)牵引 AT 型道岔的 ZD6-E 型电动转辙机安装

①ZD6-E 型电动转辙机结构及用途

ZD6-E 型电动转辙机是在 ZD6-A、ZD6-B、ZD6-C 及 ZD6-D 型转辙机基础上发展的一种系列化产品。ZD6-E 型电动转辙机主要技术特性见表 5-11 所列。

它适用于 60 kg/m 钢轨 12 号单开道岔,用在重轨铁路正线上特种断面的尖轨道岔、大号码道岔,以及严寒地区道岔。

表 5-11　ZD6-E 型电动转辙机整机主要技术特性

额定负载(N)	5 884(600 kgf)			
最大允许负载(N)	10 591(1 080 kgf)			
额定直流电压(V)	160			
动作电流(A)	装用现场既有的现行 ZD6 电动机	≤2	装用改进的同体积的 ZD6 大功率电动机	≤3
动作时间(s)		≤9		≤6
摩擦电流(A)		2.6~2.9		3.9~4.2
动作杆动程(mm)	190+2			
表示杆动程(mm)	70~196			
主锁闭力(N)	49 033+3 266(5 000 kgf±333 kgf)			
副锁闭力(N)	>29 420(>3 000 kgf)			

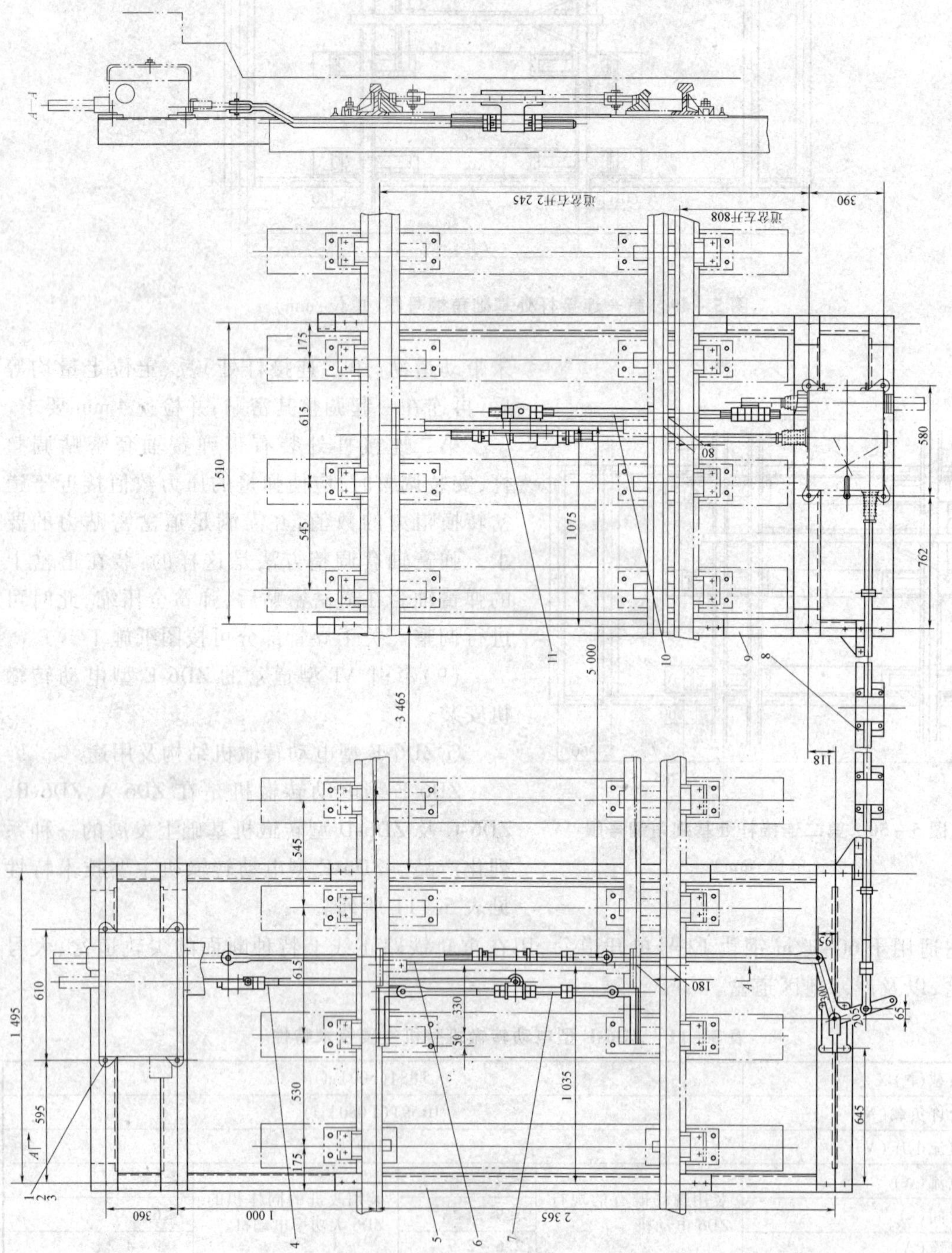

图 5－51　ZD6-E 型电动转辙机安装图（单位：mm）

1—螺栓；2—螺母；3—垫圈；4—GL 型连接杆；5—基础角钢；6—GTM 型密贴调整杆；7—GA 型尖端杆；8—导管装置；9—基础角钢；10—GL 型连接杆；11—GTM 型密贴调整杆。

②ZD6-E 型电动转辙机的安装

ZD6-E 型电动转辙机安装图见图 5－51 所示。

2. ZD(J)9 型电动转辙机安装

ZD(J)9 型电动转辙机具有转换力大、效率高等特点，既适用于多点牵引尖轨分动外锁闭装置道岔的转换，也可以用于尖轨联动内锁闭道岔的转换。

转辙机采用滚珠丝杠减速。电机采用三相交流 380 V 电源，因此电缆单芯控制距离长，交流电机比直流电机故障少。接点系统采用铍青铜静点组和铜钨合金动接点环。伸出杆件用镀铬防锈，伸出处用聚乙烯堵孔圈和油毛毡防尘圈支承和防尘。转动和滑动面均用 SF2 复合材料衬套和衬垫，因此转辙机的维护工作量小。停电或维护中需要手动转换时，可以转动手动开关轴，切断安全开关的接点后插入手摇把，就可以手动转换转辙机。

(1)结构和动作原理

转辙机的外形图如图 5－52 所示，结构如图 5－53 所示。转辙机由底壳 3、热涂锌的盖 5、电机及减速器 2、摩擦联接器 1、滚珠丝杠副 4、动作杆 6、左右锁闭杆(表示杆)7、接点组 8、安全开关组 11、挤脱器 10 和接线端子 9 等组成。

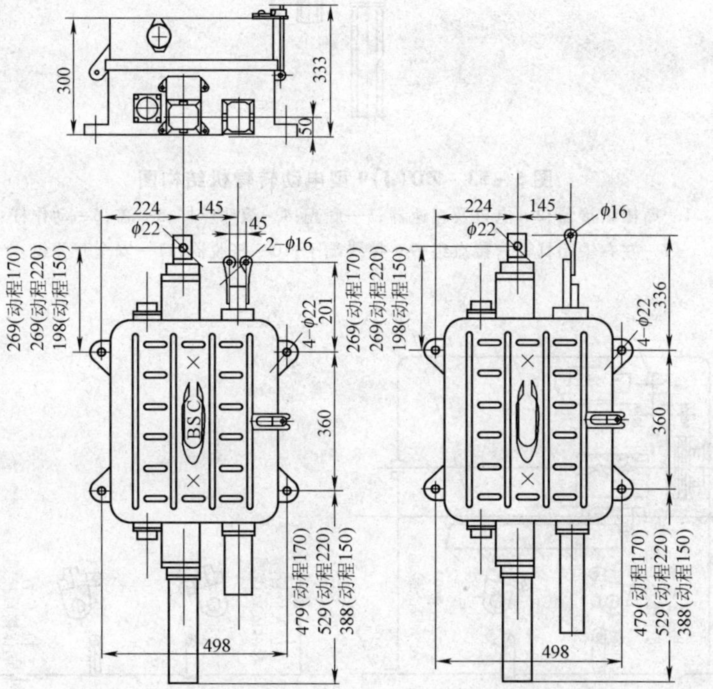

图 5－52　ZD(J)9 型电动转辙机外形图(单位：mm)

转辙机的传动原理如图5－54所示。电机 3 上装有减速器 2，电机的驱动力矩经减速器减速后传动摩擦联接器 1，摩擦联接器内两面烧结有铜基摩擦材料的内摩擦片，通过花键传动滚珠丝杠副的滚珠丝杠 5，将旋转运动转换成为滚珠丝杠母的直线运动。在滚珠丝杠母外套有推板 4，推动动作杆 10 上的锁块 6，在锁闭铁 7 的作用下，形成了转辙机的解锁、转换和锁闭动程。ZD(J)9 和 ZD(J)9-B、D 型的锁闭铁是通过挤脱器固定在底壳上，挤脱力为 28 kN ± 2 kN。ZD(J)9-A、C 型的锁闭铁则直接固定在底壳上。

ZD(J)9-A 和 B 型是用于两点牵引尖轨分动外锁闭装置的道岔。ZD(J)9-C 和 D 型是用于两点牵引尖轨联动的道岔。

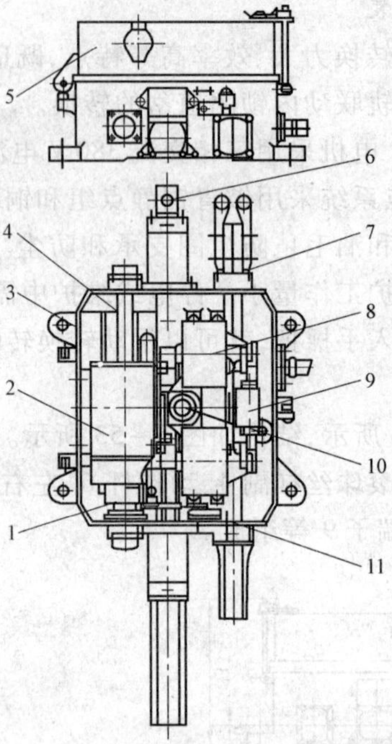

图 5-53 ZD(J)9 型电动转辙机结构图

1—摩擦联接器;2—电机及减速器;3—底壳;4—滚珠丝杠;5—盖;6—动作杆;7—左右锁闭杆;8—接点组;9—接线端子;10—挤脱器;11—安全开关组。

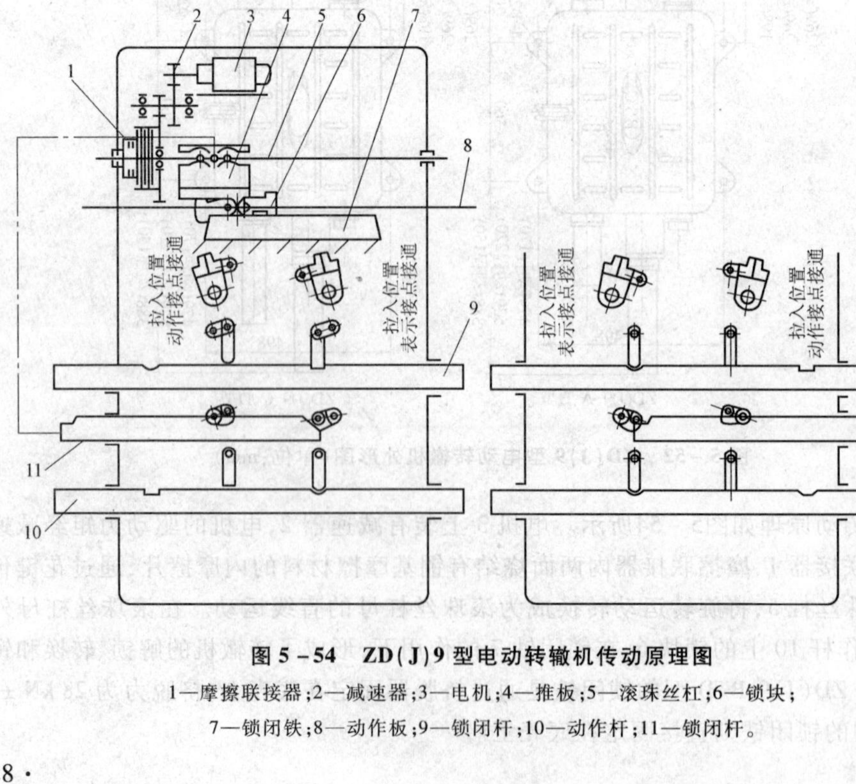

图 5-54 ZD(J)9 型电动转辙机传动原理图

1—摩擦联接器;2—减速器;3—电机;4—推板;5—滚珠丝杠;6—锁块;7—锁闭铁;8—动作板;9—锁闭杆;10—动作杆;11—锁闭杆。

在推板套上固定有动作板，动作板与动接点轴、启动片、速动片和弹簧的相互动作关系如图 5－55 所示。

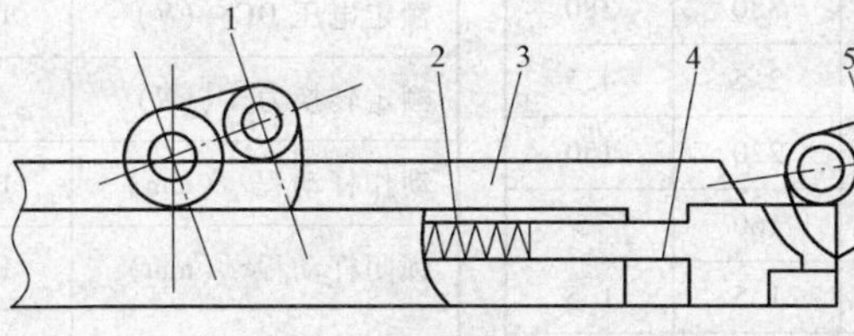

图 5－55　动作板、速动片和接点动作关系图

1—滚轮；2—弹簧；3—动作板；4—速动片；5—启动片；6—动接点轴。

ZD(J)9-A 和 B 型左右锁闭杆分别与两根尖轨相连，当一根锁闭杆通过锁闭柱将尖轨锁在机内时，在斥离尖轨上固定的另一根锁闭杆则成为挤岔表示杆，当挤岔时，通过斥离尖轨动作作为挤岔表示杆的锁闭杆上有斜面的缺口，推动检查柱断开表示接点，给出挤岔表示。而在锁闭位置的锁闭柱不动作，同时由于两根尖轨用拉杆连接在一起而同时转换，动作杆在超过挤脱力后就解锁，而处于锁闭位置的锁闭杆，由于安装装置的连接杆，当挤岔时就因变形而损坏。一根锁闭杆上的锁闭用的直缺口和挤岔表示用的斜缺口的距离与尖轨动程有关，只能适用于相应的尖轨动程，当超过此动程范围需另配该动程范围的锁闭杆。

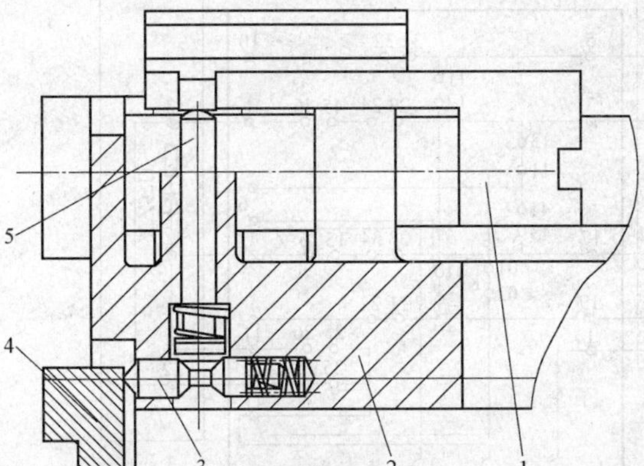

图 5－56　挤脱器中的锁闭铁与动接点支架的结构

1—动接点支架；2—接点座；3—水平顶杆；4—锁闭铁；5—竖顶杆。

挤岔时，当挤脱器中的锁闭铁在动作杆上的锁块作用下，脱开挤脱柱，在锁闭铁上的凹槽推动水平顶杆，水平顶杆推动竖顶杆，竖顶杆推动动接点支架，从而切断表示，非经人工恢复锁闭铁，不可能再接通表示。挤脱器中的锁闭铁与动接点支架的结构如图5－56所示。

在推板套与动作杆间有弹簧制动机构，转辙机在进入锁闭动程切断电机电源后，动作杆的侧斜面通过摩擦块压缩弹簧，从而将传动系统的惯性动作制动住。

ZD(J)9-A 和 C 型为两点牵引道岔第一牵引点用的不可挤型转辙机，故没有挤脱器，有动作杆的锁块锁闭和与密贴尖轨相连的锁闭杆锁闭。道岔的挤岔表示由 ZD(J)9-B 和 D 型转辙机给出。

ZD(J)9-B 和 D 型为两点牵引道岔第二牵引点用的转辙机，仅有动作杆的锁块锁闭，表示杆只有检查尖轨密贴和挤岔断表示的功能，在挤脱器内锁闭铁的锁闭和挤岔断表示的功能与 ZD(J)9 型转辙机相同。

(2)技术特性(见表 5－12、表 5－13)

(3)接点组和控制电路图

转辙机内接点组当采用静接点片和动接点环结构时，静接点片用铍青铜制造，动接点环用铜钨合金制造，以减少维护工作。

表 5－12 交流系列电动转辙机

型 号	ZDJ9	ZDJ9-A ZDJ9-C	ZDJ9-B ZDJ9-D
电源电压 AC 三相 (V)	380	380	380
额定转换力 (kN)	4	2.5	4.5
动作杆动程 (mm)	170	220	150
锁闭杆动程 (mm)	152	160	75
工作电流 (A)	1.5	1.5	1.5
动作时间 (s)	≤5.8	≤5.8	≤5.8
单线电阻 (Ω)	≤54	≤54	≤54
挤脱力 (kN)	28 ±2	—	28 ±2
摩擦力 (kN)	6 ±0.6	3.8 ±0.38	6.8 ±0.68
质量 (kg)	170	170	160

表 5－13 直流系列电动转辙机

型 号	ZD9	ZD9-A ZD9-C	ZD9-B ZD9-D
额定电压 DC (V)	160	160	160
额定转换力 (kN)	4	2.5	4.5
动作杆动程 (mm)	170	220	150
锁闭杆动程 (mm)	152	160	75
工作电流 (A)	2	2	2
动作时间 (s)	≤8	≤8	≤8
挤脱力 (kN)	28 ±2	—	28 ±2
摩擦力 (kN)	6 ±0.6	3.8 ±0.38	6.8 ±0.68
质量 (kg)	170	170	160

图 5－57 是 ZDJ9 型电动转辙机交流道岔控制电路图，左方为转辙机内部配线图，接点组采用静接点片和动接点环结构，电路中采用以下器件：

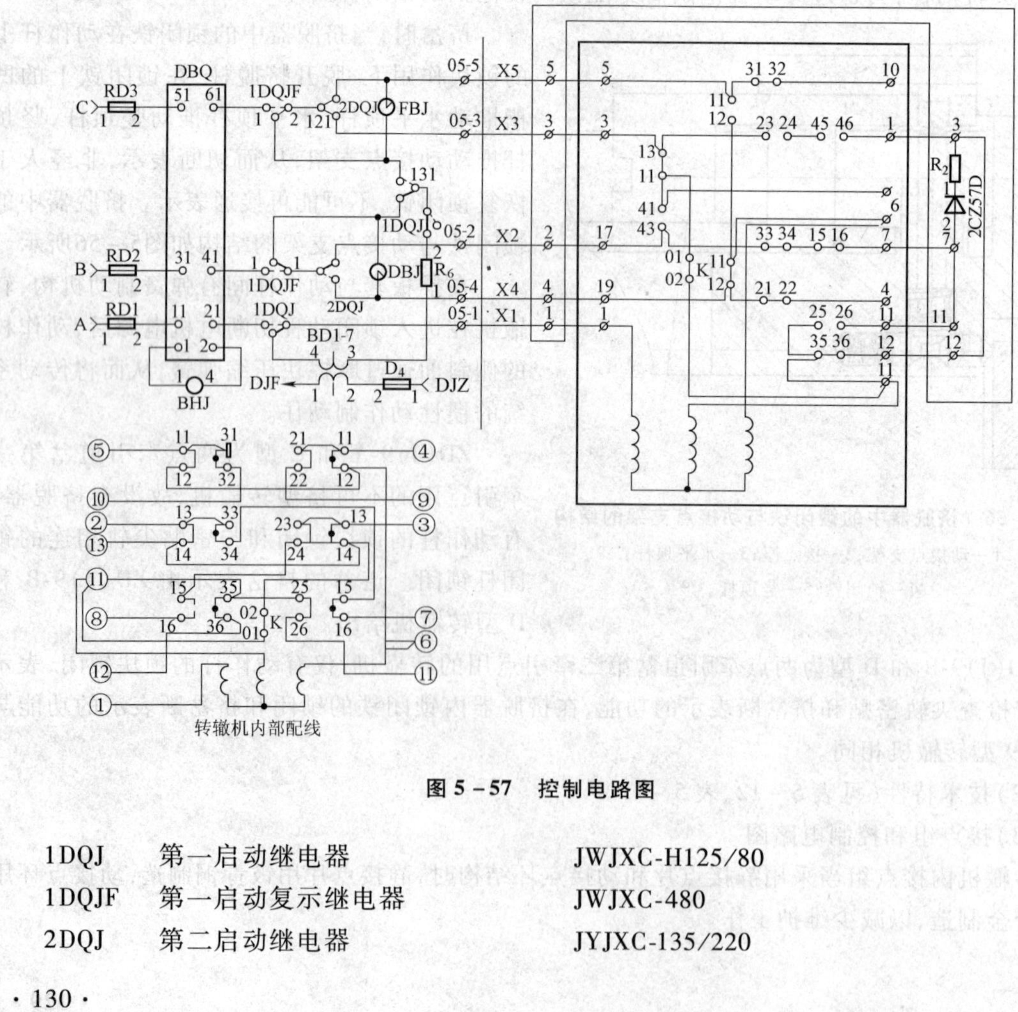

图 5－57 控制电路图

1DQJ	第一启动继电器	JWJXC-H125/80
1DQJF	第一启动复示继电器	JWJXC-480
2DQJ	第二启动继电器	JYJXC-135/220

DBJ 和 FBJ　　表示继电器　　JPXC-1000
TJ　　时间继电器　　JSBXC-850
BHJ　　保护继电器　　JWXC-1700
DBQ　　道岔保护器
BB　　表示变压器　　BD1-7

接线端子采用免维护的万可(WAGO)公司的 280-901 型端子,由于该接线端子的零件没有螺纹连接件,能抗振动和冲击,同时又损及导线,耐振动 X,Y,Z 方向可达2 000 Hz,100 g。

交流系列电动转辙机的机内配线采用 0.75 mm^2 氟 46 绝缘安装线,为 19 股线径0.23 mm 的多股软线,接线片与导线为压接方式。接线片共用 FOT 型线环 1-3(3 mm 端子用)和 1-5(5 mm端子用)两种,用 CQFOT 型 0.5～2.5 双痕周压手动压线钳压接。

直流系列电动转辙机的机内配线由施工单位负责,厂内不配线。

(4)安装方法

ZD(J)9 型电动转辙机在工厂装配是右伸结构,是在道岔左侧的安装方式。如果要在道岔右侧安装时,需要将转辙机的动作杆和锁闭杆的保护管、锁闭杆、毛毡防尘圈等更换方向,由于动作杆左右侧均有连接孔,因此动作杆不需要更换方向。在改装时,在底壳外的连接面为了防止进水,需要涂以密封胶。

ZD(J)9 型电动转辙机应按下列要求进行安装:

①转辙机在供给额定电源电压、输出额定转换力的条件下,滚珠丝杠应转动灵活,回珠无卡阻,丝杠母两端密封良好。

②交、直流电动转辙机的摩擦转换力调整到规定值,道岔正常转换时,摩擦联接器不空转,摩擦联接作用良好;道岔尖轨因故不能转换到位时,摩擦联接器应空转。直流电动转辙机的摩擦电流符合要求。

③自动开闭器绝缘座安装牢固、完整、无裂纹;动接点不松动,静接点应长短一致,相互对称,接点片不弯曲,不扭斜,辅助片作用良好。动接点在接点片内的接触深度不小于 4 mm。

④挤脱器挤脱力应调整为 28 kN ±2 kN。挤岔时,表示接点动接点环的断电距离大于1.5 mm。

⑤转辙机内滚珠丝杠副、动作杆、表示杆、齿轮组、锁闭铁、推板等均应保持润滑,润滑材料应采用规定润滑脂。

(5)表示缺口的调整

锁闭杆锁闭表示缺口与锁闭柱的间隙为每侧 2 mm,其调整量为 0～4 mm。第二牵引点用的 ZD(J)9-B 和 D 型表示杆内检查块与检查的间隙为每侧 4 mm,其调整量为0～8 mm,正常检查表示缺口与检查柱的间隙为每侧 2 mm,为了在第二牵引点因尖轨变形而允许在密贴时留有 4 mm 间隙也可以调整使用。

锁闭杆挤岔表示斜缺口与锁闭柱斜面间隙为每侧 18 mm,当在分动外锁闭道岔上使用,其适应尖轨动程为尖轨标准动程 ±18 mm。当在联动内锁闭道岔上使用,其左右锁闭杆或表示杆可以调整左右两杆锁闭缺口的相互位置,如 ZD6 型电动转辙机的表示杆那样,调整量为 ±20 mm,适应尖轨动程为尖轨标准动程 ±20 mm。

3. S700K 型交流电动转辙机安装

(1)S700K 型交流电动转辙机的组成、技术特性及分类

S700K 型交流电动转辙机的结构如图 5－58 所示。

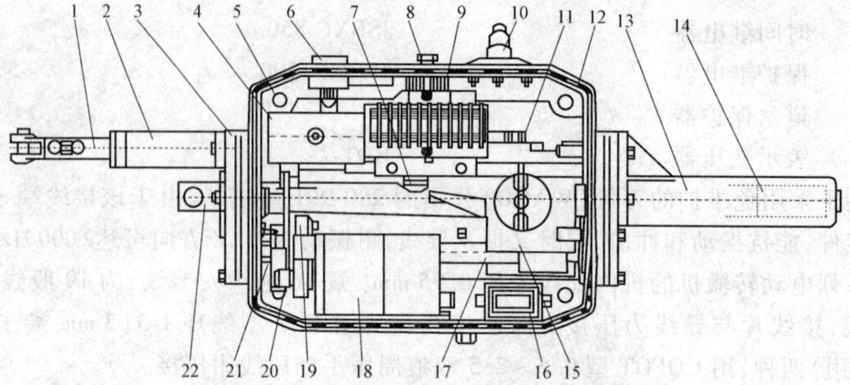

图 5-58 S700K 型交流电动转辙机结构图

1—检测杆;2—导向套筒;3—导向法兰;4—遮断开关;5—地脚孔;6—开关锁;7—锁闭块;8—接地螺栓;9—速动开关组;10—电缆密封装置;11—指示标;12—底壳;13—动作杆罩筒;14—止挡片;15—保持器;16—插座;17—滚珠丝杠;18—电机;19—摩擦联接器;20—摇把齿轮;21—连杆;22—动作杆。

(2)S700K 型电动转辙机主要技术特性见表 5-14。

S700K 型电动转辙机是一种规格齐全的电动转辙设备,它不仅能满足道岔尖轨、心轨的单机牵引,而且也能满足双机、多机牵引的需要。它的机身是通用的,经配件组装,可组成表 5-14 中的六个类型。也可根据具体需要重新组合成新的类型。

根据安装方式的不同,每一种类又分为左装和右装两种。对尖轨或心轨时,转辙机安装在左侧的称为左装;安装在右侧的称为右装。左装的转辙机型号用字母 A 加上奇数数码表示,如 A9、A15;右装的转辙机型号用字母 A 加上偶数数码表示,如 A6、A16 等。同是 S700K 型电动转辙机,不同的种类是不能通用的,在安装时必须注意。

表 5-14 S700K 型电动转辙机主要技术特性

代号(左/右装)	型号	动程(mm)	道岔动程(mm)	转换力(N)	工作电压(V)	动作电流(单线电阻 54 Ω)(A)	转换时间(s)	挤切力(kN)
A3/A4	240/180	240	180	6 000	380	≤2	≤7.2	不可挤
A5/A6	220/96	220	96	6 000	380	≤2	≤6.6	
A7/A8	220/160	220	160	6 000	380	≤2	≤6.6	
A9/A10	220/117	220	117	6 000	380	≤2	≤6.6	
A13/A14	220/160	220	160	2 000	380	≤2	≤6.6	
A15/A16	150/75	150	75	5 000	380	≤2	≤6.6	≤24

从表 5-14 可看出,S700K 电动转辙机分为可挤型和不可挤型。可挤型装置是指保持联接器利用其内部弹簧的压力将滚珠丝杠与动作杆连接在一起,可将弹簧的挤切阻力分别设定为 9 kN、16 kN、24 kN、30 kN 等,当道岔的挤切阻力超过弹簧设定的压力时,动作杆滑脱,即可实现挤岔保护整机的作用。不可挤型转辙机是工厂将保持联接器内部的弹簧取消,为硬连接结构,挤岔锁定力设为 90 kN,当道岔的挤切阻力超过 90 kN,挤坏硬连接结构的保持联接器,现场

需整机更换送回工厂修理。

(3) S700K 交流电动转辙机电气接点排列

S700K 交流电动转辙机内有三种电气接点:插接件、开闭器接点、遮断开关(如图 5-59 所示)。插接件上有六排插头,从机壳向内依次排列,每列从右向左依次排列共 42 个插接头。

开闭器接点上下分两层,如图 5-60 所示,下面一层两个端子为一组接点,上面一层两个端子为一组接点,如 11-1 和 12-1 为一组接点,21-1 和 22-2 为一组接点。

遮断开关共 8 组接点,从左向右依次排列。

S700K 电动转辙机内部配线如图 5-61 所示。

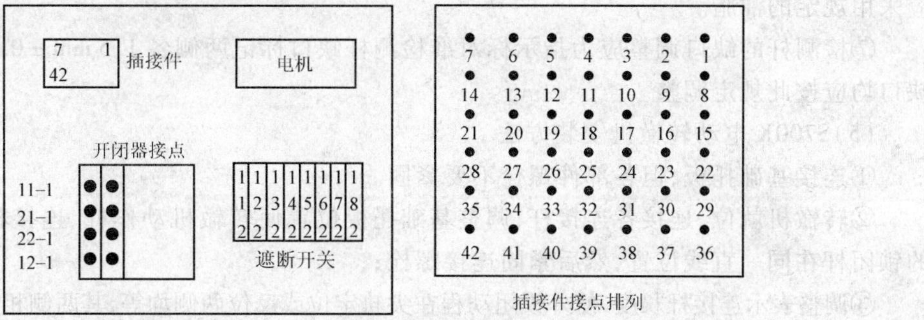

图 5-59　各种接点示意图

11-1	11-2	13-1	13-2	15-1	17-1	41-1	42-2	43-1	44-2	45-1	47-1
21-1	21-2	23-1	23-2	25-1	27-1	31-1	32-2	33-1	34-2	35-1	37-1
22-1	22-2	24-1	24-2	26-1	28-1	32-1	31-2	34-1	33-2	36-1	38-1
12-1	12-2	14-1	14-2	16-1	18-1	42-1	41-2	44-1	43-2	46-1	48-1

图 5-60　接点排列图

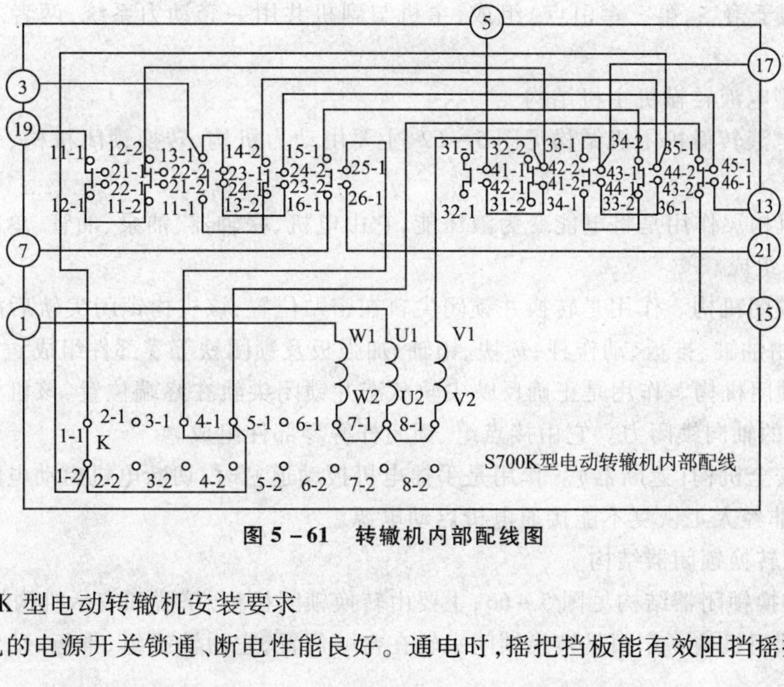

图 5-61　转辙机内部配线图

(4) S700K 型电动转辙机安装要求

①转辙机的电源开关锁通、断电性能良好。通电时,摇把挡板能有效阻挡摇把插入摇把齿

轮；当切断开关时，摇把能顺利插入摇把齿轮。电源一旦被切断，非经人工恢复不得接通电路；摇把齿轮的轴用挡圈无脱落现象。

②正常转换道岔时，滚珠丝杠动作平稳无噪声，摩擦联接器作用良好。

③转辙机上下两检测杆无张嘴和左右偏移现象，检测杆头部的叉形连接头销孔的旷量不大于 1 mm。

④速动开关通、断电作用良好。

⑤转辙机动作电流不大于 2 A(54 Ω)，道岔因故不能转换到位时，电流一般不大于 3 A。

⑥转辙机内滚珠丝杆、动作杆、检测杆、齿轮组、锁闭块、操纵板等均应保持润滑，润滑材料应采用规定的油脂。

⑦检测杆的缺口调整应为指示标对准检测杆缺口标记两侧各 1.5 mm ± 0.5 mm。定、反位缺口均应按此规定调整。

(5)S700K 电动转辙机安装方法

①连接基础托板，但各部件螺栓不要紧固。

②转辙机就位，连接各连接杆，调整基础托板位置使转辙机动作杆、连接杆和外锁闭装置的锁闭杆在同一直线位置，然后紧固连接螺栓；

③调整表示连接杆长度，使外锁闭动程在尖轨定位或反位两侧均等，其两侧相差不超过 2 mm；

④调整表示连接杆连接铁，使转辙机表示杆缺口内两侧间隙相等；

⑤转辙机通常安装在正线一侧，检查与正线基本轨平行，其偏移量在转辙机外壳两端的距离内不大于 5 mm；

⑥电动操作转辙机，检查 4 mm 不锁闭；

⑦检查、紧固全部螺栓并防松，丝扣余量为 5 ~ 10 mm。

4. ZYJ7 型电液转辙机安装

(1)ZYJ7 型电液转辙机的结构

ZYJ7 型电液转辙机由 ZYJ7 型电液转辙机主机(用于第一牵引点)和 SH6 型转换锁闭器(亦称副机，用于第二、第三牵引点)组成，主机与副机共用一套动力系统，两者之间靠油管连接传输动力。

①ZYJ7 型电液转辙机主机结构

ZYJ7 型电液转辙机主机结构见图 5 - 62，主要由动力机构、转换锁闭机构、表示锁闭机构等组成。

a. 动力机构。作用是将电能变为液压能，它由电机、联轴器、油泵、油管、单向阀、滤芯、溢流阀及油箱等组成。

b. 转换锁闭机构。作用是转换并锁闭尖轨在密贴位置，该机构锁闭尖轨后能承受 100 kN 的轴向力，它由油缸、推板、动作杆、锁块、销轴、加强板及锁闭铁等零部件组成。

c. 表示锁闭机构。作用是正确反映尖轨状态并锁闭尖轨在终端位置，该机构锁闭尖轨后能承受 30 kN 的轴向锁闭力。它由接点组、锁闭杆等零部件组成。

d. 手动安全机构(遮断器)。作用是手摇电机扳动道岔时，切断电机启动电源后才能够插入手摇把，且非经人工恢复不能接通电机启动电源。

②SH6 型转换锁闭器结构

SH6 型转换锁闭器结构见图 5 - 63，主要由转换锁闭机构、挤脱和表示机构等组成。

a. 转换锁闭机构。作用是转换锁闭尖轨在密贴位置，它由油缸组、推板、动作杆、锁块、销

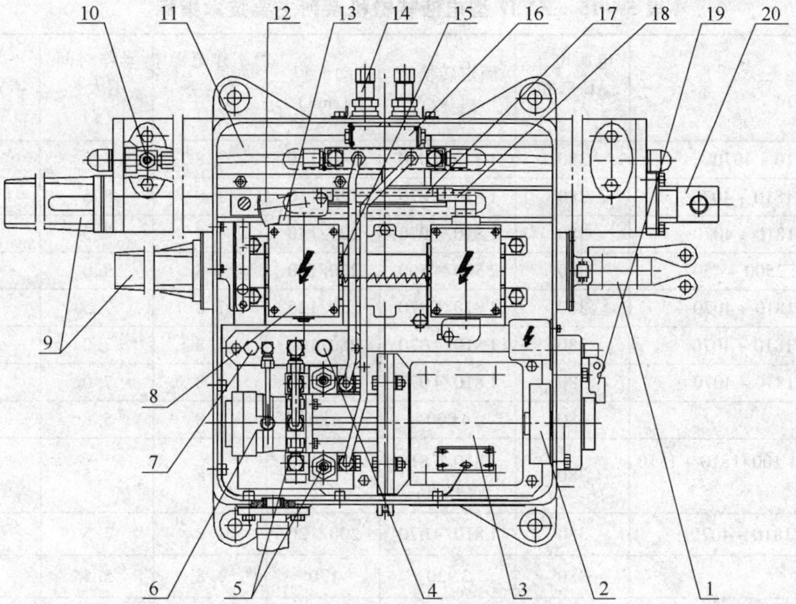

图 5－62　ZJY7 型电液转辙机主机结构示意图

1—锁闭杆组；2—惯性轮；3—电机；4—注油孔；5—溢流阀；6—油泵；7—油标；8—接点组；9—保护管；10—一动调节阀；11—油缸组；12—锁块；13—锁闭块；14—二动调节阀；15—锁闭柱；16—辅助缸组；17—动作板；18—滚轮；19—遮断器；20—动作杆组。

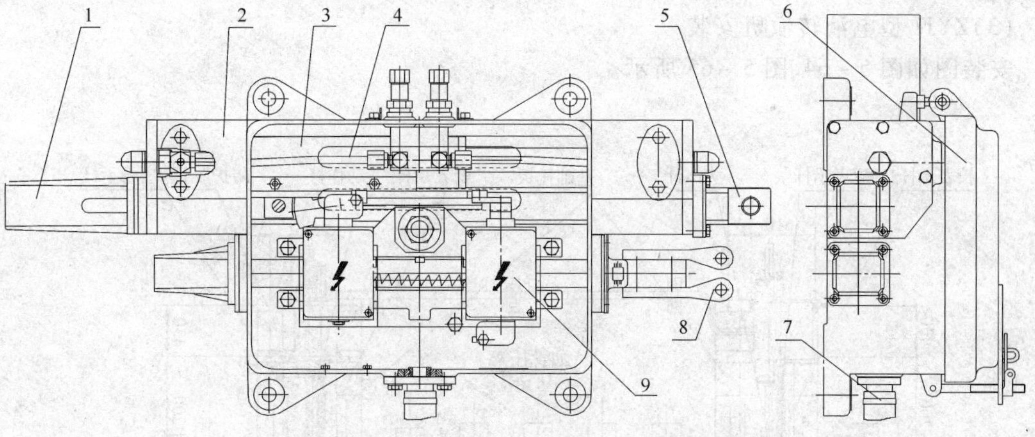

图 5－63　SH6 型转换锁闭器结构示意图

1—保护管；2—底壳；3—油缸；4—油缸油管；5—动作杆；6—盖；7—引线管；8—表示杆；9—接脱接点组。

轴、加强板及锁闭铁等零部件组成。

b. 挤脱机构。作用是定力固定锁闭铁，具有挤岔时传递给表示机构动程的功能。它由挤脱座、压力弹簧等部件组成。

c. 表示机构。作用是正确反映尖轨状态，具兼有挤岔状态表示的功能。它由接点组、表示杆组等零部件组成。

(2)型号、规格及主要技术指标(见表 5－15)

表 5－15 ZYJ7 型电液转辙机系列主要技术指标

型　　号	电源电压 AC 三相 (V)	额定转换力 (N)	动　程 (mm)	工作电源不大于 (s)	动作时间不大于 (s)	单线电阻不大于 (Ω)
ZYJ7-240＋140/1810＋4070	380	1 810/4 070	240/120	1.8	8.5	54
ZYJ7-A 220＋150/1810＋4070	380	1 810/4 070	220/150	1.8	8.5	54
ZYJ7-B 220＋140/1810＋4070	380	1 810/4 070	220/140	1.8	7.5	54
ZYJ7-B1 220＋120/2500＋4500	380	2 500/4 500	220/120	1.8	9.0	54
ZYJ7-C 220＋125/1810＋4070	380	1 810/4 070	220/125	1.8	7.5	54
ZYJ7-D 200＋100/1810＋4070	380	1 810/4 070	200/100	1.8	7.0	54
ZYJ7-E 180＋120/1810＋4070	380	1 810/4 070	180/120	1.8	7.0	54
ZYJ7-F 180/4000	380	4 000	180	1.8	5.8	54
ZYJ7-G 220＋170＋100/1810＋1810＋4070	380	1 810/1 810/4 070	220/170/100	1.8	9.5	54
ZYJ7-H 200＋120/1810＋4070	380	1 810/4 070	200/120	1.8	7.5	54
ZYJ7-J 170/3920	380	3 920	170	1.8	5.5	54
ZYJ7-K 130/3920	380	3 920	130	1.8	4.5	54
ZYJ7-L 220/2940	380	2 940	220	1.8	7.5	54
ZYJ7-M 150/4900	380	4 900	150	1.8	7.5	54

ZYJ7 型转辙机主要用于提速区段，直流系列（ZY7-B1 220＋120/2 500－4 500）只在特殊区段的道岔上应用。

（3）ZYJ7 型电液转辙机安装

安装图如图 5－64、图 5－65 所示。

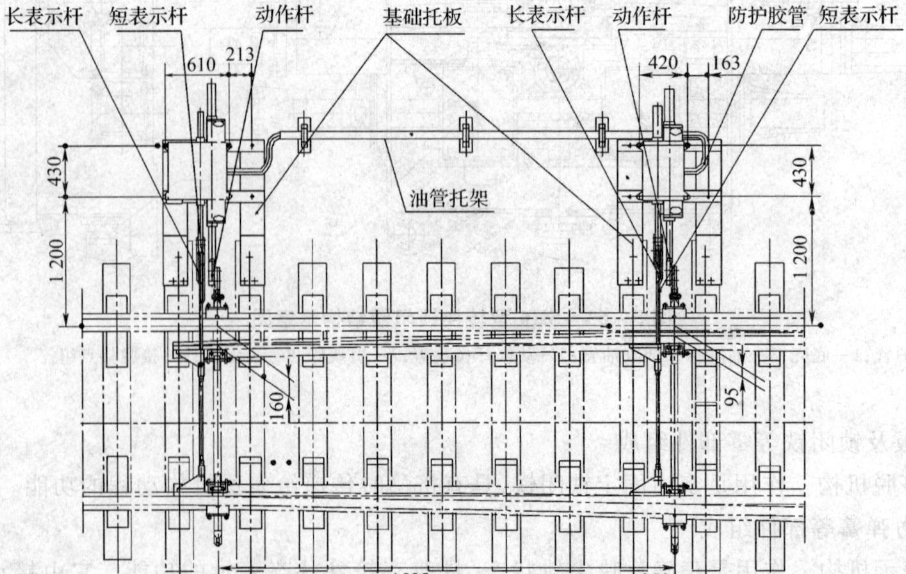

图 5－64 ZYJ7 型电液转辙机安装图（单位：mm）

图 5－64 为 ZYJ7 型电液转撤机在 60 kg/m 的钢轨 12 号快速单开道岔上的安装。图 5－65 为 ZYJ7 型电液转辙机车 60 kg/m 钢轨 18 号单开道岔可动心辙岔的安装。

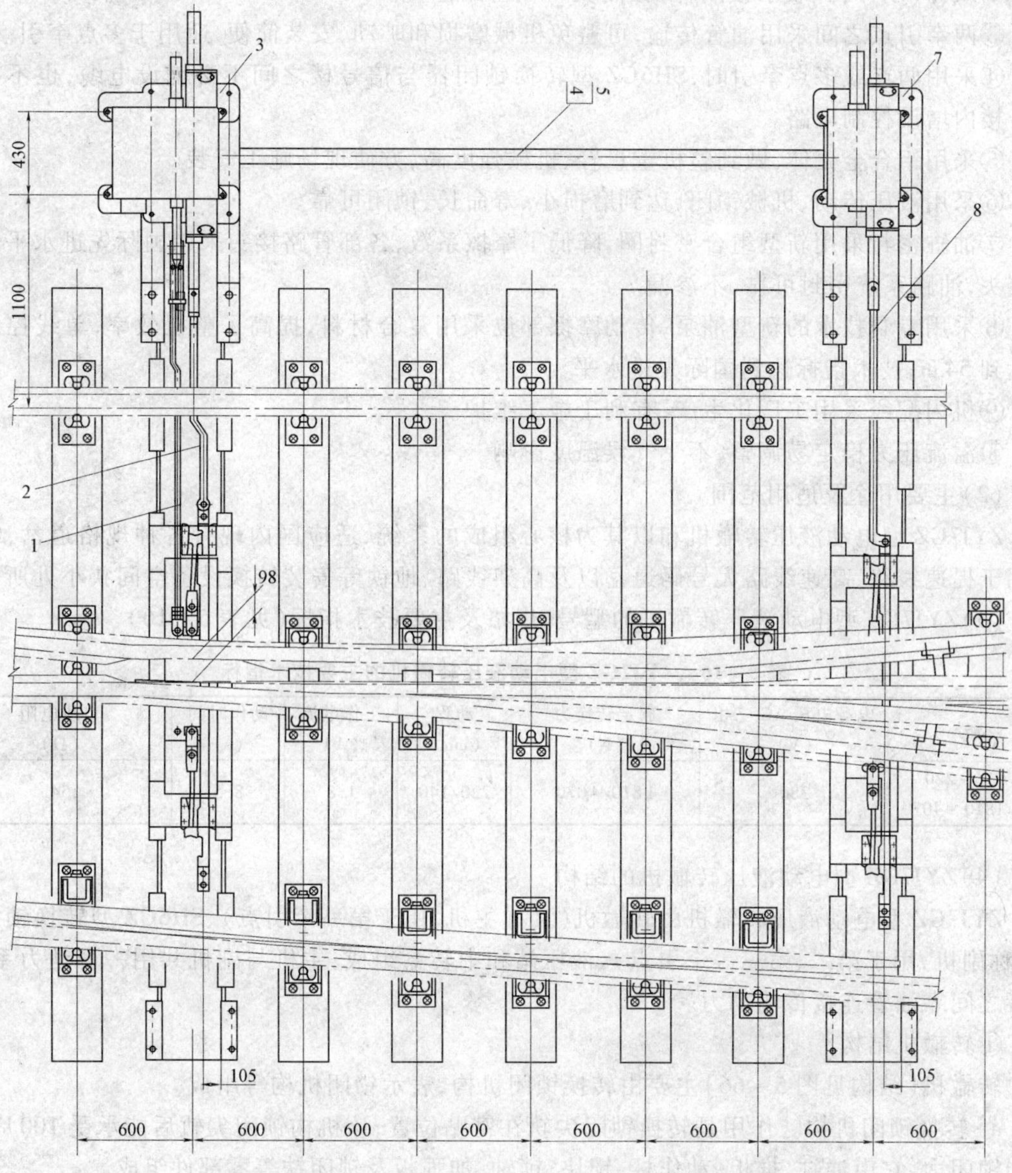

图 5－65　ZYJ7 型电液转辙机在可动心辙岔处安装图

1—表示杆；2—弯动作连接杆；3—ZYJ7 电液转辙机；4—基础弯板；
5—防护槽钢；6—SH6 型转换锁闭器；7—基础；8—弯头动作杆。

5. ZYJ7GZ 型轨枕式电动液压转辙机安装调试

ZYJ7GZ 型电动液压转辙机，是为满足我国提速、高速线路需要而研制的新型道岔转换系统。它能适应于国内现有各种规格、型号道岔。

(1) ZYJ7GZ 型转辙机的特点

①ZYJ7GZ 型电液转辙机是在 ZYJ7 的基础上改进的新型电液转辙机。整套系统继承了 ZYJ7 的优点，并将转辙机和转换锁闭器安装在两基本轨的中间钢枕内，大大改善了道岔区段

的轨道动力学性能,液压站和中转盒分别安装在钢枕的头部。其中,液压站也可下道安装;整套系统重量轻、安装简便灵活、易于维护,不妨碍工务养护。

②双杆(动作杆、表示锁闭杆)锁闭尖轨在密贴位置。

③两牵引点之间采用油管传输,可避免机械磨损和旷动,安装简便,适用于多点牵引。

④采用两点或多点牵引时,SH6GZ 型转换锁闭器与信号楼之间不必铺设电缆,也不必在信号楼内增设控制电路。

⑤采用铝合金壳体,做到整机重量轻、机械强度高,方便现场施工安装。

⑥采用液压传动、机械锁闭,达到磨损小、寿命长、锁闭可靠。

⑦油缸密封采用新型组合密封圈,降低了摩擦系数,各部管路接头采用国际先进水平的液压接头,油路系统密封可靠,不渗漏。

⑧采用专利技术的新型油泵,传动摩擦部位采用复合材料,提高了整机效率,单线控制距离达到 54 m,技术指标达到国际先进水平。

⑨机内配线采用工厂化生产,有利于施工维护。

⑩溢流压力稳定易调整,不受气候温度影响。

(2)主要用途及适用范围

ZYJ7GZ 型电动液压转辙机和以其为核心组成的系统,适应国内现有各种规格道岔,特别适用于提速线路、高速线路大号码道岔以及高架线路、地铁等安装转换设备空间狭小处所。

(3)ZYJ7GZ 型电动液压转辙机的型号、规格及主要技术指标(见表 5－16)

表 5－16 ZYJ7GZ 型电动液压转辙机的主要技术指标

型号	电源电压 AC 三相(V)	额定转换力(N)	动程(mm)	工作电流(A)	动作时间(s)	单线电阻(Ω)
ZYJ7GZ－220＋140/1810＋4070	380	1810/4070	220/140	1.8	8.5	54

(4)ZYJ7GZ 型电动液压转辙机的结构

ZYJ7GZ 型电动液压转辙机由转辙机(又称主机,用于第一牵引点)、SH6GZ 型转换锁闭器(又称副机,用于第二、第三等牵引点)、液压站和中转盒组成,主机与副机共用一套动力系统,两者之间靠油管连接传输动力。

①转辙机结构

转辙机(结构见图 5－66)主要由转换锁闭机构,表示锁闭机构等组成。

a. 转换锁闭机构。作用是转换锁闭尖轨在密贴位置,该机构锁闭尖轨后能承受 100 kN 的轴向锁闭力,它由油缸、推板、动作杆、锁块、锁轴、加强板及锁闭铁等零部件组成。

b. 表示锁闭机构。作用是正确反映尖轨状态并锁闭尖轨在终端位置,该机构锁闭后尖轨能承受 30 kN 的轴向锁闭力。它由接点组、锁闭杆等零部件组成。

c. 手动安全机构

手动安全机构的作用是(打开液压站内两腔溢流阀)手摇手扳轴扳动道岔。

②液压动力机构(液压站)

a. 动力结构(结构见图 5－67)。作用是将电能变为液压能。动力机构由电机、联轴器、油泵、油管、单向阀、滤芯、溢流阀及油箱等组成。

b. 手动安全机构。作用是手摇电机扳动道岔时,切断电机启动电源后,才能够插入手摇把,且非经人工恢复,不能接通电机启动电源。

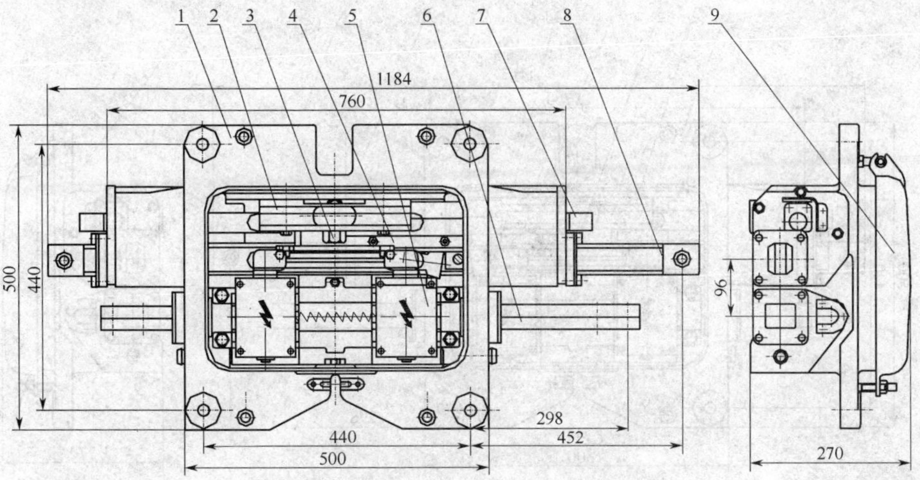

图 5-66　ZYJ7GZ 型转辙机结构示意图（单位:mm）

1—底壳;2—手摇齿轮组;3—手扳轴;4—油缸;5—接点组;
6—锁闭杆组;7—自封接头;8—动作杆组;9—盖。

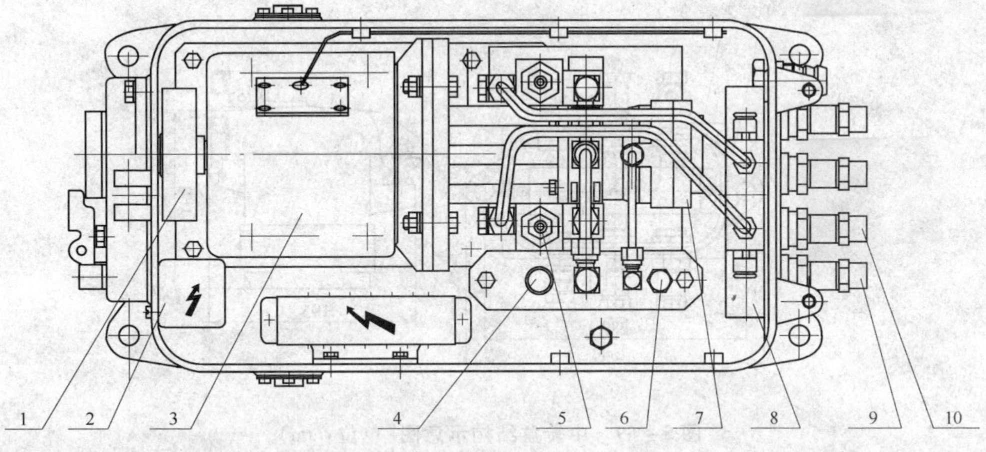

图 5-67　液压站结构示意图

1—惯性轮;2—遮断器;3—电机;4—注油孔;5—溢流阀;
6—油标;7—油泵;8—空动缸组;9—动调节阀;10—二动调节阀。

③SH6GZ 型转换锁闭器结构

SH6GZ 型转换锁闭器(结构见图 5-68)主要由转换锁闭机构、挤脱和表示机构等组成。

a. 转换锁闭机构。作用是转换锁闭尖轨在密贴位置,它由油缸组、推板、动作杆、锁块、销轴、加强板及锁闭铁等零部件组成。

b. 挤脱机构。作用和组成同 SH6 型。

c. 表示机构。作用和组成同 SH6 型。

④中转盒

中转盒(结构见图 5-69)主要功能是连接转辙机、液压站及转换锁闭器油管和配线,方便用户拆装转换设备。

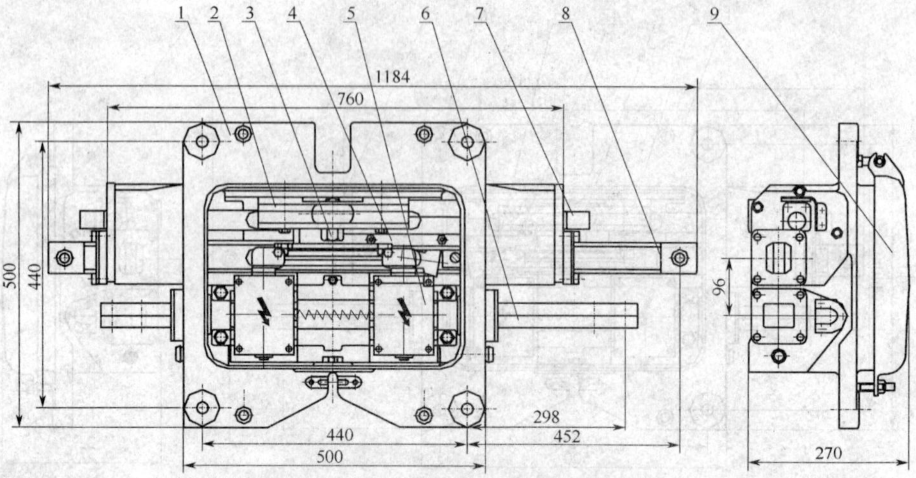

图 5－68　SH6GZ 型转换机锁闭器结构示意图(单位:mm)

1—底壳;2—手摇齿轮组;3—手扳轴;4—油缸;5—挤脱器;
6—表示杆组;7—自封接头;8—动作杆组;9—盖;10—接点组。

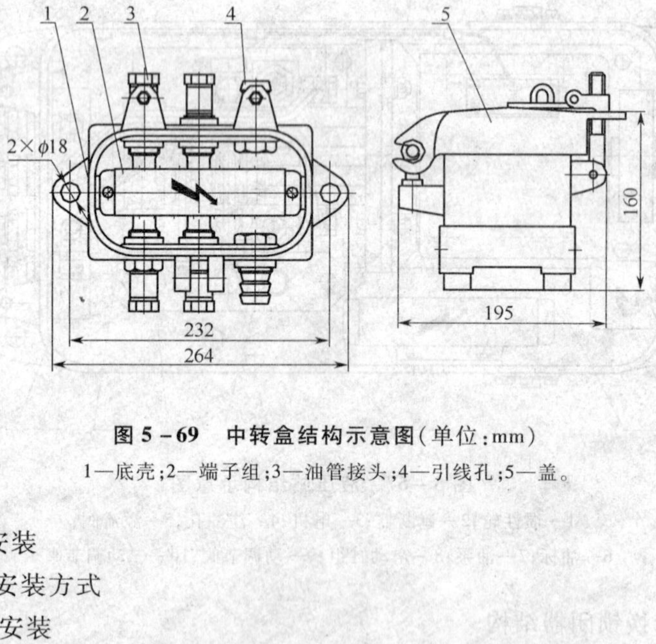

图 5－69　中转盒结构示意图(单位:mm)

1—底壳;2—端子组;3—油管接头;4—引线孔;5—盖。

(5)转辙机的安装

①两种基本的安装方式

a. 轨枕弯板式安装

图 5－70 是一组 ZYJ7 型电液转辙机通过弯板安装在轨枕上的实例。从图可以看出,钢轨用弹条扣件固定,滑床板用螺栓与混凝土轨枕固定,钢轨的位置是固定的。基础弯板又通过螺栓与混凝土轨枕固定,转辙机再固定在弯板上,所有这些连接都不会因为列车通过产生的振动、冲击以及腐蚀而造成松动,因此转辙机与基本轨的相对距离是稳定的。这种安装方式的最大优点是,列车驶过产生的振动、冲击要通过滑床板和轨枕一次缓冲,然后又通过弯板一次缓冲,作用到转辙机上的振动、冲击值大大减少,从而增强了转辙机工作稳定性,提高了转辙机的使用寿命。在电液道岔转换系统中,除转辙机外,还有转换锁闭器也用同样的方法安装。

b. 在钢枕上安装

图 5－71 是 12 号提速道岔使用电液转辙机及转换锁闭器安装在钢枕中的安装图。图中第一牵引点采用 ZYJ7 型转辙机,第二牵引点采用 SH6 型转换锁闭器,两牵引点之间用油管相连,油管采用槽钢防护。

图 5－70　轨枕弯板安装图

将图 5－70 和图 5－71 两种方式比较,安装在轨枕上的方式,牵引点处轨枕空当中布置若干连杆,不利于线路捣固和使用大型养路机械。使用钢枕方案时,转换设备的杆件均在钢枕中,不影响线路捣固,有利于作用大型养路机械。

图 5－71　钢枕安装图

②几种提速道岔 ZYJ7 型电液转辙机的安装装置

提速系列道岔外锁闭及安装装置,是根据铁道部的决定而由铁道部提速道岔联合设计组研究设计的,已在中国铁路提速干线全面铺设使用。

a. 60 kg/m 钢轨 12 号提速道岔的安装

60 kg/m 钢轨 12 号单开道岔(图号:铁联线 002,006,010)及其转换设备,是在 60 kg/m 钢轨 18 号可动心轨辙叉单开道岔分动外锁闭转换设备的基础上开发研制的。它与 18 号分动外锁闭道岔的最大区别和特点在于采用钢枕。

图 5－72、图 5－73 分别为 ZYJ7 型电液转辙机在 60 kg/m 钢轨 12 号提速道岔转辙器部分的安装和在可动辙叉部分的安装图。

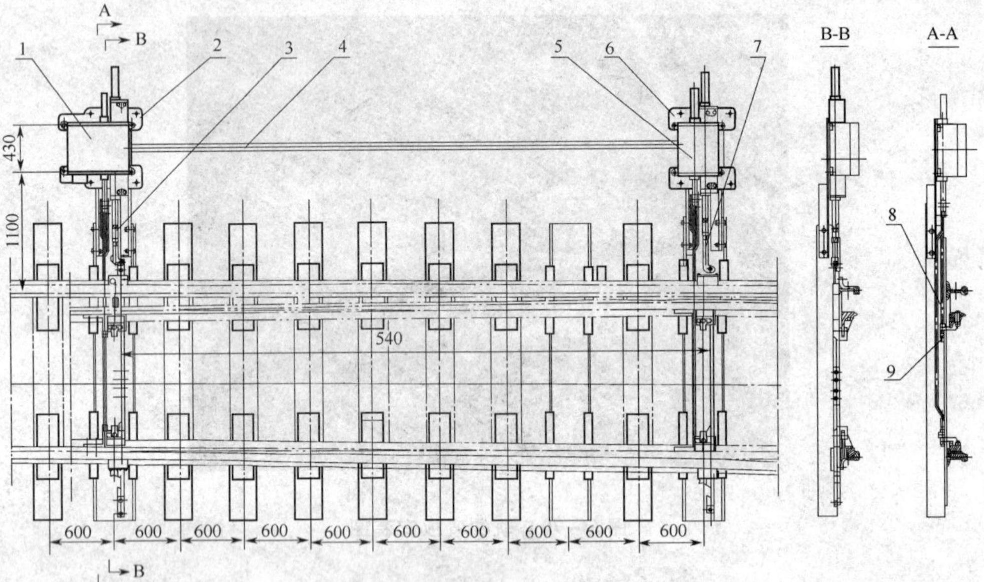

图 5－72　60 kg/m 钢轨 12 号道岔 ZYJ7 型电液转辙机安装（转辙器部分）（单位：mm）

1—ZYJ7 型电液转辙机；2—基础弯板 1；3—弯头连接杆 1；4—防护槽钢；5—SH6 型转换锁闭器；6—基础弯板 2；7—弯头连接杆 2；8—长表示杆；9—短表示杆。

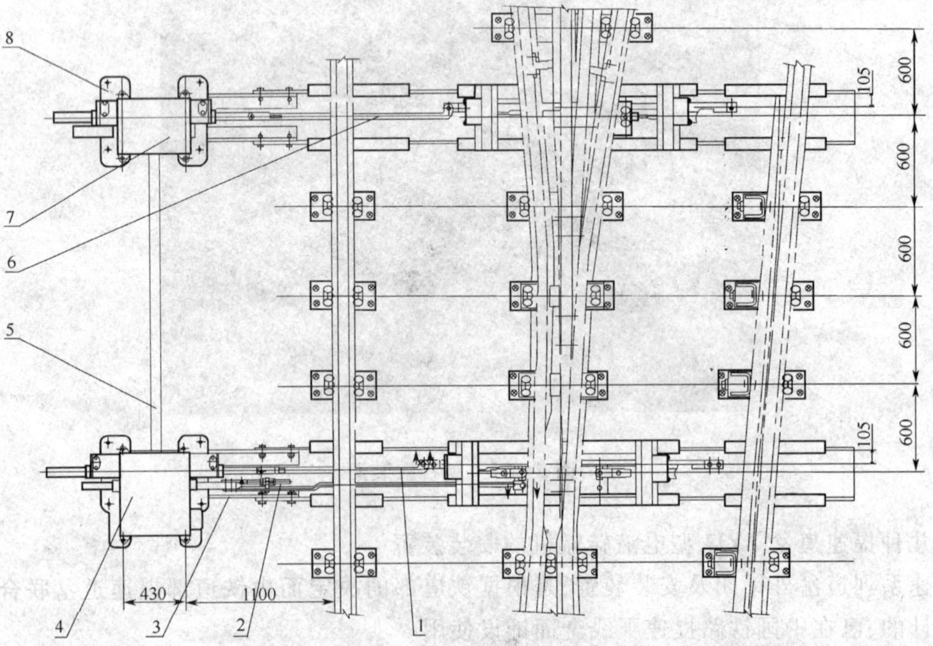

图 5－73　60 kg/m 钢轨 12 号道岔 ZYJ7 型电液转辙机安装（辙叉部分）（单位：mm）

1—弯头动作杆；2—表示杆；3—基础弯板 1；4—ZYJ7 型电液转辙机；5—防护槽钢；6—弯头动作杆；7—SH6 型转换锁闭器；8—基础弯板 2。

b. 60 kg/m 钢轨 18 号提速道岔(三点牵引)的安装

60 kg/m 钢轨 18 号可动心轨辙叉单开道岔(图号:专线 4223,4224,4225)作为提速道岔系列的一个系列,主要使用在侧向速度较高的线路区段。

图 5－74、图 5－75 为 ZYJ7 型电液转辙机在 60 kg/m 钢轨 18 号提速道岔转辙器部分的安装和可动辙叉部分的安装。

c. 60 kg/m 钢轨 9 号提速道岔的安装

60 kg/m 钢轨 9 号单开道岔(图号:铁联线 051,052,053)主要用于提速线路区段。图 5－76 为 ZYJ7 型电液转辙机在 60 kg/m 钢轨 9 号提速道岔的安装。

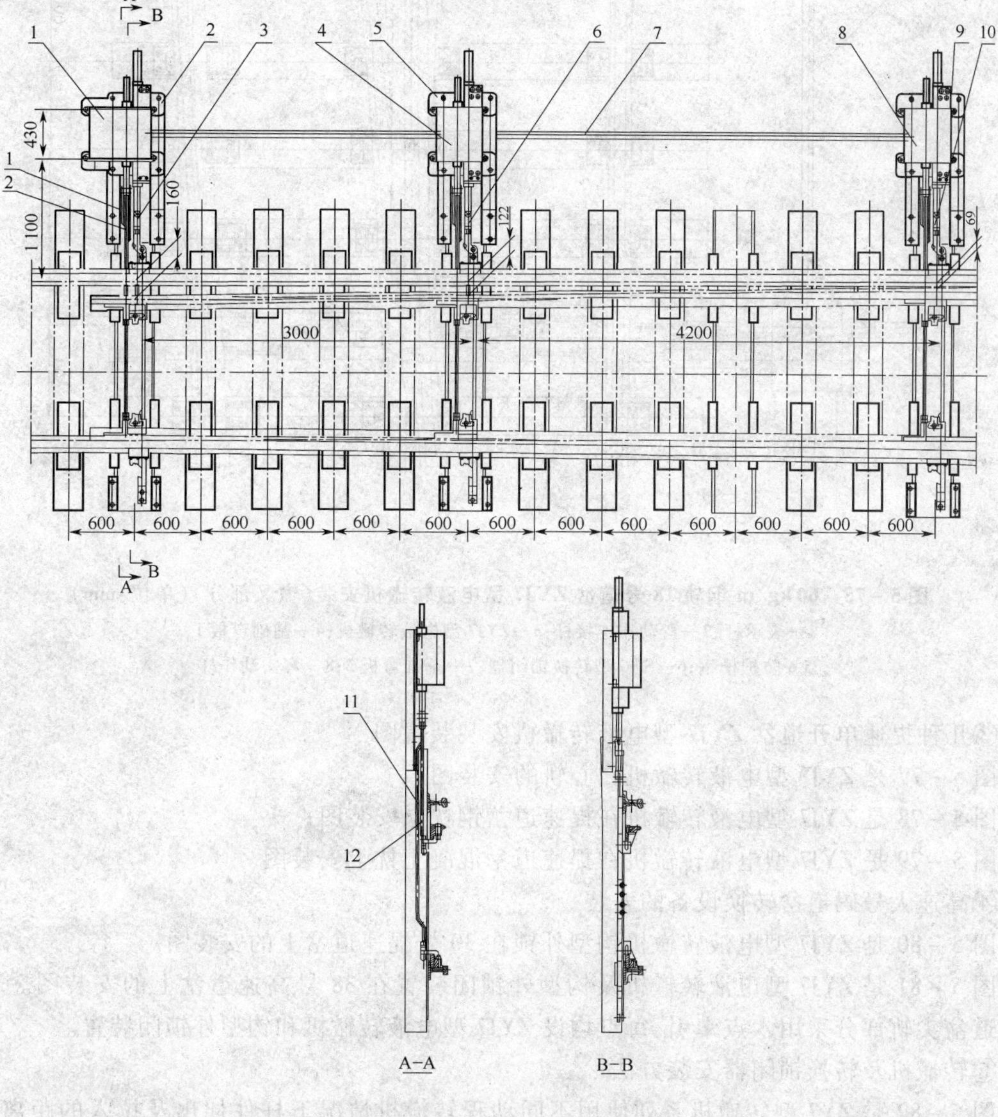

图 5－74　60 kg/m 钢轨 18 号道岔 ZYJ7 型电液转辙机安装(转辙器部分)(单位:mm)

1—ZYJ7 型电液转辙机;2—基础弯板 1;3—弯头连接杆 1;4—SH6 型转换锁闭器 1;5—基础弯板 2;6—弯头连接杆 2;7—防护槽钢;8—SH6 型转换锁闭器 2;9—基础弯板 3;10—弯头连接杆 3;11—长表示杆;12—短表示杆。

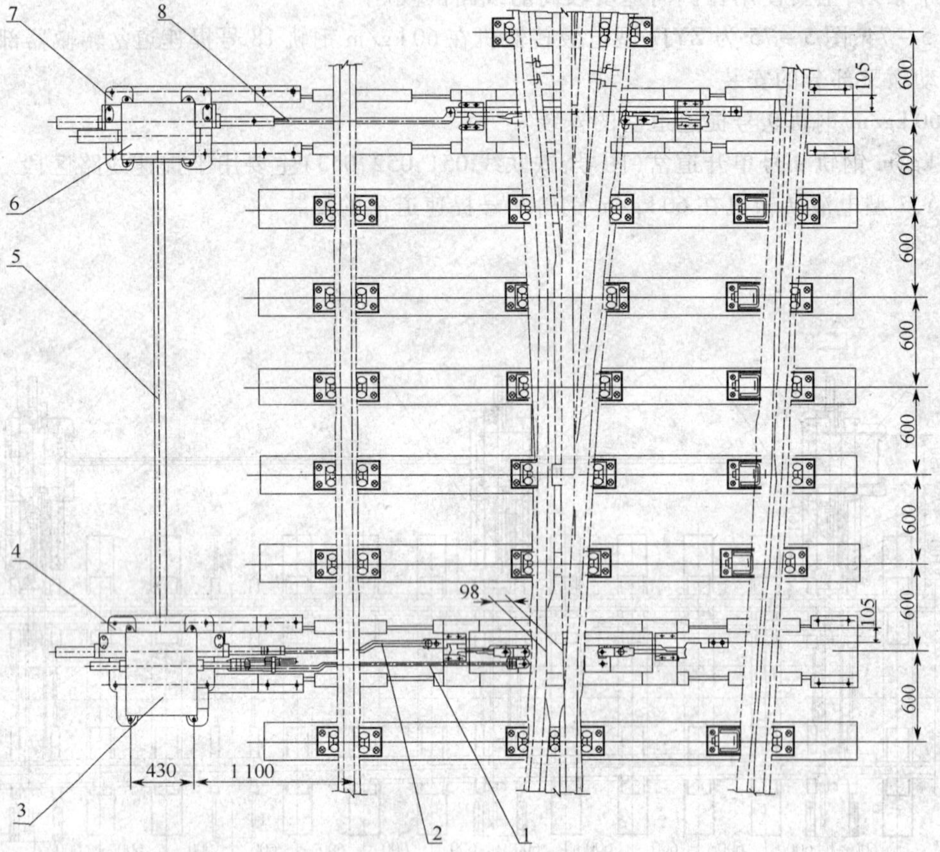

图 5－75　60 kg/m 钢轨 18 号道岔 ZYJ7 型电液转辙机安装(辙叉部分)(单位:mm)

1—表示杆;2—弯动作连接杆;3—ZYJ7 型电液转辙机;4—基础弯板 1;
5—防护槽钢;6—SH6 型转换锁闭器;7—基础弯板 2;8—弯头动作杆。

③几种提速单开道岔 ZYJ7 型电液转辙机安装装置图

图 5－77 是 ZYJ7 型电液转辙机在心轨的安装图;

图 5－78 是 ZYJ7 型电液转辙机在提速道岔钢枕上安装图;

图 5－79 是 ZYJ7 型电液转辙机在提速道岔混凝土枕上安装图。

④高速大号码道岔转换设备的安装

图 5－80 是 ZYJ7 型电液转辙机钩型外锁在 30 号提速道岔上的安装图。

图 5－81 是 ZYJ7 型电液转辙机及钩型外锁闭装置在 38 号高速道岔上的安装图。38 号高速道岔尖轨部分采用六点牵引,每点均设 ZYJ7 型电液转辙机和钩型外锁闭装置。

⑤转辙机及转换锁闭器安装方法

图 5－82 是 ZY7 型转辙机系列使用不同动程转辙机情况下杆件伸出及拉入的距离以及转辙机各部安装尺寸图。

图 5－83 是 SH6 型转换锁闭器安装尺寸图。

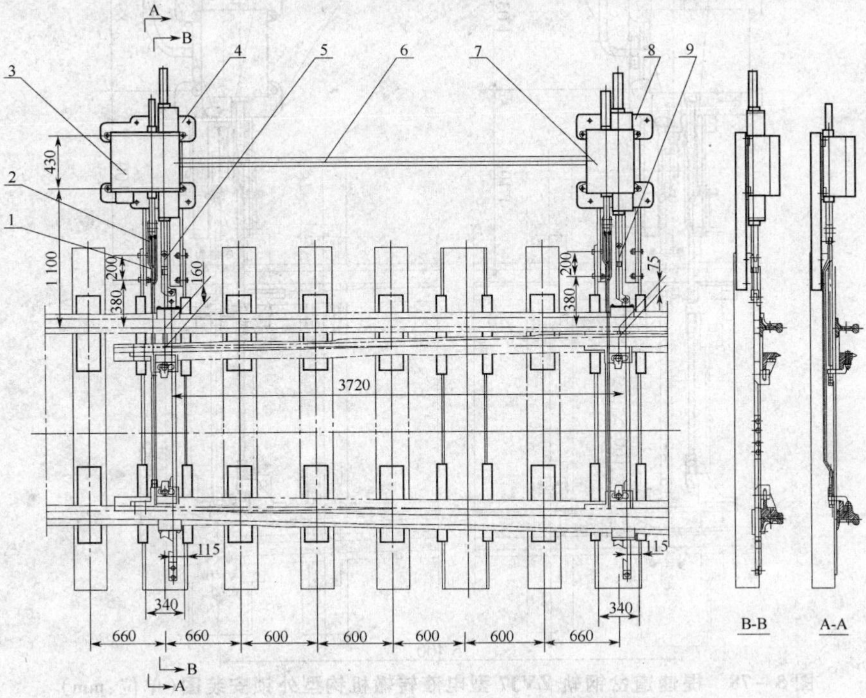

图 5－76　60 kg/m 钢轨 9 号道岔 ZYJ7 型电液转辙机安装（单位：mm）

1—短表示杆；2—长表示杆；3—ZYJ7 型电液转辙机；4—基础弯板 1；
5—弯头连接杆 1；6—防护槽钢；7—SH6 型转换锁闭器；8—基础弯板 2；9—弯头连接杆 2。

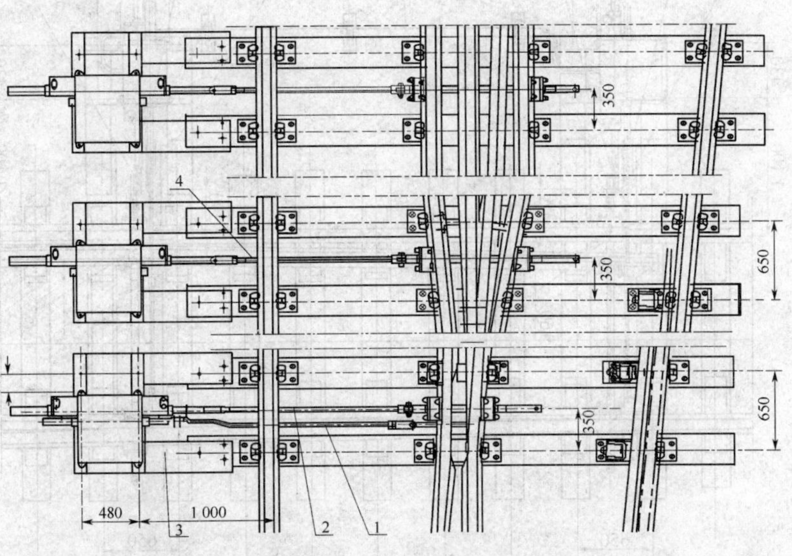

图 5－77　ZYJ7 型电液转辙机与钩型外锁闭在心轨的安装图（单位：mm）

1—表示连接杆；2，4—动作连接杆；3—基础托板。

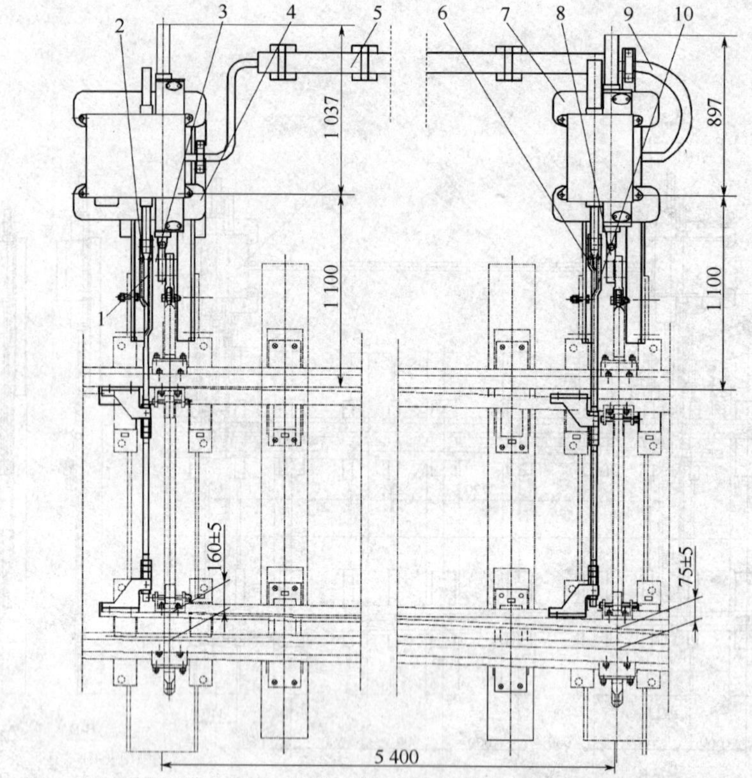

图 5－78　提速道岔钢轨 ZYJ7 型电液转辙机钩型外锁安装图(单位:mm)

1,10—短表示杆;2,6—长表示杆;3,8—动作杆;4,7—基础托板;5—油管托架;9—防护胶管。

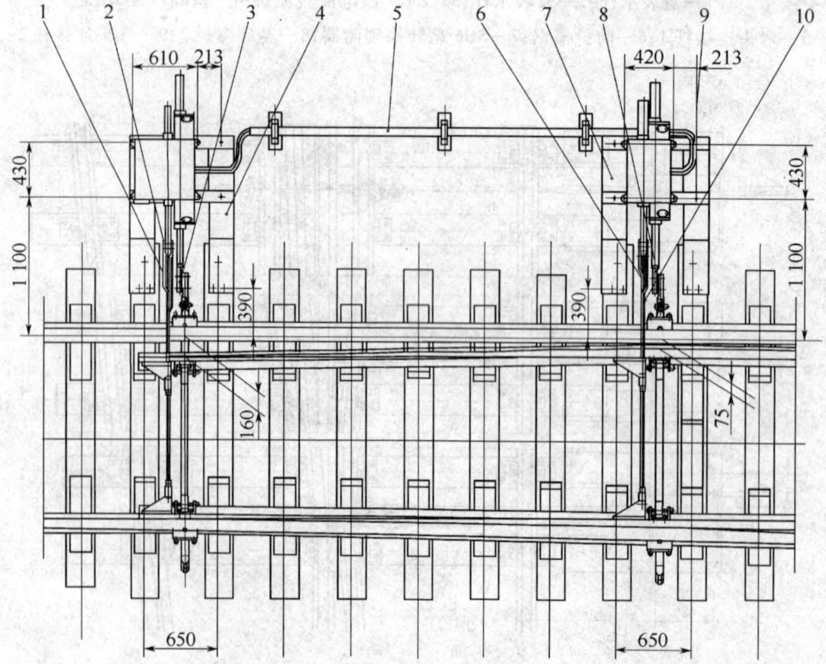

图 5－79　提速道岔Ⅱ型混凝土枕 ZYJ7 型电液转辙机钩型外锁安装图(单位:mm)

1,6—长表示杆;2,10—短表示杆;3,8—动作杆;4,7—基础托板;5—油管托架;9—防护胶管。

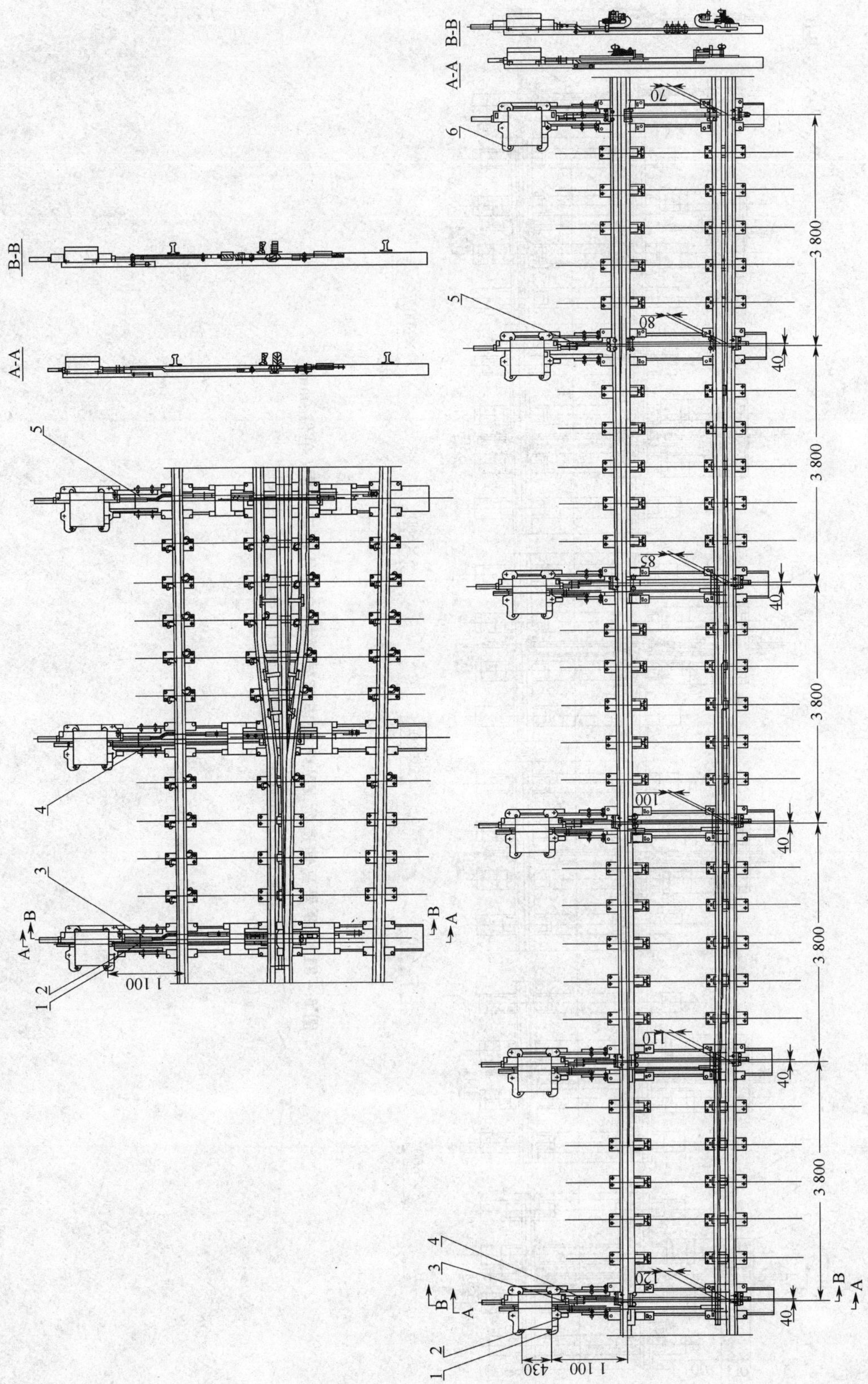

图 5-80　30 号提速道岔 ZYJ7 型电液转辙机钩型外锁安装图(单位:mm)

1,6—转辙机基础托板;2,4—表示连接杆;3,5—动作连接杆。

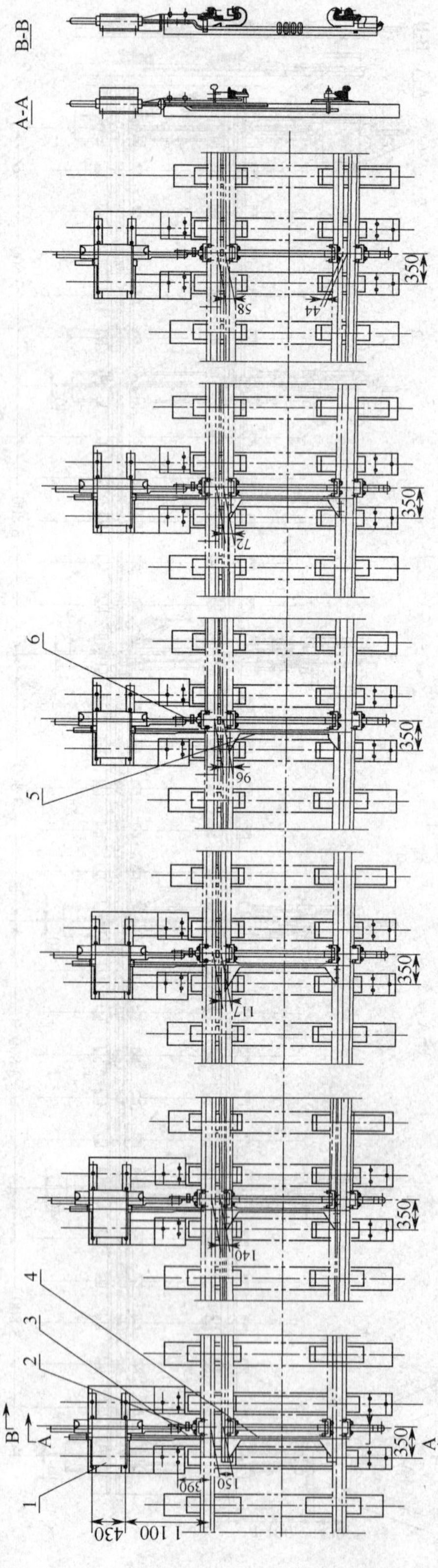

图 5－81　38 号高速道岔 ZYJ7 型电液转辙机钩型外锁安装图（单位：mm）

1—转辙机基础托板；2，6—动作连接杆；3，4，5—表示连接杆。

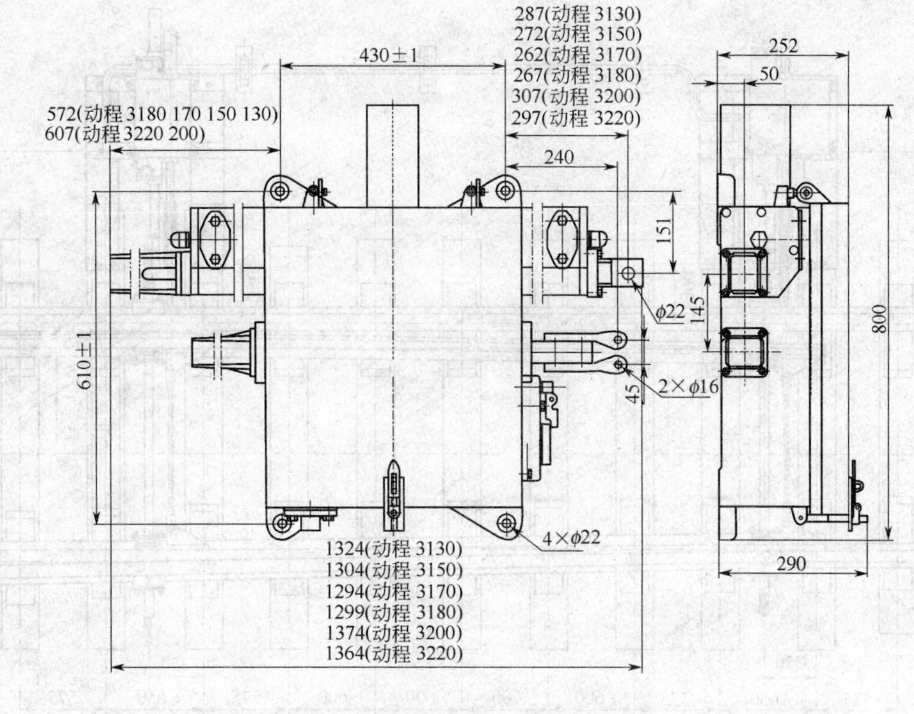

图 5－82　ZYJ7 型转辙机安装尺寸图(单位:mm)

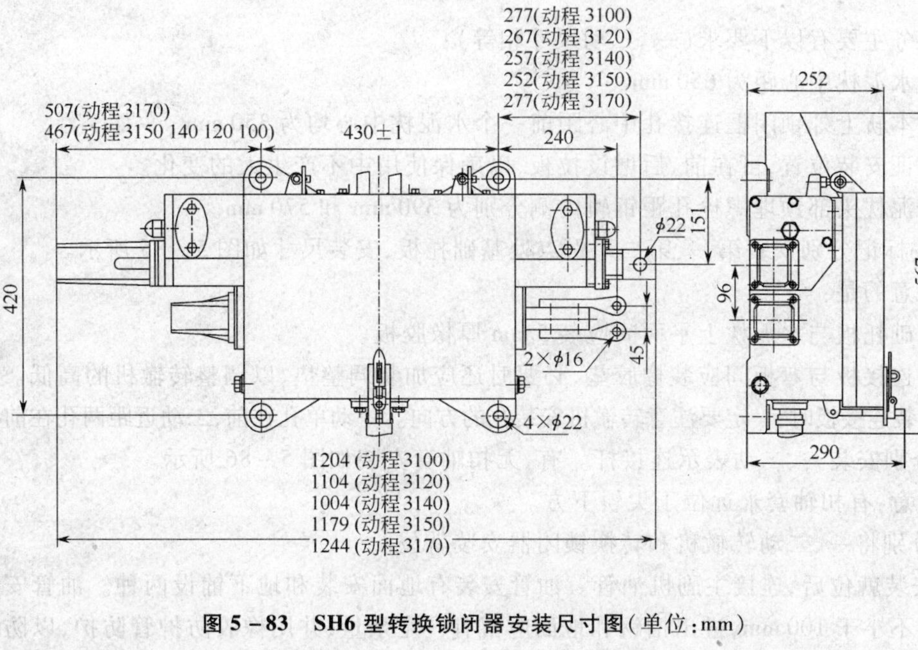

图 5－83　SH6 型转换锁闭器安装尺寸图(单位:mm)

⑥ZYJ7 型电液转辙机安装方法

安装好钩型外锁闭装置后进行安装装置与电液转辙机的安装,见图 5－84 所示。

a. 安装前要进行检查,工务部分符合道岔技术要求后方可进行外锁闭器及电液转辙机等电务设备的安装。

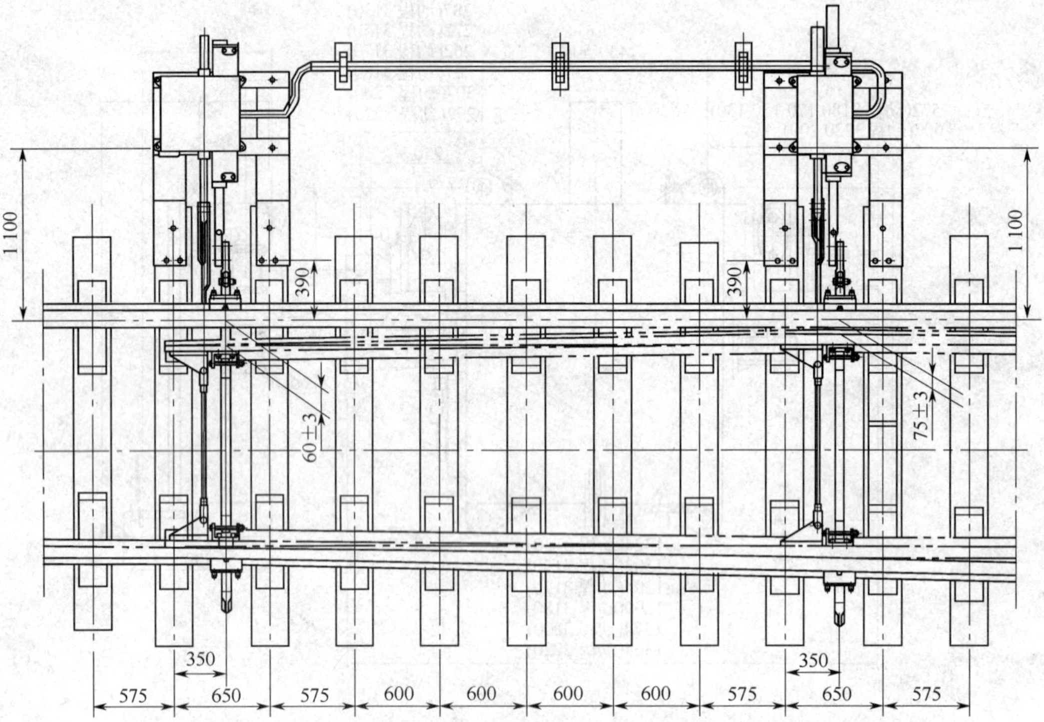

图 5－84 提速道岔 ZYJ7 型电液转辙机安装示意图(单位:mm)

对工务主要有以下要求(一、二动尺寸相等):

ⓐ两水泥枕中心距为 650 mm。

ⓑ基本轨上外锁闭框连接孔中心距前一个水泥枕中心均为 350 mm。

为保证安装位置,可在前、后增设拉板,以确保使用中不产生大的变化。

ⓒ水泥枕头部预埋螺栓孔距钢轨内侧分别为 390 mm 和 570 mm。

b. 按标记分别安装第一、第二牵引点处基础托板,安装尺寸如图 5－85 所示。

需注意的是:

ⓐ基础托板与水泥枕上平面间应装 5 mm 厚橡胶板。

ⓑ横连接板与弯板间应装橡胶垫,必要时还应加装调整垫,以调整转辙机的高低。

ⓒ安装连接板时,一定要注意转辙机安装孔的方向。一动单孔在前,二动近距两孔在前。

c. 分别安装一、二动表示连接杆。有、无扣轴套安装如图 5－86 所示。

需注意:有扣轴套永远位于尖轨下方。

d. 分别将一、二动转辙机和转换锁闭器安装就位。

e. 安装就位后,连接主副机油管。油管安装有地面安装和地下铺设两种。油管安装时的弯曲半径不小于 100 mm,进出槽钢和地面应留有一定余量,并用橡胶防护管防护,以防止油管磨损。地面安装时用管卡紧固牢靠,地下铺设时,铺设深度应符合要求。

f. 用专用注油器将 YH-10 航空液压油由注油孔注入油箱至油标上限,打开遮断器用手摇把使手摇电液转辙机转换数次,排掉系统中的空气(排气方法:松开油标螺栓,在手摇电机时反复数次松紧溢流阀,使空气从油箱中排出),同时检查油箱内油量,补至油标上限。注油方法见图 5－87。

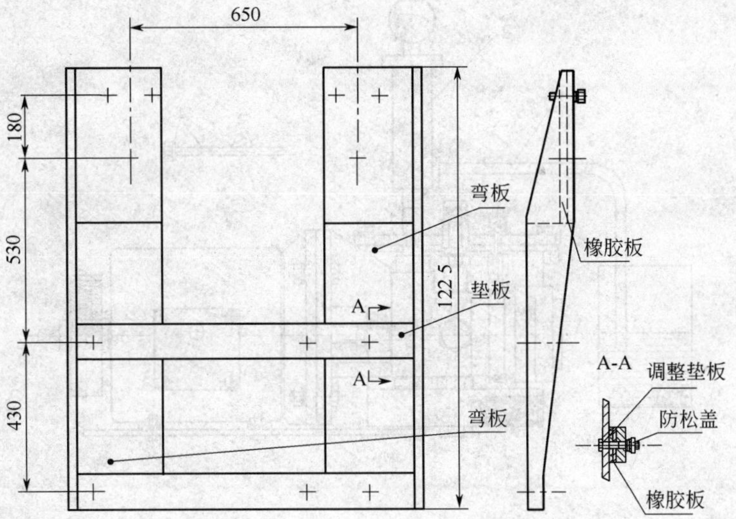

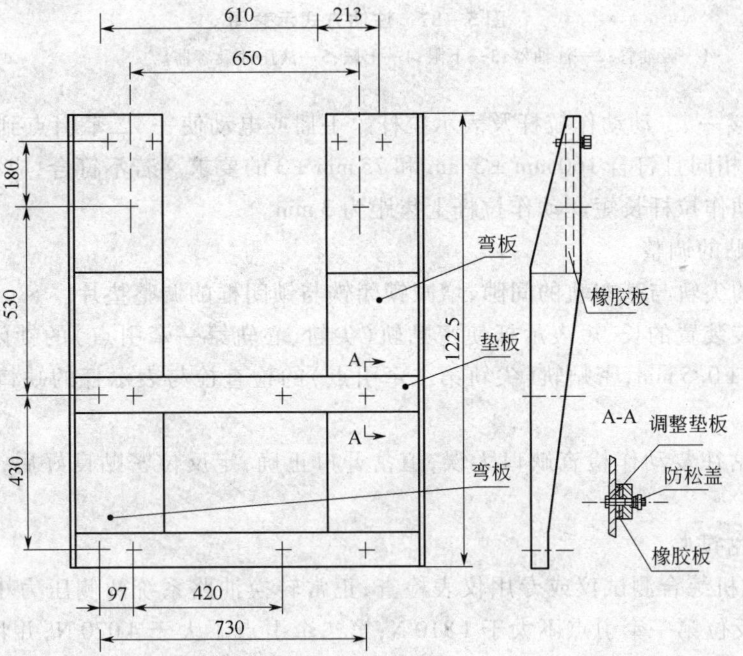

图 5－85 基础托板安装尺寸图(单位:mm)

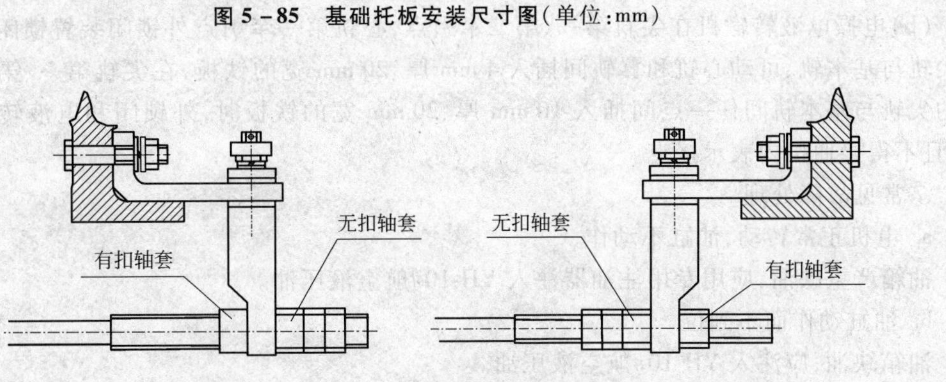

图 5－86 有、无扣轴套安装示意图

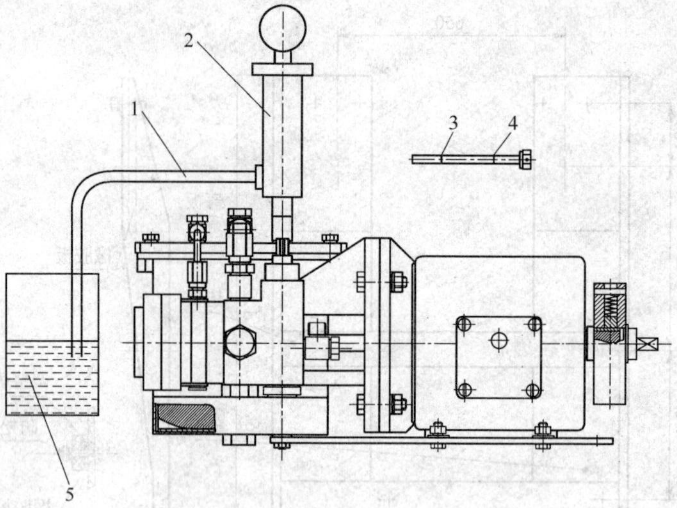

图 5 – 87　注油方式示意图

1—吸油管;2—注油器;3—下限;4—上限;5—液压油及容器。

g. 分别连接一、二动动作拉杆及表示拉杆。手摇或电动使一、二牵引点到位,检查道岔开口,两侧应基本相同且符合 160 mm ± 3 mm 和 75 mm ± 3 的要求。若不符合,应根据两侧开口差除以 2 去调整动作拉杆长短。动作拉杆上齿距为 3 mm。

h. 道岔密贴的调整

根据到位的尖轨与基本轨的间隙,增减锁闭铁与锁闭框的调整垫片。

i. 调整安装装置的长、短表示杆使密贴轨(尖轨、心轨第一牵引点)的锁闭柱与锁闭杆缺口间隙为 2 mm ± 0. 5 mm,密贴轨(尖轨第二牵引点)的检查栓与表示杆的缺口间隙为 4 mm ± 1. 5 mm。

j. 手摇道岔往复动作检查缺口无误,道岔开口正确,定反位密贴良好后,拔出手摇把,合上遮断器。

k. 电操道岔试验

(a)用转辙机综合测试仪或专用仪表检查,正常转换油路系统两侧压力小于等于 9 MPa,道岔转换力定反位第一牵引点不大于 1 810 N;第二牵引点不大于 4 070 N;并将两侧溢流压力调整至 10 ~ 11 MPa,电液转辙机有关电气特性符合产品技术要求。

(b)电操电液转辙机在尖轨第一、第二牵引点,心轨第一牵引点外锁闭装置锁闭杆中心处的尖轨与基本轨、可动心轨和翼轨间插入 4 mm 厚、20 mm 宽的铁板,在尖轨第一、第二牵引点间的尖轨与基本轨间任一点间插入 10 mm 厚、20 mm 宽的铁板时,外锁闭和电液转辙机不锁闭,且不得接通机内表示接点。

⑦常见故障处理

a. 电机正常转动,油缸不动作

油箱严重缺油,应用专用注油器注入 YH-10#航空液压油。

b. 油缸动作而不到位

油箱缺油,应注入 YH-10#航空液压油。

如果尖轨已密贴,则是:

·机械卡阻,应去掉卡阻物;

·外锁闭器未调整好,应调整外锁闭器。

如果尖轨没有密贴,则是:

·机械或外锁闭器及道岔有卡阻物,应调整或去除卡阻物;

·电液转辙机溢流压力低,调整至标准值;

·道岔转换阻力超标应与工务进行整治道岔。

c. 油缸到位,接点不转接

锁闭柱或检查柱落不到锁闭杆或表示杆缺口内,按上述缺口调整的方法调整至规定要求;锁闭柱或检查柱在固定座内动作不灵活,应调整注油。

d. 油缸到位,反弹断表示

要确认油路系统是否有气,处理方法可按上述排气方法进行;

判定惯性轮是否失效的判断方法:使电机轴不转,转动惯性轮检查是否锈蚀,可从弹簧孔处适量滴润滑油防止生锈。

e. 主机与副机动作不同步

可将动作慢的牵引点相对应的调节螺栓(在两侧椭圆孔盖内),逆时针方向调整,使两点动作同步;如仍不同步,则应将动作快的机子相应的调节螺丝适当调紧,减少该方向油量流速,以达到宏观同步要求。

f. 挤脱的判断与恢复

判断:

·挤脱后 SH6 转换锁闭器应可靠切断表示电路。

·锁闭铁横向移动处于不对称状态,可加标记线,挤脱后便于判断。

·挤脱后,锁闭铁移动使挤脱块上移 3 mm。

恢复:

·手摇转辙机至道岔四开位置,使动作杆不受力。

·打开铅封,松开调整螺母,注意不必拿下,只要使弹簧不受力即可。

·用小棍或螺丝刀拨动副机锁闭铁至原位,使挤脱块落下后,拧紧调整螺母到原位即可。

·经挤脱后应对安装、外锁及转辙机检查确认后,方可投入正式使用,按规定提速道岔不允许挤岔,但目前还不可避免。

g. 遇特殊情况时的应急措施

电液道岔转换系统动作全过程:

电机动作——锁闭杆(表示杆)解锁切断原表示——转辙机动作杆解锁——外锁闭解锁——斥离轨动作——密贴轨解锁——道岔同步转换——原斥离尖轨密贴。

原密贴轨动作——锁闭原斥离轨——转辙机动作杆锁闭——锁闭杆(表示杆)锁闭接通新的表示。

如遇到油管被砸破或液压系统处于瘫痪状态,无压力,道岔又处于四开位,或必须用另一个位置时,根据转辙机和外锁闭装置的动作原理,可做如下处理:

首先松开溢流阀,然后用撬杠或其他工具分别撬动一、二动转辙机的转换锁闭器的油缸,使动作杆解锁。

用撬杠撬动斥离轨,使一、二动外锁闭解锁并至另一个位置,再撬动另一尖轨至斥离位。

在用小撬杠撬动一、二动油缸,使转辙机和转换锁闭器锁闭,接点落下,给出另一表示即可。

h. 电液转辙机伸出方向的调整

当电液转辙机伸出方向与安装使用方向不一致时,可按以下方法进行调整:

拆下电液转辙机及转换锁闭器动作杆、锁闭杆或表示杆的保护管。

扳起接点使锁闭柱或检查柱抬起,将锁闭杆或表示杆从原侧拉出,旋转180°从另一侧插入。

将动作杆、锁闭杆或表示杆的保护管安装到另一侧即可。

6. 三相交流道岔控制电路

三相交流道岔控制电路除利用三相交流电机取消直流电机的碳刷(电刷),提高电路工作稳定性和实现无维修以及加长道岔电路单芯电缆控制距离以节省电缆以外,还针对直流道岔电路出现错误表示问题进一步加强防护。下面分为控制部分、表示部分以及整体电路几部分加以叙述。

(1)控制部分

这一部分又可分为电气集中控制部分和现场道岔控制部分。前者应尽可能与现在广泛采用的电气集中电路相一致,后者可以结合三相交流供电的特点重新设计。由于电气集中电路部分与直流道岔电路基本相同,所以这一部分将在整体电路中一并介绍。下面介绍三相交流道岔电路控制原理。

①三相交流电动转辙机转换原理

前面已经介绍控制转辙机向不同方向转换,只需要控制电机向不同方向旋转。而三相交流电机任意改变两相的相序就可以改变电机的旋转方向。如图5-88中,图(a)和图(b)中的B相和C相交换了位置,电机就改变了旋转方向。

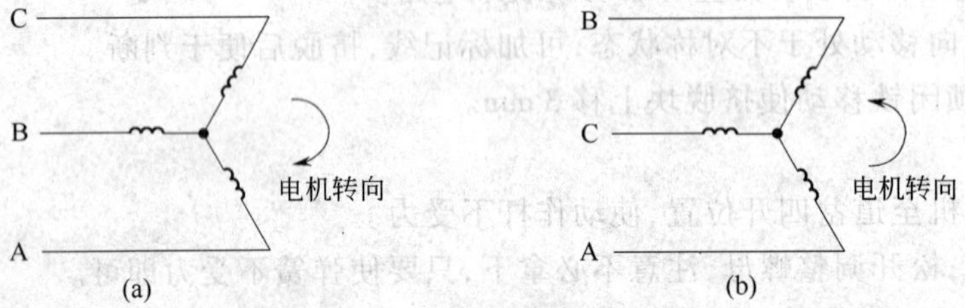

图5-88　三相交流电机电路控制原理图

利用1DQJ和2DQJ接点可实现电机的启动和改变旋转方向。譬如图5-89中1DQJ吸起将三相交流电送向电机,用2DQJ定、反位接点来改变向电机送电的相序,从而改变电机旋转方向。

②道岔监督保护器QDB工作原理

道岔监督保护器原理图见图5-90所示,由三个电流互感器和一个整流桥组成。三个互感器的一次侧分别串在三相电路当中,二次侧首尾相连,再接以整流桥。互感器工作在饱和状态,当三相电流通过时,互感器二次侧除基波外还有其他谐波分量。由于三相基波相位差为120°,基波分量$U_{A1}+U_{B1}+U_{C1}=0$,其三次波谐$U_{A3}+U_{B3}+U_{C3}=3U_{A3}$。

由$3U_{A3}$经过桥式整流输出直流,使BHJ继电器吸起,以保持1DQJ吸起。

若在三相交流电通电过程中出现断相(例如断A相),此时电机缺相运行极易烧毁电机。此时,由于有电的两相电流矢量和为零,即

$I_B+I_C=0$　亦即　$I_B=-I_C$

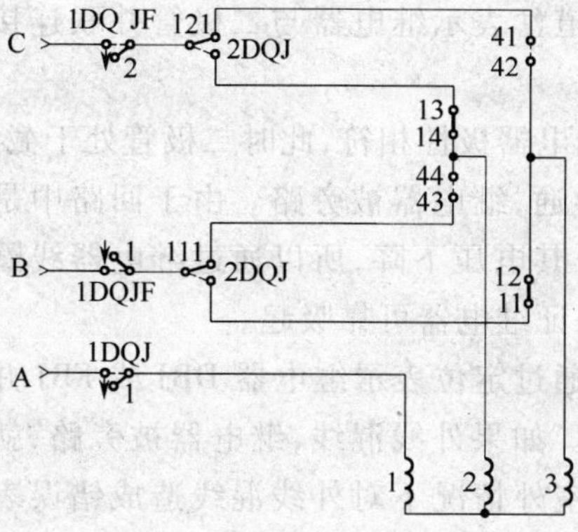

图 5-89 三相交流道岔控制电路原理图

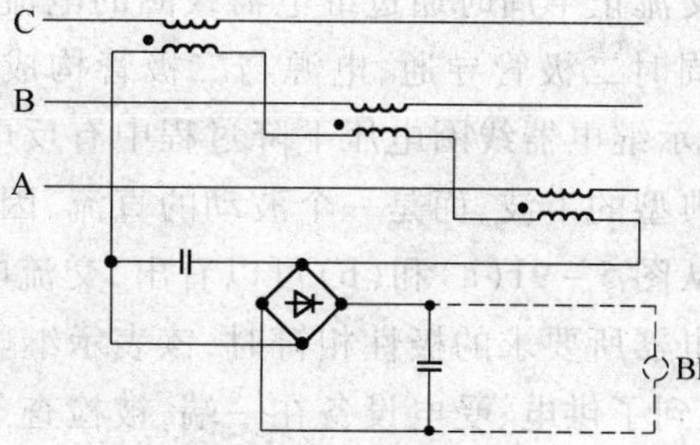

图 5-90 道岔监督保护器原理图

两个互感器次极线圈对向接通，电压之和为零，道岔监督保护器失去直流输出，使 BHJ 断电释放，用其接点切断 1DQJ 保留电路，停止三相供电。

电路设计的道岔监督保护器技术要求如下：

额定电源电压：50 Hz 380 V；

输出电压：当初级回路电流为 1.5 ~ 3 A 变化时，$U = 15 \sim 22$ V；任意切断一相时，$U \leqslant 0.5$ V。

保护继电器 BHJ 采用 JWXC-1700 型，双线圈并联使用。道岔监督保护器在电路中有两个作用：当道岔转换到位以后，切断 1DQJ 保留电路；当三相交流电任断一相时，切断电机供电电路以保护电机。

(2)表示部分

三相交流道岔表示电路原理图见图 5-91。

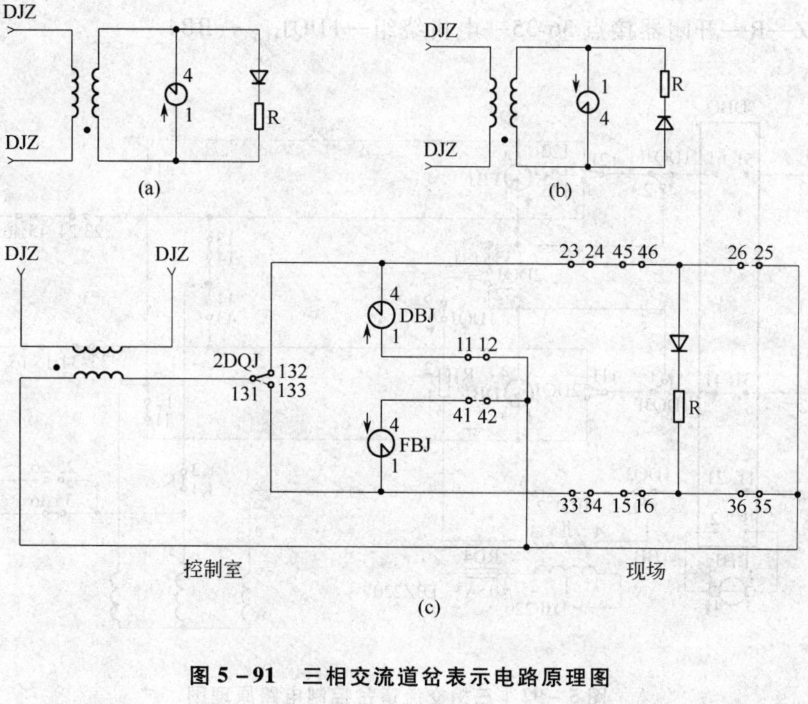

图 5-91 三相交流道岔表示电路原理图

从图中可以看出,此道岔表示电路与直流道岔表示电路不同。直流道岔表示电路中表示继电器与二极管串联连接,而交流道岔表示电路中道岔表示继电器与二极管并联连接。其工作原理是:

交流正半周时通过继电器线圈的电流与表示继电器极性相符,此时二极管处于截止状态;负半周时二极管导通,电源与二极管构成的回路导通,继电器被旁路。由于回路中是感性负载,表示继电器线圈电压下降过程中有反电势,阻止其电压下降,所以通过继电器线圈的电流不是典型的半波,而是一个波动的直流,因而能够保证继电器可靠吸起。

从图 5-91(a)和(b)可以看出,交流电正半周通过定位表示继电器 DBJ 或 FBJ 并与该偏极继电器所要求的极性相符时,该表示继电器吸起。如果外线混线,继电器被旁路,就不能吸起,起到了供电、受电设备在一端,被检查条件远在室外情况下对外线混线造成错误表示的防护作用。

从图 5-91(c)可以看出,道岔表示继电器必须完成电路正常、操纵意图与室外设备位置一致的检查后才能吸起。

图中,DBJ 继电器还通过外线到现场检查转辙机定位接点,FBJ 通过外线检查转辙机反位接点。这样,在错误表示防护方面,就比直流道岔控制电路的表示电路更加严格。譬如,直流道岔控制电路的表示电路,当出现一次错接外线并人为颠倒二极管极性以后,就有可能出现错误表示,本电路在 DBJ 和 FBJ 电路中增加了现场转辙机定、反位接点以后,当出现一次错接外线和人为颠倒二极管极性以后,DBJ 或 FBJ 并不吸起。而再将 DBJ 和 FBJ 继电器电路中的接点同样接错,使 DBJ 和 FBJ 错误吸起,这种概率应该极小。

(3)五线制三相交流道岔控制电路

图 5-92 是控制、表示部分合在一起的道岔控制电路原理图。

图中是道岔在定位,其定位表示继电器 DBJ 处于吸起状态。定位表示继电器电路:

BB3—R1—$1DQJ_{23\text{-}21}$—$2DQJ_{131\text{-}132}$—$1DQJF_{13\text{-}11}$—$2DQJ_{111\text{-}112}$—转辙机自动开闭器接点 33-34—15-16—Z—R—开闭器接点 36-35—电机绕组—$1DQJ_{11\text{-}13}$—BB4

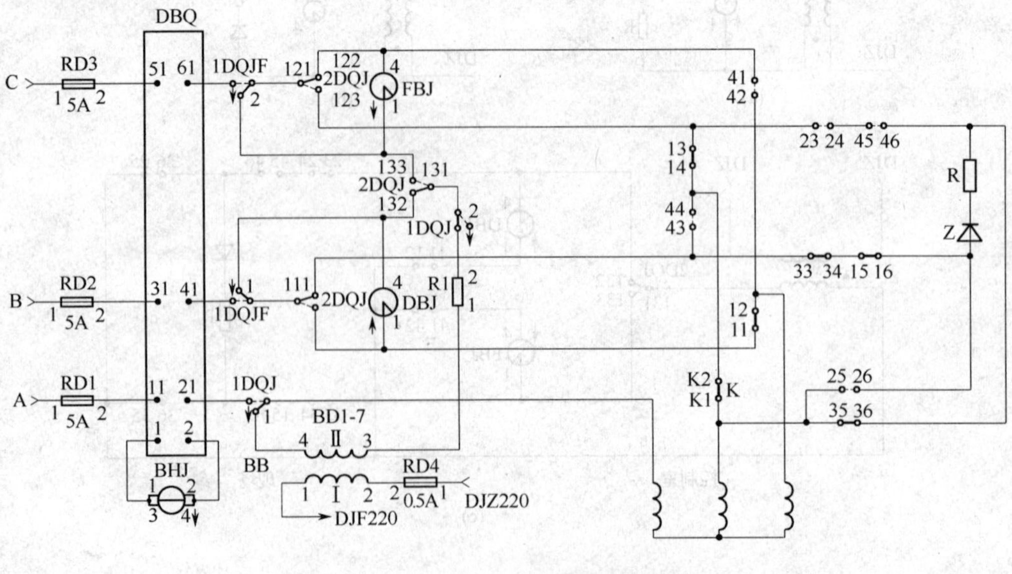

图 5-92　三相交流道岔控制电路原理图

BB3—R1—$1DQJ_{23\text{-}21}$—$2DQJ_{131\text{-}132}$—$DBJ_{4\text{-}1}$—转辙机自动开闭器11-12—电机绕组—$1DQJ_{11\text{-}13}$—BB4

以上是与表示变压器BB一条接通现场二极管和另一条接通定位表示继电器DBJ的两条并联回路,使DBJ吸起。

当向反位操纵道岔时,1DQJ↑—1DQJF↑—2DQJ转极,这时:

A相—RD1—$DBQ_{11\text{-}21}$—$1DQJ_{12\text{-}11}$—电机绕组(左)

B相—RD2—$DBQ_{31\text{-}41}$—$1DQJF_{12\text{-}11}$—$2DQJ_{111\text{-}113}$—转辙机自动开闭器接点11-12—电机绕组(右)

C相—RD3—$DBQ_{51\text{-}61}$—$1DQJF_{22\text{-}21}$—$2DQJ_{121\text{-}123}$—转辙机自动开闭器接点13-14—电机绕组(中)

转辙机向反位转换:此时,1DQJ吸起,断开了表示电路,与此同时现场转辙机自动开闭器33-34和35-36两组接点断开(切断表示电路)同时,41-42和43-44接通(为随时向回操纵道岔准备条件)和45-46同时接通。

当转辙机转到反位以后,另一组自动开闭器动接点快速转换,接点11-12、13-14、15-16同时断开,接点23-24和25-26同时接通。在开闭器接点11-12和13-14断开时,道岔监督保护器DBQ失去直流输出,保护继电器BHJ释放从而切断1DQJ保留电路,使1DQJ和1DQJF相继释放。

在1DQJ和1DQJF释放以后,接通了反位表示电路:

BB3—R1—$1DQJ_{23\text{-}21}$—$2DQJ_{131\text{-}133}$—$1DQJF_{23\text{-}21}$—$2DQJ_{121\text{-}123}$—转辙机自动开闭器接点23-24—45-46—R—Z—26-25—电机绕组—$1DQJ_{11\text{-}13}$—BB4

BB3—R1—$1DQJ_{23\text{-}21}$—$2DQJ_{131\text{-}133}$—$FBJ_{1\text{-}4}$—转辙机自动开闭器接点$_{41\text{-}42}$—电机绕组—$1DQJ_{11\text{-}13}$—BB4

表示变压器BB接通两条并联回路,一条接通现场二极管,另一条接通反位表示继电器FBJ,使FBJ吸起。

图5-93是三相交流道岔控制电路与电气集中结合部分。

图中1DQJ线圈3-4电路,与当前电气集中所用直流道岔控制电路完全相同,1DQJ继电器也用的是直流道岔控制电路所用的继电器。这样,就可以在现有电气集中车站更换三相交流转换设备,不改变联锁电路(例如在提速区段更换三相交流转辙机时,对电气集中的影响最小)。

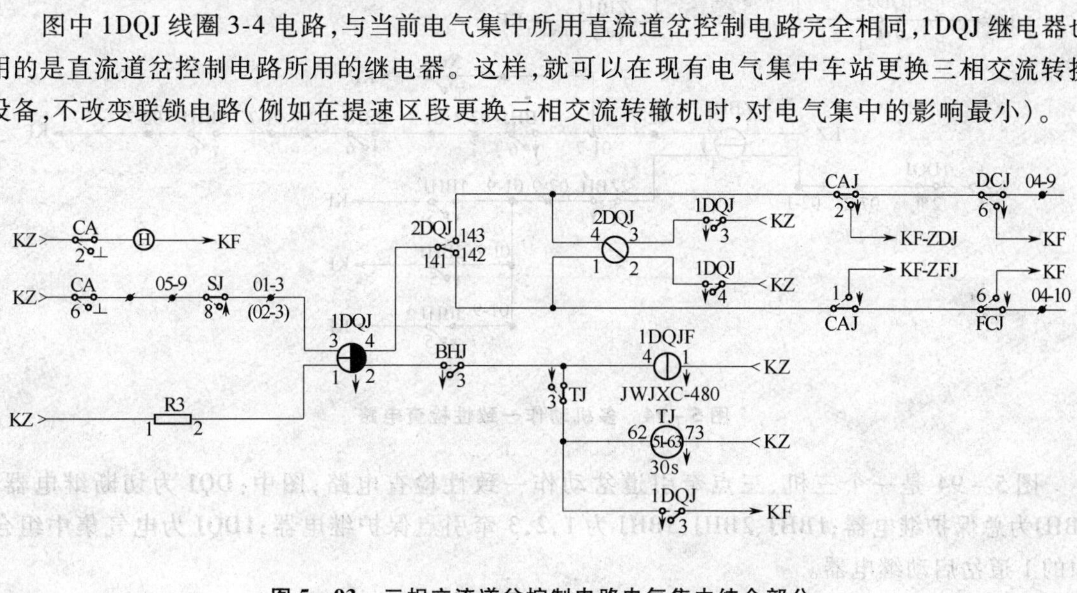

图5-93 三相交流道岔控制电路电气集中结合部分

采用直流道岔控制电路的器材(1DQJ)又要适应三相交流的特点,在1DQJ线圈1-2端做如下结合:

①直流道岔电路线圈1-2与电机串联,也就是说,转辙机一经启动(电路中有动作电流)1DQJ即保持吸起。三相交流道岔控制电路中道岔一经启动BHJ就保持吸起,动作电路一断,BHJ就随之释放,所以用BHJ前接点完成保留1DQJ的功能。

②在直流道岔电路中,为了使道岔动作电流保持1DQJ,而将1DQJ的线圈1-2做成0.44Ω电流圈,用于三相交流电路时线圈1-2通过BHJ前接点由24V直流供电,为了参数匹配,在1DQJ线圈1-2电路中串联一个25Ω电阻。为了与三相交流道岔控制电路配套,工厂又派生出一种JWJXC-H125/80型继电器取代三相交流道岔控制电路中的JWJXC-H125/0.44作为1DQJ使用。此时,1DQJ保留线圈可以使用24V直流电源,不再串联25Ω电阻。

③为了在道岔转换过程中遇阻时,不使电机长时间旋转,每组道岔设一时间继电器TJ,当1DQJ吸起时,通过1DQJ前接点给TJ送电,经过设定的时间(一般为30s)TJ吸起。切断1DQJ保留电路,使1DQJ释放,电机停转。

④增加了一个加强型1DQJF继电器,这是因为1DQJ只有两组无极加强接点,而三相交流道岔控制电路需要三组无极加强接点。

(4)多机牵引动作一致性检查

在利用ZY(J)型电液转辙机时,两点牵引、三点牵引均用一台ZYJ7转辙机和一台或两台SH6转换锁闭器。就是说两点、三点牵引共用一个动力源。它们之间的同步问题由转辙机和转换锁闭器中的液压调节阀调整。多于三点牵引时采用多机牵引,也就是每个牵引点设一台转辙机。这时牵引同一根尖轨或心轨就有多个动力源。此时若有的转辙机动,有的不动,就会出现别劲,甚至拉损尖轨。为了检查多机系统各电机动作的一致性,设计了检查电路见(图5-94)。

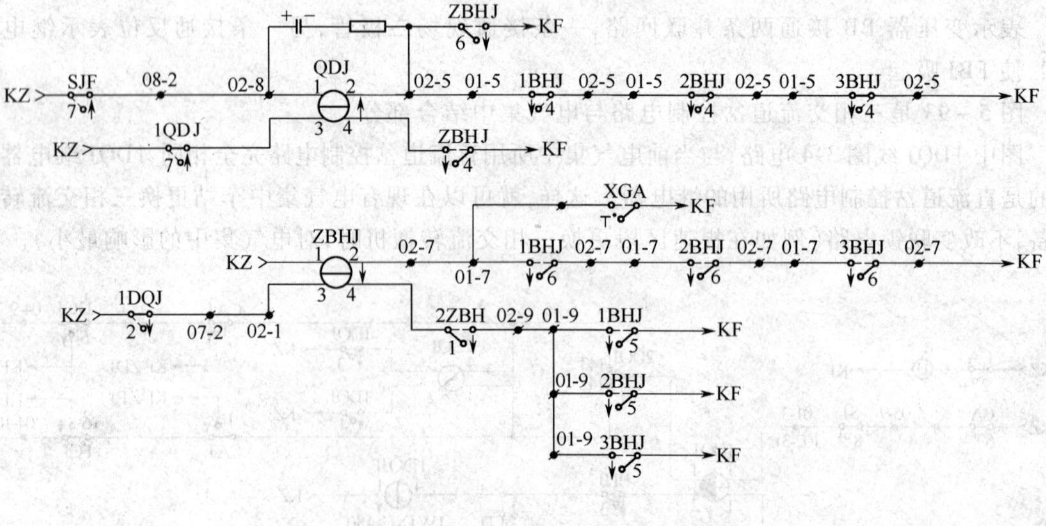

图5-94　多机动作一致性检查电路

图5-94是一个三机、三点牵引道岔动作一致性检查电路,图中:DQJ为切断继电器;ZBHJ为总保护继电器;1BHJ、2BHJ、3BHJ为1,2,3牵引点保护继电器;1DQJ为电气集中组合中的1道岔启动继电器。

QDJ 继电器经常吸起，任一个牵引点启动（BHJ↑），QDJ 继电器断电，靠继电器两端并联的阻容电路构成缓放。在此缓放时间内，三个牵引点均须启动（三个牵引点的 BHJ 全吸起），通过 1BHJ、2BHJ、3BHJ 前接点供电，使 ZBHJ 吸起，再通过 ZBHJ 的前接点构成 QDJ 继电器的保留电路使其继续吸起。如果在 QDJ 继电器缓放期间，三个 BHJ 没有全部吸起，ZBHJ 不会吸起，QDJ 继电器经缓放后释放。QDJ 继电器的前接点加到每个牵引点的 1DQJ 保留电路中，也就是说，如果在 QDJ 继电器缓放的短暂时间内三个牵引点中有的牵引点没有启动，靠 QDJ 继电器接点切断所有牵引点的 1DQJ 电路使所有牵引点停转。实现了要转全转，有一个不转全不能转的动作一致性要求。

在 30 号和 38 号道岔中，尖轨全是 6 点牵引，心轨 3 点牵引。心轨的动作一致性保护电路与图 5－94 完全相同。尖轨的动作一致性检查电路原理与图 5－94 完全一样，只是在 QDJ 继电器供电电路中串联 6 个 BHJ 的后接点，也就是 6 个牵引点中任何一个牵引点启动，都切断 QDJ 继电器供电电路。另外就是在 ZBHJ 的吸起电路中串联 6 个牵引点 BHJ 的前接点，在 ZBHJ的保留电路中并联 6 个 BHJ 的前接点，即 6 个牵引点全启动，ZBHJ 吸起，6 个牵引点全部转完，6 个 BHJ 全都释放，ZBHJ 才释放。

第三节　轨 道 电 路

轨道电路种类繁多，电路结构、供电方式各不相同。但各种轨道电路的基本设备是相同的。它们包括下列内容：

(1) 连接钢轨的钢轨接续线；

(2) 将股道、道岔区或线路分割成各不沟通的区段的钢轨绝缘；

(3) 各区段的送电设备和受电设备；

(4) 将送、受电设备与钢轨相连的引接线；

(5) 道岔区段轨道电路的道岔跳线；

(6) 保持工务技术要求的轨道电路区段绝缘杆件。

尽管轨道电路的电路结构、供电方式不同，但对基本设备如何保证轨道电路电气特性良好的要求是相同的。这就是：要求钢轨电阻（即闭路电阻）越小越好；要求道床电阻（即开路电阻）越大越好；要求分路灵敏度（即分流感度）越高越好。

轨道电路施工质量的好坏，从上述三点着手，最后效果如何，体现在第三点。其中，钢轨接续线、引接线以及道岔跳线是为了满足"钢轨电阻越小越好"而设置的；钢轨绝缘、道岔绝缘以及区段绝缘杆件是为了满足"道床电阻越大越好"而设置的。有了这两条保证，轨道电路的送电设备方能按规定数值向轨面送电。保证轨道电路无车占用时，处于良好的调整状态；有车占用时，处于良好的分路状态。

各种不同类型轨道电路的基本设备的安装方法是相同的。尽管施工机具，所用材质有所不同，但对安装的质量要求是相同的。

一、一般规定

1. 轨道电路安装一般包括轨旁设备安装，钢轨绝缘安装，接续线、跳线、引接线安装等。

2. 在轨道电路区段内，连接两轨条间具有导电性能的各种装置，应装设绝缘。移频轨道电路，护轮轨长度大于 200 mm 时除护轮轨两端各装设备绝缘外，每隔不超过 200 mm 的距离在护轮轨上安装轨端绝缘。

3. 相邻轨道电路的极性(相位或频率)应交叉。

4. 在钢轨上钻孔应使用专用钻孔机具。

5. 轨道电路施工应认真执行有关安全技术规程。

(1)在爆炸焊接作业时,点火燃烧过程中,作业人员必须在燃点 1.5 m 以外。

(2)严禁在轨道上拉临时线沟通轨道电路。

(3)电力牵引区段更换轨道设备,按规定办理要点停电手续,确认停电后方可进行施工。

(4)更换钢轨绝缘时,在双轨条轨道电路中严禁断开接向扼流变压器连接线中任何一侧或两个扼流变压器中点的连接线;在单轨条轨道电路中,严禁断开相邻两轨道牵引连接线及平行轨道牵引轨条之间的连接线。

(5)更换轨端接续线时,不得将双线同时断开。

(6)拆除废弃轨端绝缘时,应保持封连绝缘的接续线连通,方可更换钢轨接头夹板。

二、钢轨接续线的安装

在整个轨道区段内,同一极性的轨条,相连的两轨之间虽然有钢轨接头夹板(鱼尾板)螺栓连接,但这种连接存在很大的电阻,不能保证可靠导电,所以必须加钢轨接续线连接。目前,钢轨接续线的安装有两种方法,即塞钉式接续线的安装、焊接式钢轨接续线安装。

1. 塞钉式钢轨接续线的安装

(1)塞钉式钢轨接续线

塞钉式钢轨接续线如图 5-95 所示。两塞钉间距为 940 mm,两根直径为 5 mm 的镀锌铁线与塞钉连接。因为车轮缘在钢轨内侧,故塞钉线均安装在钢轨外侧。安装在道岔辙叉跟趾处,因外侧无法装,内侧又会受到轮缘的压挤,故应使用 1.2 m 长的跳线。不论钢轨属何种类型,塞钉线的安装,应离两轨端的中心左右均匀。安装后两塞钉孔距仍应保持 940 mm,孔的高度以略大于轨高的一半为宜,如图 5-96 所示。过低易使接续线压在钢轨接头夹板面上,塞钉下部的接续线弯曲量会受到轨底上部阻挡;过高易使接续线超出轨面,受到车轮踏面滚压。接续线低于轨面 20 mm,或密贴于钢轨接头夹板上部槽面,均比较合适。

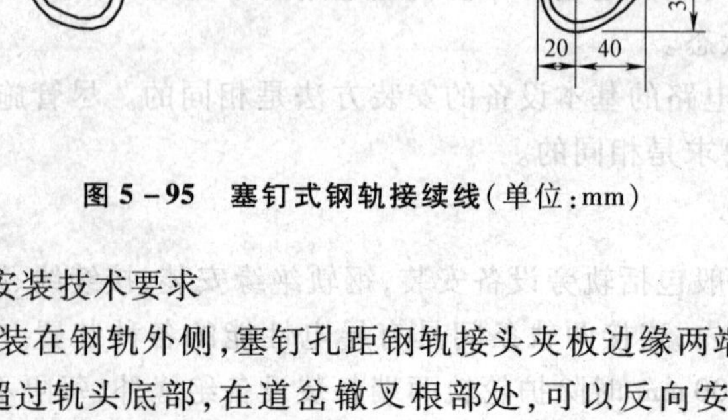

图 5-95　塞钉式钢轨接续线(单位:mm)

(2)塞钉式接续线安装技术要求

①钢轨接续线应安装在钢轨外侧,塞钉孔距钢轨接头夹板边缘两端均匀,接续线应与钢轨接头夹板密贴,高度不超过轨头底部,在道岔辙叉根部处,可以反向安装在钢轨的内侧(线条部分向下),钢轨接续线应平直,无弯曲和隆起现象。

②在接续线打入前,应用专用45°倒角工具进行倒角,倒角深度为1~2 mm。

③塞钉不得打弯或打堆,塞钉打入钢轨眼孔内,其端部在钢轨内侧露出1~3 mm。钢轨接续线安装后,塞钉与塞钉孔缘应涂漆封闭。

④钢轨钻孔后,应在当天把接续线打上,以免轨孔生锈,增加接触电阻。

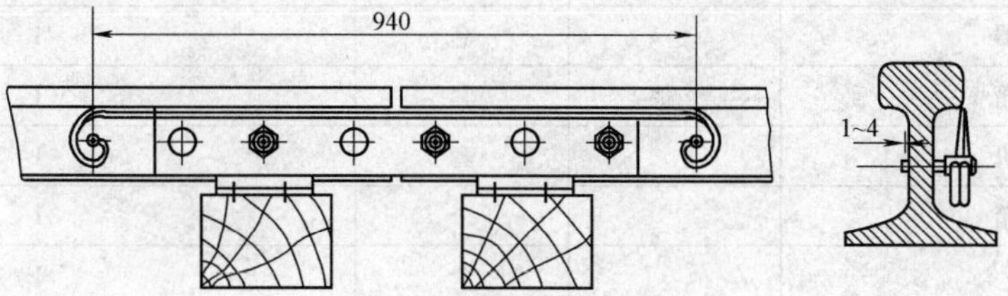

图5-96　塞钉式钢轨接续线安装(单位:mm)

(3)钢轨接续线钻孔常用的施工方法

采用19 mm或13 mm电钻单个钻孔。电钻架一般采用的有两种:摇杆式和压杆式。相比之下压杆式使用方便,比较省力。使用这两种电钻架钻孔的基本方法相似:每台电钻至少两人相互倒替。一人在钢轨外侧掌钻,一人在钢轨内侧协助将钻架扣在轨面及转移时抬钻,并负责注水。此外,磨钻头、放电源线或用小型发电机供电、铆接续线、涂油以及安全防护等人员按实际需要而定。

轨道钻孔时,应从钢轨外侧向内侧钻,以保证塞钉铆入时不会造成卷边或铆不紧。电钻要放平,如果轨枕头部石砟过高应适当扒除。采用直径为9.8 mm直柄麻花钻头钻孔。钻头接触轨腰面时注意加水,进钻不可用力过猛,须待表层钻去后方可加力。这是因为钢轨热轧后,自然冷却产生一层比较坚硬的表层,如用力过大,极易磨损钻头。将表层钻去后,开始加力,金属屑随即从钻头两旁向外退出。

眼孔钻毕应及时铆接续线。接续线长度与所钻成的两眼孔不一定十分合适。接续线嫌短时,用脚踩住一端余量,双手捏住另一端余量用力向外旋转,然后换一个方向将另一余量同样旋转,即可使接续线放长。嫌长时,将余量向里旋转,即可收短。

铆接续线时,先将塞钉头部对准眼孔,用4磅长柄锤轻轻打击塞钉尾部。塞钉进入眼孔后,手锤对准尾部用力要狠,落锤要准,一般打4~5锤即可铆毕。注意锤不要打偏,使塞钉弯曲,或打在余量上使线条损坏。塞钉打入轨内,应露出轨内侧2~3 mm,最少应与侧面相平,最多不超过3 mm。

钢轨接续线铆毕后,用手锤把或大螺丝刀插入接续线余量上部向外撬动,使整个接续线笔直地贴在轨面下部20 mm处。最后在钢轨孔缘与塞钉接触处涂灰色或黑色调和漆。

2. 焊接式钢轨接续线的安装

钢轨接续线焊接的方法大体上有坩埚焊接法、爆炸式焊接法和光焊机焊接法三种。下面介绍的是光焊机焊接法的操作工艺。

焊接式钢轨接续线使用工具及材料见表5-17。

(1)测量及定位

①在钢轨接头夹板上部焊接时,焊接位置为焊点距钢轨接头中心外侧55 mm、距轨面不小于8 mm。

表 5－17　焊接式钢轨接续线安装工具及材料表

序　号	名　称	规　格	单　位	数　量
1	发电机		台	1
2	光焊机		台	1
3	焊枪		套	1
4	充电器		套	1
5	电控箱		套	1
6	电磨机		套	1
7	工具箱		个	1
8	电瓶		个	1
9	小工具		套	1
10	通信工具		台	根据情况定
11	防护旗	红、黄	面	根据情况定
12	焊针	50 mm^2	个	4
13	瓷环		个	4
14	焊接铜导线	C50 × 200 mm	根	2

②在钢轨接头夹板下部焊接时，焊接位置为焊点距钢轨接头中心外侧 55 mm、距轨底不小于 10 mm。

③找好焊接部位，用红油漆及画笔做好标记。

(2)焊接

①焊接要求(以光焊机焊接为例)

a. 焊点饱满，呈椭圆形。

b. 表面平坦，不得有凹坑、毛刺和缺口现象。

c. 焊接牢固，焊接线呈弧形下垂。

②焊接前准备

a. 将工具和焊接材料放到工具箱中，把打磨机、焊枪也放到工具专用插槽，接轨器头是永久磁铁，吸在工具箱上。

b. 把打磨机插头插到主机面板的打磨插口并试运转，接轨器插头插到负极插口上，焊枪插头插到枪 1 口，空枪试验焊接时间，每个插接处一定要牢固，防止接触不好打火花，枪 2 插口的输出电流比枪 1 插口的输出电流大。

c. 焊枪线、打磨机线、接轨器线、控制线都要盘好放在打开的工具箱上，防止在推行过程中磨损拉环，由此产生短路灯火。

d. 每次使用前一定要检查电源电压是否在 38 V 以上，方法是打开面板上控制电路开关，查看面板上的电压表(或用万用表实测)。

③操作过程

在运营线上，应设驻站联络员，施工现场防护员及现场指挥人员。且“三员”的通信工具应时刻处于畅通状态，如发现通信工具故障应立即停止施工。

a. 将主机小车推至焊接地点并稳固。

b. 用打磨机打磨焊接点处表面。

(a)打磨姿势:用右手握紧打磨机背部,左手扶打磨机内侧,保证打磨下的红热铁渣向下喷射不至伤人,然后打开打磨机尾部电源开关,打磨开始。注意喷射出的红铁渣不要正对主机电控箱。

(b)打磨方法:打磨机的砂轮片平面与钢轨侧面成45°角。因为边缘线速度最高,打磨效率最高,夹角小打磨可能造成砂轮片变薄易碎,飞出碎砂轮片伤人。用砂轮片外沿,沿红铁渣喷射方向有顺序地从上到下一行一行打磨,防止打下锈粉重新吹到打好的新鲜面上,每行长30～40 mm,上、下宽为25 mm,即钢轨头侧面宽度到钢轨连接夹板上方,至少保证每一个焊接面有4～5 mm^2 光洁面积。

(c)打磨要求:打磨面光亮、平整无油无锈,露出新鲜轨面即可。打磨时要稳重迅速,以利节约主机用电。两焊接点中心间距110 mm(注意避开钢轨接头夹板固定螺母上方10 mm)。若是通车的钢轨,轨面很光亮、平整,除去油污即可放置接轨器,否则要在每个焊点一侧的轨面上再打磨出一块12 mm^2 的新鲜轨面放置接轨器,接轨器若与钢轨接触不好容易打火花,造成焊接失败,并使接轨器平面出现凹凸不平,以后更易打火花。如图5－97所示。

④焊枪操作(以右手为例)

a. 装焊针:右手持枪,枪头朝下,以免焊料渣掉进枪簧内,左手将焊针尾部插入焊针卡爪,然后用左手掌心压住焊针头部猛推二三下,再轻拨焊针,以检验焊针是否装紧,从而保证焊针与卡爪接触良好。如图5－98所示。

b. 装瓷环:右手握枪,左手将瓷环套在焊针上压进瓷环卡爪内。新枪卡爪较紧,可用改锥(螺丝刀)将瓷环卡爪口略撑大点,或在调枪时硬压即可。如图5－99所示。

c. 调枪:即调焊枪的拉弧距离,此为焊接的主要步骤。

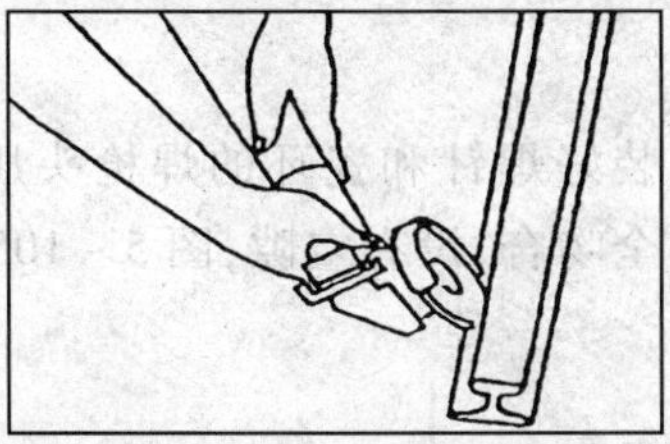

图5－97　打磨机打磨轨头外侧面示意

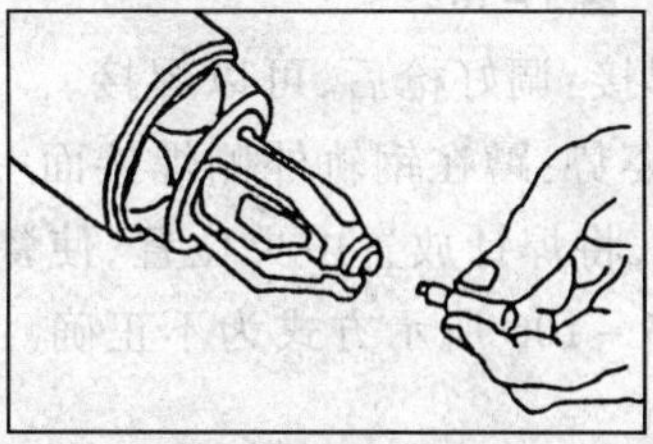

图5－98　装焊针示意图

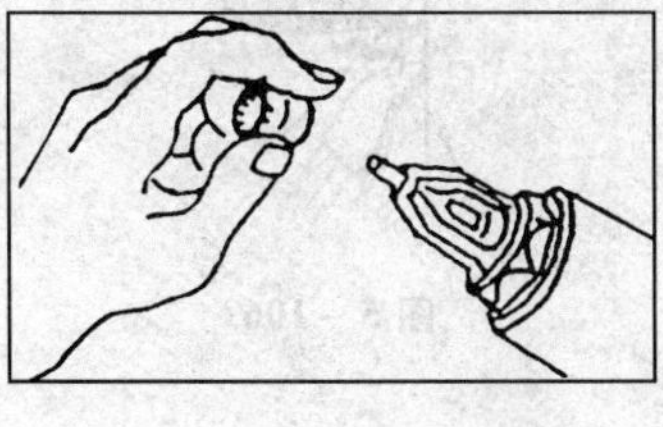

图5－99　装瓷环示意图

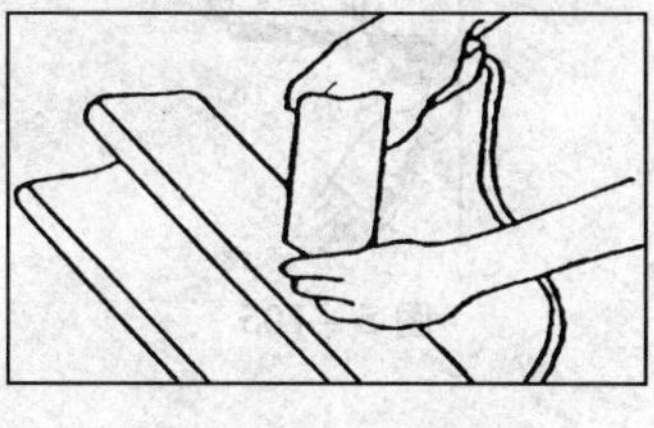

图5－100　调枪示意图

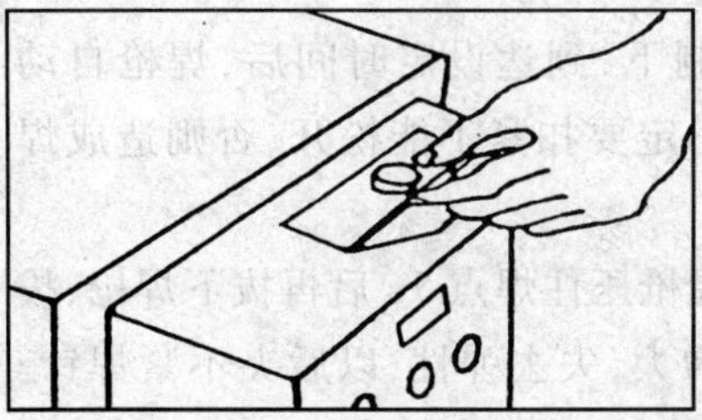

图　5－101

(a)准备:装好焊针及瓷环的枪前端,插入导线一端的孔中,然后左手扶导接线,枪头向下压向平整的轨面上,注意一定要将瓷环压入卡爪。注意此时千万不要扣动枪开头。

(b)调枪:枪头向下,右手握枪,左手转动瓷环卡爪,眼睛看白色标志杆与枪尾部平台的相对位置,一般标志杆要与枪尾平台齐即可。如图5－100所示。

d. 定时：打开电控箱上的小盖，调整定时器。拉弧时间由定时器控制，在调整范围内，电压越高，拉弧时间越短，反之则长。如图 5－101 所示。

(a)截面积不同的导接线，控制器调整时间如表 5－18。

表 5－18　控制器调整时间表

设备类型	施工型焊机		
焊接时蓄电池电量饱和程度（以焊 25 mm² 所焊枪数为参考，焊 50 mm² 线所焊数减半）	充满电 焊第 1～20 枪	充满电 焊第 20～27 枪	充满电 焊第 70～100 枪
焊 25 mm² 线拉弧时间	1.1s	1.2～1.3s	1.1s
焊 50 mm² 线拉弧时间	1.6s	1.8～2.0s	1.7s

(b)焊接时间不是一次能定好，尤其是新焊枪应试焊几次才能掌握。以下三图为焊点截面，焊接强度比较好，如图 5－102 所示为标准焊接。如图 5－103 焊接时间偏短，焊料没完全熔化，焊针熔化后高出焊线平面。如图 5－104 所示为焊接时间偏长，熔化后的焊针凹陷于焊线平面，焊料溢出。

图 5－102

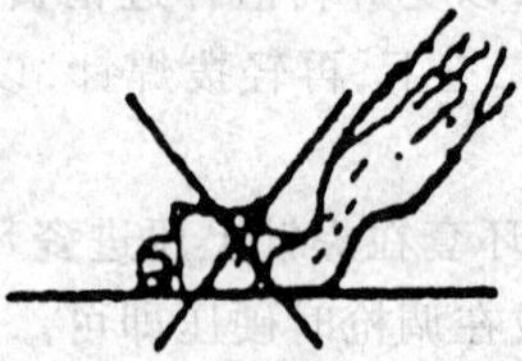
图 5－103

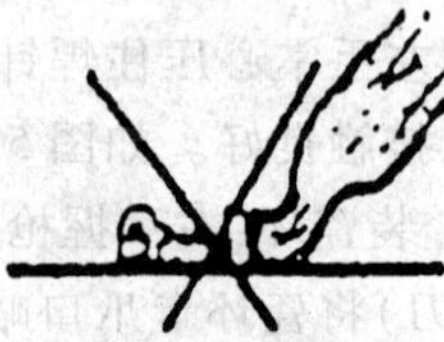
图 5－104

e. 焊接：调好枪后，可以焊接。

(a)姿势：蹲在钢轨外侧焊接面一侧，右腿回蹲或跪，装好焊针和瓷环的焊枪头压住导接线一端孔，将焊针放置中央位置，使瓷环、导接线及钢轨完全吻合，没有空隙，图 5－105 所示为正确，图 5－106 所示方式为不正确。

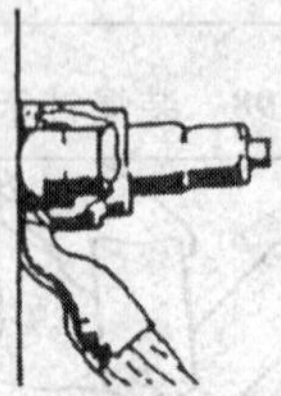
图 5－105

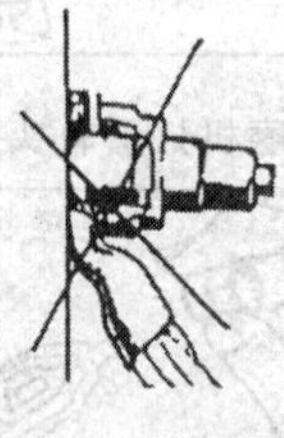
图 5－106

焊接时，让导接线自然下垂，为压紧导接线，手不能乱动，右手握稳枪，右肘抵住右大腿，左手扶握枪尾部，扣动扳机。如图 5－107 所示。

(b)焊接过程：扣动扳机后瞬时焊接点起弧，在定时器控制下，到达设定时间后，焊枪自动断电。在整个焊接过程中，焊枪一定要握稳，不能晃动，扳机一定要扣紧不能松开，否则造成焊接不成功。

(c)冷却过程：当断电熄弧后，立即松开扳机按钮，但仍要握枪压住焊点 5 s 后再拔下焊枪，拔枪时一定要垂直拔，不可左右上下晃动，以防止焊针卡爪口径增大，失去弹性，以后夹不紧焊针。拔枪时手不能再碰枪的开关，以免二次拉弧烧坏焊针卡爪，这一点施工中要特别注意。

(d)焊点处理：拔下焊枪若瓷环还在卡爪上，应将其在钢轨面下沿蹭掉。放下枪后，用手锤将焊针尾部砸下,如图 5－108 所示,并轻砸线上端使其密贴在轨头侧面上,但不能砸焊点中心,如图 5－109 所示。

一处焊完后,把焊枪、打磨机、接轨器放在工具箱相应的位置,一定要把四根线盘好,放在小车上,再推向下一焊接处。焊接式钢轨接续焊接如图 5－110 所示。

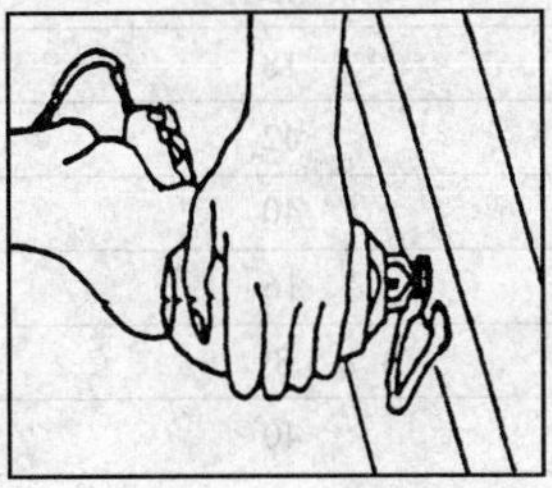

图 5－107

图 5－108

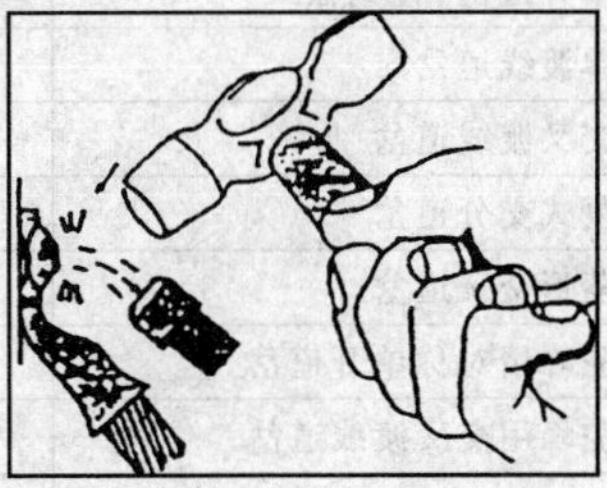

图 5－109

三、道岔跳线、钢轨引接线安装

道岔跳线的规格分为截面积 15 mm^2(19 × 1.2 mm)、42 mm^2(37 × 1.2 mm)两种低碳钢镀锌绞线,两端焊接在圆锥形塞钉上(如图 5－111 所示)。其中 42 mm^2 型道岔跳线使用于电气化牵引区段。道岔跳线根据需要可采用Ⅰ型(900 mm)、Ⅱ型(1 200 mm)、Ⅲ型(1 500 mm)、Ⅳ型(3 000 mm)和Ⅴ型(3 300 mm)五种。客运专线使用的跳线规格以及安装按客专标准执行。

1. 道岔跳线安装技术要求和安装方法

(1)道岔跳线安装技术要求

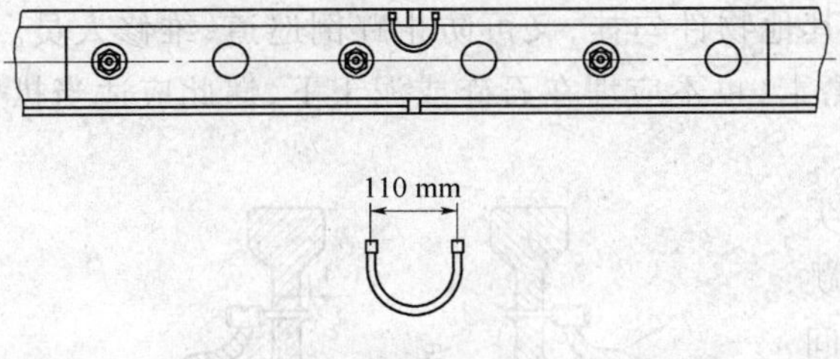

图 5－110

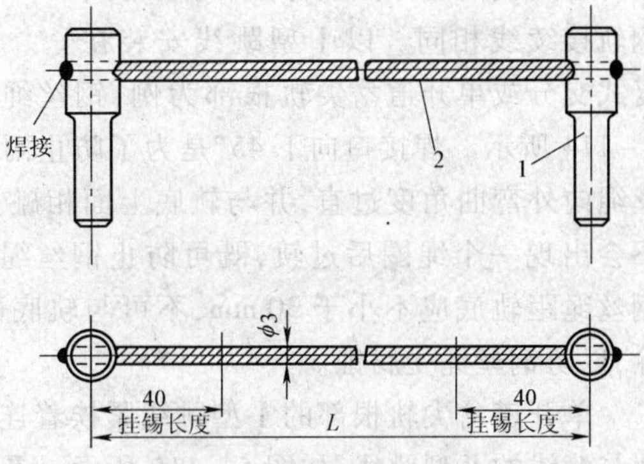

图 5－111 道岔跳线

1—塞钉;2—接续线。

①道岔跳线应按规定的位置安装,用卡具固定在轨枕上,跳线敷设应平直,余量部分可盘成圆圈,固定在轨枕上;

②跳线应无断股和腐蚀现象,焊接牢固;

③安装后的跳线应涂机械油或调和漆,塞钉与塞钉孔边缘应涂漆封闭;

④道岔跳线穿越钢轨时,应距轨底不小于 30 mm,并不得被道砟埋设;

⑤单开道岔的长跳线,宜安装在道岔绝缘节后第三轨枕间距处。

不同种类的道岔所用道岔跳线规格和数量不同,具体见表 5－19 所列。

表 5－19　各种类型道岔区段轨道电路跳线数量表

道岔类型	道岔跳线数量(根)			总计(根)
	Ⅰ型	Ⅱ型	Ⅲ型	
单开道岔(钢轨组合辙叉)	6	12	1	19
单开道岔(锰钢辙叉)	4	10	1	15
单渡线道岔	8	8	2	18
交叉渡线道岔	18	20	4	42
复式交分道岔	14	24	2	40
菱形交叉道岔	8	8	—	16
驼峰用对称单开道岔	3	4	1	8
驼峰用交叉渡线道岔	18	20	2	40
1/8 交叉渡线道岔	18	20	4	42

各种道岔跳线安装的基本要求是相同的。塞钉眼孔均采用直径为 9.8 mm 钻头钻孔，塞钉露出轨内侧 3 mm 为佳。根据设计图纸规定位置，用粉笔或石笔画出钻孔记号。钻孔操作方法和要求与轨端接续线钻孔相同。

(2)各种类型道岔跳线安装方法

①单开道岔(钢轨组合辙叉)跳线安装。图 5－112 为组合辙叉单开道岔跳线、钢轨绝缘布置。组合辙叉虽不是部批标准，但现场使用较多，故此图可作为参考。图 5－113 所示各种跳线的塞钉铆入轨内的方法及标准，与塞钉式钢轨接续线相同。以Ⅰ型跳线安装在复式交分或单开道岔尖轨根部为例：钢丝绳焊接口应与轨面向下倾斜成 45°铆入轨内，如图 5－114 所示。焊接口向下 45°是为了防止雨露水渗入焊缝内。不能成 90°向下，是为了防止钢丝绳向外弯曲角度过直，并与轨底上面相碰。另外，成 45°铆入轨内后，钢丝绳自然弯曲过轨，不会出现一个绳圈后过轨，既可防止钢丝绳被其他物件勾挂，又可防止绊倒巡道、维修人员。钢丝绳距轨底应不小于 30 mm，不可与轨底面磨卡，也不应埋在石砟或泥土下，遇此应适当扒除，以防钢丝绳受腐蚀。

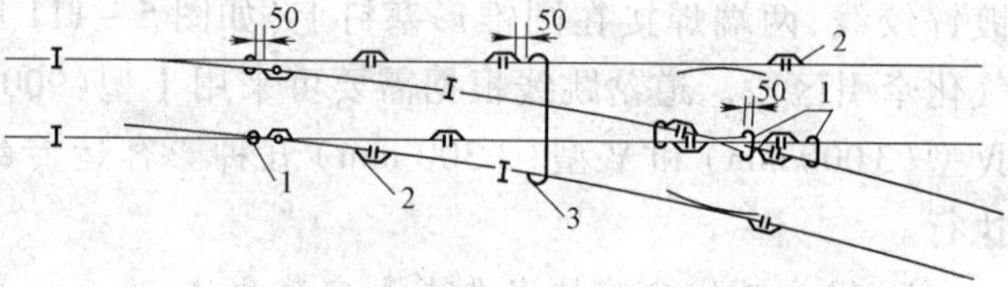

图 5－112　组合辙叉单开道岔跳线、钢轨绝缘布置(单位：mm)

1—Ⅰ型跳线；2—Ⅱ型跳线；3—Ⅲ型跳线。

单开道岔尖轨根部的Ⅰ型跳线紧挨着连接尖轨与渡线的Ⅱ型跳线，如图 5－115 所示。Ⅱ型跳线跨轨枕连接并不过轨，靠近Ⅰ型跳线的塞钉间距为 50 mm，与本轨枕中心为 100 mm，另一塞钉距本轨枕中心也是 100 mm。Ⅱ型跳线的塞钉铆接时也应向下倾斜 45°，将塞钉下部钢丝绳拗出弯度离开轨底上面，绕过尖轨长垫板拐角，用第一枚卡具固定在轨枕上。按原来的绞向拧紧钢丝绳，顺直在本轨枕上成“八”字形安装第二枚卡具。钢丝绳引至另一轨枕后同样方法钉固并铆入另一轨内。不要使钢丝绳与长垫板相碰，因为车辆通过接缝时，垫板或轨枕总会有上下错动，日久会使钢丝绳磨损。

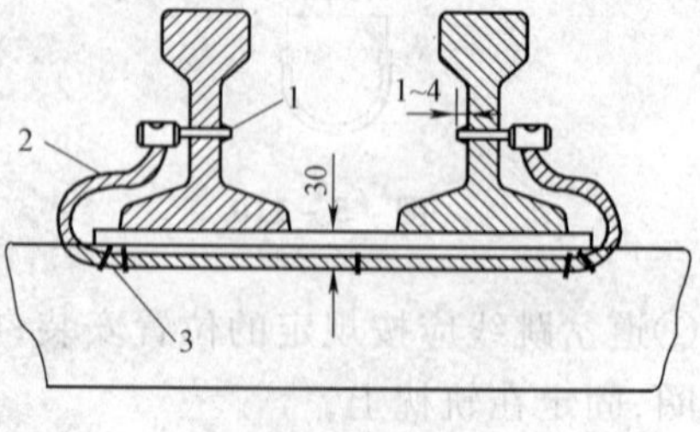

图 5－113　钢丝绳焊接口向下倾斜 45°铆入轨内(单位：mm)

1—塞钉；2—Ⅰ型跳线；3—卡具。

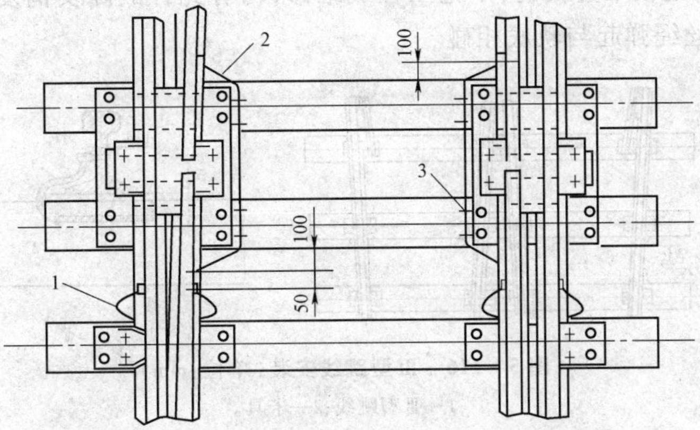

图 5－114　Ⅰ、Ⅱ型跳线安装在单开道岔尖轨根部(单位:mm)

1—Ⅰ型跳线;2—Ⅱ型跳线;3—卡具。

跳线在复式交分道岔尖轨根部的安装如图 5－115 所示,安装方法及要求与上相同。

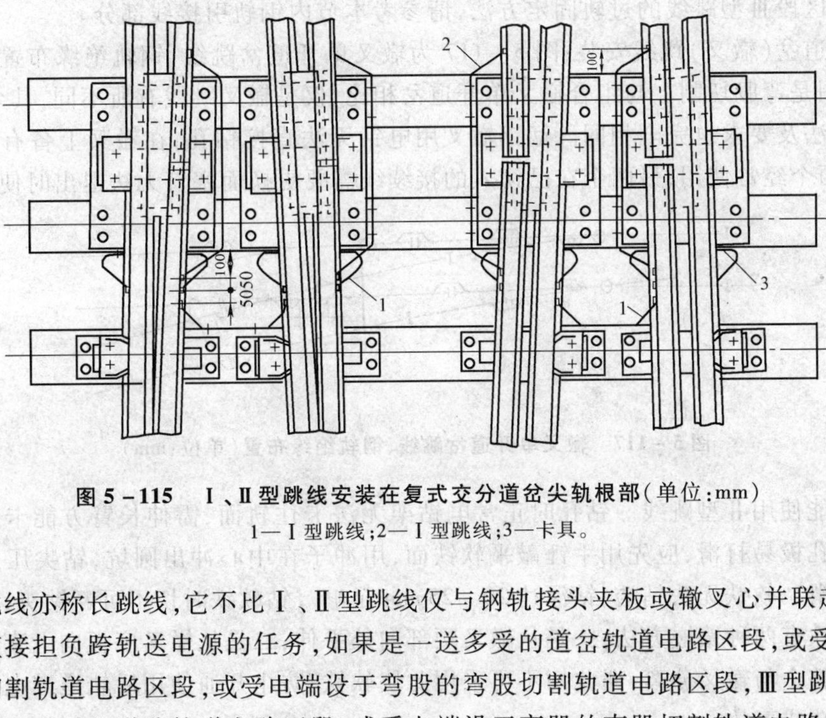

图 5－115　Ⅰ、Ⅱ型跳线安装在复式交分道岔尖轨根部(单位:mm)

1—Ⅰ型跳线;2—Ⅰ型跳线;3—卡具。

Ⅲ型跳线亦称长跳线,它不比Ⅰ、Ⅱ型跳线仅与钢轨接头夹板或辙叉心并联起连接作用。Ⅲ型跳线直接担负跨轨送电源的任务,如果是一送多受的道岔轨道电路区段,或受电端设于直股的直股切割轨道电路区段,或受电端设于弯股的弯股切割轨道电路区段,Ⅲ型跳线还受到电流检查。一送单受的道岔轨道电路区段,或受电端设于弯股的直股切割轨道电路区段,或受电端设于直股的弯股切割轨道电路区段,Ⅲ型跳线均没有电流流过。此时,为了保证未设轨道继电器的分歧轨道电路有良好的分流感度,应采用两根Ⅱ型跳线(简称双跳线),即当轨道电路的跳线得不到电流检查时,应设双跳线,以防止仅一根跳线送电中断时,该段轨面不受车轮分流检查,造成重大事故。

Ⅲ型跳线的安装方法及要求与上相同,如图 5－116 所示。安装根数应根据双线轨道电路图决定。遇到双跳线时,两塞钉间距为 50 mm,钢丝绳可从同一孔的两根轨枕平行过轨。必须引起注意的是:通过另一极性的轨底时,应稍离它们的垫板用双卡具固定。否则,日后工务移动了垫板,道钉在轨枕内很可能与钢丝绳卡具相碰,尤其使用过长的卡具更有可能发生。这种

“极性短路”的故障是很难查找的，不论工程或维修，均有此种故障实例发生。使用双卡具是防止单卡脱落，钢丝绳弹起与轨底相碰。

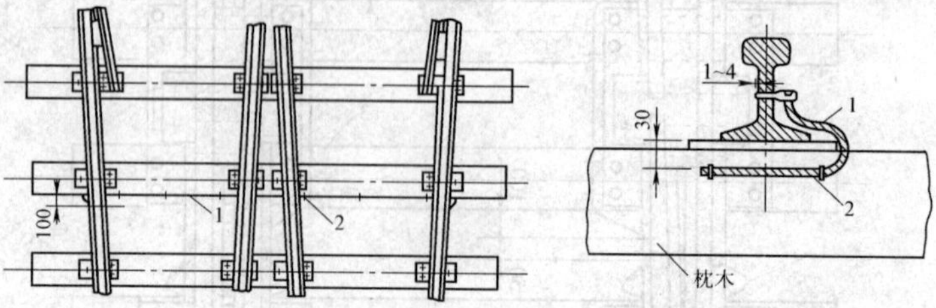

图 5－116　Ⅲ型跳线安装(单位:mm)

1—Ⅲ型跳线;2—卡具。

Ⅲ型跳线过轨枕木处设有防爬器时，钢丝绳不可压在防爬器防爬方向的内侧。因为防爬爪即使夹了木片与钢丝绳相接触，日后也有可能将钢丝绳挤坏，出现“极性短路”。遇此，可以改变跳线过轨位置，离开防爬器；也可以请工务改变防爬器设备地点。

水泥枕区段Ⅲ型跳线的过轨固定方法，请参考本节内钢轨引接线部分。

②单开道岔(辙叉)跳线安装：图 5－117 为辙叉单开道岔跳线、钢轨绝缘布置。上图是直股切割，下图是弯股切割。与组合辙叉单开道岔相比，仅是辙叉跳线有所不同，其余相同，各跳线的安装方法及要求也完全相同。锰钢辙叉用电钻无法直接钻孔，在辙叉上备有 4 个软铁导电销，其中两个经常使用，另两个在已铆入的接续线需要更换而塞钉无法退出时使用。

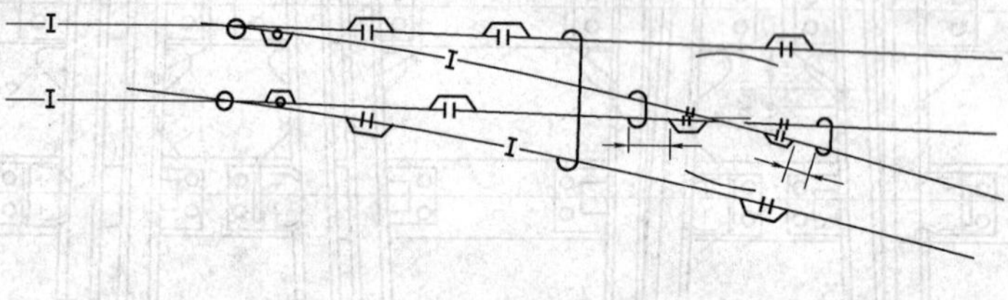

图 5－117　辙叉单开道岔跳线、钢轨绝缘布置(单位:mm)

辙叉只能使用Ⅱ型跳线。钻孔时正常电钻架无法卡住轨面，需伸长臂方能卡住。钻尖直接向软铁钻孔极易打滑，应先用手锤敲平软铁面，用冲子在中心冲出圆坑，钻尖压入冲子眼钻孔就不会打滑。软铁无法钻透，钻深达 20～25 mm 足够。钻软铁时切不可断钻头，否则断头无法取出。软铁有两种镶嵌方法：一是从辙叉腰部向外平伸；二是从辙叉底板向上直伸。两种镶嵌均发现过整个与辙叉分离，遇此切不可采用此块软铁，防止开通使用后轨道继电器中断励磁或保持不住造成事故。

辙叉安装Ⅱ型跳线时，应切实比划好位置方可用力将塞钉铆入软铁内，如图 5－118 所示，铆时应注意不可将塞钉砸歪或损坏，否则想拔出塞钉重铆十分困难，非用特殊撬棍不可。万一非重铆不可，而且塞钉锥体已经撬平还是撬不出来，那只能沿软铁面将塞铁铲断，在塞钉断面中心冲出眼子，用电钻将孔内的塞钉钻去，然后换一根跳线重新铆塞钉。此时应注意不要将眼孔扩大，防止铆接不严。

图 5－118　Ⅱ型跳线铆入导电销

辙叉上的Ⅰ、Ⅱ型跳线布置如图 5－119 所示。

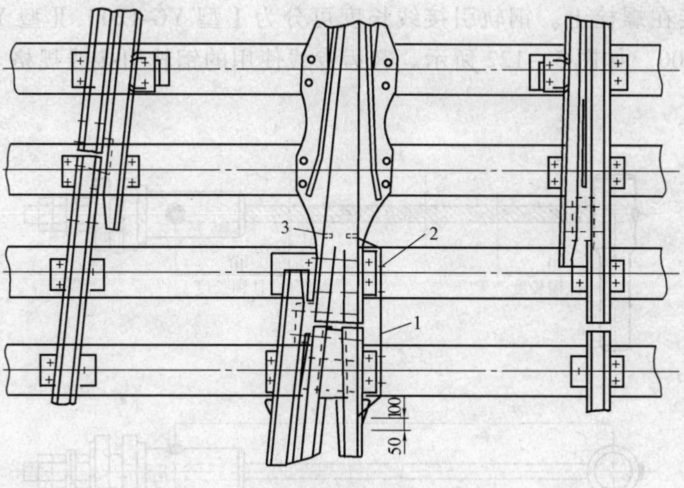

图5－119　Ⅱ型跳线安装在辙叉(单位:mm)

1—Ⅱ型跳线;2—卡具;3—导电销。

③复式交分道岔跳线安装:图5－120是复式交分道岔跳线、钢轨绝缘布置。图中各跳线安装方法及要求与上相同。

④菱形交叉渡线跳线安装:图5－121是交叉渡线、钢轨绝缘布置。图中各跳线安装方法及要求与上相同。

道岔跳线在安装前,应涂防锈漆及灰调和漆。安装后不应受石砟摩擦或泥土掩埋,并涂以水沥青或沥青清漆防腐。在钢轨孔缘与塞钉接触处涂调和漆。带塑料护套者不需油漆。

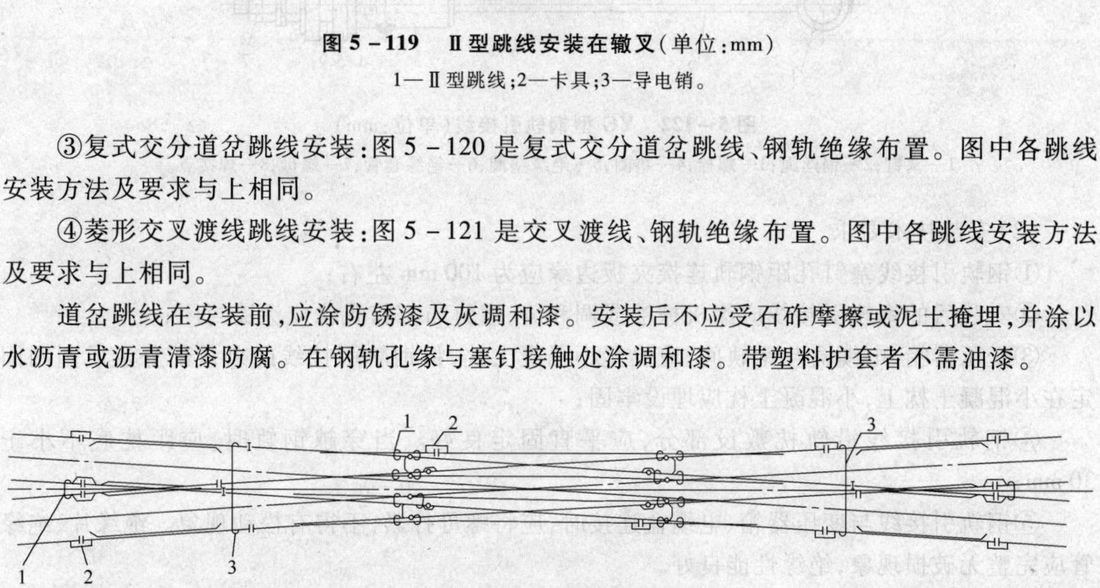

图5－120　复式交分道岔跳线布置

1—Ⅰ型跳线;2—Ⅱ型跳线;3—Ⅲ型跳线。

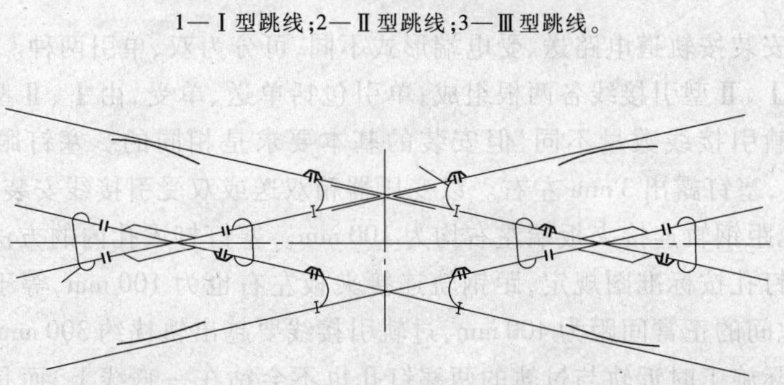

图5－121　菱形交叉渡线道岔跳线布置

2. 钢轨引接线的安装技术要求

(1)规格

钢轨引接线的规格为截面积15 mm^2(19×1.2 mm)的多股镀锌钢绞线,一端焊接在圆锥形塞钉上,一端焊接在螺栓上。钢轨引接线长度可分为Ⅰ型 YG-1200,Ⅱ型 YG-1600,Ⅲ型 YG-2700,Ⅳ型 YG-3600。如图 5－122 所示。客运专线使用的钢轨引接线规格及安装按客专标准执行。

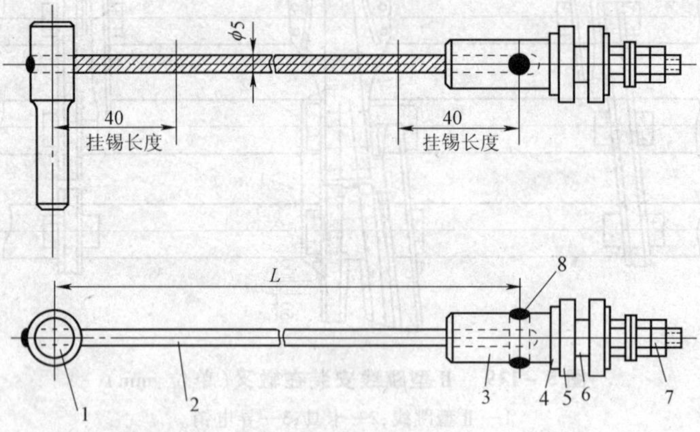

图 5－122　YG 型钢轨引接线(单位:mm)

1—塞钉;2—钢丝绳;3—螺栓;4—垫圈;5—绝缘垫圈;6—绝缘套管;7—螺母;8—焊接点。

(2)安装技术要求

①钢轨引接线塞钉孔距钢轨连接夹板边缘应为 100 mm 左右;

②安装后的钢轨引接线应涂机械油或调和漆,塞钉与塞钉孔缘应涂漆封闭;

③变压器箱、电缆盒与钢轨间,应设置小混凝土枕,将钢轨引接线的余量部分盘成圆圈固定在小混凝土枕上,小混凝土枕应埋设牢固;

④钢轨引接线沿轨枕敷设部分,应平直固定良好。当穿越钢轨时,应距枕底不小于 30 mm;

⑤钢轨引接线与变压器箱、电缆盒连接时,应将螺母拧紧,不得有松动现象。绝缘片、绝缘管应完整无破损现象,绝缘性能良好。

(3)安装方法

①木枕

钢轨引接线安装按轨道电路送、受电端形式不同,可分为双、单引两种。双引包括双送、双引,一送一受,由Ⅰ、Ⅱ型引接线各两根组成;单引包括单送、单受,由Ⅰ、Ⅱ型引接线各 1 根组成。双或单的钢轨引接线数量不同,但安装的基本要求是相同的。塞钉眼孔均采用直径为 9.8 mm 钻头钻孔,塞钉露出 3 mm 左右。以变压器箱双送或双受引接线安装为例,如图 5－123 所示,近轨塞钉孔距钢轨连接夹板端左右均为 100 mm。塞钉打入孔内的方法及要求与道岔跳线相同。过轨塞钉孔按标准图规定,距钢轨连接夹板左右也为 100 mm,等于与近轨塞钉孔成直线。但是,两枕间的正常间距为 400 mm,过轨引接线要越出轨枕约 300 mm,铆入塞钉孔显然是不合适的。实际施工时近轨与过轨的两塞钉孔也不会钻在一直线上,而是过轨塞钉孔钻在距轨枕边约 100 mm 处,如图 5－124 所示。两近轨引接线与变压器箱靠里的引接孔连接;两过轨引接线与靠外的引接孔连接,这样两侧钢丝绳均不会交叉。Ⅰ、Ⅱ型引接线铆入轨内后,与道岔跳线相同方法用卡钉固定在枕木侧面,不可与钢轨连接夹板边角相碰。出轨枕头之后用 1 只卡钉固定在小水泥枕的方木上,然后顺原来绞合方向拧紧,成自然弯将带丝扣螺栓的钢丝绳焊接口向下 90°,加与绝缘圈同样大小的圆铁垫片,再套入绝缘圈、绝缘管(或带片绝缘管),

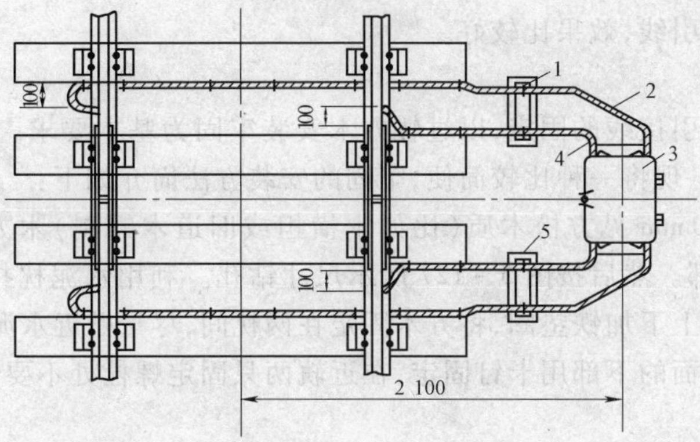

图 5－123　变压器箱双送、双受引接线安装（单位：mm）

1—卡钉；2—Ⅱ型引接线；3—变压器箱；4—Ⅰ型引接线；5—小水泥枕。

穿过变压器箱的引接孔，先套入绝缘圈，再加同样大小的铁垫片，最后用铁螺母充分拧紧，如图 5－125 所示。拧紧螺母时应抓住钢丝绳，不使螺栓跟着转动，用 200 mm 小扳手拧紧到从箱外抓住钢丝绳拧不动螺栓为止。钢丝绳焊接口朝下是为了防止氿水，并且下部没有物件阻挡（道岔跳线因受轨底面阻挡，所以只能成 45°）。采用铁螺母做螺栓的固定螺母，是使根母有足够硬度，不致拧紧时产生滑牙，可使螺栓充分拧紧，既可防止渗漏水，又可保证送、受电配线的压紧螺帽不会松动。引接线余量能盘成一圈时可将其用卡钉固定在枕木头，如不够一圈，只能做“S”形弯，固定在枕木头。

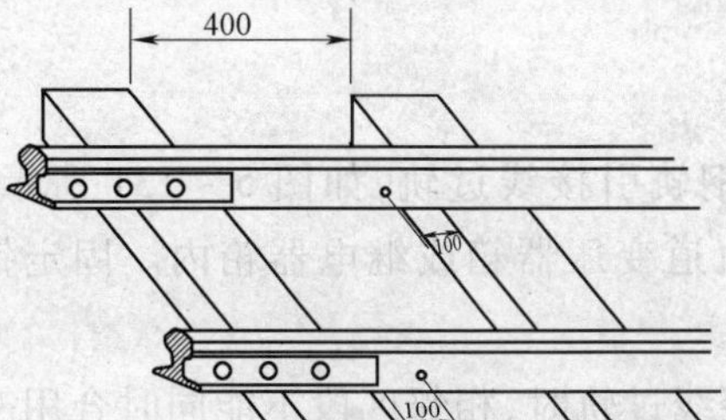

图 5－124　过轨引接线塞钉孔尺寸
（单位：mm）

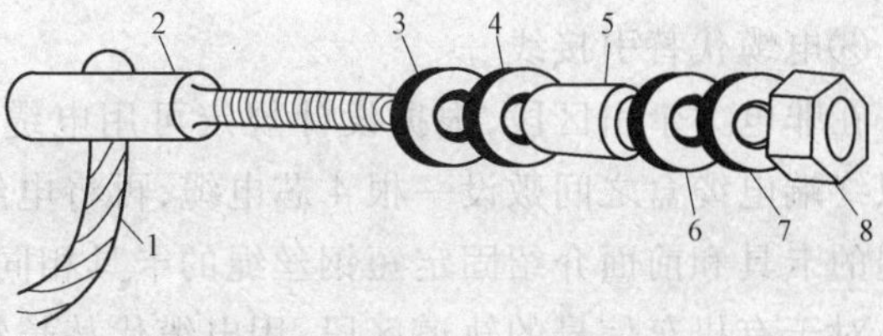

图 5－125　引接线附件安装

1—钢丝绳；2—螺栓；3—垫圈；4—绝缘垫圈；5—绝缘管；6—螺母；7—垫圈；8—绝缘垫圈。

Ⅱ、Ⅳ型引接线同样方法打入轨内并引向枕木过轨底，钢丝绳离轨底 30 mm 用卡钉固定，股道内约有 5 只卡钉足够。过近轨时同样需离垫板稍远一些用双卡钉固定，出枕木之后同样方法与变压器箱引接孔连接。余量也应盘圈后固定在枕木，如图 5－126 所示。当然，水泥枕区段就不能这样。

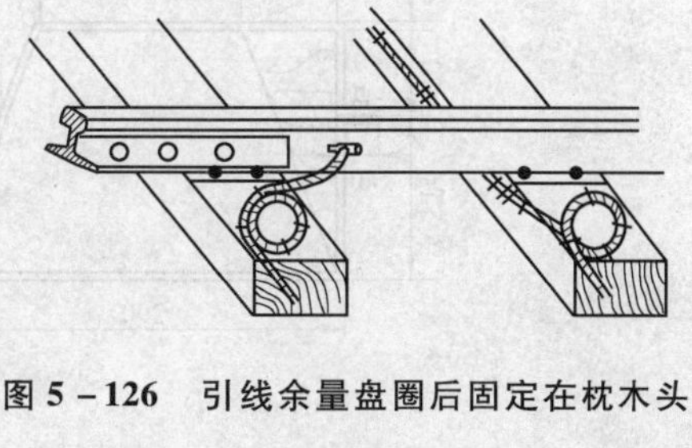

图 5－126　引线余量盘圈后固定在枕木头

安装后的Ⅰ、Ⅲ型两引接线在任何情况下，不应有自动相碰造成短路的可能。余量圈尽量相距得远些，防止扳手，钉道锤能将它们短路。

引接线使用的混凝土小枕木长为 400 mm，宽为 150 mm，厚为 130 mm，中间镶嵌一条 50 mm

宽,290 mm 长方木。或嵌入 4 块 50 mm 见方,50 mm 厚的梯形木墩。也可用 1.6 m 长的旧枕木埋入石砟内固定钢轨引线,效果比较好。

②水泥枕

水泥枕区段过轨引接线的固定,以过轨方木安装牢固为基本要求。其次要求木质防腐性能良好,能钉入卡钉。现将一种比较简便,牢固的安装方法简介如下:

采用 50 mm 至 60 mm 见方松木质(比如木横担或旧道木锯制)木方,先涂以防腐沥青数次,尽量达到渗入内部。然后按图 5-127 所示尺寸钻孔。利用水泥枕扣铁四块,采用直径 16 mm,长 110 mm 螺栓,上下加铁垫圈,将方木固定在两枕间,尽量贴近水泥枕如图 5-128 所示。Ⅱ型引接线沿方木侧面的下部用卡钉固定,在近轨两只固定螺栓处不要钉卡钉,以免楔入木方内与螺栓相碰。

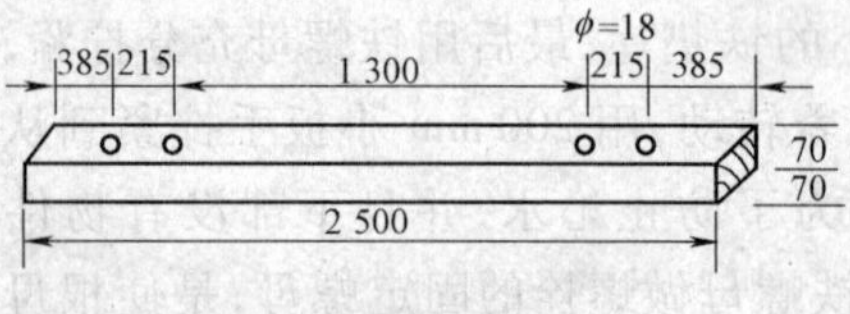

图 5-127 过轨方木钻孔尺寸(单位:mm)

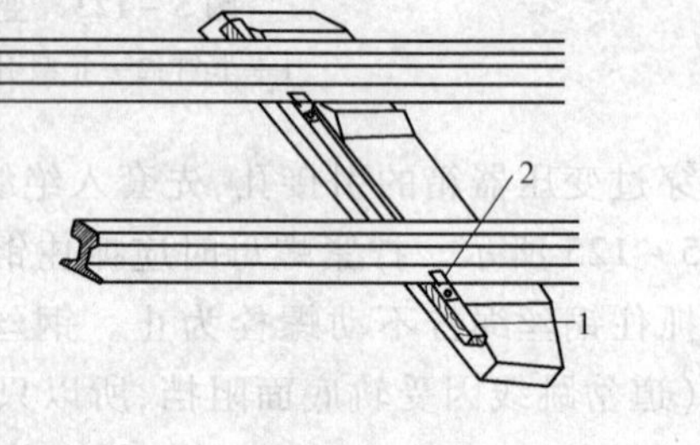

图 5-128 过轨方木安装

1—过轨方木;2—扣铁。

也可自制"混凝土轨枕钢轨引接线卡具"如图 5-129 所示。安装混凝土轨枕区段的钢轨引接线如图 5-130 所示。

③电缆代替引接线

在非电力牵引区段,根据设计规定可用电缆代替长钢轨引接线过轨,如图 5-131 所示。两只终端电缆盒之间敷设一根 4 芯电缆,再将电缆引入轨道变压器箱或继电器箱内。固定钢丝绳的卡具和前面介绍固定短钢丝绳的卡具相同。

对于有机车信号的轨道区段,用电缆代替长钢轨引接线过轨时,相邻区段不能同时合用一根电缆,以防止机车信号误动。

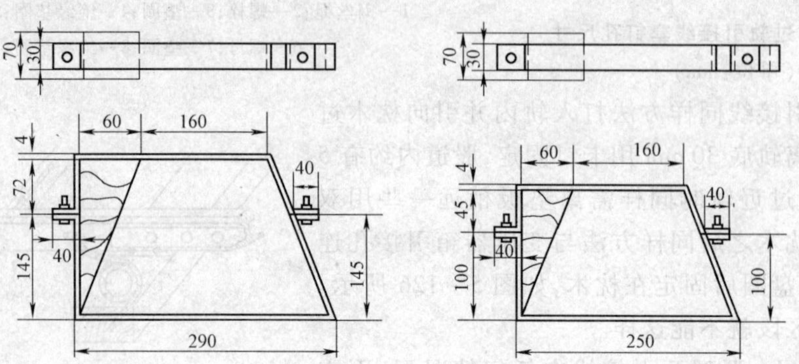

图 5-129 混凝土轨枕钢轨引接线卡具(单位:mm)

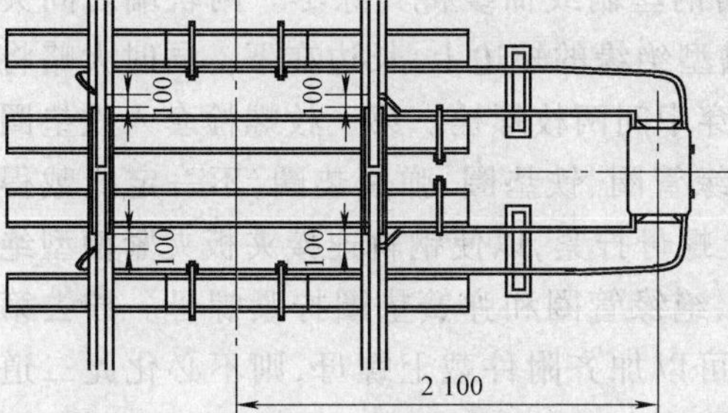

图 5－130 钢轨引接线在混凝土轨枕区安装(单位:mm)

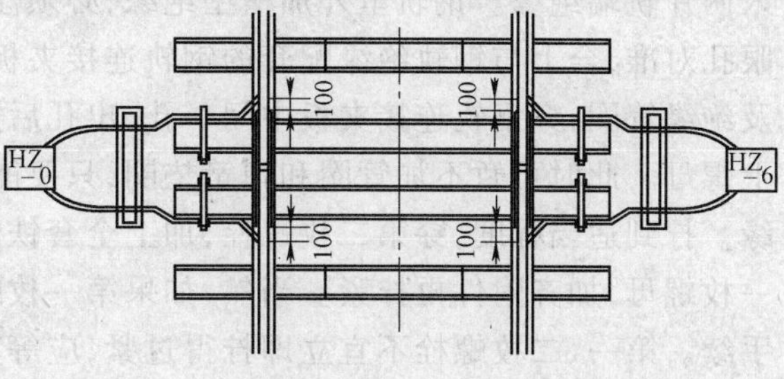

图 5－131 电缆代替长钢轨引接线安装图(单位:mm)

四、钢轨绝缘安装

1. 钢轨绝缘结构

钢轨绝缘的安装结构如图 5－132 所示。钢轨断面及钢轨连接夹板各部尺寸见表 5－21 所列。相邻区段的两轨端缝之间夹入两轨端的绝缘如图 5－133 所示,使两轨端面互不接触。钢轨连接夹板与两轨腰内夹入槽型绝缘如图 5－134 所示,使钢轨连接夹板不再沟通两轨。钢轨连接夹板与螺栓之间加装绝缘管、绝缘垫圈如图 5－135 所示,使钢轨连接夹板紧固螺栓不与钢轨连接夹板导通。

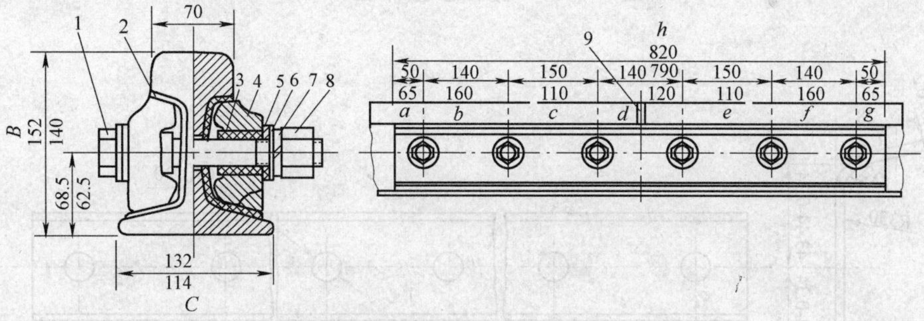

图 5－132 钢轨绝缘(单位:mm)

1—螺栓;2—槽形绝缘;3—绝缘管;4—铁轨连接夹板(鱼尾板);5—绝缘垫圈;6—垫圈;7—弹簧垫圈;8—螺母;9—轨端。

表 5－21 钢轨断面及接头夹板尺寸表

钢轨绝缘种类(kg/m)	钢轨断面			接头夹板螺栓孔距							
	A	*B*	*C*	*a*	*b*	*c*	*d*	*e*	*f*	*g*	*h*
43	70	140	114	65	160	110	120	110	160	65	790
50	70	152	132	50	140	150	140	150	140	50	820
60	73	176	150	50	140	140	160	140	140	50	820

2. 钢轨绝缘安装

钢轨绝缘一般均在工程接近调整试验之前进行安装,安装现场分站内和区间两种。安装方法如下:准备工作完毕后,向值班员联系要点。值班员同意后,迅速拧去六只螺栓,取下里、外钢轨连接夹板,轨腰上如有过多铁锈或油垢应使用钢丝刷或棉纱将其除尽。两轨端之间夹入两片轨端绝缘。钢轨里外加槽型绝缘,必须注意槽型绝缘的短边上,长边在下。同时大略将眼孔对准,合上与钢轨绝缘配套的钢轨连接夹板,先穿中间两枚螺栓。第一枚螺栓套入铁垫圈及绝缘管圈,穿钢轨连接夹板中间一孔,出孔后加绝缘管圈、铁垫圈、弹簧垫圈,不一定能戴得上螺母。此时可暂不加管圈和弹簧垫圈,只要能戴上螺母拧紧,以使钢轨连接夹板夹紧槽型绝缘。拧到适当程度,穿第二枚螺栓,加上全套铁垫圈、绝缘管圈和弹簧垫圈拧紧螺母。拧去第一枚螺母,加齐附件再拧紧。当然,如果第一枚螺栓可以加齐附件戴上螺母,则不必化此二道手续。第一、二枚螺栓不宜立即拧得过紧,应等其他螺栓全部穿入眼孔后,再相继平衡地拧紧。螺母基本拧紧之后。用锤敲击钢轨连接夹夹板,再拧紧螺母。

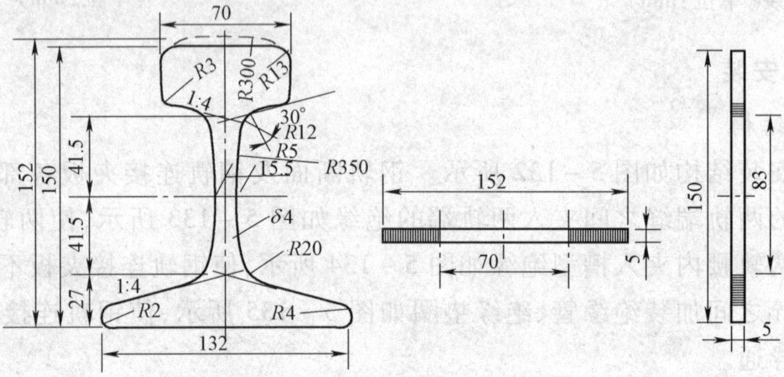

图 5－133　轨端绝缘(单位:mm)

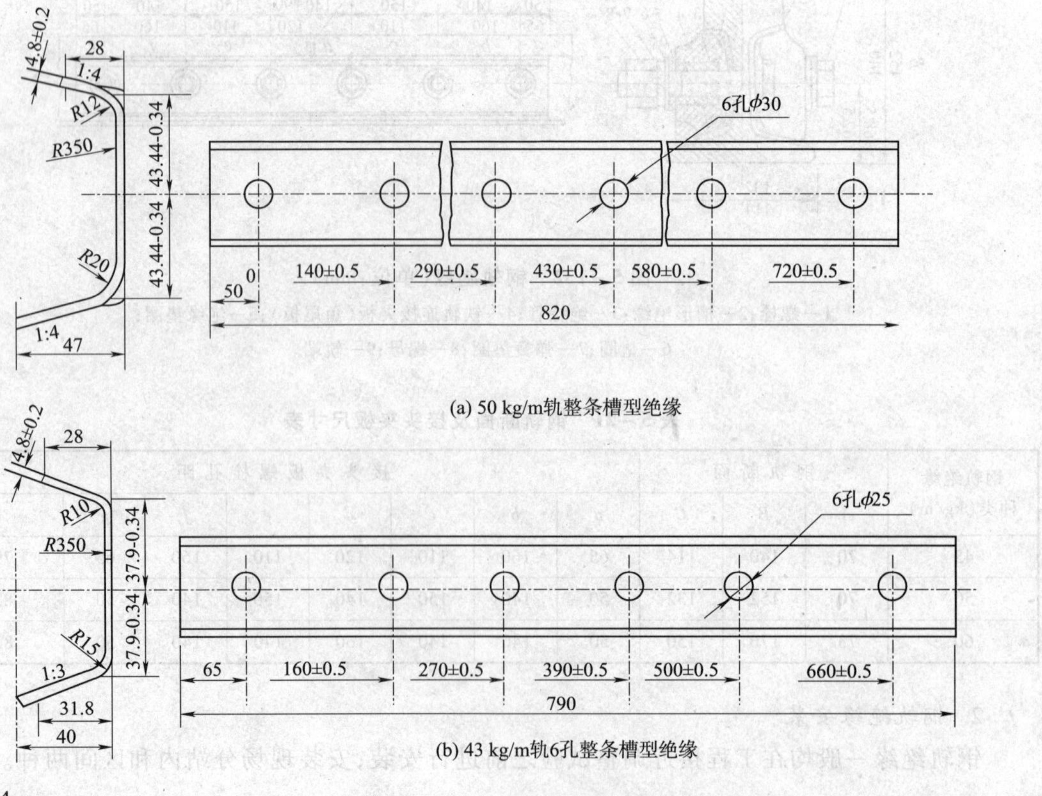

(a) 50 kg/m轨整条槽型绝缘

(b) 43 kg/m轨6孔整条槽型绝缘

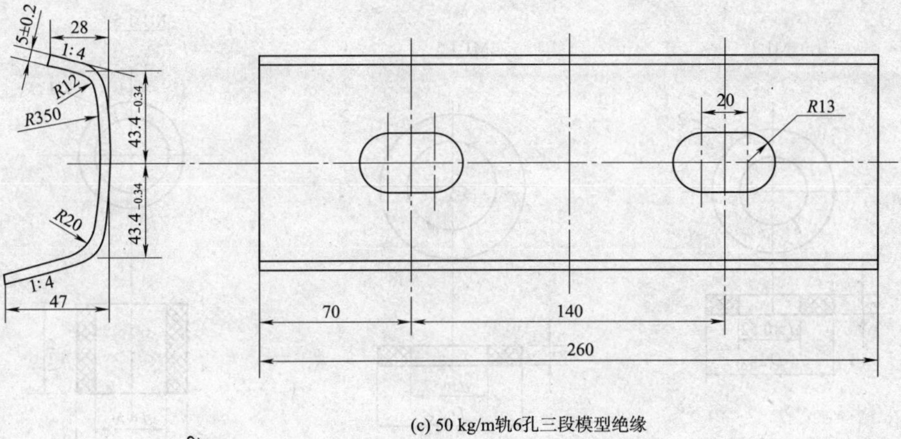

(c) 50 kg/m轨6孔三段模型绝缘

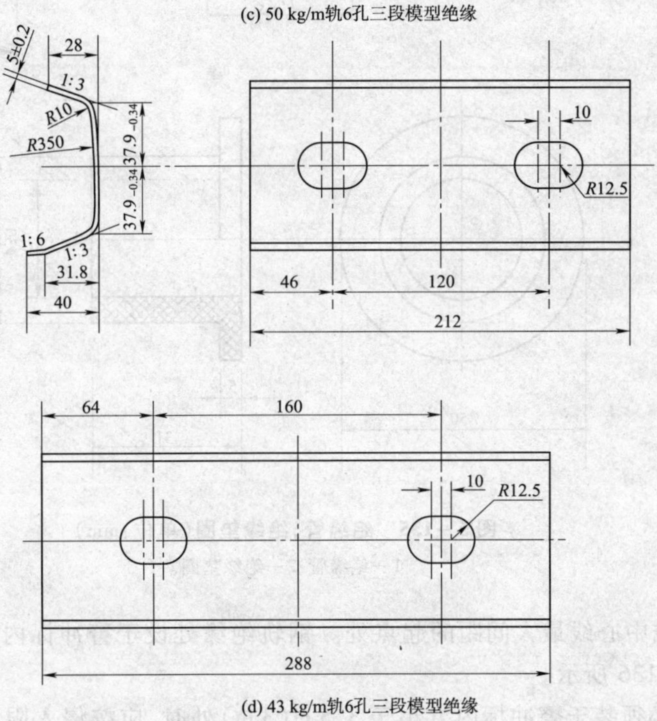

(d) 43 kg/m轨6孔三段模型绝缘

图 5－134 槽型绝缘(单位:mm)

安装钢轨绝缘直接关系行车安全,必须重视安全和防护,值班员室内设专人联系开关。随时掌握行车动向,切不可冒险盲动。

在行车线上安装钢轨绝缘,应约请工务配合,以防遇到特殊情况时无法应付。遇到没有轨缝、轨缝过小或轨端有“肥边”,更需约请工务解决。预先进行撞轨、换轨、锯轨或使用油压轨缝调整器拉轨,出现足够轨缝后方可安装钢轨绝缘。夏季施工尽量利用清晨、傍晚。

施工调查时应注意尽量避免在异型轨接头处设置钢轨绝缘。无法避免时,有的局采用异型轨接头焊接,然后在适当处锯轨,变成同型轨接头安装钢轨绝缘的方法比较好。

3. 钢轨绝缘设置位置的一些技术要求

(1)在两条线路会合处,为防止停留在一线上的机车车辆与邻线上的机车车辆发生侧面冲撞而设置的标志称为警冲标。警冲标设于两会合线路间距为 4 m 的中间。两线间距不足

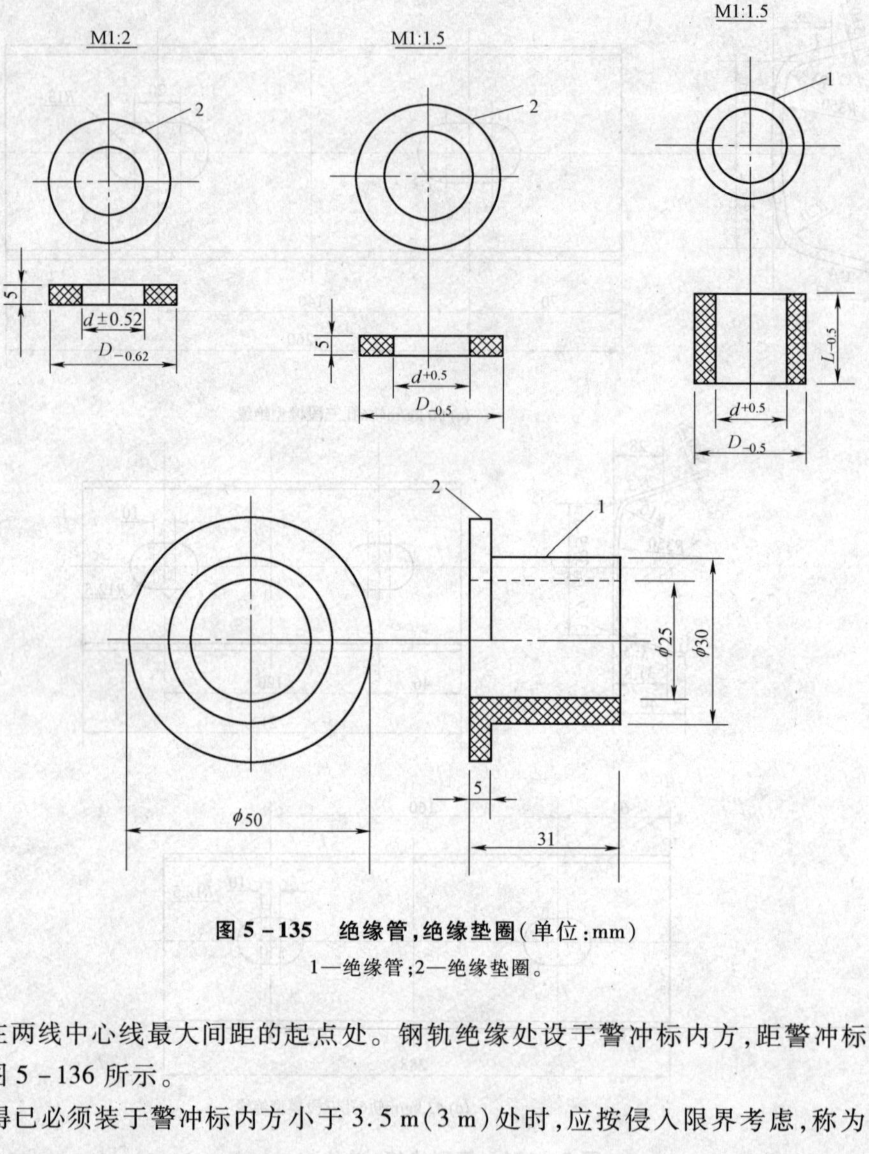

图 5－135　绝缘管，绝缘垫圈（单位：mm）

1—绝缘管；2—绝缘垫圈。

4 m时，设在两线中心线最大间距的起点处。钢轨绝缘处设于警冲标内方，距警冲标不得小于 3.5 m，如图 5－136 所示。

当不得已必须装于警冲标内方小于 3.5 m（3 m）处时，应按侵入限界考虑，称为侵入限界绝缘。

相邻两组道岔警冲标之间的距离不足 7 m 时，安装于它们中间的分界绝缘不可能满足上述要求，也称为侵入限界绝缘，如图 5－137 所示，在信号设备平面图中以⊕表示。

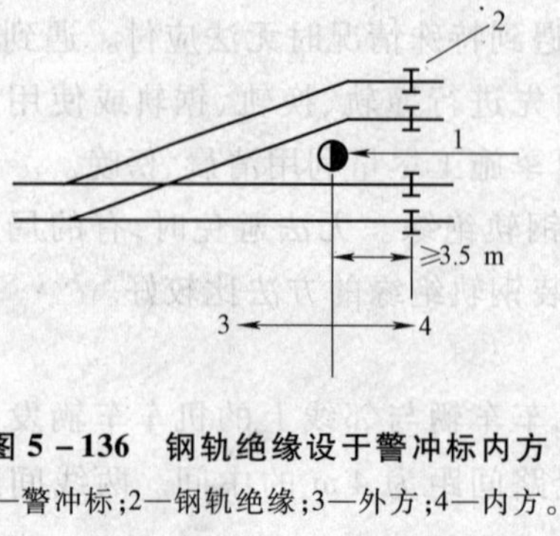

图 5－136　钢轨绝缘设于警冲标内方

1—警冲标；2—钢轨绝缘；3—外方；4—内方。

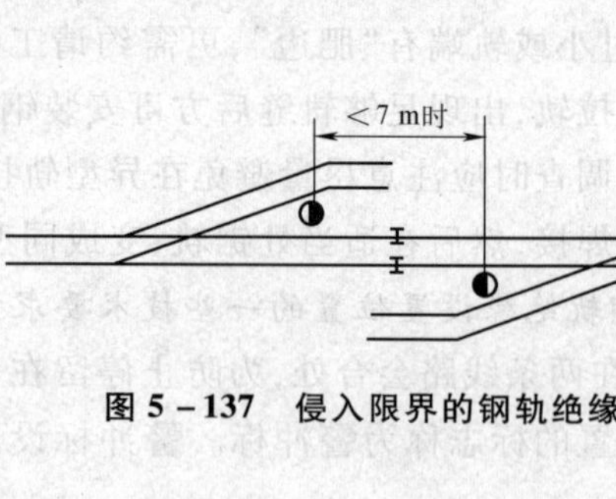

图 5－137　侵入限界的钢轨绝缘

(2)轨道电路的两钢轨绝缘原则上安装在同一坐标处,当不能并列安装在同一坐标时,其错开的距离(死区段)不得大于2.5 m如图5－138所示,对原有的旧结构道岔内的死区段不得大于5 m。

(3)两相邻死区段的间隔如图5－139所示,或死区段与相邻的轨道电路的间隔如图5－140所示,不得小于18 m。当死区段长度小于2.1 m时,已小于一般车辆的轴距,故两死区段的间隔允许小于18 m,但必须大于15 m。

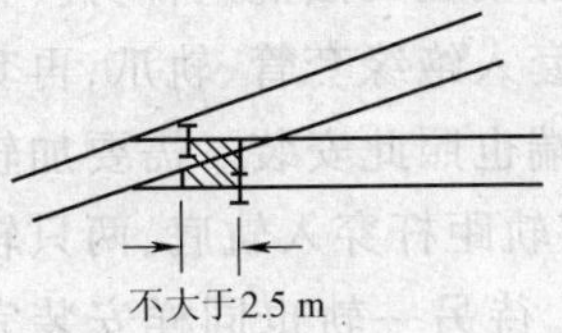

图5－138　道岔区段内的死区段

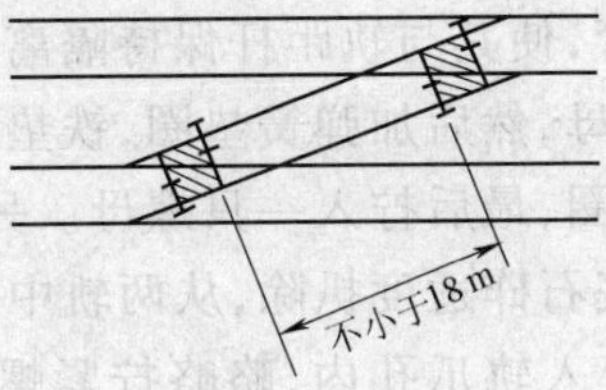

图5－139　两相邻死区段的间隔

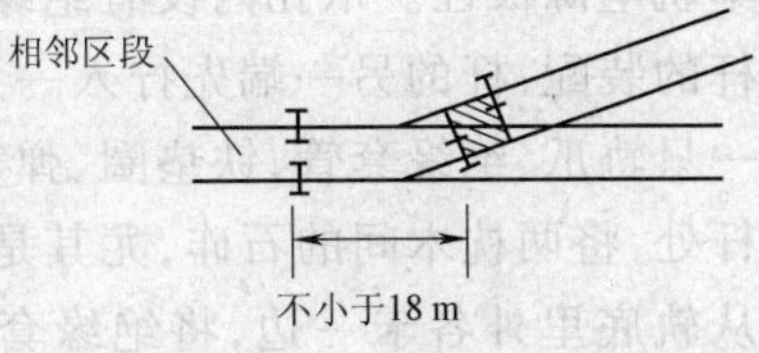

图5－140　死区段与相邻的轨道电路的间隔

(4)在信号机处的两钢轨绝缘一般应与信号机设在同一线路坐标处,当不能设在同一坐标时:

①进站、接车进路和单线双方向自动闭塞区间的并置通过信号机的钢轨绝缘,可装设在信号机前方1 m或后方1 m的范围内。

②出站(包括出站兼调车)或发车进路信号机、自动闭塞区间的单置通过信号机、接近信号机处的钢轨绝缘,可装设在信号机前方1 m或后方6.5 m的范围内,如图5－141所示。

③调车信号机处的钢轨绝缘,可装设在信号机前方1 m或后方1 m的范围内。当调车信号机设在到发线两端时,按上述②的规定处理。

(5)安装有扼流变压器的相邻轨道电路区段间不得有死区段(交叉渡线增加分割绝缘处的死区段除外)。

(6)在电力牵引区段,当交叉渡线上的两轨道电路区段均位于电气化范围内并均装设扼流变压器时,应按设计图位置加装钢轨绝缘,将相邻两轨道电路隔开。

(7)列车最高运行速度不超过120 km/h的线路,在非自动闭塞区段的集中联锁车站,预告信号机处的钢轨绝缘,宜安装在预告信号机前方不小于100 m处。列车最高运行速度120～160 km/h的提速半自动闭塞区段,第一及第二接近区段处的绝缘节安装位置应符合设计及相关技术标准的规定。

(8)异型钢轨接头处不得安装钢轨绝缘。

(9)在平交道口处的钢轨绝缘,应安装在公路路面两侧外不小于2 m处。

(10)车站信号集中联锁车站的牵出线、机待线、出库线,各种专用线或其他用途的尽头线入口处的调车信号机前方如设有轨道电路时,其长度不得小于25 m。

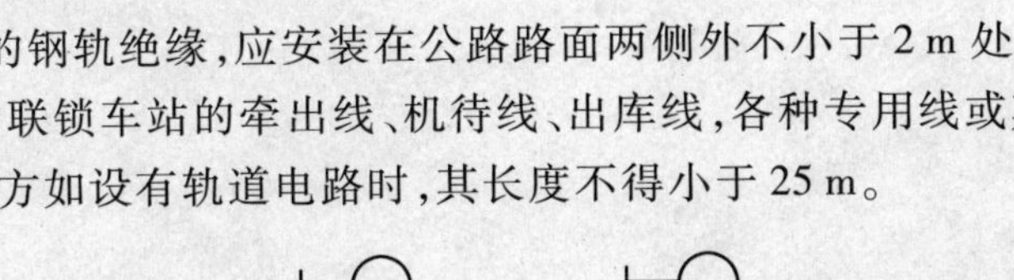

图5－141　出站和自动闭塞区间通过信号机钢轨绝缘设置

五、轨距保持杆的安装

轨道电路区段的轨距保持杆跨接在两轨之间,它的绝缘良好与否直接影响区段的道床电阻。所以,要求每一根轨距保持杆件的电阻值越大越好。轨道电路往往因为一根轨距保持杆件的绝缘破损,短接两轨而使轨道电路无法正常工作。下面介绍轨距保持杆绝缘结构及安装。

轨距保持杆(简称"轨距杆")结构有两种:一种为中间设绝缘,另一种为两端设绝缘。

两端设绝缘的轨距杆如图 5－142 所示。它的每端各有两爪卡在基本轨底边,两爪分别带有本轨电源极性。爪孔内设有绝缘套管,使其与轨距杆保持隔离,电源极性无法混入杆身。轨距杆的装配:杆的另一端先拧入一只螺母,然后加弹簧垫圈,铁垫圈,套入绝缘套管、轨爪,再套入一只轨爪、绝缘套管,铁垫圈、弹簧垫圈,最后拧入一只螺母。另一端也照此安装。需要加轨距杆处,将两枕木间的石砟,尤其是轨底石砟适度扒除,从两轨中间将轨距杆穿入轨底,两只轨爪从轨底里外各卡一边,将绝缘套管套入轨爪孔内,略略拧紧螺母。待另一轨也同样安装完毕,左右丝扣余量适当,即可拧紧螺母。整组绝缘安装完毕之后,轨距杆本身不应与任一轨相通,达到既保持住轨距,又不使两轨短路。安装时应特别注意绝缘管一定要良好地塞入轨爪孔内,铁垫圈一定不可遗漏。

六、轨道电路人工极性交叉安装

根据设备运用的需要,比如在设有机车信号的自动闭塞区段,要在车站内正线上传输为动作机车信号的电码,即站内正线电码化,而直股切割是无法实现电码化的。因此,在站内正线禁止直股切割的情况下,有时就得不到极性交叉。在此特殊情况下,必须使用人工极性交叉。

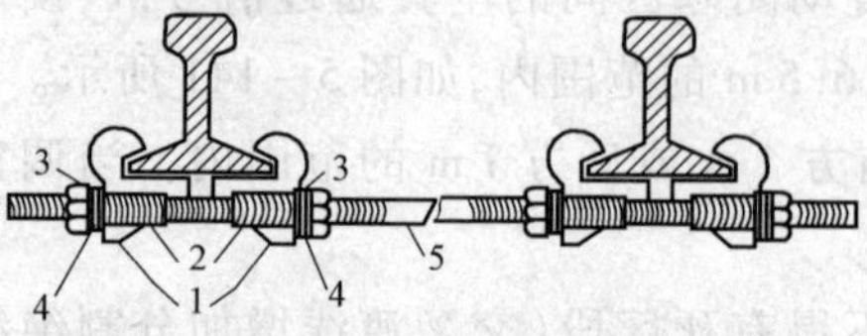

图 5－142　两端设绝缘的轨距杆安装

1—铁爪;2—绝缘管套;3—绝缘垫圈;4—连接杆;
5—铁垫片(包括弹簧圈)。

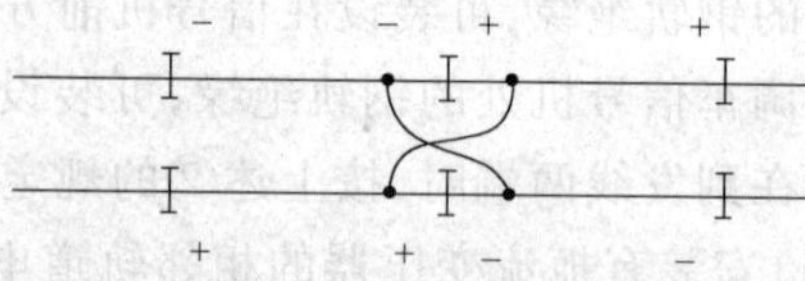

图 5－143　轨道电路人工极性交叉

两相邻区段不存在极性交叉时,人工极性交叉是在一个区段内增设两组钢轨绝缘,采用两根Ⅲ型道岔跳线将两轨成交叉连接,如图 5－143 所示,形成本区段轨道电源极性人工交叉,使之与邻区段出现极性交叉。固定道岔跳线时,按图会有一处相交叠,此点应加塑料胶管防护。

第六章　室外设备配线

室外设备配线包括：色灯信号机、电动转辙机（包括启动箱）、轨道电路、继电器箱、道岔局部控制盘、机务段同意按钮盘、发车表示器、棚下发车表示器、进路表示器等设备配线。在长期的施工实践中逐步形成了整套合理的配线方法。这种配线方法的特点是讲究工艺，省工、省料；走线合理，布线清楚，线条固定，便于安装和维修。本章将详述各种设备配线方法以及设备内部器材安装。

第一节　配线质量要求

室外设备配线的质量基本要求有以下几个方面：

（1）配线准确与设计图纸一致；

（2）剥电缆外护套不伤内部芯线，芯线制环不伤内部铜线；

（3）配线按规定留有余量；

（4）线把绑扎紧固整齐美观；

（5）配线固定端子螺母要紧固；

（6）配线完成后，箱、盒内部要清理干净。

第二节　样板配线

样板配线是利用木板仿照设备的形状和大小，制成配线样板，在设备外部进行预先配线绑把。利用配线样板预先集中绑扎出各种电路要求的线把，称为样板配线。

在施工现场对设备进行就地配线，受现场条件和设备的限制，无法一次放线，不便于绑扎，有些根本无法绑扎。就地配线不利于提高效率和保证质量，因而除了像电缆配线这样的必须在现场进行的配线，以及个别数量少，不定型的特殊设备采用就地配线方式外，一般都不再采用。样板配线不受空间、设备的限制，可做上下左右转动，没有箱、盒壁的阻挡。同时，由于可以集中成批进行，有利于改进操作，提高线把质量和工作效率，达到多、快、好省的要求。

一、配线样板种类及制作

车站信号集中联锁配线使用的样板有：电动转辙机配线样板；矮型信号机配线样板；XB型变压器箱配线样板等。

1. ZD6 型电动转辙机配线样板

ZD6 型电动转辙机配线样板采用 15～20 mm 厚松木板制作。或采用 30 mm 方木条钉框，以五合板做面层，其制成后的外形尺寸如图 6－1 所示。

各种样板均以不设钉子为宜。因为钉上很多钉子既妨碍绑扎，又容易划破手。凡是端子位置以红漆点上记号，放线或绑扎时有个对照的位置即可。大型样板放线较多，线把转向处可适当加钉子。ZD6 型电动转辙机有正装或反装之分，故线把引入也有左侧引入和右侧引入之分。图 6－1(a)为线把左侧引入时使用，(b)为线把右侧引入时使用。(a)、(b)不必制两块样板，仅将转子、定子端子左右全标上，并留出引线缺口即可。

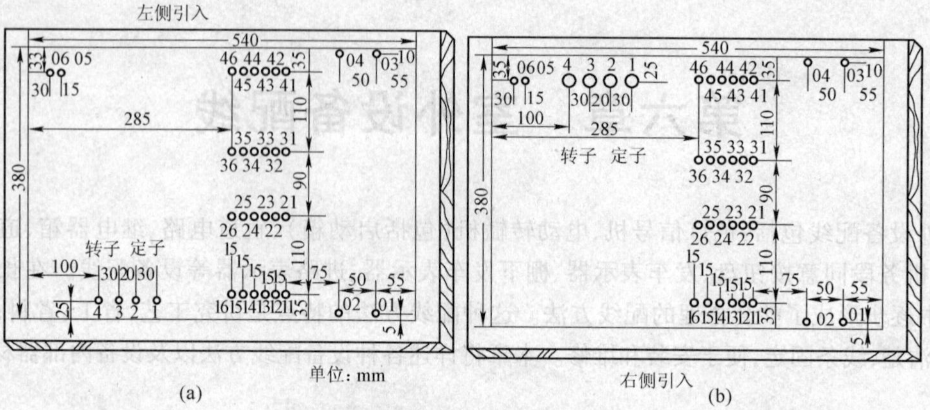

图 6－1　ZD6 型电动转辙机配线样板（单位：mm）

2. 矮型信号机配线样板

矮型信号机配线样板分为二灯位、三灯位两种。样板采用 15～20 mm 松木板制成。标有“BX-30”的方框为绑线把时，BX-30 型点灯变压器的放置位置，其外形尺寸如图 6－2 所示。其中(a)为二灯位配线样板，(b)为三灯位配线样板。四灯位或五灯位电路可用两种样板合成。

3. XB 型变压器箱配线样板

XB 型变压器箱配线样板分为立体样板、平面样板两种。立体样板采用 15～20 mm 松木制作，或采用 30 mm 方木条钉框，用五合板作面层也可。外形尺寸如图 6－3 所示。图中底板两边的支架为箱内端子实际高度，上面固定一根端子铁板。顶端有半圆形凹槽的支架为蛇管引入口实际高度。立体样板制成后，等于是一只拆去四壁的变压器箱。XB 型变压器箱常用的有大小两种，故制作样板时应分开制作。图 6－3(a)为 XB-1 型(小型)变压器箱配线样板；(b)为 XB-2 型(大型)变压器箱配线样板。

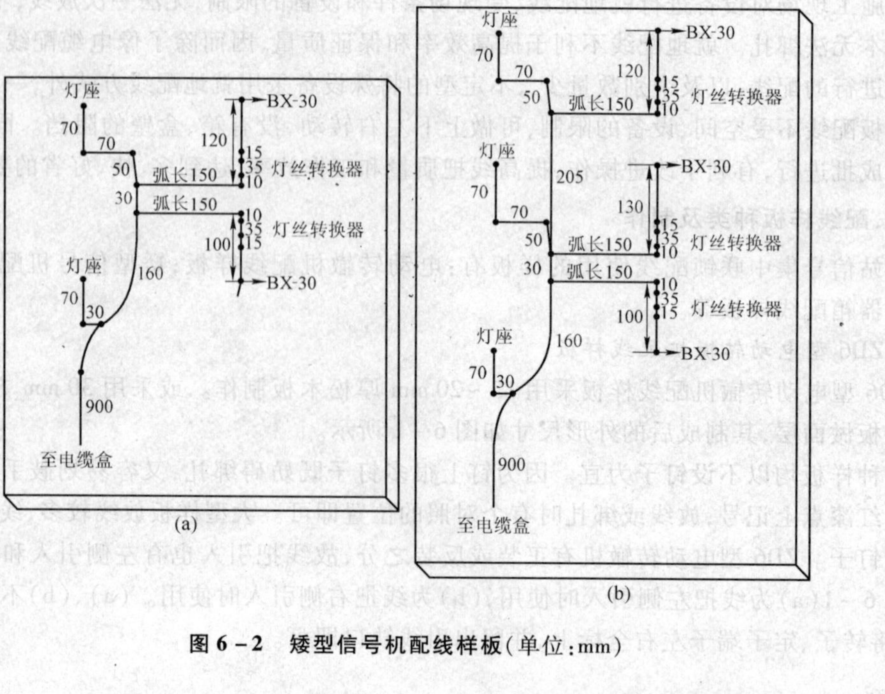

图 6－2　矮型信号机配线样板（单位：mm）

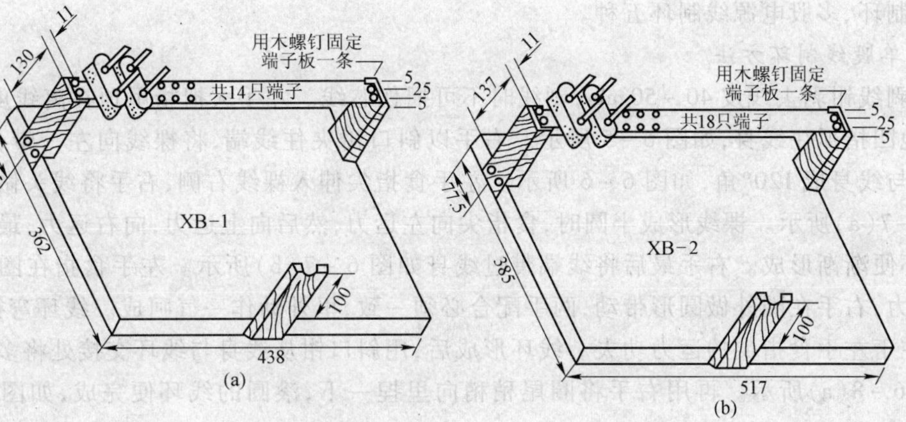

图 6－3　XB 型变压器箱立体配线样板(单位:mm)

变压器箱与转辙机或信号机间的配线,如果不是从前壁引入,而是从底部电缆引入口引入,那么其配线样板可制成平面样板,如图 6－4 所示。变压器箱平面样板可在一块板上画大小两种尺寸,图中虚线部分为增设的塑料配线板。

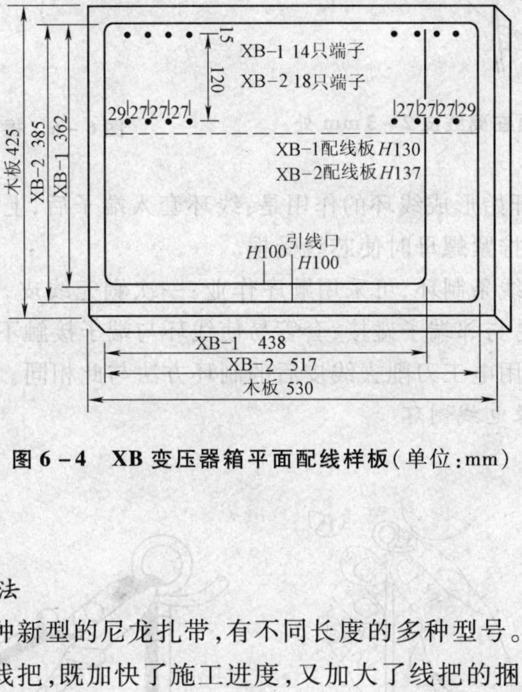

图 6－4　XB 变压器箱平面配线样板(单位:mm)

二、线把绑扎

1. 用"一拉得"绑扎法

俗名"一拉得"是一种新型的尼龙扎带,有不同长度的多种型号。全路很多电务施工单位采用了"一拉得"来捆绑线把,既加快了施工进度,又加大了线把的捆绑力度,大大提高了工程质量。电缆配线绑扎也可选用此法。

2. 传统线把绑扎

用"塑料胶线"绑扎。因"一拉得"绑扎法流行后,此绑扎法基本上被淘汰了。

三、线端制环方法

工程配线除了焊接之外,其余全部为制环与端子连接。线端制环质量的好坏,直接影响电气回路的接触良好和线端与端子连接的机械强度。

工程配线制线环种类计有:单股线制环、7×0.52 塑料绝缘电线制环、多股软线制环、单股电源线制环、多股电源线制环五种。

1. 单股线制环方法

用剥线钳剥去线皮 40～50 mm,剥线时不可损伤芯线。左手大拇指甲顶在离线皮 2～3 mm 处,其他四指抓住线身,如图 6－5 所示。右手以斜口钳夹住线端,将裸线向左一带,使其在拇指甲处与线身成 120°角,如图 6－6 所示。左手食指尖伸入裸线右侧,右手将线头做圆形带动如图 6－7(a)所示。裸线形成半圆时,食指尖向左运力,然后向上运力,向右运力,最后向下运力,线环便渐渐形成。右手最后将线端带过线身如图 6－7(b)所示。左手食指在圈内上下成圆形用力,右手在圈外做圆形带动,两手配合必须一致,里外动作一气呵成。线环弯得大小、好坏,全在于左手食指尖的运力功夫。线环形成后,用斜口钳从线身与线环交接处将多余线端剪去如图 6－8(a)所示。再用右手将圈尾稍稍向里捏一下,滚圆的线环便完成,如图 6－8(b)所示。

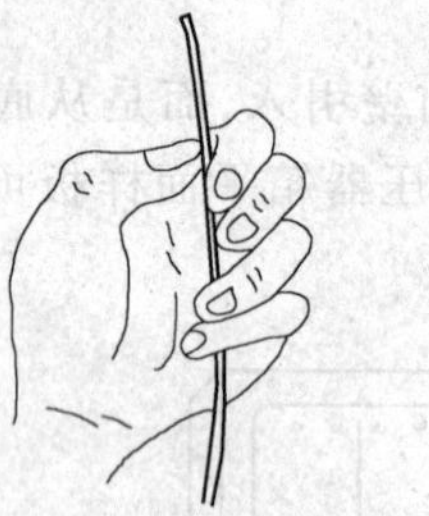

图 6－5　左手大拇指甲顶在离线皮 2～3 mm 处

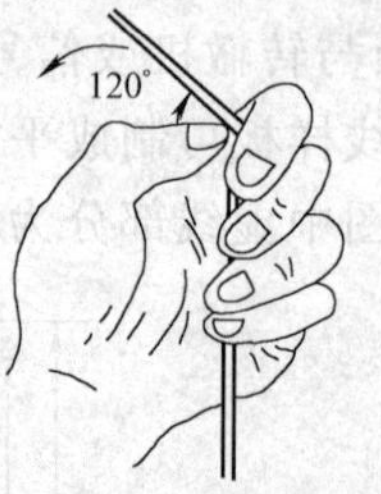

图 6－6　裸线与线身成 120°角

在离线皮 2～3 mm 开始形成线环的作用是:线环套入端子后,上下垫片刚好夹在该处,而不会压在塑胶皮上,以免拧紧螺母时使芯线受损。

同样长短,较多量的线条制环,可采用顺序作业:一次剥完线皮,一次弯成线环,再一次剪尾整理。过长的线尾容易与邻端子碰接;套管易使线环与端子接触不良。

单股电源线制环时,用电工刀削去线皮后的制环方法与此相同。

2. 7×0.52 塑料绝缘电线制环

图 6－7　线环渐渐形成

图 6－8　剪去圈尾

剥去线皮 40～50 mm,左手捏住线条,右手大拇指和食指捏住裸线,将其撸抹一下成平顺理直,如图 6－9 所示。将裸线从根部弯成弧形,如图 6－10 所示。仍用拇指和食指带动弧形裸线,以右手腕节转动,将裸线做顺时针方向拧紧,如图 6－11 所示。拧紧动作的同时,将裸线圆弧逐渐向上移动,直至全部拧紧为止(直线无法拧紧,故需弯出弧度便于拧紧)。裸线拧紧后再将其撸直,如图 6－12 所示。套入约 15 mm 长的胶管,用单股线制环方法制环。线环制成后再压上爪型线环。爪型线环有两种:一种是软线环,压上后需用特制的线环钳压一次,使软线环四周铜皮全部包裹住线环,然后将套管套设爪线环尾部上端子。另一种是硬线环,其孔的四周有 5 ~6 枚爪,线环压入硬线环后,用尖头钳将各爪压下咬住线环四周。左手拿住线环,右手用钳头插入孔内用力转动扩孔,以利于上端子。然后将胶管套没线环尾部。

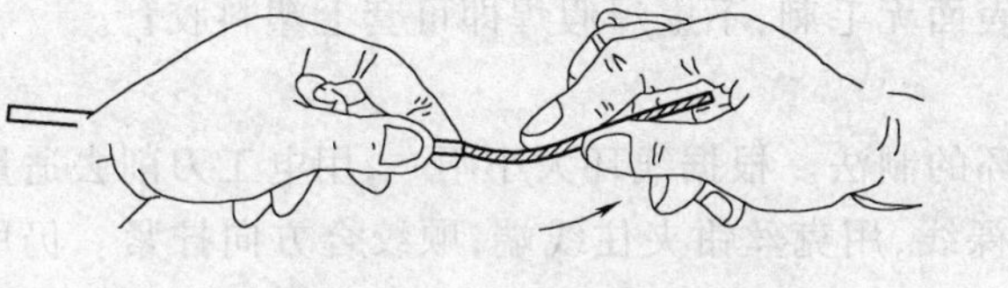

图 6－9　理直裸线

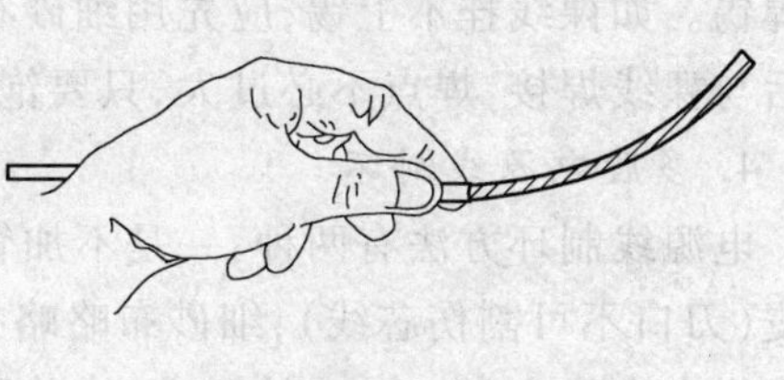

图 6－10　将裸线从根部弯成弧形

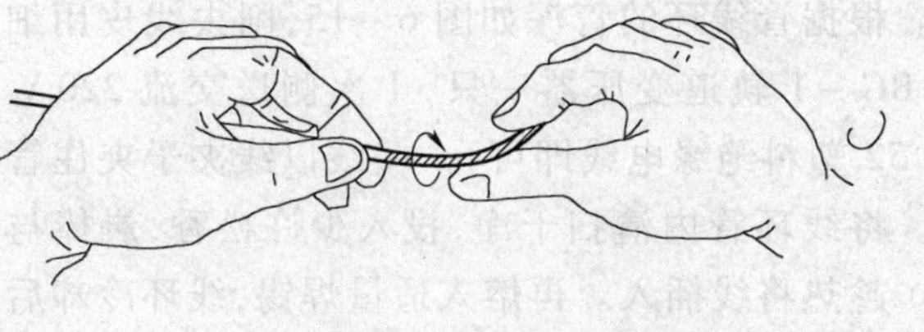

图 6－11　裸线作顺时针方向拧紧

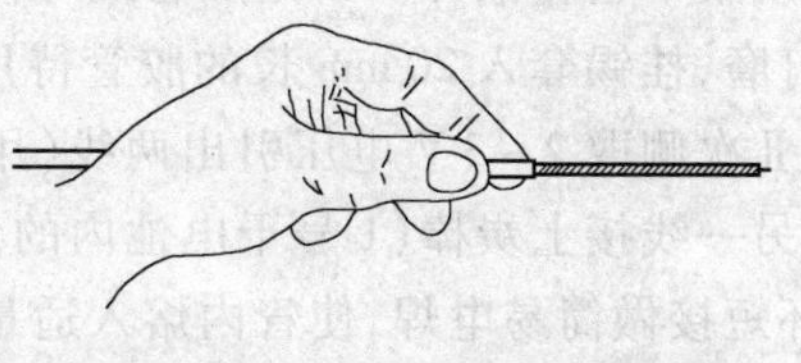

图 6－12　将拧紧的裸线撸直

凡是压线环前须注意线环的方向,如图 6－13 所示,使其上端子后成顺时针方向,拧紧螺母时不会使线环松开。使用在电缆盒内的 7 ×0. 52 塑料绝缘电线配线,制环后可直接上端子,不需压爪线环。因为弯六柱端子间距较小,两线环的尾部或压紧螺母后的线环四周很容易相碰,造成混线。

7 ×0. 52 塑料绝缘电线还有一种制环方法:剥去线皮 40 ~50 mm 拧紧裸线,另取一根直径为 0. 52 的裸线铜丝从根部开始将拧紧的裸线密缠至端部,裸铜丝留 40 mm 左右剪断。经密缠后的裸线制环后,尾部平贴线条制环前留出的 2 ~3 mm 处,用预留的裸铜丝绑扎 4 ~6 圈剪断,制成的线环根部套上短塑料管。

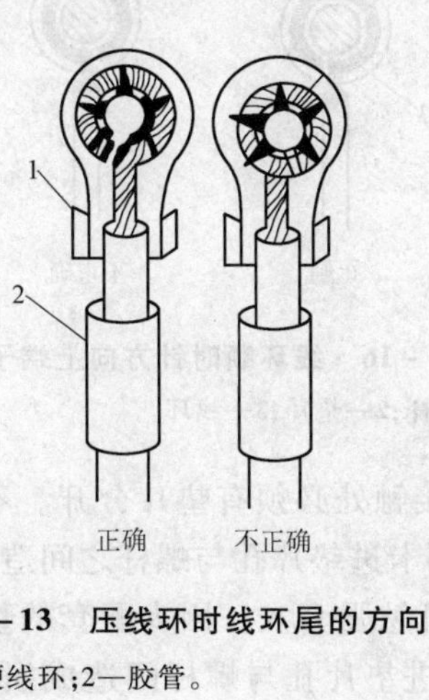

图 6－13　压线环时线环尾的方向

1—硬线环;2—胶管。

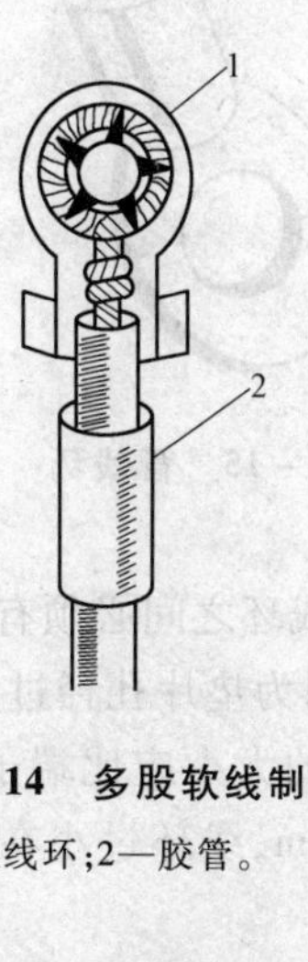

图 6－14　多股软线制线环

1—硬线环;2—胶管。

3. 多股软线制环

车站信号集中联锁配线使用 23 ×0.15 和 40 ×0.15 两种塑料绝缘电线线。制环时剥去线皮 50 mm，左手捏住线身，右手大拇指和食指顺时针方向将裸线捻紧。套入约 15 mm 长的塑料管，按单股线制环方法弯出线环，线尾不要剪去，在线颈上绑缠几道，用尖头钳夹紧，压上爪线环，扩孔，套胶管，如图 6－14 所示。

多股软线使用在控制台、继电器架时，采用焊片连接。剥去线皮 5 ~7 mm，稍稍捻紧后挂上焊锡。如裸线挂不上锡，应先用细砂布打磨几下，再挂焊锡。焊片尾部也须预先挂上焊锡。然后与裸线焊接，焊点不必过大，只要饱满，表面无毛刺，不虚焊假焊即可套上塑料胶管。

4. 多股电源线制环

电源线制环方法有两种：一是不加管线环的制法。根据线环大小不一，用电工刀削去适量线皮（刀口不可割伤芯线），细砂布略略打磨裸线，用克丝钳夹住线端，顺绞合方向拧紧。仍用克丝钳在离线皮 4 ~5 mm 处扭弯，按单股线制环方法弯出线环，齐线颈将尾部剪去。以松香酒精溶液作焊剂，用 100 W 电烙铁（或插入焊锡锅内）将整个线环涂满焊锡，成为一个银白色线环，线股不会再散开。二是加管线环的制法。根据管线环的管深如图 6－15，削去线皮用细砂布打磨，挂锡套入 20 mm 长的胶管待用。取 BG－1 轨道变压器一只，Ⅰ次侧送交流 220 V 电压，Ⅱ次侧取 2 ~3 V 电压引出两线（用 7 ×0.52 塑料绝缘电线即可）。一线以线夹子夹住管线环，另一线接上炭棒（1 号干电池内的炭棒）。将线环管内清扫干净，投入少许松香，炭棒与管线环短接做简易电焊，使管内熔入适量焊物。趁热将线插入。再熔入适量焊锡，线环冷却后套上胶管。用此法制电源线线环，可达到速度快，不假焊和外形美观的效果。

5. 线环上端子技术要求

线环与端子连接的技术要求一是接触良好，保证电路畅通；二是机械强度，拧紧螺母后不能使线环受损甚至折断。其次要求上线美观、整齐，余量弧度适当，便于维修。具体做法有以下几条：

（1）裸线制环后，不需压爪线环时，上端子应注意其拧紧方向。线环应按顺时针方向上端子，如图 6－16 所示，这样拧紧螺母时线环与螺母旋转方向相同，不会松开。否则，拧紧螺母时，上垫片顺时针方向摩动，容易使线环张开。压线环的线头在压线环时已注意其方向，故上端子时可不再考虑方向。

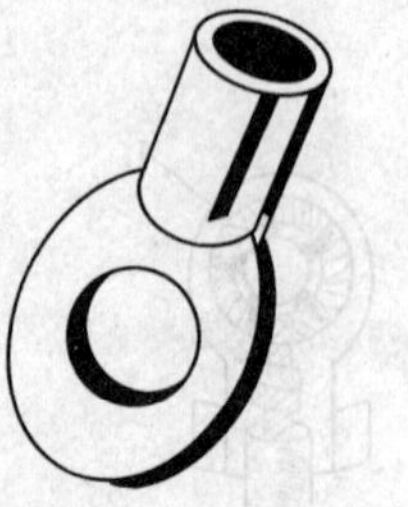

图 6－15　管线环

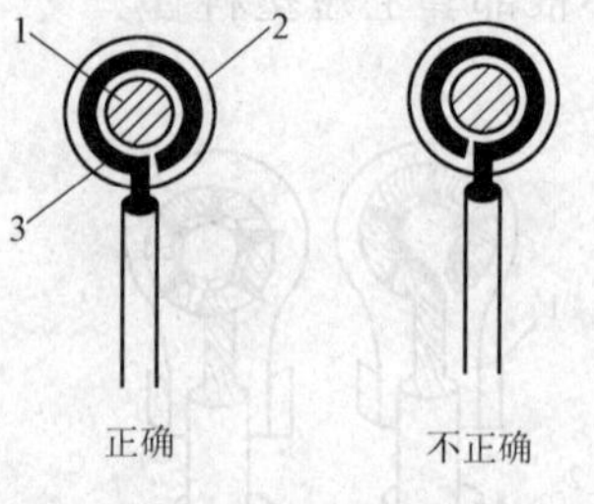

图 6－16　线环顺时针方向上端子

1—螺杆；2—垫片；3—线环。

（2）线环与线环之间必须有合适的垫片。螺母与线环接触处必须有垫片分开。不可使用孔径过大的垫片，因为垫片孔径过大，拧紧螺母时，容易将线环卡进垫片孔与螺杆之间造成损伤。

（3）制线环的大小应比端子螺杆直径大 2 ~3 mm，不可勉强套入。因为配套的垫片其孔径比螺杆大 1 ~2 mm，线环过小在拧紧螺母时必然将线环挤进垫片孔与螺杆间造成损伤，拆卸几次就可能出现断环。

(4)线环后部的线皮或套入的胶管,不可塞入两垫片之间,如图6-17所示。线皮如果塞入垫片间,拧紧螺母会使芯线因上下不平而受伤。胶管如果塞入垫片间,容易造成线环与端子接触不良。

(5)环尾不可留得过长压在线环颈部,如图6-18所示。因为在垫片内,两线相叠,拧紧螺母将会使芯线压伤,稍一周折便出现断线。

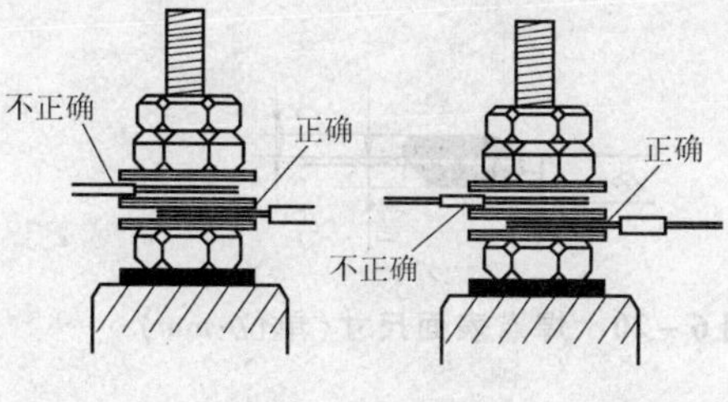

图6-17　线皮或胶管不可塞入两垫片之间

图6-18　环尾不可弯过度压在线环颈部

(6)线环上端子后,拧动螺母开始与垫片紧固时,用左手抓住线条前后左右推动一下,将线环调整到垫片中间。主、副线条应与端子成一直线,将其紧紧抓住。右手拧动套筒,开始用力要小些,待线条不随螺母转动时,再加大拧力。如线条跟着转动,则要稍稍松开一点,拨正线条后再做第二次紧固。

(7)线环套上螺杆前,螺杆的根母必须充分拧紧。套上线环拧紧螺母之后还须加一只并紧螺母,并紧螺母也须充分拧紧,方可保证线头不再会松动。螺母充分拧紧后,不可再过分用劲,以免螺杆折断或端子座裂纹。拧螺母应使用套筒,不可用钳子代替,以免损伤螺母或造成端子间短接。

四、电烙铁焊接方法

车站信号工程中配线大量的接线为电烙铁焊接,故电烙铁焊接是信号施工必须熟练掌握的基本功之一。

常用的电烙铁有75 W和45 W两种。焊继电器插座板配线,一般用直头75 W烙铁;焊各种接线端子配线,一般用直头45 W烙铁;在印制板上焊接半导体元件宜使用15 W直热式烙铁。

配线对焊接件质量的要求:

(1)所用焊接件及电线应为铜质。

(2)线条的裸线头与焊接件必须焊接牢固,焊点光滑、饱满、美观,不但裸线应挂上焊锡,而且焊接件的上下面也须挂上焊锡,保证不发生虚焊或假焊。焊接后用手向外拉一下,检查是否焊接牢固。焊接牢固的焊点,在使用扁口钳拔动线条时,即使从裸线根部被拔断,也不应出现焊点内的裸线与焊接件分离。

(3)多股线焊接后,其周围不可留有尚未焊入的余股线(俗称毛刺)。单股线焊接后,裸线头不可伸出锡面,应保证焊锡面光滑。

(4)裸线从焊接件眼孔底部穿入后,不可在上部做弯钩,应将其向前压平,紧贴于焊接件表面,如图6-19所示。因为带钩的裸线即使是假焊,检查时也无法将其拔出,容易被误认为焊接质量良好。另外,需烫下该线头时也比较困难。

(5)不可使用带腐蚀性的焊剂,如焊锡膏、盐酸等。应使用松香酒精作焊剂。

(6)焊点表面尺寸如图 6-20 所示。

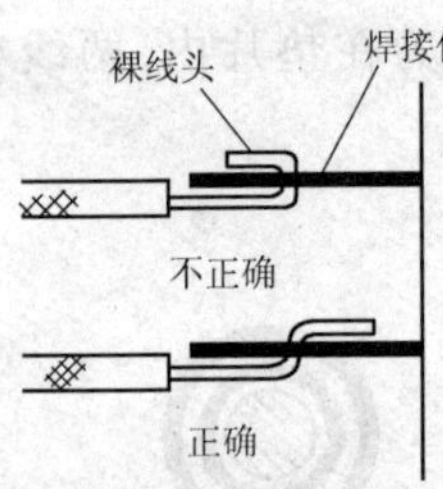

图 6-19　裸线应紧贴于焊接件表面

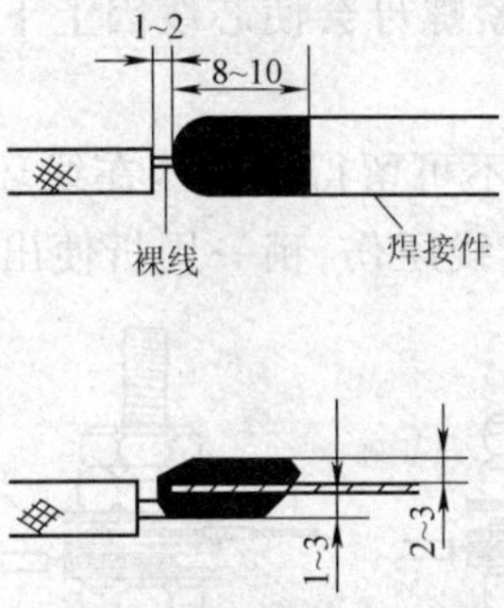

图 6-20　焊点表面尺寸(单位:mm)

五、使用 WAGO(万可)端子接线

1. 技术要求

(1)端子安装应牢固、紧凑,端子外壳无污渍、开裂及变形,导流条和弹簧夹无锈蚀。

(2)端子的规格应符合设计要求。

(3)端子配线要使用相应的专用工具,一线一孔,严禁一孔多线。

(4)端子所配线的截面要在端子允许截面范围内。

(5)端子的配线要严格按照操作工艺进行。

(6)截面积小于 1 mm^2 的多股芯线应先压接冷压端帽在芯线上再接线。

(7)配线完以后,要对配线是否连接牢固进行检验。

2. WAGO(万可)端子接线工艺

(1)在导线头部剥去 8 ~ 10 mm 长的绝缘外皮,将多股铜芯线牢固扭绞在一起。采用压接端帽时,应将剥好的芯线全部插入压接端帽线孔后,再用相应规格的压线钳或压线机压接。注意:当剥线长度小于 8 mm 时,夹线弹簧就有可能夹在导线绝缘皮上,造成端子与导线间接触不良。当剥线长度大于 10 mm 时,导线金属部分就会外露。

(2)将 2.5 mm 宽的专用螺丝刀沿端子方孔的侧壁,以螺丝刀与方孔侧壁呈约 10°的角度轻轻向里插入,见图 6-22①,撬动压线弹簧到螺丝刀为垂直位置后,顺势将螺丝刀插到底部,使螺丝刀停在方孔中,压线弹簧则完全打开,见图 3-88②。

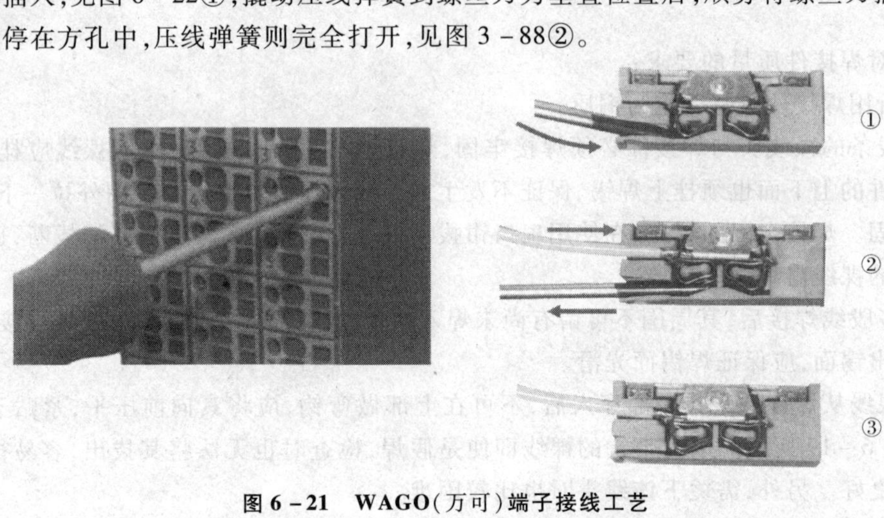

图 6-21　WAGO(万可)端子接线工艺

(3)将导线端头插入配线圆孔中,导线端头应插到配线孔底部,见图 6－21②。保持导线端头在配线孔底部状态下,抽出螺丝刀,接线工作完成,见图 6－21③。

表 6－1 接线拉力检测表

序号	导线截面积(mm^2)	检测拉力(N)	备注
1	<0.3	5	采用压接端帽
2	0.3～0.4	8	采用压接端帽
3	0.4～1.5	10	
4	1.5～6.0	15	

用拉力计对导线施以一定的力(见表 6－1)向外拉导线,如导线未被拉出,表明接线合格。注:有经验的施工人员可以一定的力用手轻拉导线来确认接线是否成功。

第三节 色灯信号机配线

色灯信号机配线分高柱色灯信号机配线和矮型色灯信号机配线两种:

高柱色灯信号机配线,包括变压器箱端子与 BX_1-34 变压器Ⅰ次端子间的配线和 BX_1-34 变压器Ⅱ次端子与信号灯座端子间的连线两部分。

矮型色灯信号机配线,包括电缆盒端子至信号机内 BX_1-34 变压器Ⅰ次端子及Ⅱ次端子至信号灯座端子间的连线。或变压器箱端子与 BX_1-34 变压器Ⅰ次端子的配线和 BX_1-34 变压器Ⅱ次端子与信号灯座端子间的连线两部分。以上几种配线方法将在本节内叙述。

色灯信号机配线还包括双灯丝转换配线。双灯丝转换方法不同,配线方法也不同。

一、高柱色灯信号机配线

高柱色灯信号机配线可分为两部分:变压器箱端子至点灯变压器 BX_1-34 Ⅰ次侧端子间的配线;BX_1-34 Ⅱ次侧端子至灯座端子间的长配线,采用不同方法做双灯丝转换,该部分配线方法也不相同。

1. 点灯变压器安装

高柱色灯信号机使用的 BX_1-34 型点灯变压器安装在信号机旁的变压器箱内。XB-2 型变压器箱最多可放 10 个 BX_1-34 型变压器。以五灯位进站信号机采用 JZSJC 型继电器做双灯丝转换为例,点灯变压器安装位置如图 6－22 所示。

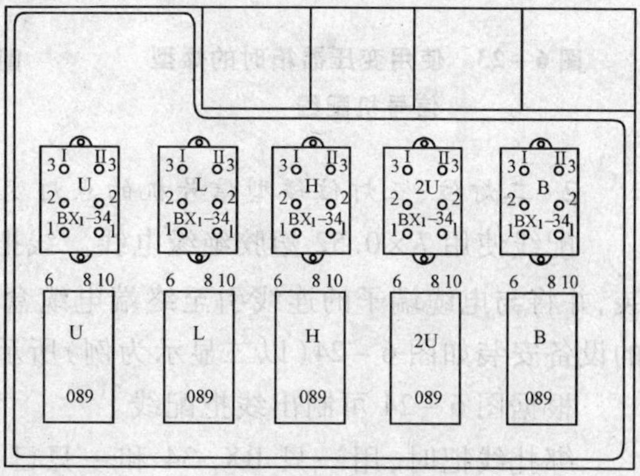

图 6－22 五灯位点灯变压器安装

变压器之间,灯丝转换继电器与箱壁之间并没有规定尺寸,只要间隙均等即可。但变压器位置排列不可任意变动。二灯位色灯信号机采用 XB-1 型变压器箱足够使用。

2. 使用 JZSJC 型做双灯丝转换时的点灯变压器线把绑扎

根据进站信号机灯光电路可制成线把配线表。按图的排列,即可绑扎线把。因设计端子不同,本例无法举出线条的长度。具体配线时,可先比出长度,裁出全部线条再进行制环,另一端剪出线号,以备绑扎。从信号机构引入变压器箱内的线留足长度,保护管暂不固定。将 XB 型变压器箱平面样板,同方向放在信号机变压器箱顶面,进行现场绑扎。如采用室内预配,由信号机构引来的线只能另绑一把。

二、矮型色灯信号机配线

矮型色灯信号机的底部设有引线孔，与基础内的弯通对接。弯通的另一端用保护管或蛇管、橡皮管与变压器箱、终端电缆盒连接，或直接与终端电缆盒对接。电线出箱、盒通过弯通引入信号机构内。矮型色灯信号机的门内侧安装点灯变压器和各种双灯丝转换装置。采用不同的双灯丝转换，其配线方法不同，现分述如下。

1. 使用变压器箱时的配线

线路表示器或矮型复示信号机一般不设双灯丝转换，它的点灯变压器安装在变压器箱时配线比较简单。变压器箱端子与点灯变压器Ⅰ次侧连接两条线，Ⅱ次侧与灯座连接两条线，配线使用 7×0.52 塑胶绝缘电线。四条线绑成总把至箱右壁，然后分成两支把如图 6－23 所示。

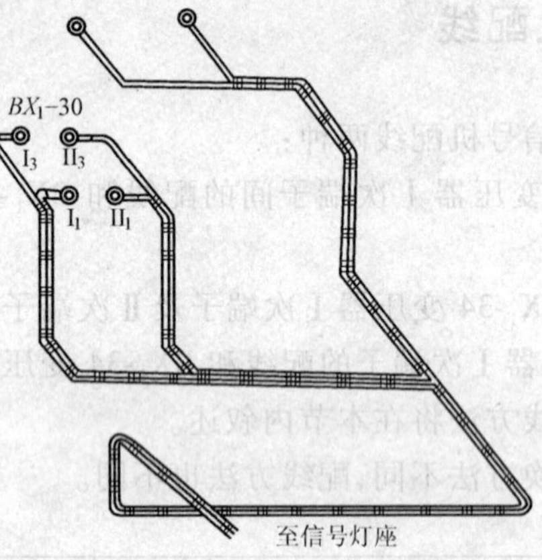

图 6－23　使用变压器箱时的矮型信号机配线

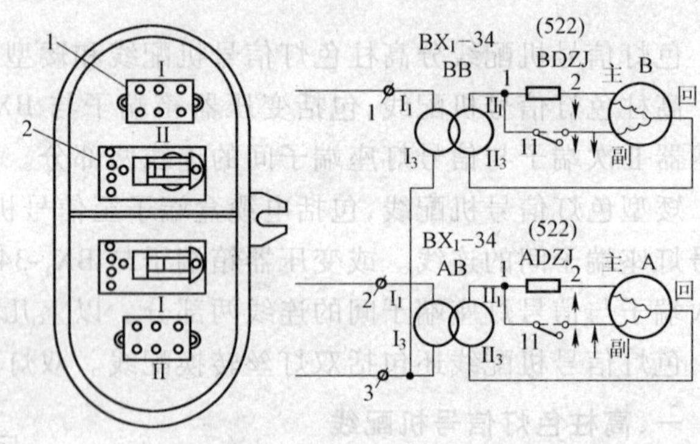

图 6－24　二显示矮型信号机点灯电路及点灯变压器安装

1—BX_1-34 型变压器；2—JZSJC 型继电器。

2. 二灯位、三灯位矮型信号机的点灯变压器、双灯丝转换器全安装在门的内侧面的配线

配线使用 7×0.52 塑胶绝缘电线。线把可用矮型信号机配线样板集中绑扎，然后分别安装，并将与电缆端子的连线引至终端电缆盒内。它们的设备安装如图 6－24（以二显示为例）所示。

根据图 6－24 可制出线把配线。

绑扎线把时，用一只 BX_1-34 和一只已固定在塑料板上的 JZSJC 型灯丝继电器放在矮型信号机配线样板的白灯变压器、灯丝转换器位置。1 号线套入 I_1 端子，2 号线套入 I_3 端子，3 号线套入 II_1 端子，4 号线套入 II_3 端子，拧紧螺母。四条线各略带弧形，其中 1、3 两线长 90 mm 处，2、4 两线长 40 mm 处，在变压器中间合拢，双股起扣绑扎两道。逐条向下做直角弯，绑扎 110 mm 后与变压器底相平。线把从变压器上卸下，从原位逐条向右做直角弯，绑至 JZSJC 型继电器第 1 根端子时，分出 3 号线在离端子约 2 mm 处剪口，以备一次剥皮制环。绑至第 2 根端子时加入 6 号线。绑至第 3 根端子时加入 5 号线。全长绑满 120 mm

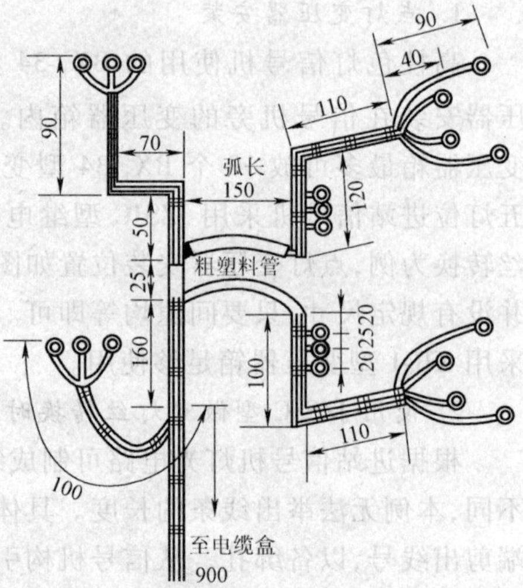

图 6－25　JZSJC 型继电器作双灯丝转换的矮型信号机线把

时,从 6 条线的尾端套入一段 150 mm 长的薄壁软塑料管。管内线条不绑扎,以免线把变硬。

整个线把绑毕如图 6－25 所示。

线把的上下两道弧弯是为了便于开门。如两道合成一道,在关门时线把有可能受到机构箱隔的压挤。矮型信号机的点灯变压器、双灯丝转换器安装后,套装线把并拧紧所有螺母,整理各直角弯,将直塑料管嵌入箱隔凹孔内,上下线卡扣住线把,使其无法离开箱隔。

第四节　电动转辙机配线

电动转辙机配线包括转辙机线把配线和启动箱转极继电器线把配线两部分。电动转辙机配线不但要实现控制、表示电路的连接,而且要区分转辙机的配线类型。本节重点介绍 ZD6 型电动转辙机的四线制电路的配线方法和电动转辙机插接器配线方法。

一、电动转辙机配线类型的区分及实现方法

电动转辙机由于安装类型的不同及道岔定位开向不同,使自动开闭器定位时的接触位置不同,道岔由定位向反位转换时的电机转动方向也不同。为了适应这种变化,产生了不同的配线类型。配线类型是以转辙机动作杆和自动开闭器接触位置相对应的位置来划分的。转辙机动作杆和自动开闭器接触位置的对应关系如图 6－26 所示,图中乙为左杆伸出或右杆拉入,表示道岔处于定位时,电动转辙机动作杆左伸出或右拉入,自动开闭器接通第 1、3 排静接点,道岔由定位向反位转换时,电动机带动动作杆向右移动,适应这种要求的配线称为第一种配线。图中甲为左杆拉入或右杆伸出,表示道岔处于定位时,电动转辙机动作杆左拉入或右伸出,自动开闭器接通第 2、4 排静接点,道岔由定位向反位转换时,电动机带动动作杆向左移动,适应这种要求的配线称为第二种配线。

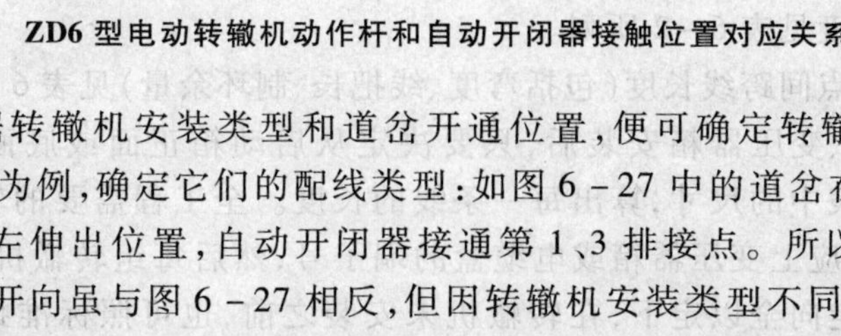

图 6－26　ZD6 型电动转辙机动作杆和自动开闭器接触位置对应关系

通过以上叙述,根据转辙机安装类型和道岔开通位置,便可确定转辙机的配线类型。现以 ZD6 型电动转辙机为例,确定它们的配线类型:如图 6－27 中的道岔在定位时,转辙机动作杆都处于右拉入或左伸出位置,自动开闭器接通第 1、3 排接点。所以,应属第一种配线。图 6－28 中的道岔开向虽与图 6－27 相反,但因转辙机安装类型不同,道岔在定位时,动作杆还是处于右拉入或左伸出位置,自动开闭器接通第 1、3 排接点。所以,也是属第一种配线。

图 6－29 中的道岔在定位时,转辙机动作杆都处于伸出或左拉入位置,自动开闭器接通 2、4 排接点。所以,应属第二种配线。图 6－30 中的道岔定位开向虽与图 6－29 相反,但因转辙机安装类型不同,道岔在定位时,动作杆还是处于右伸出或左拉入位置,自动开闭器接通第 2、4 排接点。所以,也是属第二种配线。

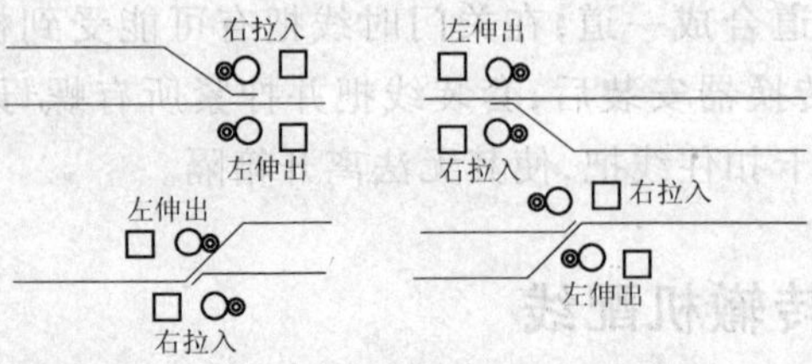

图 6－27　ZD6 型电动转辙机第一种配线(1)

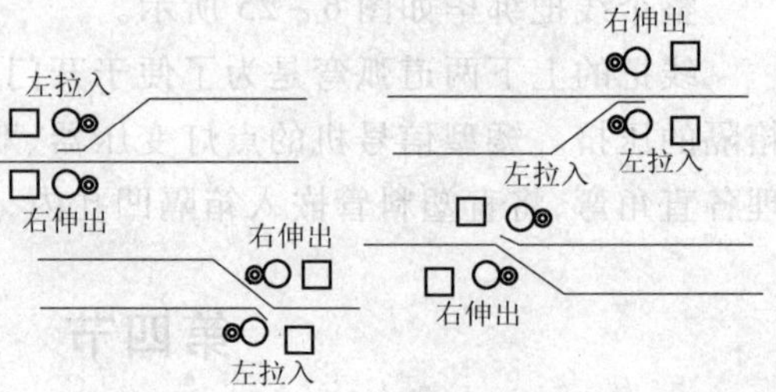

图 6－28　ZD6 型电动转辙机第一种配线(2)

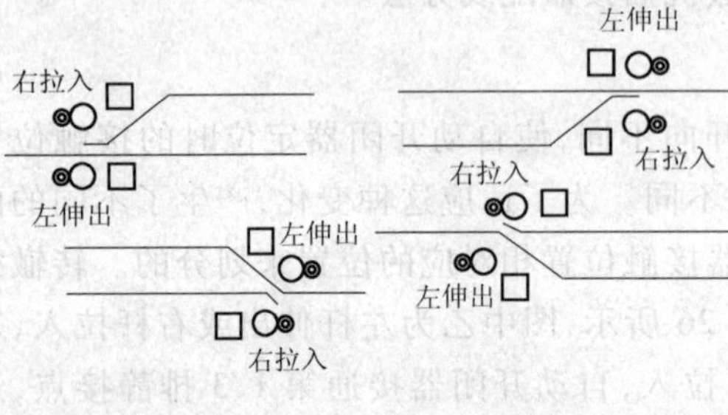

图 6－29　ZD6 型电动转辙机第二种配线(1)

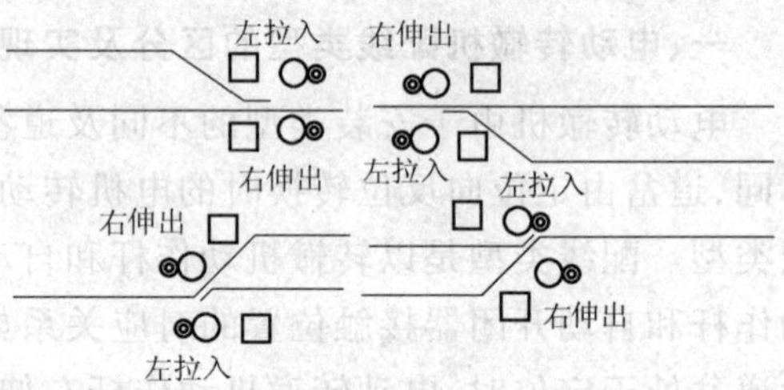

图 6－30　ZD6 型电动转辙机第二种配线(2)

二、电动转辙机配线长度的计算

电动转辙机配线线条的长度由三个数字相加：变压器箱或电缆盒内长度、蛇管长度和转辙机内长度。

变压器箱内走线有两种方法，一是从箱前壁蛇管引入口引入，然后落底绑把引至配线端子；二是从箱底电缆引入口引入，然后直接引向配线端子。前者约需 1 100 mm，后者需550 mm。

启动箱按标准装设时，ZD6 型转辙机，蛇管从变压器箱正面引入时，一般为 1 200 mm 长，从底部引入时，一般为 1 400 mm。具体应以实际安装情况为准。

转辙机内长度，应从蛇管引入口开始，加上弯度、线把长、制环余量等等。转辙机蛇管引入口至各端子的长度见表 6－2 所列。

转辙机各接点间跨线长度(包括弯度、线把长、制环余量)见表 6－3 所列。

电动转辙机、变压器箱安装后，只要决定从启动箱正面或底面走线，量出蛇管实际长度，即可按上两表中的尺寸，算出每一条线的长度。全工程需要的转辙机配线可一次裁出，在线条一端剪出应上变压器箱或电缆盒的端子号，然后每组转辙机的线条扎一束待用。如配线类型，蛇管走向全以定下，在转辙机未安装之前，也可照标准蛇管长度，预先计算出各组转辙机配线的长度，进行裁线、剪号、分组、绑扎配线。ZD6 型电动转辙机配线采用 7 × 0. 52 多股铜芯塑料绝缘电线，但因为它的静接点配线端子的不同，遇到一个接点上需连接两条线时，静接点配线螺丝就很难将两只 7 × 0. 52 线环拧紧。所以，ZD6 型电动转辙机配线也有采用 40 × 0. 15 多股铜芯塑料绝缘软电线，或 7 × 0. 43 多股铜芯塑料绝缘电线。如果采用插接化配线，使用软线较为适宜。变压器箱转极继电器配线采用 40 × 0. 15 多股铜芯塑料绝缘电线。

表 6－2　转辙机接点至蛇管引入口线条长度表

转辙机接点	ZD6 型左口引入(mm)	ZD6 型右口引入(mm)
11	920	500
12	935	485
13	950	470
14	965	455
21	700	720
22	715	735
23	730	750
24	745	765
31	640	780
32	655	795
33	670	810
34	685	825
41	400	1 020
42	385	1 035
43	365	1 050
44	345	1 065
电机 1	1 280	1 280
电机 2	1 250	1 250
电机 3	1 230	1 230
遮断器	1 340	1 340

表 6－3　转辙机各接点间跨线长度表

转辙机接点跨线	ZD6 型长度(mm)
11－21	470
12－43	810
12－42	795
12－电机 2	510
13－42	810
13－43	825
13－34	610
14－33	610
14－44	640
22－32	300
22－33	315
22－电机 1	800
23－32	315
23－44	590
24－34	360
24－43	590
31－41	470
32－电机 3	780
42－电机 1	1 100
遮断器－电机 4	420

三、电动转辙机线把预配

ZD6 型电动转辙机四线制控制电路转辙机内部接线为采用插接器配线，电机及电机接点座设在机壳靠第一排静接点一侧，因受电机与端子座之间的连线所限，端子座无法移设到靠第四排接点一侧，这就限止了“插接器配线”只能从左侧蛇管口引入。

ZD6 电动转辙机配线如采用 0.15×40 股塑胶软电线时，用 3 mm 铁线（外层包同样管径的塑胶管）弯出走线架模型，然后软电线包没走线架顺序绑扎。走线架如图 6－31 所示。

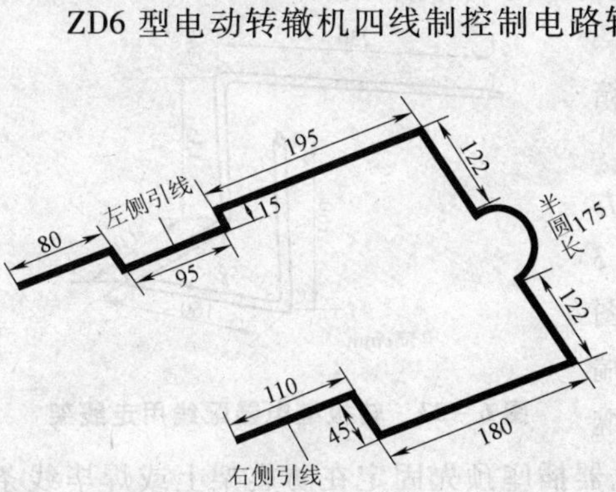

图 6－31　走线架（单位：mm）

配线时先取电机端子 1、2、4 三条线，一端制环另一端剪出线号。端子 1 的线条布在靠机壳，其余二线依次向里，围在走线架模型面上。在走线架对准配线样板端子 4 处双股起扣，中间绑扎一道后加入端子 2 的线条。同样方法绑扎加入端子 2 的线条。已形成线把的三条线依着走线架继续绑扎。

线把绑至转辙机端子16时，在里侧加入16至35的跨线；绑至端子15时，在线把面层靠机壳侧加入15至插座端子15的跨线；绑至端子14时，在面层靠内侧加入至移位接触器03的跨线；绑至端子13时，在线把底层靠内侧加入13至34的跨线；绑至端子12时，从线把内分出与电机端子2之间的连线；绑至端子11时，在线把底层靠内侧加入11至21的跨线。此时线把计有七条线。线把绑至直角拐弯时，在里层靠下加入移位接触器01至端子24，02至端子43两条线。该两条线脱离走线架单独绑至移位接触器制环上端子。九条线依走线架作直角弯绑至滚动轴承座时，向上作半圆形走线，绑过第二排接点时，直角向下分出接点11引来的跨线和移位接触器01引来的跨线成为支把。

另取接点21至插座端子2，接点22至插座端子8；接点23至插座端子10的跨线；接点25至46的跨线；接点26至36的跨线等五条线，比照样板留出应有长度后，在支把分出时，分出接点25引来的跨线。此时线把计有12条线。线把绑至蛇管引入口时，由电机4引来的线条直通安全接点05接点，加入06接点至插座端子5的跨线，该两线单独绑至安全接点制环上端子。此时，线把引至插座端子共为12条线，留出适当余量按号焊入相应端子。

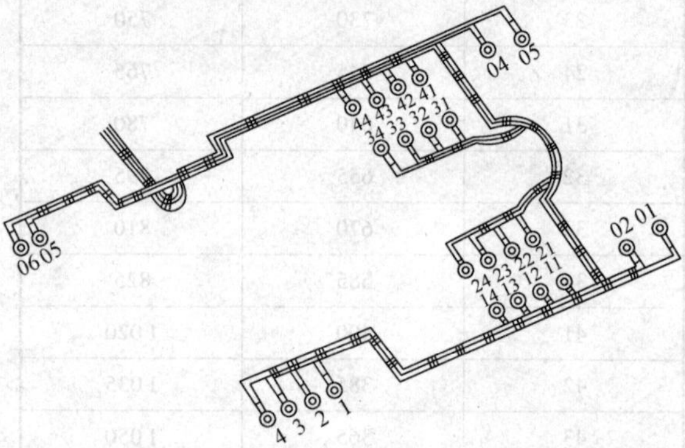

图6-32　电动转辙机左侧引入配线线把

大线把绑毕后，再分别绑扎第二排、第三排支把，边绑边分出各接点线条。全部绑毕后，比照样板尺寸剥皮制环并压软线环。整流器按不同装设位置，单独绑扎或加入线把绑扎两条配线，分别与插座端子11、12焊接。线把绑毕后，其外形与图6-32相同。

四、变压器箱内部配线线把预配

变压器箱内部配线即转极继电器（包括降压电阻）配线。变压器箱内部配线采用40×0.15多股铜芯塑胶软电线。线把形式有落底走线、平面腾空走线等数种。

变压器箱内部配线可作为定型配线，通用于同一种控制电路。即使不同线制的电路，只要其变压器箱内电路相同，定型配线亦可通用。

现以落底走线为例，叙述变压器箱内配线绑扎方法。转极继电器ZJ以装设在变压器箱中部为准，用3 mm铁线穿入同样粗的塑胶套管内，弯成走线架如图6-33待用。各号按实际长度将线条裁出，一端剪出端子号，另一端直接焊到转极继电器插座接点上（包括继电器内部跨线2至3和1至111），套上塑胶管。继电器插座预先固定在防震架上或焊毕线条后再固定均可。将走线架放在插座后部约15~20 mm处，从插座上部接点开始，各线条依走线架顺序绑扎。

图6-33　转极继电器配线用走线架

五、电动转辙机线把安装

ZD6型电动转辙机线把安装前，应先将蛇管引入口处的进线板卸下，将橡皮垫从线把尾部

(即配至变压器箱端子的线端)套入线把,线把两端用胶带包缠防护。再将弯蛇管头直面向线把套入,然后套入蛇管或内径为 32 mm 的橡皮管,再直面向后,从线尾套入另一弯头蛇管和橡皮垫。蛇管或橡皮管两头各塞入变头蛇管内,塞入量至少越过 U 形螺栓 20 mm 以上,充分拧紧 U 形螺栓的紧固螺母。如采用橡皮管,拧紧螺母前须注意橡皮管的自然弯曲应与蛇管弯头的安装方向一致,否则,蛇管弯头与转辙机固定后,橡皮管的另一端难以与变压器箱或电缆盒连接。ZD6 型电动转辙机配线从右侧引入时,用封孔盖将左侧蛇管引入口堵好。

将线把放入转辙机内,线把颈脖卡入蛇管引入口的缺口内,进线板插入缺口上部,弯头蛇管的弯头向下,两螺栓孔与机壳上的孔以及进线板上的孔对齐,由外向里穿入螺栓,加弹簧垫圈后拧紧螺母。将主轴轴承座上的线卡拆去,松开两侧边的线卡螺钉,卡住线把后拧紧螺钉。将各静接点及移位接触器、遮断器的配线螺钉卸去,套入各自的线环后,加垫片并用左手抓住线头,拧紧螺钉。电机端子 1、2、3、4 的线头分别套入 5 mm 或 6 mm 端子,拧紧螺母后加胶木螺帽。

配至变压器箱端子的线头,其蛇管头与变压器箱有两种连接方法:

(1)用弯蛇管头从启动箱前壁的蛇管引入口连接时,在转辙机配线绑扎完毕,按上述方法套入蛇管头及蛇管后,采用 XB_1 或 XB_2 型变压器箱立体样板(见图 6-34)将变压器箱配线绑扎成如图 6-34 所示,绑扎方法见图 6-1。然后将线把从变压器箱蛇管引入口穿入箱内与变压器箱端子连接。

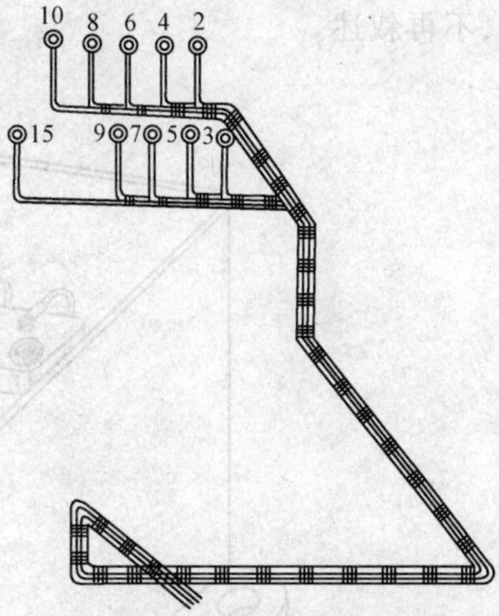

图 6-34　变压器箱配线从变压器箱前壁引入时的配线线把

(2)用直蛇管头与变压器箱电缆引入口连接时,配线穿入变压器箱后进行现地绑扎。线把绑扎与电缆配线方法相同。

转极继电器及插座固定在防震架上,整个防震架固定在变压器箱中心略偏于插座板背面一侧,以利于更换继电器。变压器箱内部配线线把,随着转极继电器插座进入变压器箱内,按线把原样各线环套入各自端子,与转辙机配至变压器箱的线条连接。ZD6 型电动转辙机配线线把安装后如图 6-35 所示。

六、ZD6 型电动转辙机插接化配线线把安装

ZD6 型电动转辙机插接化配线线把只能从电动转辙机左侧引入。将电动转辙机所附的蛇管弯头卸下,另一侧用堵孔盖堵没。安装时取插接化配线的插座线把,将其蛇管弯头及橡皮垫圈放转辙机机壳外侧,线把卡入蛇管引入口内,进线板插入引入口上部。将插座固定角铁的直边两孔,

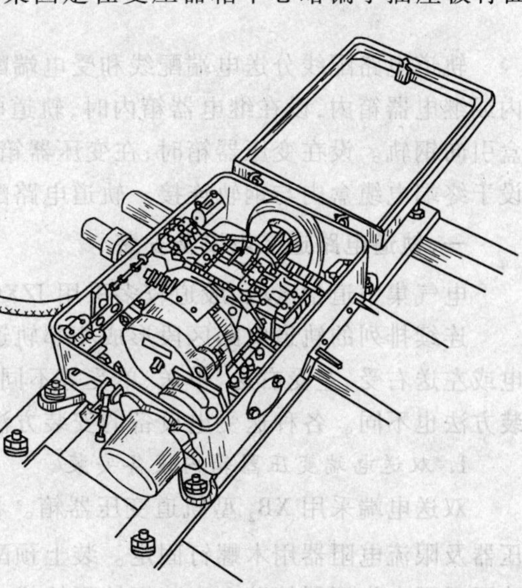

图 6-35　ZD6 型电动转辙机配线线把安装

与进线板两孔及转辙机机壳上的两孔对齐，用 ϕ10 mm 长 45 mm 螺栓，从外向里穿入，加铁垫片及弹簧垫圈用螺母拧紧，将插接化配线的插座，连同蛇管接头一起，固定在转辙机壳上。蛇管的另一端与启动箱连接方法以及引入后的配线与上相同。

再取插接化配线的插销线把，按线把走线架形状落入转辙机内用线卡卡住，各线环固定到各自的接点，安装要求与前相同。线把固定后，将插销接点插入插座簧片孔内。插入前注意插销固定螺栓孔须与插座上的插销固定螺栓对孔。插销插入后拧紧固定螺母。转辙机插接化配线线把安装后如图 6－36 所示。

ZD6 型电动转辙机使用的插接器配线为工厂化配线，除采用的插接件不同外，配线方法相同，不再叙述。

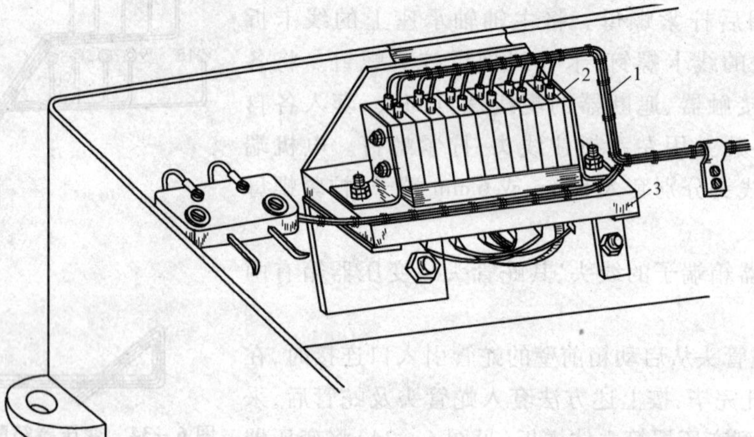

图 6－36　ZD6 型电动转辙机插接化配线线把安装

1—线把；2—插销；3—插座。

第五节　轨道电路配线

轨道电路配线分送电端配线和受电端配线。设备较多的轨道电路送受电端设在变压器箱内或继电器箱内，设在继电器箱内时，轨道电源经变压或整流后采用 HZ-0 或 HZ-12 终端电缆盒引向钢轨。设在变压器箱时，在变压器箱内变压或整流后引向钢轨。受电设备较小时，直接设于终端电缆盒内与钢轨连接。轨道电路配线采用 7×0.52 多股铜芯塑料绝缘电线。

一、轨道电路送受电设备安装

电气集中道岔区段、股道较多采用 JZXC-480 型交流轨道电路。

连续排列的轨道电路区段形成相邻轨道区段，故轨道电路的送受电端会出现双送电、双受电或左送右受、左受右送、单送、单受等不同种类的送受电端。送受电类型不同，它们的设备安装方法也不同。各种送受电设备的安装方法如下：

1. 双送电端变压器箱内设备安装

双送电端采用 XB_2 型轨道变压器箱。将木底板取出，按图 6－37 所示尺寸将两只 BG 变压器及限流电阻器用木螺钉固定。装上预配绑扎的线把，将木底板放回变压器箱内。木底板放回后再在变压器箱壁上安装钢轨引接线，否则引接线的螺栓影响木底板取放。如不取出木底板，直接将变压器、限流电阻放入箱内固定亦可。

2. 双受电端变压器箱内设备安装

双受电端有两根以上电缆时，采用 XB_1 型轨道变压器箱。按图 6－38 所示尺寸将两只 BZ_4 变压器用木螺钉固定在木底板上。

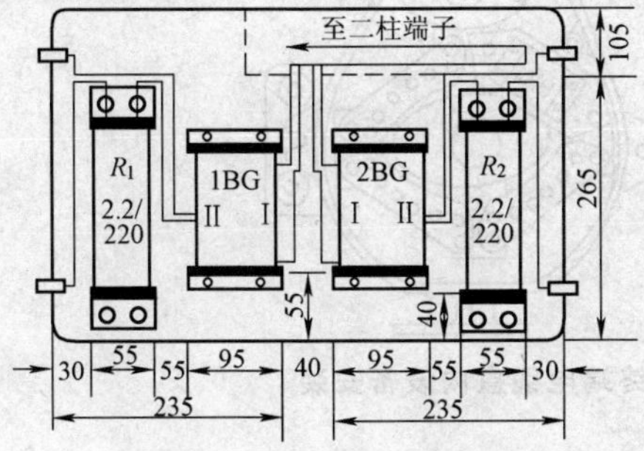

图 6－37　双送电端变压器箱内设备安装(单位：mm)

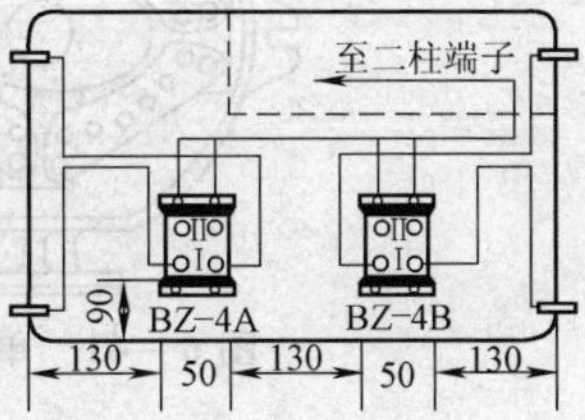

图 6－38　双受电端变压器箱内设备安装(单位：mm)

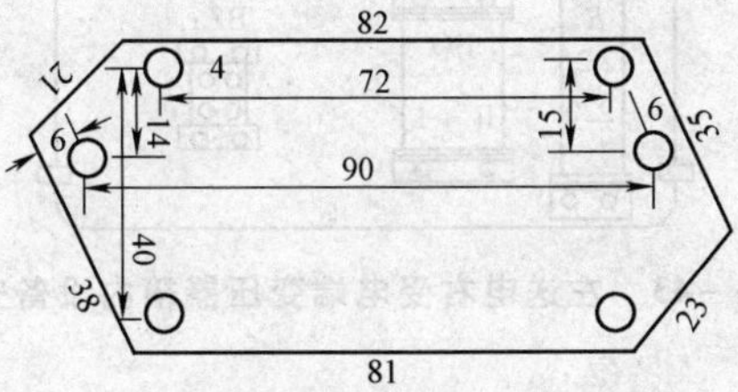

图 6－39　BZ_4 型变压器安装底板(单位：mm)

图 6－40　受电端 HZ-24 型终端电缆盒内设备安装

3. 双受电端 HZ-24 型终端电缆盒内设备安装

双受电端采用 HZ-24 终端电缆盒。BZ_4 型变压器用直径为 3 mm 的带帽螺栓，固定在图 6－39 所示尺寸，用五合板或硬塑胶板制成的安装底板上。盒内安装如图 6－40 示，拆除两只弯六柱端子，将底板固定在原端子的位置上。如果 BZ_4 型变压器的底边与电缆盒内壁相碰，可将底边剪去一角。

4. 单受电端 HZ-24 型终端电缆盒内设备安装

单受电端有两根电缆时，采用 HZ-24 终端电缆盒。受电端位置不同，BZ_4 型变压器安装在盒内的位置也不同，如图 6－41 所示。安装方法与双受电端相同。

5. 单受电端 HZ-12 型终端电缆盒内设备安装

单受电端有一根电缆时，采用 HZ-12 型终端电缆盒。按图 6－42 所示安装 BZ_4 型变压器。安装方法与上相同。

6. 一送一受电端变压器箱内设备安装

一送一受电端有两种配置方式，即左送电右受电或左受电右送电。这种变压器箱内设备的安装，相当于双送电端变压器箱内设备安装和双受电端变压器箱内设备安装的组合。根据一送电一受电的位置，各取它们的一半组成。左送电右受电端如图 6－43 所示。左受电右送电端如图 6－44 所示安装。安装方法与双送电或双受电端变压器箱内设备安装方法相同。

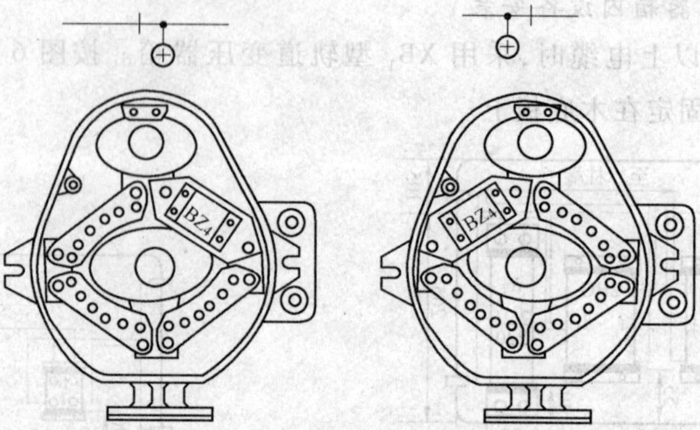

图 6－41　单受电端 HZ-24 型终端电缆盒内设备安装

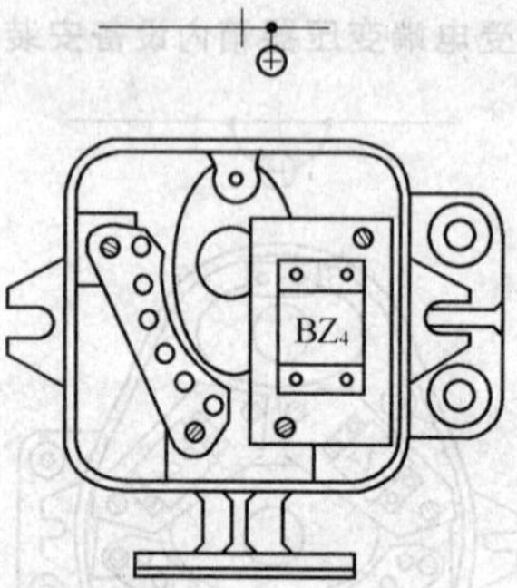

图 6－42　单受电端 HZ-12 型终端电缆盒内设备安装

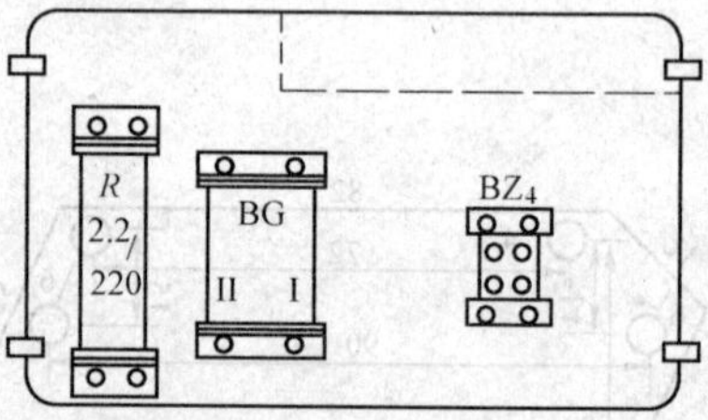

图 6－43　左送电右受电端变压器箱内设备安装

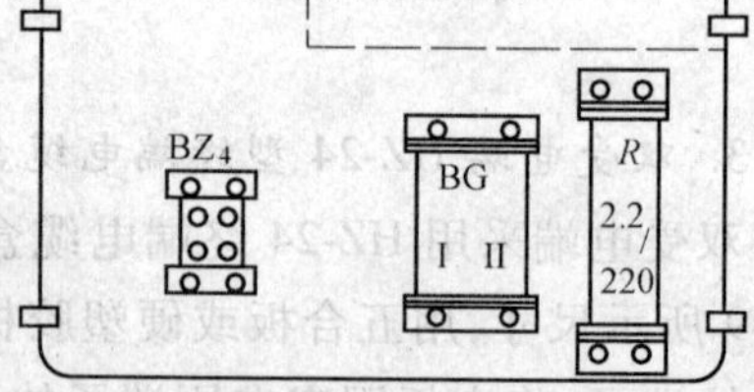

图 6－44　左受电右送电端变压器箱设备安装

二、轨道电路配线的绑扎

轨道电路送、受电端变压器箱内的配线包括电缆配线和设备配线两部分。电缆配线已做了叙述，本节介绍设备配线部分。

在 XB 型变压器箱配线样板上，按设备安装图放置变压器、电阻器，根据各自配线表所列长度，采用 7×0.52 塑胶绝缘电线剪号制环。现将 JZXC-480 型交流轨道电路的送、受电线把绑扎方法介绍如下。

1. 双送电配线线把的绑扎

根据双送电电路（请参照图 6－45）制成配线表 6－4。表中所列长度已包括线把余量、制环量及制环备用量（后同）。

绑扎时按图 6－45 所示在样板上放置一只 BG 型变压器和一只 220 W、2.2 Ω 电阻。将 5、6 两号的线环套在 1BG 的 $Ⅱ_Z$、$Ⅱ_K$ 端子上略微拧紧，呈半圆形在端子 $Ⅲ_3$ 处合拢，做 90°弯，向下双股起扣，绑扎两道。绑至底板面，线条向左做 90°弯，继续绑扎至 R_1 再做 90°弯，离电阻端子约 30 mm 处将 5 号线向上做 90°弯。将 7 号线留下适当余量做 90°弯与 6 号线并拢，继续向箱壁绑去。直绑至箱壁再向上绑扎 190 mm 为止，左右分开，6 号线留 110 mm，7 号线留 125 mm 制环。方才并拢的 5、7 两线向上绑扎，绑至电阻下端为止，对准端子各自制环。再取 1、2 两号的线环套在 1BG 的 $Ⅰ_1$、$Ⅰ_4$ 端子。1 号线出变压器边沿向下做直角弯，2 号线先向 1 号线做直角弯，在相交处再向下做直角弯。两线并拢，起双股向下绑扎，扎至底板面向箱后壁做直角弯，绑至与电阻器边沿成直线时向 2BG 做直角弯。将 BG 变压器及电阻器移至 2BG 及 R_2 位置。取 3、4 两号的线环套在 2BG 的 $Ⅰ_1$、$Ⅰ_4$ 端子，同样方法将两线绑至与 1、2 号线相交时做同向直角弯，与 1、2 号线并拢，合成横把向Ⅱ次侧绑去。取 8、9 两号线环套入 2BG 的 $Ⅱ_Z$、$Ⅱ_K$ 端子，用 1BGⅡ次侧绑法，向横线把绑去合成一把，绑至 R_2 将 8 号线向上做直角弯，同时用 10 号线留适当余量做 90°弯镶在横线把原 8 号线的位置，继续向箱壁绑扎。绑至箱壁，向后壁做直角弯贴箱边向后绑过 45 mm，即向上做直角弯绑成竖把，绑过 137 mm 根据变压器箱是否使用塑料配线板，决定线把绑法。如采用配线板，线把可绑成一把，左右分线，从配线板眼孔内穿出。如不采用配线板，线把可跨端子绑成两把，对端子分线。竖把在变成横把前，分出 9、10 两线，继续向上绑 53 mm，然后左右分线。9 号线留 110 mm，10 号线留 125 mm 制环。方才并拢的 8、10 两线向上绑扎，绑至电阻下端为止，对准端子各自制环。整个线把绑成后包括两个部分，外形及尺寸如图 6－45 所示。

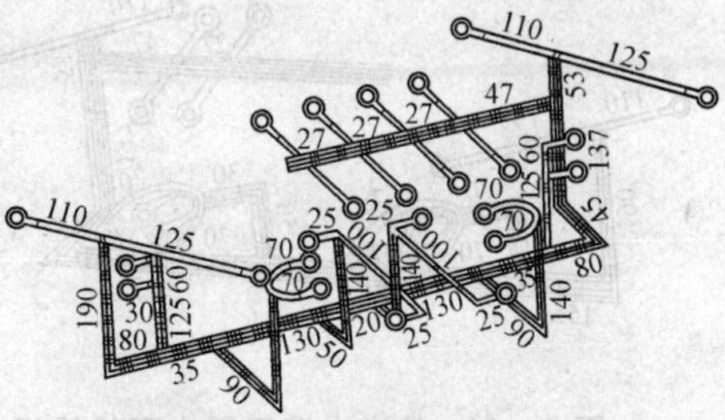

图 6－45 轨道电路双送电配线线把

（单位：mm）

2. 双受电配线线把的绑扎

根据双受电电路，参照图 6－46 制成配线表 6－4。

表 6－4 轨道电路双送电线把配线表

线号	变压箱	电阻或送电端	端子	长度（mm）
1	1BGⅠ－1	—	1	1 100
2	1BGⅠ－4	—	3	1 200
3	2BGⅠ－1	—	5	1 000
4	2BGⅠ－4	—	7	1 100
5	1BGⅡ－k	电阻 R_1－1	—	650
6	1BGⅡ－z	送 电	—	950
7	（送电）	电阻 R_1－2	—	650
8	2BGⅡ－k	电阻 R_2－1	—	650
9	2BGⅡ－z	送 电	—	950
10	（送电）	电阻 R_2－2	—	950

表 6－5 轨道电路双受电线把配线表

线号	变压器（BZ_4）	受电端子	变压器箱端子	线长（mm）
1	AⅠ－1	受电引线端子	—	700
2	AⅠ－2	受电引线端子	—	600
3	AⅡ－1	—	1	1 100
4	AⅡ－2	—	2	1 100
5	BⅠ－1	受电引线端子	—	700
6	BⅠ－2	受电引线端子	—	600
7	BⅡ－1	—	3	800
8	BⅡ－2	—	4	800

绑扎时按图 6－46 将 1、2、3、4 号的线环套在各自的端子上，在中部合拢后绑扎约 30～40 mm，然后往下绑扎 50 mm 落底走线。1、2 两线向左绑至箱壁，向上作直角弯绑扎 190 mm，1 号线向前留 125 mm，2 号线向后留 110 mm 剥线制环。3、4 两线向右绑扎横把约 200 mm 与另一 BZ_4 变压器的四条线（即 5、6、7、8 号线）合拢绑至箱壁，向上作直角弯绑成竖把，绑过 137 mm，根据变压器箱是否使用塑料配线板，决定线把绑法。两种绑扎方法与双送电相同。线把绑成后的外形及尺寸（使用配线板形式）如图 6－46 所示。

3. 一送一受配线线把的绑扎

一送一受配线线把是由单送单受线把组合而成。绑扎前须先调查变压器箱的送受电位置。根据各箱的不同需要，按图 6－43 或图 6－44 分别绑扎出送、受设备的配线，并将它们绑扎在同一横把上。以左受电右送电为例，其线把外形及尺寸如图 6－47 所示。

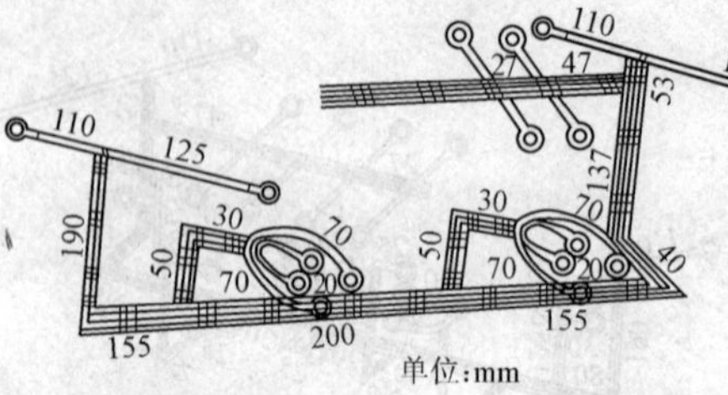

图 6－46　轨道电路双受电配线线把

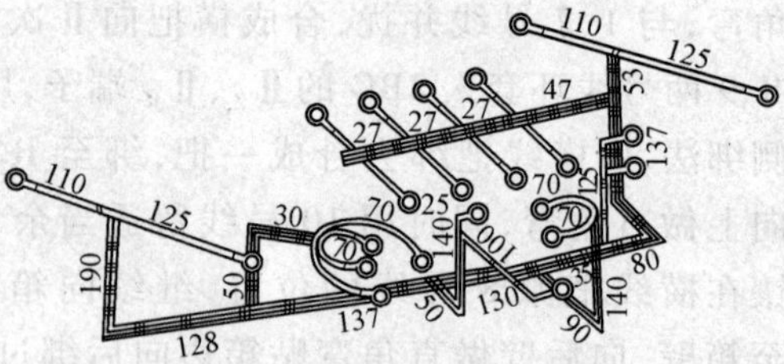

图 6－47　轨道电路一送电一受电配线线把

4. 双受电端 HZ-24 终端电缆盒变压器配线

双受电端采用 HZ-24 终端电缆盒时，两只 BZ_4 变压器的Ⅰ次侧配线绑扎成一把，Ⅱ次侧各绑一把与电缆盒端子连接。线把在盒外用已装设在安装底板上的两只 BZ_4 变压器进行绑扎，绑成后移至盒内安装。安装后如图 6－48 所示。

5. 单受电 HZ-12 终端电缆盒变压器配线

单受电 HZ-12 终端电缆盒变压器配线，亦在盒外利用已装设在安装底板上的 BZ_4 变压器进行，绑成后移至盒内安装。安装后如图 6－49 所示。

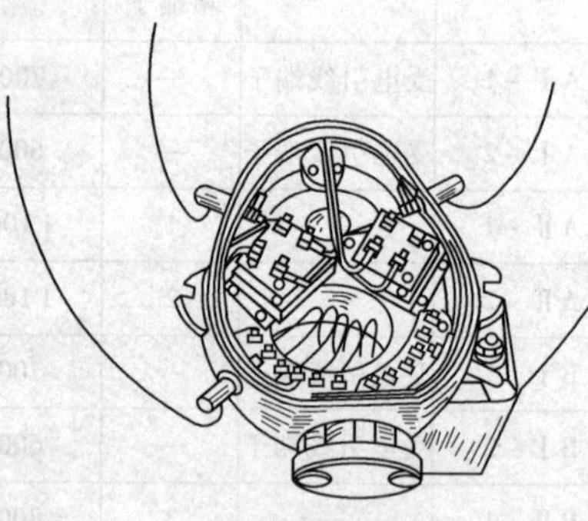

图 6－48　双受电端 HZ-24 终端电缆盒变压器配线

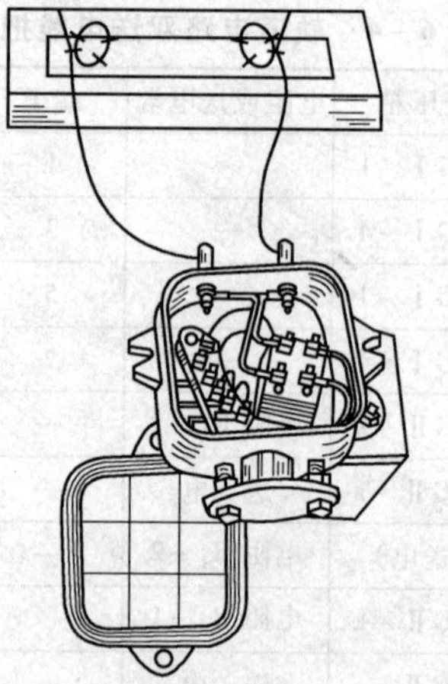

图 6－49　单受电 HZ-12 终端电缆盒变压器配线

6. 单送电配线线把的绑扎

根据单送电区段轨道变压器箱安装位置，确定其为左侧单送还是右侧单送。位置确定后参照双送电配线线把绑扎方法，绑扎单送电配线线把。

第六节　其他设备配线

车站信号集中联锁工程室外设备配线还包括以下一些配线：

1. 进路表示器配线

进路表示器配线与信号机配线同时进行。高柱进路表示器配线采用 7×0.52 塑胶绝缘电线通过信号机柱，由连接管引入表示器机构内；矮型进路表示器配线通过基础弯通管进入连接管，由连接管引入表示器机构内，每一灯有两条点灯线，制环后配至灯座端子。两种表示器的点灯变压器均设于变压器箱内。

2. 矮型复示信号机、发车线路表示器配线

矮型复示信号机、发车线路表示器的点灯变压器设于变压器箱内，配线采用 7×0.52 塑胶绝缘电线通过基础弯通管引入机构内制环与灯座端子连接。线把绑扎方法与矮型色灯信号机配线相同。

3. 棚下发车表示器配线

棚下发车表示器的点灯变压器设于变压器箱内，配线采用 7×0.52 塑胶绝缘电线由防护管沿站台混凝土柱引至棚下发车表示器，经丁字接头连接管引入机构内制环与灯座端子连接。

4. 发车表示器按钮配线

发车表示器按钮配线采用了 7×0.52 塑胶绝缘电线，下端与终端电缆盒端子连接，电线上端柱式通过基础弯通管由钢管引入灯箱；挂式由防护管直接引入灯箱制环与按钮接点、灯座端子连接。

5. 道岔局部控制盘配线

道岔局部控制盘配线采用 40×0.15 塑胶绝缘电线，分为盘内配线及与电缆盒(或变压器箱)连线两部分。盘内配线方法与第七章中小站控制台配线方法基本相同，配至按钮、表示灯、电键、电话、电笛的线条汇总焊至插座接点。与电缆盒(或变压器箱)连接的电线通过基础弯通管经立柱引入盘内焊至插头接点与插座接点对接。

6. 机务段同意按钮盘配线

机务段同意按钮盘盘内配线采用 40×0.15 塑胶绝缘电线，绑扎方法与道岔局部控制盘配线相同。与电缆盒连线采用 7×0.52 塑胶绝缘电线，引入盘内制环与六柱端子连接。

第七章　室内设备安装及配线

第一节　一般规定

1. 室内设备安装一般包括列控中心设备、联锁设备、自动闭塞设备、半自动闭塞设备、集中监测、TDCS/CTC、电源屏以及控制台、人工解锁按钮盘的设备(机柜)安装、配线等。

2. 室内设备安装前,应进行数量清点和外观检查,设备应完好、无损坏,零、部件及配套产品技术说明书、合格证、检测报告齐全。

3. 对设备进行电气特性检查测试,各项指标应符合国家和铁路行业有关标准。

4. 对有条件的信号机械室应设防静电地板及接地网。防静电地板金属架要相互焊接,与网格地线按规定连接。

5. 室内施工要严格执行安全技术规程的有关规定。

(1)电源引入电源屏时,应设置“禁止合闸”明示牌。使用的临时电源插座必须加装漏电保护器,施工人员撤离时应及时断电。

(2)室内焊线时电烙铁应放在支架上,防止烫伤手脚和电线,不用时切断电源,冷却后收起,防止火灾。

(3)室内施工时必须制定防火措施,并配备灭火装置。

第二节　工序流程

一、室内设备安装流程(见图 7－1)

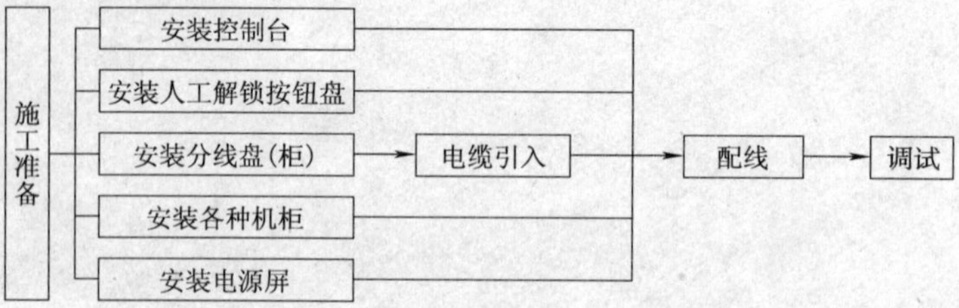

图 7－1　室内设备安装流程图

第三节　控制台和人工解锁按钮盘安装

一、控制台的安装

1. 控制台安装前的检查

(1)表示盘面的股道布置、表示方式、按钮类型及位置符合设计要求。

(2)按钮或手柄动作灵活,接点的接触与断开可靠。

(3)电锁器联锁控制台的联锁关必须符合联锁图表,控制台手柄必须灵活转换到规定位置。

(4)表示灯、发光二极管明亮均匀、颜色正确。

(5)各种表示铭牌齐全、正确。

(6)紧固零件、门的销钉、加封孔齐全完整。

(7)配线正确、绝缘良好,熔断器容量符合设计要求。

2. 控制台的搬运

控制台一般设在三楼或二楼值班员室。安装控制台之前,首先遇到的是搬运问题。控制台因分段的组成类型不同(同类分段因站场不同,使用的元件数量也不相同),使整机重量相差很大,约为500~1 500 kg。根据信号楼建筑情况以及控制台到货时间,可有三种搬运方法:

(1)施工班组进驻工地前,控制台已经到货,进驻施工后信号楼控制台室前墙尚未砌砖,遇此情况可与房建施工负责人联系,适时将控制台连同外包装一起,用房建升降机起吊至控制台室,搬运进室内存放,待房建竣工后再拆开外包装进行控制台导通安装。如房建升降机起重力所限,控制台拆除外包装运入控制台室内后,应及时加设防护物。

(2)信号楼房建工程完成后控制台方才到货。拆开外包装导通测试完毕之后,按外形尺寸调查楼梯、走道宽度能容纳控制台搬运及转向时,可采取梯阶铺板,板与控制台之间垫圆铁管,用大绳拉动的方法将控制台逐层运搬至控制台室。搬运中心能随时固定大绳,保证控制台不下溜。还须有足够的撬棍及人力,在控制台重心移过木板一半之后,从下往上抬起木板,确保控制台平稳地移到楼梯平台上进行转向,再进行上一层搬运。采用此法搬运,对控制台漆膜及信号楼内墙面(尤其走道拐角)容易被损坏。

(3)如信号楼楼梯、走道宽度不足,或其他原因限制,不能采用第2种方法搬运时,只能拆除控制台室部分前墙或卸去瞭望窗玻璃,割去部分角钢,用汽车吊将控制台(连同外包装)吊至窗台,再搬运至室内,然后重新砌墙或恢复瞭望窗。

3. 大站电气集中控制台的安装

控制台在值班员室内的安装位置由设计决定,房建施工已完成地沟以及控制台固定螺栓(俗称地脚螺栓)的固定。控制台应与股道平行安装,并且盘面上的站场布置上下行方向与实际站场相一致,即值班员面对控制台操纵方向与站场实际方向相一致。控制台后部与墙面之间至少应留有1.2 m以上空间,以便于维修。

4. 小站电气集中控制台的安装

小站电气集中控制台重量约为150~200 kg,控制台一般设在一楼运转室内。

小站电气集中控制台安装在新建运转室内时的要求及方法与大站控制台基本相同。如小站继电器室新建,运转室利旧,安装小站控制台的施工方法如下:

(1)运转室内既有设备如占用新设控制台位置,应会同信号工区先行移设。

(2)根据设计所定位置,按小站控制台不同型号,画出安装尺寸如图7-2所示,安装尺寸表7-1所列。

(3)使用短钢钎在螺栓孔位置凿孔,孔径不宜过大,以25~30 mm为宜。开始凿的时候手锤用力不宜过大,防止混凝土地面出现裂纹或孔口扩大。凿的过程中钢钎应保持直立状态,不可凿成斜孔。如果石沫飞溅影响施工,可向孔内略加清水,使凿面潮湿便于施工。

(4)螺栓孔深至少应有100 mm以上,并且使孔底宽于孔口。凿成后放入直径为12 mm的弯钩螺栓,孔内灌入少量混凝土,校正螺栓安装尺寸后,灌满混凝土。混凝土充分凝固后成为下大上小形,以增加牢度。此时,可将小站控制台螺栓孔套入螺栓,拧紧螺母即可。

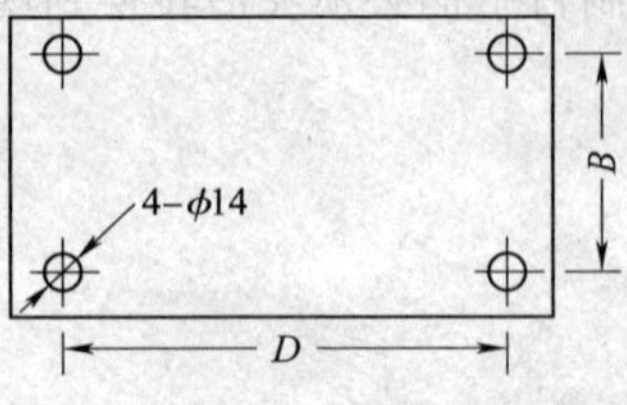

图 7－2　小站控制台安装尺寸示意图

表 7－1　小站控制台安装尺寸表

型号	B(mm)	D(mm)	附注
1.0 型	250	920	安装螺栓可采用 M12×200
1.2 型	250	1 180	
1.4 型	250	1 320	
1.6 型	250	1 600	

(5)如原运转室为地板地面,则应在控制台位置地板下增设过梁,按安装尺寸穿过过梁安装带爪螺栓,地板面垫设一块 2～3 mm 厚的铁板,螺栓穿过铁板孔再进入小站控制台构架底部的螺栓孔,拧紧螺母以增加控制台的稳固。

(6)如地板增设过梁后仍不能保证控制台的稳固,亦可在控制台位置地板下埋设混凝土基础,仅使基础螺栓露出地板。

(7)原运转室内安装控制台,无法开设室内明缆地沟时,可采用以下方法完成控制台与组合架之间的连接:

①由组合架引来的电缆通过室外绕入运转室,用槽道引至控制台后部,控制台底部施工一小段地沟并通出台底与槽道衔接,电缆从地沟引入控制台内。

②如继电器室亦利用原建筑,并且与运转室处于同一屋内,可直接使用槽道连通。

5. 其他控制台安装

还有一些其他类型的控制台,其安装方法与继电联锁控制台安装方法相同,仅安装的基础螺栓相距尺寸不同。

二、人工解锁按钮盘的安装

人工解锁按钮盘设在离控制台正面一人无法同时按压控制台按钮及人工解锁按钮盘按钮的地方,以防止一人办理进路人工解锁。四种不同类型的人工解锁按钮盘的外形尺寸是相同的,均采用落地式贴墙安装方法。房建时根据设计位置已完成了通向人工解锁按钮盘安装位置的地沟施工,按钮盘骑立于地沟终端,背面紧贴墙面,打开上下箱体门,用铅笔将箱体固定螺栓孔描画到墙面,移开人工解锁按钮盘。从地面量出各螺栓孔的高度,以及离横向墙面的距离,然后在所画螺栓孔处向墙壁内凿孔,放入直径为 12 mm 长为 150 mm 的弯钩螺栓,向孔内塞少量混凝土,校正位置后再向孔内灌满混凝土。固定螺栓充分稳固后,再将人工解锁按钮盘恢复原位,固定螺栓穿入孔内,拧紧螺母。从按钮盘底部地沟处开始,铺设木盖板。

三、机务段同意按钮盘的安装

机务段同意按钮盘设在机务段出口或其他单位值班室(闸楼)的办公桌或墙上,用来控制机车进入机务段。只有机务段同意机车入库,按下该盘上的同意按钮,车站值班员才能开放进入机务段的调车信号机。

1. 机务段同意按钮盘的安装要求

(1)机务段同意按钮盘,安装牢固、端正,盒面清晰、完好,盒中心距地面宜为 1 500 mm;

(2)配线采用多股铜芯塑料绝缘软线,截面不得小于 0.4 mm^2,进出口处应防护,盘内附 18 柱端子。

2. 机务段同意按钮盘的安装

机务段同意按钮盘一般由施工单位根据设计要求进行制作或向工厂定制。盘面包括 2 个按钮,2 个表示灯及 2 个铭牌,背面设有 2 组 6 柱端子,机务段同意按钮盘的安装见 7－3 所示。

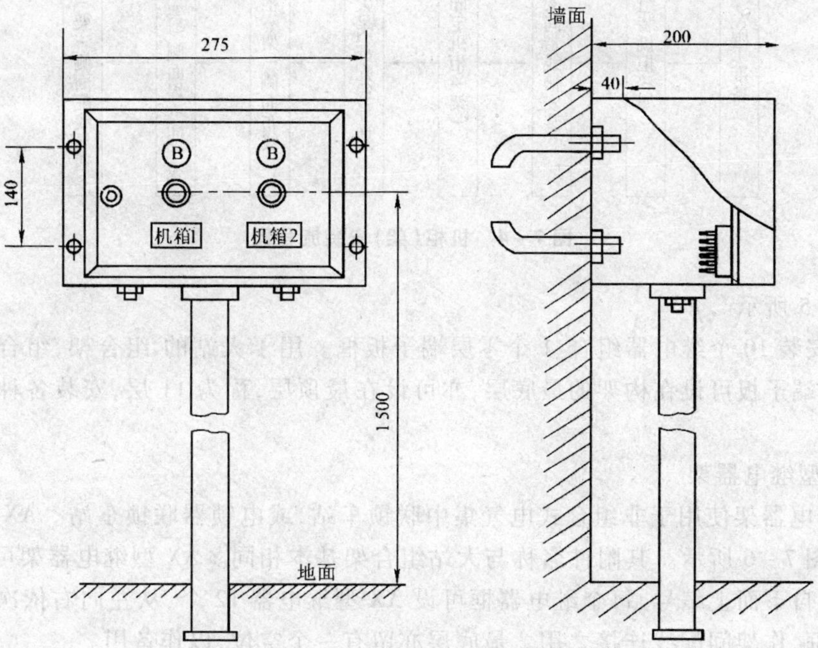

图 7－3 机务段同意按钮盘安装(单位:mm)

第四节 机柜(架)及走线架的安装

一、安装的技术要求

1. 机柜(架)与底座间、机柜(架)与机柜(架)间应用螺栓固定,机柜(架)上部用走线架或角钢固定。

2. 机柜(架)安装能做到横平竖直、端正稳固,每列柜(架)应在同一直线上,同类机柜(架)高低应在同一平面上。

3. 机柜(架)与走线架(槽)连接后,走线架(槽)应平直、牢固、接口平齐,走线架上应敷设底板,有隔架时应布置合理。

4. 机柜(架)与机柜(架)、机柜(架)与走线架(槽)、机柜(架)与网格地线按规定连接。

5. 走线架(槽)与机柜(架)涂染颜色应协调一致。走线架不宜成环状布置,成环状布置时应设绝缘隔断。

二、工序流程

机柜(架)安装可按图 7－4 所示流程。

三、机柜(架)的安装

1. 机柜(架)种类及其规格尺寸

继电联锁、平面调车区集中联锁使用的继电器架有以下几种:

(1)组合架

组合架使用于集中联锁车站及平面调车区集中联锁,25 Hz 相敏轨道电路等。组合架规格

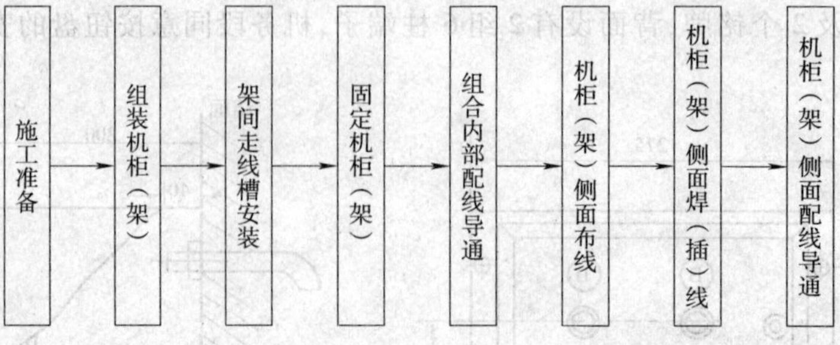

图 7－4　机柜(架)安装流程图

尺寸如图 7－5 所示。

每架可安装 10 个继电器组合、1 个零层端子板框。用于大站的 组合架,组合层次自下而上编号,零层端子板可设在构架的最底层,亦可设在最顶层,称为 11 层,安装各种电源端子和接线端子。

(2)AX 型继电器架

AX 型继电器架使用于非组合式电气集中联锁车站,或电锁器联锁车站。AX 型继电器架规格尺寸如图 7－6 所示。其附件名称与大站组合架基本相同。AX 型继电器架可安装 8 个继电器框,层次自下而上编号,每个继电器框可设 AX 型继电器 12 个,从左向右依次编号。另有两个端子板框,作架间配线连接之用。最底层亦留有一个空位,以作备用。

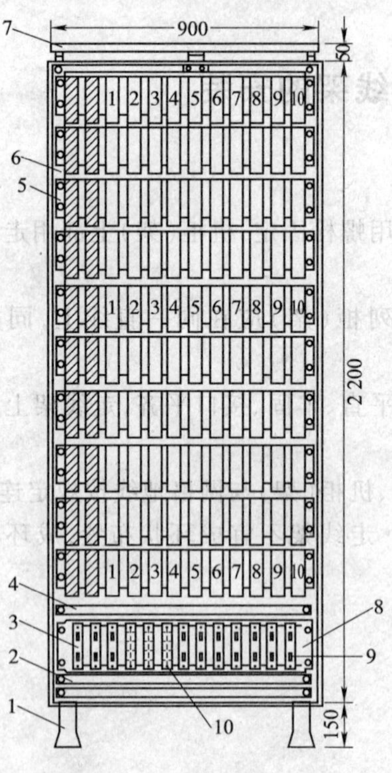

图 7－5　组合架(单位:mm)

1—底座;2—电缆架;3—熔断器板;4—线架;5—组合框;6—构架;

7—走线架;8—端子板框;9—18 柱端子板;10—电源端子板。

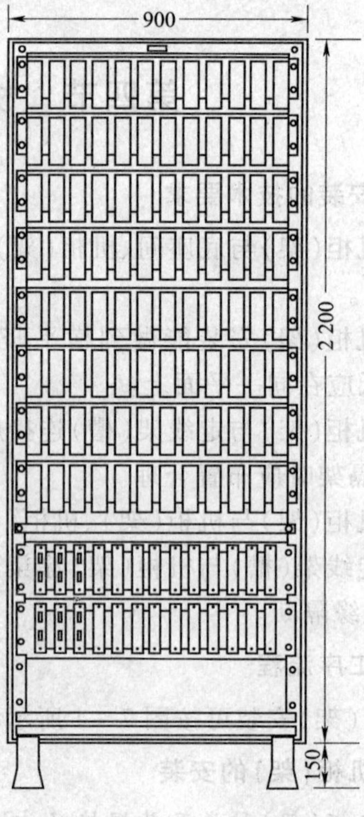

图 7－6　AX 型继电器架(单位:mm)

(3)综合架

综合架用于放置电气集中联锁与自动闭塞结合的设备,电气化区段的电气化轨道电路设备,电锁器联锁的变压器、整流器及其他电气设备。综合架规格尺寸如图 7 - 7 所示。综合架设有四个托架,托架有效尺寸为:长 882 mm,深 252 mm,高为上、下托架的间距,托架上放置各种电气设备。

(4)计算机联锁车站设接口组合架

计算机系统与信号设备的接口电路目前仍采用继电电路来实现。接口架上铺 6 mm 酚醛板,板上刻孔安装计算机 32 位插接件,配线到相应组合。

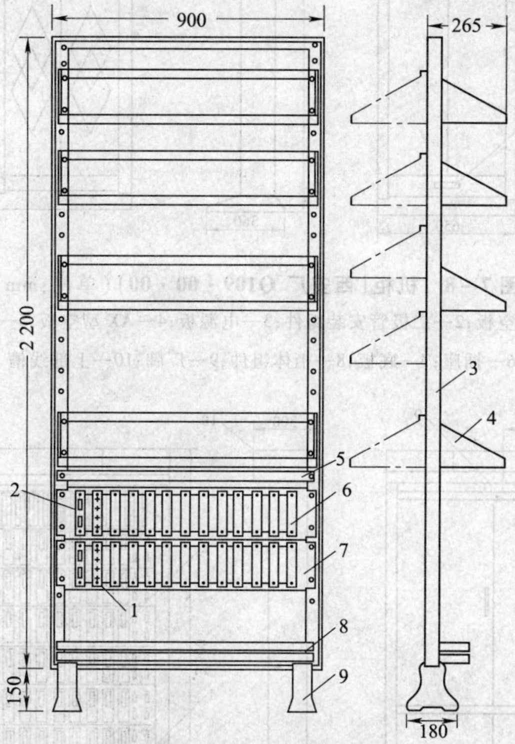

图 7 - 7 综合架(单位:mm)

1—电源端子板;2—端子板框;3—构架;4—托架;5—线架;6—18 柱端子板;7—端子板框;8—电缆架;9—底座。

(5)机柜

为配合工厂化施工,专用于工厂化配线的组合柜如图 7 - 8、7 - 9 所示。机柜可安装继电器组合、电源盘、插接件及有关电气器件。

2. 机柜安装

根据继电器室室内布置图的组合架(组合柜)设计位置,逐排逐架放置。放置时须注意组合架安装方向,继电器应安装在构架的凹槽侧,即组合架(组合柜)正面,配线面为组合架(组合柜)背面,竖线把在构架平面侧走线。相邻两架之间用直径为 8 mm 长为 25 mm 的螺栓,加铁垫片及弹簧垫圈拧紧螺母连接。继电器所在位置还应与设计要求相符,一般均面朝继电器室门。两组合架立起并连接后,设专人扶持,同样方法将本排其余各架连接完毕。成品走线架的长度在具体使用时,不一定能凑成整数,需按设计尺寸,或按施工定测时决定的尺寸预先加工本排走线架。将本排走线架与组合架平行方向送至架顶,每架使用三枚 M8 ×25 mm 螺栓,

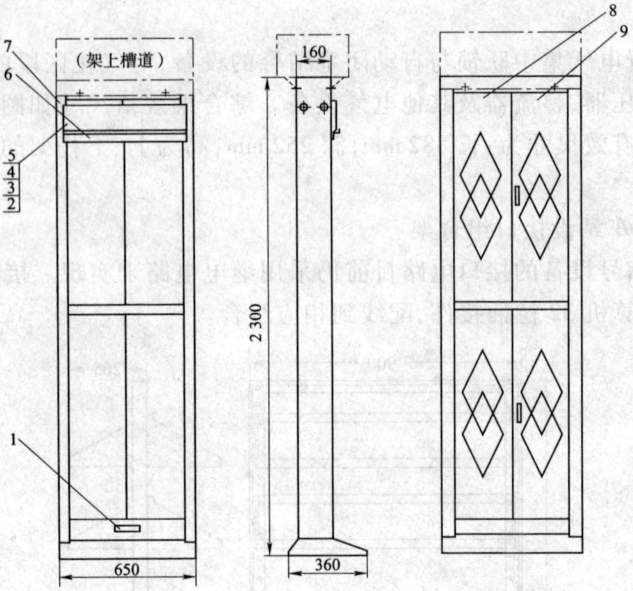

图 7－8 机柜（西安厂 Q109·00·00）（单位：mm）

1—RB_1 空板；2—二极管安装组件；3—电源板；4—AX 型空板；5—组合框；6—插座；7—底板；8—柜体组件；9—厂牌；10—上部线槽。

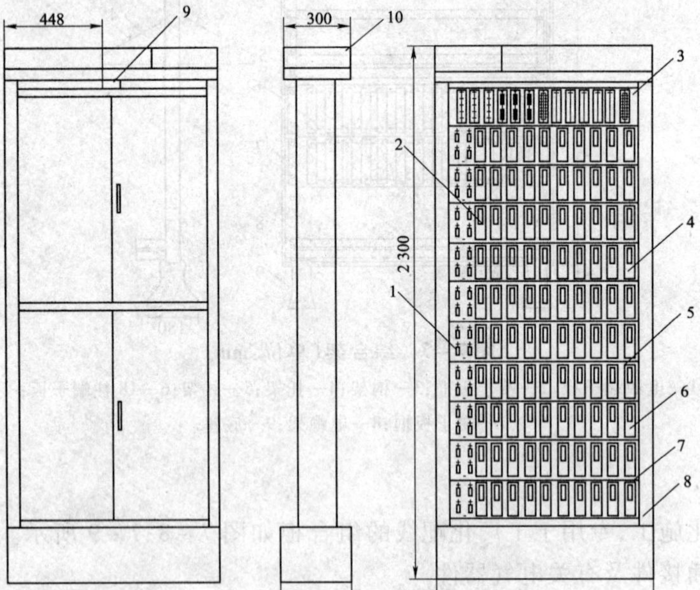

图 7－9 机柜（沈阳厂 X9017.00.00）（单位：mm）

1—铭牌；2—30 位插接件；3—插接件装板；4—垫条；5—托架；6—盖板；7—机架；8—左门组装；9—右门组装。

从上往下穿过走线架及组合架，加铁垫片及弹簧垫圈拧紧螺母。同样方法将另一排组合架（组合柜）立起，使用按设计尺寸加工的架间走线架，将两排组合架（组合柜）连接起来，排与排之间距离为 1 000 mm 或 900 mm。

三、组合安装

按组合架使用组合类型表,选用各自类型组合。组合正面放入组合架正面,用四个直径为 8 mm 长为 25 mm 螺栓从正面穿入,在背面加铁垫片、弹簧垫圈拧紧螺母。组合安装如图 7－10 所示。AX 型继电器采用组合框安装继电器,每个继电器框可安装 AX 型继电器插座 10 个,不设侧面端子。

AX 型继电器架使用同一种零层端子板框。继电联锁组合架设一个零层端子板框,内有熔断器三块,电源端子板三块,18 柱端子板 7 块,如图 7－11 所示。小站组合架及 AX 型继电器架均设两个零层端子板框,每个框内有熔断器板一块,电源端子板一块,18 柱端子板 11 块。零层端子板的安装方法与组合安装相同。

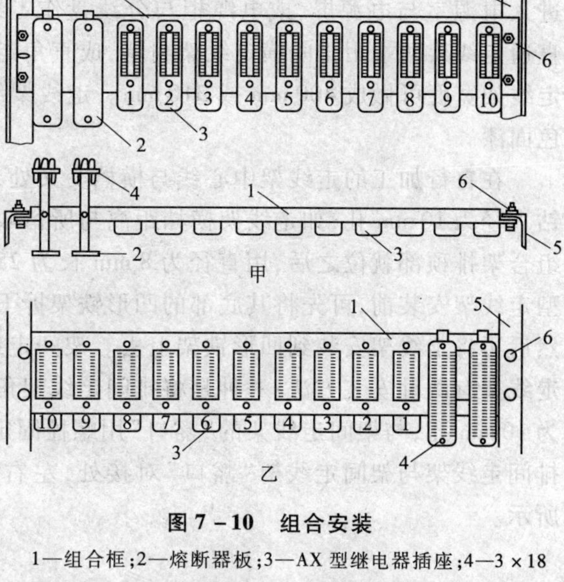

图 7－10　组合安装

1—组合框;2—熔断器板;3—AX 型继电器插座;4—3 × 18 配线端子板;5—组合架构架;6—固定螺栓。

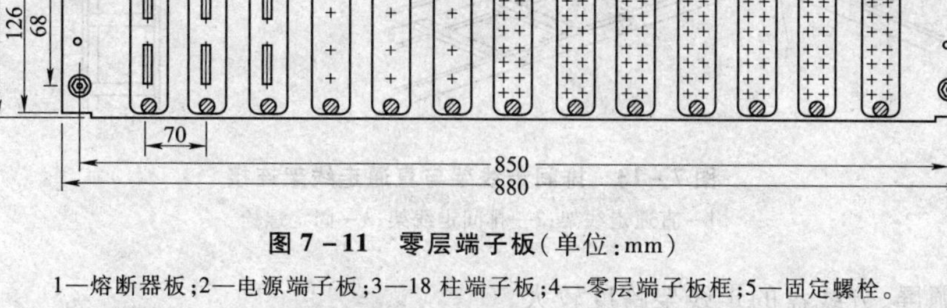

图 7－11　零层端子板(单位:mm)

1—熔断器板;2—电源端子板;3—18 柱端子板;4—零层端子板框;5—固定螺栓。

四、走线架加工及安装

继电联锁的组合架之间,组合架与电源屏、分线盘之间的配线使用走线架走线。走线架有施工单位自行加工和定型走线架两种,定型走线架规格尺寸如图 7－12 所示。大站组合架安装完毕之后,每排的顶层均需安装直通走线架。定型走线架长度有三种,分别为跨两个、三个组合架及一个组合架相同的长度。具体选用视组合架排列情况进行拼接。直通走线架之间由排间走线架连接。自行加工走线架采用 30 mm × 30 mm 角钢,结构与定型走线架相同,长度按

图 7－12　走线架(单位:mm)

每排组合架的实际长度确定。如本排走线架还兼作组合架与墙壁固定用,或通过墙面走线孔,进入电源室与电源屏,或电缆柜与分线盘作走线用,则应测量其全长,尽量使用长角钢下料。直通走线架两端用排间横走线架封堵,成直角走线架。采用角钢的规格应根据强度计算而定,走线架宽度可做成 400 mm 或 310 mm。走线架结构加工采用氧焊焊接,除锈后涂防锈漆及灰色面漆。

在自行加工的走线架中心线与横档交叉处,按各组合架构架顶部所留固定眼孔实际距离,钻直径为 10 mm 孔,如走线架横档距离与所留眼孔略有偏差,可另行钻孔。将整个走线架放入组合架排顶部就位之后,用直径为 8 mm 长为 25 mm 螺栓由上往下穿过组合架,拧紧螺母。定型走线架安装前,可先将其底部的凹形铁架拆下,分别安装到组合架顶部的走线架固定位置,然后再将走线架安装到凹形铁架上去。架间走线架安装完毕之后,再安装排间走线架。排间走线架有两种安装方法:一种是将排间走线架角钢两端底边割除,竖边向外弯成直角,钻直径为 10 mm 孔,与架间走线架的"豁口"用螺栓固定实现对接,如图 7－13(a)所示;另一种方法是排间走线架与架间走线架"豁口"对接处,左右各贴一块直角铁,加螺栓拧固如图 7－13(b)所示。

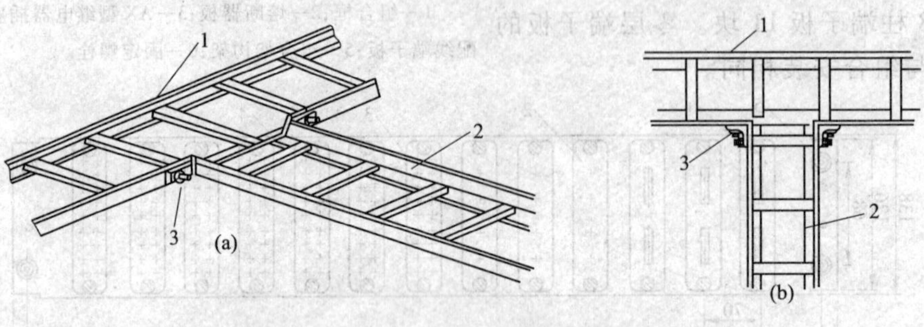

图 7－13　排间走线架与直通走线架连接

1—直通走线架;2—排间走线架;3—固定螺栓。

通向电源屏、分线盘的走线架跨度较大,对该段走线架的负荷应进行强度计算。例如按承重 30 根 27 芯 PVVR 型电缆计算,应采用 50 mm × 50 mm × 5 mm 角钢制作走线架,最大长度不得超过 3.5 m。如超过 3.5 m 或承重负荷超过 30 根 27 芯 PVVR 型电缆总重时,应采取其他安全措施。承载负荷较重,跨度较大的走线架,应尽量采用整根角钢制作,安装时将其搁在走线孔的砖面上,直通穿入墙壁。如承载负荷一般,则可在墙面处截断,角钢直边向外弯成直角并钻孔,与嵌入墙内的固定螺栓连接,或角钢端部钻孔,用螺栓直接与嵌入墙内的扁钢连接。如利用走线架兼作组合架与墙壁固定之用,走线架留足长度截去端部横档,将两角钢端部的竖边弯成直角插入墙洞内固定即可。走线架安装完毕之后,视具体情况安装组合架与墙壁间固定角钢,一端插入墙洞内固定。继电器室内组合架与走线架以及固定角钢的举例安装如图 7－14 所示。

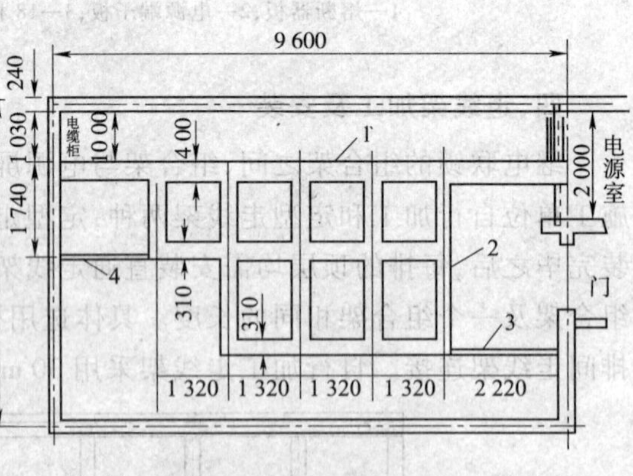

图 7－14　继电器室走线架举例安装(单位:mm)

1—排间走线架;2—直通走线架;

3—固定角钢;4—支持角钢。

走线架内部铺设纤维板或三合板、五合板、塑胶板均可,以作走线之用。对应于各组合架侧面端子的一侧,走线架底板需开设走线孔,以供通过组合架间配线竖线把。

第五节　分线端子盘(柜)的安装

一、工序流程

分线端子盘(柜)的安装可按图 7-13 所示流程作业。

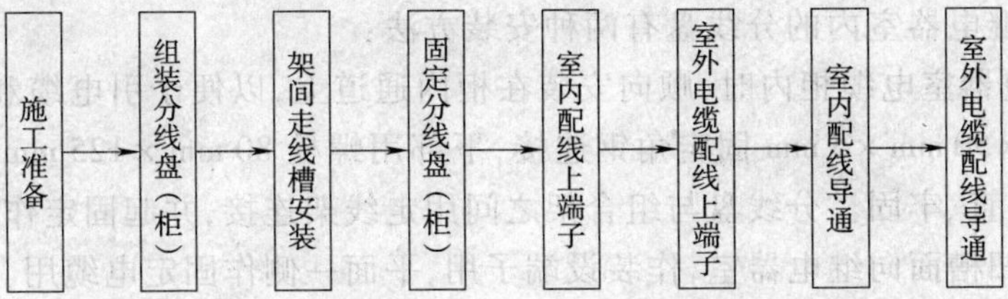

图 7-15　分线端子盘(柜)的安装流程图

二、分线盘安装

分线盘的外形尺寸如图 7-16 所示。

1. 分线盘安装的技术要求

(1)分线盘安装位置应符合设计要求;

(2)分线盘的规格、端子配置应符合设计要求,固定牢固,横平竖直;

(3)分线盘顶部均须与机架处于同一高度,以便走线架的安装,与墙壁固定的角钢必须牢固;

(4)分线盘底座与地面接触应平稳。

2. 分线盘的种类

分线盘构架一般采用安全型继电器(AX 型)架,但使用的接线端子板不同,各单位根据工程设计选择不同类型,常用的有以下四种:

(1)18 柱端子板式

分线盘构架上安装十个端子框,最低一层(即第一层)为电源端子层,其他九层为 18 柱端子板层,每层可设 13 块 18 柱端子板,总计为 18×13×9=2 106 个接线端子。

图 7-16　分线盘外形尺寸(单位:mm)

(2)6 柱端子板式

与 18 柱端子板式结构一样,最低一层为电源端子层,其他九层为 6 柱端子板层,每层端子框内各设 15 块六柱端子板,总计为 9×15×6=810 个接线端子。

(3)酚醛玻璃布板式

使用安全型继电器架做构架(亦可根据具体尺寸用 50 mm×50 mm×5 mm 角铁制作)。构架上铺整块 8 mm 厚的酚醛玻璃布板做盘面，两侧用 $\phi8$ mm 带帽螺栓固定在构架内侧。在酚醛玻璃布板上根据设计需要划线钻孔，安装直径为 5 mm 的带帽铜接线螺栓，拧紧根母。

施工方法有两种：

①每排接线螺栓的左侧钻两排孔位错开、数量相等的穿线孔，其中一排穿电缆芯线，一排穿来自组合架的铜芯塑料软线。

②每根接线螺栓的根部在酚醛玻璃布板背面加角形焊片，用以焊接来自组合架的铜芯塑料软线。每排接线螺栓的左侧钻一排穿线孔，用以穿电缆芯线。

3. 分线盘构架安装

设于信号楼继电器室内的分线盘有两种安装方法：

(1)设于继电器室电缆柜内时，顺向安装在柜内通道上，以便于引电缆和分线。分线盘上部用螺栓 50 mm × 50 mm × 5 mm 固定角钢连接，下部用螺栓 80 mm × 125 mm × 5 mm 固定角钢连接，要求安装平直、牢固。分线盘与组合架之间用走线架连接，并起固定作用。

分线盘角钢凹槽面向继电器室，作装设端子用，平面一侧作固定电缆用。电缆柜前后设有活动门，以便于施工和维修。

(2)设于继电器室内时，安装在电缆槽前部，顶部用 50 mm × 50 mm × 5 mm 角钢与室内墙壁作固定，走线架亦从顶部与其连接。安装时将分线盘角钢凹槽面装设端子，作正面使用，角钢平面侧固定电缆，作背面使用，如图 7 – 17 所示。

分线盘不论采用上叙何种方法安装，其顶部均应与组合架顶部处于同一高度，以便于走线架安装。与墙壁作固定的角钢必须牢靠，以保持分线盘稳固。

(3)车站信号集中联锁进入继电器室电缆数量较多时，采用两个或两个以上分线盘，一般是每一个咽喉设置一个。安装时，分线盘间应排列整齐，高低一致，使用 M8 × 25 mm 螺栓连接牢固。

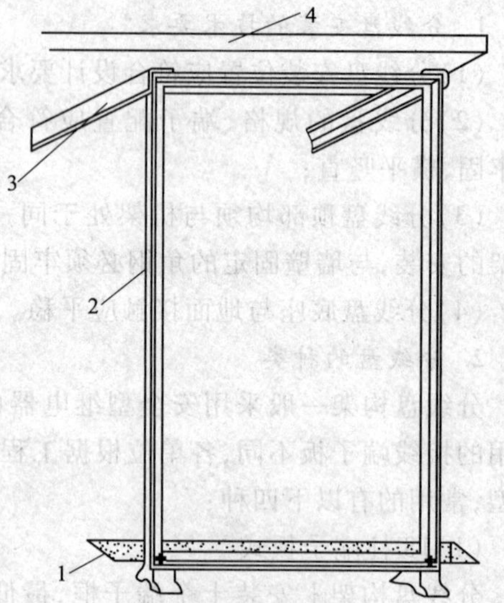

图 7 – 17 分线盘安装

1—电缆槽；2—分线盘；3—固定角钢；4—走线架。

三、固定角钢在墙壁内的固定方法

分线盘(或组合架、电码架、综合架)安装位置决定之后，视具体情况量出固定角钢的长度。角钢与构架直接连接时，至少需有 100 mm 连接长度，与走线架连接时，端部 40 mm 锯出缺口直边拗弯。角钢进入墙面的深度至少应有 80 ~ 100 mm，端部锯 30 mm 缝，单边拗成直角弯，如图 7 – 18 所示，以增加角钢与墙壁固定后的强度。

用木条或直尺按照角钢固定在构架上的位置，比照出与墙壁固定的位置。继电器室墙面(尤其是油漆墙面)比较洁净、平整，平凿墙洞时应尽量减少损坏面积，未比照准确之前，勿轻易损坏墙面，以保持施工后室内的整洁。角钢与墙壁固定的施工方法如下：

(1)按照角钢与墙壁固定的位置，用铅笔画出 80 mm × 80 mm 见方的固定框，用电工刀(或其他快口凿)轻轻地将框内的石灰面层凿去，露出砖面。

(2)用手锤扁铲先将砖面四周凿出墙洞。洞深100～150 mm为宜。

(3)将要固定的角钢插入洞内,另一端与构架或走线架固定。用水平尺调整角钢在墙洞内的高低位置,并用小砖垫平。

(4)搅拌小石子混凝土。用小泥抹将混凝土灌入,并随时捣实,使用钢端部与洞底之间也注入混凝土。灌至与墙面相平,用泥抹初步抹平。

视混凝土面层凝结情况,第二次抹面,尽量使面层与洞口墙面同样平整。

(5)适时用油漆(或与原墙面同色涂料)修饰角钢四周墙面。

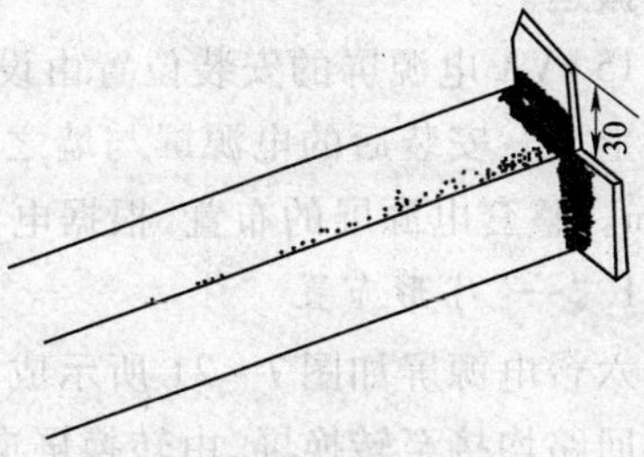

图7－18　进入墙内的角钢端部拗直角弯

第六节　电源屏安装

一、工序流程

电源屏安装一般按图7－19流程作业。

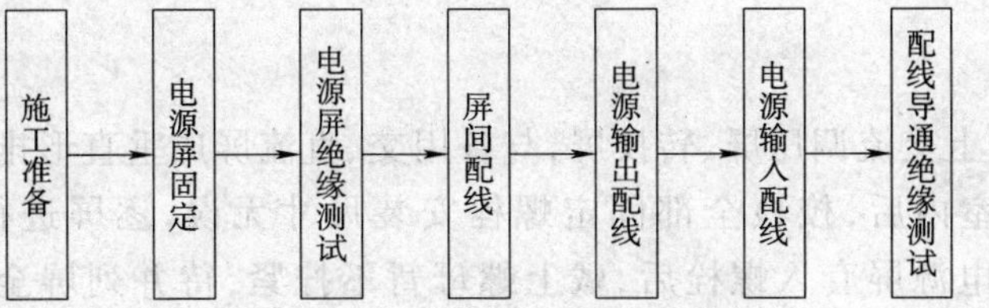

图7－19　电源屏安装施工流程图

二、电源屏安装前应做的检查

(1)电气元件、机械零、部件齐全完整,无损坏现象。印刷电路板接触良好,紧固件无松动。

(2)手动和自动调压和切换装置性能良好,动作正常。

(3)各电气元件连接良好,配线无断线、短路现象,焊线无脱焊、虚焊现象。

(4)开关接触或断开动作良好,接触压力合适。

三、15 kVA电源屏安装

15 kVA电源屏一般设于信号楼的专用电源屏室内。一套15 kVA电源屏由六面电源屏组成,即一面调压屏、一面转换屏、两面交流屏和两面直流屏。每面屏的外形尺寸完全一样,长700 mm,宽600 mm,高1 800 mm。电源屏安装尺寸如图7－20所示,为600 mm×500 mm,4孔ϕ15,安装螺栓采用M12。交流调压屏质量约550 kg,交流电源屏和直流电源屏质量约420 kg,转换电源屏质量约400 kg。

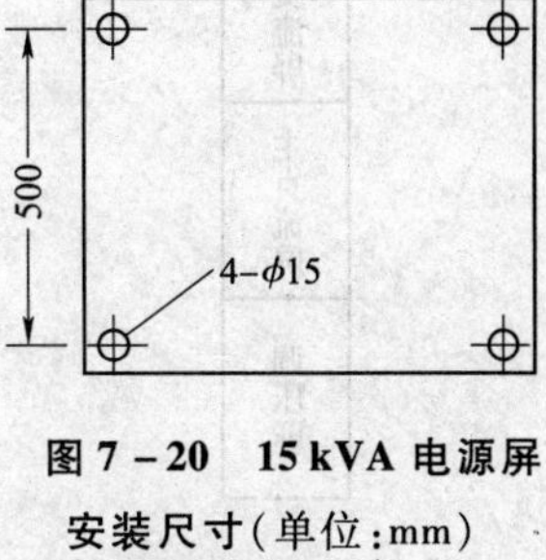

图7－20　15 kVA电源屏安装尺寸(单位:mm)

搬运电源屏可参照控制台搬运方法。如采用人工抬的方法搬运,可将交、直流屏内的干式变压器和调压屏内的感应调压器拆卸下来,配线拴牌或编号,再分别搬运。

15 kVA 电源屏的安装位置由设计确定，房建施工已完成电源布线的地沟，电源屏安放在地沟上方。安装后的电源屏与墙之间的净距应不小于 1.2 m，电源屏与组合排架间应不小于 1.5 m。整套电源屏的布置，根据电源室房屋的大小可以有以下几种布置形式：

1."一"字形布置

六台电源屏如图 7－21 所示成"一"字形排列，使用面积为 2.52 m^2。主、副交、直流屏的各输出回路均接至转换屏，由转换屏向外供电。

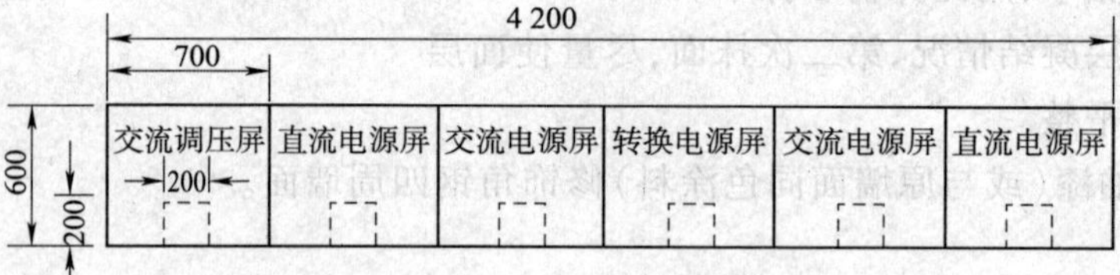

图 7－21　15 kVA"一"字形布置(单位：mm)

2."门"字形布置

主交、直流屏加上交流调压屏与备用交、直流屏成两排相对而立，转换屏立于两排之顶端如图 7－22 所示。

3. 垂直形布置

主交、直流屏加上交流调压屏、转换屏，与备用交、直流屏成垂直形排列如图 7－23 所示。

电源屏搬运至室内后，校核全部固定螺栓安装尺寸无误，逐屏进行安装。安装方法与控制台安装相同。电源屏套入螺栓后，戴上螺母暂不拧紧，待并列屏全部套入螺栓后，检查屏间是否紧贴，如屏间上部出现隙缝，可在各屏间增设连接螺栓，使并列屏紧密地直立在一排，然后分别拧紧固定螺母。如混凝土地面平坦，各屏间无需连接也已十分紧密，可直接拧紧固定螺母。如各屏间略有高低，可在屏底与地面之间加垫片，调至高低一致后再分别拧紧螺母。

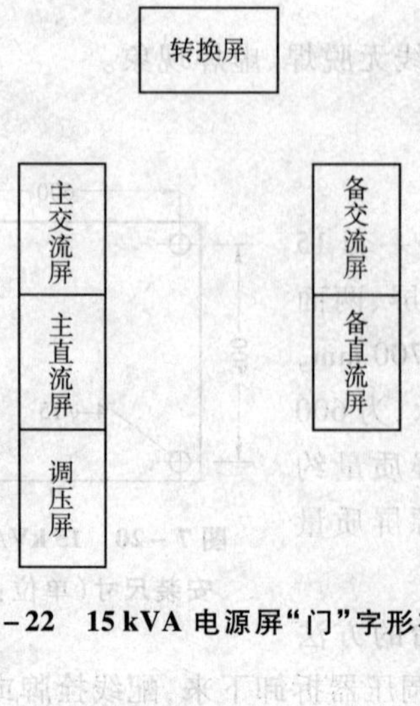

图 7－22　15 kVA 电源屏"门"字形布置

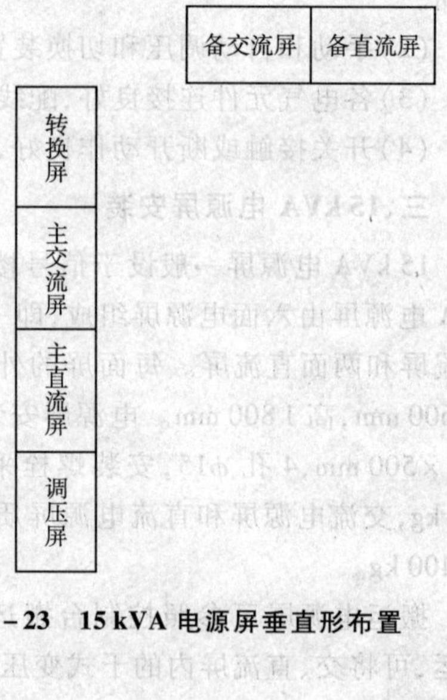

图 7－23　15 kVA 电源屏垂直形布置

遇到电源室利用原有房舍,混凝土地面无法施工地沟和固定螺栓时,可采用"假地沟"施工方法,即在原混凝土地面,按照设计位置使用木模板灌注混凝土围,并按照安装尺寸固定螺栓,如图 7－24 所示。"假地沟"充分凝固后,同样方法安装电源屏,地沟空出部分铺木盖板。"假地沟"高度仅 120 mm,并不会影响电源屏维修。设于混凝土地面的电源屏四周必须铺设带楞橡皮垫。

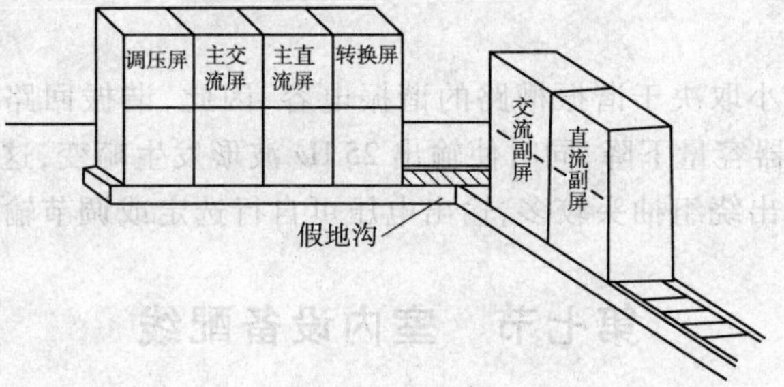

图 7－24　室内"假地沟"

电源屏与其他设备之间的配线,在电源屏处的一段不使用走线架,电源线或电缆通过地沟引入墙面槽道,直立的槽道与走线架对接,再经走线架引至其他设备。另外,电源屏安装后有足够的重量和面积保证其稳固,所以不需要再使用固定角钢与墙壁固定。

四、10 kVA、5 kVA 电源屏安装

10 kVA、5 kVA 电源屏一般设于信号楼继电器室内。各种类型的电源屏安装尺寸不尽一致,几种中、小站电源屏的安装尺寸如表 7－2 所列。安装方法与大站电源屏安装相同。

表 8－2　10 kVA、5 kVA、2.5 kVA 电源屏的安装尺寸

型　号	PZ-5 型中站屏	ZD 型中站屏	PX_2-2.5 小站屏	SZD 型小站屏
安装尺寸(mm)	600×500	500×365	600×500	500×365

五、25 Hz 电源屏安装

1. 25 Hz 电源屏及其安装

25Hz 电源屏是为交流电力牵引区段内"25Hz 相敏轨道电路"供电的电源设备。

25Hz 电源屏外部尺寸为 700 mm×600 mm×1 800 mm,底部安装尺寸为 600 mm×500 mm 4 孔 ϕ15 mm,与集中联锁电源屏完全相同,故安装方法也相同。

2. 25 Hz 电源屏技术指标

25Hz 电源屏核心部分是分频器,电源屏的技术指标主要取决于 25Hz 分频器的技术指标。25Hz 分频器有两种,即"口"字型铁心和"田"字型铁心。

25 Hz 电源屏整机启动时间小于或等于 1.0 s。

25 Hz 电源屏输出相位:局部电压超前轨道电压 90°。

3. 配线

25 Hz 电源屏输入电源为 50 Hz,220^{+33}_{-44} V,是由大站(中、小站)电源屏输入端两路电源转换后接入的。输出的轨道电源、局部电源线与车站信号集中联锁电源屏的输出线一同接至组

合架和分线盘。

4. 25 Hz 轨道电源屏的调整及故障处理

(1)25 Hz 分频器的工作电压范围是随一次线圈匝数多少而异,当分频器一次侧线圈匝数偏少时,起振电压低,分频器工作电压范围偏低。当分频器一次侧线圈匝数偏多时,起振电压高,分频器的工作电压范围偏高,因此分频器一次侧线圈匝数应调整适当。

(2)当分频器一次侧二极管击穿、短路或谐振槽路电容断线时,分频器均无输出,此时应停机检查。

(3)分频器容量大小取决于谐振槽路的谐振电容,因此,谐振回路各电容连线要牢固,否则电容量减少,使分频器容量下降,同时使输出 25 Hz 波形发生畸变,这是应注意的。

(4)分频器二次输出绕组抽头较多,输出电压可自行选定或调节输出电压的高低。

第七节　室内设备配线

室内设备配线包括以下四个部分:

(1)组合架(组合柜)配线,以及继电器架、综合架、计算机联锁接口架、监侧分机等其他室内机架配线。组合架配线包括组合侧面端子配线、组合架零层端子配线和楼内电源环线配线。

(2)控制台、数字化仪、彩色显示器及按钮盘等配线。包括大、小站控制台配线、控制台零层端子配线和按钮盘配线。

(3)分线盘(分线柜)配线。包括与组合架侧面端子连接和与电源屏端子连接的配线,以及与室外电缆配线。

(4)电源设备各种测试设备配线。包括电源屏配线、配电柜配线,或电源设备配线、蓄电池配线。随着监测设备的出现,室内设备配线还增加了各种测试设备配线。

室内配线成形后,维修单位极难改善或克服缺陷,故室内配线在严格按配线图连接的条件下,应做到焊接良好,走线合理,绑扎整齐,配线美观。

一、组合架配线

1. 组合的导通和测试

组合安装前必须进行导通,以检查配线是否正确。导通从组合正面,用电铃线直接在继电器插座接点与侧面端子间进行;或使用组合导通测试仪进行。

组合绝缘测试使用 500 V 兆欧表,接地端子线与组合框连接,线路端子线分别与所有配线接点接触,在室温 20 ℃ ±5 ℃,相对湿度不大于 85% 的条件下,应不小于 20 MΩ。再从 06 排侧面端子测试各种电源配线间绝缘也应不小于 20 MΩ。组合配线部分如装有电子元件时,测试前应断开其一条配线。装配组合如误用绝缘不良的插座,配线安装后将会影响室内电源对地绝缘,故组合配线后的绝缘测试是非常必要的。

2. 组合架本架配线

组合架侧面配线包括:组合架本架配线,与另一组合架之间的配线,与分线盘、电源屏、控制台、按钮盘之间的配线等。

组合架本架配线包括:组合与组合之间的配线;组合与本架零层电源端子之间的配线。本架配线有两种方法:一是组合全部安装到组合架之后现地配线,然后进行架间配线;二是利用配线样板进行集中预配,粗绑线把,在组合安装完毕之后,一次安装到本组合架上去。两者相比,后者施工方便,不受时间限制,所需工时比较少。组合架(组合柜)本架样板配线方法简述如下:

(1)组合架配线样板

组合架配线样板为大型样板,供预配本架层与层侧面端子之间配线使用。本层侧面端子至竖线把之间增加适当长度,可将组合架配线样板制成平面样板如图 7－25 所示。侧面端子按照实际高度设置时,与竖线把之间不增加长度,可将组合架配线样板制成立体样板,如图7－26 所示。

组合架配线样板采用木案板形式钉成。在长为 2 200 mm,宽为 900 mm 的木案上,另用一长条木板,仿制成侧面端子。木板长为 1 600 mm,宽为 200 mm,厚为 15 mm,分成十等份,表示十层组合的侧面端子。按图 7－26 所示尺寸每层侧面端子块钉 36 枚配线钉,每排再钉一枚分线钉。每层均相同处理,钉成侧面端子样板。整条木板离木案板面高为 70 mm,用长铁钉钉固。在零层再钉出零层配线钉,用红笔画出竖线把,横线把位置,在分支处钉两枚分线钉,组合架配线样板相仿于横放的一个组合架。

(2)组合架本架配线及导通

组合架本架配线。配线时由一人看图叫号兼供编号彩管,2 人听号配线。开始应先配本层侧面端子排与排之间的连线,再配相邻两层之间的连线(即短配线),然后配跨层之间的连线,最后配第 11 层(即零层)与第 1 层之间的连线。读图时,用铅笔将配过的线勾去,留下与其他组合架之间的连线先不配线。为了区分各排配线,可在各端子线条上多挂一只排号彩管。同样,各零层端子的配线也应多挂一只排号彩管。

小站电气集中使用的组合架,零层端子设在第一层下边,凡是本架与其他架之间的连线,均通过零层端子采用电缆芯线连接。遇此,组合架配线样板应将零层端子钉到最下一层。零层端子配线的分支线把,应对准各自的端子中心分出。

配线完毕后,先将各支把粗绑一道。然后分别核对各层侧面端子本架配线的线头数。核对无误,使用电阻表或电铃按图导通一遍。发现配错仍可及时纠正。核对无误,整架线把即可粗绑。

3. 组合架架间配线

前已叙述,组合架侧面端子对外配线除本架层间配线外,还包括组合架之间配线;与控制台、电源屏、按钮盘之间配线等部分。本点将叙述该部分的配线、导通、绑扎方法。

组合架架间配线工作量较大,每根线条均较长,而且无法集中预配,只能现场配线。

(1)组合架架间配线准备工作

组合架架间配线之前应准备放线车、侧面端子配线板、配线卡或配线环等配线工具。

①放线车。制成立式或卧式均可。一般以木质卧式放线车使用比较方便,制作也简易如图 7－27 所示。

②侧面端子配线板。侧面端子配线板采用 4 mm 硬塑料板制成,外形尺寸如图 7－28 所示。每块侧面端子配线板代表一只侧面端子。在配线板中心线上,钻孔径为 7 mm 固定眼孔两只,其间距为 150 mm。配线板两边名留 7 mm,距上边缘约 23 mm 各钻一直径为 3 mm 小孔。小孔各向内 5 mm,钻第 2 孔。再向各距 10 mm 钻第 3 孔。该 6 个孔依直线向下间隔 7 mm 各钻出 17 个孔,如此便成 6 条竖排,每排 18 孔。由右向左第 1、2 孔代表 01、02,第 3、4 孔代表 03、04,第 5、6 孔代表 05、06。竖排顺号由上至下分别为 1～18。

③配线卡。用直径为 3 mm 的铁线拗成带固定圈的月形弯钩。使用时将其安装在组合固定螺栓下,可以与构架成平装,供竖线把固定用,也可以在各层侧面端子下竖装,供分线把固定用。以上三件配线工具均可多次使用。

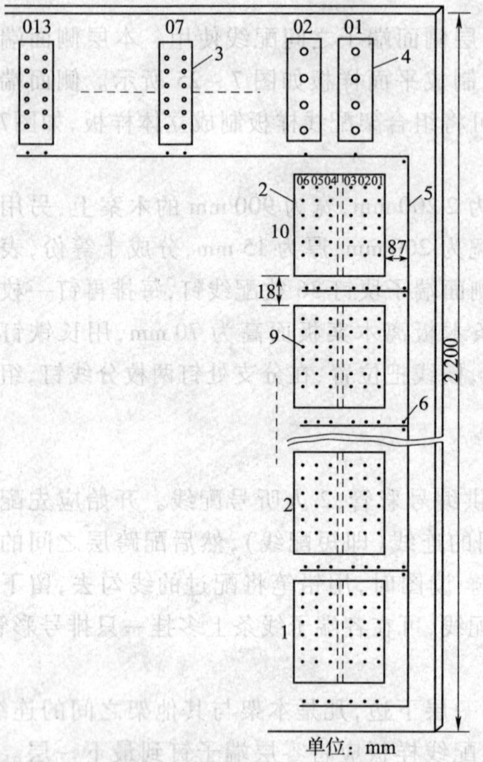

图 7－25　平面形组合架配线样板

1—配线钉；2—侧面端子；3—零层端子；
4—零层电源端子；5—竖线把；6—分线钉。

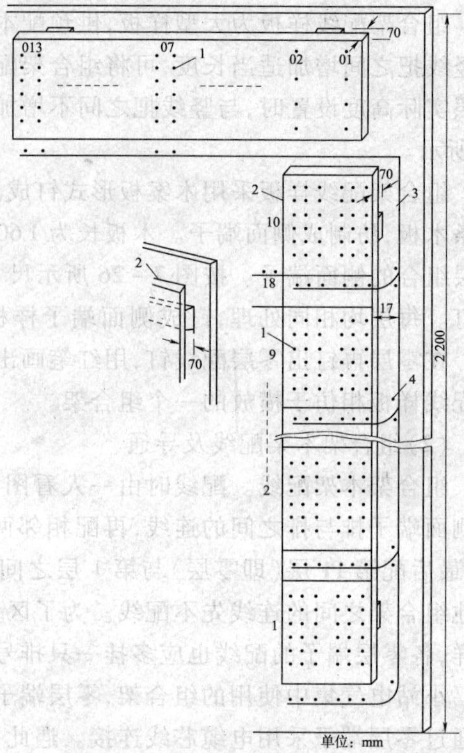

图 7－26　立体形组合架配线样板

1—配线钉；2—侧面端子木板条；
3—竖线把；4—分线钉。

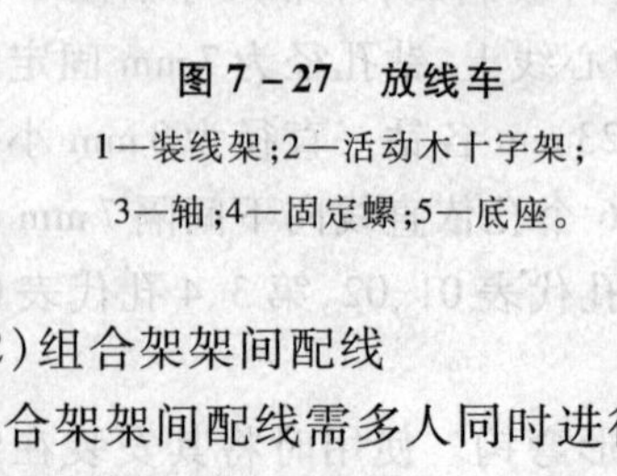

图 7－27　放线车

1—装线架；2—活动木十字架；
3—轴；4—固定螺；5—底座。

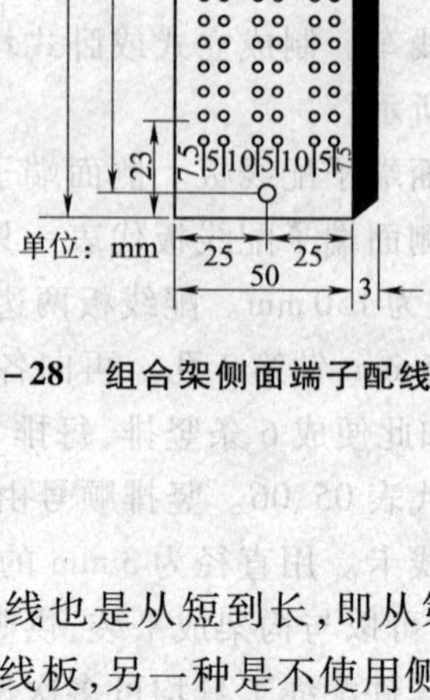

图 7－28　组合架侧面端子配线板

(2)组合架架间配线

组合架架间配线需多人同时进行。

配线从任一架开始均可，一般从第一排第一架开始。配线也是从短到长，即从第 10 层开始向外配线。架间配线有两种方法：一种是使用侧面端子配线板，另一种是不使用侧面端子配线板。现将两种配线方法分述如下,以第 11 架第 10 层侧面端子 03-13 至第 22 架第 7 层侧面端子 02-11 的连线为例。

①使用侧面端子配线板配线方法。配线前将各层组合的两只侧面端子拆下,由组合配线牵挂着倒向左边,原位换装成侧面端子配线板。放线车上的线头从第 11 架第 10 层平装的配线环下部穿过,送到走线架引入孔上部。线条从走线架放到第 22 架,送到走线架引入孔下部。穿过第 10、9、8、7 层平装配线环,向左拐穿过第 7 层侧面端子下部的竖装配线环。从竖装配线环开始,按直角走线留足余量,线条对准 02 排(可以在两侧面端子下部固定螺丝处,再加装一副用直径为 1.6 mm 铁丝拗制成的,对准各排端子各带一个圆圈的配线环),向上引至第 11 端子,穿过配线孔系扣。多余线量退回第 11 架,按同样方法留足第 11 架第 10 层 03-13 端子的线量后,剪断线条。将 03-13 端子的线头穿过配线孔系扣。侧面端子线条有第二根时,两端均使用配线板的另一配线孔。

采用此法配线不需编号彩管,绑扎线把也比较方便。

应注意的是:放线不可贪图省事,在线头穿出走线架之后,不可由架下直接抽拉线条,因为已放毕的线条受到被拉动线条的摩擦,会使之窜动,还会将线条的塑胶外皮磨破,露出铜芯。故放线时,应上下协力,尽量减少线条间的摩擦。

②不使用侧面端子配线板配线方法。线条施放过程与上相同。线头穿过第 7 层侧面端子下部竖装配线环之后,按 02-11 端子留足余量,套入 02 排彩管和 10 号加 1 号共三只彩管系扣。线头系扣后即可放下,任其悬挂在竖装配线卡上。线条另一端也同样方法比齐端子剪断线条。03-13 端子的线头套入 03 排彩管和 10 号加 3 号共三个彩管系扣,从竖装配线卡内穿过即可。

不论采用上述方法中的哪一种方法进行组合架间配线,用相同方法配毕第 10 层线条之后,依次配第 9 层、8 层……最后配第 1 层。此时,第 10 至第 2 层的侧面端子配线已经全部齐全,故最后所配的第 1 层侧面端子线条,全是由走线架引入口直通最底层的长线条。这些长线条配在竖线把的面层,使绑出的线把整齐、美观。但是后配组合架的分层布线,不能像先配的组合架那样层次分明。这就要在放线完成以后,通过整理将长线条挑到面层,而将线条的交叉赶到走线架上,以保证线把整齐。各层侧面端子与本架零层端子,以及与分线盘之间的配线,将在后边专门叙述。

在组合架本架配线内,叙述了组合架本架样板配线方法。组合架本架配线如采用现地配线方法,则成为整个组合架配线的一个部分。在施放架间连线前,先将本架内部的连线配齐。这部分连线的配线方法,既可采用配线板,也可不采用配线板,但只能与架间配线所选方法相同。相比之下也是采用配线板配线比较方便。层间配线完成后,再接着配架间连线。应当注意的是,即使在这种情况下,也不可将本架配线与架间配线交叉进行。因为那样不但不能保证配线美观,而且会降低工作效率。

(3)组合架配线绑扎

组合架架间配线完毕后,按侧面端子配线图逐端子核对线头数及彩管编号。然后进行线把绑扎。

组合架配线的绑扎,包括组合架本架配线与架间配线的全部线条。架间配线的绑扎必须分两步进行,即配线完毕之后,焊接之前的线把粗绑和联锁试验全部正确,不再改动配线之后,验收交接之前的线把细绑。

架间配线经核对线头无误后,进行粗绑。将组合架本架配线竖把粗绑线解除,以加入到总竖把中去。其各分支线把的粗绑线不必同时拆除,以免配线松散,应随着总竖把粗绑进展,逐层解除。组合架配线粗绑质量的好坏,是线把走线是否合理、美观的关键工序,下面详述组合架配线粗绑方法:

各架从走线架引入孔下部开始,将直通第1层侧面端子的配线理出来,扎成一束,放在线把(尚未绑成把)的正面外层。然后将去向第10层的线条也理成一束,尽量放在线把的左侧底面,第9层的线条理到第10层线条的前面,其余各层的线条均理成一束,依层相叠。最后将第1层配线围在线把的正面和右面面层,左面因为要逐层分线,故不布长线。当然,理线过程中不可能做到一根线也不交叉,但以尽量达到线把能依层次分线为目的。走线架引入孔向下的线条,按上述办法理顺之后,也应将引入孔向上的线条略加梳理,并在引入孔上部使用粗绑线绑扎两圈。各层配线均理成一束并布在线把合适位置之后,粗绑线视线条多少使用两圈或四圈。第一道粗绑线只需略略收紧,将结扣转到线把后背。用竹片梳理粗绑线以下的线条,使它们尽量直顺,紧贴着在其下部另绑第二道粗绑线,结扣转至后背,略略拧紧到以能滑动为度,第二道绑线称成"滑线",用此滑线在线把上逐段往下滑。在此需强调第一道粗绑线的作用,在它收紧之前,面层线条位置尚可调整,当它收紧之后,就固定了线把面层线条的位置,再调整面层线条,就会出现交叉。所以,第一道粗绑线决定了线把面层的整齐。滑线的作用如前所述,使尚未绑扎的一段线把成型,便于线把绑扎。如果不设滑线,可将粗绑线绑扎在紧挨上一道绑线下部,略略收紧后下滑至适当位置再正式收紧。以后依次按此法进行。此时每道绑线本身起到滑线的作用。

滑线滑至距第10层侧面端子底边约10 mm处时,充分收紧,以直角弯分出支把。上下两层侧面的始末端子间距只有60 mm,如果支把分出过低,会将下一层侧面的上部端子遮住,但过高又会影响本层侧面的下部端子焊线。故支把最好对准两块侧面端子的间隙,即30～40 mm处分出,这样即不影响本层焊线,也不会遮住下层端子。由竖把拐入支把,和由支把拐回竖把的线条,应在竖把与支把分支处紧紧合拢,不应出现三角洞。在第10层分支把下边另起一道绑线,将竖把面层线条照原样理顺,同时也理顺第10层分支把拐回竖把的线条。将绑线尽量往上抹,然后充分拧紧使上下分支把紧密合拢,在线把根部起一道绑线收紧,使其不再散开。这样处理后,三角洞就自然不会存在。

在第10层分支把下第一道绑线下部,重新设滑线继续向下按同样的方法绑去。绑至第9层,也按同样的方法分出第9层分支把……竖线把是越绑越细,最后只留下第1层侧面端子的配线,向左直角拐,成为第1层支把。竖把绑扎前,因为已采取了按层布线的措施,所以绑扎、分线过程中,一般不会出现过多的线条交叉。遇到无法避免的线条交叉,尤其是竖线把面层出现线条交叉时,可在细绑时将交叉点设在塑料绑线或塑胶带下边。有的施工单位采用在竖线把走线位置安装走线槽,在每层分支线把位置留缺口的方法,将组合架配线从槽内走线,只做理顺,不再绑扎,只对槽外的分支线把进行绑扎,既便于施工,又便于日后维修中增加设备或改线。

竖把应贴组合架构架平面(即角铁平面)走线。构架面低于侧面端子面约80 mm。故每层的分支线把分出并理顺线条后,应先向外离竖把约80 mm,高出侧面端子约30 mm,然后向侧面端子板绑去(也是粗绑),绑至离01排端子约3 mm处,向上分出01排全部配线,形成01排竖线把。越过01排粗绑一道,同样离02排端约3 mm处,分出02排全部配线,形成02排竖线把,依次粗绑出01至06排竖线把。使用配线板时,各排竖线把已经成形,只需理齐各线,粗绑出分支线把即可。对于各排竖线把的处理方法有两种:一种是只在根部绑扎一道,其余部分不再绑扎,线条向上成自然抻直,对准各自的端子,留自然弯曲度之后与接线端子焊接;另一种是从根部向上全部绑扎,绑至各端子,按号分出线条,再成自然弯曲与接线端子焊接,如图 7 – 29 所示。

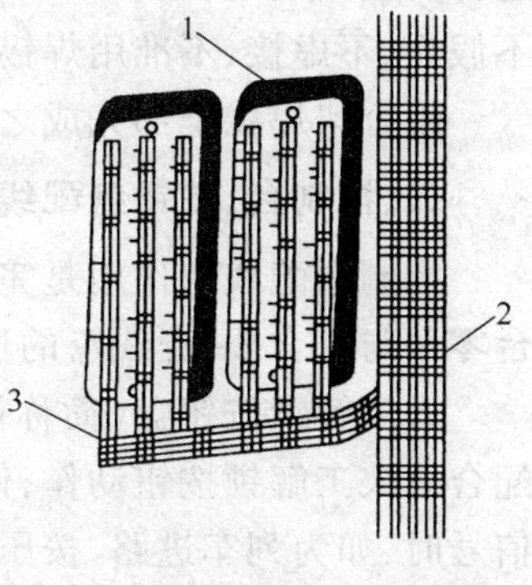

图 7 – 29 侧面端子配线绑扎

1—侧面端子板;2—竖把;3—支把。

(4)组合架零层端子配线

小站组合架零层端子作组合架架间连接或与室外设备连接之用。大、中站电气集中的零层端子作为向本组合架供电以及本组合架继电器接点与控制台零层端子间的连接中转之用。

组合架零层端子配线可分成四部分:信号楼内电源环线配线部分;本零层端子之间连线部分;与本架各层侧面端子之间连线部分;控制台至组合架之间配线部分。该四部分配线所用电线不同,配线方法也不所不同。

①电源环线配线。单股铜芯电源线从走线架引至本架后,从组合架正面,离各自的零层电源端子约 60 mm 处的走线架底衬板上直接挖孔引下。各种电源全部使用时,计挖三个孔。电源线引下后按电线制环要求制环上端子,与端子胶木板成直角充分拧紧螺母。电源线对准走线架引入孔向上直角引出,绑扎成图7 – 30所示。

②组合零层端子之间配线。组合零层端子之间连线包括电源端子与熔断器端子之间的连线和熔断器端子与 01、02、03 排端子之间的连线两部分。该部分配线采用 23 × 0.15 多股铜芯塑胶绝缘电线样板预配。样板制作以及线把预配方法与组合架本架配线相同。配向熔断器端子的线条,可制环也可用焊片与熔断器背面的端子螺栓连接。配向 01、02、03 排端子的线条,用焊片与端子板正面的 5 mm 螺栓端子连接,也可焊接在背后的焊片上。

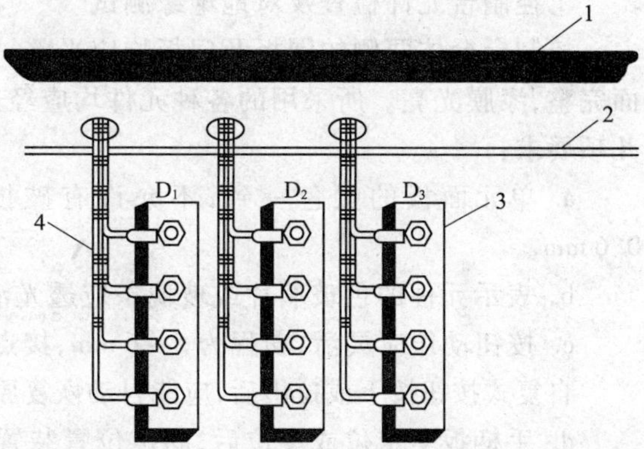

图 7 – 30 组合架零层电源端子配线

1—走线架;2—组合架;3—零层电源端子;4—电源线。

③与本架各层侧面端子之间配线。该部分配线,在组合架本架配线时进行。线条直接焊到 03 至 07 排端子后部的焊接片上。

④控制台与组合架之间配线。该部分配线采用电缆。控制台所来电缆按图分线后绑把,与电源环线配线一样从本架顶走线架底衬板上直接钻孔引下,线孔要与电源线的孔在一条横线上。电缆线引下分别制环配在零层十八柱端子规定位置上,拧固。

(5)信号楼内电源环线配线

从电源屏用电线或室内电缆将各种电源送至室内各设备的配线称为信号楼内电源配线。为保证电源配线不会因为某一点中断而使一部分设备停电,对电源配线都采用环接的方法,故又称为信号楼内电源环线配线。信号楼内电源环线配线包括:电源屏与组合架零层端子之间的连线;电源屏与控制台零层端子之间的连线;控制台与分线盘端子之间的连线;各组合架零层电源端子之间的连线;各组合架零层 01、02、03 排端子之间的连线;本组合架各层侧面端子 06 排端子之间的连线等部分。

(6)组合架焊线及导通

组合架配线完成绑把之后,即可进行焊线。组合架侧面焊线工作一般从十层向一层逐层进行。侧面端子板从01～06、由右向左,每竖行从18～1自下而上焊接。焊点要饱满、牢固、不假焊、不虚接、不准用焊锡膏。每根线要留有够焊三次线头的余量。

组合架焊线全部完成之后,在插继电器之前要按施工图进行全面导通。

二、控制台、按钮盘配线

控制台配线的作用是完成盘面上各控制、表示元件与控制台零层端子间的连接,以及控制台零层与组合架、分线盘的连接。

人工解锁按钮盘(简称按钮盘)的功用有二:一是当区段因故障不能按进路方式解锁时,配合总人工解锁按钮动作,使未解锁区段实现人工解锁。二是当用取消进路的办法不能关闭信号时,如为列车进路,按压信号机内方第一区段的事故按钮;如为调车进路,按压进路中最末一个区段的事故按钮,使信号关闭。

1. 控制台配线

(1)控制台测试和导通

控制台在安装前,都应进行测试和导通。测试控制台所用各种元件与台体间(即元件对地)的电气绝缘,检查各种元件的类型以及显示颜色是否与设计相符。导通配线焊接正确,各种元件接点接触良好,表示灯泡完好,以及不同电源系统间的电气绝缘良好。

①控制台元件检查及对地绝缘测试

控制台台体两侧的围板及门板均应平整。门板应开闭灵活,密封良好。油漆(烘漆工艺)面完整,漆膜光亮。所采用的各种元件均应经过单独检查及测试。组装完毕后应能达到以下几项要求:

a. 单元面板的颜色一致,不允许有破损及漏光。相邻单元面板间的缝隙应不大于0.6 mm。

b. 表示元件的色玻璃片或玻璃条应透光清晰,颜色鲜明。

c. 按钮动作应灵活,动程为5～6 mm,接点间隙为2.5～3.5 mm。

自复式按钮按下或拉出后,应能自动恢复原位;非自复式按钮则应能停止在操作的位置。

d. 手柄扳至定位或反位后,固定位置装置应能使其可靠地停留在定位或反位;三位式手柄处于中间位置时,应无误认的可能,手柄在非规定位置应无法停止。

e. 当环境温度为+15 ℃～+35 ℃,相对湿度为45%～80%时,控制台内的各元件接点之间及箱体之间的绝缘不小于500 MΩ。

②控制台内部配线导通

控制台内部配线应进行导通,以查出错配或漏配。

控制台配线导通的内容应包括以下几条:

a. 按照配线图对分配表上的控制元件和表示件逐个检查和测试,检查是否符合分配表的规定,以及显示应有的光点和颜色,有无漏光。

b. 检查各种电源有无混电、断线,各种电源回线是否正确。

c. 检查表示灯泡是否完好,灯光颜色是否正确。

d. 检查熔断器是否完好,与管座接触是否良好,是否起保安作用。

e. 检查按钮、手柄的动程及接点的接通或断开是否可靠,动作是否灵活。

控制台配线导通应在控制台零层电缆配线接通以前,直接送KZ、KF和JZ、JF电源进行。如有必要在尚未供电时进行,亦可采用导通电铃。按设计规定,将熔断器放入管座内,根据控制台配线图所标明的电源极性将电源送至电源端子,用电表测试各汇流排和各应带有电源的接点是否有相应电源，检查不应带有电源的端子是否误带电源。电源检查正常后再将表示灯泡放入各表示灯或光节内。导通时按配线图对各元件逐一进行检查。

对于小站电气集中控制台配线的导通方法基本相同。也是采用一个按钮或一个手柄导通，然后集中对表示灯逐一导通。导通的过程也是完成对各项技术要求的检查过程。送电后，首先用电表测量汇流排之间电源有无混电现象，如有混电现象应查明原因，纠正错线。导通无误后，拆除电源，用兆欧表测量汇流排之间的绝缘，应不小于 500 MΩ。再带配线测量全部零层端子与台体间绝缘，也应不小于 500 MΩ。通过以上检查、导通后，即可连接零层端子配线，在联锁试验时，直接在控制台上进行操纵试验。

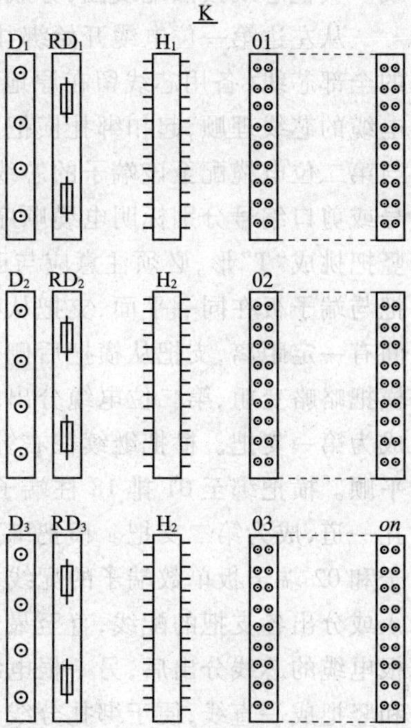

图 7－31　大站控制台零层端子编号

(2)控制台零层端子配线

控制台零层端子配线是为了完成控制台与整个电气集中(或其他种信号设备)设备的联系。控制台零层端子配线于控制台就位固定后进行。

①控制台零层电缆布置及固定

控制台零层电缆由继电器组合架零层或分线盘引来。与电源屏之间可以敷设电缆，也可敷设电线。

以大站控制台零层电缆布置为例：各分段不论有几根电缆引入，布置方法是从左至右，按各根电缆对应的 18 柱端子板编号的先后，排定其顺序。这样编排电缆，配线时不会出现横把交错。电缆顺序决定后，再安排其固定位置，原则是将每根电缆固定在其配线范围的中部，如图 7－31 所示。当然，具体位置还应视电缆配线图而定，尽量固定在两侧芯数相差不多的位置。这样，配线时能保持横线把粗细均匀，不致出现一段粗一段细。电缆固定在对准端子板处，是因为电缆配线的横把只会在两块端子板中间分出支把，而在对准端子板处是不会分出支把的，如果将电缆固定在两块端子板之间，横把就有可能从该电缆顶部分出支把，既不便于施工，也影响配线整齐。

在继电器箱配线一节内，已叙述过采用前后木夹固定电缆的方法。控制台、分线盘及室内电缆柜的电缆比较多，电缆固定方法除了采用前后木夹外，还可采用铁皮卡箍(或称骑马攀)将电缆固定在后木夹上的方法，如图 7－32 所示。卡箍有大小不同尺寸的成品出售。电缆采用这种方法固定后，因不存在前后木夹眼孔的限制，施工比较方便。

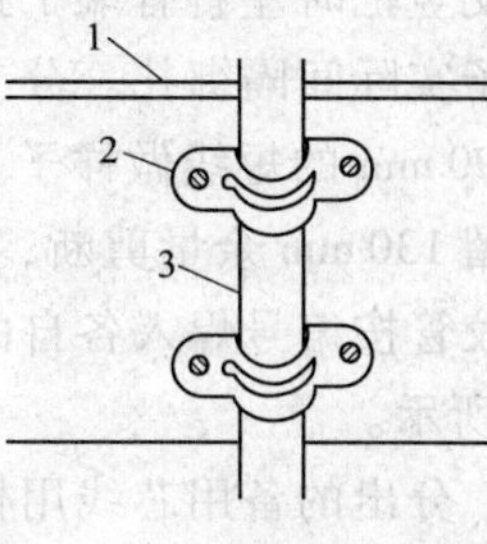

图 7－32　电缆使用卡箍固定

1—后木夹；2—卡箍；3—电缆。

电缆木夹用螺栓固定在控制台构件两侧，电缆从控制台底部的电缆槽引入后，按上述方法固定在木夹上。木夹长度超过 1.2 m 时分两段制作。

从电源屏引来的电源电线绑扎成一把，外包塑料皮使其外形成为电缆状，同样方法将其固定在木夹上。

②控制台零层端子配线及绑扎线把

现以小站控制台为例，叙述控制台零层端子配线绑扎方法：

电缆剥切长度应保证在固定电缆时，塑料护套超过木夹面20 mm左右。配线前，将芯线分开，用干净棉纱抹直每一根芯线，再将全部芯线理顺，并拢。每根电缆均从护套面开始，向上密绑 20 ~ 30 mm。电源电线密绑至同样高度。这样处理是为了使芯线竖把挺直。密绑 20 ~ 30 mm 后，每隔 30 mm 绑扎一道，视离端子板实际高度决定绑扎道数，形成芯线竖把，分出备用芯线。其他芯线按照配线图，分成左右两束，准备绑扎横把。横把应低于端子板底边。

从左边第一位电缆开始绑扎横把，因为第一位电缆将配至零层最右边的 18 柱端子，故它的全部芯线（备用芯线留在原地）向右做直角弯，成为整个芯线横把的开端。用竹片将第一位电缆的芯线理顺，起扣绑扎横把，每道绑扎两圈收紧。横把绑至四柱电源端子板左侧时，准备与第二位电缆配至该端子的芯线合拢。第二位电缆按配线图将芯线分成左右两束，用彩管编号或剪口编号分别标明电缆顺序号以及芯线号，以便于绑扎竖把时按图分线。分出的芯线与竖把挑成“T”形，必须注意应与已绑扎的横把在同一高度。分出支把的方法有两种：一种是横把与端子板在同一平面，支把从横把顶面分出；另一种是横把与端子板不在同一平面，它们之间有一定距离，支把从横把后侧分出。施工以采用后一种方法为多。两位电缆的芯线合拢后，横把略略变粗，第二位电缆分出的支把向端子板方向做直角弯，从直角底部另起扣绑扎一道，成为第一支把。横把继续往右绑扎，因为有了直通芯线的包没，横把正面表层芯线能保持整齐平顺。横把绑至 01 排 18 柱端子板左侧时，分出或加入 01 端子板单数端子的配线，另起扣绑扎一道，成为第二支把。横把绑至 01、02 两 18 柱端子板中间时，分出或加入 01 端子板双数端子和 02 端子板单数端子的配线，另起扣绑扎一道，成为第三支把……同样方法边绑横把，边加入或分出各支把的配线，直至最末一块 18 柱端子板时，分出直通芯线。采用这种配线方法，一根电缆的芯线分出后，另一根电缆的芯线又自然接上，能保持横把粗细均匀。分出的支把不会和竖把成一直线，便于绑扎分线。两根电缆的芯线合拢时，若出现粗细不匀或空洞，可酌量填塞棉纱，然后用直通芯线包没。

横把绑毕，再回过来绑扎支把。支把先向端子板方向平绑，绑至离端子板底面约 15 mm 处，向上做直角弯使其成为分支竖把，向上绑至四柱电源端子最底一个端子时，按编号分出芯线。再绑至第三端子时按编号分出芯线……依次边绑边分，直至最上一个端子。第二分支竖把分线方法相同。第三分支竖把绑至最底一个端子时，按编号分出 01 端子板的第 18 号端子及 02 端子板的第 17 号端子的芯线。同样方法，依次分出 16、15、14、13……端子的芯线。绑扎分支竖把时左右有端子板影响，可将支把略为向外倾斜离开端子板，以便绑扎。分线间隔可按端子实际间隔绑扎。分支竖把全部绑毕后，从把中心算起统一留 90 mm 余量（可采用一根长为 90 mm 的短线做样子）剪断，剥去 10 mm 塑胶皮，挂锡待焊。零层采用 18 柱带螺栓端子时，则留 130 mm 余量剪断，剥去 40 mm 塑胶皮制环。将各分支竖把扶直，使其直立于两端子之间，加胶管按编号焊入各自的端子。全部焊完后，用无齿小扁口钳，将配线余量调成弧形，如图7－33 所示。

分出的备用芯线用棉纱抹直，用套筒盘成线圈后，围在竖把的四周如图 7－34 所示。

大站控制台零层端子板离电缆木夹较近，电缆配线时不必绑扎竖把。备用芯线无法直立于竖把四周时，可改成横卧在木夹面，一部分放在木夹后面的空间。

2. 人工解锁按钮盘配线

人工解锁按钮盘（简称按钮盘）配线可分成：人工解锁按钮盘内部配线、按钮盘零层端子配线两部分。四种不同类型的按钮盘，它们的高度均为 1 860 mm，上部装设事故按钮，下部装设熔断器板和 18 柱端子板，并设有固定电缆木夹的角铁。

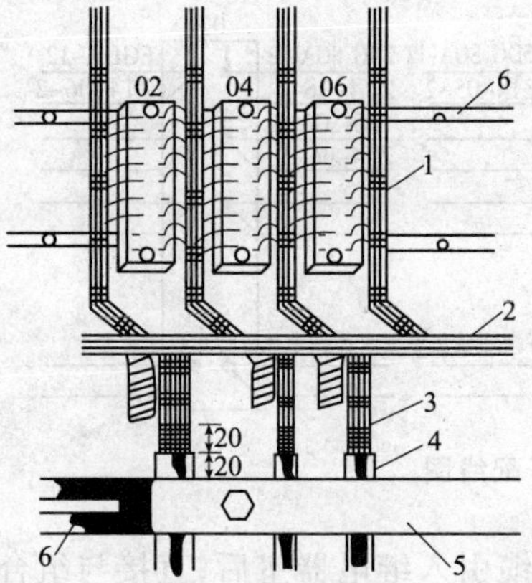

图 7-33 控制台零层端子配线(单位:mm)

1—分支竖把;2—横把;3—竖把;4—电缆;5—电缆木夹;6—控制台构架。

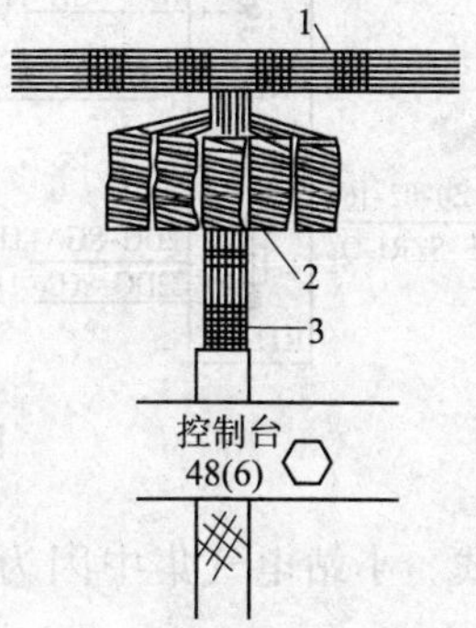

图 7-34 备用芯线围在竖把四周

1—横把;2—备用芯线;3—竖把。

(1)人工解锁按钮盘内部配线

人工解锁按钮盘采用 23×0.15 多股铜芯塑胶绝缘电线。区段人工解锁使用的事故按钮,按轨道区段数量不同,分 4 行、6 行、8 行、12 行四种,每横排均有 10 个事故按钮。按钮的排列和接点配线如图 7-35 所示(从按钮盘正面看)。图中以 2 行按钮为例,分上行咽喉和下行咽喉使用。从图中可看出,上、下行咽喉事故按钮的 11 接点相连,从首尾分别送入各自的"KF-SZRJ-Q"或"KF-XZRJ-Q"条件电源,构成环状供电。各个事故按钮的 12 接点,分别与按钮盘零层端子板 01 或 02 上的端子连接,通过电缆芯线与组合架零层端子连接,然后通过组合架配线,与各自区段的断电器接点连通。

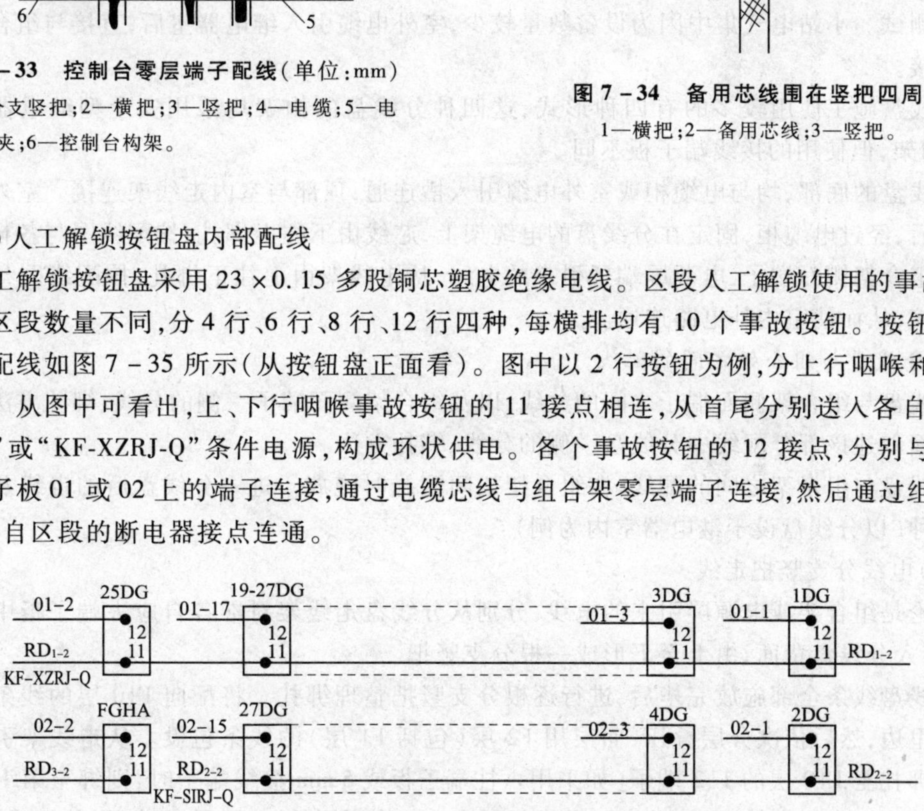

图 7-35 区段事故按钮接点配线

人工解锁按钮盘内部配线,可采用样板配线,亦可直接在按钮盘上现地配线。其线把布线、放线以及导通、绑扎方法与单元控制台内部配线基本相同。

(2)按钮盘零层端子配线

按钮盘零层端子排列和配线图如图 7-36 所示。

按钮盘零层端子电缆配线的电缆排列、绑扎、分线方法与控制台零层电缆配线方法基本相同。

三、分线盘配线

大、中站电气集中的室外电缆进入信号楼后,固定在分线盘的电缆架上,通过分线盘端子与各组合架及电源屏连接。这样使室、内外的连接集中在一处,便于对室外电缆及设备进行电

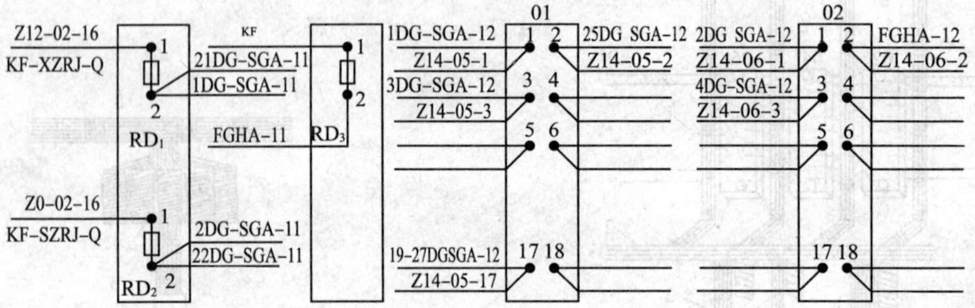

图 7－36　按钮盘零层端子配线图

气特性测试。小站电气集中因为设备数量较少，室外电缆引入继电器室后，直接与组合架零层端子连接。

分线盘施工使用较多的有四种形式，这四种分线盘的构架均采用安全型继电器架（AX型）的构架，但使用的接线端子板不同。

分线盘的底部，均与电缆柜或室外电缆引入槽连通，顶部与室内走线架连接。室外电缆引入室内后，经过电缆柜，固定在分线盘的电缆架上，芯线由下往上绑扎，按配线图与各自的端子连接。组合架侧面端子、电源屏端子引来的电线，从走线架由上往下绑扎，按配线图与各自的端子连接，从而使室内外电路连通。

1. 分线盘与组合架之间的配线

分线盘与组合架侧面端子之间的放线，以及组合架侧面端子一侧的分线、绑扎方法前已叙述。下面叙述该部分配线中分线盘一侧的分线、绑扎方法。

分线盘与组合架之间的配线，在组合架架间配线时施放。进入分线盘后的走线及绑扎方法有两种（以分线盘设于继电器室内为例）：

（1）电线分支竖把走线

不论是组合架或电源屏引来的电线，分别从分线盘走线架对准各自应去端子板中心的引入孔，穿入分线盘背面，由上至下形成一根分支竖把。

分线盘线条全部施放完毕后，进行逐根分支竖把整理绑扎。将配向 F10 层的线条分到支把的最里边，然后依次分层叠压，面层用 F2 层（包括 F1 层）的线条包没。从走线架引入口开始起扣绑扎至 F10 层的 1、2 端子（如采用六柱端子板或 5 mm 接线端子时，则绑至第 1 端子），分出其配线。中间绑扎一道，分出 3、4 端子线条……依次绑至本层最末端子，并分出其线条。分支线把继续绑至 F9 层的 1、2 端子，同样方法开始边绑边分……如此一直绑至 F1 层的最末端子，分出电源屏引来的电源线。其他各排同样方法边绑边分。对准各端子分出的线条，核对彩管编号（已经过组合架间配线的导通），留下适当余量剪断，焊入 18 柱端子板背面的焊片。采用六柱端子板时，则穿入前部制环与端子连接，绑扎后如图 7－37 所示。采用此种走线方法的优点是施工比较方便，绑扎也较简单，缺点是较多的分支竖把将整个配线端子遮住，不便于维修，美观较差。

（2）电线分支横把走线

电线按应去端子的位置，从走线架左或右侧引入孔进入分线盘背面，由上至下形成竖把，全分线盘共有两个竖把。配线时，线条从走线架引入孔进入分线盘后，先垂直走线，放到应去的层次后，穿过配线环向左或向右作垂角弯，对准应去的端子板，再向上比准应去的端子，留适当余量剪断。只需套上分线盘端子排列号及端子号的彩管系扣，不必加层次号，因为配线环已固定了配线层次。这种走线方式类似组合架侧面端子配线。为使分支横把能在中间合拢，去向第6块端子板（或处于分线盘中心线的一块）双数端子的配线，从分线盘右侧引入孔走线；去向第6块端子板单数端子的配线，从分线盘左侧引入孔走线。

分线盘线条全部施放完毕后，进行逐层分支横把整理绑扎。线把分层布线方法与上相同。从走线架经入口开始。用粗绑线绑扎2～3道，将面层线挑整齐，开始绑竖把。在F10层的下部分出分支横把横在线卡上，在直角弯处粗绑一道。越过F10层，竖把继续往下粗绑，依次分出各层的分支横把。另一竖把也同样方法绑扎，并分出各层的分支横把。应注意的是：左右竖把分出的分支横把，应高低一致，否则，分枝横把合拢后会出现倾斜。

经过组合架架间配线导通无误后，进行分支横把绑扎。在各分支横把与竖把的直角弯处起扣向分线盘中部绑去，绑至第1块（左侧竖把的分支横把为绑至第11块）端子板时，核对彩管编号，分出其全部线条。绑至下一块端子板时，同样方法分出其全部线条。因为第6块端子板的配线，已从相反的竖把走线，所以，分支横把能在中间合拢。分支横把平放在各层的线卡上，但因为是软电线绑扎，故应在各分支横把内加一根直径为3 mm的铁线做骨架。

对准各排端子板分出的线，按单数、双数接点分成两个小竖把焊入18柱端子。采用六柱端子板或5 mm接线端子时，绑成一个小竖把制环上端子。最后，竖把用塑料绑线或塑料带细绑，绑扎后如图7－38所示。采用此种走线方法的优点是配线整齐美观，便于维修。但绑扎工作量较大。

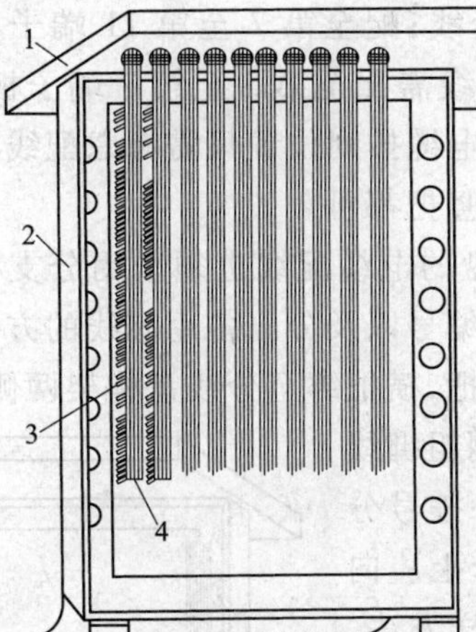

图7－37　分线盘与组合架间配线分支竖把绑扎

1—走线架；2—分线盘构架；3—分线盘端子板；
4—电线分支竖把。

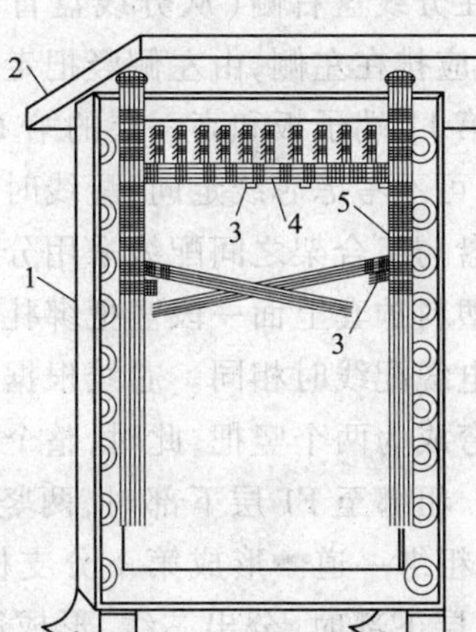

图7－38　分线盘与组合架配线分支横把绑扎

1—分线盘构架；2—走线架；3—线卡；
4—电线分支横把；5—竖把。

2. 分线盘电缆配线

分线盘电缆走线也有分支竖把走线和分支横把走线两种方法。具体绑扎方法如下：

(1)电缆芯线分支竖把走线

对准各排端子板中心，从横把分出13排或11排分支竖把，由下往上开始绑扎分支竖把。从横把分出分支竖把芯线的依据是室外电缆配线图。从横把分出的芯线必须套本电缆顺序彩管号及芯线编号彩管（或芯线剪口编号），以便于分支竖把绑扎时能区分某电缆某号芯线。芯线分支竖把绑至F1层熔断器座端子4时，根据分线盘电缆芯线配线表，查找彩管编号分出应去芯线，绑至2时再分出另一芯线。分支竖把绑至F2层的第17、18端子（如采用六柱端子或

5 mm 接线端子时,则绑至其最下一端子),分出其配线。中间绑扎一道,分出 15、16 端子线条……依次绑至本层最上一端子,并分出其线条。分支线把继续绑至 F3 层的 17、18 端子,同样方法开始边绑分边……如此一直绑至 F10 层最上一端子。其他各排同样方法边绑边分。对准各端子分出的芯线,核对彩管编号,留下适当余量剪断,穿过端子板制线环上端子。绑扎后如图 7 – 39 所示。电缆芯线分支竖把与电线分支竖把在各排端子板中部并列。采用此法的缺点是,与组合架之间配线的分支竖把加在一起共有 20 多排分支竖把遮盖在分线盘背面,不便于维修。

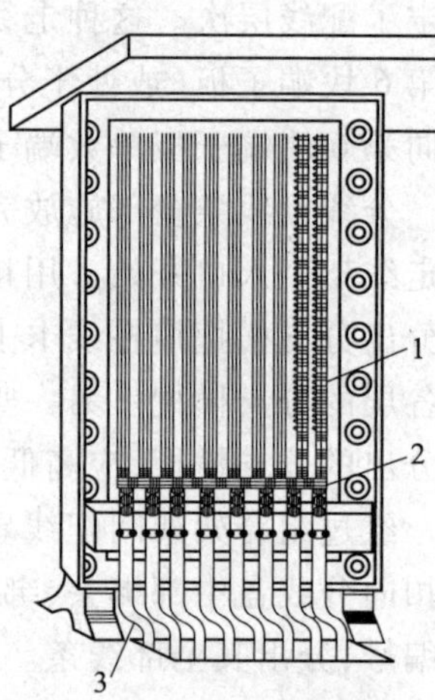

图 7 – 39　分线盘电缆配线分支竖把绑扎

1—分支竖把;2—芯线横把;3—电缆。

分线盘与组合架之间配线采用分支竖把走线时,分线盘的电缆配线也须采用分支竖把走线。电缆配线时,塑料护套上面一段竖把绑扎,芯线分散抹直,分出备用芯线以及横把绑扎的方法,均与控制台零层电缆配线时相同。

(2)电缆芯线分支横把走线

采用分支横把走线方式,固定电缆时,配至最上层的电缆应排列在分线盘叫缆架的两侧,然后依次向中间排列。每层均以第 6 位端子板为中心,凡是配至第 1 至第 5 端子板的芯线,其电缆应排在分线盘右侧(从分线盘背面看),由右侧竖把走线;配至第 7 至第 11 端子板的芯线,其电缆应排在左侧,由左侧竖把走线。如果某电缆的芯线需配至第 5 至第 7 端子板,或兼有某层的第 11 端子板和高一层的第 1 端子板的芯线时,该电缆排列位置只需考虑配线在竖把中的层次,可不考虑芯线走向,配线时其芯线不论绑入哪侧竖把都可。

分线盘与组合架之间配线采用分支横把走线时,分线盘的电缆配线也须采用分支横把走线。电缆塑料护套上面一段竖把绑扎,芯线分散抹直,彩管编号以及分出备用芯线的方法与控制台零层电缆配线时相同。芯线根据上述走线原则形成横把,横把绑至分线盘构架两侧时,向上作直角弯成为两个竖把,此时,整个线把比较粗,只能采用粗绑线逐段粗绑。粗绑至 F1 层下部时,两竖把各自向分线盘中心按号分线,从根部粗绑一道。形成第 1 分支横把,横把平放在线卡上。向上绑至 F2 层下部时,分出芯线,形成第 2 分支横把……同样方法,一直绑至 F10 层下部,两竖把均作直角弯,形成第 10 分支横把。从右侧竖把直角弯处开始起扣,向左直接细绑分支横把。绑至第 1 块端子板右侧时,向上分出第 1 块端子单数号的芯线,另起扣绑扎小竖把,对准各自的端子分出芯线。芯线穿过端子板,留适当余量制环上端子。第 10 分支横把绑至第 1 块端子左侧时,分出双数号端子的芯线,同样方法绑扎、分线、制环、上端子。其余各排端子板的分线方法相同。左侧竖把向右绑扎,绑至每一排端子板时,先分出双数号端子的芯线,后分出单数号端子的芯线,其余配线方法与上相同。分支横把绑至第 6 排端子板时,同样使用单、双数端子芯线从相反竖把走线的方法,使左右合拢。其余各层的分支横把绑扎,配线方法均相同。采用六柱端子板或 5 mm 接线端子时,分支横把绑至各排端子的右侧时,分出各端子芯线。绑扎后如图 7 – 40 所

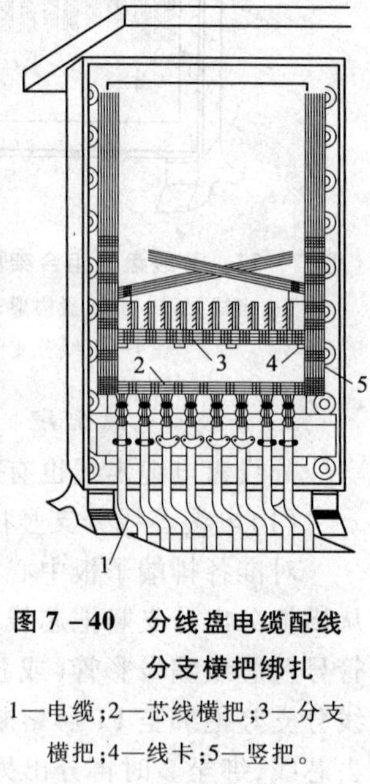

图 7 – 40　分线盘电缆配线分支横把绑扎

1—电缆;2—芯线横把;3—分支横把;4—线卡;5—竖把。

示。电缆芯线分支横把,在各层的线卡上与电线分支横把平行。优点是便于维修,配线整齐美观。

(3)分线盘电缆备用芯线存放

分线盘电缆因剥切较长,备用芯线无法再采用盘圈的方法存放。如盘成饼状,放于电缆木夹板上下,显得杂乱很不美观。有些工程采用木罩将分线盘底部的电缆槽,包括电缆木夹板上部一段距离,整个罩没。各根电缆的竖把从木罩面的缺口内穿出,而备用芯线盘成饼状留在罩内。经过这样处理后,整个分线盘下部显得整齐、清洁。木罩没有规定的统一尺寸和形状,应根据现地设置情况制作。

从 2005 年开始,各车站信号施工已取消信号分线盘,均采用新研制的信号防雷分线柜,柜内接线端子改用 WAGO(万可)接线端子,整个柜内配线除道岔电缆外,全部用新型防雷元件。图 7－41 是信号防雷分线柜实物图。

图 7－41　信号防雷分线柜示意图

四、电源屏设备及各种测试设备配线

1. 电源设备配线

电源屏配线包括：交流外电网引入配线、电源屏内部配线、电源屏屏间配线、电源屏与室内设备配线等四部分。

(1)配线应符合的要求

①电源配线应使用阻燃线，其规格型号、截面积、敷设线路，应符合设计要求。

②配线线条不得有中间接头。

③布线应平直整齐、稳固、严禁交叉。

④绑扎线扣应整齐，间隙均匀，松紧适度。

⑤地槽内电源线应采用带外护套的橡皮电缆，布放平直并拢、整齐。地槽应清洁、盖板严密。

⑥电源线采用钢管防护时，管口处应有防护措施。

⑦电源端子配线应正确，配线两端标志齐全。

(2)电源屏导通

电源屏配线之前应对本屏内部配线进行导通和电气特性测试。正式送电试验之前，应对电源屏配线进行导通，确认无误后再送电试验。

电源屏内部配线依据结线图导通比较方便。现以导通大站转换电源屏二路电源引入部分配线为例，说明本屏内部配线导通方法：先将 1HK、2HK 置断开位置，拧出六只熔断器芯，万用电表置电阻挡，一线接 1D-16，另一线分别与 1D-17、3D-1、12XLC-11、13XLC-11 接触，电阻均应指零(如与 12XLC-12、RD1 上端子、13XLC-12、RD4 上端子接触，电阻应为 12XLC 线圈阻值)。再如电表一线接 1D-2，另一线接 2RD 下端子应能导通。一线移至 2RD 上端子，另一线分别与 1XLC-3、1HK-1 接触应能导通；另一线与 12XLC-4 接触，闭合 1HK 方能导通，按下 1TA 又能切断导通。同样方法导通全屏配线。导通开关、按钮不但对其前后的配线作分段导通，而且应动作其接点，以检查是否起作用。凡是已导通的线条用铅笔做记号，以免遗漏。

按此方法对电气集中各种电源屏配线均进行导通。

(3)电源屏测试

各种电源屏中各回路对机壳间绝缘电阻安装前应进行测试。

测试方法是：将 500 V 兆欧表对地一线与屏架连接，线路一线依次与每一零层输出端子接触，同时每分钟约 120 次摇动发电机，应达到以下指标：

①在温度为 20 ℃ ±5 ℃，相对湿度为 50% ~80% 环境中不小于 20 MΩ。

②在温度为 20 ℃ ±5 ℃，相对湿度为 95% ~98% 环境中，经 48 h 后不小于 1 MΩ。

(4)电源屏交流电源引入配线

电源屏交流电源引入配线是指：外电网输入的交流电源与电源屏之间的连接。这种连接因引入电压不同，可有两种方法：

①交流三相四线 380 V 电源引入配线方法

大站电源屏输入电源为交流三相四线 380 V 电压。电力部门将电源专用线直接从变电所送至信号楼处的电力配电盘，然后引入室内，通过木线槽或管道送至继电器室的三相 30 A 电力闸刀座上接点，经过闸刀、熔丝至闸刀座下接点。闸刀座下接点再用电源电线经电缆槽与交流电源屏或转换电源屏连接，将电源送入屏内，如图 7 – 42 所示。但也有的工程不设电力闸刀座，直接从电力配电盘引电源线与交流电源屏或转换电源屏连接。

大站电源屏电源引入配线一般采用 BXF 型或 BVV 型 7×1.33 多股塑胶电线。配线时，从信号楼电力配电盘引至继电器室电力闸刀座或交流电源屏共 7 条线（如送两根零线为 8 条线）。从三相电源引入电力配电盘开始，必须请供电部门明确电源相位。两路三相电源与继电器室两个电力闸刀座以及交流电源屏或转换电源屏连接时，必须同相。比如图 7－41 中，一路电源引入电力闸刀 1、3、5 接点配线成 A、B、C 相，2、4、6 接点与交流电源屏或转换电源屏端子 1D-1、2、3 也配成 A、B、C 相，那么，二路电源电力闸刀及交流电源屏或转换电源屏端子 1D-4、5、6 也必须配成 A、B、C 相。同样，如果一路电源配成 B、C、A 相，则二路电源也须配成 B、C、A 相。否则，将会给日后正常使用留下隐患，因在两路电源自动切换而原使用电源又发生跳动，或同时中断供电又同时恢复供电时，均会出现 1XLC 及 2XLC 的主触点同时闭合，造成两路电源相间短路，使六个三相熔断器同时熔断，或熔断其中某相，造成两路电源同时断电。

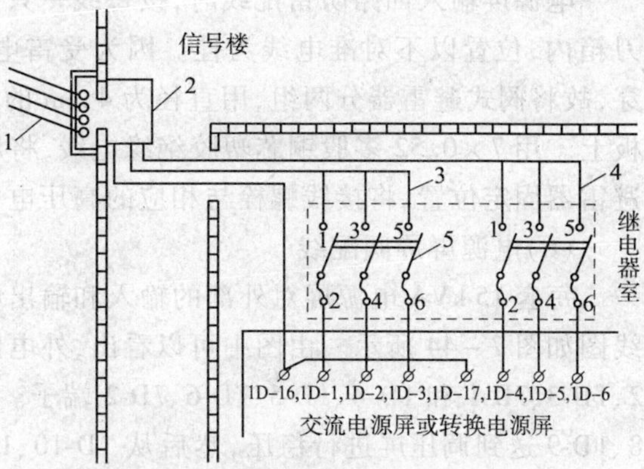

图 7－42　交流三相四线 380 V 电源引入

1—两路电源线；2—电压配电盘；3—一路电源；4—二路电源；5—电力闸刀。

②交流单相工频 220 V 电源引入配线方法

2.5 kVA 电源屏输入电源为交流单相 220 V 电压。信号施工时，将电源引入杆上电缆盒，用信号电缆送入继电器室。继电室设有电力闸刀箱时，电源引至电力闸刀上接点，经过闸刀、熔丝至闸刀下接点。闸刀下接点再用电源电线经电缆槽与电源屏端子连接，如图 7－43 所示。但一般小站工程不设电力闸刀箱，信号电缆进入继电器室后，直接与电源屏端子连接。

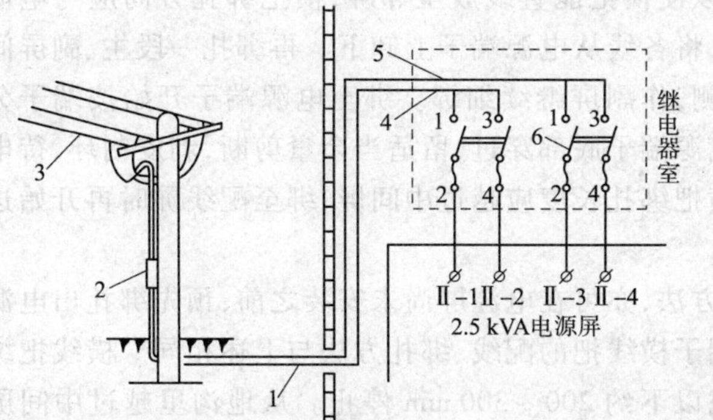

图 7－43　交流单相 220 V 电源引入

1—信号电缆；2—杆上电缆盒；3—两路电源线；4—一路电源；5—二路电源；6—电力闸刀。

2.5 kVA 电源屏电源引入配线采用单股 2.73 塑胶电源线或 BVV 型 7×1.33 多股塑胶电线。配线时，从杆上电缆盒引至继电器室电力闸刀座共 4 条线。必须注意使电源屏端子Ⅱ-1 和Ⅱ-3 配成交流正极（火线），端子Ⅱ-2 和Ⅱ-3 配成交流负极（地线）。

（5）电源屏输入回路防雷配线

为防止电源屏受雷电大气过电压的侵害，在其输入回路设置了防雷装置。FS-0.22 阀式避雷器主要用做交流 220 V 或 380 V 电源系统雷电防护。电源线上出现一定幅值雷电压时，首先避雷器的空气间隙放电。由于阀片具有非线性伏安特性，即阀片的电阻值随着电源增加而减小，因此，间隙导通后，避雷器的端电压由阀片加以控制，使侵入的雷电压被限制在保护范围以内。雷电压过后，阀式避雷器很快地恢复到原来状态。

电源屏输入回路防雷配线时，按每线一只 FS-0.22 阀式避雷器，设置在继电器室的电力闸刀箱内，位置以不对准电线为佳。因为受雷电侵袭时有可能发生火焰，甚至能将铁皮底座烧穿，故将阀式避雷器分两组，用直径为 4 mm 的木螺钉或直径为 5 mm 的带帽螺栓，固定在箱底板上。用 7×0.52 多股铜芯塑胶绝缘电线，将所有接地连接片与地线连通。另用同样电线，依避雷器固定位置，将接线螺栓与相应的高压电源线连接。

(6)电源屏屏间配线

每套 15 kVA 电源屏对外部的输入和输出电源，均经过转换屏来完成。大站电源屏屏间配线图如图 7－44 所示。由图中可以看出，外电网输入的两路电源分别进入转换屏的 1D-1、1D-2、1D-3、7D-1 和 1D-4、1D-5、1D-6、7D-2 端子。经过转换屏内的两路电源转换电路从 1D-7、1D-8、1D-9 送到调压屏进行稳压，然后从 1D-10、1D-11、1D-12 再返回转换屏内，再经过转换屏内的切换开关送到直流电源屏和交流电源屏。直流电源屏和交流电源屏再调制出信号设备所需的各种交、直流电源后返回到转换屏，由转换屏向组合架、控制台、分线盘供电。各屏之间的配线基本上是固定的，为了便于设计和施工，做成定型配线。

电源屏屏间配线采用的电线规格按施工图纸规定选择。配线方法有三种：

①横线把配线方法。采用横线把配线方法，可在电源屏尚未安装之间，预先绑扎出电源屏间配线线把，制环后待用。比如主、副屏之间的并联输出或各屏之间的联系配线，在电源屏到货后即可预配。按照电源屏电源端子配线图，在与电源屏内部配线同一平面上，从主屏开始采用边配边绑的方法逐条配线。放线长度按照本站电源屏设计及实际确定的安装位置而定。线条配齐后，横把应与电源屏中间构架相平，以使横把能直线放至邻屏，横把绑扎方向应与电源屏安装位置相符。横把绑至主屏侧边暂停，将各线从电源端子上卸下。再绑扎一段主、副屏间实际距离，然后将横把移至同一屏的相应侧，作副屏继续细绑。绑至电源端子开始按端子分线，边绑边分直至最末一条线。分线后从电源端子底部穿过，留适当余量剪断，剥皮制环，待电源屏安装后即可套线。如各屏间配线，则横把绑扎长度应越过中间屏，绑至配线屏时再开始边绑边分。

②底线把配线方法。采用底线把配线方法，亦可在电源屏尚未安装之前，预先绑扎出电源屏间配线线把，制环后待用。电源屏电源端子横线把的配线、绑扎方法与上述相同。横线把绑至电源屏构架侧边时，向下成竖把绑至屏底以下约 200～300 mm 停止。从地沟里越过中间屏或邻屏底部的一段配线可不绑扎，或套一段粗塑胶管。按电源屏位置留出足够长度后将线把卸下，另一端先向上绑扎竖把，绑至应配端子排成横把，边绑边分直至最末一条线。分出的线条从电源端子底部穿过，留适当余量剪断，剥皮制环。待电源屏安装后即可套线。

③集中配线方法。采用集中配线方法，只能待电源屏安装以后，在电源屏与室内设备配线的同时进行。采用集中配线方法能使电源屏电源端子配线只有一条横把，配线整齐美观。采用上述两种方法配线时，会出现两条横把，并且可能左右交叉，如余量不一时，还会上下相叠，不利于施工和日后维修。集中配线方法将在电源屏与室内设备配线时叙述。

(7)电源屏与室内设备配线

电源屏与组合架、分线盘、控制台之间的配线使用单股 2.24 或 2.73 塑胶电线，也可用多股塑胶电线，视具体设计而定。这些配线分别从走线架、电缆槽汇集到电源屏，经电源屏走线槽进入各电源屏底部，从电源端子背面(站在电源屏背面看到的为电源端子正面)引出，与电源端子连接。切忌从各电源屏构架下部角钢面穿越走线，以便于日后更换个别电源屏。该部分配线的依据是电源屏电源端子配线图。配线方法有两种：

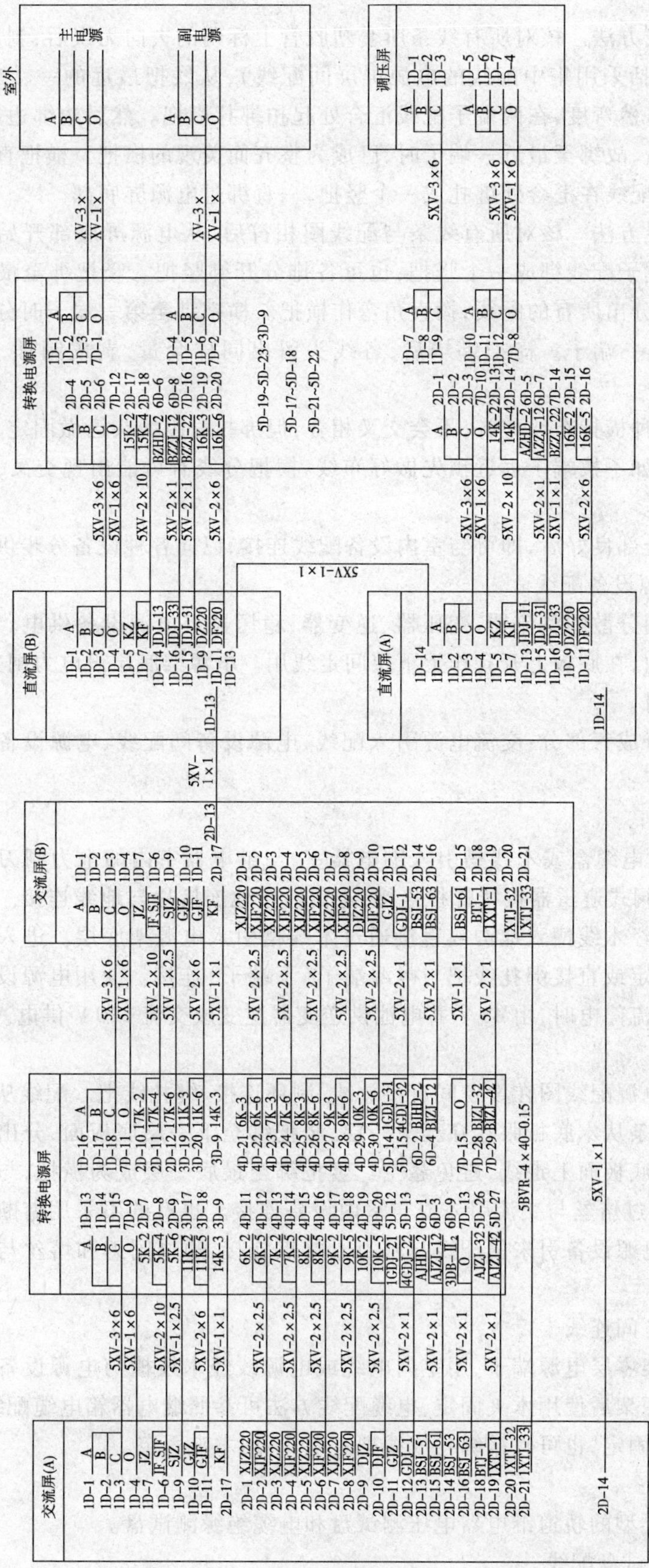

图 7－44　15 kVA电源屏屏间配线图

①先上端子后绑把配线方法。核对所有线条所套塑胶管上标明的去向无误后,剥皮制环。将各线连入各自的端子(包括采用集中配线的电源屏屏间配线),从线把最远的一、二端子开始,调整配线余量,并揻成自然弯度,在两端子配线汇合处起扣绑扎横把。然后边绑边加,加入的线条均调成统一配线余量,故绑至最近一端子时,已成为整齐而美观的横把。横把直角向下成为竖把,将各排电源端子配线在汇合处绑扎成一个竖把,一直绑过电源屏底部。

②先绑把后上端子配线方法。核对所有线条与配线图相符后,从电源屏底部开始向上绑扎竖把。可以将几排电源端子配线绑成一个竖把,也可各排分开绑竖把。竖把绑至最底一排或本排电源端子的底部时,分出所有的配线,揻直角弯作横把。横把绑至第一端子时分出其配线,然后边绑边分直至最末一端子。横把绑毕后,各线头留出同样余量,剥皮制环,与端子连接。

两种配线方法相比:前种横把布线整齐,不会交叉相叠,但绑扎时因线头已做固定,操作不太方便。后种,开始绑扎时如不按端子远近预先做好布线,横把分线有可能出现交叉,但因线头尚未固定,故操作较方便。

电源屏经过通电试验全部良好后,即可与室内设备配线连接,以向各种设备分步供电。

(8)整流器、变压器电源设备配线

有的小站电气集中采用分散的整流器、变压器、逆变器、稳压器等电源设备供电。这些设备安装在非定型的电源架内,在底板上开孔作上下层间走线用。电源架底层设电力闸刀,熔断器座和二柱电源端子等器材。

小站电源设备配线可分成三部分:交流电源引入配线、电源设备间配线、电源设备与室内设备间配线。配线方法如下:

①交流引入配线

交流 220 V 电源由杆上电缆盒或木线槽引入继电器室,与继电器室内的电力闸刀上接点连接,同时引线与 FS-0.22 阀式避雷器接线螺柱连接,避雷器接地连接片与地线连接。电力闸刀的下接点使用电源电线,经木线槽入地沟或直接通过木线槽引入电源架底层。进入电源架底层的电源配线,经木夹固定或直接绑扎线把与电源端子(下端子)连接。使用电源设备的小站一般不具有两路电源,交流停电时,由 48 V 蓄电池供逆变器逆变成交流 220 V 供电。

②电源设备间配线

电源设备间配线根据电源配线图在设备间直接放线、制环连接、绑扎线把。配线从最上层开始,边配边往下绑扎。线条从木底板眼孔穿至下一层,竖把绑至下一层底板面,分出或加入新的配线成横把,横把应在底板面上走线,避免悬空。竖把绑至最底一层成为横把,与各自的电源端子(上端子)连接,通过熔丝与交流引入或与室内设备连接。也有的不采用熔断器或电源端子,而采用电力闸刀,电源设备引来的配线与闸刀上接点连接,通过闸刀和熔丝与室内设备连接。

③电源设备与室内设备间连线

小站控制台小站组合架零层电源端子,用室内电缆或电源线经木线槽与电源设备电源端子连接。室内电缆引入电源架后使用木夹固定,电缆配线方法可参照继电器箱电缆配线方法。使用电线连接时,可用木夹固定,也可直接绑扎成线把走线,不用木夹固定。

2. 测试设备配线

室内测试设备有不同类型的轨道继电器电压测试盘和电缆绝缘测试盘。

(1)轨道继电器电压测试盘配线

①开关型轨道继电器电压测试盘配线

开关型测试盘面板上设交、直流电压表各一块。根据测试区段数量不同,可选用 PG-26 型或 PG-48 型测试盘。PG-26 型测试盘可测 26 个轨道继电器,PG-48 型可测 48 个轨道继电器。PG-26 型测试盘盘面布置如图 7－45 所示。钮子开关平时置于定位(向上),测试时扳下,测试完毕须扳回原位,其接点接触情况如图 7－46 所示。

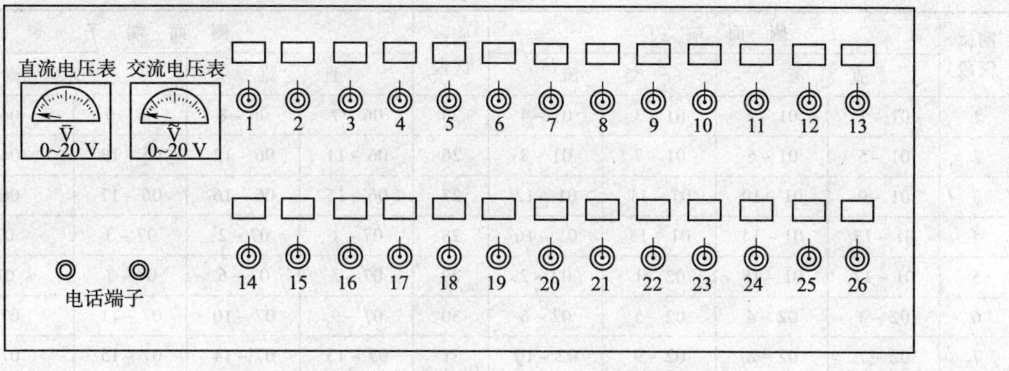

图 7－45　PG-26 型轨道继电器电压测试盘

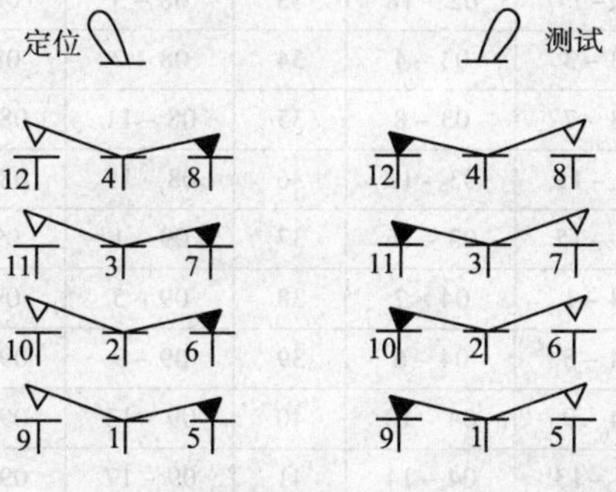

图 7－46　KN_1-402 型钮子开关接点接触情况图

开关型测试盘的内部接线如图 7－47 所示。从图中可看出所有的开关定位接点串联,电压表得不到任一区段发送电压。扳动任一区段的开关时,该区段的交流电压或轨道继电器线圈直流电压便通过开关反位接点送入电压表,同一个区段一次只能测直流或交流电压。已构成某开关测试后,即切断其后方所有开关的测试,如果同时再构成该开关前方的任一开关测试,则也同时切断原开关测试,电压表指示新的电压。以此确保测试电路不会将两个区段受电电压并联接入。

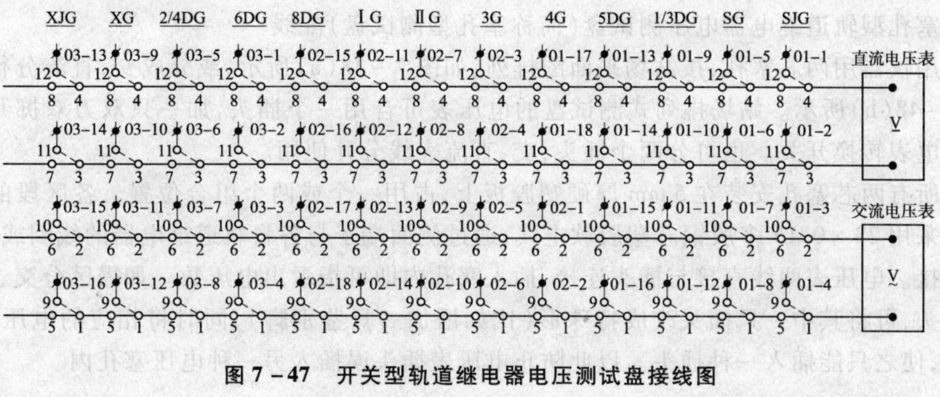

图 7－47　开关型轨道继电器电压测试盘接线图

开关型测试盘的内部接线，采用23×0.15多股铜芯塑胶电线，通过侧面端子与各区段轨道继电器的整流器接点（安全型继电器插座板53、63或73、83接点），或分线盘受电端子连接，测交流电压；与轨道继电器线圈端子（安全型继电器插座板1、4接点）连接，测直流电压。各轨道区段测试开关的测试接点与侧面端子配线见表7－3所列。

表7－3 轨道测试盘侧面端子配线表

测试区段	侧面端子				测试区段	侧面端子			
	直流		交流			直流		交流	
1	01－1	01－2	01－3	01－4	25	06－7	06－8	06－9	06－10
2	01－5	01－6	01－7	01－8	26	06－11	06－12	06－13	06－14
3	01－9	01－10	01－11	01－12	27	06－15	06－16	06－17	06－18
4	01－13	01－14	01－15	01－16	28	07－1	07－2	07－3	07－4
5	01－17	01－18	02－1	02－2	29	07－5	07－6	07－7	07－8
6	02－3	02－4	02－5	02－6	30	07－9	07－10	07－11	07－12
7	02－7	02－8	02－9	02－10	31	07－13	07－14	07－15	07－16
8	02－11	02－12	02－13	02－14	32	07－17	07－18	08－1	08－2
9	02－15	02－16	02－17	02－18	33	08－3	08－4	08－5	08－6
10	03－1	03－2	03－3	03－4	34	08－7	08－8	08－9	08－10
11	03－5	03－6	03－7	03－8	35	08－11	08－12	08－13	08－14
12	03－9	03－10	03－11	03－12	36	08－15	08－16	08－17	08－18
13	03－13	03－14	03－15	03－16	37	09－1	09－2	09－3	09－4
14	03－17	03－18	04－1	04－2	38	09－5	09－5	09－7	09－8
15	04－3	04－4	04－5	04－6	39	09－9	09－10	09－11	09－12
16	04－7	04－8	04－9	04－10	40	09－13	09－14	09－15	09－16
17	04－11	04－12	04 13	04－14	41	09－17	09－18	010－1	010－2
18	04－15	04－16	04－17	04－18	42	010－3	010－4	010－5	010－6
19	05－1	05－2	05－3	05－4	43	010－7	010－8	010－9	010－10
20	05－5	05－6	05－7	05－8	44	010－11	010－12	010－13	010－14
21	05－9	05－10	05－11	05－12	45	010－15	010－16	010－17	010－18
22	05－13	05－14	05－15	05－16	46	011－1	011－2	011－3	011－4
23	05－17	05－18	06－1	06－2	47	011－5	011－6	011－7	011－8
24	06－3	06－4	06－5	06－6	48	011－9	011－10	011－11	011－12

②塞孔型轨道继电器电压测试盘（简称塞孔型测试盘）配线

采用仪器用两芯塞孔，按站场平面图排列，如图7－48(a)所示，或分成交、直流分行排列，如图7－48(b)所示。站场排列式测试盘的电压表可合用一个插头，加一只双刀双掷开关，作交直流电表转换开关。也可分两个插头，交、直流表线分开使用。

将所有两芯塞孔安装在5 mm厚硬塑胶板上，占用一个或两个组合位置。各区段的交、直流配线采用23×0.15多股铜芯塑胶软电线，通过侧面端子与各自轨道继电器的线圈或整流器接点连接。电压表两线直接与插头连接，插入塞孔内即可指示出电压数。如需区分交、直流电压表插头，可将其中一只插头改成特殊形（比如增加一只鉴别脚），同时将相应的电压塞孔也作改造，使之只能插入一种插头。以此防止电压表插头误插入另一种电压塞孔内。

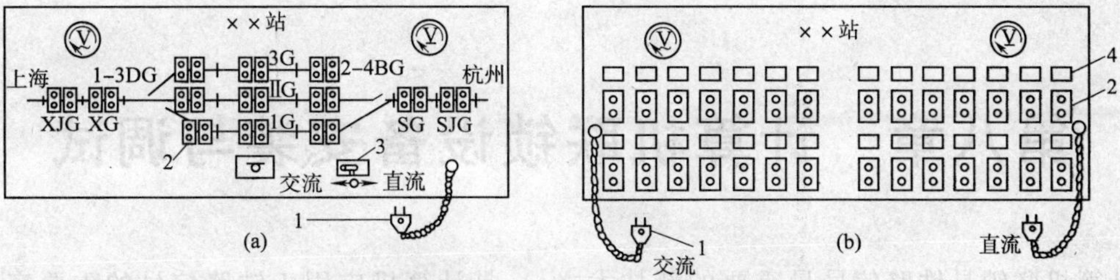

图 7-48　塞孔型轨道继电器电压测试盘

1—电压表插头;2—测试塞孔;3—交直流电压表转换开关;4—区段名称牌。

(2)电缆绝缘测试盘及其配线方法

设于车站信号继电器室的电缆绝缘测试盘的功能是,不停电测试同一根电缆内任两芯线回路间的绝缘电阻,或任一芯线回路的对地绝缘电阻。因是不停电测试,电缆芯线回路中的设备均接在测度回路中,故所测得的绝缘电阻值为该回路的综合绝缘电阻值,即在用电缆芯线全程测试电阻值,仅能供电缆维修质量鉴定参考。

①组合式电缆绝缘测试盘配线

组合式电缆绝缘测试盘可安装在分线盘或组合架上,均占两个组合位置,上半部设 11 个继电器,1 个 3×18 柱端子板及电阻电容等,下半部为电缆绝缘测试盘,盘面上设钮子开关作控制测试的开关。

在分线盘配线时,在同一根电缆的芯线中,将作回线的芯线使用 23×0.15 多股铜芯塑胶软电线并联引出测试用连线,按该根电缆芯线编号,依次接至供测试该根电缆用的 30 位插座上。48 芯电缆在其芯线所组成的电路中,作为回线的芯数最多只能有 22 芯,故引至插座的测试电缆线最多为 22 根。

凡是需测试的电缆,均各自设一只 30 位插座,所有插座排列安装在电缆引入最近位置,其上标明各自电缆号,一般设在分线盘上。

另取一只与 30 位插座配套的 30 位插头,使用 23×0.15 多股铜芯塑胶软电线,一端按插头上的序号 1~22 依次接线,长度以能插至所有 30 位插座为度,22 条线编成辫状,另一端分别与继电器组合或测试盘组合侧面端子 02-(1~18)、03-(1~4)连接。再按组合式电缆绝缘测试盘内部配线图,完成继电器组合与测试盘间的配线。

测试时,将 30 位插头插入被测电缆的 30 位插座,扳动有关开关,即可进行自动或手动测试。自动测试时,根据需要每一根芯线测试时间的长短,均可调整。手动测试时,扳动有关芯线的控制开关进行测试。测毕将插头拔离插座。

由此可见,在用电缆平时不与测试盘连接,仅在测试时通过插头、插座相接,在同一时间内,只能测试一根电缆。

②YL1 型电缆绝缘测试仪配线

箱式结构的 YL1 型电缆绝缘测试仪是测试电缆芯线绝缘的仪表,其作用与组合式电缆绝缘测试盘相同,仅是以其取代组合式电缆绝缘测试盘而已。

电缆绝缘测试仪带 30 位插头一个。被测电缆芯线引出测试用连线的配线方法,与使用组合式电缆绝缘测试盘时相同。

使用时,将电缆绝缘测试仪放置在 30 位插座附近,将 30 位插头插入被测电缆的 30 位插座,即可使用手动方式测试。

第八章　计算机联锁设备安装与调试

计算机联锁是铁路信号最重要的新技术之一，是计算机应用于铁路信号的重要突破口。计算机联锁的研制成功和推广使用，使铁路信号进入一个崭新的阶段。近年来，在全国铁路干线车站大批安装了双机热备型、2乘2取2型计算机联锁设备。计算机联锁设备的安全可靠、功能性强、处理速度快，无论在安全性、可靠性、经济性等方面都具有十分明显的优势和广泛的发展前景，是车站信号联锁设备的发展方面。

本章重点介绍我国铁路已广泛使用的双机热备型计算机联锁（TYJL-Ⅱ型、DS6-Ⅱ型、JD-ⅠA型、VPI型）和2乘2取2型计算机联锁（DS6-K5B、EI32-JD型、TYJL-ADX型）设备的安装调试、操作使用等施工工艺。

第一节　TYJL-II型计算机联锁设备安装及调试

一、设备安装

1. 现场施工

（1）设备的布置。

（2）联锁（执表）机柜、综合柜、控制台、动态稳压电源、电务维修桌等的安装与配线。

（3）各设备间互联互通。

（4）同继电设备的结合，配线导通实验。

2. 机房设备布置

机房中计算机联锁设备主要有联锁A机柜、联锁B机柜、综合柜、电务维修桌。大的车站还有执表A机柜和执表B机柜。其布置除按照设计蓝图外，还应遵循的原则是：

综合柜设在机房的适当位置，联锁执表机柜顺序排列，图8-1中所示综合柜、联锁机A、执表机A及联锁机B、执表机B机柜自左向右排列；为维修方便，联锁（执表）机柜后门距墙不少于1.0 m，机柜前门距电务维修桌不少于1.0 m，机柜两侧尽量留有一定空间，以便维修。

微机桌对准联锁机A、联锁机B机柜摆放。监控机维修机放置于综合柜内，其显示器键盘和鼠标放置于终端桌上。

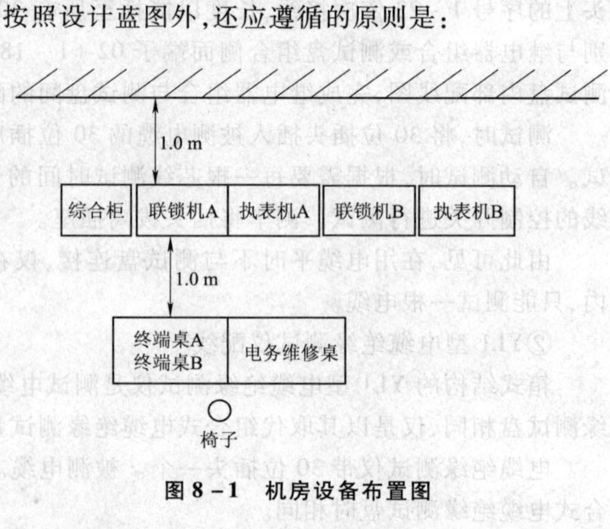

图8-1　机房设备布置图

3. 安装综合柜

综合柜安装一般由设备生产方负责，应注意的是：电源屏供给机房综合柜的220 V电源同外电网要有独立的隔离变压器作电气隔离。电源屏内应有单独的输出端给综合柜使用，不得同其他设备（信号、道岔等）共用一路输出。从电源屏到机房综合柜分两路供给，导线线径不少于 6 mm^2。单路供给时导线线径不少于 8 mm^2。

4. 安装动态稳压电源

动态电源安装在继电器组合架上，由工程单位按设计院蓝图安装到位，动态电源机壳地线端子应接到组合架信号地，严禁浮空。

从图 8－2 中可以看出：配有应急台的站稳压电源的 220 V 输入由应急台的切换继电器（K_1）提供，即应急台操纵道岔时，切换继电器（K_1）励磁吸起，切断了动态稳压电源输入 220 V，也就是说，微机控制道岔与应急台操纵道岔两种方式不能同时存在。

平时两个动态稳压电源同时工作，都有直流电压输出，使 J_1、J_2 继电器励磁吸起（J_1 为 JWJX-480 直流加强型，J_2 为 JWXC-1700 普通型）。当 A 稳压电源故障时，J_1 继电器即失磁落下，同理，当 B 稳压电源故障时，J_2 继电器落下。用 J_1 的两组落下接点接通 B 稳压电源输出端，使输出端 WKZ、WKF 继续保持有电。用 J_1、J_2 继电器的一组接点接通微机报警电路，以便通知电务信号人员及时维修。

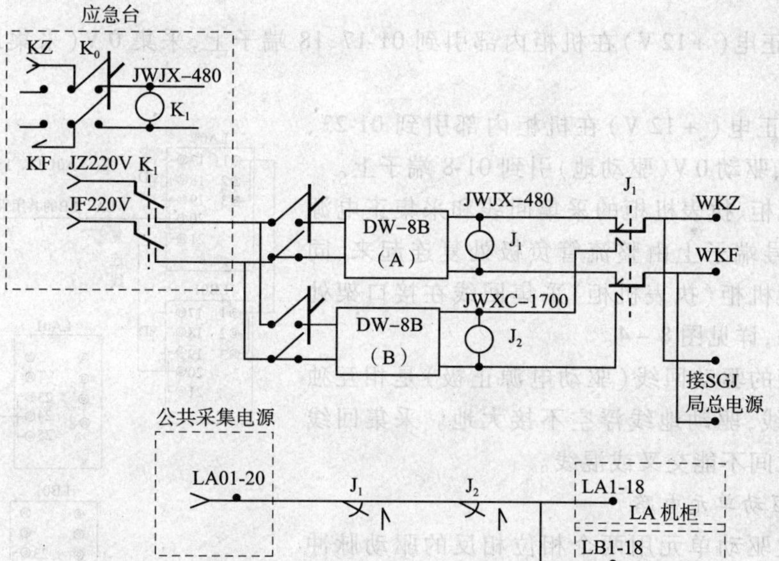

图 8－2　动态稳压电源接线图

5. 安装逻辑地线

逻辑地的阻值要求分两种，重雷区逻辑地阻值小于 1 Ω；非重雷区逻辑地小于 4 Ω。由接地极上引到机房的接地母线应采用绝缘铜线，铜线的截面积不少于 16～20 mm^2（直径为 4.5～5.0 mm），型号可选用 BVV 接地电缆。接地母线应从微机房墙外直接引入，连接室内逻辑地线汇流条，不得经电缆分线盘、信号走线架引入机房。室内的接地支线应使用截面积不少于 6～8 mm^2（直径约为 2.76～3.19 mm）的绝缘铜线。

室内的逻辑地支线连接到地线汇流条（铜板尺寸约为 300 mm × 80 mm × 5 mm），如图 8－3 所示。

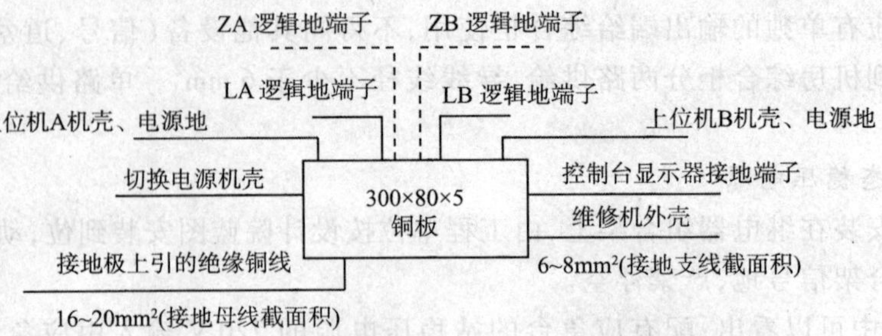

图 8－3　汇流铜板上的逻辑地线示意图

ZA—执表机 A；ZB—执表机 B；LA—联锁机 A；LB—联锁机 B。

注：机房若有执表 A、B 机，则它们的地线也要考虑在内。联锁（执表）机柜逻辑地包括数字地和采集地。

6. 安装防雷地线

防雷地线与逻辑地线合并通过一点接入大地。

7. 采集回线与驱动回线

各联锁机柜、执表机柜都由独立的采集回线和驱动回线分别引到本机柜的零端子上：

(1)采集正电（＋12 V）在机柜内部引到 01-17、18 端子上，采集 0 V（采集地）引到 01-1、2、3；

(2)驱动正电（＋12 V）在机柜内部引到 01-23、24、25 端子上，驱动 0 V（驱动地）引到 01-8 端子上。

各联锁机柜、执表机柜的采集回线和采集正电源要在机柜 01 号端子上由整流管负极处复连起来，同时要注意联锁机柜（执表机柜）采集回线在接口架处也要复连起来，详见图 8－4。

各个机柜的驱动回线（驱动电源正极）是相互独立的，不能混线，驱动地线浮空不接大地。采集回线与驱动回线之间不能交叉或混线。

8. 事故驱动单元电路

目前事故驱动单元用两个相位相反的驱动脉冲信号驱动一个 JPXC-1000 型偏极继电器。双输入事故驱动单元的正确接法如图 8－5 所示。

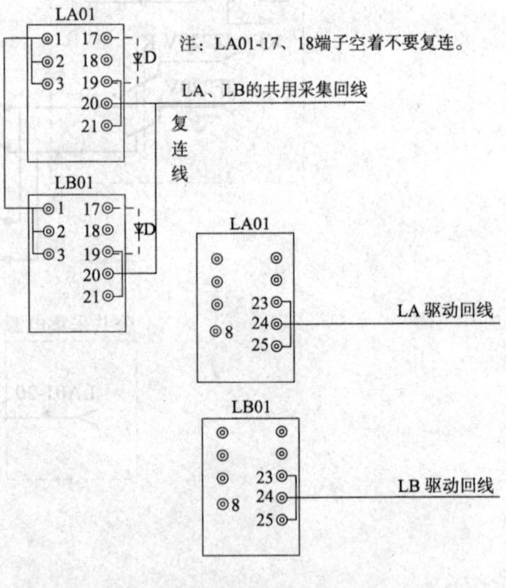

图 8－4　采集回线在接口架处复连图

9. 联锁机手动和自动切换电路

如图 8－6 所示为手动、自动切换电路。

如图 8－7 所示 AQHJ、BQHJ 为安全型继电器（JWXC-1700），图中的 2、3 端子为联锁机第一块驱动板的 2、3 位。

如图 8－8 所示，驱动回线 A、B 机不复连，各机柜是独立的。LA 驱动回线中串有联锁切换继电器（LQHJ）的前接点，LB 驱动回线中串有联锁切换继电器（LQHJ）的后接点，执表机也是同样连接。

10. 安装监控机、维修机

监控机、维修机应放置于综合柜内，机器母板槽内的各种板卡应按一定顺序放置，一般放置顺序如图 8－9 所示。

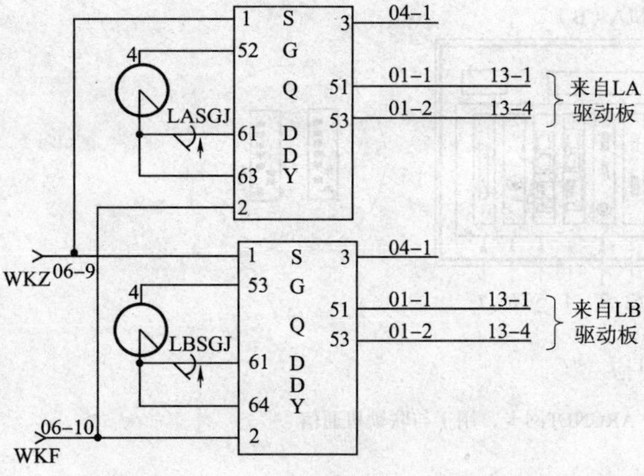

图 8-5　双输入事故驱动单元接线图

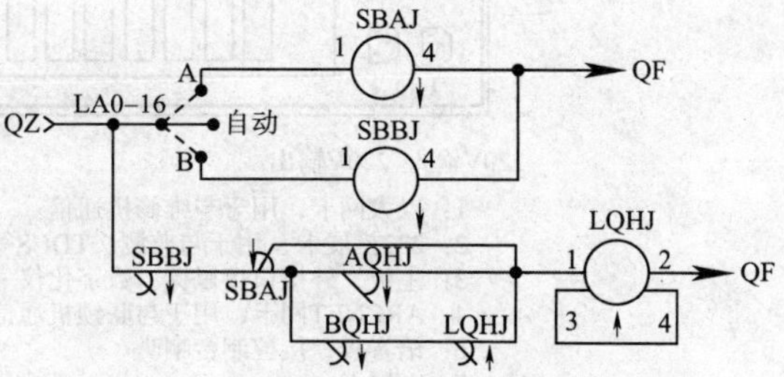

图 8-6　联锁机手动和自动切换电路图

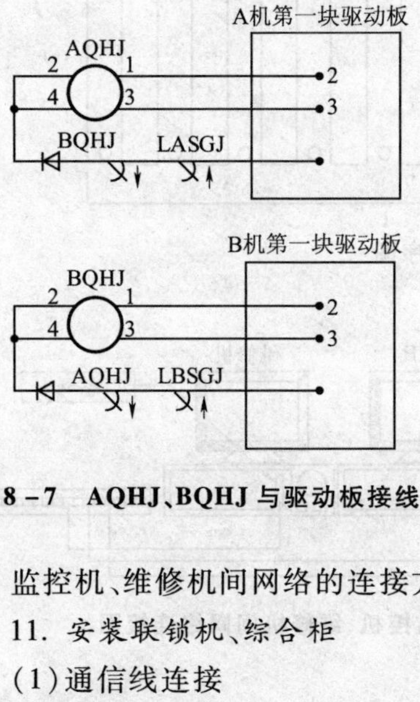

图 8-7　AQHJ、BQHJ 与驱动板接线图

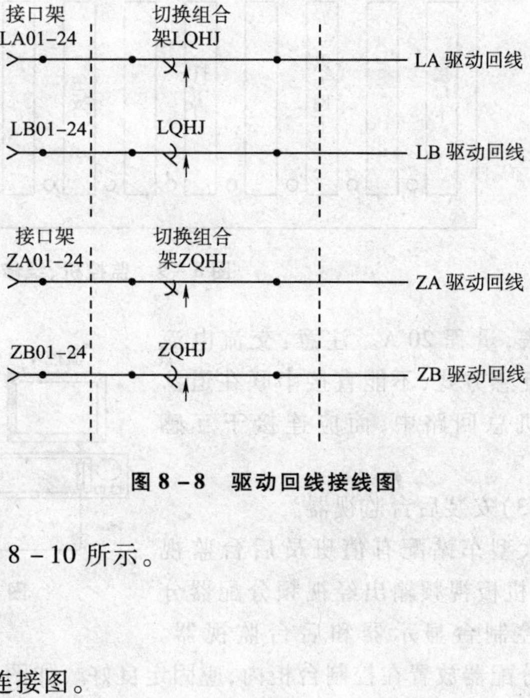

图 8-8　驱动回线接线图

监控机、维修机间网络的连接方法如图 8-10 所示。

11. 安装联锁机、综合柜

(1)通信线连接

图 8-11 为监控机与联锁机间的通信连接图。

(2)机柜安装

如图 8-12 所示为联锁机及综合柜安装布置图。

12. 控制台的安装和连接

(1)控制台连线

控制台分三部分:控制台柜、操作台和显示器。控制台倒机板设设于机房综合柜内,如图 8-12(b)所示。操作台上放置鼠标(有数字化仪的站用于摆放数字化仪),显示器放置在控制台柜上。注意:控制台和监控机连接的电缆每种必须至少备用一根。

(2)道岔指示电流表的安装

普通车站控制台柜正面设一块直流电流表,量程 30 A。有提速道岔的车站增设一块交流

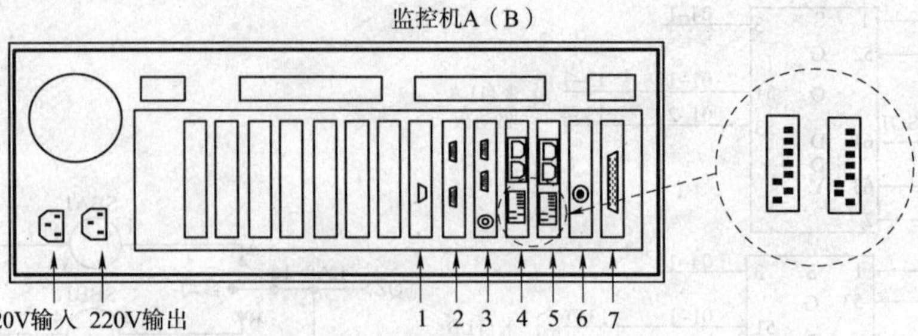

1：以太网卡，用于与维修机通信
2：232扩展卡，用于与监测、TDCS等接口
3：主板，外接口接鼠标、数字化仪
4：ARCNET网卡，用于与联锁机通信5：ARCNET网卡，用于与联锁机通信
6：语音板，接控制台喇叭
7：多屏卡
注：各板卡前后顺序可能会与图不同，但不会影响使用。

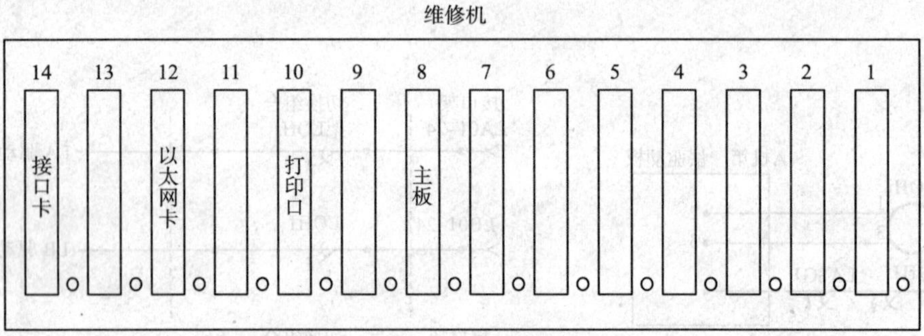

图 8－9　监控机、维修机放置顺序图

电流表，量程 20 A。注意：交流电流表为互感方式，不能直接串联在道岔转辙机总回路中，而应连接于互感器上。

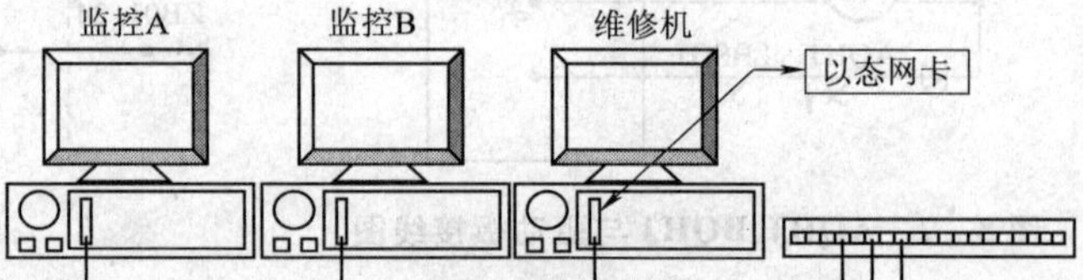

图 8－10　监控机、维修机间网络连接图

(3)安装后台监视器

大型车站配有值班员后台监视器，倒机板视频输出经视频分配器分配给控制台显示器和后台监视器。视频分配器放置在控制台柜内，应固定良好。如图 8－13 所示。

二、导通及单项实验

导通试验是联锁软件安装调试前十分重要的工作，通过导通试验我们可以发现施工中存在的问题。

微机设备导通实验要做好以下几方面工作：

(1)综合柜供电是否正常，UPS 是否运行良好。

(2)联锁（执表）A、B 机通信是否良好。

(3)联锁机与上位机 A、B 通信是否良好。

(4)上位机与维修机通信是否良好。

(5)控制台连接是否正确。

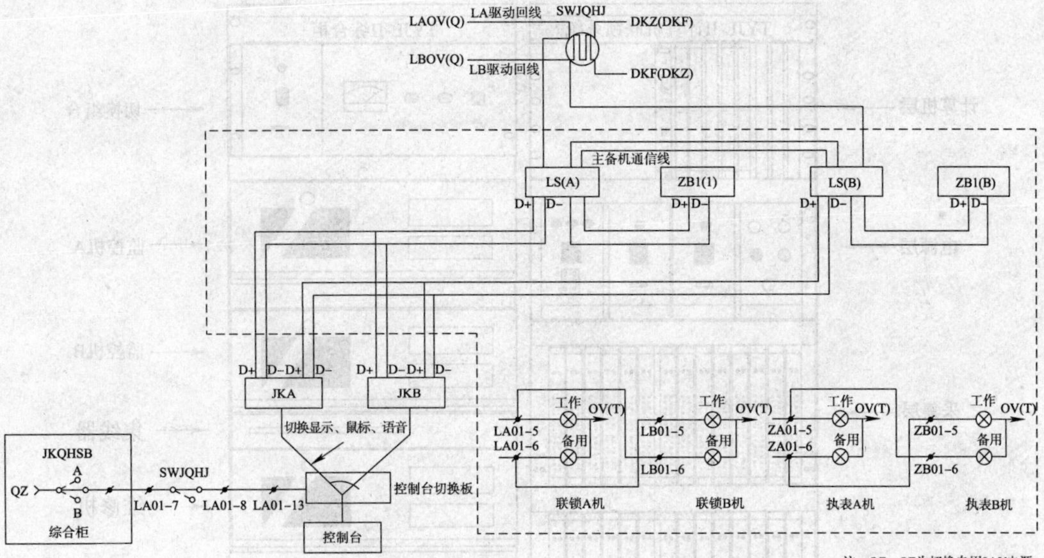

注：QZ、QF为切换专用24 V电源。

图 8－11　监控机与联锁机间的通信连接图

三、控制台显示含义及一般操作方法

1. 屏幕显示

屏幕显示按站场图形布置，平时显示的灰色光带为基本的轨道图形。有连续溜放作业的站场，在溜放区设有小区段，在屏幕上用蓝色竖线分隔。为调车作业设置的绝缘是大区段绝缘，在屏幕上用竖线表示，灰色为普通绝缘，红色带圆圈为超限绝缘。

屏幕图形显示各种颜色的含义如下：

(1)轨道区段

平时轨道区段为粗线，当该区段的轨道继电器前后接点校核错时为细线。

①灰色光带——基本图形。

②白色光带——进路在锁闭状态或溜放进路在退路锁闭状态。

③红色光带——轨道区段有车占用或故障。

④绿色光带——区段出清后尚未解锁或溜放进路在有车占用后处于退路锁闭状态。

⑤蓝色光带——进路初选状态。

⑥青色光带——接通光带或连溜时溜放区的道岔位置。

也可点压机占按钮和股道上的信号按钮，人工设置或取消机占标志，用于办理特殊作业或封锁股道。

(2)列车信号

①红色——信号关闭。

②绿色、单黄、绿黄、双黄及双绿——信号开放。

③红色、白色同时显示——引导信号开放。

④红色闪光——灯丝断丝。

⑤白色闪光——溜放及退路信号开放。

⑥白色外框(方形)——表明信号处于封闭状态，按钮失效。

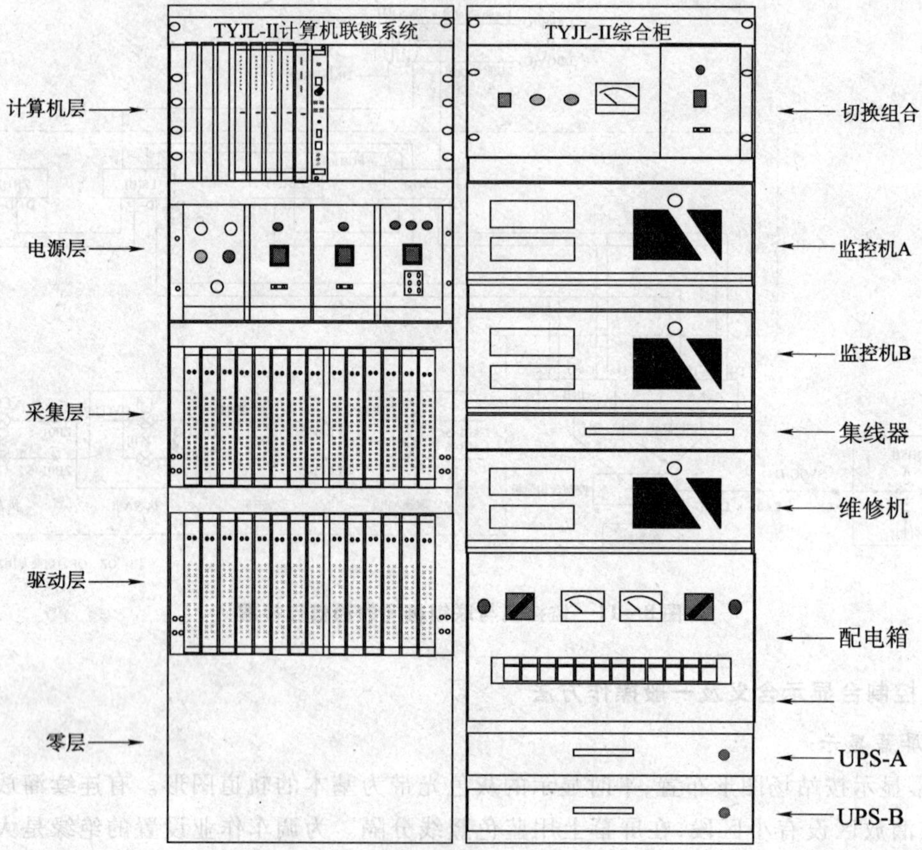

(a) 联锁机和综合柜设备图

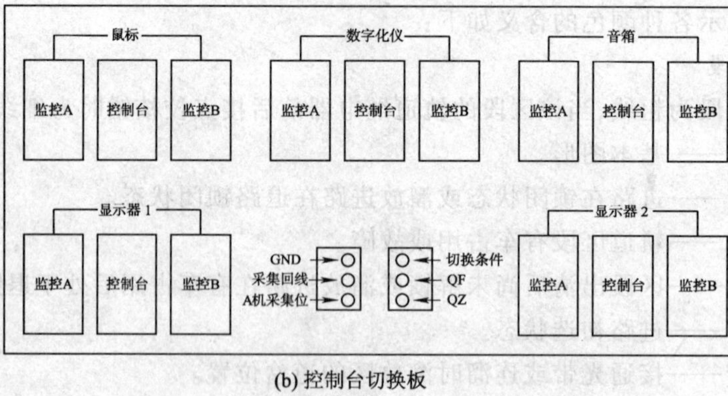

(b) 控制台切换板

图 8－12 联锁机及综合柜安装布置图

注:监控 A、监控 B 指从监控 A、监控 B 来的线,控制台指去控制台的线。

⑦粉红色外框(圆形)闪光——表明信号前后接点校核错。

(3)调车信号

①蓝色——调车信号机关闭。

②红色——起阻挡作用的调车信号机关闭(用在某些地方,如专用线入口处)。

③白色——调车信号机开放。

④白色闪光——溜放进路及退路信号开放。

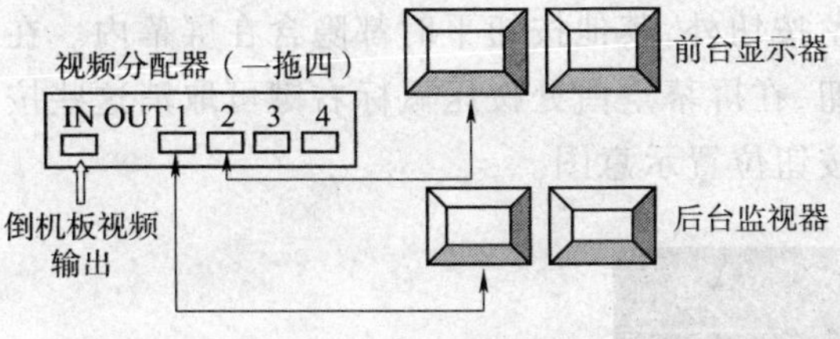

图 8－13 后台监视器安装图

⑤红色闪光——表示灯丝断丝。

⑥白色外框（方形）——表明信号处于封闭状态，按钮失效。

⑦粉红色外框（圆形）闪光——表明信号前后接点校核错。

信号机旁平时不显示名称号，只有在信号开放、相应股道有机占、信号前后接点校核错、灯丝断丝或办理进路时显示。点压“信号名称”按钮可显示信号名称号。

(4)信号名称显示的含义

①绿色闪光——办理列车作业，始端或终端按钮按下，进路尚未排通。

②黄色闪光——办理调车作业，始端或终端按钮按下，进路尚未排通。

③粉红色闪光——办理总取消。

④红色闪光——办理总人解，正在延时解锁。

⑤黄色——提示该信号在开放状态或相应股道有机占，信号前后接点校核错或断丝（断丝时信号复示器为红闪）。

⑥浅灰色——办理总人解时，等待输入口令。

⑦深灰色——按下信号名称按钮，显示全部信号名称。

⑧红色外框（方形，在名称外）——表明该信号的接近轨道有机占。

⑨青色——进路始端标志（信号关闭，始端信号内方第一区段没有解锁时自动显示，表示始端标志存在）。

(5)道岔

道岔岔尖处用缺口表示道岔位置，无缺口的一侧表示道岔开通位置。当道岔无表示时，道岔岔尖处闪白色光，挤岔时岔尖闪红色光，同时出现道岔名称。数字化仪盘面上道岔处箭头所指方向为道岔定位位置。点压“道岔名称”时，在显示器上道岔岔心处的短绿光带表示定位，短黄光带表示反位。

道岔名称有以下含义：

①黄色——道岔正在转换。

②红色——道岔单独锁闭。

③白色——道岔封闭。

④灰色——按下道岔名称按钮，显示全部道岔名称。

道岔单独锁闭的含义是指可通过该道岔锁定位置排进路，但不能操纵；道岔封闭是指不能通过该道岔排进路，但道岔可以单独操纵。道岔封闭是专为电务人员维修道岔而设。

(6)非进路标志“非进路”

在办理非进路作业时，非进路区上方显示“非进路”。

①白色闪光——表示正在建立或办理取消非进路。

②白色——表示在非进路作业过程中。

2. 按钮设置

采用数字化仪的站，按钮设在数字化仪控制台上，操作时用光笔在控制台上点压有关按钮进行，信号员在用数字化仪办理完操作后，请不要将光笔放在数字化仪上站场平面图的有效范围内。采用鼠标控制的站场，利用按压鼠标左键来实现在屏幕上按压“按钮”的功能，屏幕上设置的按钮有通用按钮及其他按钮，除信号和道岔按钮外，其他按钮平时都隐含在屏幕内。在屏幕空白处按压鼠标左键，屏幕上会出现功能按钮，在屏幕空白处按压鼠标右键可取消这些按钮。屏幕下方虚框为提示框，图 8－14 为屏幕上按钮位置示意图。

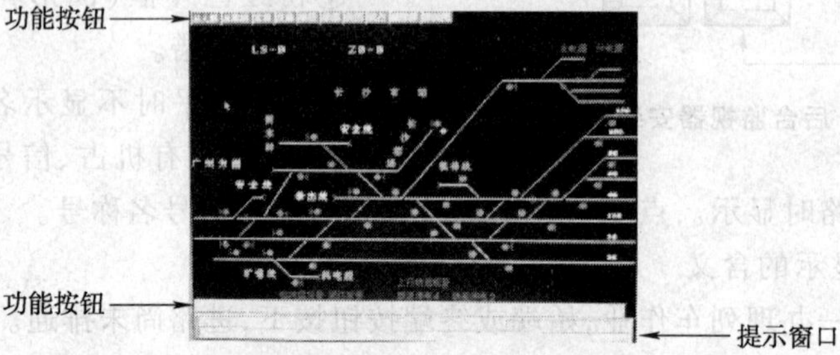

图 8－14　屏幕上按钮位置图

(1)通用按钮

①信号按钮

用鼠标操作时，用股道旁的列车信号机作为列车按钮，调车信号机作为调车按钮。列车按钮用鼠标右键，调车按钮用左键。列车终端、调车终端、变更按钮为灰色方块。

②功能按钮

包括"总取消"、"总人解"、"道岔总定"、"道岔总反"、"道岔单锁"、"道岔单解"、"封闭"、"清封闭"、"区段故障解锁"、"破封检查"等按钮。办理时，先点压功能按钮，屏幕上出现该功能的提示，再点压有关的道岔或信号按钮。对于铅封按钮需再按口令，点压一次功能按钮，只能有效一次。凡是按压带口令的按钮时，屏幕均有计数器记录使用次数。倒机时，该记录可自动叠加。按下破封检查按钮可依次查看各个铅封按钮的使用次数。按区段故障解锁按钮还需按压区段内的道岔按钮。详情见下述的"区段解锁按钮"。

③道岔按钮

设于道岔岔尖处的黄色圆块为道岔按钮，双动道岔两端均设有黄色圆块，用鼠标时，屏幕上道岔岔尖处为道岔按钮，双动道岔两端均为道岔按钮，点压任意一个均可。

④上电解锁按钮

开机或人工切换时，出现全场锁闭，只有此时才可以点压"上电解锁"按钮解锁，其他任何时候均不可以按压此按钮。用鼠标的站场，屏幕上平时无显示，办理时，按压鼠标左键，屏幕上显示"上电解"按钮，点压此按钮前，必须确认全场车列已停止运行，否则将可能造成迎面解锁。点压上电解锁按钮必需按照屏幕提示点压口令，使用该按钮后，应记录原因。

⑤信号名称按钮

全场设一个，点压后屏幕上出现所有信号机名称，再点压一次显示消失。

⑥道岔名称按钮

全场设一个，点压后屏幕上出现所有道岔名称及道岔所在位置，绿色短光带表示道岔处于定位，黄色短光带表示道岔处于反位，再点压一次显示消失。

⑦接通光带按钮

全场设一个，点压后屏幕上沿道岔开通位置用青色光带显示，再点压一次显示消失。

⑧清提示按钮

全场设一个，点压后可清除屏幕上提示窗口内不需要的汉字提示。

⑨清按钮按钮

对于任何已点压但尚未执行的按钮,可通过点压该按钮取消操作。

⑩车次按钮

先点压股道号,再依次点压车次号码,最后点压车次按钮,即可输入列车车次。先点压股道上的车次号,再次点压车次按钮,可取消车次号。

⑪区段解锁按钮(即区段故障解锁按钮)

用于轨道区段故障后造成的区段不解锁或故障区段修复后的区段解锁,在屏幕上显示为"区段解"按钮。只对道岔区段有效。办理区段故障解锁须确认该区段确实没有车占用,并且该区段所在进路的始端标志已经消失。办理时,先按"区段解",再按相应道岔区段内的任一道岔按钮,再按口令"789" 即可,以上每一步操作,屏幕提示窗口均有提示。

⑫坡道解锁按钮

当进站外方有大于 0.6% 的下坡道时,办理接车进路需办理延续进路,延续进路需延时 3 min解锁,当值班员确认列车已完全到达,并停稳后可按下坡道解锁按钮和口令"456", 延续进路立即解锁。

(2)与 64D(F)半自动闭塞有关的按钮

①闭塞按钮

发车站请求发车或接车站同意接车时,须点压此按钮。(64 F 半自动闭塞方式下,无此按钮。)

②复原按钮

接车站确认列车完整到达后,点压此按钮,可解除闭塞。在满足取消闭塞的情况下,经双方同意后,由发车站点压此按钮,使双方闭塞复原。

③事故按钮

发生事故站点压此按钮,可办理事故复原。

(3)与自动闭塞有关的按钮(接车辅助按钮、发车辅助按钮和总辅助按钮)

当自动闭塞方向电路故障而不能自动改变运行方向时,只能采用"辅助办理"方式来改变运行方向。此时,两站值班员需共同确认区间空闲,双方都未办理至该区间的进路。若本站为要发车的车站,须先点压总辅助按钮及口令,再点压发车辅助按钮(10 s 之内要重复点压),同时,接车站也要先点压总辅助按钮及口令,再点压接车辅助按钮(10 s 之内要重复点压),总辅助灯从闪光变成稳定灯光,直至方向电路恢复。总辅助按钮属非自复式按钮,使用后应清除。可用点压"清按钮"加"总辅助按钮"的办法解决。

(4)其他按钮

①非进路按钮和取消按钮(设有非进路调车的站场才设有此类按钮)

点压非进路按钮并确认,可建立相应股道上的非进路调车。点压取消按钮并确认,可取消相应股道上的非进路调车(延时 30 s)。屏幕上为非进路调车而设的"非进路"标志有如下显示:白色稳定灯光表示非进路正常建立成功;白色闪光表示非进路正在建立过程中或已建立的非进路条件不满足;红色闪光表示非进路正在取消过程中。

②机占及机占按钮

在有接发车进路的股道,当列车车列完全进入股道(接车进路最后一个区段解锁)后,在车头一侧股道信号机的名称外套上红色方框,以证明机车车头的位置,只有在同方向排列发车进路,车头压入出发信号机防护的第一区段时,机占标志清除。在股道两端任何一端有机占标志时,两端均不能办理该股道的列车接车进路,无标志的一端可以办理调车接车进路,要想办理列车接车进路,必需人工清除机占标志。

点压机占按钮和股道内的调车信号按钮,屏幕上该信号名显示,同时名称外套上红色方框,表示该信号对应股道的该信号一侧有机车占用股道,再次办理机占时,该信号名和外框消失,表示机占清除。有机占时,不允许向该股道排列进路。

3. 进路的办理与操作

进路的办理方法如下:

点压始端、终端——开通基本进路。

点压始端、变更(或多个变更)、终端——开通变更进路。

(1)列车进路

先点压始端信号按钮。例如点压 X 信号,相应的 X 信号名称绿色闪光,并在屏幕下端提示:“始端 X”。再点压终端信号按钮,例如点压 S1 信号,相应的 S1 信号名称绿闪,屏幕下端提示变为:“始端 X——终端 S1”。若满足选路条件,则开始动岔、锁闭进路、开放信号。若选路条件不满足,则在上提示后面加“按钮不符”或“选路不通”或“有区段锁闭”或“有区段占用”或“有道岔要点”等等,并给出道岔或区段名称。

正线通过进路需先点压进站信号机列车按钮,再点压出发咽喉的列车终端按钮。

(2)调车进路

调车进路同样点压始端、(变更)、终端按钮办理。

反向单置信号可作调车变更,并置或差置信号可作同向进路变更。变更按钮不受此限。调车进路的办理方法和显示与列车进路相同。

(3)对原铅封按钮的相应办理

为办理慎重起见,相对于原铅封按钮点压后,屏幕将提示输入口令,点压口令后操作才被执行,微机系统自动记录,并且在屏幕提示栏有记录显示。

以总人解 X 进路为例:先点压“总人解”,再点压 X 按钮,此时屏幕下方提示“总人解—X—请输入口令—123—”,据此依次点压数字 123,正确后屏幕下方提示“OK”,此时操作被执行。

(4)误办的进路,需要变更时,在进路未锁闭前可点压本咽喉的“总人解”或“总取消”按钮取消,然后还需点“压清按钮”;锁闭后的进路需点压“总取消”或“总人解”按钮和“始端”按钮取消进路;当接近区段有车占用时,必须点压“总人解”按钮和进路始端按钮,延时 30 s 或 3 min 后解锁。

(5)进路的故障解锁

由于计算机联锁取消了继电联锁的区段事故解锁盘,而采用始、终端进路故障解锁。共有以下几种故障解锁情况:

①尚未使用的进路中某区段故障,出现红光带,此时信号关闭,进路处于锁闭状态,如接近区段无车,点压“总人解”和“始端”按钮及口令,进路自始端至故障区段解锁,若接近区段有车,进路延时 30 s 或 3 min 解锁。故障区段至终端之间的进路,需点压“总人解”和“终端”按钮及口令,延时 30 s 解锁。若故障区段为进路的第一区段,接近区段又有车,则进路无法解锁,应等待设备恢复。

②某进路列车已驶入,但由于进路中的某区段故障,在列车驶离后,仍保留红光带,致使此区段到终端的部分进路无法解锁。若故障区段为进路的第一区段,则需点压“总人解”和“始

端”按钮及口令，将进路的始端取消，再点压“总人解”和“终端”按钮及口令，将进路解锁，进路始端取消后（始端标志消失），也可采用区段故障解锁，逐段解锁故障进路。

第二种情况是故障区段非第一区段，在列车正常驶过第一区段后，第一区段自动解锁，原进路的始端已不存在，待列车驶出该进路后，点压“总人解”和“终端”按钮及口令，故障区段至终端的进路解锁，也可采用区段故障解锁逐段解锁故障进路。

为保证自进路终端的故障解锁不会导致列车进路的迎面解锁，因此必须要求故障区段（红光带）至终端的各区段均被车列占用过又出清后，点压总人解和终端按钮才能生效。

进路中某区段轨道电路分路不良，在列车通过后进路不能正常解锁。若进路始端尚存在时，点压“总人解”和“始端”按钮可将整条进路解锁；若第一区段已正常解锁，进路始端消失，或始端信号已作为别的进路的始端或始端至未解锁区段间道岔已改变位置，则可用总人解和终端按钮将进路解锁或采用区段故障解锁逐段解锁故障进路。如果用终端也不能解或找不到终端时，就要用区段故障解锁的办法来解，即点压区段故障解锁按钮和故障区段中的任一道岔按钮将该区段解锁。

（6）车列出清道岔区段和股道时先显示绿光带，待进路经 3 s 解锁后恢复灰光带。

（7）进路排通后，因某种原因使轨道继电器瞬间落下，此时信号关闭，该区段屏幕显示由白光带转为绿光带，进路仍处在锁闭状态，点压进路信号始端按钮，信号重复开放，绿光带保持不变。

（8）单独操纵和单独锁闭道岔

道岔区段在解锁状态时，允许办理单独操纵道岔。同时点压“总定位”（总反位）按钮和“道岔”按钮，屏幕提示处显示“道岔总定（总反）……C×××”。在道岔转换过程中，屏幕道岔岔尖处闪白光，同时道岔号显示黄色。

点压“单独锁闭”按钮和“道岔”按钮，屏幕提示处显示“单独锁闭……C×××”，同时显示红色道岔号。单锁后，不能再单独操纵道岔，但还可通过该道岔排列进路。点压“单独解锁”和“道岔”按钮，该道岔解锁。

（9）封闭信号和封闭道岔

先按封闭按钮，再按压信号按钮或道岔按钮，这时信号机外套上白色方框，道岔名显示白色，表明信号机按钮已不能再进行操作，也不能再通过该道岔排列进路。

（10）清封闭按钮

按压信号按钮或道岔按钮，这时信号机外的白色方框消失，白色道岔名消失，表明该信号或道岔的封闭取消。

第二节　DS6-11 型计算机联锁设备安装及调试

一、设备安装

1. 设备安装示意图

DS6-11 计算机联锁设备分别安装在联锁机柜 A、联锁机柜 B、监控机柜共三个机柜内。机柜的外形尺寸如图 8－15 所示。

图 8－15　机柜外形尺寸图

（单位：mm）

联锁机柜与监控机柜采用 19 英寸标准机柜，在联锁机柜 A 内安装了联锁机 A、输出板、输入板、电源控制箱、冗余转换器和

UPS(A)电源;联锁机柜B内安装了联锁机B、输出板、输入板、UPS(A)电源和两台直流24 V稳压电源;监控柜内安装了监测机及显示器、一套控显设备。图8－16所示为安装示意图(正面)。

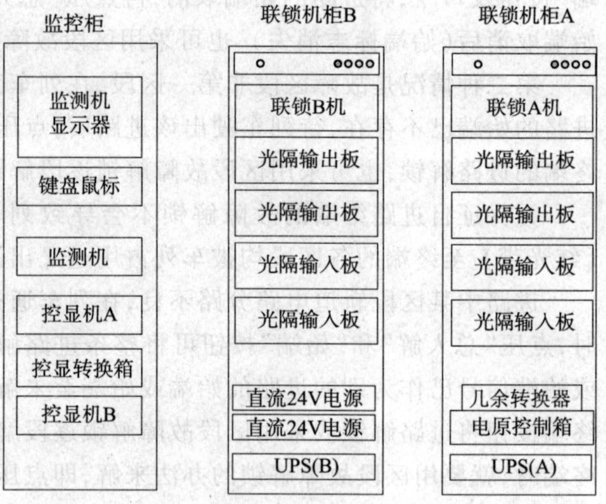

图8－16　联锁设备安装示意图(正面)

2. 联锁机柜的安装

(1)指示灯面板

联锁机柜的顶端安装一块指示灯面板,上面有黄、红、绿、黄、绿5个指示灯,从左至右依次为:

①黄色灯:测试指示灯,当系统进入测试状态时点亮。

②红色灯:交流电源指示灯,点灯电压是220 V,直接连到本机柜的电源接线排上。

③绿色灯:运行指示灯,闪光表示联锁机运行正常。

④黄色灯:控制指示灯,亮稳定灯光表示联锁机当前为工作机。

⑤绿色灯:同步指示灯,只有热备机同步灯点亮,闪光表示联锁机双机通道正常。

黄灯和绿灯的信号线由状态板上六芯白色插头引出,点灯电压均为24 V。

(2)联锁机

联锁双机为动态冗余热备系统,两台联锁机可以互为主备机,两个联锁机除了网络节点地址不同以外,其他的设置完全一样。

联锁机采用美国ICS-C4000工控机,其内部安装有主板SBC-598,CPU586,可以向上兼容;三块AN-520BT网卡,A网和B网用于实现系统间的网络通信,C网用于实现联锁双机同步,A机的A、B、C网卡的网络节点地址分别为"01H"、"02H"、"21H",B机的A、B、C网卡的网络节点地址分别为"03H"、"04H"、"22H";一个DOM半导体盘代替硬盘直接安装系统程序;7122输入/输出接口卡用于表示信息输入和控制输出,每块7122卡上有144路,分为6组,每组24路,可由程序设定为输出或输入,每个系统需要安装7122卡的数量由站场的大小来决定。具体安装见图8－17、图8－18。

显示卡	双网网卡		单网网卡		CPU板		输入输出接口板4 320		输入输出接口板3 300		输入输出接口板2 2E0		输入输出接口板1 2C0

图8－17　14槽联锁机箱(背面)

	输入输出接口板6 360		输入输出接口板5 340		输入输出接口板7 380	显示卡	双网网卡		单网网卡		CPU板		输入输出接口板4 320		输入输出接口板3 300		输入输出接口板2 2E0		输入输出接口板1 2C0

图8－18　20槽联锁机箱(背面)

(3)光隔输入/输出板

为了实现计算机和继电电路之间的电平转换和电气隔离,在输入/输出接口中采用了光隔输入/输出板,光隔输入/输出板安装在光隔输入/输出板机架中,每个机架有 12 个槽位,安装电路板时从左至右依次安装,上层的机架安装输出板,下层的机架安装输入板。输入/输出板是通过 50 芯扁平电缆与联锁机箱的 7122 卡相连(出厂时已连好)。

驱动输出板:用于将联锁机输出的 5 V 信号转换为 24 V 信号驱动继电器,可以相互交换使用,每个站的数量根据站场规模决定。

采集输入板:用于将继电器接点输入的 24 V 信号转换为 5 V 信号输入给联锁机,可以相互交换使用,每个站的数量根据站场规模决定。

状态输出板:用于输出 15 种状态代码,状态输出板与驱动输出板不能互换,每个站只使用两块,分别安装在联锁 A 机柜和联锁 B 机柜,并且固定放在最后一块驱动输出板的后面。具体安装见图 8－19、图8－20。

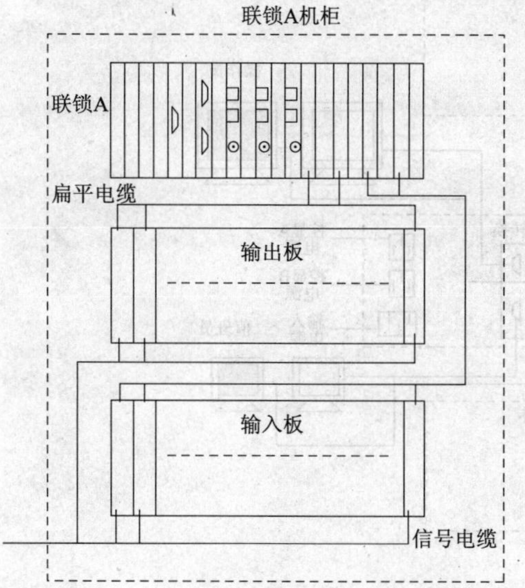

图 8－19　联锁 A 机柜

3. 监控机柜及操作显示设备的安装

监控机柜结构图(正面)见图 8－21。

监控机柜连线图(背面)见图 8－22。

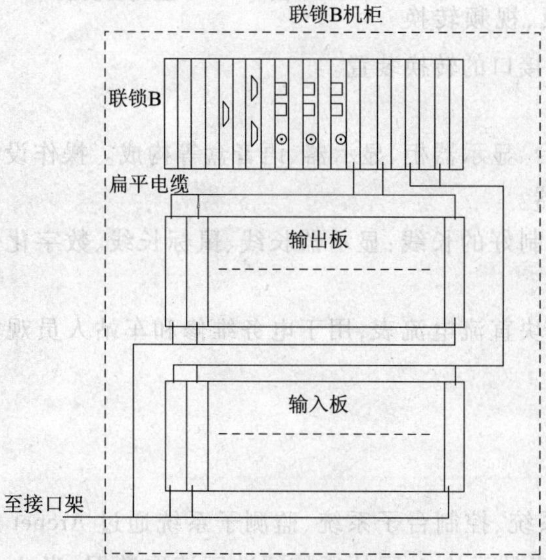

图 8－20　联锁 B 机柜

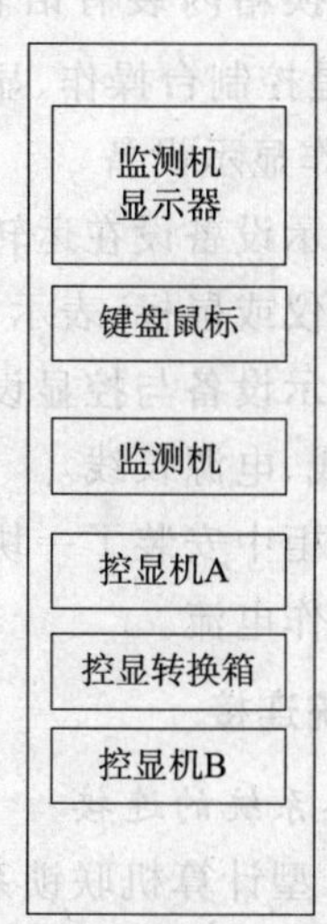

图 8－21　监控机柜正面结构图

(1)监测机

监测机由监测微机、彩色监视器、键盘鼠标、打印机、调制解调器组成。用于为系统维护人员提供查询、显示和打印各类检测信息的操作界面,还可以实现与调度监督系统和远程监视系统联机通信。具体安装见图 8－23。

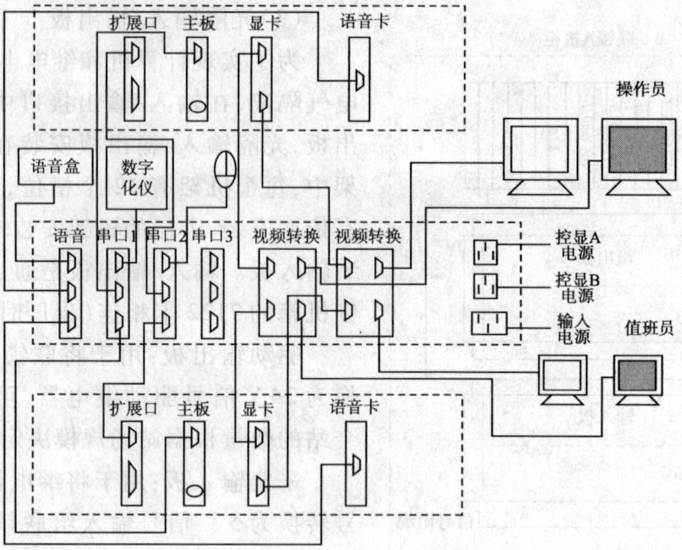

图 8－22　监控机柜背面连线图

(2)控显设备

由控显双机、控显转换箱组成,其结构及安装见监控机柜背面连线图。

控显双机出厂时配有软驱、键盘,这些设备在系统调试时使用,工程开通后禁止使用,将从系统配置中删除。采用 DOM 半导体取代硬盘,直接安装系统程序。

控显转换箱内装有语音板、串行通信板、视频转换板,其作用是控制台操作、显示设备与控显机接口的转换装置。

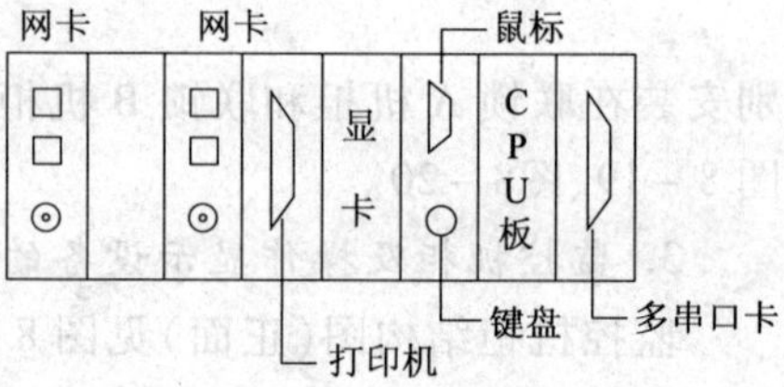

图 8－23　监测机安装

(3)操作显示设备

操作显示设备设在运转室,主要由操作台、显示器柜、显示器、语音盒等构成。操作设备可选用数字化仪或鼠标;表示设备可选用显示器。

操作显示设备与控显设备的连线使用预制好的长线:显示器长线、鼠标长线、数字化仪长线、语音长线、电源长线。

显示器柜中安装了一块交流电源表和一块直流电流表,用于电务维修和车站人员观察室外道岔的动作电流。

二、系统连接

1. 网络系统的连接

DS6-11 型计算机联锁系统中的联锁子系统、控制台子系统、监测子系统通过 Arcnet 局域网联成一体,采用动态冗余双重网络。正常情况下从 A 网的通信缓冲区读取数据,当 A 网通信故障时,从 B 网缓冲区读取数据。网络传输采用同轴电缆。

系统由 5 台工控机组成,控显双机和监测机每台配置 2 块 AN-520BT 网卡,联锁双机每台配置 3 块 AN-520BT 网卡。网络节点地址单号表示 A 网,双号表示 B 网。联锁 A 机网络节点地址分别为“01H”、“02H”、“21H”;联锁 B 机网络节点地址分别为“03H”、“04H”、“22H”;控显双机网络节点地址分别为“05H”、“06H”;监测机网络节点地址分别为“07H”、“08H”。具体连接见图 8－24。

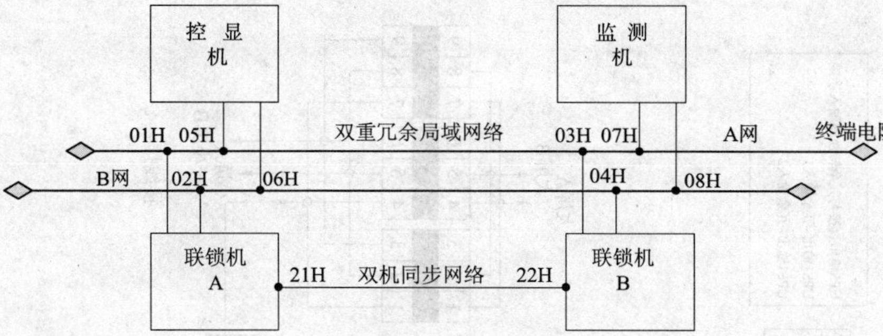

图 8－24　网络连接图

注：1. 设置网络节点地址开关必须在计算机未加电的情况下进行，带电操作易损坏设备。

2. 网卡在出厂时已设置好，现场安装时只需检查网线、终端电阻是否连接正确、牢靠。判断网络是否正常可以查看控显机上（以网络灯表示）或监测机上（以网络图表示），也可以查看工控机背面网卡上 LED 指示灯状态：正常时，LED 灯亮稳定灯光（瞬间闪是在传输数据，属正常现象）；不正常时，LED 灯不停地闪。

2. 电源系统的连接

DS6-11 系统设备使用交流 220 V 电源，电压范围为 220 V ± 22 V，总容量不超过 2 kVA，由电源屏单独提供一路经过隔离稳压后的交流 220 V 电源。采用两台 1.4 kVA 的 UPS，大站采用 2.2 kVA 的 UPS。两台 UPS 通过电源控制箱控制，由一台工作供给整个系统用电，另一台热备。两台 UPS 间可以自动切换或人工切换，也可以经过 UPS 直接供电。

输入/输出接口使用直流 24 V 电源，电压范围 24 V ± 2.4 V。输入板和状态板电源由电源屏输出的直流 24 V 电源供给，输出板的 24 V 电源由计算机系统中的直流稳压电源（朝阳电源）供给。采用动态板时还需另配一路动态板的局部电源，电压为 32 V。具体连接见图 8－25。

3. 地线的安装

DS6-11 型计算机联锁系统要求设置两根地线，接地电阻要求小于 4 Ω。一根为安全工作地线，接于电源控制箱接线端子 3 上；另一根为防雷地线，与输入板、输出板、状态板地线环连。现场只能提供一根地线时，用于防雷地线，电源控制箱接线端子 3 浮空。具体连接见图8－26。

三、控制台的操作方法

DS6-11 型系统的操作分为指挥列车、车辆运行的车务操作和查询有关数据、维护和管理设备正常运行的电务操作。

计算机联锁系统办理作业的方式方法与 6502 电气集中基本相同。不同之处主要有以下几点：

1. 站场图形显示

根据要求，计算机联锁可以提供多种站场图形显示。一是单元块控制台方式，这和 6502 电气集中方式一致，这里不再重述；二是 CRT 方式，采用高分辨率图形 CRT 监视器实现站场图形显示。用一台或两台 21 英寸高分辨率（1024 × 768 点阵）彩色图形显示器，显示站场的车列作业情况。

（1）信号机显示

列车信号机平时处于关闭状态，在 CRT 监视器显示为红色信号图形，而当信号开放时监视器显示绿色图形。引导信号开放时，显示一红一白图形。

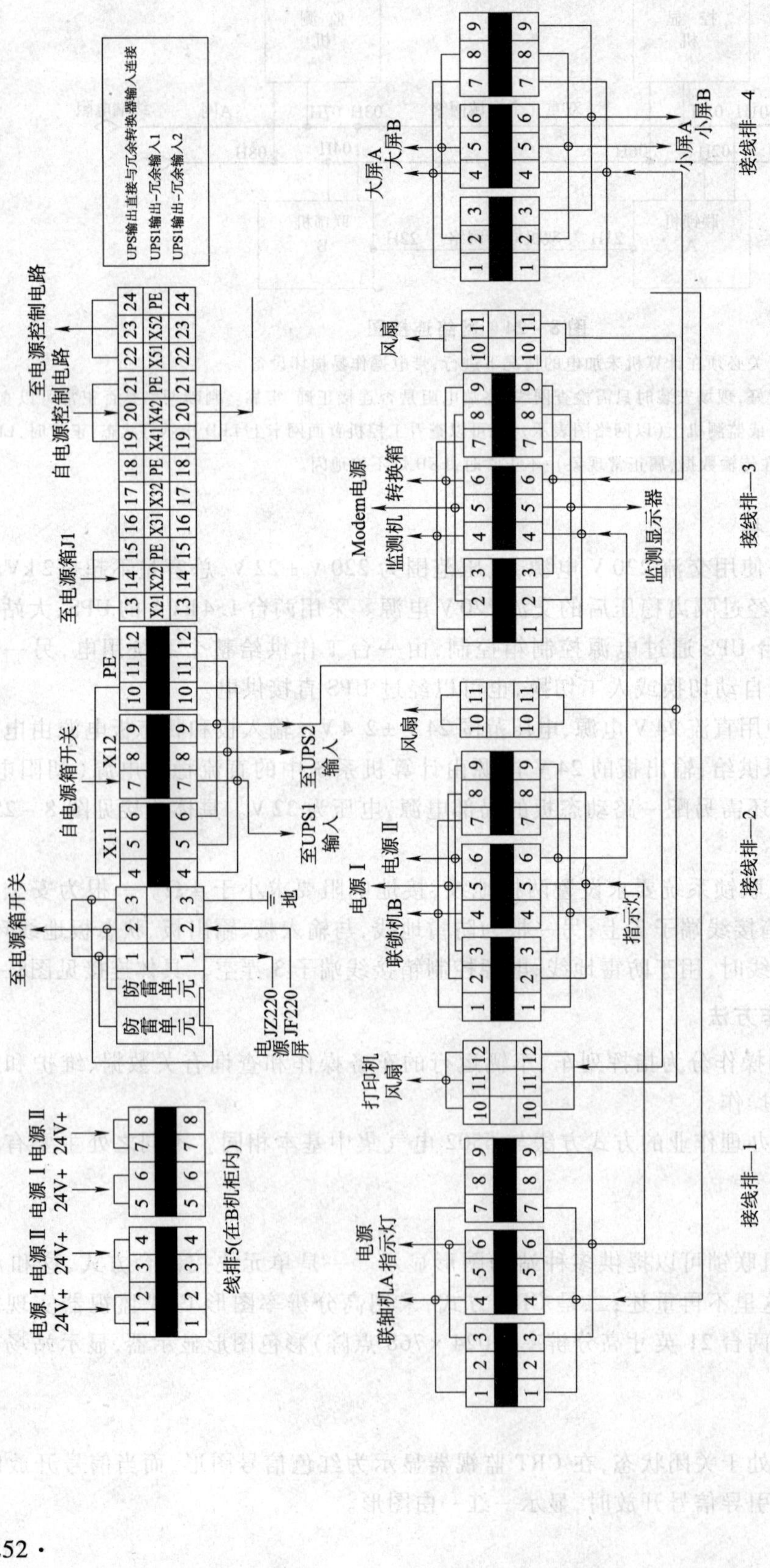

图 8－25 电源连接图

说明：

1. 阴影部分为短路块，每个接线排中有三个短路块，属于三个不同极性"火线、零线、地线"。
2. 接线排—1、接线排—2、接线排—3 在微机室，接线排—4 在控制台。
3. 电源线采用三芯专用护套线，两端压接。

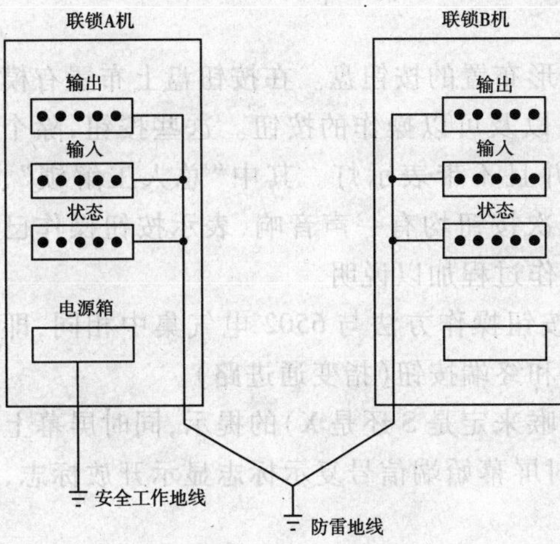

图 8-26　地线连接图

如果调车信号机处于开放状态，则监视器对应显示白色图形；当调车信号机处于关闭状态，则显示蓝色图形。

无论何种信号机，只要信号在开放状态，对应的信号名称将显示在信号图形旁边，提醒值班员注意。

排列进路时，按下始端按钮后，在进路选通之前对应的信号按钮名称闪光，而进路选通后该名称停止发光。另外还设有“显示信号名”按钮，当按下此按钮，全部的信号机名称将显示出来；如果重复按压此按钮，信号名消失。

(2)轨道区段显示

轨道区段空闲并且处于解锁状态，则 CRT 显示为蓝色线段。在区段锁闭状态下，显示为白色线段。如果轨道区段被占用，则显示为红色线段。

控制台上设有“显示轨道名”按钮，当按下此按钮时，屏幕上显示各个轨道区段的名称。重复按压此按钮，轨道名消失。

(3)道岔位置显示

道岔处的岔前和岔后线段相连且无间隙，表示道岔开通的位置。在控制台上设有“显示道岔名”按钮，在按压了该按钮后，CRT 上将全部显示道岔名称，同时用绿色名称表示道岔的定位，黄色名称则表示道岔处于反位。如果重复按压“道岔名”按钮，则道岔名消失。

在按压“道岔单锁”按钮后，对应的道岔处显示彩色椭圆，以表示该道岔被锁在相应位置。当按压“道岔单独解锁”按钮后，彩色椭圆消失。

(4)64D 半自动闭塞联系信号显示

①接车方向：

红色箭头⬅指向本站，表示接车闭塞(准备接车)。

黄色箭头⬂指向本站，表示邻站请求发车。

绿色箭头⇦指向本站，表示本站同意接车。

②发车方向：

红色箭头➡指向接车站，表示发车闭塞(出发列车占用区间)。

黄色箭头➘指向接车站，表示本站请求发车。

绿色箭头⇨指向接车站，表示邻站同意接车。

(5)主、副电源显示

当主电源供电时，屏幕显示绿色标志和“主电源”提示；当副电源供电时，屏幕上显示白色标志和“副电源”提示。

(6)双机工作状态显示

在双台联锁分机热备工作状态下，当 A 机为工作机时，屏幕显示绿色图形和“A 机工作”提示；在 B 机为工作机时，屏幕显示绿色图形和“B 机工作”提示。

2. 操作规则及提示信息

DS6-11 型计算机联锁可采用以下三种操作方式：

(1)按钮盘式操作方式

计算机联锁的行车按钮盘式控制台是一个按站场形布置的按钮盘。在按钮盘上布置有模拟站场图形、与室外信号机相对应的复示器图形符号,以及可以操作的按钮。这些按钮,除个别按钮为非自复式之外,其余按钮均为两位自复式,并且不带表示灯。其中"总人工解锁"、"引导总锁闭"、"事故解锁"为带铅封按钮。每按压一次按钮均有一声音响,表示按钮操作已被控制显示分机接收。下面分别对各种作业的按钮操作过程加以说明。

①排列列车进路、基本调车进路和长调车进路的按钮操作方法与6502电气集中相同,即顺序按压进路始端和终端按钮,或顺序按压始端、变通和终端按钮(指变通进路)。

当按压始端按钮后,屏幕显示"S排列进路"(由咽喉来定是S还是X)的提示,同时屏幕上始端按钮闪烁,完成选路后,始终端按钮闪烁消失,同时屏幕始端信号复示标志显示开放标志,并显示该信号机名称。

②取消进路

取消进路的操作方法是,先按下并保持S(X)总取消按钮,然后按下被取消进路的始端按钮。当按压S(X)总取消按钮后,屏幕显示"S(X)总取消"提示。

③人工解锁进路

人工解锁进路的操作方法是,经有关人员批准之后,破除人工解锁按钮铅封,先按下并保持S(X)人工解锁按钮,然后按下被解锁进路的始端按钮。

在按下人工解锁按钮后,屏幕显示"S(X)人工解锁",延时30 s或3 min(由进路的性质决定),待进路解锁后,屏幕提示消失。

④重复开放信号

重复开放信号的操作方法是,按下该进路的始端按钮,进路信号重新开始,这时屏幕显示"重复开放信号(××)信号名"提示。

⑤进路式引导的办理和解锁

a. 进路式引导的办理

先将引导进路上的道岔单操或按进路方式转到规定位置,然后按下对应的引导信号按钮,引导信号开放,屏幕上显示"S(X)引导"和引导复示标志开放的提示。

b. 引导进路的解锁

车站值班员在确认列车完全到达股道后,同时按下对应咽喉区总人工解锁按钮及相应引导信号按钮,引导进路解锁。屏幕显示"S(X)引导解锁"提示。

⑥引导总锁闭办理及解锁

a. 引导总锁闭办理

先按下对应咽喉区引导总锁闭按钮(道岔已转到规定位置),咽喉区所有道岔被锁闭。这时再按下相应引导信号按钮,引导信号开放,同时屏幕显示"S(X)总引导"提示。

若进路信号机内方第一轨道区段故障,引导信号按钮必须一直按下至列车进入信号机内方后才可松开。

b. 引导总解锁

车站值班员确认列车完全到达股道后,拉出引导总锁闭按钮,引导总锁闭解锁,同时屏幕显示"S(X)总锁闭解锁"提示。

⑦道岔的单独操作

道岔的单操指的是单独操纵道岔至定位或反位。

a. 道岔单操定位或反位

道岔单操定位的方法是，先按下并保持 S(X)道岔总定位按钮，然后按下相应咽喉区对应的道岔按钮，道岔转换到规定位置，同时屏幕显示“S(X)单操道岔定位(× ×)道岔号”提示。

b. 道岔单独锁闭

道岔单锁的操作方法是，先按下并保持 S(X)道岔单锁按钮，然后按下相应咽喉区对应道岔按钮。屏幕显示“S(X)道岔单独锁闭(× ×)道岔号”提示。在道岔解锁后，屏幕道岔单锁提示消失。

⑧事故解锁及事故确认

DS6-11 型计算机联锁系统取消了事故按钮盘，而使用事故解锁和事故确认按钮来实现区段的事故解锁。

对于故障区段的事故解锁采用二次按钮操作完成。事故解锁的操作方法是，先按下并保持事故解锁按钮，然后按下相应道岔区段按钮，这时屏幕上显示“事故解锁(× ×)区段名”提示。在确认操作正确后，松开“事故解锁”和道岔区段按钮。再按下并保持事故确认按钮和同一道岔区段按钮。系统检查两次操作顺序正确并且两次操作指定的是同一个区段，则执行该区段事故解锁。这时屏幕显示“事故确认区段名”提示。

⑨64D 半自动闭塞的办理

当本站请求发车或同意接车时，按下闭塞按钮；如果按下闭塞复原按钮，可以办理列车到达复原或取消闭塞复原；在闭塞机因故不能正常复原时，可按压事故按钮，使闭塞机复原。关于按压闭塞按钮、复原按钮和事故按钮的时机，可参看 64D 半自动闭塞结合电路的办理方法。

(2)鼠标操作规则及提示信息

计算机联锁系统采用鼠标作为控制台按钮盘操作的辅助方式。鼠标操作是通过图形显示器上的目标图文来实现的。

当鼠标指向屏幕的上边缘时，显示器将在屏幕上方显示如图 8－27 所示的图文。

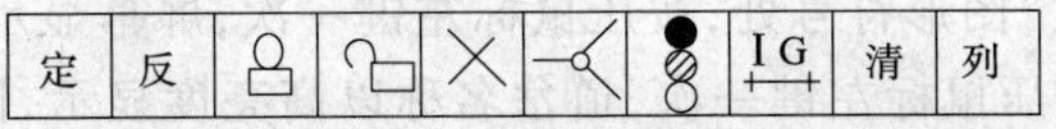

图 8－27　DS6-11 型系统屏幕显示部分图文符号

“定”图形是进行总定位操作符号，点压此符号表示操纵道岔至定位。

“反”图形是进行总反位操作符号，点压此符号表示操纵道岔至反位。

“”图形是道岔单独锁闭操作符号，点压该符号可以对道岔单独锁闭。

“”图形是道岔单独解锁操作符号，点压该符号可以对道岔单独解锁。

“ × ”图形是办理总取消进路符号，点压该符号可以取消进路。

“”图形是道岔名符号，点压此符号，道岔名全部显示出来；再点压此符号，道岔名消失。

“”图形是信号名符号，点压此符号，信号全部显示出来；再点压此符号，信号名消失。

“IG”图形是轨道名符号，点压此符号，轨道区段名称全部显示出来；再点压此符号，区段名消失。

“清”图形是清报警符号，点压此符号，屏幕上报警提示消失。

“列”图形是列车、调车进路转换符号，当点压此符号，图形变为“调”符号，表示可以办理调车进路和取消进路；若再点“调”符号，图形变为“列”符号，表示只能办理列车进路的排列和取消。

下面分别对各种作业的鼠标操作方式加以说明。

①排列进路

a. 排列列车进路

在“调”图形符号处，按压鼠标一次，“调”符号变成“列”符号，表明以下所办的有效进路均为列车进路。当屏幕显示“S 排列列车进路”之后，先在进路始端信号名称处按压鼠标左键一次，屏幕显示“S(X)排列进路”提示，同时始端按钮名称闪烁。然后在进路终端信号名称处，再按压鼠标左键一次，屏幕上终端按钮名称闪烁。完成进路初选后，终端按钮名称闪烁消失，待进路选通后，始端按钮名称闪烁消失，而改显示信号机名称。

b. 排列调车进路

在确认了列调转换图形符号为“调”时，先在进路始端信号名称处按压鼠标左键一次，屏幕显示“S(X)排列进路”提示，同时始端按钮名称闪烁。然后将鼠标指向箭头移到进路终端信号名称处，按压左键一次，这时终端按钮名称闪烁。当完成了进路初选后，终端按钮名称闪烁消失，待进路选通后，始端按钮名称闪烁消失，而改显示信号机名称。

②取消进路

先在“×”圆形符号处，按压鼠标左键一次，屏幕显示“S(X)总取消”提示，然后再在进路始端信号名称处，按压鼠标左键一次，则指定的进路被取消。

③道岔单操定位及反位

a. 单操道岔至定位

先在“定”图形符号处，按压鼠标左键一次，屏幕显示相应道岔名称菜单。然后在相应道岔名称处，按压鼠标左键一次，道岔名称以高亮度显示，屏幕还显示“单操道岔定位(××)道岔名”。

b. 单操道岔至反位

先在图 8－27 中“反”图形符号处，按压鼠标左键一次，屏幕显示相应道岔名称菜单。然后在相应道岔名称处，按压鼠标左键一次，道岔名称以高亮度显示，同时屏幕显示“单操道岔反位(××)道岔名。”

④道岔单独锁闭及解锁

a. 道岔单操锁闭

先在“🔒”图形符号处，按压鼠标左键一次，屏幕显示相应道岔名称菜单。然后在菜单相应道岔名称处，按压鼠标左键一次，在按压左键后，道岔名称以高亮度显示，同时屏幕显示“道岔单独锁闭(××)道岔名”。相应道岔位置处，显示彩色椭圆。用绿色、黄色和白色椭圆分别表示把道岔锁在定位、反位或四开状态。

b. 道岔单独解锁

先在“🔓”图形符号处，按压鼠标左键一次，屏幕显示相应道岔名称菜单。然后在菜单相应道岔名称处，再按压鼠标左键一次，这时道岔名称以高亮度显示，同时屏幕显示“道岔单独解锁(××)道岔名”。相应的道岔处的彩色椭圆锁闭标志消失。

⑤显示信号名称

在“●”图形符号处，按压鼠标左键一次，屏幕显示所有信号机的名称。若在此位置重复按压鼠标左键，信号名称消失。

⑥显示道岔名称

移动鼠标至"−≺"图形符号处，按压鼠标左键一次，屏幕显示所道岔的名称。重复按压鼠标左键，道岔名称消失。

⑦显示轨道区段名称

将鼠标移到"IG"图形符号处，按压鼠标左键一次，屏幕显示所有轨道区段的名称。重复按压鼠标左键，轨道区段名称消失。

⑧清报警

移动鼠标至"清"图形符号处，按压鼠标左键一次，清除屏幕上的报警提示。

(3)报警信息

为把因外部因素所形成的非正常情况及时地展现在值班员面前，所以在每个屏幕右下方设有报警信息显示区，这在显示区内一次可同时显示多个报警信息。当系统发生故障报警时，除在屏幕上有文字显示外，还伴有语音音响报警信息。对于报警音响可用"清音响"按钮（或鼠标）清除，用"清报警"按钮（或鼠标）刷新报警显示。

报警显示内容主要有以下几种：

①轨道故障及轨道恢复

处于进路锁闭状态的轨道区段发生错误占用时，屏幕显示"非法占用（××）区段"，故障消除后，显示"非法出清（××）区段"。

②道岔故障

当发生道岔表示错误，屏幕显示"道岔无表示（××）道岔号"。当发生道岔挤岔时，屏幕显示"挤岔（××）道岔号"。故障恢复后，显示"道岔恢复（××）道岔号"。

③灯丝故障

灯丝断丝包括以下几种情况：

a. 主灯丝断丝

当列车信号主灯丝断丝而转换到副灯丝点灯时，屏幕显示"主灯丝断丝"，报警不指定具体信号机。或主灯丝恢复点亮后屏幕显示"主灯丝恢复"。

b. 主、副灯丝断丝

当信号灯的主、副灯丝均断时，灯丝继电器（DJ）落下，屏幕显示"灯丝断丝（××）信号名"提示。若灯丝恢复点亮后，显示"灯丝恢复（××）信号名"提示。

c. 熔丝报警及熔丝恢复

当熔丝故障时，屏幕显示"熔丝报警"。当熔丝恢复时，屏幕显示"熔丝恢复"。

④信号故障关闭

在列车信号正常开放时，因某种故障，信号自动关闭，屏幕显示"故障关闭（××）信号名"。

⑤电源故障

当电源屏掉电时，屏幕显示"电源掉电"。在电源屏恢复供电时，屏幕显示"掉电恢复"。

⑥列车接近预告

当列车到达接近区段时，语音提示"上（下）行列车接近"，同时屏幕上显示"S（或 X）"列车。

四、联锁设备操作及要求

监测子系统是整个计算机联锁系统的一部分，它主要是为了帮助计算机联锁系统管理和维护人员分析事故,查找设备故障部位,以便及时地处理故障。这种系统具有显示当前信息、查询记忆信息、作业再现和打印等功能,给电务维修人员查找故障提供了有力的帮助。

1. 监测机的功能

为了满足计算机联锁的监测要求,监测子系统具有如下功能:

(1)当前信息的显示;

(2)记忆信息的查询;

(3)打印所忘记的信息,即打印记忆信息;

(4)各种作业的再现;

(5)图形显示;

(6)双机切换。

在这些功能中,"当前信息"的显示包括对现场按钮变化信息、报警变化信息、输出命令信息、端口状态信息、网络工作状态信息和系统参数信息等各种信息的显示。而"记忆信息"的查询范围是最近 24 h 之内的各种信息,这些信息的种类分为:全体信息、道岔信息、信号信息、轨道信息、输出命令、按钮信息、报警信息以及其他设备信息(如站场、站间、道口等零散信息),对于这些信息用户可以根据自己的需求从不同的起始时间开始查询。

利用"打印记忆信息"功能模块可以对上述记忆信息分别进行打印,并利用 CRT 监视器对打印情况进行监视。

"作业的再现"是根据最近 24 h 之内的各种设备信息,从用户输入的起始时间开始,采用图形方式完成对上行和下行车列作业情况的顺序再现。而"图形显示"是指利用高分辨率彩色图形显示器,完成对上行和下行咽喉的车列作业情况的实时显示和报警。

"双机切换"是指在电务维修人员操作下,且输入正确口令后,实现对主、备机工作状态的切换。

2. 操作方法

根据前面所述监测机的功能,下面将具体介绍一下实现这些功能的操作方法,计算机联锁监测子系统采用下拉式和弹出式菜单,而菜单界面全部采用汉字显示,简单明了,操作方便,功能齐全,性能稳定。为了便于对监测机的操作,下面将依照系统进入的先后顺序来叙述这些操作方法。

(1)封面操作

在监测子系统投入运行的过程中,屏幕上将会显示出"正在入网,请稍等"字样。在这种字样显示大约 5 s 之后,便自动进入一个由计算机和铁轨组成的一个画面,标志监测子系统已进入运行状态,当按压回车键,系统进入主菜单。

(2)菜单操作

为了方便使用,该监测子系统所提供的菜单按其功能划分,共分为六个主菜单,参看图8－28 所示。这六个主菜单分别是当前信息显示、记忆信息查询、打印记忆信息、图形显示、双机切换和作业再现。这些菜单中,如果某个菜单被选中,其菜单颜色为蓝色,否则白色。除了图形显示进入站场图形状态外,其余操作均为下拉出菜单。当确定所选的主菜单后,于是便会在该主菜单下面弹出对应的子菜单,并且蓝色光条指在第一子菜单。

①按键操作说明

Esc 键:当每按一次 Esc 键,屏幕将会出现由本级菜单退回到一上级菜单。

→←键:利用此键可选择主菜单项和向上或向下显示 N 个信息(且 $N<20$,同时 N 也可以修改)。

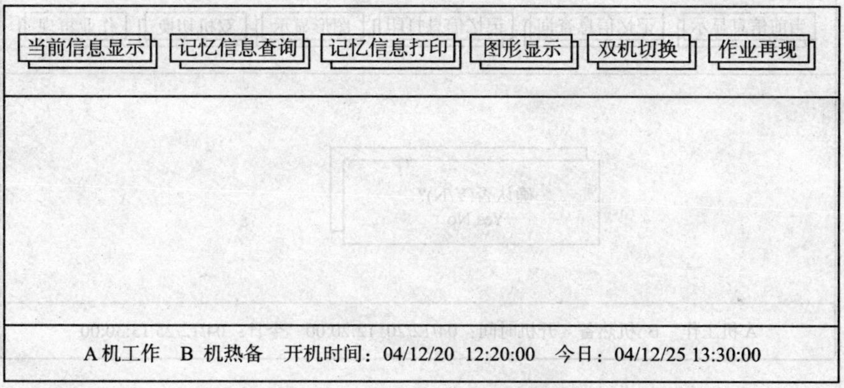

图 8－28　监测子系统主菜单

↑↓键：通过用"↑"或"↓"箭头可选择所需要的子菜单项。

Enter 键：当需要对所选的菜单项确认时，可按压 Enter 键。

Backspace 键：若需将所输入的参数进行删除时，可以按 Backspace 键。

PageUp 和 PageDown 键：利用 PageUp 和 PageDown 键可以向上（向下）翻页，以便查看有关信息。Y(y)为确认回答口令，N(n)为否定回答口令；当需要进行确认时，可按压 Y(y)键，反之，可按压 N(n)键。

②当前信息显示操作

在主菜单为"当前信息显示"，且菜单在子菜单情况下，按下回车键（Enter），这时屏幕即可显示相应的当前变化信息，如图 8－29 所示，如果按压 Esc 键，屏幕又回到子菜单显示状态。

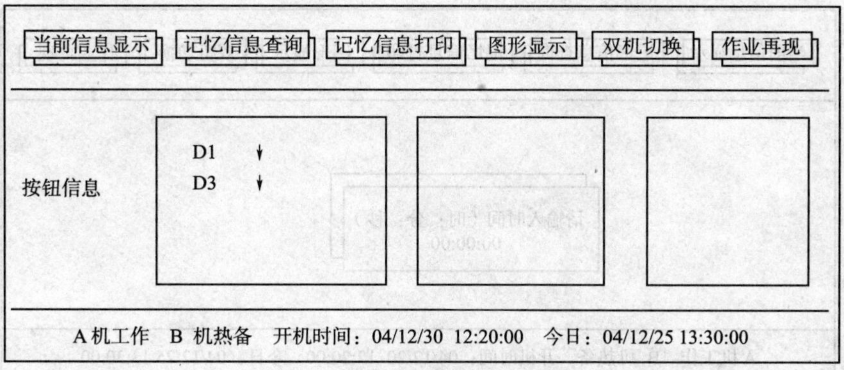

图 8－29　当前变化信息显示

③记忆信息查询操作

如果主菜单处于"记忆信息查询"，且菜单在子菜单情况下，在按回车键后，屏幕中央将弹出输入时间菜单，其输入时间的基本格式为时：分：秒，若输入的是非法时间，则屏幕提示出重新输入的标志，否则，若时间合法，根据屏幕的提示显示，可以用 Y(y)或回车键（Enter）或 N(n)进行查询的确认或否认。需确认或否认的屏幕显示如图 8－30 所示。

关于记忆信息主要包括有现场设备变化，控制台按钮操作以及报警信息。而记忆的内容包括设备名称或按钮名称及设备变化、变换时间。变化时间的格式为时：分：秒。记忆保存时间为 24 h。查询操作采用下拉式菜单，全部汉字显示、直观、简单。可以按设备类别查询，如道

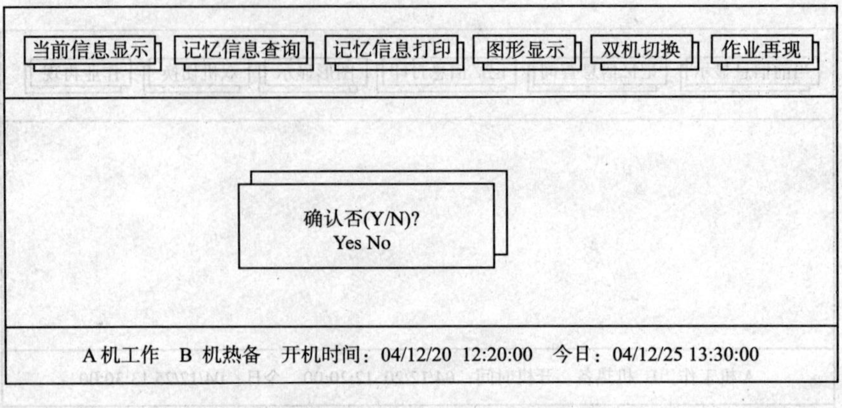

图 8－30 记忆信息查询操作显示

岔状态、控制台按钮操作、报警信息等，查询的信息可以在监测机 14 英寸彩色显示器上显示，也可以打印机上打印，打印操作参看后述。

④输入时间操作

在键入时间时，屏幕同时显示出接收时间，其基本格式由菜单下部的 00:00:00 提示出来，参看图 8－31 为了便于使用者灵活输入时间，输入查询时间可以采用下述三种方式，即可以只输入“时”，或输入“时:分”，也可将“时:分:秒”参数全部输入，另外也可不输入时间而直接按“Enter”键，这种情况下即默认屏幕所提示的 0 时 0 分 0 秒时间。如果在输入时间时出现了输入错误，可由“Backspace”键来删除，然后重新输入新的时间。当输入的“时:分:秒”值为非法值(小时数超过 24，分或秒数均超过 59)，屏幕将会出现“重新输入时间”的提示。

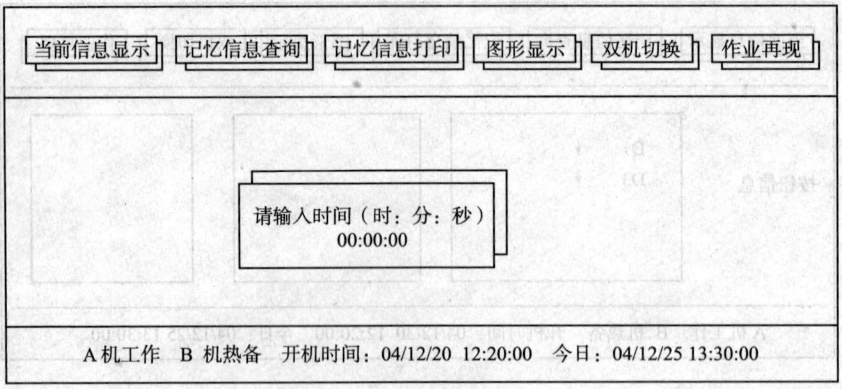

图 8－31 输入查询时间操作

⑤查询操作

待时间确认之后，屏幕上将出现一本书，按“回车”键后，该书本打开，并显示所记忆的有关信息，书本左右两边提示查询信息类别。在键盘上通过按上(↑)、下(↓)箭头键、PageUp 和 PageDown 键来移动信息内容，其中上(↑)、下(↓)箭头键分别为往前、往后移动步长，而利用 PageUp、PageDown 键分别向前、向后翻页。这里的步长由 F12 键来设置，待按下 F12 键时，屏幕右上角将出现步长值，步长初始值为 1，按上下箭头用来加减步长，而步长最大值可调整到 20。同样可以利用 F12 键来取修改步长。查询操作屏幕显示如图 8－32 所示。

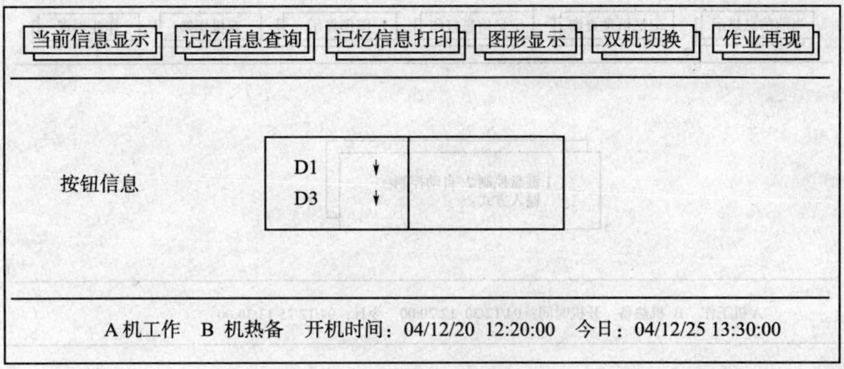

图 8－32　查询操作屏幕显示

⑥打印记忆信息

“打印记忆信息”和“记忆信息查询”操作基本一样，所不同之处在于，在打印记忆信息时，屏幕上将会出现“正在打印，请稍等……”如图 8－33 所示。需要指出的是“记忆信息打印”主菜单显示蓝色。如果在进行打印操作时，出现打印机未联机、缺纸、断电、打印终止或文件结束时，屏幕都将出现相应的提示信息。需要提醒的是，在缺纸和未联机情况下，须先装纸和联机后才能断续打印。若要求打印终止，只要按一下 Esc 键，待该页打印完后，打印机便会自动停下来。

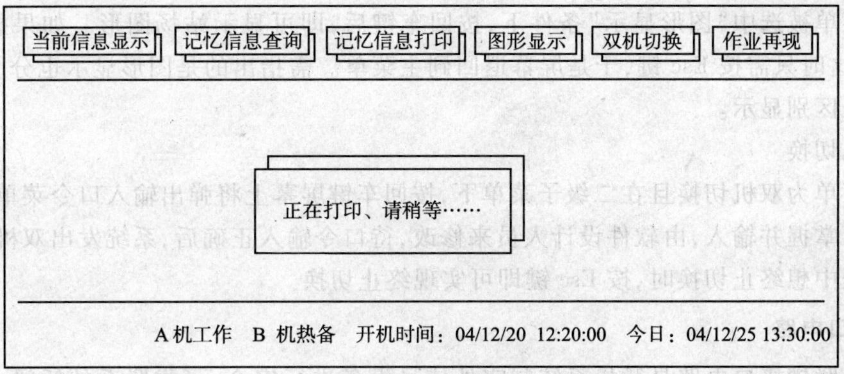

图 8－33　打印记忆信息操作

⑦作业再现

在主菜单为“作业再现”子菜单情况下，当按回车键后，屏幕中央首先弹出输入时间菜单，其输入时间基本格式时:分:秒，此时间可输入“作业再现”时间，若输入的时间为非法时间，则屏幕将提示需要重新输入时间。在合法时间输入并被认同后，屏幕又提示输入再现方式，其中输入标号“1”时为键盘控制方式，而输入“2”则为自动控制方式。屏幕显示如图 8－34 所示。接下来输入再现时间比例，时间的比例格式从 1 到 9，时间比例反映了“作业再现”的速度，比例越大，再现速度就越快，反之就越慢。假如时间比例输入非法（如超过 9）或未输入时间比例参数，则提示要求继续输入该比例数，直至输入合法。若需连续作业再现，控制方式和时间比例均可默认上次的控制方式和时间比例，即不必再输入控制方式和时间比例参数。最后，用 Y(y)键或回车键或 N(n)键进行确认“作业再现”或否认“作业再现”。

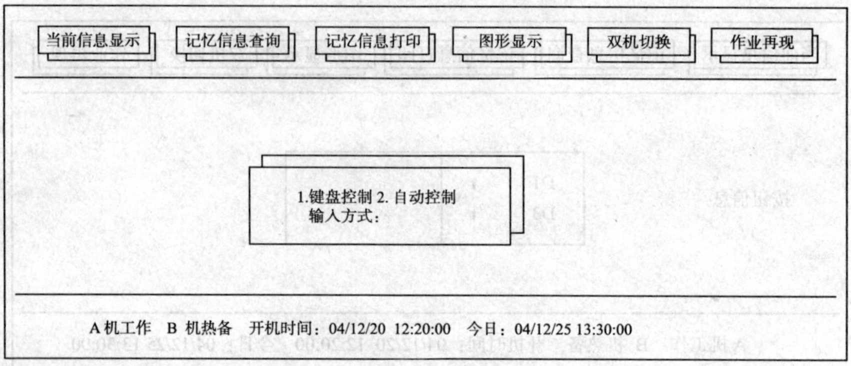

图 8 – 34　作业再现屏幕显示

⑧再现操作

待操作“作业再现”确认后，屏幕上将出现站场图形，当按回车键，屏幕会出现的作业再现方式为自动方式，即把规定时间内各种作业情况按时间先后顺序显现出来；若按空格键，再现方式为键控方式，即操作一次有关按键，再现一次作业情况。若想停止再现作业，可按 Esc 键，作业再现显示将会停止。对于较大车站，作业再现是按上行和下行两个咽喉区分别显示的。

⑨图形显示

图形显示是电务人员及时了解信号值班员操作及列车和车列运行情况的一种工作方式。只有在主菜单被选中“图形显示”条件下，按回车键后，即可显示站场图形。如果想退出站场图形显示，这时只需按 Esc 键，于是屏幕退回到主菜单。需指出的是图形显示也分上行和下行两个咽喉区区别显示。

⑩双机切换

在主菜单为双机切换且在二级子菜单下，按回车键屏幕上将弹出输入口令菜单，口令由电务维修人员掌握并输入，由软件设计人员来修改，待口令输入正确后，系统发出双机切换命令。若切换过程中想终止切换时，按 Esc 键即可实现终止切换。

五、接口电路

计算机联锁接口电路是微机系统与室外信号设备进行安全、可靠联系的桥梁。目前仍采用继电电路实现。主要有信号点灯电路、道岔控制电路、轨道电路、道口电路、场间联系电路（如 64D 半自动电路）以及其他辅助电路等。在这些电路中所保留下来的继电器有 XJ（包括 LXJ、DXJ、YXJ、TXJ、ZXJ）、DJ、1DQJ、DBJ、FBJ、GJ，为了提高道岔控制的安全性，在每个道岔区段设一个允许操纵继电器 YCJ。微机通过 XJ、DJ、DBJ、FBJ、YCJ、GJ 的接点取得继电器状态信息，利用这些状态信息可以判定室外信号设备的状态。对于 64D 半自动闭塞电路做了较大的改动，只保留了部分继电电路。

此外，为了完成控制台上的有关表示功能，计算机还需采集灯丝断丝、熔丝断丝等状态信息。

1. 控制命令输出接口电路

在控制电路中（信号继电器控制电路、道岔控制电路、微机控制条件电源及双机切换电路），继电器可用无极直流继电器，也可采用双口动态继电器，既然所用继电器类型不同，那么所要求的计算机输出控制信号也就不一样。因此，动态继电器的动作采用动态脉冲来控制，而直流继电器则可能输出静态电平来控制。

2. 状态信息采集接口电路

为了保证所采集的状态信息的正确性，系统采用动态编码输入方式采集状态信息，微机产生 15 种 8 位不同的编码脉冲信号（代码 $ZT_1 \sim ZT_{15}$），分别输出到被采集继电器的空闲接点组的前、后接点上，然后微机从该接点组的中间接点读取信息，根据读取的信息编码可判断出继电器的状态。

15 种状态编码信息使用情况如表 8－1 所示。表中“定位”表示定表继电器吸起；“四开”表示道岔四开位置；“空闲”代表 GJ 吸起；“占用”表示 GJ 落下；“断丝”表示灯丝断丝；“FMJ↑”表示轨道发码；“ZFMJ↓”表示主发码故障。

状态信息采集接口有以下四种接口：

①道岔信息采集接口；②道岔允许操纵继电器状态信息采集接口；③轨道状态信息采集接口；④信号信息采集接口。

表 8－1　编码信息使用情况表

状态	ZT_1	ZT_2	ZT_3	ZT_4	ZT_5	ZT_6	ZT_7	ZT_8	ZT_9	ZT_{10}	ZT_{11}	ZT_{12}	ZT_{13}	ZT_{14}	ZT_{15}
道岔表示	定位	反位											四开		
YCJ														落下	吸起
轨道状态			空闲	占用											
调车信号					白灯	蓝灯								断丝	
出站信号					白灯		绿灯	红灯			两绿灯		断丝		
进站信号							绿灯		黄灯	两黄灯		引导	断丝		
ZXJ FXJ（半自动闭塞）	ZXJ↑	ZXJ↓ FXJ↑											ZXJ↓ FXJ↓		
ZDJ FDJ（半自动闭塞）	ZDJ↑	ZDJ↓ FDJ↑											ZDJ↓ FDJ↓		
BSJ（半自动闭塞）														BSJ↓	BSJ↑
RSBJ（熔丝报警）												断丝↓	正常↑		
GZJ YUJ（联锁机状态）														落下	吸起
XDJ SDJ（断丝报警）												断丝↓	正常↑		
SGDJ XGDJ（轨道电源）														故障↓	正常↑
FMJ ZFMJ（电码化）														FMJ↓ ZFMJ↓	FMJ↑ ZFMJ↑

3. 64D 结合接口电路

64D 结合接口电路主要由控制电路和信息采集电路组成。在控制电路方面多数继电器的功能由微机来实现，目前所保留的继电器有正线路继电器（ZXJ）、负线路继电器（FXJ）、正电继电器（ZDJ）、负电继电器（FDJ）和闭塞继电器等。而信息采集主要也是通过以上继电器接点来完成的。接口电路包括：①控制接口；②信息采集电路。

六、系统调试

1. 系统加电

DS6-11 型计算机联锁系统在加电调试之前应依据配线图对系统配线进行仔细检查与核对，以免设备造成损坏。

（1）检查步骤

①拔掉系统内各设备交流 220 V 的输入电源插头。

②将接口架一侧输入输出接口的信号电缆插头拔掉。

③接入交流 220 V 电源，分别测量各设备的输入电源电压、机柜面板电源指示灯是否正常，无误后切断交流 220 V 电源，将所有设备电源插头牢固插入相应插座。

④检查电源控制箱面板指示灯的显示，直供时显示绿灯，UPS 供电时显示绿灯和电源红灯。

⑤检查 UPS 面板指示灯的显示，自检能通过。

⑥完成上述检查后，设备进行加电。

（2）系统冷机启动的加电顺序

①合上电源控制箱后面的空气开关；接通电源屏供给的交流 220 V 电源，然后打开 UPS 电源，确认 UPS 输出 220 V 电压正确。

②接通联锁机电源和直流稳压 24 V 电源，机柜面板上“运行”指示灯闪光表明联锁机投入运行。首先加电的联锁机面板上“控制”指示灯亮，表示该机为工作机；后加电的联锁机面板上“控制”指示灯不亮，表示该机为备用机。备用机与工作机取得同步后，其同步灯绿闪。

③接通控显机、控显转换箱电源及显示器电源。

④接通监测机与显示器电源。

2. 接口电路调试

DS6-11 型系统表示信息的采集采用动态编码方式。每一个输入对象只占用一个输入接口，能够很大程度上减少输入接口的数量。计算机产生 15 种不同编码的脉冲信号，每种编码信号有 8 位脉冲。依次称为状态 1，状态 2，…，状态 15（ZT_1，…，ZT_{15}），状态信号为 KZ24V。两套联锁机采集表示信息各用一组接点，各自产生自己的 15 种状态码信号，送到各自采集的前、后接点上，通过中接点返回到计算机的输入接口。见状态码信号输出接口原理（图 8－35）。

15 种状态码的定义如下：

（ZT1）：表示道岔定位；（ZT2）：表示道岔反位；（ZT3）：表示轨道空闲；（ZT4）：表示轨道占用；（ZT5）：表示调车信号开放；（ZT6）：表示调车信号关闭；（ZT7）：表示列车信号开放绿灯；（ZT8）：表示列车信号关闭红灯；（ZT9）：表示进站信号开放单黄灯；（ZT10）：表示进站信号开放双黄灯；（ZT11）：表示出站新号开放双绿或进站信号开放黄绿；（ZT12）：表示进站信号开放引导；（ZT13）：表示道岔四开或信号灯灯丝断丝；（ZT14）：表示允许操纵继电器落下；（ZT15）：表示允许操纵继电器吸起。

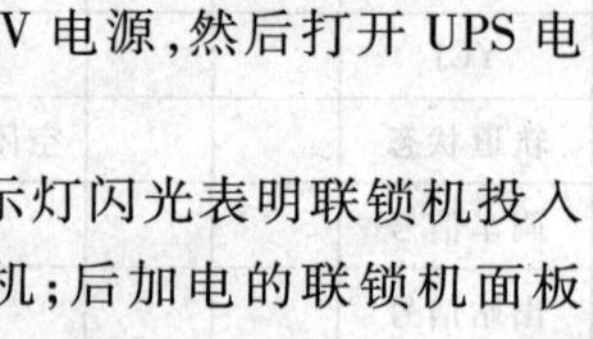

图 8－35　状态码信号输出接口原理

零散继电器的状态分别用 ZT_{15} 表示继电器吸起状态，ZT_{14} 表示继电器落下状态。

动态编码输入接口关系图见图 8－36。

DS6-11 型系统输出采用动态方式。通过动态板驱动直流继电器，动态信号的周期为 2.5 Hz，由软件控制。输出信号在导通状态下送出 KF24V，截止时为高阻态。输出驱动电路的公共端接经 GZJ（工作继电器）前接点给出的条件 KF 电源，A 机输出接口 AGZ-KF，B 机输出接口接 BGZ-KF。见图 8－37。

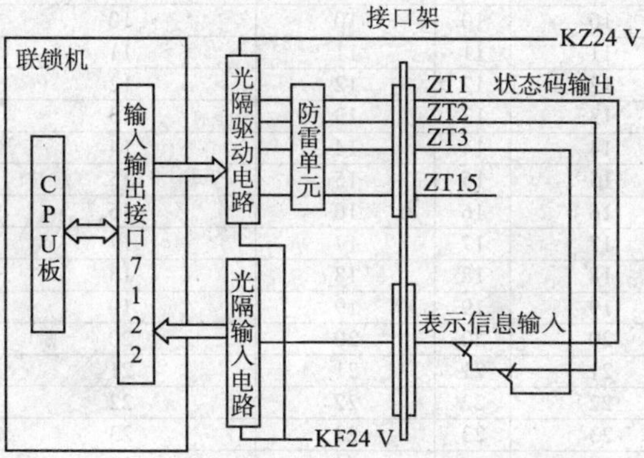

图 8－36　动态编码输入接口关系图

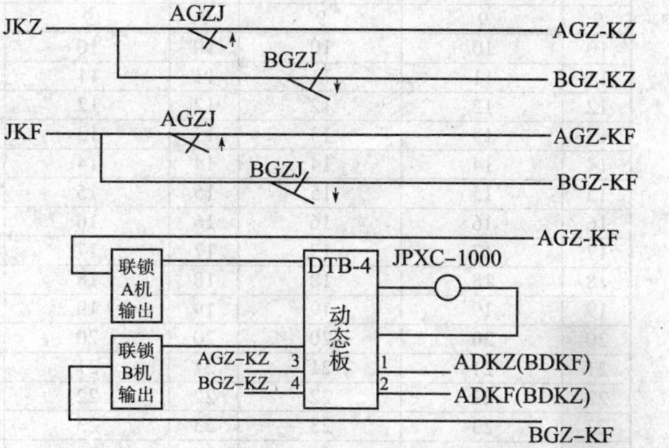

图 8－37　动态输出接口的连接

3. 接口架配线

在计算机与继电器组合架之间设一“接口架”，作为计算机与继电器电路之间的连接界面。在接口架上设 J19-H32 芯插座，每个插座配 24 根信号线。信号机械室至微机室通过 26 芯信号电缆相连：计算机一端的连线采用 37 位插头（出厂前已焊好），插接在状态板上的 37 芯插头采用孔式插头，插接在输入/输出板上的 37 芯插头采用针式插头；接口架一端的连线采用 J19-H32 型 32 芯插头（现场焊接）。具体配线见图 8－38。

4. 接口电路故障的处理方法

（1）输入接口

当某一路输入接口故障时，在控制台上该设备的表示出现故障报警，如道岔无表示、轨道红光带等。

首先查看输入板上的 LED 指示灯是否闪光。闪光表明输入信号已从接口架送至输入板的接收电路。故障在 7122 板、扁平电缆、输入板和输出极之间，更换输入板，检查电缆连接来排除故障。不闪光可在接口架端子上测量，正常时应有 12～14 V 左右的脉冲电压，测不到脉冲电压，检查机械室配线。

（2）输出接口

当某一路输出接口故障时，首先查看输出板上的 LED 指示灯是否点亮。点亮表明 CPU 板至输出板之间的电路正常，故障在输出板的输出极和组合架之间，检查配线及电缆的插接情况，故障可以排除。

如果指示灯不亮，应在监测机上查看是否记录有输出命令，如果在监测机上记录有输出命令，则故障在 7122 板、扁平电缆、和输出板的和输入极之间，更换输出板、检查电缆连接来排除故障。如果在监测机上未记录有输出命令，则表明有其他方面的原因使计算机没有生成输出命令，应从产生输出命令的联锁条件方面查找原因。

序号	输入板插头 37	接口架端子 32	序号	输出板插头 37	接口架端子 32	序号	状态板插头 37	接口架端子 32
1	1	1	1	1	1	1	1	1
2	2	2	2	2	2	2	2	2
3	3	3	3	3	3	3	3	3
4	4	4	4	4	4	4	4	4
5	5	5	5	5	5	5	5	5
6	6	6	6	6	6	6	6	6
7	7	7	7	7	7	7	7	7
8	8	8	8	8	8	8	8	8
9	9	9	9	9	9	9	9	9
10	10	10	10	10	10	10	10	10
11	11	11	11	11	11	11	11	11
12	12	12	12	12	12	12	12	12
13	13	13	13	13	13	13	13	13
14	14	14	14	14	14	14	14	14
15	15	15	15	15	15	15	15	15
16	16	16	16	16	16	16	16	16
17	17	17	17	17	17	17	17	17
18	18	18	18	18	18	18	18	18
19	19	19	19	19	19	19	19	19
20	20	20	20	20	20	20	20	20
21	21	21	21	21	21	21	21	21
22	22	22	22	22	22	22	22	22
23	23	23	23	23	23	23	23	23
24	24	24	24	24	24	24	24	24
25			25			25		
26			26			26		
27			27			27		
28			28			28		
29			29			29		
30			31			31	30	30 KZ
31			31			31		
32			32			32		
33			31			33		
34			34			34		
35			35			35		
36			36			36		
37	37	32 KF	37	37	32 GZ-KF	37	32	KF

图 8－38 接口架配线图

5. 验收及开通

在以上的施工及接口调试全部完成后，由用户对系统进行验收，包括硬件和软件，主要是对软件的检查，即依据联锁表检查联锁关系的正确。DS6-11 型计算机联锁系统在出厂之前已经过不同部门做的三次联锁试验，现场电务段的联锁试验主要是结合实际站场做一遍全面的验收，确认无误后，由项目负责人对系统进行杀毒，备份联锁软件、控显软件、监测软件，供存档用，然后封掉工控机的键盘和软驱，即可要点开通使用。

第三节 JD-ⅠA 型计算机联锁设备及调试

一、概 述

1. 设备划分

一个车站的计算机联锁项目施工包括室外设备和室内设备两部分。室内设备又包括机械室组合架继电器电路部分（含室外分线盘、电源屏等）和计算机联锁电子设备施工。计算机联锁电子设备包括微机室内的联锁设备和运转室的操作表示设备。其中微机房和机械室分设一个防雷柜(也称分线柜)和室内分线盘,作为微机房和机械室之间的连接纽带,如图 8－39 所示。多数厂家在微机房内不设防雷柜,并称机械室内的室内分线盘为接口柜。

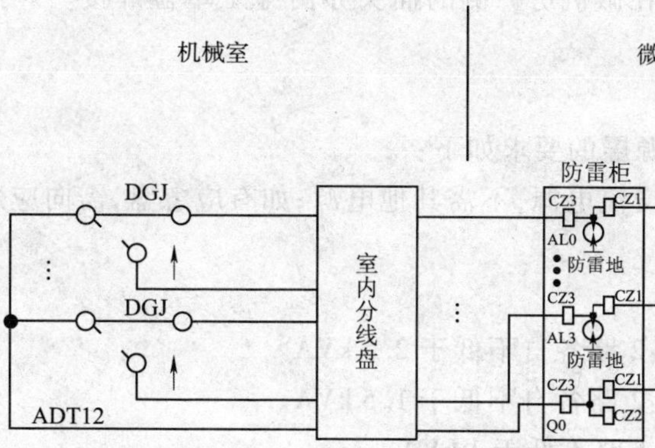

图 8－39　JD-ⅠA 型计算机联锁设备的划分

2. 设备布置图

图 8－40 是 JD-ⅠA 型计算机联锁的一个典型的设备布置图。

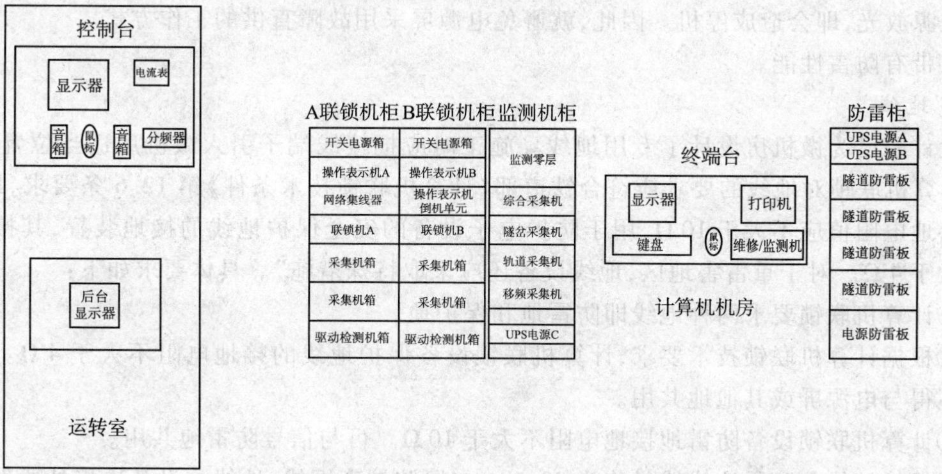

图 8－40　JD-ⅠA 型计算机联锁设备布置图

二、设备安装

1. 室内分线盘

微机设备和组合架之间的接口为设于微机房内的防雷柜以及设于机械室内的室内分线盘,有的单位称之为接口柜。为与 JD-ⅠA 型计算机联锁在微机室内设置的防雷柜相区别,故称室内分线盘。室内分线盘的配线由设计院设计。

JD-ⅠA 型室内分线盘与防雷柜之间的电缆、室内分线盘上的插件由施工单位采购,设计将工料费纳入概算。防雷柜内的插件由微联公司的委托硬件生产厂提供,随工厂货物发往现场。

室内分线盘上安装的插件为计算机联锁专用的 32 线插件。

室内分线盘和微机室防雷柜间的电缆要求采用33芯信号专用电缆，设计院根据信息表和信号楼平面布置图计算总长度，列入材料清单。电缆型号：TPVVRZ 33×0.2。

采购电缆时须声明采用阻燃产品。

为保证工程质量，结合电缆在微机房一侧的插头亦由施工单位焊接。焊接时不得更改鉴别销配置。

2. 电源屏

JD-ⅠA型计算机联锁对电源屏的要求如下：

（1）电源种类：220 V/50 Hz交流电源，不需其他电源；如有应急盘，需向应急盘引入KZ、KF直流电源。

（2）容量要求：

大站（40组道岔以上）：2路各自不低于2.5 kVA。

小站（40组道岔以下）：2路各自不低于1.5 kVA。

如有微机监测，需另加1路不低于1 kVA。

（3）质量要求

①与外电网供电隔离。

②具有达到部颁技术指标的稳压性能；有些电源屏可能在屏故障情况下，会导致电源直供，丧失稳压功能，此时，微机自带的UPS会导致逆变工作方式，若持续数十分钟不能恢复，UPS电源放光，即会造成停机。因此，就避免电源屏采用故障直供的工作方式。

③带有防雷性能。

3. 地线

设计院已为微机房设计了专用地线。施工时应把接线端子引入微机房适当位置。JD-ⅠA型计算机联锁对地线的要求应符合铁道部《计算机联锁技术条件》第12.6条要求，即“信号设备接地电阻值应不大于10 Ω，用于防护电子设备的安全保护地线的接地装置，其接地电阻值不大于4 Ω。对于重雷害地区，地线设备还应采取特殊措施”。具体要求如下：

①计算机联锁要求两种地线即防雷地和保护地。

②根据计算机联锁技术要求，计算机联锁设备保护地线的接地电阻不大于4 Ω。必须单设。不得与电源屏或其他地共用。

③计算机联锁设备防雷地接地电阻不大于10 Ω。可与信号防雷地共用。

④保护地线与防雷地线线径均为20 mm^2多股胶护套铜线，地线与设备连接处要做线环。

⑤引接线电阻应达到毫欧级。

⑥两种地线接地体直线距离不小于20 m且应分槽走线。

4. 微机监测

对于由微联公司提供微机监测系统的车站，微机监测所用传感器等监测配件系监测整套系统中的配套配件，由生产工厂提供给施工单位，施工单位进行施工安装。

5. 机房面积

微机室面积以不小于20 m^2为宜，以长方形为佳，室内布置为并行方式，设备类型及配置如表8－2、表8－3所列。

联锁机柜、防雷机柜外形尺寸（mm）：600（宽）×800（深）×2 000（高）。

终端桌尺寸（mm）：1 200（宽）×600（深）×800（高）。

联锁机柜外形尺寸（mm）：875（宽）×650（深）×2 000（高）。

表 8-2

设备类型	联锁柜	防雷柜	终端桌
L(大型)	3	1	1
G(标准型)	2	1	1
S(小型)	1		1

表 8-3

设备类型	联锁柜	综合柜	接口柜	终端桌
L(大型)	2	1	1	1
G(标准型)	1	1	1	1

接口柜、综合柜外形尺寸(mm):600(宽)×800(深)×2 000(高)。

终端桌尺寸(mm):1 200(宽)×600(深)×800(高)。

综合柜内安放操作表示机等设备。

应当指出,由于现场具体情况各异,如房屋六窗、地沟、电力引入等多种因素,以及计算机联锁的特殊性,设计院图纸中绘制的计算机设备布置方式仅属参考,不应教条照搬,否则将给施工及今后运用带来不便,增加故障的可能性。

三、微机室及运转室设备的安装及配线

微机室及运转室计算机设备的施工主要由微联公司承担。对于设备就位,跨室电缆的铺放由施工单位配合进行。以下介绍安装、调试、开通 JD-ⅠA 型计算机联锁设备的施工过程中应进行的工作及对工作的要示。序列划分基本等同于作业的顺序,但在具体作业过程中可根据具体情况调整、实施。

1. 设备的摆放

依据"××站 JD-ⅠA 型计算机联锁工程图"的"计算机联锁系统设备图",在符合设备电气特性要示的条件下,按照整齐合理、落地稳固、便于施工和维护的原则摆放各种机柜、设备。包括:地板开口、微机柜、防雷柜、维修机终端桌、应急台等。

(1)防雷柜柜体设计为接保护地,所以防雷柜可以与联锁柜并排依靠放置,但仍以与联锁柜分离,摆放存在一定距离为宜,推荐间隔 60 cm 或将终端桌夹于联锁柜与防雷柜之间。

(2)微联公司人员到现场时如机柜已摆放完毕,应认真确认机柜前、后面正确,联锁机柜为 A 柜在左,B 柜在右,并检查机房、地板、空调等是否满足系统使用要求。

2. 计算机设备上架就位

依据"JD-ⅠA 型计算机联锁工程图"的"计算机联锁系统设备图"、"计算机机柜正面布置图"、"计算机机柜反面布置图"及"计算机联锁防雷柜布置图"进行上架就位,包括联锁计算机、操作表示机、维修机、打印机、显示器、网络集线器、UPS 电源等。机柜提供给联锁计算机、操作表示机的 220 V 电源线不要与设备连接,联锁机外部控制总线不要与机柜相连。各种计算机内需要在现场安装的板卡参照相应手册或公司各种装机指南进行。

3. 非计算机设备配线

(1)非计算机设备的配线包括:

①从电源屏至隔离变压器 220 V 电源引入线、各机柜之间及机柜内部的电源线、引向终端桌的电源线、防雷柜至运转室的电源线;

②机柜内部及电缆 D1、D2、D3、D4 的配线;

③联锁机到防雷柜的采集和驱动线缆;

④A、B 联锁机间倒机组合的连接线;

⑤微机室与运转室之间的配线电缆。

上述配线完毕后应进行校核。机柜内部配线及电缆 D1、D2、D3、D4 的校核要求如下：

a. 联锁机倒机继电器、电缆 D3、D4 与相应插座连接前拔下驱动采机箱的各种直流电源及电缆 D1、D2 的插头，机柜上的所有空气开关处于断开状态，从机柜前面抽出三种直流电源。

b. 参照机柜附带配线图认真核对机柜内部所有配线及电缆 D1、D2、D3、D4 的配线，发现问题及时处理。

(2)电源线的连接要求

①电源线的连接依据为"JD-ⅠA 型计算机联锁工程图"的"交流 220 V 电源连接图"及"地线配线图"。

②布线的基本原则为横平竖直、布放整齐、标志明确、连接牢固。在连接各机柜之间电源线时应特别注意。

③连接电源的线缆应为三芯(分别接 JZ(F)220 和保护地)。

④UPS、联锁机、操作表示机、维修机、运转室电源中性端子或机壳应接保护地，不得悬空。

(3)联锁机到防雷柜的采集和驱动线缆的连接要求

①此类连线的连接应依据"JD-ⅠA 型计算机联锁工程图"的"联锁柜至防雷柜电缆对应图"及"计算机联锁防雷柜布置图"进行。

②由于联锁机侧的连接为 AMP 接插件，在连接前特别要注意检查母板上的插针是否整齐，有没有弯曲。

③线缆插头的方向要与母板上插座相对应，避免用力过猛损坏插针。

④防雷柜侧要注意线缆插头的鉴别销及插针的定义要与插座相对应，其中各采集线缆的鉴别销一致，各驱动线缆的鉴别销一致，尤其要检查 Q0 线缆的连接是否正确。

⑤如现场防雷柜与联锁柜间 32 芯电缆位置与防雷柜实际标志不致，或标志不清，应修改标志。

(4)A、B 联锁机间倒机组合的连接

应依据"JD-ⅠA 型计算机联锁工程图"的"联锁机倒机电路原理图"及"联锁机倒机配线表"进行，注意不要与其他线缆混淆。

(5)微机室与运转室之间的配线

包括：微机室与运转室之间的配线

微机室至运转室之间、运转室前后台之间的电源线；显示线、鼠标线，运转室前后台之间的显示连线。要求：

①此类连线连接应依据"JD-ⅠA 型计算机联锁工程图"的"操作表示机倒机组合前后面板图"、"交流 220 V 电源连接图"及"地线配线图"进行连接。

②到运转室的线缆要注意连接头要与操作机倒机单元后面的插座相对应。

③后台设备线缆应视具体情况可靠连接，力争美观。

④到运转室的线缆布线时视电务段具体要求施工。

4. 计算机设备之间的电缆连接

(1)施工内容

计算机设备之间的 CAN 网线；计算机设备之间的以太网线，包括引向微机桌维修机的网线；联锁计算机与各 I/O 机笼及机笼之间 RTP 总线；维修机、打印机及相关配线。要求：

①依据为"JD-ⅠA 型计算机联锁工程图"的"计算机设备之间电缆连接图"。

②RTP 总线的连接参见"联锁柜至防雷柜电缆对应图"中特殊连接，其中当 RTP 总线的走

向是从上往下时,总线匹配板应插在机柜最下面机笼的第一块板位上,而当 RTP 总线的走向是从下往上时,总线匹配板应插在机柜最上面机笼的第一块板位上。

③CAN 网线的连接方式,应连接为"联 - 操 - 操 - 联"或"操 - 联 - 联 - 操"模式,不得连接为其他模式,以保证双网中的任一条网线断线后,仍可保证有至少一套机器可以运转。当"计算机设备之间电缆连接图"与此原则相悖时,应按此原则修改图纸。

(2)防雷监督板安装检查

防雷监督板一般在工厂已安装完毕,应参照"防雷管短路监督接配线图"进行检查。要特别注意防雷监督板的 DT12 引入线和防雷地线勿接反。

(3)地线

JD-ⅠA 型计算机联锁设两种地线,其中防雷地线由防雷柜防雷汇流排引出,可与信号防雷地共用。各机柜(包括防雷柜)保护地线应连在一起,最后从任一机柜的保护汇流排接入保护地线,配线参照"地线配线图",一般需要单设。

UPS 输入端地线不接,运转室 AC 220 V 电源、维修机电源、维修机显示电源、打印机电源在防雷柜接保护地,UPS 输出端、操作表示机、联锁机及其他设备在联锁机柜接保护地。

四、系统调试

1. 各种绝缘的测量

JD-ⅠA 型计算机联锁系统中除 5 V 电源地与机壳相连最后接入保护地外,12 V、32 V 地为悬浮地。也就是 A、B 两机柜内四个 12 V、32 V 地彼此绝缘,且都与保护地及防雷地绝缘。测试方法如下:

(1)测试应在上电前进行。

(2)12 V 地绝缘测试前应将防雷测试板上的动态 12 V 电源断开(CZ-2、3),用万用表核对其绝缘电阻应在兆欧(MΩ)以上。如工程或电务部门用摇表测试组合架上动态 12 V 的对地绝缘时,若不断开 Q0 插头就必须将防雷测试板上的动态 12 V 电源断开(CZ2-2、3)。

(3)用万用表核对 32 V 地对地绝缘电阻应在兆欧(MΩ)以上或直接用摇表测量。

2. 设备上电

(1)电源部分的检查和测量

做此项工作要特别注意人身和设备安全!检查所有的 220 V 电源的配线,为系统上电做准备。内容包括:

①测量电源屏送出的电源电压:断开防雷柜后面及联锁机柜内所有的空气开关,先不要连接引入电源,在测量并调整电源屏(或是临时电源)送出的电源电压在 215 ~ 230 V 范围内。

②测量防雷柜后面输入 A 和输入 B 两个空气开关的输入端的电压:测量防雷柜后面输入 A 和输入 B 两个空气开关的输入端的电压应在 215 ~ 230 V 范围内,否则应排除故障;如调试时为临时电源,此项必须做。

③UPS 电源自检:在 UPS 电源外部输入电源断开的情况下参照"APC 机敏 UPS 不间断电源"作用手册进行 UPS 电源自检,确认 UPS 电源完好后接通 UPS 电源外部输入电源。

④测量 UPSA、UPSB、机柜风扇、运转室、维修机显示器、打印机输入电压:分别合上输入 A 和输入 B 两个空气开关,分别测量 UPSA、UPSB、机柜风扇、运转室、维修机显示器、打印机输入电压应在 215 ~ 230 V 范围内,注意检查 UPSA、B 输出端应没有电压,否则应排除故障。

⑤测量 UPSA、B 输出端电压:分别启动 UPSA、UPSB,观察 UPS 面板指示是否正确,测量 UPS 的输出端电压应在 215 ~ 230 V 范围内。

⑥测量各计算机设备的输入电压：测量联锁计算机、操作表示机、维修机、网络集线器的输入电压均应在 215 ~ 230 V 范围内，否则应排除故障。

⑦测量驱采电源的电压：合上联锁机柜后的驱采电源的空气开关，观察各电源模块的指示灯是否正常点亮，分别从测试孔测量各电源模块的输出电压，应符合表 8 - 4 的要求。

表 8 - 4

电源	范围
联锁 5 V 电源	5.1 ~ 5.4 V
采集 12 V 电源	11 ~ 13 V
驱动 32 V 电源	30 ~ 34 V
防雷监督板电源	4.5 ~ 5.5 V

机柜内电路板电源指示灯点亮，否则应进行检查、调整。用万用表电压挡测量 32 V 对 5 V 地之间的电压，应小于 10 V 或 0 V。

此时联锁计算机、操作表示机、维修机、打印机、显示器、网络集线器等设备输入电源、外部控制总线应仍保持在断开状态。

(2) 防雷管检测

在确认所有防雷管全部安装到位后将防雷柜与组合架之间的连接端子断开，按“防雷管短路监督接配线图”所述方法检测，查看是否有短路及安装不良现象。

(3) 计算机设备及整个 JD-ⅠA 型计算机联锁系统上电

断开 JD-ⅠA 型计算机联锁设备的所有电源开关，接通联锁计算机、操作表示机、维修机、打印机、显示器、网络集线器的电源线及联锁机与机柜之间的 RTP 总线。按“JD-ⅠA 型计算机联锁工程图”的“交流 220 V 电源连接图”中从左到右即由总开关到分开关的顺序，将 JD-ⅠA 型计算机联锁系统的所有设备依次上电。其间如有异常应立即停电检查。

3. 系统内部调试

将 JD-ⅠA 型计算机联锁系统所有设备上电并确认防雷柜与组合架之间的连接端子仍为断开，测试中发现配线问题应及时纠正；发现印刷电路板或其他配件缺陷应责成厂方人员积极与工厂联系更换或修复。

测试内容包括：

(1) 内环路测试

本项测试使用 TEST1 ~ TEST8 完成，测试软件的使用参见“硬件测试程序使用说明”，本项测试不包括采集板、输出驱动板的输入、驱动部分（相应测试在以下 (2)、(3) 项中完成）。测试按质量标准由高到低的顺序分为 A、B、C 三级，通过其中任何一级测试均为合格。

如通过 A 级则 B、C 级测试视为通过可不进行操作，如 A 级不过则降级测试 B、C 级，B 级通过则 C 级视为通过，可不进行操作，否则降级进行 C 级测试，C 级为必须通过测试级，否则视为内环路测试不合格，系统不能开通。

做每级测试时，如测试系统报错应结合 TEST1、TEST2、TEST3、TEST4、TEST5、TESTD、TESTZ 确定故障点并排除，力争通过高级别测试，使系统工作在最佳状态。

注意：

①备用板也需进行测试。

②避免带电拔插印刷电路板。

(2) 内部采集点对点测试

进行内部采集点对点测试，以校核微机室内配线是否正确。首先确认整个联锁系统程序在正常的工作状态，A 机测试时有 IOTAB 中关闭“混线检查”，从防雷柜 QO 的 A 动态 12 V 电源端引出动态 12 V，关闭 B 联锁机（不关闭 B 机柜 5 V、12 V、32 V 电源）。将动态 12 V 引出线依次逐点接入防雷柜的 A 机采集板，并观察 A 联锁机柜的采集板上的指示灯及电务维修机采集板上相应的表示灯应同时点亮，A 机柜未有动态 12 V 输入的采集点及 B 机柜全部采集板不应有任何采集灯点亮，否则应排除故障。B 联锁机的测试方法与此相同。

(3)内部驱动点对点测试

内部驱动点对点测试可以检查驱动和回读单板的完好及配线正确与否。方法为联锁机退出联锁程序同时操作表示机至少应关闭一台，A、B 联锁机轮流单机（不关闭联锁机不工作机柜的 5 V、12 V、32 V 电源）用 TEST9 或 DT7 测试程序逐点驱动，将一台 $JPCX_1$-1000 型继电器线圈的 1 端连接至防雷柜 Q01 ~4 中的任一端，继电器线圈的 4 端接测试线，并逐点接入防雷柜各驱动输出点，被测机柜驱动和回读指示灯、继电器动作应正确，联锁机不工作机柜的驱动和回读指示灯不应点亮，否则应排除故障。

(4)倒机测试

①联锁机倒机测试：验证倒机组合配线的正确性。方法为在采集的前提下双联锁机分别为主（机柜面板右上亮绿灯）备（机柜面板右上亮红灯）机运行后，按下联锁主机复位按钮或设置其他故障，正常情况下原联锁备机应立即转为主机，原联锁主机重启经数十秒后应取得同步并转为热备机。

②操作表示机倒机测试：验证操作机倒机 I/O 板、倒机单元、各处连线的完好和正确性。测试按照《操作表示机组合前面板操作说明》进行或设置操作表示机故障。

(5)CAN 网断线测试

验证网线的完好。在整个系统运转正常后，打开维修机的显示网络连接的界面，逐根拔下 CAN 网线的接头，观察机器运转状况及维修机显示状态。注意要分清 CAN1 和 CAN2 网线。

(6)以太网线测试

分别拔下 A 操作表示机、B 操作表示机、维修机的以太网头，维修机网络画面应有相应表示为与维修机断开的机器为红色方块。

(7)防雷监督板测试

参照《防雷管短路监督接配线图》分别将 A、B 联锁机有采集信息的防雷管短路，联锁计算机和防雷监督板正确反应门状态为：A 联锁机采集防雷管短路，只能造成 B 联锁机死机和 B 机的防雷监督板报警。注意防雷监督板报警有 2 ~3 s 的延时。

注意：

①在施工过程中，在尚未具备条件将防雷地、保护地正式连接至规定的大地接线端子之前，应暂时先将防雷地与保护地人为短接，以利于暴露各方配线的故障，如故障接地等。调试完成后务必拆除。

②注意提醒电务段对防雷地保护地接地电阻值予以验收确认。

(8)测试看门狗设置

包括联锁机、操作表示机的测试。方法为按下键盘的 PAUSE 键，若计算机能重新启动，则看门狗的设置为有效，否则调整看门狗的设备并重新进行检查。

(9)仿真测试

关闭 A、B 联锁机，将机柜上的钥匙开关从“联锁”高至“检测”。启动系统仿真运行模式，应能正常工作，否则排除故障。

(10)调制解调器测试

连好维修机调制解调器电话线，将信号工区电话号码传回公司，启动维修机从公司内拨号应能登录并正确上、下载数据,如内置 MODEM 因线路等原因无法拔通,应尝试使用外置 MODEM。

4. 系统与组合架连接线及组合内配线的测试

系统内部测试完成之后,将防雷柜与组合架之间的连接端子连好即可进行系统与组合架的配线测试。测试中发现配线问题应及时纠正;发现模板或其他配件缺陷应要求厂方人员及时处理,与工厂联系更换或修复。测试的内容包括:

(1)采集的点对点测试

在工程队的配合下仍为两个联锁机逐个单机测试,最好为封继电器接点而不采用插拔继电器的方法。逐个测试每一个继电器的采集接点的同时,观察联锁机的采集板指示灯和维修机上相对应的采集显示,如有差错,校工程配线。如工程单位不认同此方案,则要在双机同步后靠联锁试验来测试并保证没有遗漏。

(2)驱动的点对点测试

在工程队的配合下使用 TEST9 或 DT7 测试程序分别单独运行 A、B 联锁机,逐点送出驱动电压,相应的继电器应正确动作,否则校工程配线。如工程单位不认同此方案,则要靠联锁试验来测试并保证没有遗漏。

5. 测试显示器、鼠标、音箱、小键盘、数字化仪、主备线缆等运转室设备及维修打印机

注意:以上测试项均包括备板、备缆及其他备品,并尽量创造条件按开通后的运行环境使整个系统不间断地连续运行至正式开通。同时在施工过程中要随时注意系统及工作现场的整洁、有序。

6. 联锁试验

系统硬件及组合架配线测试完毕、系统软件按开通使用要求配置后即可配合工程及电务部门进行联锁试验,试验中对发现的质量问题或用户的特殊要求应认真记录并及时与微联公司联系,进行修改。

五、开通前的准备

开通前的准备工作包括下述内容:

(1)运转室设备安装就位。

(2)分别连接主/备用线缆,在线缆上标明主/备用并将线缆捆扎牢固摆放整齐。

(3)上紧各电缆接头处的紧固螺丝。

(4)检查地线是否连接牢固。

(5)所有柜内、柜间、室间各电缆走线的整理、固定。

(6)检查各种电源之间,各种电源与大地之间不得有短路或串电。

(7)各种标志、标牌是否粘贴牢固。

(8)再次测试显示器、鼠标、音箱、小键盘、数字化仪、主备线缆等运转室设备。

注意:

(1)显示器是否存在干扰,若有则必须判断干扰的来源,以便采取相应措施。

(2)DELL21 英寸大屏有两路输入口,前面板上有转换开关,应注意连接的输入口与开关位置相对应。这点尤其要在车务和电务培训时交代清楚。

(3)双鼠标单光标车站的一个鼠标,在开通后作为备用鼠标连好线后放在显示器桌内,如用户有其他摆放要求,应尽量满足并做好记录。

第四节　VPI 型计算机联锁系统设备安装及调试

一、设备安装

1. 设备定位

(1) VPI 联锁 A 机机柜、B 机机柜及微机监测机柜：依照设计图纸摆放。应正面对齐，机柜间距不应太大，但应保证各机柜前后门能打开。机柜到位前应先在相应位置的地板上开好走线孔，走线孔的大小约为 200 mm × 100 mm，机柜应尽量靠近防静电地板支撑柱摆好，避免机柜过重压坏地板。

(2) 计算机桌的定位：计算机桌宜正对各机柜放置，与机柜间最少保证 1.2 m 的间距。确定计算机桌位置后，在计算机桌下走线孔对应位置的地板上开两个 80 mm × 80 mm 的走线孔，两走线孔间距大约在 500 mm。

(3) 控制台的定位：依照设计图纸，将控制台就位。

(4) UPS 的定位：UPSA 和 UPSB 一般都放置在联锁 A 机的旁边，其间的间距大约在 150 mm 左右，以便散热。

(5) 各设备距离墙壁应不小于 1.2 m。

(6) 不能满足上述间距要求的机房，设备布置视具体情况综合有关方面协商确定。

2. 设备安装

(1) 配电部分

①配电盘和防雷盘应安装在墙上适当位置，不宜过高，离地 1.5 m 左右便可；

②在配电盘走线孔至地板间安装线槽，在相应地板上开与线槽大小相同的孔，以便线缆由配电盘经地板下引向其他设备；

③根据配线图放好到各设备的电源线，每根电源线的长度应能保证上下几架的高度，并稍长 1 ~ 2 m，以便地板下布线盘线；

④压好两端的头子，做好配线盘配线；

⑤从配电盘引出的电缆数目较多，为避免时间长了拉断配线，应采取有效措施防止。

(2) 计算机桌部分

①在桌子中间的"山墙"板上安装 PHOENIX 接线端子和走线槽，如图 8 - 41(a) 所示，走线槽应与计算机桌上的走线孔对齐，计算机桌下的走线孔应与地板上的走线孔对齐；

②将计算机 MMIA、MMIB、MMS(或 SM)、GPC 如图 8 - 41(b) 所示放置；

③安装 PHOENIX 端子，固定在图 8 - 41 所示的位置，并在端子排上方标明名称；

④将工控机、显示器的电源线插头端全部剪掉，剥开绝缘护套约 8 cm，压好所有 L、N、G 线，根据表 8 - 5 接好电源线，并将各线放到线槽中；

⑤在线槽内放好 HUB 到各计算机的网线，每根网线上应做好区分标记；

⑥将各计算机连到联锁机、微机监测机、UPS、控制台的各种线(CSEX 连接线、MAC 口诊断线、CAN 通信线、UPS 诊断线、鼠标延长线、喇叭延长线、视频延长线)，通过地板和线槽放到相应待连接的计算机位置；

⑦接好配电盘送来的几路电源线，注意电源线和其他线尽量分开走；

⑧盖好线槽，注意各种线不要露在外边，装上计算机桌的桌面。

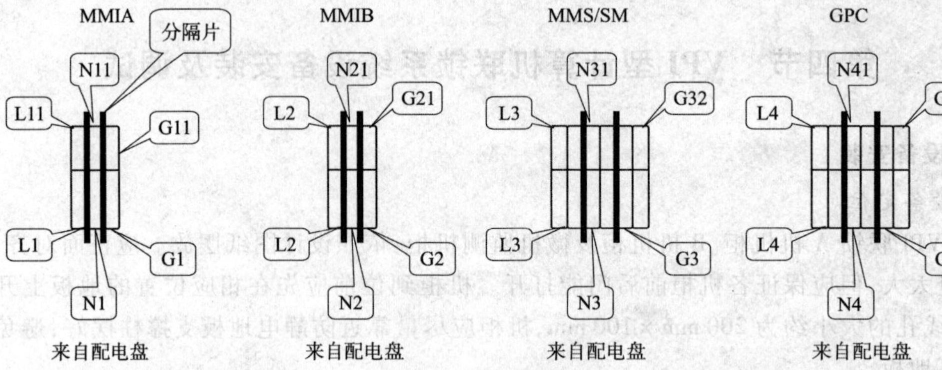

(a) PHOENIX端子安装图

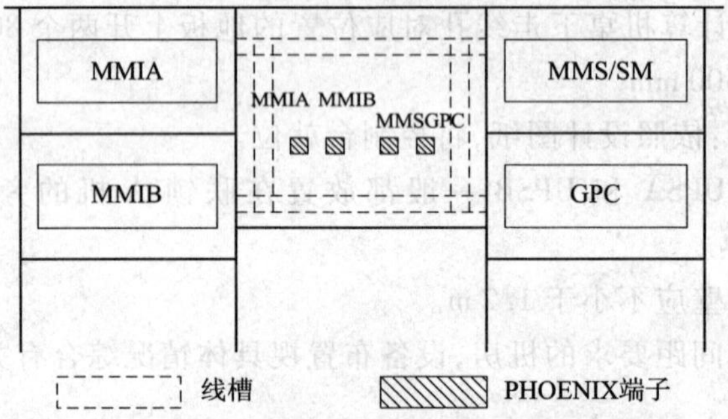

(b) 计算机桌前视图

图 8－41 PHOENIX 端子安装图

表 8－5 PHOENIX 端子配线表

MMIA	L11 + N11 + G11	MMIA 工控机电源
MMIB	L21 + N21 + G21	MMIB 工控机电源
MMS/SM	L31 + N31 + G31	MMS/SM 工控机电源
	L32 + N32 + G32	MMS/SM 的显示器电源
GPC	L41 + N41 + G41	GPC 工控机电源
	L42 + N42 + G42	GPC 的显示器电源

表 8－6 控制台 PHOENIX 端子接线表

L6 + N6 + N6	L61 + N61 + N61	MMIA 工控机显示器电源
	L62 + N62 + N62	MMIA 工控机喇叭电源
L7 + N7 + N7	L71 + N71 + N71	MMIB 工控机显示器电源
	L72 + N72 + N72	MMIB 工控机喇叭电源

(3)联锁机部分

①将 CSEX 连接线、MAC 口诊断线、VSC 通信线连接到机柜相应位置；

②接好两机柜间的各种连线和环线；

③接 UPS 切换及联锁机的电源线；

④在联锁 A 机内接入接口架送来的几根线（KZ、KF、KZ-SYSA-Q、KZ-SYSB-Q、B12-N12 等）；

⑤将上述所有线均固定在机架右侧，摆放整齐。

(4)控制台部分

①在控制台内部两侧安装 PHOENIX 端子，安装的数目和配线如表 8－6 所示；

②剪掉控制台显示器、喇叭电源线的插头，剥开绝缘护套约 8 cm，压好 L、N、G、各线，接到 PHOENIX 端子上；

③安装电流表及其相应分流器、PQFA 和配电盘送来的电源线；

④将各种由 MMI 送来的延长线就位，延长线应防止被其他信号电缆压住，尽量避开其他电源线，在控制台内应走相应线槽，各种布线应保持整洁、美观。

(5)设备地线

①防雷柜上接单独的电源防雷地线,对地电阻必须小于4 Ω;

②各机柜、UPS、配电盘接地处,均双环连接设备地线,该地线的电阻必须小于4 Ω;

③防雷地线和设备地线仅为VPI系统使用,绝对不可与其他设备合用(与其他设备共地线时,对地电阻应小于1 Ω,并采用星型连接方式);

④控制台必须接地,此地线可与机械室内其他设备共用。

二、系统连接

1. 检查信号电缆的各种信号电源

(1)检查N12电源环线,确认N12在50芯块上的位置,确认不存在混电现象;

(2)检查KF-SYSA-Q的电源环线,确认该电源在50芯块上的位置,确认不存在混电现象;

(3)检查KF-SYSB-Q的电源环线,确认该电源在50芯块上的位置,确认不存在混电现象;

(4)检查KZ-SYSA-Q的电源环线,确认该电源在50芯块上的位置,确认不存在混电现象;

(5)检查KZ-SYSB-Q的电源环线,确认该电源在50芯块上的位置,确认不存在混电现象。

2. 检查信号电缆接配线的正确性

(1)采集电缆

①非安全型采集电缆:按照接口码位表,在接口架上输入KZ24 V电源,在对应的50芯插头进行测量。

②安全型采集电缆:按照接口码位表,在接口架上输入B12电源,在对应的50芯插头进行测量。

(2)驱动电缆

在驱动电缆的50芯插头上输入KZ24 V电源,验证对应的接口继电器是否吸起。

3. 系统上电

(1)上电前先确认所有设备电源处于关闭状态,VPI机架内的A3、A4、A7熔断器均断开,接口架过来的各信号电缆也未接入机架,配电盘的各路熔断器全部打开;

(2)接通电源屏送来的交流220 V,测试电压是否正常;

(3)配电盘L、N熔断器闭合第一路,测试相应设备上的电压是否正常,然后开启该设备的电源;

(4)反复上述步骤,开启所有设备电源。

4. 接入机柜

(1)在完成以上测试后,即可将非安全输入电缆插头插入机架相应位置,观察NVI板上采集灯是否正常,观察MMI上显示是否正常,若整个板子或有一排8个码位采不到,检查相应的KF电是否有;

(2)闭合熔断器的A3、A4,无异常现象后便可将安全型输入电缆插头机架相应位置,观察DI板上采集灯是否正常,观察MMI上显示是否正常,若整个板子或有一排8个码位采不到,检查相应的N12电是否有;

(3)检查接在熔断器A7上的KZ电源,闭合熔断器A7,根据VPI哪个是主机来判断熔断器A5、A6上哪个有KZ电源,检查信号电缆上的KZ-SYS-Q是否为24 V,一切正确后即可将驱动的信号电缆接入,然后切换到另一联锁机,用同样的方法接驱动电缆;

(4)所有信号电缆接入正确位置后,便可将其固定在机架左侧,分排、分层,保持美观(这些工作一般由施工单位完成)。

三、系统调试

1. 联锁机调试

完整的VPI系统主要由以下几个模块组成：主备冗余MMI，冗余网络，主备联锁机，系统维护台SM，值班员台（较大型车站设）和电源模块。系统基本结构如图8－42所示。

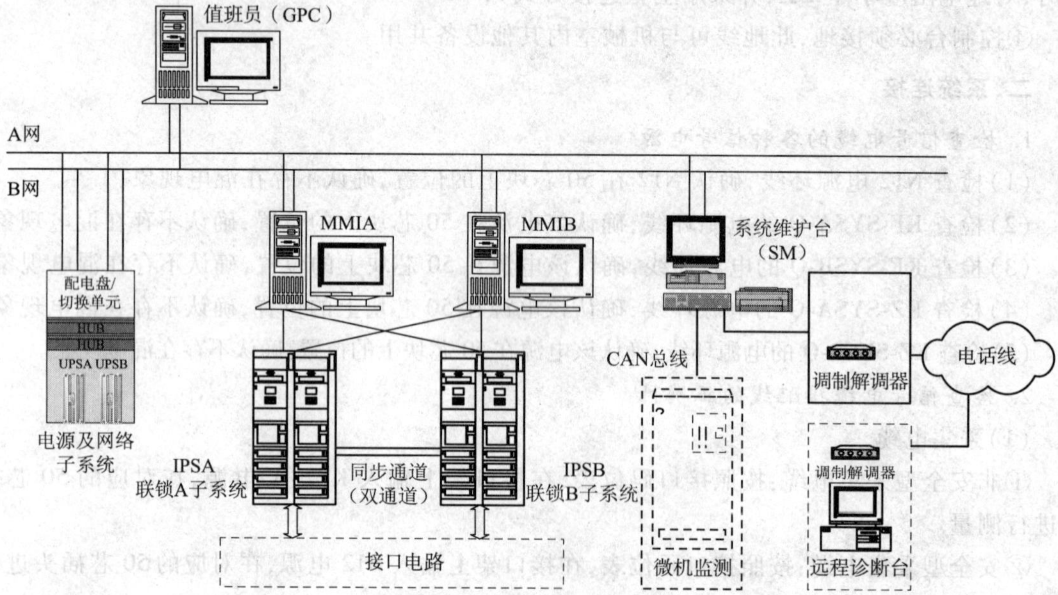

图8－42　安全型计算机联锁（VPI）系统结构图

（1）联锁机

通过观察联锁机机架上方的指示灯来确认联锁机的工作状态。具体内容见8－7所列。

表8－7　联锁机机架上方指示灯工作状态表

序号	内容	正常工作状态	试验结果	备注
1	A机VRD/B机VRD	两个指示灯同时点亮		
2	A机联机/B机联机	两个指示灯同时点亮		
3	同步工作	两个指示灯同时点亮		
4	A机工作/B机工作	同时只能一个指示灯点亮		
5	双机切换	常态置于自动位置		
		当把开关置于A机位置时，A机四个指示灯都点亮，B机只点VRD和同步工作指示灯		
		当把开关置于B机位置时，B机四个指示灯都点亮，A机只点VRD和同步工作指示灯		
		当在A机和B机之间进行切换时，不应影响系统的VRD和同步工作状态		

（2）人机接口（MMI）

①当MMI与联锁机通信正常时，MMI下方的“CSEX状态”窗口显示绿色；并且在MMI上应有“联锁A机或联锁B机的显示”，表示联锁机A机或联锁B机在工作。

②MMI主备机之间进行切换时，不影响联锁机的正常工作，即联锁机上方的指示灯保持正常运行状态，MMI上站场的显示不是粉红色。同时，MMI下方的“主备机切换窗口”的显示为：MMI主机显示绿色，MMI备机显示蓝色。

③一台机器单进COMMPC，另一台机器单进MMI，测试系统工作是否正常；按此方法测试

另一套系统。

(3)系统维护台(SM)

①网络拓扑图的显示应与网络的实际运行状态相同,任何一个模块的故障都能及时反映在网络显示图上。

②与主备联锁机的诊断口通信正常。自动诊断窗口中对于机箱印刷电路板的设置应与实际的电路板配置相同;人工诊断窗口应能及时反映联锁机 A 和联锁机 B 的运行状态。

(4)值班员台

当车站规模比较大(一般是 40 组道岔以上)时,系统需增设值班员台。要求:值班员台只作显示用,不可操作,并且值班员台上的显示应与 MMI 完全相同,任何一台 MMI 退出系统,均不影响值班员的正常工作。

(5)网络

在正常状态下,MMI 显示下方有一排状态显示窗口,主要包括"系统维护台状态窗口"、"主备机切换窗口"和"主备机状态窗口",其中,"系统维护台状态窗口"和"主备机状态窗口"显示绿色。

通过 SM 上的网络拓扑图确认网络的运行状态。正常状态下,网络拓扑图应全部显示绿色;当有红色显示时,即表示这个模块出现故障。

(6)电源

电源包括机架内部的电源:直流 5 V 电源,直流 12 V 电源,直流 24 V 电源;UPS 输出电源交流 220 V。

5 V 电源的工作范围为:DC 4.75 ~ 5.25 V;

12 V 电源的工作范围为:DC 9 ~ 12 V;

24 V 电源的工作范围为:DC 21 ~ 27 V;

220 V 电源的工作范围为:AC 209 ~ 242 V。

UPS 双机试验:UPS 的双机切换不影响系统任何模块的正常工作。

2. 接口调试

在完成联锁机内部调试以后,需要进行联锁和室外接口之间的调试,具体内容如下:

(1)接口架送来采集表示,根据接口设计码位表检验相应板子上的表示灯是否灯亮,确认 MMI 上表示是否正确;

(2)MMI 上办理操作,根据接口设计码位表检验相应输出板的表示灯是否亮灯,确认信号机械室内相应继电器是否吸起。

上述测试相对于联锁机 A 机和 B 机各进行一次,以验证接口电路的正确性。

在 VPI 的 A、B 机所有输入输出码位核对完成确认无误后,便可交于电务段做联锁试验。

四、调试过程中故障的处理

1. 故障诊断流程(见右图)

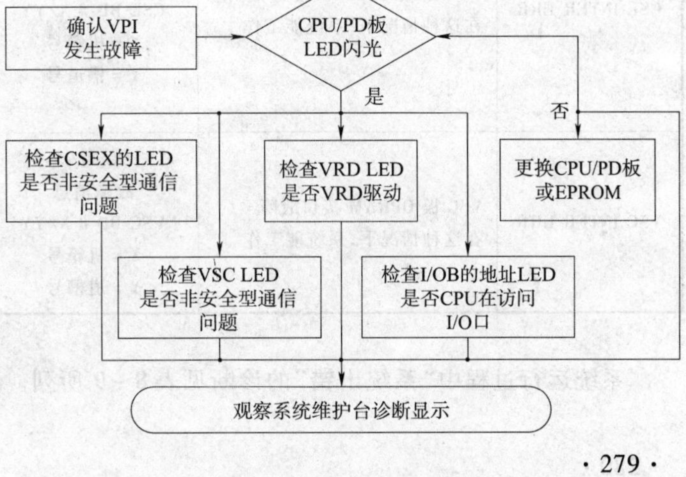

2. 故障显示内容及说明

系统开机时的诊断见表 8-8。

表8－8　系统开机时的诊断

信息显示	可能原因	用户响应	采取措施
无显示	测试电缆故障 CPU/PD板软件无效 无法进行下一步测试	无	检查电缆配线 验证CPU/PD板EPROM有效 如果问题继续存在，更换CPU/PD板
CPU RAM ERR	系统内存测试错，在不使用有缺陷的内存情况下可继续工作	C/回车	更换CPU/PD板
POLY DIV ERR	CPU/PD板除法器故障 系统并行电缆故障	C/回车	记录系统故障 检查/更换CPU/PD板 检查/更换系统并行电缆
PROM MEM ERR	CPU/PD的EPROM故障 2号开关错 系统在这种情况下无法正常工作	N/回车 故障信息 "ROUTINE PROM" "ADS-NOSHADOM" "ADS SHADOW"	记录系统故障 更换有关EPROM 如果所有EPROM出错，更换CPU/PD板 检查最新版本软件的兼容性 检查2号开关设置
CPU SIG ERR	CPU/PD板EPROM内软件版本与母板绕线不符 VRD不能励磁	C/回车	验证母板绕线与CPU/PD的EPROM的版本是否一致
OUTPUT ERR	输出板AOCD测试错 输出板的鉴别PROM错 输出板地址错 在这种情况下，系统无法工作	？/回车 故障消息 'OUT# X/YY/Z' X＝机箱号 Y＝槽道号 Z＝输出口号 连续打回车	更换输出板 检查鉴别PROM I/OB板鉴别头错 检查I/OB板 检查系统并行总线 检查鉴别头地址配线
VRD INTER ERR	VRD板DPRAM接口故障 CPU/PD板故障 在这种情况下，系统不能工作	C/回车	初始化CPU/PD测试VRD接口RAM 如果继续存在，更换VRD板 如果继续存在，更换CPU/PD板 如果继续存在，检查母板总线接触
CSE INTER ERR	CSEX2板DPRAM接口故障。 在这种情况下，系统能工作	N/回车 故障消息 'CSE BD # X/YY' X＝机箱号 Y＝槽道号	初始化CPU/PD测试CSEX接口RAM 检查板子接触良好 如果继续存在，更换CSEX板 如果继续存在，更换CPU/PD板 如果继续存在，检查母板总线接触和I/OB绕线 检查系统并行总线
VSC INTER ERR	VSC板DPRAM接口故障 在这种情况下，系统能工作	N/回车 故障消息 'VSC BD # X/YY' X＝机箱号 Y＝道槽号	初始化CPU/PD测试VSC接口RAM 如果继续存在，更换VSC板 如果继续存在，更换CPU/PD板 如果继续存在，检查母板总线接触

系统运行过程中"系统出错"的诊断见表8－9所列。

表 8－9　系统出错时的诊断

POLY DIV ERR	CPU/PD 板主周期 PD 测试错 CPU/PD 板故障	N/回车 可能故障模式 'PD C3,1ERR' 'PD C3,2ERR' 'PD C1,1ERR' 'PD C1,2ERR' 'PD C3,1NERR' 'PD C3,1NERR' 'PD LOAD ERR'	记录 CPU/PD 板故障信息 检查系统并行总线 检查/更换 CPU/PD 板
MAIN CWD ERR	送到 VRD 板的 1 个或多个校核字错	N/回车 故障信息 'MAIN CWD #XX' XX＝十六进制主校核字号 继续打回车 直到显示 'END ERR EATA'	采取的措施取决于校核字号码 如果显示 CHKMEM，检查 CPU/PD 板的 EPROM 安装正确 如果所有校核字错，表示 VRD 板没有驱动 VRD 继电器，但该继电器的前接点输入 VPI。可能由于测试设备和配线错如果其他校核字错，更换 CPU/PD 板
VRD XFR ERR	送往 VRD 板的校核字正确，而通过 VRD 前接点检测 VRD 没有励磁	C/回车	如果 VRD 断电器没有励磁，更换 VRD 板 检查外部设备和配线
OUPUT ERR	50 毫秒重校核字错 DPRAM 错	N/回车 故障信息 'OUT # X/YY/Z' X＝机箱号 Y＝槽道号 Z＝输出口号 继续打回车 直到显示 'END ERR DATA'	检查/更换有问题的输出板 检查外部设备和配线 检查地址和 PROM
TRE VAL ERR	输出板返回的 TRE 值错 导致送往 VRD 的重校核字错 输出板故障	N/回车 故障消息 'TREVAL # X/YY' X＝输出口组号 Y＝输出口号 继续打回车 直到显示 'END ERR DATA'	检查/更换有问题的输出板 检查外部设备和配线
RECHK CWD ERR	送往 VRD 的重校核字错 输出板故障 注：01 至 04 的重校核字是其他所有校核字的总合	N/回车 故障消息 'RCHK # XX' XX＝校核字号 继续打回车 直到显示 'END ERR DATA'	检查/更换有问题的输出板 检查外部设备和配线

系统告警见表 8－10 所列。

表 8-10　系 统 告 警

BAD IN DATA	输入口返回测试破坏的数据。	N/回车
		故障信息
		'IN #X/YY/Z'
		X=机箱号
		Y=槽道号
		Z=输入口号
			如果特定口连续发生错误,更换板子
			检查母板绕线,DI板和I/OB板的鉴别头

OUT NOT ON	输出没有驱动,可能输出电路负载开路	U/回车
		禁止显示
		'OUT NOT ON'
		O/回车
		允许显示
		'OUT NOT ON'
		N/回车
		故障信息
		'OUT #X/YY/Z'
		X=机箱号
		Y=道槽号
		Z=输出口号
			检查输出电路负载,如果输出负载可工作,更换输出板

XPR RSLT ERR	运算结果不是通道1或2码字	N/回车
		故障信息
		'XPR #XXX/CHY'
		XXX=表达式号
		Y=通道号
		继续打回车
		直到显示
		'END ERR DATA'
			检查无效的表达式参数造成

NO VRD FRONT	VRD板有输出,但返回VRD没有输入VPI	C/回车	检查DI胺输入电压和LED 如果不正常,检查外部电路 如果LED亮,更换DI板 检查电缆配线 检查VRD的开关是否在F位置
VSC DIAG ERR	CPU/PD板无法在主周期从VSC读数据 VSC程序停止工作,或VSC在复位状态 VSC的3号开关位置错	N/回车 故障信息 'VSC BD# X/YY' X=机箱号 Y=道槽号	检查母板总线 如果继续发生,更换板子 检查VSC开关位置
CSE DIAG ERR	CPU/PD板无法在主周期从CSEX读数据 CSEX程序停止工作,或CSEX在复位状态	N/回车 故障信息 'CSE BD# X/YY' X=机箱号 Y=槽道号	检查母板总线 打'X'清除消息,观察发生的频率 如果继续发生,更换板子 检查CSEX跳线

第五节　DS6-K5B型计算机联锁设备安装及调试

一、设备安装

1. 设备安装示意图

DS6-K5B型计算机联锁设备分别安装在联锁柜、电子终端柜、电源柜、监控柜共四个机柜内。另设微机监测工作台一个。机柜的外形尺寸见图8-43。

在联锁机柜内安装联锁计算机,联锁计算机的二重系安装在一个机架内,每一系有三个电路板。在联锁机机柜和电子终端柜内总共可安装5个电子终端机架,各站根据站场规模大小决定实际使用多少个电子终端架和电子终端架是否采用级连方式。在电源柜内安装了直流

24 V 电源、电源控制箱、UTP 电源。在监控柜内安装了监测机及显示器，一套控显设备、光分路器。以一站为例如图 8－44 所示。

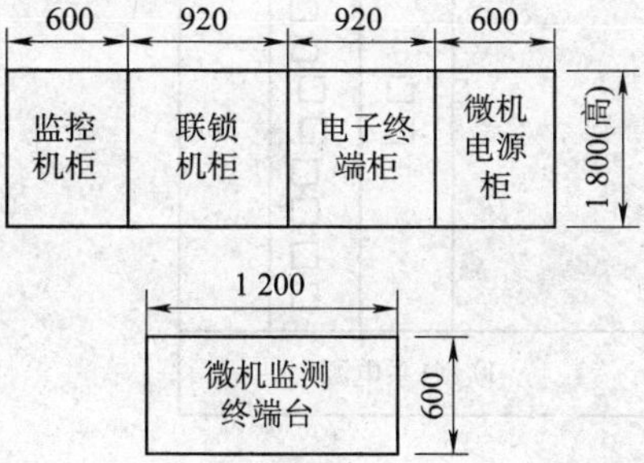

图 8－43　机柜外形尺寸(单位:mm)

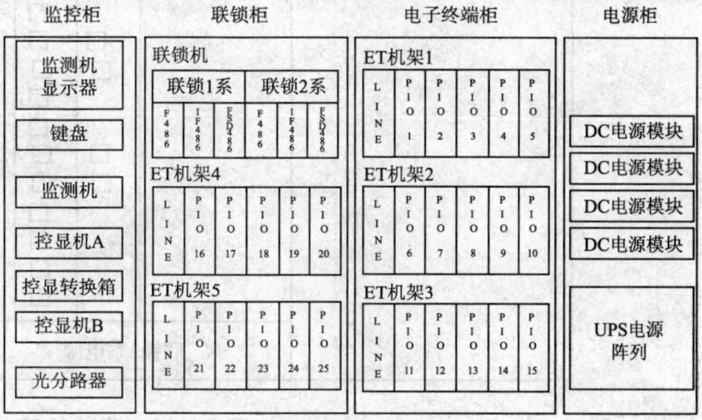

图 8－44　设备安装示意图(正面)

2. 联锁机柜的安装

K5B 的联锁双机(1 系和 2 系)安装在一个 800 mm × 330 mm 的机架内。两系的组成完全相同。每一系由 F486-4 联锁 CPU 板，lF486 电子终端接口板，FSD486 人机界面(控显机、监测机)接口板三块电路板组成。每一系的机架有两个空闲插槽，需要时可插入与其他系统通信的接口板(如 CTC 系统通信用 OPU 板等)。各板之间通过 VWE 总线互连。机架上空余的槽位用于安装其他选件，在本系统中不用。

联锁 1 系电源和联锁 2 系电源是两个输入直流 24 V、输出直流 5 V 的 DC/DC 电源。用于分别向联锁 1 系和联锁 2 系的逻辑电路提供 5 V 电源。如图 8－45 所示。

在联锁机架的背面，如图 8－46 所示。每系各有两块光电转换板：RSI03 和 TLI0。RSI03 板是 FSD486 的光电转换板，用于联锁机与控显机和监测机之间的光纤连接。TLI0 板是 IF486 板的光电转换板，用于联锁机与电子终端之间的光纤连接。

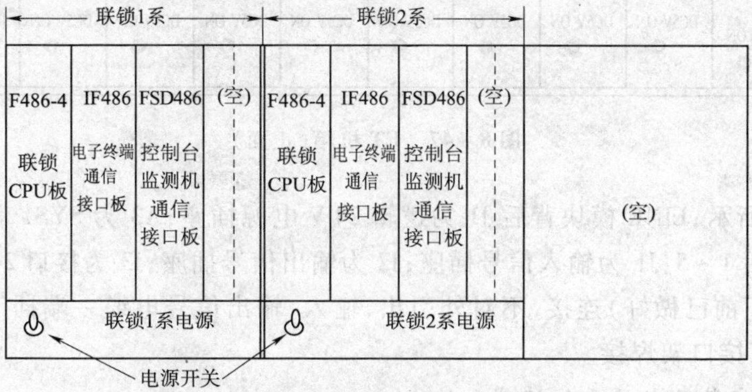

图 8－45　联锁机架(前面)

3. 电子终端柜的安装

K5B 的输入输出接口称为电子终端(EIectronic Terminal，简称 ET)。

ET 电路安装在 ET 机架内，每个 ET 机架内必须安装两个 ET LINE 模块。用两根两芯光纤与联锁二系的 TLI0 接口的一个 ET NET 线路连接。IF486 共有五个 ET NET 线路。可同时连接五个 ET 机架。

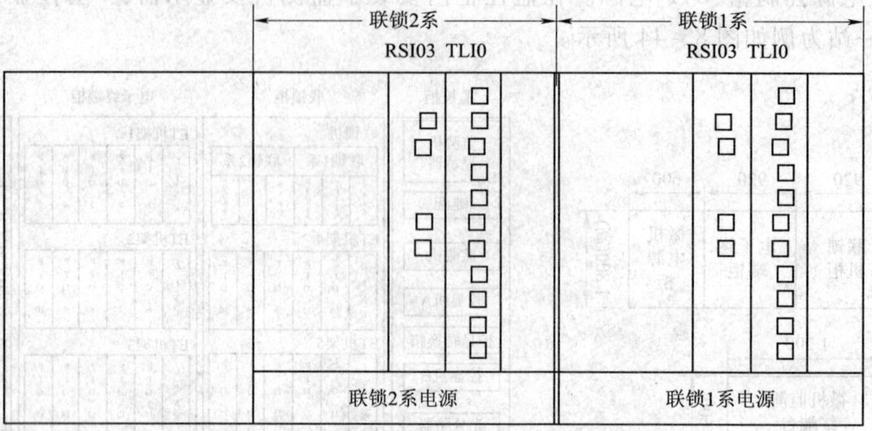

图 8-46 联锁机架(背面)

注:联锁机的三块电路板(F486、IF486、FSD486)和两块光电转换板(TLIO、RSIO)必须插在指定的槽位上,错位置系统不能运行,并有可能造成电路板故障。

一个 ET 机架内有 12 个插槽。机架正面左边的两个手槽用于安装两个 ET-LINE 模块。其余的 10 个插槽用于安装 PIO 模块。如图 8-47 所示。ET 为两重系并列结构。左边第一个插槽安装 1 系 LINE,与联锁 1 系的 IF486 连接。第二个插槽安装 2 系 LINE,与联锁 2 系的 IF486 连接。

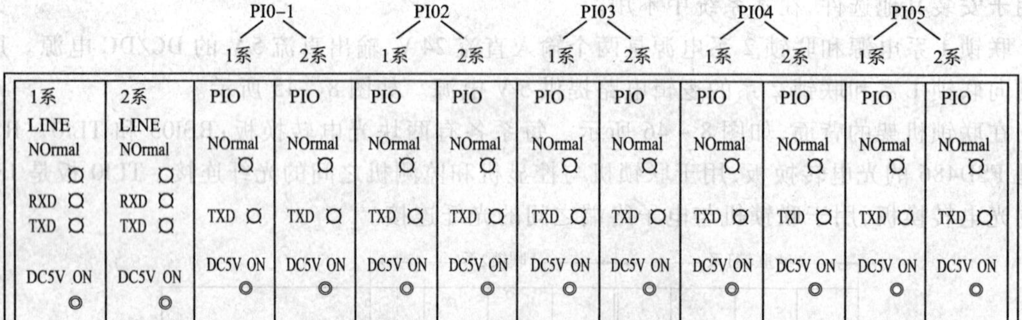

图 8-47 ET 机箱(正面)

如图 8-48 所示;LINE 模块背后 J1 为逻辑 24 V 电源插座;A3 为 SYS1 和 SYS2 的光纤插座。PIO 模块背后 1~5:J1 为输入信号插座;J2 为输出信号插座;J3 为接口 24 V 电源插座;J4、J5 用短电缆(出厂前已做好)连接,不对外引出,输入、输出信号电缆一端插于输入、输出信号插座,另一端放至接口架焊接。

4. 电源柜的安装及电源系统连线

K5B 的电源系统由电源控制箱、一套 UTP 和两路直流 24 V 稳压电源构成。

电源控制箱的输入由信号电源屏单独引入一路经过隔离稳压容量不小于 2.5 kVA 的交流 220 V 电源,合上电源控制箱后面的空气开关,将供出交流 220 V 电源结合 UTP、冗余转换器、两路直流 24 V 电源。

所有计算机设备所使用的 220 V 电源都经过 UTP 输出供给。

两路直流 24 V 电源中的一路称为逻辑 24 V(用符号 L24 表示),经联锁机和电子终端内部

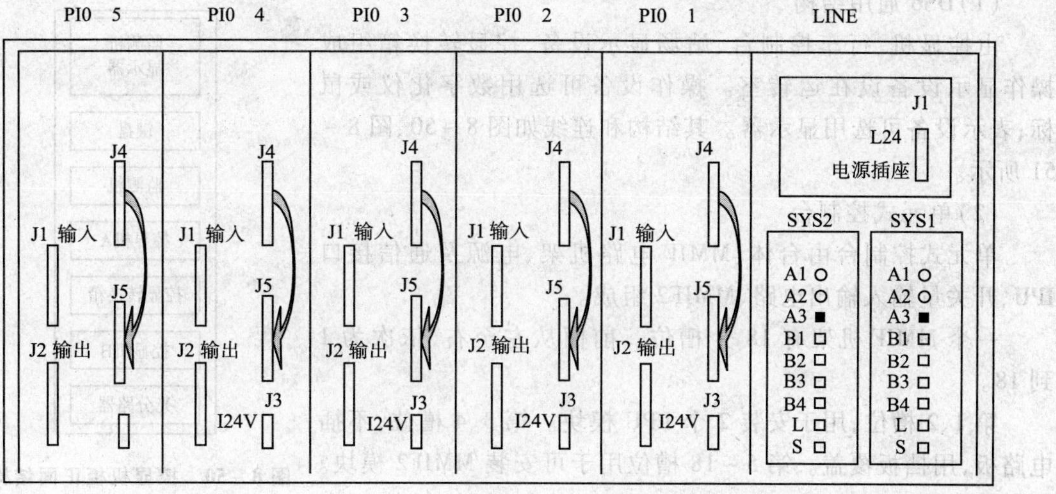

图 8－48　ET 机箱（背面）

注：电子终端的 ET-LINE 和 ET-PIO 模块必须插在指定拉槽位上，插错位置系统不能运行，并有可能造成模块故障。

的 DC-DC 转换电路产生 5 V 电压供逻辑电路工作。另一路直流 24 V 称为接口 24 V（用符号 I24 表示），供电子终端的输出电路驱动器和输入电路采集表示信息用电。电源系统图如图 8－49 所示。

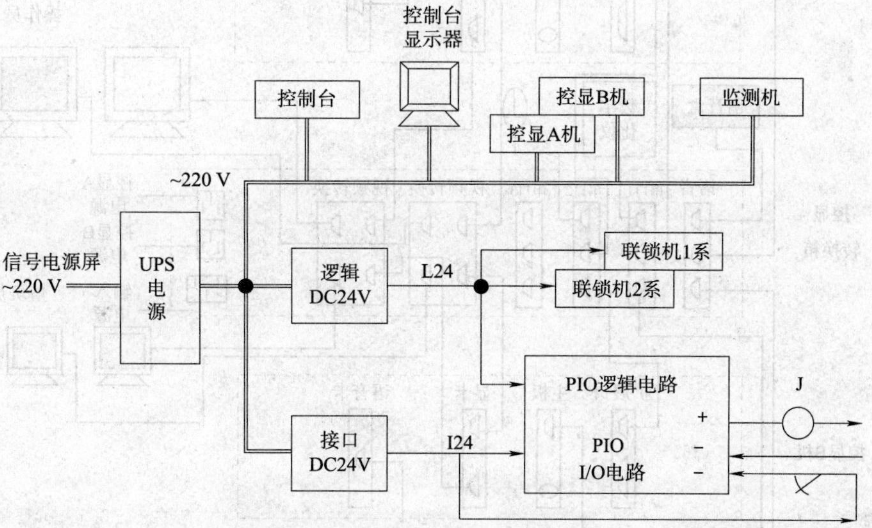

图 8－49　电源系统图

供 K5B 设备的两路 24 V 电源，安装在计算机系统的电源柜内。每一路 24 V 电源均由两个 AC-DC 开关稳压电源模块组成。其中两个模块在线工作互为热备，并联使用，可自动切换。电源柜输出的两路直流 24 V 分别送到联锁柜和电子终端柜的接线端子。

5. 控显机柜及控制台的安装

K5B 系统控制台有两种结构：DS6 通用结构；单元式控制台。通用结构的控制台在微机室要增加一个控显机柜，单元式控制台只设一个控制台。

(1)DS6 通用结构

由控显机、行车控制台、站场显示设备、控显转换箱组成操作显示设备设在运转室。操作设备可选用数字化仪或鼠标;表示设备可选用显示器。其结构和连线如图 8－50、图 8－51 所示。

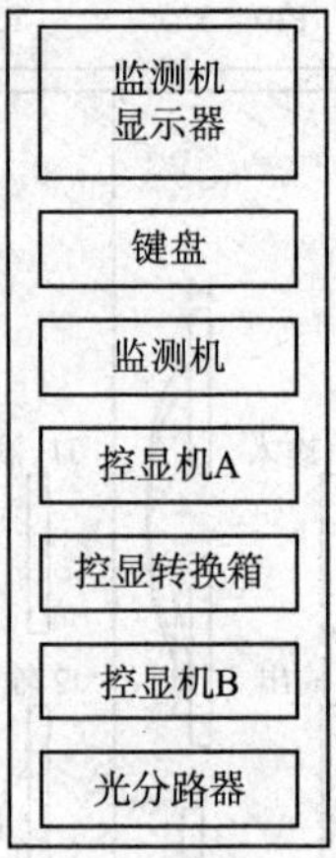

图 8－50　控显机柜正面结构图

(2)单元式控制台

单元式控制台由台体、MMIF 电路机架、电源及通信接口 IPU、开关量输入输出电路、MMIF2 组成。

一个 MMIF 机架有 18 个槽位。前面从左至右,依次为 1 到 18。

第 1、2 槽位,用于安装 2 个 LPU 模块。第 3、4 槽位,不插电路板,用挡板覆盖。第 5～18 槽位用于可安装 MMIF2 模块。最多可安装 14 块 MMIF2 模块。从左至右,每相邻的两个 MMIF2 为一对,构成并列两重系工作。左侧的为 1 系,右侧的为 2 系。在机架内 MMIF2 电路必须成对安装。MMIF2 电路是通用的,每个 MMIF2 电路板可以插在机架的任意位置。计算机为了识别插在每个位置上的 MMIF2 电路板,电路板在安装到机架上之前,必须给 MMIF2 电路板设定地址。

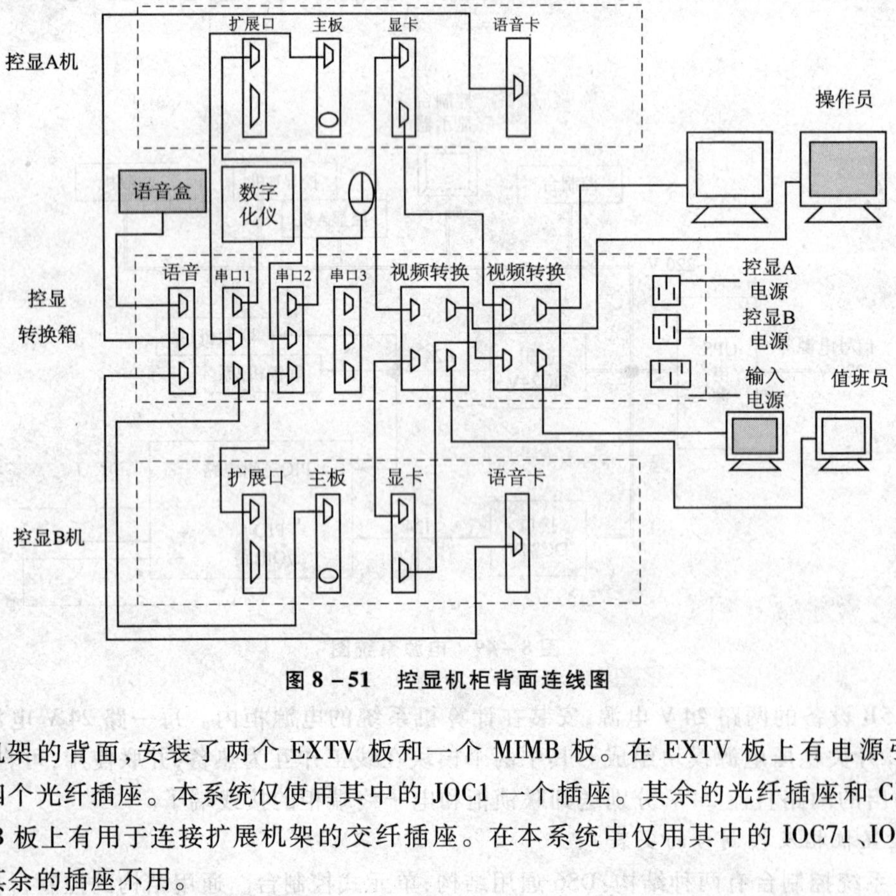

图 8－51　控显机柜背面连线图

在机架的背面,安装了两个 EXTV 板和一个 MIMB 板。在 EXTV 板上有电源引入插座 CN2 和四个光纤插座。本系统仅使用其中的 JOC1 一个插座。其余的光纤插座和 CN3 不用。在 MLMB 板上有用于连接扩展机架的交纤插座。在本系统中仅用其中的 IOC71、IOC72 两个插座。其余的插座不用。

在机架的背面,每一对 MMIF2 电路板有两个输出输入信号插座 CN3、CN4。

各站根据站场规模的大小决定共需要多少对 MMIF2 电路板。不超过 7 对 MMIF2 时,只需要一个 MMIF 机架。超过 7 对不超过 13 对 MMIF2 电路板时,安装在两个机架内并采用级连扩展方式,第一个机架内安装 6 对 MMIF2 电路板;第二个机架内安装 7 对 MMIF2 电路板。超过 13 对时,亦采用上述原则,不过需要将主 MMIF 机架连接到回线 2 上。

在控制台内还安装了两个光变换器。

每个光分路器由两块电路板组成。一块电源板 SPHC-PW,一块信号传送板 SPHC-TH。光分路器由直流 24 V。电源板产生 5 V 电压供信号传送板工作。具体连接如图 8－52 所示。

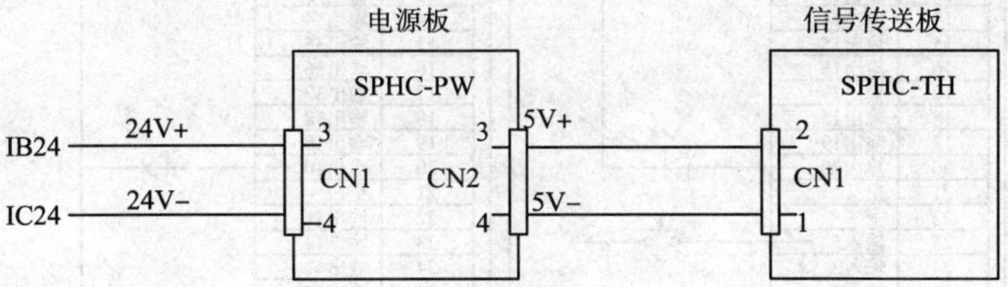

图 8－52　光分路器的连接

光变换器的作用是实现两种光纤的转换连接,联锁机与光变换器之间用单芯光纤。是为了满足传输距离的要求。光变换器与 MMIF 之间用两芯光纤。此种光纤是 MMIF 接口。联锁机、光变换器和 MMIF 机架的 EXTV 均为二重系。连接方法为 1 系和 2 系分别连接,一一对应。从联锁机 TLIO 的 L1TT 和 L1TR 插座引出两根单芯光纤,到光变换器的 TRR 和 TRT。从光变换器的 OP1 插座引出一根两芯光纤,连到 MMIF 机架 1 的 EXTV 的 JOC1 插座。从 MMIF 机架 1 的 MLMB 的 IOC71、IOC72 各引出一根两芯光纤,分别连到 MMIF 机架 2 的 1 系 EXTV 的 JOC1 和 2 系的 EXTV 的 JOC1。控制台 MMIF 电路与联锁机之间的连接如图 8－53 所示。

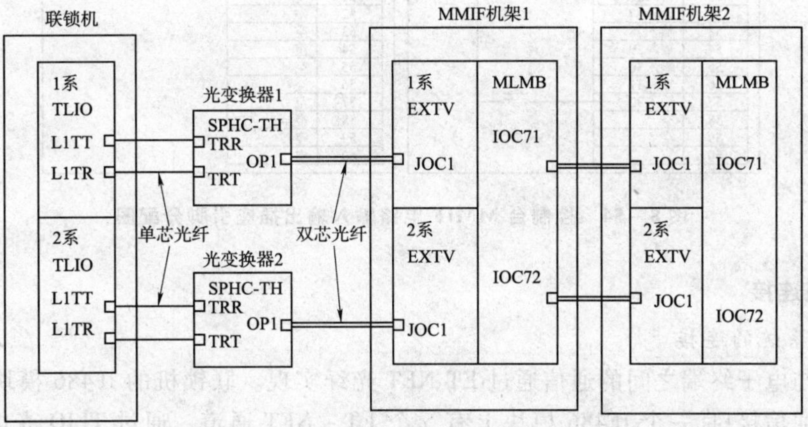

图 8－53　控制台 MMIF 电路与联锁机之间的连接

MMID 输出、输入配线:

在 MMIF 机架上,每一对 MMIF2 电路板的背面有 CN3、CN4 两个插座。每个插座有 60 个引脚。CN3 有 32 个引脚用于连接按钮输入信号。CN3 上有 20 个引脚和 CN4 上的 44 个引脚用于连接表示灯输出信号。每个插座引脚的信号分配如图 8－54 所示。

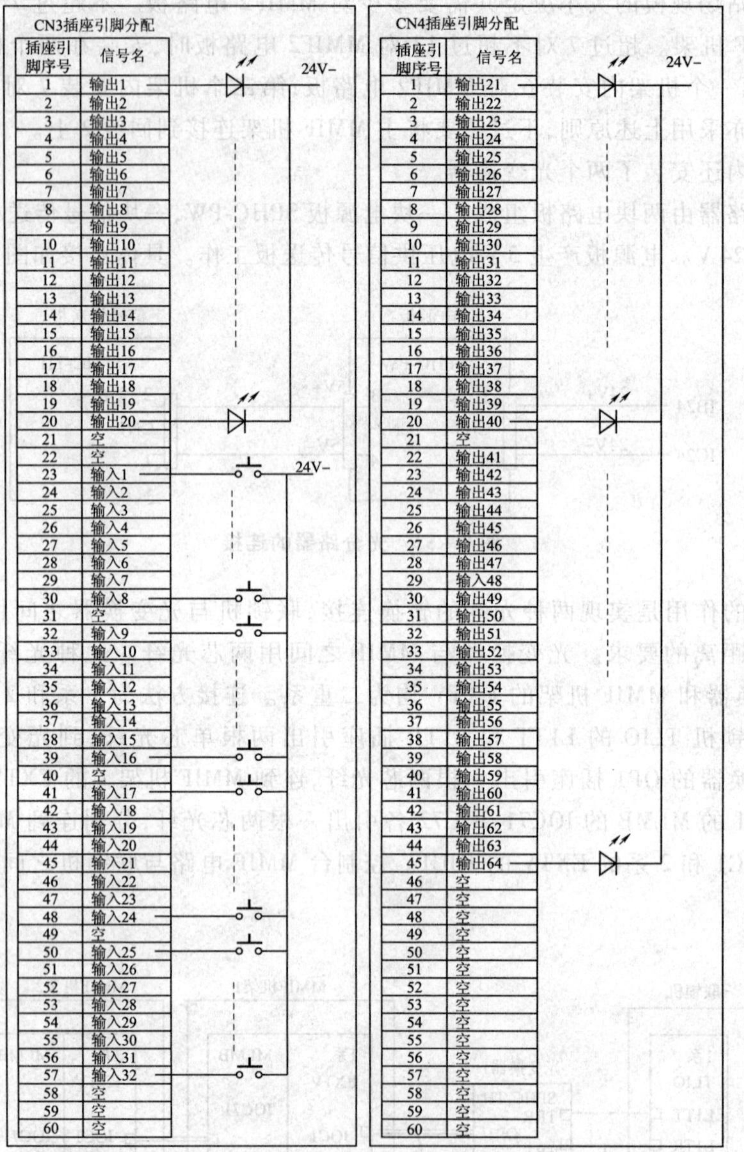

CN3插座引脚分配 插座引脚序号	信号名	CN4插座引脚分配 插座引脚序号	信号名
1	输出1	1	输出21
2	输出2	2	输出22
3	输出3	3	输出23
4	输出4	4	输出24
5	输出5	5	输出25
6	输出6	6	输出26
7	输出7	7	输出27
8	输出8	8	输出28
9	输出9	9	输出29
10	输出10	10	输出30
11	输出11	11	输出31
12	输出12	12	输出32
13	输出13	13	输出33
14	输出14	14	输出34
15	输出15	15	输出35
16	输出16	16	输出36
17	输出17	17	输出37
18	输出18	18	输出38
19	输出19	19	输出39
20	输出20	20	输出40
21	空	21	空
22	空	22	输出41
23	输入1	23	输出42
24	输入2	24	输出43
25	输入3	25	输出44
26	输入4	26	输出45
27	输入5	27	输出46
28	输入6	28	输出47
29	输入7	29	输入48
30	输入8	30	输出49
31	空	31	输出50
32	输入9	32	输出51
33	输入10	33	输出52
34	输入11	34	输出53
35	输入12	35	输出54
36	输入13	36	输出55
37	输入14	37	输出56
38	输入15	38	输出57
39	输入16	39	输出58
40	空	40	输出59
41	输入17	41	输出60
42	输入18	42	输出61
43	输入19	43	输出62
44	输入20	44	输出63
45	输入21	45	输出64
46	输入22	46	空
47	输入23	47	空
48	输入24	48	空
49	空	49	空
50	输入25	50	空
51	输入26	51	空
52	输入27	52	空
53	输入28	53	空
54	输入29	54	空
55	输入30	55	空
56	输入31	56	空
57	输入32	57	空
58	空	58	空
59	空	59	空
60	空	60	空

图 8－54　控制台 MMIF 电路输入输出插座引脚分配图

二、系统连接

1. 网络系统的连接

联锁机与电子终端之间的通信通过 ET NET 光纤实现。联锁机的 IF486 模块是联锁机与电子终端的通信接口,一个 IF486 模块上有 5 个 ET～NET 通道。通过 TLIO 光电转换引出 5 对光纤,连接 5 个电子终端机架。ETLIO 的端口与电子终端之间用 HAC105 型两芯光纤连接。见图 8－55 所示。

联锁机与控制显机和监测之间光纤连接见图 8－56 所示。

注意:系统各设备间采用了光纤连接。光纤较为脆弱,应注意以下事项:

(1)不要用手触摸光纤接头的光端口。光纤接头不用时,一定要带上防尘帽。

(2)光纤的弯曲半径一定要在 50 mm 以上,否则将造成光纤断裂。

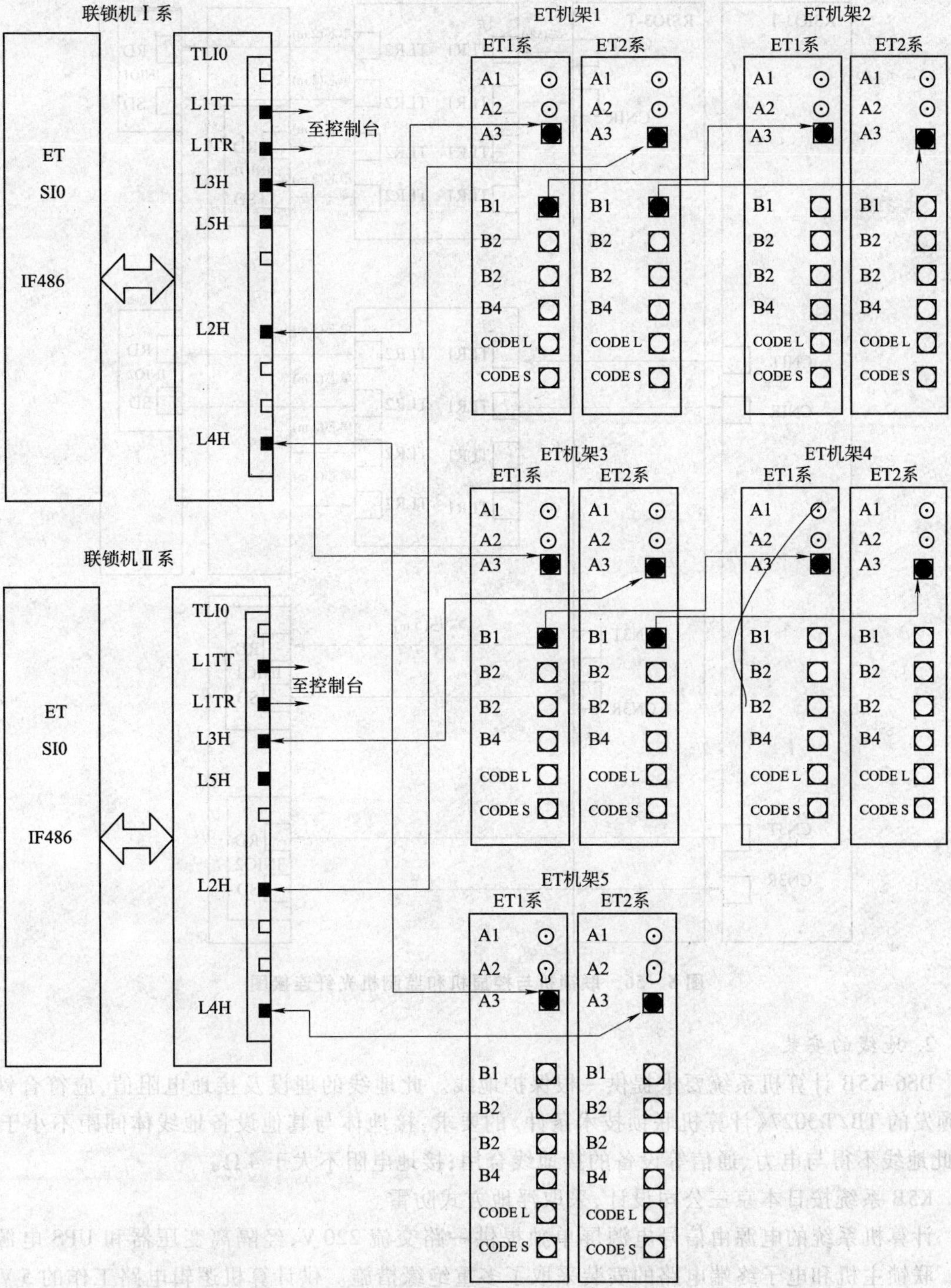

图 8－55　联锁机与电子终端光纤连接图

(3)不可使光纤受到强烈的撞击、震动和重力挤压、拉扯。

(4)拆卸光纤连接须握住光纤接头的外壳拔插，不可拉拽光纤线。

(5)连接光纤接头要注意插头与插座的吻合，同时要拧紧固定螺丝。

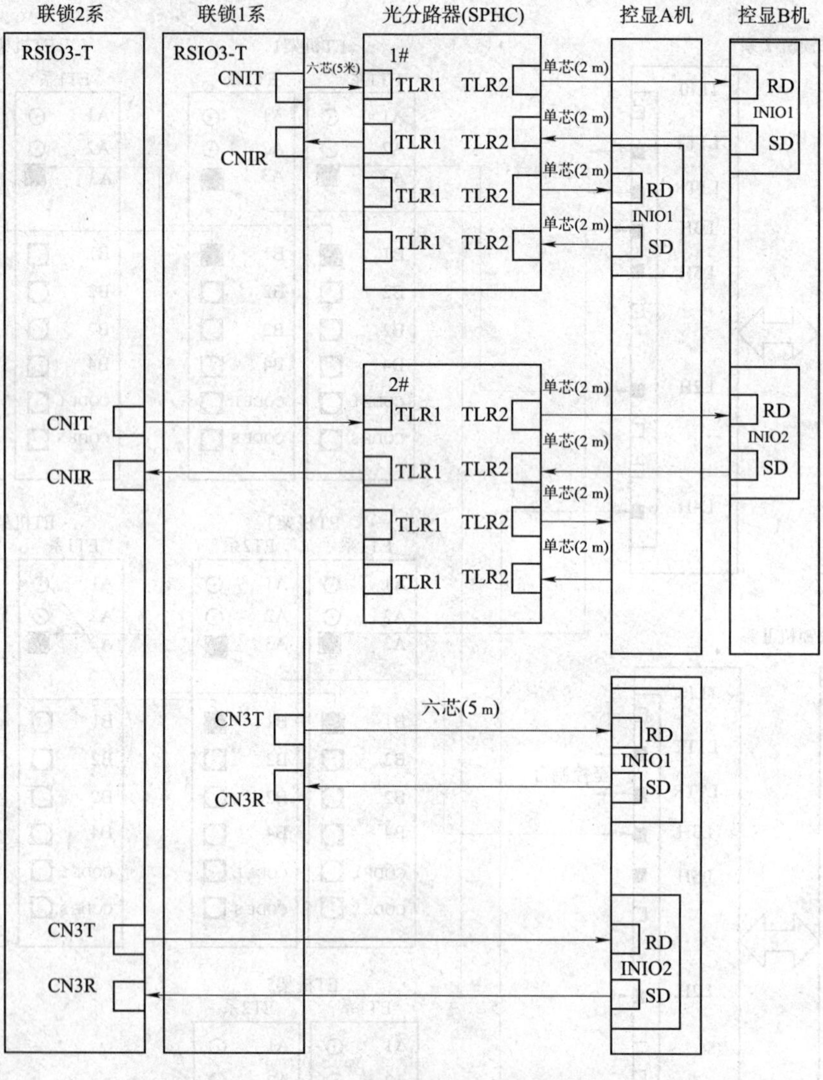

图 8－56　联锁机与控显机和监测机光纤连接图

2. 地线的安装

DS6-K5B 计算机系统要求提供一根保护地线。此地线的埋设及接地电阻值，应符合铁道部颁发的 TB/T 3027《计算机联锁技术条件》的要求：接地体与其他设备地线体间距不小于 20 m；此地线不得与电力、通信等设备的接地线合用；接地电阻不大于 4 Ω。

K5B 系统按日本京三公司设计，采取浮地方式防雷。

计算机系统的电源由信号电源屏单独提供一路交流 220 V，经隔离变压器和 UPS 电源供给。联锁主机和电子终端电路的安装采取了多重绝缘措施。供计算机逻辑电路工作的 5 V 电源对地浮空。输入、输出接口电路工作的 24 V 电源由计算机系统 24 V 电源供给，形成闭合的回路，且对地浮空。在室内环境条件下，满足上述隔离要求，在输入、输出端口不设防雷元件。

三、系统加电

系统冷机启动的加电顺序：系统从冷机（未加电）状态启动，应首先确认所有设备连接正确，接插件连接牢靠，然后进行加电。给设备加电应按照先外围，后联锁的顺序进行。

(1)接通 UPS220 V 电源,确认 UPS 输出 220 V 电压正确。

(2)接通控制台设备电源。控制台设备包括:控显机、显示器、控显转换箱。

(3)接通监测机(含显示器)电源。

(4)接通微机电源柜电源。确认两路 24 V 电源输出正常。

(5)接通联锁 1 系和联锁 2 系的电源开关。在联锁机 F486 模块的 IC 卡插槽内插入 IC 卡。如有两个 IC 卡,可同时插在两系联锁机上。如只有一个 IC 卡,可先插入一系联锁机,待其进入运行状态后,取出 IC 卡再插入另一系联锁机。联锁机从 IC 卡读入程序和数据约需 30 s 左右。首先加电并插有 IC 卡的联锁机将进入"主系"状态运行,另一机进入"从系"状态运行。

(6)接通各 ET 机架上每个 ET-LINE 和 ET-PIO 模块的电源开关。确认每个模块进入正常工作状态:"Normal"指示灯亮;"Txd"指示灯闪光。

至此,K5B 系统从冷机状态加电启动完成。

系统停机下电,原则上应按上述的逆向顺序,依次切断各设备的电源。

四、接口电路的调试和故障处理

K5B 计算机的输出采用静态输出方式。所有受计算机驱动的继电器全部采用直流安全型继电器。继电器工作所需的 24 V 电源由微机系统给出。不用信号电源屏的 KZ 24 V。微机输出口送出 24 V +,继电器线圈的负端连到公共回线,回到电源的负极。不受微机控制的继电器仍然用信号电源屏的 KZ 24 V。

K5B 系统的输入采用静态方式。采集电压为 24 V。电源由微机系统供给。计算机通过输入采集电缆的电源线送出 24 V 正电压,接到被采集接点组的中间接点。经前接点或后接点返回的计算机的输入口,经过计算机接口电路内部回到电源负极。

在设有应急盘的车站,为了防止在使用应急盘操作时计算机上有输出,设一个"机控继电器"JKJ。在应急盘上设"机控 - 应急"转换开关。开关在机控状态时,JKJ 吸起,用 JKJ 的上接点接通计算机输出接口的 24 V + 电源,计算机输出有效。在"应急"状态下,JKJ 落下,切断计算机输出接口的 24 V + 电源,计算机输出无效,见图 8 - 57。

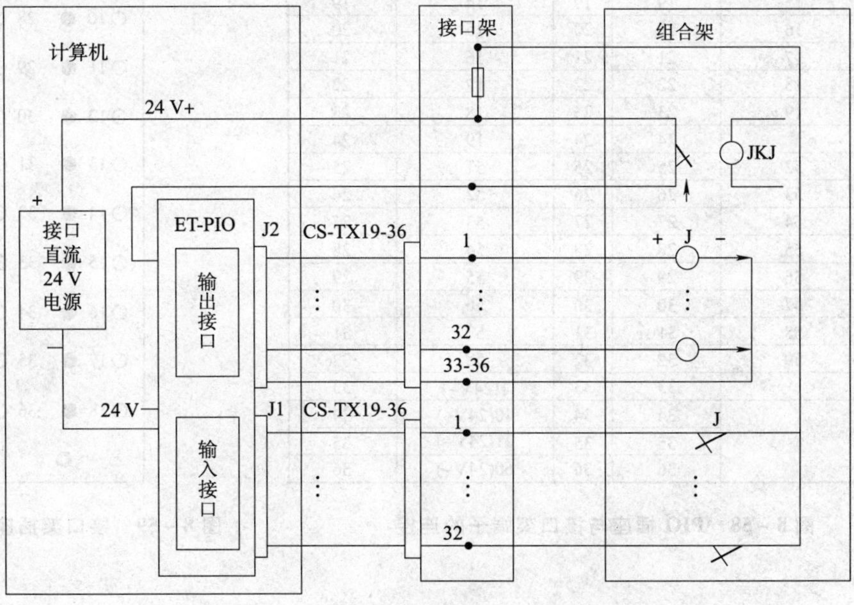

图 8 - 57　K5B 计算机的输入、输出接口

在计算机与继电器组合架之间设一“接口架”，作为计算机与继电器电路之间的连接界面。在接口架上设 CS-TX19-5.08-36Z 型 36 线插座。每个插座配 32 根信号线。继电器电路一侧的连线，焊接在插座上。计算机一侧的连线用插头连接。

在 ET 机架的背面，每一对 ET-PIO 有两个矩形插座。其中 J1 用于连接输入信号。J1 插座有 60 芯，用其中的 32 芯，引入 32 路输入信号。在接口架上，对应每一个 ET-PIO 的 32 路输入，设一个 CS-TX19-36Z 型插座。采用 36 芯信号电缆。电缆的一端用压接方式连接与 J1 对应的插头。电缆的另一端焊接 CS-TX19-36T 型插头。

在 ET-PIO 背面的 J2 插座与 J1 型号相同，用于引入 32 路输出信号。连接电缆及两端的插头形式与输入电缆相同。输出电缆中有四根芯线用于连接输出信号的负极公共端。见图 8－58、图 8－59 所示。

序号	PI0 输入插座 J1	接口架端子	序号	PI0 输入插座 J2	接口架端子
1	5	1	1	3	1
2	6	2	2	4	2
3	7	3	3	5	3
4	8	4	4	6	4
5	9	5	5	7	5
6	10	6	6	8	6
7	11	7	7	9	7
8	12	8	8	10	8
9	44	9	9	42	9
10	45	10	10	43	10
11	46	11	11	44	11
12	47	12	12	45	12
13	48	13	13	46	13
14	49	14	14	47	14
15	50	15	15	48	15
16	51	16	16	49	16
17	13	17	17	12	17
18		18	18	13	18
19	15	19	19	14	19
20	16	20	20	15	20
21	17	21	21	16	21
22	18	22	22	17	22
23	19	23	23	18	23
24		24	24	19	24
25	52	25	25	51	25
26	53	26	26	52	26
27	54	27	27	53	27
28	55	28	28	54	28
29	56	29	29	55	29
30	57	30	30	56	30
31	58	31	31	57	31
32	59	32	32	58	32
33		33	33	1(24V－)	33
34		34	34	40(24V－)	34
35	空	35	35	21(24V－)	35
36		36	36	60(24V－)	36

图 8－58 PIO 插座与接口架端子的连接

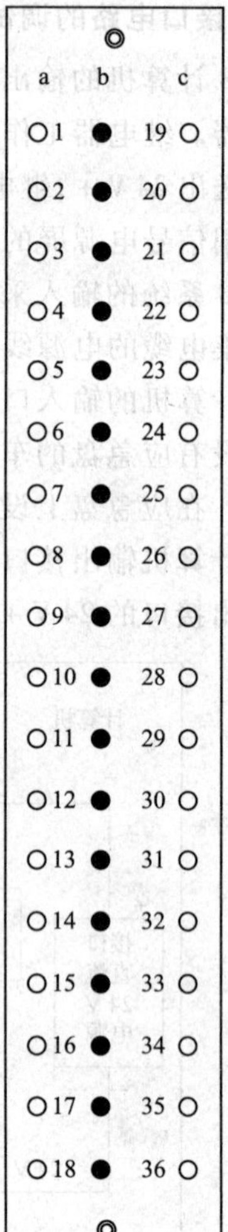

图 8－59 接口架插座位置图

注意：加电调试时，不能将联锁双系和电子终端开关全部打开。只能由一个人操作，先将某一个系的联锁开机，正常运行后再将该系的 ET-LINB 和 ET-PIO 的电源逐一打开，只有前一个 ET-PIO 工作正常后，才能打开下一个 ET-PIO 的电源开关，如发现问题应立即关掉电源查明原因。此系加电都正常后，关掉联锁及 ET-LINE 和 ET-PIO 的电源开关之后，再按照前一系的步骤打开另一系，正常后，将两系的 ET-LINE 和 ET-PIO 的电源同时打开，两系工作正常后，关掉其中一系再进行调试。

接口故障的处理方法：

（1）输入接口

当某一设备采集错误时，首先根据接口设备信息表和施工设计图纸，在接口架上找到相应设备的采集端子，用万用表测量该端子是否存在 I24 V +，依次确定故障在微机侧还是机械室。如在微机室一侧，故障一般在接口电缆或连接插头等位置；如故障在机械室，则检查相应继电器以及配线错误。

由于 K5B 系统信息采集单接点（即前接点或后接点），所以在判断采集故障时，如在接口架端子上测不到采集信息信号，需要查看相应继电器状态以及该继电器的驱动信号等综合分析故障原因。

（2）输出接口

在保证信号输出电缆导通的条件下，驱动相应继电器时去测量接口架对应端子的电压为 I24 V +；如接口架对应端子无输出信号时，先查看 ET-PIO 板的工作状态，如工作正常，再找到相应的施工设计图纸查看产生此输出信号的技术条件是否构成。如接口架对应端子有输出信号，测量继电器线圈的电压，有电压则更换继电器或是插座板不好，无电压则检查相应的配线。

五、验收及开通

在以上的施工及接口调试全部完成后，由用户对 DS6-K5B 系统进行验收，包括硬件和软件。主要是对软件的检查，即依据联锁表检查联锁关系的正确。在试验过程中，对用户发现的问题，及时解决，确认无误后开通使用。

第六节　EI32-JD 型计算机联锁设备安装及调试

一、设备的摆放

依据“EI32-JD 型计算机联锁工程图”的“计算机联锁设备布置图”（图 8 – 60），在符合设备电气特性要求的条件下，按照整齐合理、落地稳固、便于施工和维护的原则摆放各种机柜、设备。包括：地板开口、微机柜、分线柜、综合柜、维修机终端桌、应急台等。

注意：

（1）应认真确认机柜前后面正确，联锁机柜、综合柜或联锁机柜 1、联锁机柜 2、综合柜依次从左至右摆放，并检查机房、地板是否满足系统使用要求（空调、防静电地板等）。

（2）分线柜体设计为接保护地，所以分线柜可以与联锁柜并排相互依靠放置，但仍以与联锁柜分离，即摆放存在一定距离为宜，推荐间隔 60 cm 或将终端桌夹于联锁柜与分线柜或综合柜与分线柜之间。

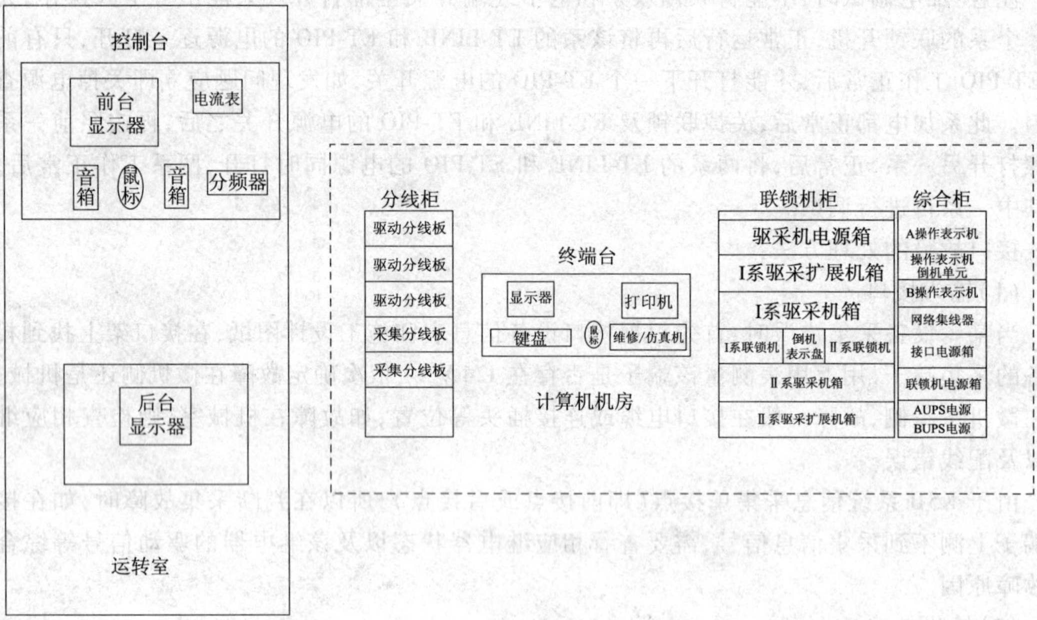

图 8－60　计算机联锁设备布置图

二、计算机设备上架就位

依据“EI32-JD 型计算机联锁工程图”的“计算机联锁系统综合柜布置图”(图 8－62)、“计算机联锁机柜布置图”(图 8－62)及“计算机联锁分线柜布置图”(图 8－63),包括联锁机柜的机箱板卡、操作表示机、维修机、打印机、显示器、网络集线器、UPS 电源等。

注意:做如下操作前提供给联锁机、操作表示机的 220V 电源线不要与机柜连接。

(1) 操作表示机、维修机、打印机、显示器、网络集线器、UPS 电源等的安装操作与“JD-1A”型联锁系统相同(操作表示机、联锁机通信部分除外)。

(2) 联锁机柜的安装按如下步骤进行:

(1)将两侧已粘好绝缘条的联锁、驱采、驱采扩展机笼按“EI32-JD 型计算机联锁工程图”的“计算机联锁机柜布置图”(图 8－62)装入联锁机柜,并确认机笼母板跳线正确。注意:必须做到各机笼与联锁机柜柜体绝缘。

(2)将已正确跳线的各种印制板按“EI32-JD 型计算机联锁工程图”的“计算机联锁机柜布置图”插入联锁、驱采、驱采扩展机笼。注意:必须做到实物与图纸板位完全一致,驱采部空缺槽位的签别销全部取下,以上设备均为贵重物品,现场人员在安装过程中应避免意外损坏。

注:如果各种计算机内有需要在现场安装的板卡需参照相应手册或公司各种装机指南进行。

三、非计算机设备配线

1. 机柜内部配线的校核要求

(1)使机柜上的所有空气开关处于断开状态,任何交、直流电源插头不要与工控机及联锁机笼等用电设备相连接。

(2)参照机柜附带配线图认真核对机柜内部所有配线,发现问题及时处理。

(3)该项工作应与工厂施工人员共同完成,检查完毕各交、直流电源插头不要与工控机及

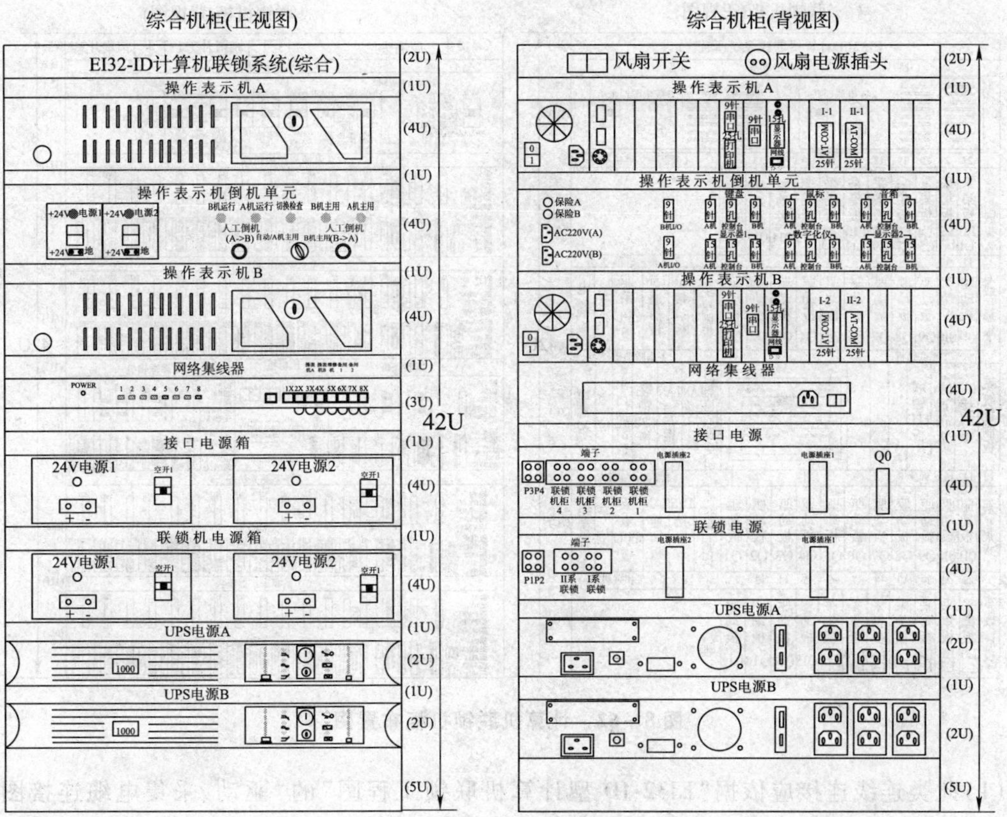

图 8－61　计算机联锁系统综合柜布置图

联锁机笼等用电设备相连接,机柜上的所有空气开关处于断开状态。

2. 电源线的连接

(1)电源线的连接依据为“EI32-JD 型计算机联锁工程图”的“交流 220V 电源连接图”(图 8－64)、“直流电源连接图”(图 8－65)、“直流 24 V 电源柜内连接图”(见图 8－66)及“地线配线图”(图 8－67)。

(2)布线的基本原则为横平竖直、布放整齐、标志明确、连接牢固。在连接各机柜之间电源线时应特别注意。

(3)隔离变压器次级以后的 220 V 电源线均应为三芯(分别接 JZ(F)220 和地线),地线要与保护地相连。

(4)操作表示机机壳、操作表示机倒机组合外壳、HUB 外壳、UPS 外壳、维修机外壳、打印机地线、运转室电源地线、前后台显示器地线、显示器桌桌体、分线柜柜体、综合柜柜体、联锁柜柜体均应接保护地不得悬空,接地线截面不得小于 2.5 mm^2。

(5)Ⅰ系和Ⅱ系 24 V 联锁电源要分别从综合柜单独引入(两根跨机柜电源线),不得在联锁机柜内复连。

注意:①联锁机所用的 24 V、5 V 电源均为悬浮地电源系统,系统地线(0 V 端)不与保护地相连,联锁、驱采、驱采扩展机笼也要与联锁机柜柜体绝缘。

②为开通后方便维修时旁路 UPS,2 KUPS 输入端要求另加一条 1 KUPS 输入线。

3. 联锁机到分线柜的采集和驱动线缆的连接(如图 8－68 所示)

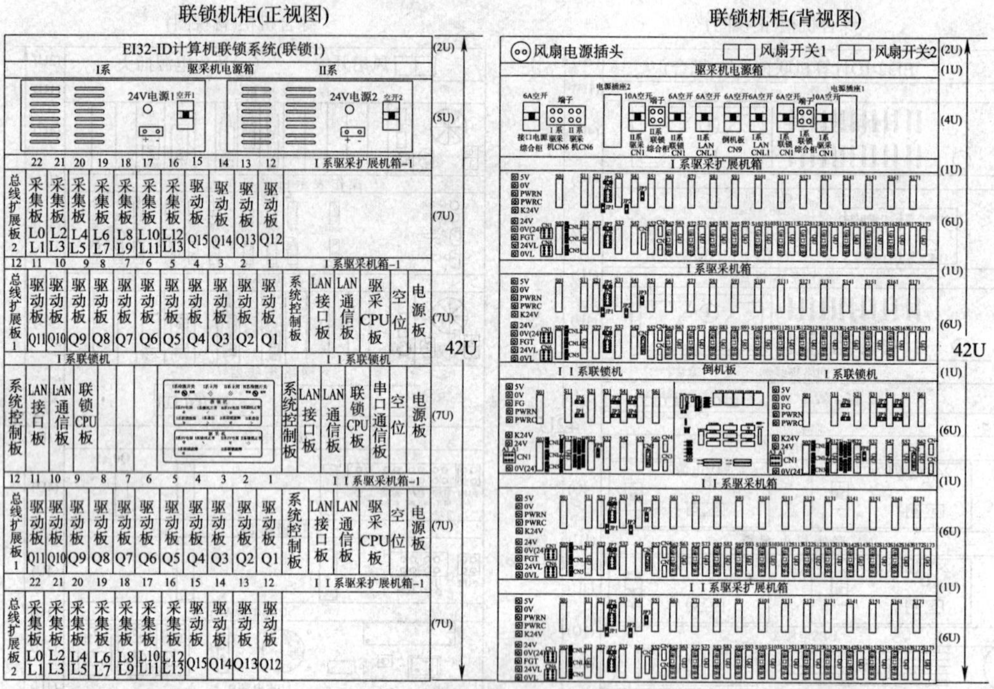

图 8－62　计算机联锁机柜布置图

(1)此类连线连接应依据“EI32-JD 型计算机联锁工程图”的“驱动、采集电缆连接图”及“计算机联锁分线柜布置图”、“计算机联锁机柜布置图”。

(2)由于联锁机侧的连接为 AMP 接插件,在连接前特别要注意检查母板上的插针是否整齐、有没有弯曲。

(3)线缆插头的方向要与母板上插座相对应,避免用力过猛损坏插针。

(4)分线柜侧要注意线缆插头的鉴别销及插针的定义要与插座相对应,其中各采集线缆的鉴别销一致,各驱动线缆的鉴别销一致。

(5)Q0 由综合柜用 32 芯电缆连接至分线柜。

4. 微机室与运转室之间的配线

(1)包括:

①微机室—运转室之间、运转室前后台之间的电源线。

②显示线、鼠标线,运转室前后台之间的显示连线。

(2)要求:

①此类连线连接应依据“EI32-JD 型计算机联锁工程图”的“操作表示机倒机组合前后面板图”(图 8－69)(图 8－71)、“交流 220 V 电源连接图”(图 8－64)及“地线配线图”(图 8－67)。

②到运转室的线缆要注意连接头要与操作机倒机单元后面的插座相对应。

③后台设备线缆应视具体情况可靠连接、力争美观。

④到运转室的线缆布线时视电务段具体要求施工。

四、计算机设备之间的电缆连接

1. 内容

(1)联锁机、驱采机之间的光缆。

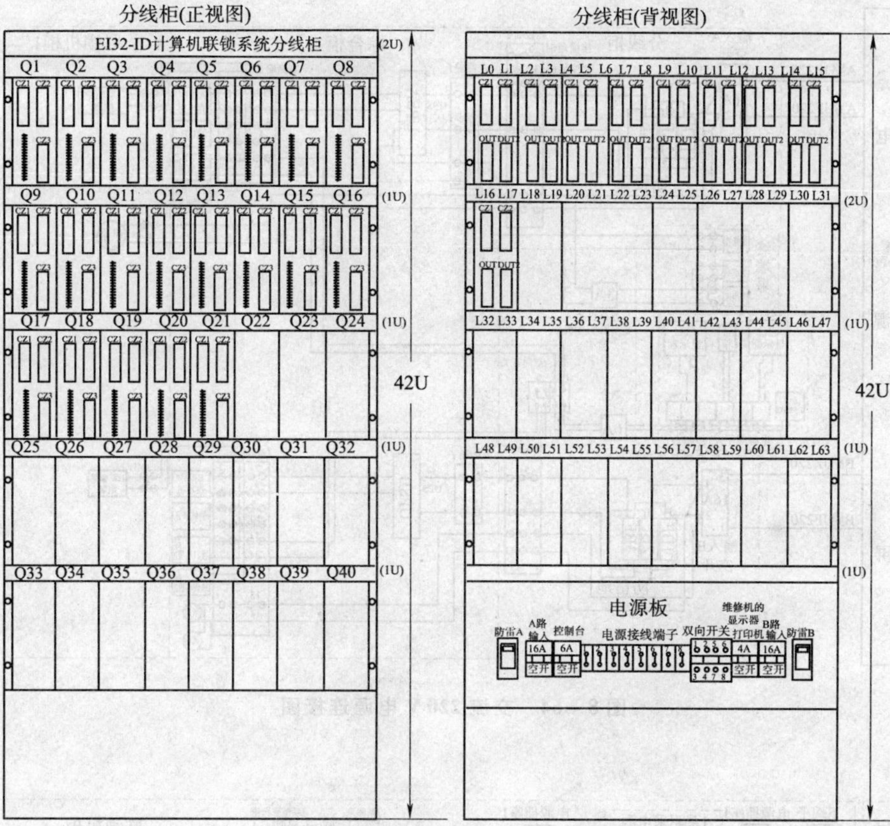

图 8－63　计算机联锁分线柜布置图

(2)驱采机、驱采扩展机之间的扩展总线。

(3)联锁机、驱采机到倒机板之间的配线。

(4)倒机板、表示盘之间的配线。

(5)联锁机、操作表示机之间的通信线。

(6)Ⅰ系和Ⅱ系之间的驱动、采集复联线。

(7)操作表示机到操作表示机倒机组合之间的配线。

(8)操作表示机、维修机之间的网线。

(9)维修机、打印机及相关配线。

2. 要求

(1)联锁机、驱采机之间的光缆连接依据“EI32-JD 型计算机联锁工程图”的“光缆连图”(图 8－70)。

(2)驱采机、驱采扩展机之间的扩展总线连接依据“EI32-JD 型计算机联锁工程图”的“倒机、串口、总线电缆连接图”(图 8－71)。

(3)联锁机、驱采机到倒机板之间的配线依据“EI32-JD 型计算机联锁工程图”的“倒机、串口、总线电缆连接图”(图 8－71)。

(4)倒机板、表示盘之间的配线依据“EI32-JD 型计算机联锁工程图”的“倒机、串口、总线电缆连接图”。

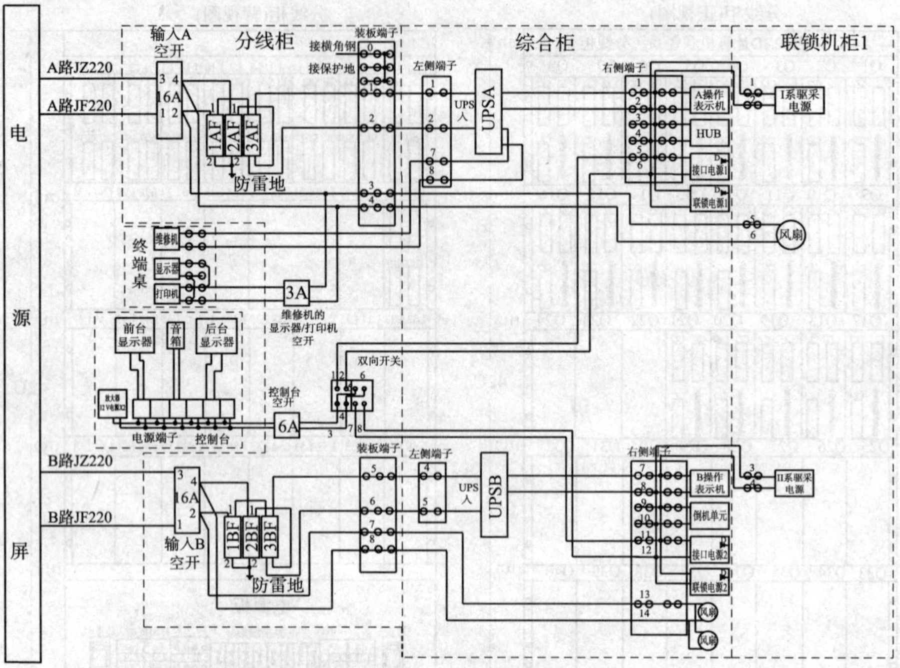

图 8－64　交流 220 V 电源连接图

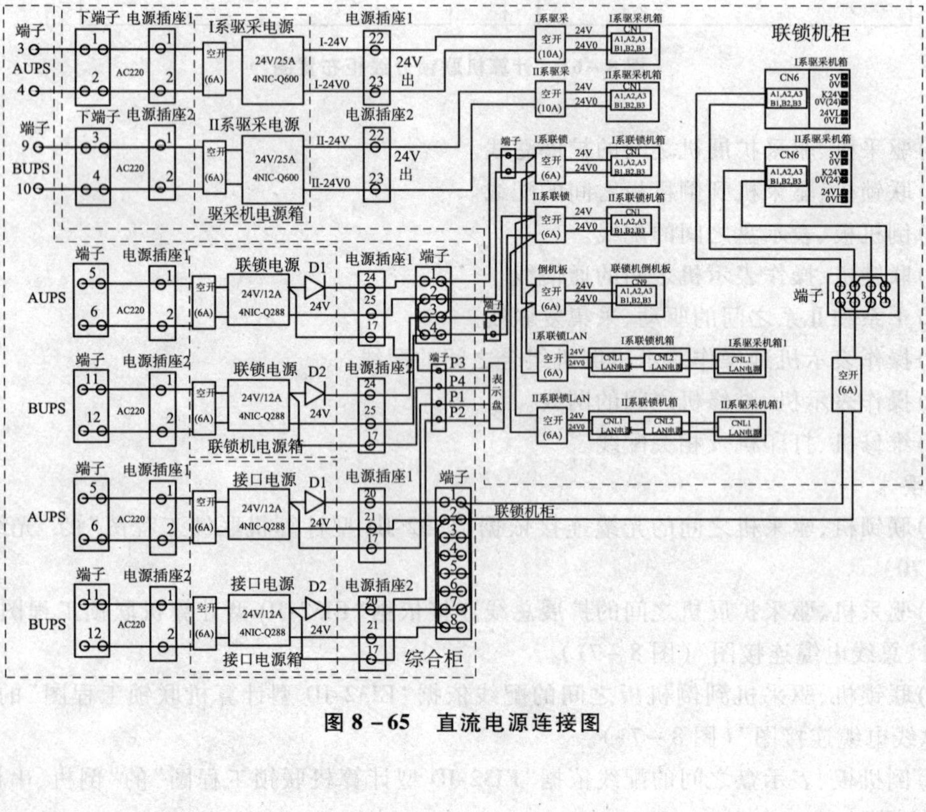

图 8－65　直流电源连接图

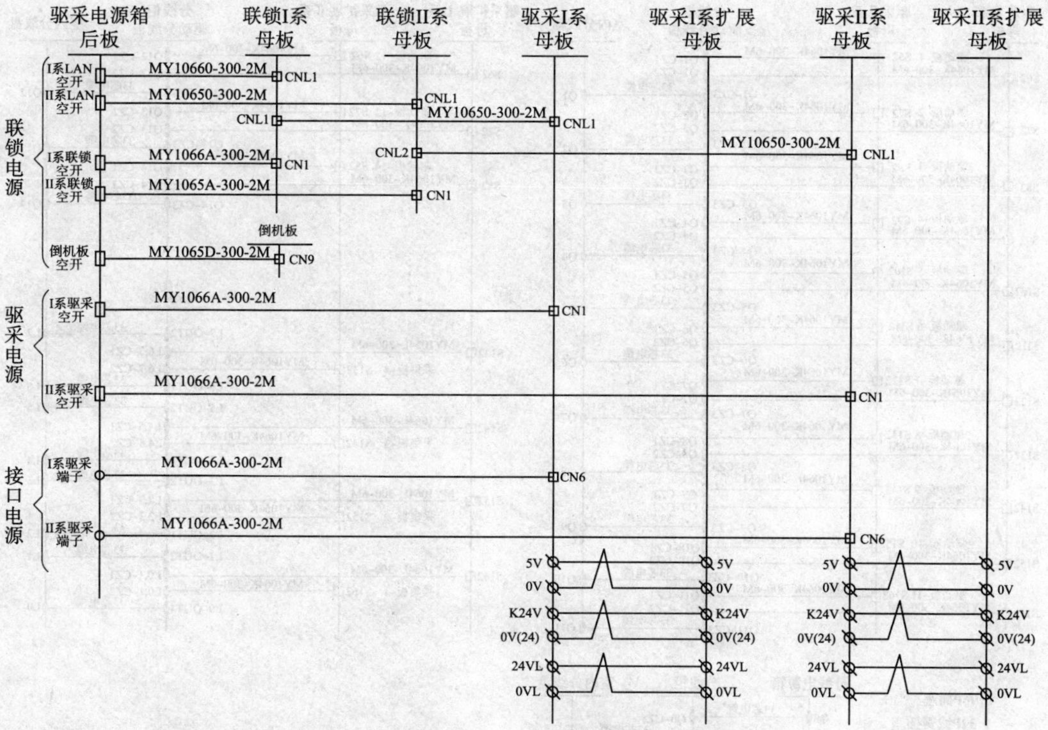

图 8-66　直流 24 V 电源柜内连接图

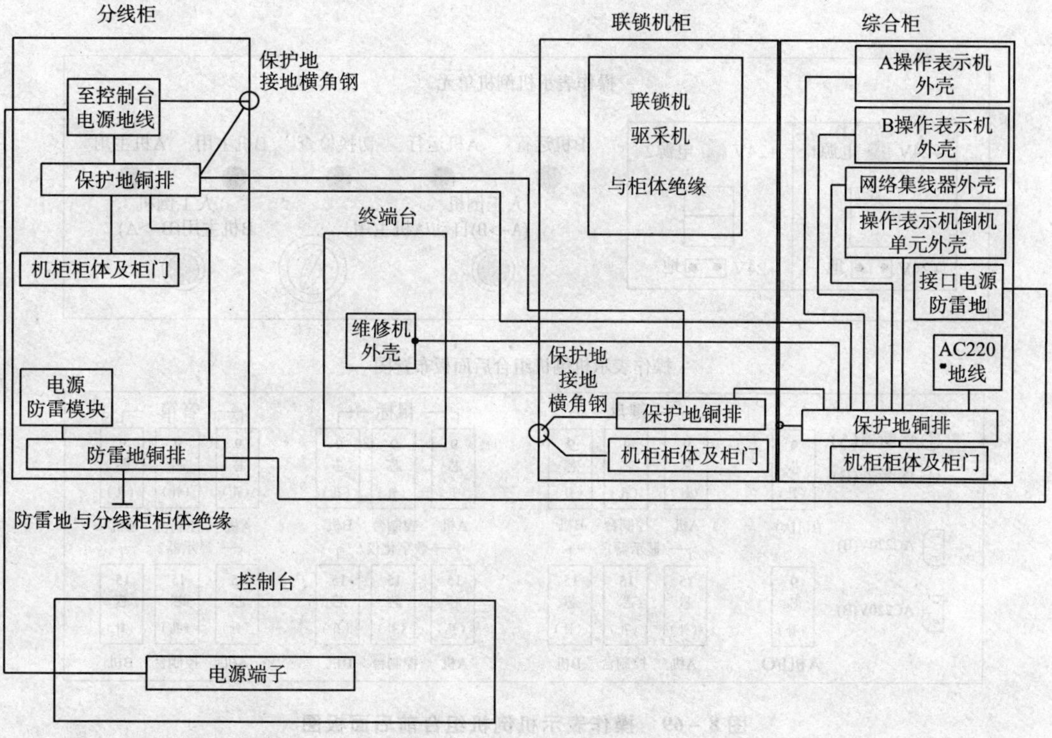

图 8-67　地线配线图

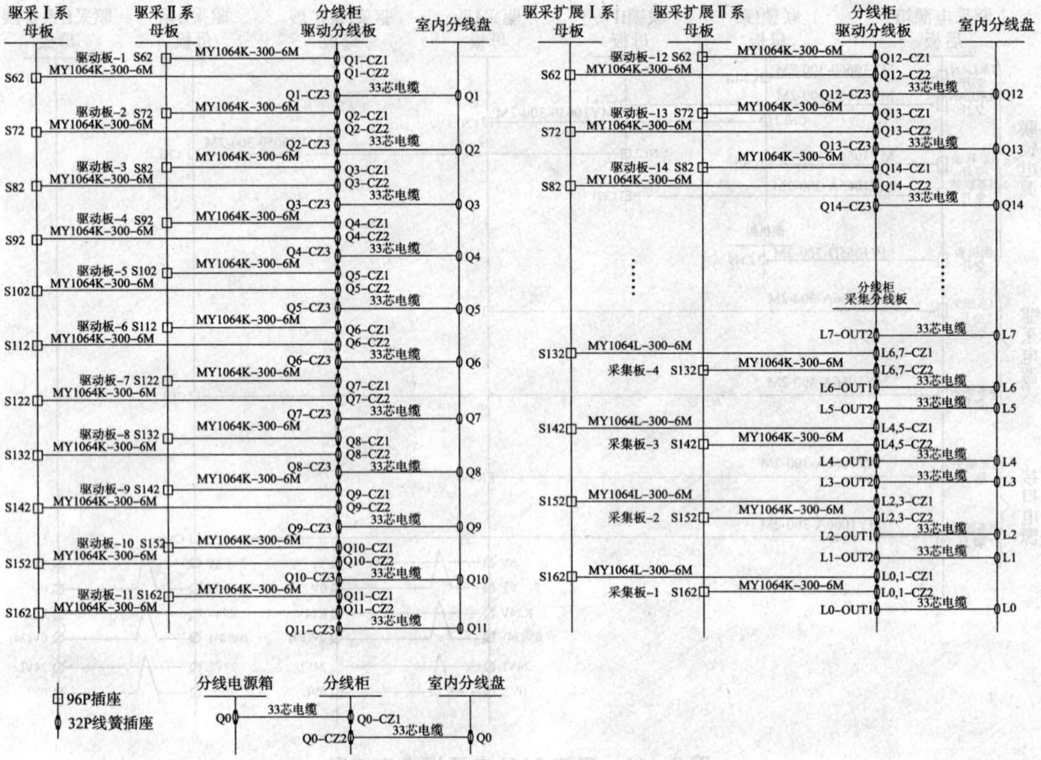

图 8－68　驱动、采集电缆连接图

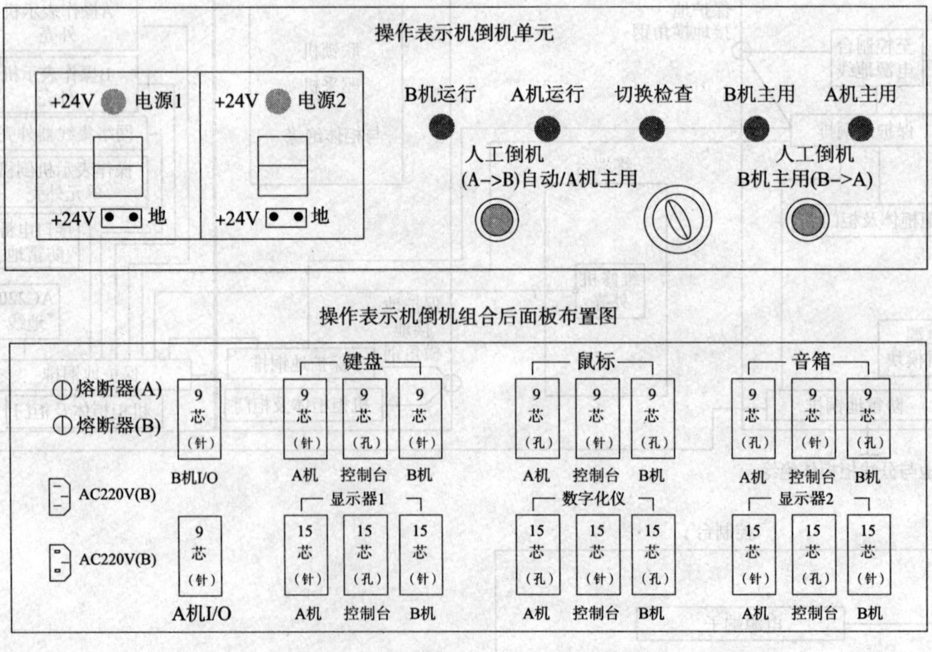

图 8－69　操作表示机倒机组合前后面板图

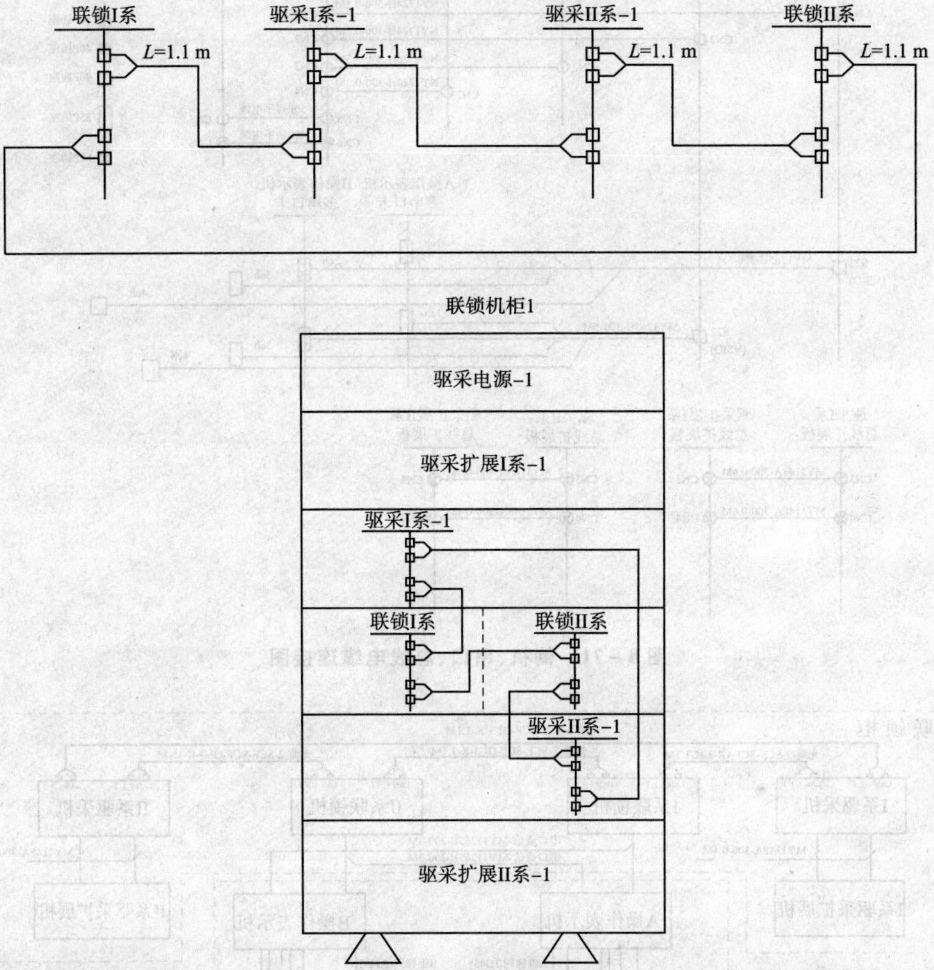

图 8－70　光缆连图

(5)联锁机、操作表示机之间的通信线依据“EI32-JD 型计算机联锁工程图”的“倒机、串口、总线电缆连接图”。

(6)Ⅰ系和Ⅱ系之间的驱动、采集复联线依据“EI32-JD 型计算机联锁工程图”的“驱动、采集电缆连接图”(图 8－68)。

(7)操作表示机到操作表示机倒机组合之间的配线依据“EI32-JD 型计算机联锁工程图”的“计算机设备之间电缆连接图”(图 8－72)。

(8)操作表示机、维修机之间的网线依据“EI32-JD 型计算机联锁工程图”的“计算机设备之间电缆连接图(图 8－72)”。

(9)维修机、打印机及相关配线依据“EI32-JD 型计算机联锁工程图”的“计算机设备之间电缆连接图”(图 8－72)。

(10)布线的基本原则为横平竖直、布放整齐、标志明确、连接牢固。

注:各种印制板的跳线应对照工程图认真核对,并保证在开通前再次核对其正确并可靠连接。

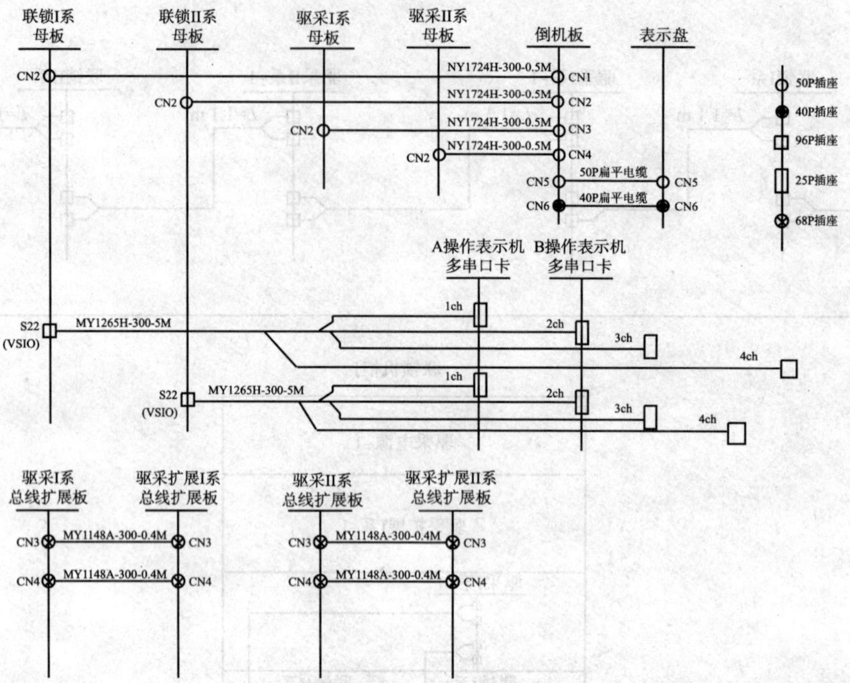

图 8－71　倒机、串口、总线电缆连接图

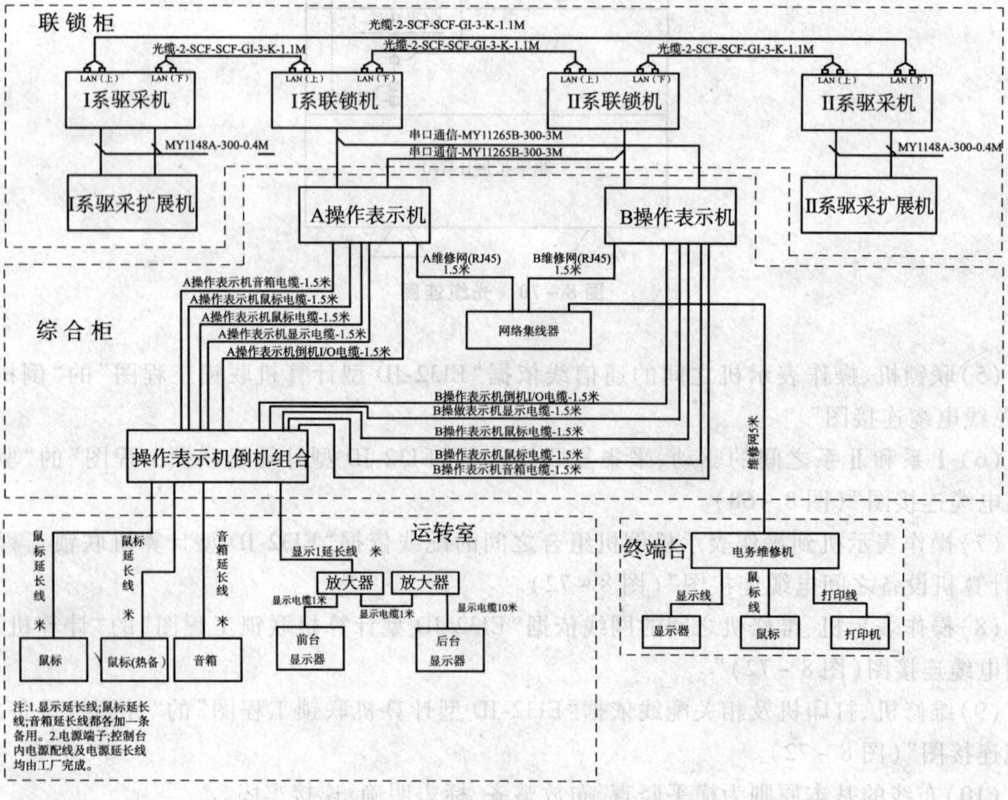

图 8－72　计算机设备之间电缆连接图

五、地　　线

EI32-JD 型计算机联锁系统设两种地线，其中防雷地线接到分线柜中的防雷接地铜排上，各机柜（包括分线柜）的保护地线应通过机柜内的保护地铜排连在一起最后从距分线柜最近的机柜的保护汇流排通过工厂提供的接地线接到分线柜的接地铜排上，两种地线汇合后从分线柜的接地铜排由一点接入大地，接地电阻不得大于 4 Ω，配线参照“地线配线图”（图 8－67），一般需单设不能与其他地线混用。接地电阻在与机柜连接好后亦允许用摇表直接测量其接地阻值。

六、各种直流电源对地绝缘的测量

EI32-JD 型计算机联锁系统中的 5 V、24 V 电源为悬浮地，即各种直流电源地都与保护地及防雷地绝缘。测试方法为：

（1）本测试应在上电前或关闭电源后进行。

（2）各种直流电源的正、负极性从电源输出端至联锁、驱采机箱应全程对地绝缘，用万用表核对其对防雷地、保护地的绝缘电阻应在兆欧（MΩ）以上。

（3）操作表示机倒机组合两个 24 V 电源的正、负极对防雷地、保护地的绝缘电阻应在兆欧（MΩ）以上。

七、设备上电

1. 电源部分的检查和测量（警告：做此项工作要特别注意人身和设备安全！）

检查所有 220 V 电源的配线，为系统上电做准备。包括：

（1）测量电源屏送出的电源电压

断开分线柜后面及联锁机柜内所有的空气开关，先不要连接引入电源，测量并调整电源屏（或是临时电源）送出的电源电压在 215～230 V 范围内。

（2）测量分线柜后面输入 A 和输入 B 两个空气开关的输入端的电压

测量分线柜后面输入 A 和输入 B 两个空气开关的输入端的电压应在 215～230 V 范围内，否则应排除故障。

（3）UPS 电源自检

在 UPS 电源外部输入电源断开的情况下参照“APC 机敏 UPS 不间断电源”使用手册进行 UPS 电源自检，确认 UPS 电源完好后接通 UPS 电源外部输入电源。

（4）测量 UPS A、UPSB、机柜风扇、运转室、维修机显示器、打印机输入电压

分别合上输入 A 和输入 B 两个空气开关，分别测量 UPS A、UPSB、机柜风扇、运转室、维修机显示器、打印机输入电压应在 215～230 V 范围内，测试时 A、B 两路电源不要同时供电以检查运转室电源一、二路转换开关配线及是否存在交叉送电，注意检查 UPSA、B 输出端应没有电压，否则应排除故障。

（5）测量 UPS A、B 输出端电压

分别启动 UPSA、UPSB，观察 UPS 面板指示是否正确，测量 UPS 的输出端电压应在 215～230 V 范围内，测试时 A、B 两路电源不要同时供电以检查是否存在交叉送电。

（6）测量各计算机设备的输入电压

测量联锁计算机、操作表示机、维修机、网络集线器的输入电压均应在 215～230 V 范围内，且未交叉送电，否则应排除故障。

注：以上测试完成后关闭所有用电设备，拔下所有用电设备输入电源线，关闭所有电源开关。

(7)测量 24 V 联锁电源、接口电源、驱采电源的电压

断开综合机柜、联锁机柜后的 24 V 电源的直流输出空气开关同时机笼内所有印制板均与插座脱离,参照“交流 220 V 电源连接图”、“直流电源连接图”、“直流 24 V 电源柜内连接图”按如下步骤操作(注:以下各个步骤应按顺序执行,所有直流电源插头在测试完成前不要插入各机箱母板):

①条件:合上分线柜 A 路电源开关断开 B 路电源开关,打开 AUPS 交流输入灯应点亮(如同时打开 BUPS 应是电池灯亮)。

测试:合上综合柜前面板上的“接口电源 1”、“联锁电源 1”的空气开关指示灯应点亮测试孔应有 24 V 直流电输出(同时合上综合柜前面板上的“接口电源 2”、“联锁电源 2”的空气开关指示灯不应点亮),综合柜后“接口电源”、“联锁电源”接线端子处 P3、P4 应有 24 V 电压而 P1、P2 处没有电压。

②条件:条件 A 存在且断开综合柜前“接口电源 1”的开关同时保持“联锁电源 1”的开关在闭合状态。

测试:联锁机柜“接口电源”空气开关输入端应无 24 V 电压,合上该开关各驱采机的 CN6 上应无 24 V 直流电压,否则存在“接口电源”与“联锁电源”混电的可能。此时Ⅰ、Ⅱ系联锁电源、倒机板电源、LAN 电源空开的输入端均应有 24 V 电压,否则存在“接口电源”与“联锁电源”混电或其他配线错误。闭合以上各开关各联锁 CN1、CNL1 插头,倒机板 CN9 插头上应有 24 V 电压。

注意:插头上的电源极性要与机箱母板上插座上的极性相同,同时也要检查联锁机 CNL1 与驱采机 CNL2 的 LAN 电源环线的极性正确。

③条件:条件 A 存在且闭合综合柜前“接口电源 1”的开关同时断开“联锁电源 1”的开关。

测试:联锁机柜“接口电源”空气开关输入端应有 24 V 电压,合上该开关各驱采机的 CN6 上应有 24 V 直流电压,否则存在“接口电源”与“联锁电源”混电的可能。此时Ⅰ、Ⅱ系联锁电源、倒机板电源、LAN 电源空开的输入端均应无 24 V 电压,否则存在“接口电源”与“联锁电源”混电或其他配线错误。有 2、3…联锁机柜时应从综合柜逐个分线引出 24 V 联锁电源。

注意:插头上的电源极性要与机箱母板上插座上的极性相同。

④条件:条件 A 存在且断开综合柜前“接口电源 1”、“联锁电源 1”的开关。

测试:闭合联锁机柜前Ⅰ、Ⅱ系驱采电源的空气开关,Ⅰ系电源指示灯亮有 24 V 电压输出,Ⅱ系电源指示灯不亮无 24 V 电压输出,否则两系驱采电源线配错。此时联锁机背后Ⅰ系驱采电源空气开关输入端应有 24 V 电压而Ⅱ系没有电压,闭合联锁机柜背后Ⅰ、Ⅱ系驱采电源的开关,Ⅰ系驱采机 CN1 插头上应有 24 V 电压,Ⅱ系驱采机 CN1 插头上应没有 24 V 电压,否则两路电源存在混线可能。有 2、3…联锁机柜时(实为驱采扩展机柜,柜内没有联锁机箱),驱采电源、LAN 电源、倒机板电源均由该机柜的驱采电源供出,与有联锁机箱的联锁机柜稍有不同,但测试方法相同。

注意:插头上的电源极性要与机箱母板上插座上的极性相同。

⑤断开分线柜 A 路电源闭合分线柜 B 路电源时测试方法与此相同,但要认真参照“交流 220 V 电源连接图”、“直流电源连接图”、“直流 24 V 电源柜内连接图”,注意区分两路电源配线的不同之处,避免混线及交叉供电。

⑥确认所有电源配线正确无误后断开各联锁机柜背面的所有直流电源开关,将各联锁、驱采机的 5V 电源板安装到位,并按如下顺序操作:

a. 将Ⅰ系联锁电源CN1插头插入Ⅰ系联锁母板CN1插座,闭合Ⅰ系联锁电源空气开关。正确表现:电源板系统电源正常灯点亮(LED1),测试探针上有5 V电源供出。

b. 将Ⅱ系联锁电源CN1插头插入Ⅱ系联锁机母板CN1插座,闭合Ⅱ系联锁电源空气开关。正确表现:电源板系统电源正常灯点亮(LED1),测试探针上有5 V电源供出。

c. 将Ⅰ系驱采电源CN1插头插入Ⅰ系驱采机母板CN1插座,闭合Ⅰ系驱采电源空气开关。正确表现:电源板系统电源正常灯点亮(LED1),测试探针上有5 V电源供出。

d. 将Ⅱ系驱采电源CN1插头插入Ⅱ系驱采机母板CN1插座,闭合Ⅱ系驱采电源空气开关。正确表现:电源板系统电源正常灯点亮(LED1),测试探针上有5 V电源供出。

e. 将Ⅰ系联锁机及驱采机的LAN通信板及LAN接口板安装到位,将Ⅰ系LAN电源CNL1插头插入Ⅰ系联锁机母板CNL1插座,并将联锁机CNL2插座与驱采机CNL1插座用转接LAN电源线相连,闭合Ⅰ系LAN电源空气开关。正确表现:LAN接口板上的电源正常灯点亮(LED1)。

f. 将Ⅱ系联锁机及驱采机的LAN通信板及LAN接口板安装到位,将Ⅱ系LAN电源CNL1插头插入Ⅱ系联锁机母板CNL1插座,并将联锁机CNL2插座与驱采机CNL1插座用转接LAN电源线相连,闭合Ⅱ系LAN电源空气开关。正确表现:LAN接口板上的电源正常灯点亮(LED1)。

g. 将倒机板电源CN9插头插入倒机板上的CN9插座中,闭合倒机板电源空气开关。正确表现:表示盘上的电源指示灯点亮。

a到f项工作完成后关闭所有电源开关,所有机柜断电,确认联锁CPU板、驱采CPU板已安装联锁、驱采EPROM,确认所有印制板跳线正确,插好所有印制板。

综合机柜、联锁机柜的24 V电源输出电压,应符合表8－11要求。

表8－11

电源	范围
联锁24 V电源	22.8 V～25.2 V
接口24 V电源	22.8 V～25.2 V
驱采24 V电源	22.8 V～25.2 V

2. 计算机设备及整个EI32-JD型计算机联锁系统上电

确认EI32-JD型计算机联锁设备的所有电源开关已断开,插好联锁机箱、驱采机箱、操作表示机、维修机、打印机、显示器、网络集线器的电源线。按“EI32-JD型计算机联锁工程图”的“交流220 V电源连接图”中从左倒右即由总开关到分开关的顺序将EI32-JD型计算机联锁系统的所有设备依次上电。其间各交直流电源如有异常应立即停电检查。如联锁机、驱采机、LAN通信板软件上电启动不成功,可通过其自身的复位开关重新启动,如多次重启仍不能正常工作,应检查配线、印制板跳线及各种设备是否损坏直至系统运转正常。

八、系统内部调试

将EI32-JD型计算机联锁系统所有设备上电并确认分线柜与组合架之间的连接端子仍为断开,测试中发现配线问题应及时纠正;发现印刷电路板或其他配件缺陷应与公司联系更换或修复。

测试内容包括:

1. 内部采集点对点测试

进行内部采集点对点测试的目的是校核微机室内采集板及配线是否正确。步骤如下:

(1)断开分线柜与机械室接口架之间的信号电缆。

(2)确认综合柜、联锁柜及整个系统安装正确,各种交、直流电源供电正常。

(3)关闭Ⅰ、Ⅱ系联锁机机笼、驱采机机笼、驱采机扩展机笼的24 V电源,将4片测试用EPROM插入Ⅰ系CPU板,Ⅰ系各机笼上电。

(4)在DOS环境下进入A操作表示机C:\OUTTEST\目录,运行OUTTEST.EXE硬件测试程序,当显示器右上角通信灯为“绿闪”后,在分线柜将Q0的24 V采集电源依次接入采集插座,操作表示机对应的采集位应点亮红灯(如自动批处理中未运行MUMOUSE.EXE,运行测试程序前应先运行该软件)。

(5)Ⅱ系测试方法与此相同。

2. 内部驱动点对点测试

内部驱动点对点测试的目的是检查驱动板的完好及配线正确。步骤如下:

(1)断开分线柜与机械室接口架之间的信号电缆。

(2)确认综合柜、联锁柜及整个系统安装正确,各种交、直流电源供电正常

(3)关闭Ⅰ、Ⅱ系联锁机机笼、驱采机机笼、驱采机扩展机笼的24 V电源,将4片测试用EPROM插入Ⅰ系CPU板,Ⅰ系各机笼上电。

(4)在DOS环境下进入A操作表示机C:\OUTTEST\目录,运行OUTTEST.EXE硬件测试程序,当显示器右上角通信灯为“绿闪”后,将测试界面转为驱动模式。驱动分为单独输出和全部输出两种方式,建议采用单独输出方式测量,并将一台无极继电器接入一对输出端或用万用表直流电压挡测量,继电器动作或有24 V输出电压为正确。

(5)Ⅱ系测试方法与此相同。

注意:

①备用板也需进行测试。

②尽量避免带电拔插印刷电路板。

③按《日本信号印制板表示灯说明》认真核对LAN通信灯并保证通信正确。

3. 倒机测试

(1)联锁机倒机测试

验证倒机板配线的正确性。方法为在驱采正常双联锁机分别为主(表示盘上亮绿灯)备(表示盘上绿灯灭)机运行后,拉出后向上扳动一下联锁主用系系统控制板的复位手柄或设置其他故障,正常情况下原联锁备机应立即转为主机、原联锁主机重启取得同步并转为热备机。

(2)操作表示机倒机测试

验证操作机倒机I/O板、倒机单元、各处连线的完好和正确性。测试按照“操作表示机组合前面板操作说明”进行或设置操作表示机故障。

4. 以太网线测试

分别拔下A操作表示机、B操作表示机、维修机的以太网头,维修机网络画面应有相应表示为与维修机断开的机器为红色方块。

5. 测试看门狗设置

包括A、B操作表示机的测试。方法为按下键盘的PAUSE键,若计算机能重新启动,则看门狗的设置为有效。否则调整看门狗的设置并重新进行检查。

6. 仿真测试

关闭Ⅰ、Ⅱ系联锁机,将机柜上的钥匙开关从“联锁”调至“检测”。启动系统仿真运行模式应能正常工作否则排除故障。

7. 调制解调器测试

连好维修机调制解调器电话线，将信号工区电话号码传回公司，启动维修机从公司内拨号应能登录并正确上、下载数据。

8. AT-COM 串口通信网测试

测试前设备运行状况：

双操作表示机工作正常，主备关系明确；双联锁机工作正常，主备关系明确。

测试中设备运行状况：

断开主用操表机与主用联锁机通信时，原操表机备机倒换成主机，原操表机主机倒换成备机，如继续保持网断，备用操表机将不断重启直到网络恢复正常后才能实现热备用。

断开备用操表机与主用联锁机通信时，备用操表机将不断重启直到网络恢复正常后才能实现热备用。

断开主用或备用操表机与备用联锁机通信时，不影响双操表机、双联锁机的正常工作及主备关系，但维修机会报告及记录故障。

9. 多串口卡测试

(1)如通过维修机与 TDCS、监测等系统进行通信，可在开通前用 WINDOWS 系统的"超级终端"对多串口卡进行测试，并记录测试结果。

(2)如通过操作表示机与 TCC(列控)系统进行通信，可在开通前用列控仿真软件对多串口卡进行测试，操作方法见软件使用说明，并记录测试结果。

(3)如通过操作表示机与 CTC(调监)系统进行通信，可在开通前用列控仿真软件对多串口卡进行测试，操作方法见软件使用说明，并记录测试结果。

九、系统与组合架连接线及组合内配线的测试

系统内部测试完成之后，将分线柜与组合架之间的连接端子连好即可进行系统与组合架的配线测试。测试中发现配线问题应及时纠正。

1. 测试方法

将分线柜插座及综合柜 Q0 插座与组合架之间的连接插头连接前必须检查对方驱采配线无短路、接地、串接其他高压等错误，方法为：

(1)用万用表 2 k 挡按驱动信息表在分线柜对方驱动插头(不要与分线柜我方插座相连)上测量继电器线圈电阻应为 1700 Ω，若为无穷大或短路应要求工程方排除。确认对方组合架已接地，将万用表置为 2 M 挡逐个测量每个输出点的对地电阻，阻值应在 1 MΩ 以上，否则应要求工程方检查配线。

(2)用万用表 2 M 挡按采集信息表在分线柜或综合柜对方采集插头(不要与分线柜或综合柜我方插座相连)上测量每个采集点的对地电阻，阻值应在 1 MΩ 以上，否则应要求工程方检查配线。

(3)(1)、(2)项测试完成后将所有插头与公司方插座可靠插接，以防错误配线损伤机柜内的印刷电路板。

2. 测试的内容

(1)采集的点对点测试

在工程队的配合下使用 OUTTEST 测试程序并分别单独运行Ⅰ、Ⅱ系驱采机，最好为封继电器接点而不采用插拔继电器的方法。逐个测试每一个继电器的采集接点的同时，观察操作表示机测试界面上相对应的采集显示，如有差错校工程配线。

(2) 驱动的点对点测试

在工程队的配合下使用 OUTTEST 测试程序并分别单独运行Ⅰ、Ⅱ系驱采机,逐点送出驱动电压,相应的继电器应正确动作,否则校工程配线。

注:如用摇表测组合架驱采信号线对地绝缘电阻应在分线柜处与公司方设备断开连接。

十、测试显示器、鼠标、音箱、小键盘、数字化仪、主备线缆等运转室设备及维修打印机

注意:以上数项测试均包括备板、备缆及其他备品,并尽量创造条件按开通后的运行环境使整个系统不间断连续运行至正式开通。同时在施工过程中要随时注意系统及工作现场的整洁、有序。

十一、联锁试验

系统硬件及组合架配线测试完毕,系统软件按开通使用要求配置后,即可配合工程及电务部门进行联锁试验,试验中发现的质量问题或用户特殊要求应认真记录,并及时与公司联系进行修改并重新固化相应的 EPROM。

十二、开通前的准备

开通前的准备工作包括下述内容:

(1)所有 EPROM 贴好密封标签;

(2)运转室设备安装就位;

(3)分别连接主/备用线缆,在线缆上标明主/备用并将线缆捆扎牢固摆放整齐;

(4)上紧各电缆接头处的紧固螺丝;

(5)检查地线是否连接牢固;

(6)所有柜内、柜间、室间各电缆走线的整理、固定;

(7)检查各种电源之间,各种电源与大地之间不得有短路或串电;

(8)各种标志、标牌是否粘贴牢固;

(9)再次测试显示器、鼠标、音箱、小键盘、数字化仪、主备线缆等运转室设备;

(10)按要求认真对现场车务及电务人员进行培训并记录存档。

第七节 TYJL-ADX 型计算机联锁设备安装及调试

一、设备安装

1. 现场施工包括的内容

(1)机房设备的布置。

(2)联锁(扩展)机柜、综合柜、控制台、电务维修桌等的安装与配线。

(3)各设备间互联互通。

(4)同继电设备的结合,配线导通实验。

2. 机房设备的布置

机房中的计算机联锁设备主要有联锁机柜、综合柜、电务维修桌。大的车站还有一台或多台联锁扩展机柜。其布置除按照设计蓝图外还应遵循以下原则(如图 8-73 所示):

综合柜设在机房的适当位置,联锁和扩展机柜顺序排列,含有多台扩展柜的机房其扩展柜应尽量对称放置于联锁柜的两侧,如图 8-73 中所示;为维修方便联锁(执表)机柜后门距墙

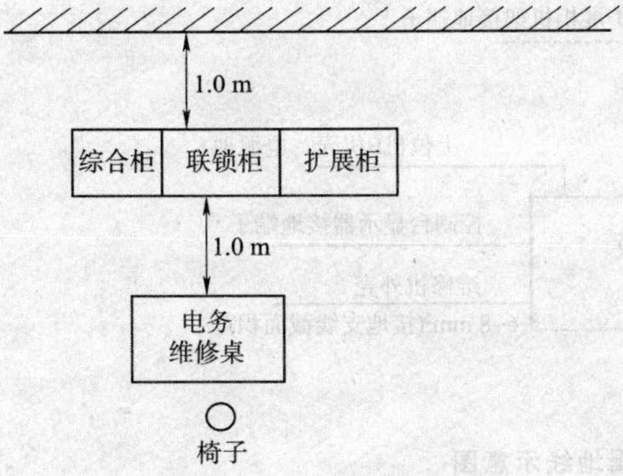

图 8-73 机房设备布置图

不少于 1.0 m,机柜前门距微机桌不少于 1.0 m,机柜两侧尽量留有一定空间以便维修。

微机桌对准联锁柜摆放。两台监控机放置于综合柜内,其显示器鼠标和音响分别直连引入到车务行车室,供车务人员操作用。维修机放置于电务维修桌内,供电务人员诊断维修用。图 8-74 为 ADX 系统结构框图。

3. 安装综合柜

综合柜安装一般由设备生产方负责,应注意的是:电源屏供给机房综合柜的 220 V 电源同外电网要有独立的隔离变压器作电气隔离。电源屏内应有单独的输出端给综合柜使用,不得同其他设备(信号、道岔等)共用一路输出。从电源屏到机房综合柜分两路供给,导线线径不小于 6 mm^2。单路共给时导线线径不小于 8 mm^2。

4. 安装逻辑地线

ADX 系统的地线分为接地和浮空两部分,联锁和扩展机柜的所有计算机机笼的逻辑地线全部浮空且接至同一与大地绝缘的汇流排。综合柜及所有联锁和扩展机柜的机架的地线全部接至同一与大地相连汇流排。逻辑地的接地阻值要求分两种,重雷区逻辑地阻值小于 1 Ω;非重雷区逻辑地小于 4 Ω。由接地极上引到机房的接地母线应采用绝缘铜线,铜线的截面积不少于 16 ~ 20 mm^2(直径为 4.5 ~ 5.0 mm),型号可选用 BVV 接地电缆。接地母线应从微机房墙外直接引入,连接室内逻辑地线汇流条,不得经电缆分线盘、信号走线架引入机房。室内的接地支线应使用截面积不少于 6 ~ 8 mm^2(直径约为 2.76 ~ 3.19 mm)绝缘铜线。

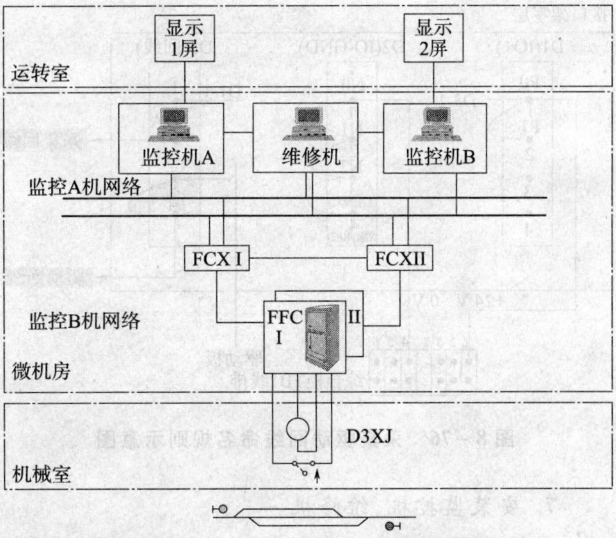

图 8-74 TYJL-ADX 系统结构框图

室内的逻辑地支线连接到地线汇流条(铜板尺寸约为 300 × 80 × 5 mm),如图 8-75 所示。

5. 安装防雷地线

防雷地线与逻辑地线合并通过一点接入大地。

6. 采集回线与驱动回线安装

系统的采集回线驱动回线由 24 V IO 电源构成,24 V 正为采集回线,0 V 作为驱动回线且接大地。

ADX 系统的接口架设有零层,零层上有 3 个端子 D1、D2、D3,其采集驱动回线的命名规则如图 8-76 所示。

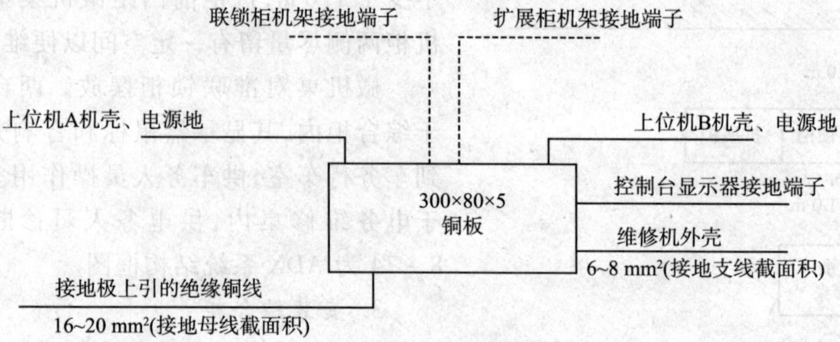

图 8－75　汇流铜板上的逻辑地线示意图

D1_1－－－IO＋	D2_1－－－IO－GND	D3_1－－－IO＋
D1_2－－－IO＋	D2_2－－－IO－GND	D3_2－－－采集回线
D1_3－－－IO＋	D2_3－－－IO－GND	D3_3－－－驱动回线
D1_4－－－IO＋	D2_4－－－IO－GND	D3_4－－－驱动回线

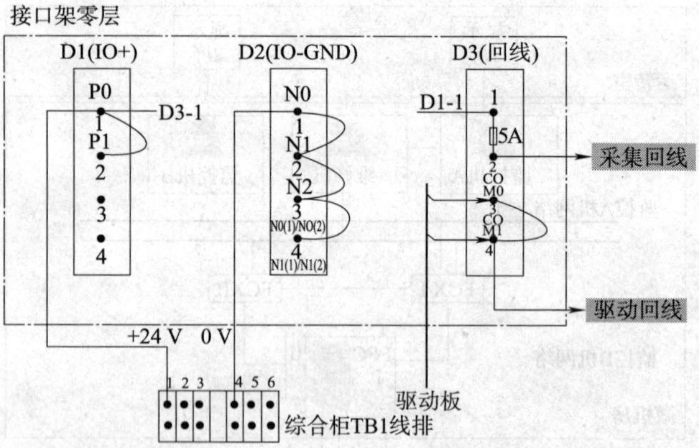

图 8－76　采集驱动回线命名规则示意图

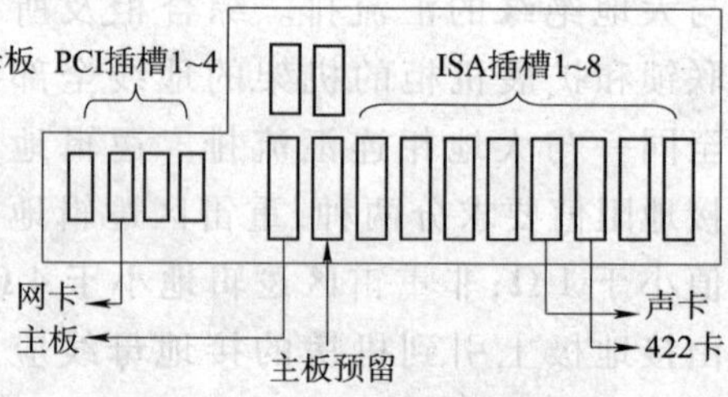

图 8－77　工控机母板上插槽定义

7. 安装监控机、维修机

监控机及电源配电系统放置于综合柜内，维修机置于电务维修桌内，监控机及维修机的机器母板槽内的各种板卡应按一定顺序放置，一般放置顺序如图 8－77 所示，研华 610 工控机内部采用的是 PC 总线结构，为用户提供了 4 个通用的 PCI 总线，10 个通用的 ISA 总线。

监控机，维修机与联锁机间的连接。

图 8－78 为监控机，维修机与联锁机间的通信连接图。

8. 控制台的安装和连接

(1)控制台连线

控制台由显示器，鼠标，音响及其他辅助设备构成。其显示器图像、鼠标、音响分别由机房综合柜的监控 A、B 机直接引入，且可独立操作。注意：控制台和监控机连接的电缆每种必须至少备用一根。

(2)道岔指示电流表的安装

普通车站控制台柜正面设一块直流电流表，量程 30 A。有提速道岔的车站增设一块交流电流表，量程 20 A。注意：交流电流表为互感方式，不能直接串联在道岔转辙机总回路中，而应

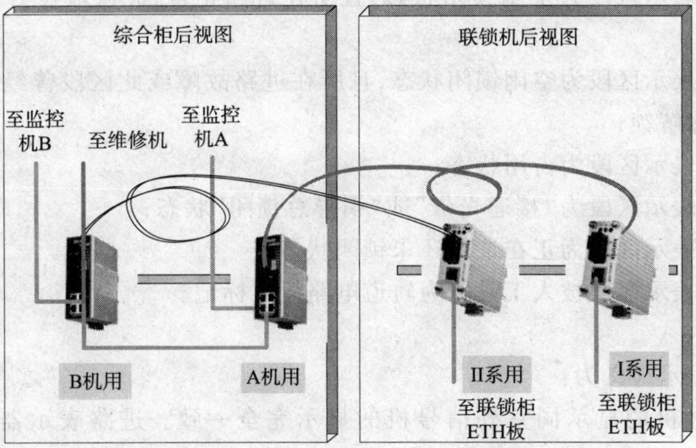

图 8-78　监控机、维修机与联锁机间的通信连接图

连接于互感器上。

(3)安装后台监视器

大型车站配有值班员后台监视器,倒机板视频输出经视频分配器分配给控制台显示器和后台监视器。视频分配器放置在控制台柜内,应固定良好。如图 8-79 所示。

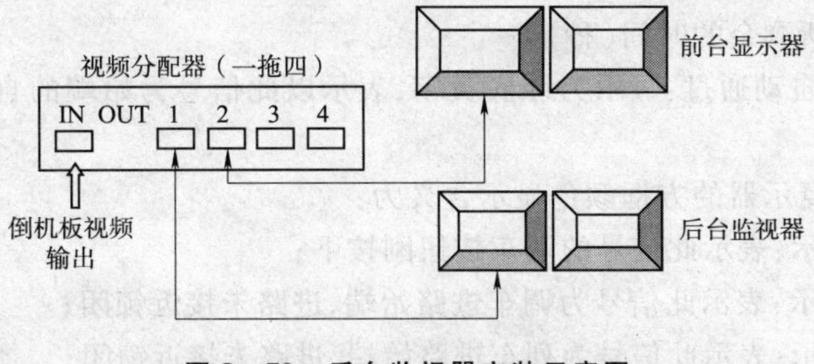

图 8-79　后台监视器安装示意图

二、导通及单项实验

导通试验是联锁软件安装调试前十分重要的工作,通过导通试验我们可以发现施工中存在的问题。

微机设备导通实验的内容如下:

(1)综合柜供电是否正常,UPS 是否运行良好。

(2)联锁、扩展柜间的通信是否良好。

(3)联锁与监控机间通信是否良好。

(4)监控机与维修机通信是否良好。

(5)控制台连接是否正确。

三、控制台显示含义及一般操作方法

1. 屏幕显示

(1)区段显示

①灰色光带:表示区段为空闲解锁状态;

②白色光带:表示区段为空闲锁闭状态,且所在进路正常,此区段没有占用过,不能故障解锁;

③绿色光带:表示区段为空闲锁闭状态,且所在进路故障或此区段曾经占用过,当进路始终端解锁后可故障解锁;

④红色光带:表示区段为占用状态;

⑤青色光带:表示区段为"接通光带"或"引导总锁闭"状态;

⑥蓝色光带:表示区段为正在选路还未锁闭状态;

⑦光带变细:表示区段被人工设置为轨道电路故障标记。

(2)信号显示

①信号机的显示含义为:

显示器上信号机的显示同室外信号机的显示完全一致。进路表示器在显示器上不做显示。

信号红色闪烁:表示室外信号灯丝断丝。

②信号机的名称显示含义为:

a. 黄色稳定显示:表示信号在显示"信号名称"状态或是进路始端。

b. 信号名称位置的红色倒计时数字:表示以此信号为始端或终端的进路人工解锁正在延时的所剩余时间(秒)。

c. 信号名称位置的灰色倒计时数字:表示为坡道延续进路延时解锁所剩余的时间(秒),或表示为中岔延时所剩余的时间(秒)。

d. 信号名称 + 自动通过:显示为绿底黄字,表示以此信号为始端的自动通过进路已经建立完毕。

③包围信号机复示器的方框颜色显示含义为:

a. 白色闪烁显示:表示此信号的调车按钮刚按下;

b. 白色稳定显示:表示此信号为调车进路始端,进路未接近锁闭;

c. 绿色稳定显示:表示此信号为列车进路始端,进路未接近锁闭;

d. 红色稳定显示:表示以此信号为始端的进路已接近锁闭;

e. 黄色稳定显示:表示此信号为进路的终端,如果此信号为调车进路的终端,则表示调车终端,如果为列车进路的终端则表示列车终端。

④列车信号按钮的颜色显示含义为:

a. 绿色闪烁显示:表示刚按下的列车信号按钮;

b. 绿色稳定显示:与包围信号的黄色方框结合表示为列车终端;

c. 红色和白色交替闪烁:表示为引导进路的始端;

d. 红色稳定显示:此列车信号被人工加封,除非解封,否则不能对其进行任何操作。

(3)道岔显示

道岔位置指道岔现在所处的状态。当道岔根部的小圆点放置在直股上时,表示道岔的定位是开通直股;同理,当小圆点放置在弯股上时,表示道岔的定位是开通弯股。

①其岔根部的小圆点颜色显示含义为:

a. 绿色稳定显示:表示道岔在定位位置;

b. 黄色稳定显示:表示道岔在反位位置;

c. 白色闪烁显示:表示道岔刚断表示,断表示时间不超过 13 s;

d. 红色闪烁显示：表示道岔已断表示超过 13 s。

②道岔光带显示含义为：

a. 灰色光带：道岔所在轨道区段空闲；

b. 蓝色光带：在选路过程中，表明进路经过道岔的位置；

c. 白色光带：进路空闲锁闭状态；

d. 绿色光带：进路空闲锁闭状态，且所在进路故障后恢复或此区段曾经占用过，当进路始终端解锁后可故障解锁；

e. 红色光带：道岔区段占用；

f. 青色光带：接通光带或引导总锁闭状态；

g. 光带变细：表示道岔所在区段被人工设置了轨道电路故障标记，此标记仅为人工显示的标记，不含任何联锁关系。

③道岔名称显示含义为：

a. 黑底黄字显示：表示道岔在显示"道岔名称"或断表示状态；

b. 红底白字显示：表示道岔在封闭状态；

c. 白底红字显示：表示道岔在单锁状态。

(4)静态图形显示

在与光带垂直方向的：

①灰色线段：表示绝缘节；

②红色线段：表示超限绝缘节。

(5)操作提示显示

操作提示在屏幕下方分咽喉显示，一栏为排进路操作提示，另一栏为其他操作提示。

(6)系统报警

当出现"通信中断"、"熔丝报警"、"灯丝转换"等报警，系统将在屏幕上显示红色显示灯与相应红色闪烁文字。

报警分为两种：

①一般报警文字。在报警窗口中显示为黄色字符，当报警条件成立时显示，报警恢复后，报警字符自动消失。

②严重报警文字。在报警窗口中显示为红色，同时会出现"设备故障，请速联系电务维修"的红色字符(闪烁)，即使报警修复，报警字符也不会自动消失，这时只有电无务通过"清除严重报警"命令才能取消报警字符显示。

(7)时间显示

在屏幕右下方显示当前时钟及日期。

(8)版本显示

在屏幕左上方显示系统版本号。

(9)操作规程

车务操作控制的主要工具是鼠标，鼠标的结构包括左键和右键。在电脑屏幕上平时是以一个箭头出现，当鼠标从箭头形状变成小手形状时，这时按下鼠标键(左键或右键)有效。具体操作如下：

①一般操作

鼠标移动到站名(如"天水站")文字上，当鼠标从箭头形状变成小手形状时，单击鼠标右键会弹出功能菜单如下：

a. 显示信号名称：移动鼠标将鼠标箭头指向菜单上的“显示信号名称”时，鼠标从箭头形状变成小手形状，这时轻击鼠标左键，初次操作显示全站信号名称（如“XII”显示），再次操作关闭全站信号名称的显示（如“XII”不显示）。可循环进行。

b. 显示道岔名称：鼠标操作如上。初次操作显示全站道岔名称（如“2”显示）；再次操作关闭全站道岔名称的显示（如“2”不显示）。可循环进行。

c. 显示道岔位置：初次操作显示全站道岔位置的小圆点（如“·”显示）；再次操作关闭全站道岔位置的小圆点显示（如‘·’不显示）。可循环进行。

d. 接通光带：初次操作为显示全站道岔光带；再次操作为关闭全站道岔光带的显示。可循环进行。

e. 显示无岔名称：打开或关闭无岔区段的名称显示。

f. 显示辅助按钮：打开或关闭自动闭塞辅助按钮和铅封计数器的显示。

g. 停鸣：停止语音报警。

h. 缩屏：当站场用二个电脑显示屏幕时才有此项菜单显示，当一屏故障不显示时，可采用缩屏将全部站场缩小显示在一个屏幕上。

i. 清除严重报警：当系统发生可能危及安全或有安全隐患的故障时，监控机会有“设备故障，请速联系电务维修”的报警显示，此时信号员应立即通知电务，经电务确认并修复故障后由电务来发放此命令清除报警字符显示。

j. 上电解锁：计算机停电恢复后，车务人员必须确认站场内无进路存在方可使用上电解锁方式一次性解锁站场上的轨道区段，否则只可用区段故障解锁方式解锁不在进路上的区段。注意：上电解锁必须是在计算机启动5 s之后，办理方可有效。

②信号操作

按钮：列车按钮为信号机旁边的绿色方框，调车按钮为信号机复示器本身，通过按钮为带接车信号名与“TA”组合文字的绿色方框。

注：对于进站内方需要调车终端的情况下，不再增设调车终端，用进站信号机的信号机复示器作为调车终端按钮。

a. 排列列车进路：用鼠标左键顺序单击列车进路的始端列车按钮，变更按钮（需排列变更进路时），终端列车按钮。进路中所有调车按钮都可作列车进路的变更按钮，反向列车按钮作列车进路的终端按钮。

b. 排列调车进路：用鼠标左键顺序单击调车进路的始端调车按钮，变更按钮（需排列变更进路时），终端调车按钮。进路中所有同方向非单置信号和反方向单置信号都可作调车进路的变更按钮，反方向非单置信号和同方向单置信号可作调车进路的终端按钮。

c. 排列通过进路：用鼠标左键顺序单击进站信号通过按钮（如“XTA”），对方咽喉的反方向进站信号按钮（如“XF”），此时即可办理一条X方向的通过进路。（两个按钮按下的间隔要求大于1 s）

d. 重开信号：进路信号开发后，因故关闭，待故障修复，此时如要重开信号，可用鼠标左键单击进路始端列车按钮或调车按钮，即可重新开放信号。

e. 总取消：当进路已办理但未接近锁闭时要取消进路，将鼠标移动至进路始端信号（根据进路性质相应的列车或调车信号按钮位置），再点压鼠标右键，弹出的菜单如上所示。选择其中的“总取消”命令即可。

f. 始端总人解:进路已接近锁闭时要取消进路,将鼠标移动至进路始端信号(根据进路性质相应的列车或调车信号按钮位置),再点压鼠标右键,在弹出的菜单中选择“总人解”命令,此时会弹出口令确认窗口,用鼠标左键点击相应的数字按钮,输入口令,然后按压“确认”按钮,命令操作窗口提示口令正确与否,如口令正确,总人解命令执行。当信号关闭后,根据进路性质延时解锁。接车进路及正线发车进路延时时间为 3 min,其他进路延时时间为 30 s。

g. 终端总人解:当进路上轨道电路故障导致列车走过后,从故障区段到进路终端的进路不能正常解锁时,将鼠标移动至进路的终端信号(根据进路性质相应的列车或调车按钮位置,此信号机上应该有黄色框标志),点压鼠标右键,在弹出的菜单中选择“总人解”命令,经过口令确认后进入终端总人解状态,终端人解要延时 30 s。

h. 建立自动通过:当进站信号菜单中有“自动通过进路”命令时,将鼠标移动至此信号的列车按钮位置,点击鼠标右键,在弹出的菜单中选择“建立自动通过”命令,即可建立自动通过进路。如果此时要取消此进路。只需用鼠标重新弹出菜单,选择“取消自动通过”命令,即可取消刚建立的自动通过进路。

i. 开放引导信号:当接车进路的区段轨道电路故障,不能排列接车进路,需引导接车时,先将进路中所有道岔单操到要求位置,然后用鼠标右键单击进站信号列车按钮,在弹出的菜单中选择“开放引导信号”,经过口令确认后引导信号开放。若引导进路第一区段轨道电路故障,需在 10 s 之内反复按压引导进路始端进站信号按钮,方能保证引导信号的正常开放,否则引导信号将关闭。当引导进路使用完毕,人工确认车列完全进入股道后,在接车信号的列车始端按钮位置办理总人解,即可人工解锁引导进路。

注:引导接车当列车进入信号机,信号关闭后,进路始端的绿色按钮会红色、白色交替闪光,表明目前的进路为引导进路。

j. 办理引导总锁:当接车进路中的道岔失表示,不能排列接车进路与引导进路时,办理引导总锁。将鼠标移动至相应咽喉的进站信号机列车按钮处,按压鼠标右键在弹出的菜单中选择“办理引导总锁闭”命令,并输入相应口令,本咽喉中所有道岔将被锁闭,再办理引导进路。当引导总锁使用完毕人工确认车列完全进入股道后,再次弹出此项菜单,原来位置会变为“取消引导总锁闭”,选择此命令,并输入相应口令,即可取消引导总锁闭状态。

k. 加封:为了防止误碰按钮,误取消某列车进路,对所有的列车信号均可设置封锁标记。将鼠标移到相应的列车按钮处,点击鼠标右键弹出菜单,选择“加封”命令,此时相应的按钮由绿色变成红色,表示信号加封成功。这时就不能通过此按钮办理列车进路。

l. 解封:当信号加封后,必须解封才能对其办理作业。解封的操作同样是对准相应的按钮,弹出菜单,选择“解封”命令,当按钮从红色变成绿色,表示解封成功。

③道岔操作

道岔按钮位于道岔岔心的小圆点位置。将鼠标移动至道岔按钮,鼠标从箭头变成小手状,按压鼠标的右键会弹出如下操作菜单。

a. 总定:单操道岔至定位。

b. 总反:单操道岔至反位。

c. 单锁:单独将道岔锁在当前位置。单锁后,相应的道岔名称由一个白色的方框框住。此时道岔单操和进路操均无效,但可排列道岔单锁位置的进路。

d. 单解:解除对道岔的单独锁闭。

e. 封闭:封闭道岔。道岔封闭后,相应的道岔名称由一个红色的方框框住。此时不能排列通过本道岔的进路(列车进路,引导进路和调车进路),但可进行单操。注意:在同一个区段中的任何道岔(虽然不再进路中)有封闭,经过此区段的进路都不能排出.

f. 解封:解除对道岔的封闭。

g. 设置分路不良标:经人工确认轨道电路分路不良,可以设置轨道电路分路不良标记。分路不良标记设置后,相应轨道区段的光带将变细,以此来区分轨道电路分路不良。但它不影响行车作业办理。如果要取消轨道电路分路不良标记,则重新弹出菜单,选择"清除分路不良标记"命令,命令生效后,轨道电路的光带显示将恢复正常。

h. 事故解锁:当进路的始终端均不存在,为防止迎面解锁,轨道区段显示为绿色锁闭光带时,事故解锁方能生效。当进路完好信号开放时,事故解锁只能关闭信号,区段不解锁。对准区段,弹出菜单,选择"事故解锁"命令。输入口令,事故解锁命令执行。在信号开放的进路中的任何一个轨道区段进行事故解锁,信号都会关闭(包括引导信号),利用事故解锁也是紧急关闭信号的一种办法。

注:当多个道岔在同一轨道区段时,对在此轨道区段的任一道岔弹出的菜单中选择事故解锁都是对该区段的故障解锁。

④无岔区段的故障解锁

当进路的始终端均不存在时,将鼠标移动至无岔区段上,按压鼠标的右键会弹出相应的操作菜单,选择"事故解锁",正确输入口令后,命令生效。

注:对不设区段组合的无岔区段,亦不设事故解锁按钮。

还有其他特殊操作这里不做一一说明。

第九章　信号设备用混凝土基础施工

设于室外的信号设备,大量采用混凝土基础作固定安装用。信号设备用混凝土基础可采用现地灌注和集中预制两种方法。信号托架、信号桥基础,以及其他体积较大的混凝土基础,采用现地挖坑、安装模型板,现地拌制混凝土灌入模型板内的施工方法。各种电缆盒、变压器箱、继电器箱、矮型信号机基础,以及其他体积较小的混凝土基础,采用集中预制。有起重、运输条件时,体积较大、较重的混凝土基础,也可集中预制后运至安装地挖坑埋设。因线路环境或安装场地限制,不便安装模板现地灌注的基础,亦可采用预制吊装。

信号设备用混凝土基础的结构及外形比较简单,只要做到以下几点,即可保证质量。

(1)正确选用混凝土。

(2)正确确定混凝土配合比。

(3)认真做好搅拌、灌注、捣实,掌握好拆模时间。

(4)加强混凝土制品的养护。

本章将介绍在信号设备用混凝土基础施工中,如何做到以上诸点,得到用料省、坚固耐用、表面光洁的混凝土制品的具体方法。

第一节　混凝土材料及其使用

使用中的混凝土制品必然受到外力的作用,这就要求混凝土本身具有一定的强度。这种强度首先取决于组成混凝土的材料。

一、信号设备使用的混凝土规格

1. 矮型信号机、梯子、终端盒、方向盒、变压器箱、继电器箱、按钮盘、小枕木等基础,采用C10级混凝土;电缆埋设标、信号卡盘、底盘、围桩、扼流变压器箱、信号托架等,采用C15级混凝土;电缆槽及盖板,采用C20级混凝土。

2. 信号设备混凝土基础,应采用32.5级硅酸盐水泥、普通硅酸盐水泥。

二、细骨料——砂

混凝土中的砂的重量与砂石总重量之比,称为混凝土的含砂率。前已叙述,水泥的用量应保证混凝土的密实性,密实的混凝土应是砂子填满粗骨料(石子)空隙,水泥浆包裹住砂石并填满砂子的空隙,以达到最大的密实度。为此,砂石在混凝土中须满足以下要求:

(1)为使混凝土达到高强度,砂石必须是空隙率小的密实体。

(2)为节约水泥,砂石的总表面积应尽可能小,使水泥浆仅起滑料间的粘结作用,而不是填充空隙。

混凝土中若砂子过少,石子空隙的一部分势必用水泥浆填充,这将增加水泥用量,但砂子过多,增大砂的总表面积,同样也会增加水泥用量。另一方面,空隙的大小与材料颗粒的粒径,同各种粒径所占数量的比例有关,这种比例关系称为骨料的“级配”。级配可用图9-1来说明：甲图为全用大粒径骨料，它们的总表面积虽小，但空隙率大；乙图为全用小粒径骨料，空隙率虽小但表面积大；丙图为大、小径骨料搭配，空隙率与总表面积均小，达到了最大的密实度和较小的总表面积。故混凝土合适的含沙率是石子、砂、水泥浆互相填充，使混凝土既达到最大密实度，又能保证较少的水泥用量。信号设备用混凝土一般采用粗糙、清结、细度模数为 2.3～3.0 的中砂。

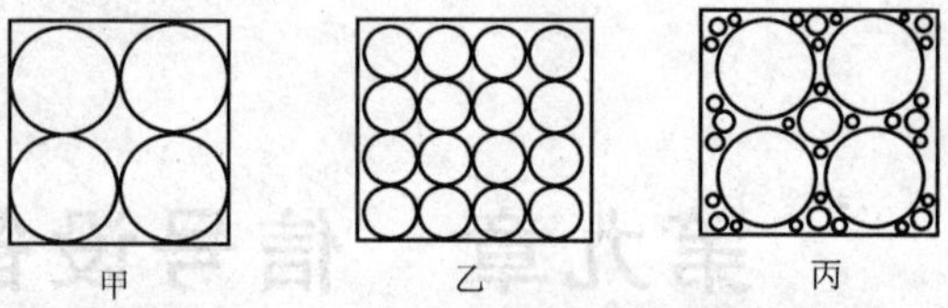

图 9－1　混凝土骨料级配

三、粗骨料——石子

混凝土制品用碎石，应坚硬和具有不易被化学成分侵蚀的特点，石质应清洁。体积大的基础，宜采用粒径为 30～40 mm 的粗石；体积小的基础宜采用粒径为 7～20 mm 的碎石。

四、水

混凝土在搅拌过程中加入的水称为拌和水。拌和水不得含有杂质、油性、酸性、碱性或其他有害物质，并不得使用海水拌制混凝土。拌和水与水泥用量的重量比，称为水灰比。拌和水中的一部分是保证水泥颗粒充分水解和水化，生成结晶和凝胶所必需的，约占拌和水的四分之一，这部分水将永久存在于混凝土内。其余的水是为了便于操作而多加入的水分，这部分水随着混凝土的养护和硬化过程逐渐蒸发，在混凝土内形成空隙，从而降低了混凝土的密实度和强度，故这部分水在满足操作的条件下，控制到越少越好。也就是配合比中的水灰比，用水量要达到最小。拌制混凝土时，切不可贪图省力多加水拌制“稀软”的混凝土。

五、其他材料

信号设备用混凝土基础除了需要上述各种混凝土材料外，对埋入地内的设备（比如电池井）灌注混凝土，或冬季拌制混凝土时，还需加入外加剂。外加剂可以预先掺入水泥中，也可在拌制混凝土时加入。外加剂种类如下：

（1）加气剂：如前所叙，拌制普通混凝土时加入的伴和水，大部分将随混凝土的养护和硬化而蒸发，在混凝土内形成自下而上贯通的微孔。带微孔的混凝土制品与水接触后，产生“毛细现象”而导致渗水，在渗水过程中，还会将水泥中易溶于水的氢氧化钙等物质带走，使微孔扩大而渗水更加严重。混凝土内加入加气剂，能生成无数均匀密布的小气泡将微孔切断，从而使混凝土制品达到防水功能。加气剂品种有铝粉、过氧化氢等。

（2）密实剂：如乙醇胺。能在混凝土内产生大量胶状悬浮颗粒，将微孔填充或堵塞，同样起防水功能。

（3）防水剂：如氯化铁、沥青乳液等。能增加混凝土密实性，对水泥具有一定的促凝作用，从而起抗渗作用。

（4）耐酸矿物：如安山岩、辉绿岩、石英沙等磨细粉料。电池井、电源室或设于酸性环境的混凝土制品，应使用加入耐酸矿物拌制的混凝土灌注整体成面层。壁面并使用耐酸漆护膜。

（5）抗冻剂：如亚硝酸钠、氯化钠等。冬季严寒地区（室内施工）拌制混凝土时，加入抗冻剂能降低混凝土的冻结温度，促进混凝土在负温下强度的增长。

（6）钢筋：信号设备使用的混凝土槽、盖板、导线柱、导管基础以及信号机柱卡盘、底盘等混凝土制品，均使用钢筋。钢筋规格采用直径为 4 mm、5 mm 铁线，8 mm、10 mm 圆铁不等。

第二节 混凝土及其配比

混凝土强度不但与砂、石、水泥质量有关，而且与这些材料的用量及水的用量有密切关系。混凝土中水泥、砂、石及水的用量之比称为混凝土的配比。配比合理与否，直接影响混凝土强度。综上所述，影响混凝土强度的因素有两项：一项是砂石级配，另一项是水灰比。

不同的混凝土工程，以及不同的施工方法对混凝土配比有不同的要求，不同的原材料也有不同的配比。所以，混凝土工程不可能有一个通用的配比，必须根据各自对混凝土制品的要求，在满足强度要求的前提下，求得最大密实度，最小水泥用量的混凝土配比。信号设备用混凝土制品，水泥、砂、石的重量比约为1:2.5:5，拌和水重量约为水泥重量的一半。

一、混凝土标号及混凝土标号与水泥标号之间的关系

混凝土每平方厘米面积所能承受的压力，称为它的抗压强度，承受拉力的大小称为抗拉强度。混凝土拌制成型，经28天标准养护后的抗压强度（N/cm^2），称为它的标号，也称为混凝土的标准强度。

混凝土强度的增长过程，实质上是胶结材料——水泥强度增长的过程。水泥强度开始增长较快，以后逐渐缓慢下来，根据试验表明，水泥经28天即能完成水解和水化作用过程的基本部分。如普通水泥拌制的混凝土，标准养护3天后的强度，约为标准强度的40%，5天约为50%，7天约接近60%，10天约接近70%，15天约接近80%，28天达到标准强度，其后的强度增长极为缓慢，实际上并无多大实用价值，故拌制后的混凝土标准养护期定为28天。混凝土强度增长所需的时间，称为“龄期”，混凝土施工时常要求根据龄期为3天、7天、28天的强度，作为拆模、构件和承重的依据。比如夏季灌注的矮型信号机基础养护，3天可拆模，15天可埋设，安装信号机。而信号托架柱养护3天可拆模，须满28天方可立柱，安装托臂。混凝土龄期与强度的关系见表9－1所列。

表9－1 混凝土龄期与强度关系

混凝土龄期	3天	7天	28天	3月	6月	1年	2年	4～5年
混凝土强度	0.4	0.6	1	1.25	1.5	1.75	2	2.25

混凝土的标号是表示混凝土抗压的指标，常分为75、100、150、200、300、400等六个标号。水泥、砂、石和水按选定的配比和规定的要求拌制成混凝土，制成20 cm×20 cm×20 cm的立方试块，经标准养护28天，经试验机测出抗压强度，再根据同批试块的抗压强度的平均值，得到该批混凝土的标号。前已叙述水泥的标号是代表水泥本身的强度，是由抗折和抗压强度决定的，而混凝土的标号则是表示水泥、砂石等的整体强度，是由抗压强度决定的。它们是不同的两码事，不能混为一谈。

二、钢筋混凝土

信号设备用钢筋混凝土制品，使用的混凝土标号均大于150号，因为提高混凝土的弯曲抗压强度（即提高混凝土标号），是防止钢筋混凝土出现裂缝的唯一办法。

在钢筋混凝土结构中的受力钢筋，是经截面计算而配置的，在施工中应严格按要求的规格、数量放置，不可任意减少或增加。只有放置适量钢筋，才能避免材料浪费，充分发挥钢筋的受力能力，保证钢筋混凝土的抗压性能。

三、信号设备用混凝土基础常用混凝土配比

信号设备用混凝土基础施工，无论工具、衡器、施工工艺均比较简单。因施工条件、机

具以及材料来源的限制，本节内叙述的混凝土配比计算，具体运用到信号设备用混凝土基础施工，会有一定困难。故信号设备用混凝土配比，采用常用混凝土配比参考表，见表9－2。

表 9－2　常用混凝土配比参考表

混凝土标号	石子粒径（cm）	坍落度（cm）	每 m^3 混凝土材料用量(kg) 水	水泥	砂	石子
150	0.5～1.5	1～3	185	276	639	1 300
		4～6	195	291	614	1 300
	1～3	1～3	175	258	627	1 340
		4～6	185	272	603	1 340
	2～4	1～3	165	240	615	1 380
		4～6	175	253	592	1 380
200	0.5～1.5	1～3	185	336	599	1 280
		4～6	195	354	571	1 280
	1～3	1～3	175	313	592	1 320
		4～6	185	330	565	1 320
	2～4	1～3	165	290	565	1 380
		4～6	175	308	537	1 380
300	0.5～1.5	1～3	185	463	492	1 260
		4～6	195	487	458	1 260
	1～3	1～3	175	426	499	1 300
		4～6	185	451	464	1 300
	2～4	1～3	165	394	481	1 360
		4～6	175	417	448	1 360

表 9－3　每立方米普通混凝土(钢筋混凝土)用料表

材料名称			单位	粗集料最大粒径 10 mm						粗集料最大粒径 20 mm						粗集料最大粒径 40 mm					
				混凝土标号						混凝土标号						混凝土标号					
				100		150		200		100		150		200		100		150		200	
				卵石	碎石	卵石	碎石	卵石	碎石	卵石	碎石	卵石	碎石	卵石	碎石	卵石	碎石	卵石	碎石	卵石	碎石
325 号水泥		中(粗)砂	kg	284	306	306	320	392	413	254	276	274	289	353	375	239	254	258	265	333	246
		细砂		299	321	323	336	412	433	269	291	290	305	373	394	254	269	274	281	353	365
425 号水泥		中(粗)砂				284	306	328	341			254	276	295	310			239	254	279	286
		细砂				299	321	344	357			269	291	311	325			254	269	295	302
砂	中(粗)砂	干燥状态	m^2	0.50	0.53	0.45	0.48	0.45	0.48	0.50	0.53	0.45	0.48	0.45	0.48	0.49	0.51	0.44	0.47	0.44	0.46
		天然湿度		0.59	0.63	0.53	0.57	0.53	0.57	0.59	0.63	0.53	0.57	0.53	0.57	0.58	0.60	0.52	0.55	0.52	0.54
	细砂	干燥状态		0.45	0.48	0.41	0.44	0.40	0.43	0.45	0.48	0.41	0.44	0.41	0.43	0.44	0.46	0.40	0.42	0.29	0.42
		天然湿度		0.53	0.57	0.48	0.52	0.47	0.51	0.53	0.47	0.48	0.52	0.48	0.51	0.52	0.54	0.47	0.50	0.46	0.50
碎石(卵石)	中(细)砂			0.78	0.75	0.81	0.78	0.79	0.77	0.81	0.78	0.84	0.82	0.83	0.80	0.83	0.82	0.87	0.86	0.85	0.85
	细砂			0.81	0.78	0.83	0.81	0.82	0.80	0.84	0.81	0.87	0.84	0.85	0.83	0.86	0.85	0.89	0.89	0.88	0.87
水	中(粗)砂			0.19	0.21	0.19	0.21	0.20	0.22	0.17	0.19	0.17	0.19	0.18	0.20	0.16	0.17	0.16	0.17	0.17	0.18
	细砂			0.20	0.22	0.20	0.22	0.21	0.23	0.18	0.20	0.28	0.20	0.19	0.21	0.17	0.18	0.17	0.18	0.18	0.19

信号施工中,混凝土制品所占工程量较小,一般参考前述表示中的数值,进行试拌。试拌时,称取10 L混凝土的用量进行,如发现砂浆过多或过少时,应调整含砂率;如坍落度不符合要求时,则调整用水量;如拌合物的容量与计算容量的偏差在2%以上时,应将每立方米混凝土的各种材料作相应的增减。以上各项经调整并再试验符合要求后,则制作试块检验抗压强度,如强度不符合要求须调整水灰比。为了加快工程进度,在计算试拌配合比时,应采用几组不同的水灰比(不少于三组,相邻的水灰比值相差0.05左右),以便从中选择强度合适的配合比作为施工配合比。现场配料时,还要根据砂石含水率对砂、石和水的数量作相应的调整。参考表9-3中所列,它是根据施工具体情况制定的适合于信号设备的混凝土配合比。

第三节 混凝土施工组织及施工方法

电气集中工程中,混凝土施工分现地灌注和集中预制两种。集中预制还有现场预制和工厂预制之分。现地灌注因站场环境限制,一般只能采用人工搬运和人工搅拌。现场预制生产数量较少,施工方法多用人力或辅之以车辆运搬和机械搅拌。以上两种混凝土施工均易受气候变化的影响,尤其是严寒季节影响更大。工厂预制因生产批量大,生产年限长,故可大量采用机械,混凝土制品的养护可不受季节、气候的影响。本节将重点叙述电气集中工程中,现地灌注和预制场预制两种混凝土施工组织及施工方法。

一、模型板及附件制作

混凝土施工前,施工技术室应根据信号设备基础尺寸图,绘制模型板图纸,交木工制作。目前也有大型模型板采用硬质合金铝板制作,小型模型板除采用硬质合金铝材之外,还可采用2~3 mm薄钢板制作。金属模型板具有经久耐用,便于拆模,灌注的混凝土制品表面光滑等优点。

现地灌注的大型模型板只能单独制作,预制的小型模型板可制成连体型,以节省木板(或金属材料),便于灌注。固定混凝土基础螺栓、引线管或马蹬铁用的木条,留螺栓孔的圆木棍,标明方向用的箭头木模等模型板附件,也应同时制成备用。

二、基础附件加工及绑扎钢筋

1. 信号设备用混凝土基础附件种类及其规格尺寸

(1)各种基础螺栓规格尺寸如表9-4所列,外形如图9-2所示。

(2)矮型信号机基础用(一架用、两架用、两架错位用)引线管规格尺寸如图9-3所示。

(3)信号机柱卡盘"U"形螺栓规格尺寸如图9-4所示。其中"D"分别为244 mm、262 mm、274 mm、280 mm、293 mm。

(4)信号机梯子基础用扁钢规格尺寸如图9-5所示。

(5)发车表示器按钮盘、道岔局部控制盘基础用引线管规格尺寸与矮型信号机基础(一架用)引线管相同。

(6)电缆埋设标用箭头木模规格尺寸如图9-6所示,箭头木模厚4 mm。

2. 信号设备用混凝土基础钢筋规格及布筋图

(1)信号机柱卡盘钢筋规格如表9-5所列。钢筋布置如图9-7所示。

(2)信号机柱底盘钢筋规格如表9-6所列。钢筋布置如图9-8所示。

表 9－4　各种基础螺栓规格尺寸表

基础名称	基础螺栓规格					
	公称直径 d(mm)	螺栓长 L(mm)	螺纹长 L_0 (mm)	高 h (mm)	导角 c (mm)	重量 (kg)
矮型信号机基础(一架用)	16	200	60	30	2	0.414
矮型信号机基础(两架用)	16	200	60	30	2	0.414
矮型信号机基础(错位两架用)	16	200	60	30	2	0.414
发车表示器按钮盘基础	10	250	60	30	2	0.493
道岔局部控制盘基础	10	250	60	30	2	0.493
终端电缆盒基础	10	200	50	20	1.5	0.146
方向电缆盒基础	16	200	60	30	2	0.414
继电器箱基础	16	200	60	30	2	0.414
变压器箱基础	12	200	50	25	1.8	0.201
无柄道岔表示器基础	18	200	60	35	2.5	0.513
脱轨表示器基础	18	200	60	35	2.5	0.513
导管导轮基础	12	250	60	25	1.8	0.260
导线平轮(框型)基础	18	400	60	35	2.5	0.812
信号握柄台基础	18	500	60	35	2.5	1.11

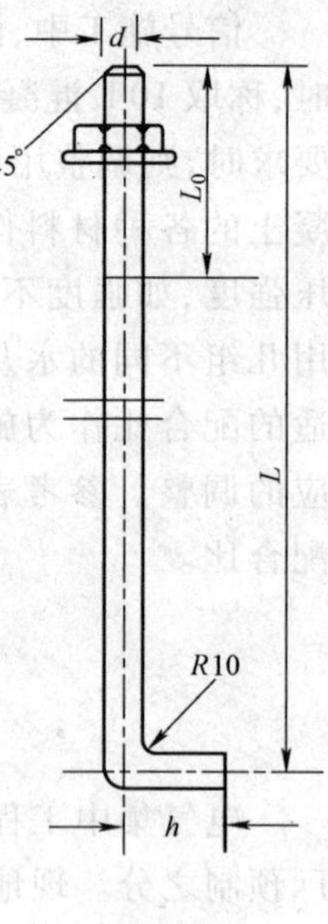

图 9－2　基础螺栓

(单位:mm)

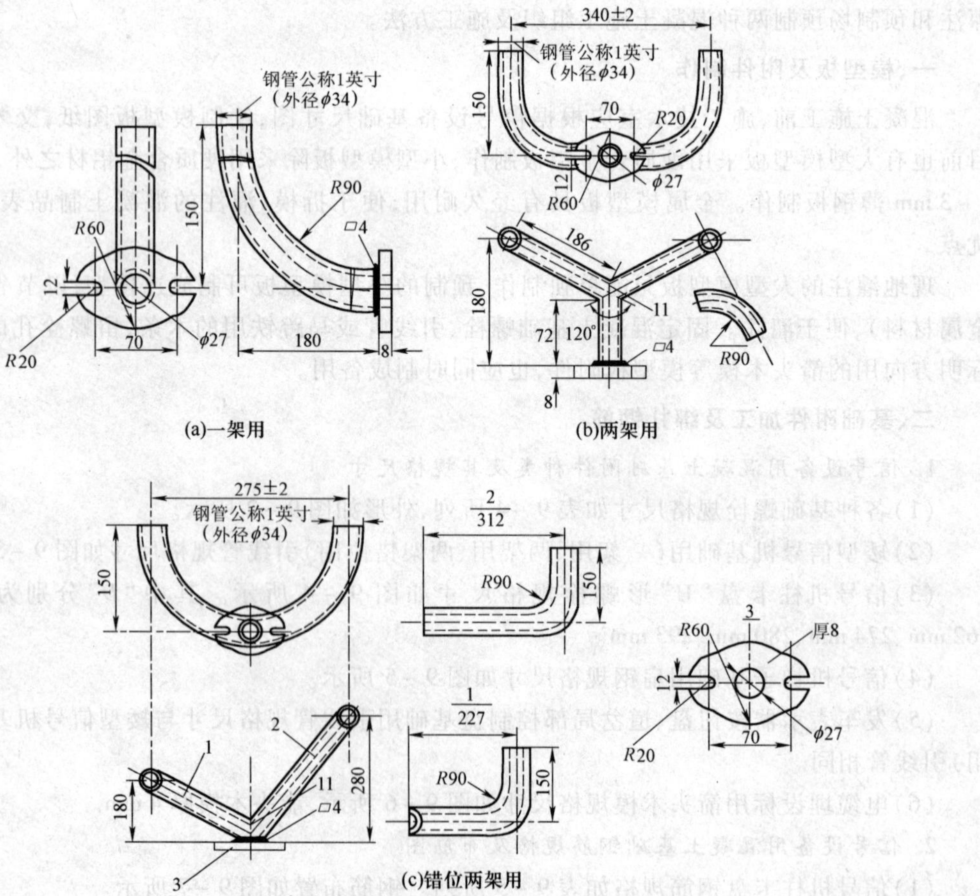

图 9－3　矮型信号机基础用引线管(单位:mm)

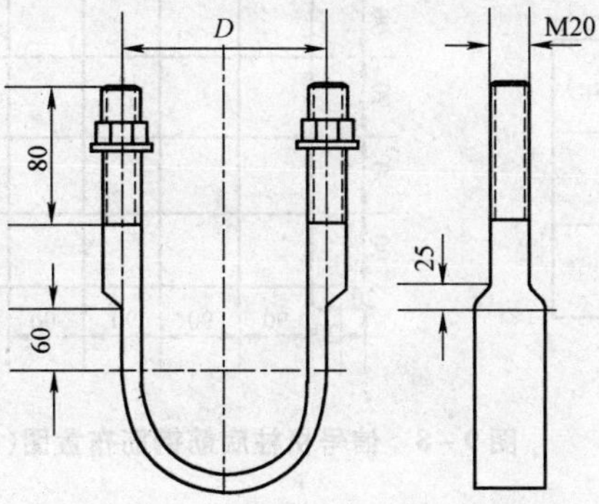

图 9-4　信号机柱卡盘"U"形螺栓(单位:mm)

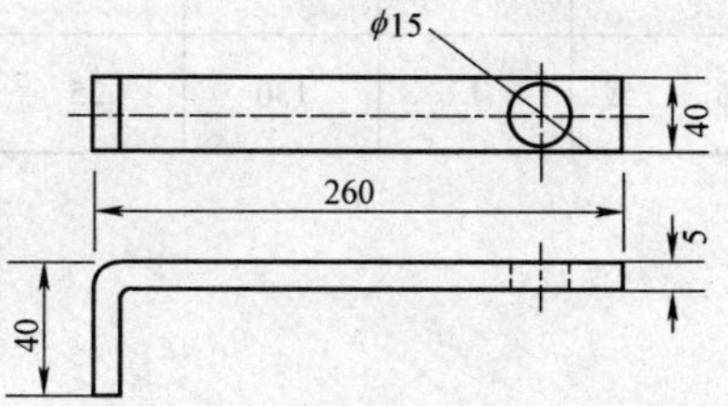

图 9-5　信号机梯子基础用扁钢(单位:mm)

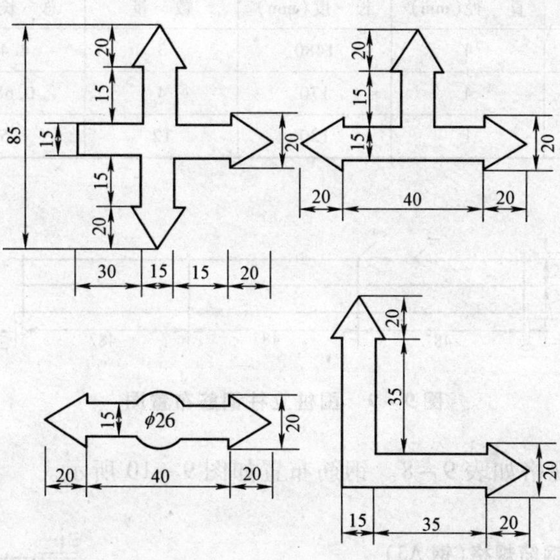

图 9-6　电缆埋设标用箭头木模(单位:mm)

表 9-5　信号机柱盘钢筋规格(钢 A3)

钢筋编号	直径(mm)	长度(mm)	数量	总长(m)	总重(kg)
1	10	880	12	10.55	6.5
2	8	330	16	5.28	1.17
3	6	150	8	1.20	0.27

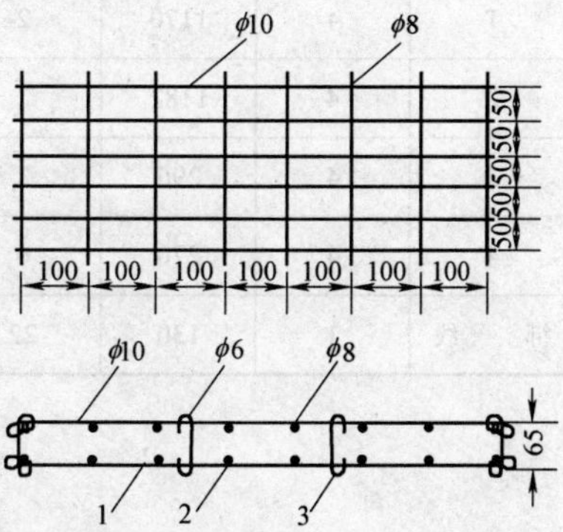

图 9-7　信号机柱卡盘钢筋布置图(单位:mm)

表 9-6 信号机柱底盘钢筋规格(钢 A3)

名　　称	直 径(mm)	长 度(mm)	数 量	总 长(m)	总 重(kg)
钢　　筋	6	400	10	4	0.89
绑　　线	1	130	25	3.25	0.02

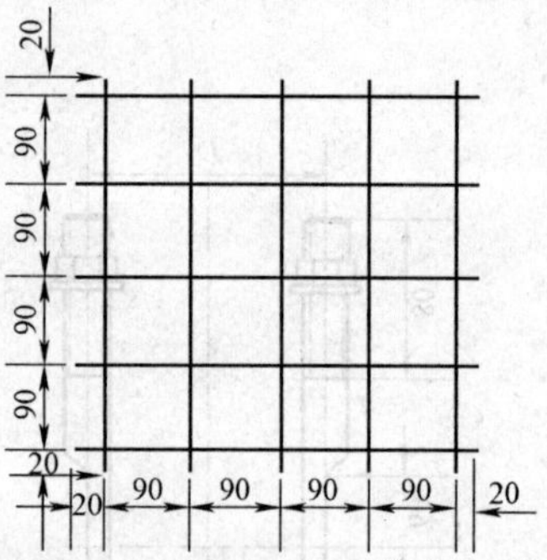

图 9-8 信号机柱底筋钢筋布置图(单位:mm)

(3)围桩立柱钢筋规格如表 9-7 所列。钢筋布置如图 9-9 所示。

表 9-7 围桩立柱钢筋规格(钢 A3)

钢　筋　编　号	直　径(mm)	长　度(mm)	数　量	总　长(m)	总　重(Kg)
1	4	1480	3	4.44	0.44
2	4	170	4	0.680	0.07
绑　　线	1	130	12	1.56	0.01

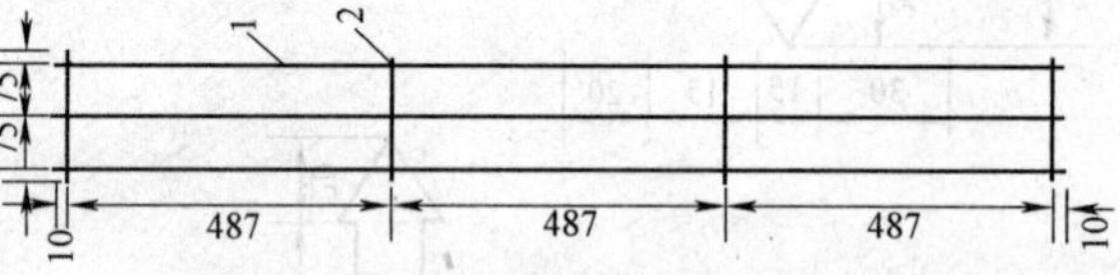

图 9-9 围桩立柱钢筋布置图

(4)围桩围板钢筋规格如表 9-8。钢筋布置如图 9-10 所示。

表 9-8 围桩围板钢筋规格(钢 A3)

钢筋编号	直 径(mm)	长 度(mm)	数 量	总 长(m)	总 重(Kg)
1	4	1170	2	2.340	0.23
2	4	1182	1	1.182	0.12
3	4	296	2	0.592	0.06
4	4	270	6	1.620	0.16
绑　　线	1	130	22	2.860	0.02

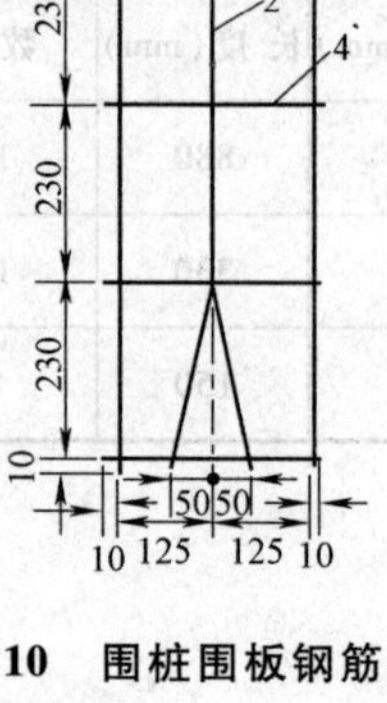

图 9-10 围桩围板钢筋布置图

(5)1.5 m、2 m 围桩钢筋规格如表 9－9 所列。钢筋布置如图 9－11 所示。

表 9－9　1.5 m、2 m 围桩钢筋规格(钢 A3)

项目	钢筋编号	直　径(mm)	长　度(mm)	数　量	总　长(m)	总　重(kg)
1.5 m 围桩	1	4	1460	8	11.680	1.16
	2	4	390	8	3.120	0.31
	绑　线	1	130	64	8.320	0.052
2 m 围桩	1	4	1960	12	23.520	2.33
	2	4	390	9	3.510	0.35
	绑　线	1.6	130	108	14.040	0.087

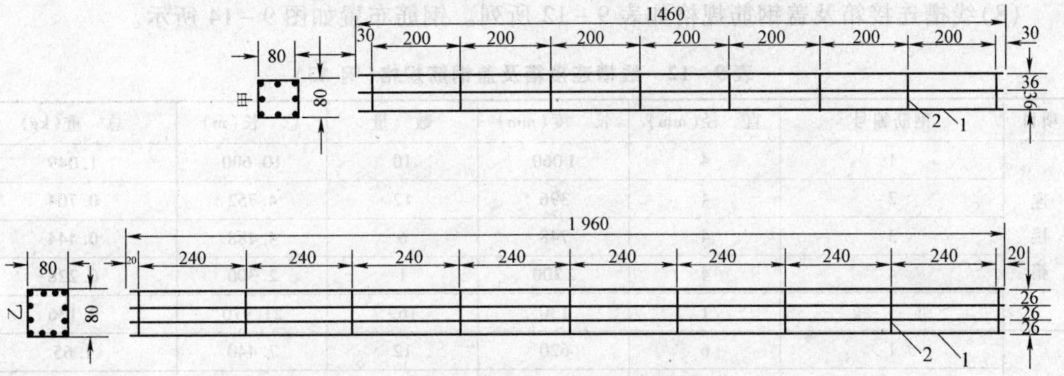

图 9－11　1.5 m、2 m 围桩钢筋布置

甲—1.5 m 围桩；乙—2 m 围桩。

(6)混凝土线槽及槽盖钢筋规格如表 9－10 所示。钢筋布置如图 11－12 所示。

表 9－10　混凝土线槽及槽盖钢筋规格(钢 A3)

项目	钢筋编号	直　径(mm)	长　度(mm)	数　量	总　长(m)	总　重(kg)
线槽	1	4	980	4	3.920	0.40
	2	4	290	6	1.740	0.17
	绑　线	1	130	24	3.120	0.02
槽盖	1	4	460	2	0.920	0.10
	2	4	120	5	0.600	0.06
	绑　线	1	110	10	1.100	0.007

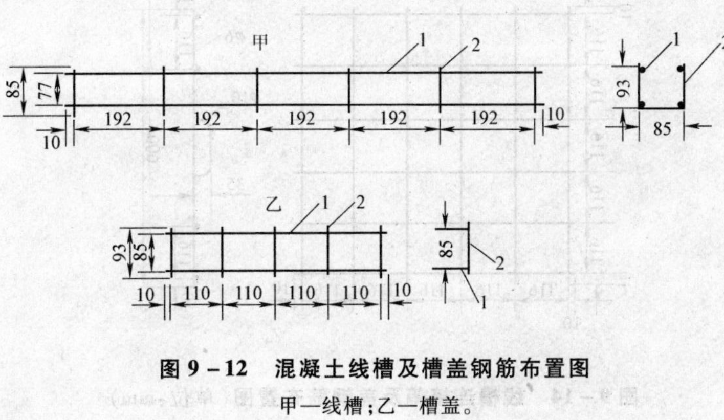

图 9－12　混凝土线槽及槽盖钢筋布置图

甲—线槽；乙—槽盖。

(7)线槽基础钢筋规格如表9－11所列。钢筋布置如图9－13所示。

表9－11 线槽基础钢筋规格(钢A3)

钢筋编号	直径(mm)	长度(mm)	数 量	总长(m)	总重(kg)
1	4	460	6	2.760	0.272
2	4	650	3	1.950	0.192
绑 线	1	130	18	2.340	0.014

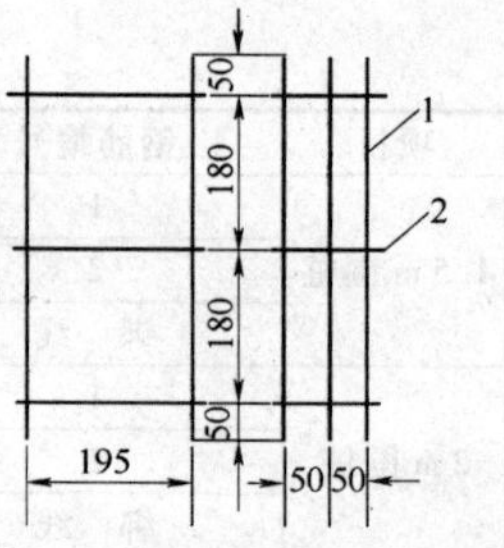

图9－13 线槽基础钢筋布置

(8)线槽连接箱及盖钢筋规格如表9－12所列。钢筋布置如图9－14所示。

表9－12 线槽连接箱及盖钢筋规格(钢A3)

项目	钢筋编号	直 径(mm)	长 度(mm)	数 量	总 长(m)	总 重(kg)
连接箱	1	4	1 060	10	10.600	1.049
	2	4	396	12	4.752	0.704
	3	4	748	6	4.488	0.444
	4	4	2 300	1	2.300	0.228
	绑 线	1	130	169	21.970	0.136
盖	1	6	620	12	7.440	1.65
	2	10	300	2	0.600	0.37
	绑 线	1	130	36	4.680	0.03

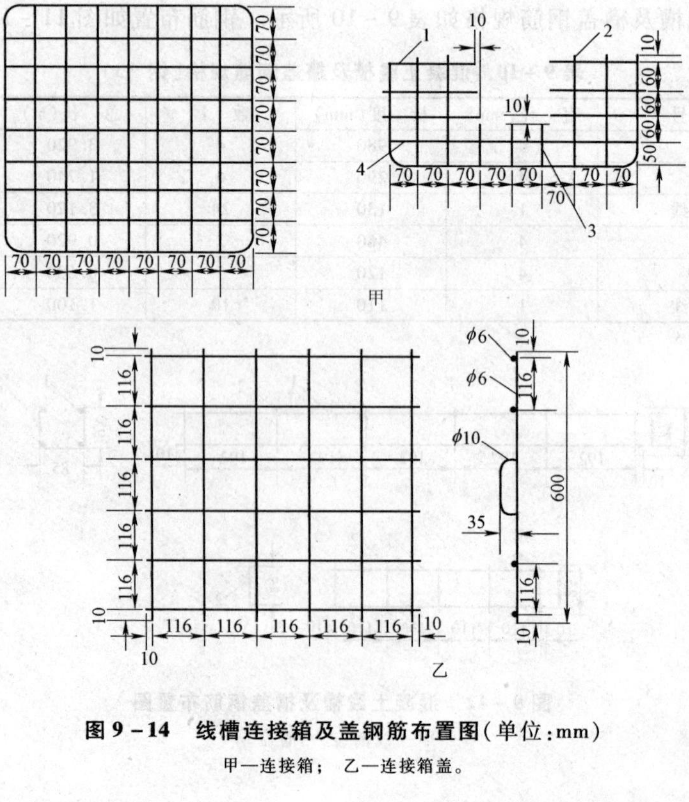

图9－14 线槽连接箱及盖钢筋布置图(单位:mm)

甲—连接箱； 乙—连接箱盖。

(9)线槽直角连接箱基础、直角连接基础及直角连接基础盖钢筋规格如表 9-13 所列。钢筋布置如图 9-15 所示。

表 9-13　线槽直角连接基础钢筋规格(钢 A3)

项目	钢筋编号	直　径(mm)	长　度(mm)	数　量	总　长(m)	总　重(kg)
连接箱基础	1	4	480	3	1.440	0.142
	2	4	140	3	0.420	0.041
	绑　　线	1	130	9	1.170	0.007
直角连接基础	1	4	420	7	2.940	0.30
	2	4	900	2	1.800	0.18
	绑　　线	1	130	14	1.820	0.011
盖	1	4	240	10	2.400	0.24
	绑　　线	1	130	25	3.250	0.02

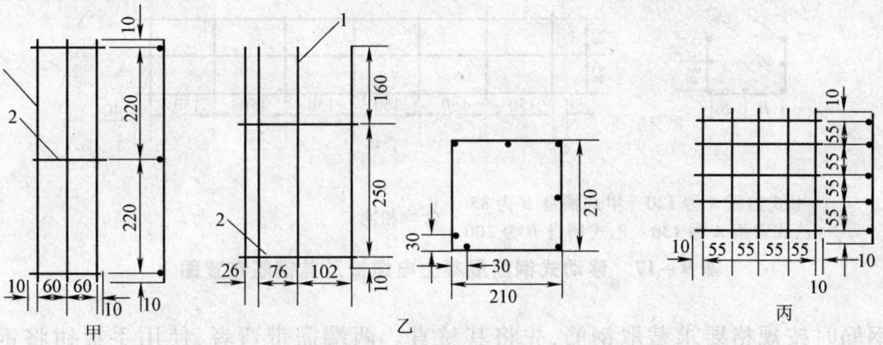

图 9-15　线槽直角连接基础钢筋布置图(单位:mm)

甲—连接箱基础;乙—直角连接基础;丙—直角连接基础盖。

(10)线槽斜连接基础钢筋规格如表 9-14 所列。钢筋布置如图 9-16 所示。

表 9-14　线槽斜连接基础钢筋规格(钢 A3)

项目	钢筋编号	直　径(mm)	长　度(mm)	数　量	总　长(m)	总　重(kg)
Ⅰ型	1	4	420	8	3.360	0.332
	2	4	770	2	1.540	0.152
	绑　　线	1	130	16	2.080	0.013
Ⅱ型	1	4	360	8	2.880	0.284
	2	4	770	2	1.540	0.152
	绑　　线	1	130	16	2.080	0.013

(11)移动式钢筋混凝土电缆槽及盖钢筋布置如图 9-17 所示。

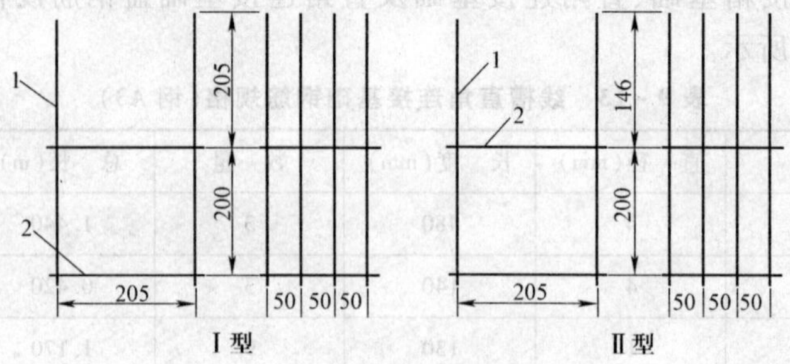

图 9－16　线槽斜连接基础钢筋布置图

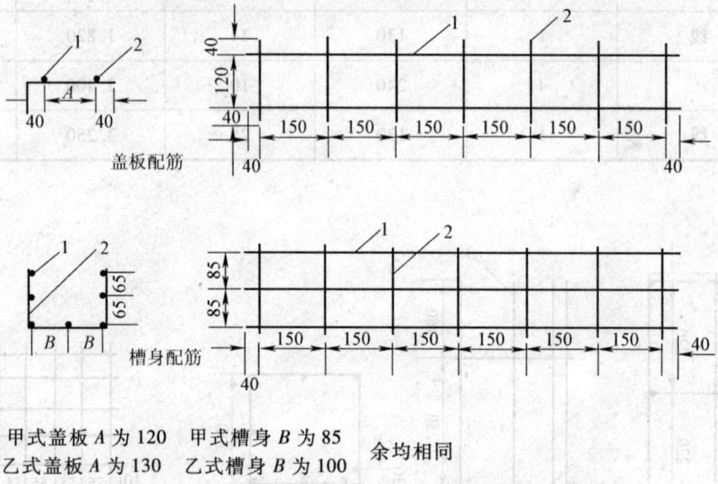

图 9－17　移动式钢筋混凝土电缆槽及盖钢筋布置图

绑扎钢筋时按规格要求截取钢筋，先将其整直。两端需带弯者，使用手扳钳将钢筋拗弯，如图 9－18 所示。按钢筋布置图取横筋直筋各一根交叉放置。将绑线对拗并弯成弧形，如图 9－19 所示。弧形绑线从交叉钢筋底部穿过，引至两钢筋上部，如图 9－20 所示。另用直径为 5 mm 圆铁制成绑线拧紧钩，如图 9－21 所示。绑线两端部拗成交叉形，将拧紧钩插入绑线环内，钩尖别住绑线另一端，如图 9－22 所示。顺时针方向拧动钩把，使绑线的环部与另一端拧出 2～3 个铰链，将两钢筋间绑紧。抽出拧紧钩，将绑线尾部压平，一道绑线线扎完毕，如图 9－23 所示。按钢筋布置图加入第三根钢筋，用同样方法绑扎绑线，直至整架钢筋绑毕为止。需注意的是两相邻绑线，从钢筋底部穿过的方向应相反，以使两钢筋受到正、反不同方向的拧紧力，绑扎得更加牢固。

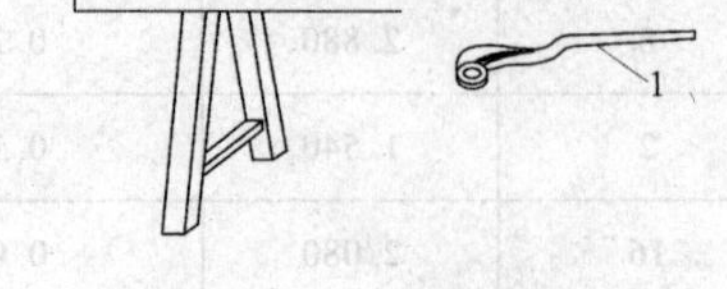

图 9－18　钢筋端部拗弯

1—钳把；2—钳轴；3—拗弯固定钉；4—钢筋。

图 9－19　绑线弯成弧形

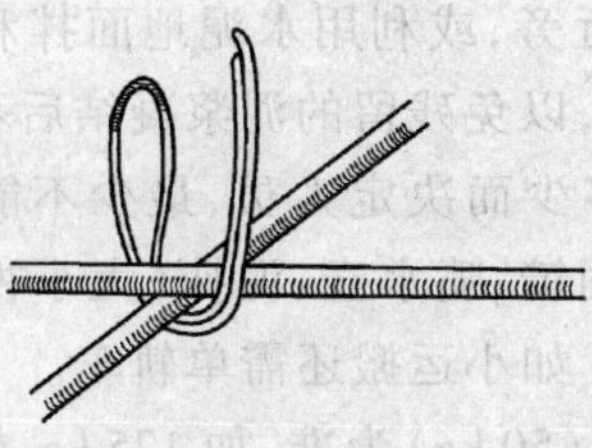

图 9-20 绑线从钢筋底部穿过

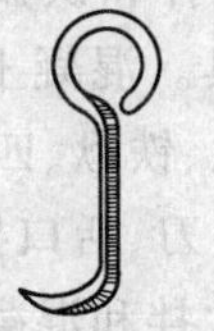

图 9-21 绑线拧紧钩

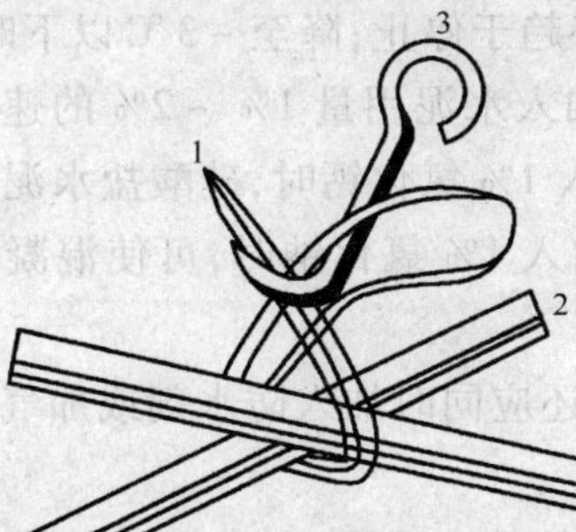

图 9-22 钩尖别住绑线另一端

1—绑线;2—绑线拧紧钩;3—钢筋。

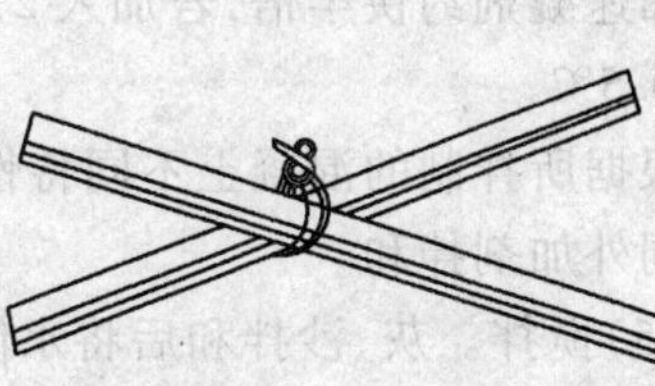

图 9-23 绑线绑紧

三、混凝土材料备料

现地灌注混凝土基础时,砂、石备料应适当集中堆放,因为一只基础使用的砂、石量有限,分散备料散失浪费较多。大运搬将砂、石运至靠近基础群的适宜地点堆放,拌制混凝土时再由小运搬将所需砂、石直接运到拌和铁板上。水泥于拌制当日(从住地或附近存放地)运至现场。河、湖、塘、井水或自来水均可作水源,拌制前应预先调查水源情况,准备橡皮水管或水桶。

现场预制备料条件比现地灌注好,砂、石可由大运搬一次运抵预制场堆放。现场预制多用自来水作水源,应准备橡皮水管、大蓄水木桶、小喷水壶。除外,还应准备肥皂水、机油或柴油作脱模剂。按不同施工要求还应准备不同的外加剂。

四、混凝土基础施工

现地灌注混凝土基础时的挖坑,安装模型板以及培土稳固等内容,已在本书内作了叙述。集中预制时,可在预制场地安装模型板。混凝土人工施工步骤如下:

(1)清理模型板。安装模型板之前,对久未使用的木模板应浸在水中吸足水分,然后取出晾干使用,因为干燥的木材会吸收灌入混凝土中的拌和水,导致混凝土强度降低。连续使用的木模板,用水将其表面的残渣、尘土洗去。木模板沥尽余水后,在内表面薄薄地涂一层肥皂水或脱模剂(脱模剂用柴油:机油按气温不同以 2:8,3:7,4:6 调配制),即可安装使用(或者安装后用水淋湿木模板表面亦可)。

(2)整理拌和场地。现地灌注基础的拌和场地条件较差,往往无处安置拌和铁板。遇此,在不危及行车、人身安全的条件下,尽可能将拌和铁板安置在离模板较近,拌和余地较宽的地方。必要时还可临时用枕木垫平较窄的场地,以安置拌和铁板。在不良条件下施工时,线路两端应设专人负责防护,列车接近时,及时通知施工人员离开线路,施工机具、材料不得侵入限界。预制场施工可随时将拌和铁板移至空地模板近旁,或利用水泥地面拌和混凝土。当日工作结束后,应及时将拌和铁板或地面用水冲洗干净,以免残留的泥浆凝结后不易除去。

(3)人员及工具。混凝土基础施工视工作量多少而决定人员,最少不能少于二人。使用工具种类有:小平锹、铁锹、四齿耙、抬筐、杠棒、捣固铲、喷水壶、泥抹(大小视基础面而定),此外还需克丝钳、螺丝刀、活口扳手,钢卷尺、手锤等。如小运搬还需单轨车。

(4)拌和。正常拌和混凝土时习惯以一袋水泥(50 kg)为准,加 125 kg 左右粗沙拌和。拌和时铁板左右各站一人用小平锹翻拌,平锹面铲上灰沙后右手握住锹柄向左(或向右)一拧,将灰沙向前翻扬出去,这样连续数次翻拌,水泥和沙即能均匀地拌和。

冬季室外温度降至 0 ℃以下时,水泥的水化作用将趋于停止;降至 -3 ℃以下时,混凝土中的拌和水开始冻结。此时拌和灰沙时,应视具体气温加入水泥用量 1% ~2% 的速凝剂。常用的速凝剂有氯化钠(NaCl)和氯化钙($CaCl_2$)两种。加入 1% 氯化钙时,硅酸盐水泥的初凝时间比不加速凝剂约快半倍,若加入 2% 约可快一倍半。加入 1% 氯化钠时,可使混凝土冻结温度降低 0.5℃。

根据所拌制的混凝土不同特性要求,拌和灰、沙时还应同时加入防水剂或加气剂或密实剂等不同外加剂拌和。

(5)搅拌。灰、沙拌和后将水倾入拌合灰内,一次不可加过量,用小方锹外慢慢地搅拌成泥浆。此时还可用四齿耗在水中耙动,配合小方锹扩大搅拌面。

灰沙全部搅拌成糊状后,改用喷水壶洒水,边洒边搅,根据搅拌情况掌握洒水量。灰沙搅成稠浆后。此时可将冲洗干净并沥尽余水的碎石倒入泥浆内,用小方锹顺序搅拌,搅拌过程中要不时地铲起翻捽,最终使泥浆与搅和均匀。

(6)灌注、捣固。混凝土投入模型板底部时,应先投满四角,用捣固铲捣均之后,再继续灌注。

随着灌注厚度的不断增加,应随时加强捣固,每层捣固应以模型板四周开始,逐渐向中心捣实。捣固良好的混凝土表面应看不到碎石,整个模面的混凝土,随着捣固动作能上下起伏。每层捣固的最后次序仍应回到模板面四周,以防硬骨料与模板面相碰。因捣固时用力较大,应随时注意模型板的缝隙有没有漏浆,安装尺寸有没有走动或变形等等。

灌注到一定厚度,应及时按安装尺寸加入基础附件,并将固定木条钉固在模板面上。如预留孔洞,则塞入圆木。混凝土灌满模型板宜略略超出表面,以利于基础抹面。经最后捣固良好后,应检查各附件是否安装良好,如发现歪斜、高低还能及时纠正。灌注混凝土应一次完成,如因故分段灌注时,其间隔时间不得超过 30 min。

灌注钢筋混凝土时,底层混凝土捣固良好后放入钢筋,灌入上层混凝土捣固时,应注意不可捣在钢筋面上,可改用小泥抹细致地在钢筋孔内捣实,然后沿模板四周捣实。

(7)养护和拆模。水泥的凝结和硬化,是与它的水化作用分不开的,而水化作用的正常进行,又是受混凝土所处环境条件的影响,这一环境条件包括温度和湿度两个方面。

信号设备用混凝土基础常用的养护为自然养护,即混凝土灌注完毕后,在大气温度不低于 5℃时,表面覆盖草袋并浇水保持湿润进行养护。未拆模前的养护称为初期养护,拆模时间视气候条件不同而定,夏季气温在 30℃以上时,灌注后一般经 1 天 ~2 天即可拆模,气温在 20℃以上时,一般经 2 天 ~3 天即可拆模。冬季气温在 5℃以上时,一般需经 4 天 ~5 天方可拆模。

信号设备用混凝土基础面均不太大,灌注后夏季经 4 ~5 h 即可抹面,冬季一般经 7 ~10 h 可抹面。拆除附件固定木条时,动作需轻。抹面后再过 2 ~3 h 即可覆盖草袋浇水养护,同时也应保持木模板湿润。

掌握拆模时间与混凝土强度也有密切关系。拆模时间过早,混凝土本身还未达到一定强度,容易受到损坏。拆模时间过晚,模板往往与混凝土基础粘结,甚至无法拆模,只能硬性将模板劈除。故混凝土基础灌注后,应根据当时气候条件具体掌握拆模时间。拆模时取去草袋,充分浇一次水,将模板固定螺栓拆去,用手锤在模板外壁均匀地敲击一遍,以使模板受到振动与基础面分离。如现地灌注的基础,还需挖去模板底部的培土。根据模板正、横面的牙口,先在一边用刀铲或撬棍上、下均匀用力向外撬动,然后在另一边同样撬动,以保持一块模板上下、左右均匀地离开基础。否则,极易损坏基础的边角。相对方向的另一块模板同样方法处理。左、右边的模板不宜直接向外撬出,而应与基础边平行方向左右轻轻移动一下,确认模板已与基础面分离后,方可将模板向外扳动取去。现地灌注的基础拆模后,应培少量的土但不可捣固,然后再盖上草袋浇水,进行后期养护。普通水泥拌制的混凝土养护期,前后不应少于7昼夜,养护期的浇水次数并无规定,以保持草袋及整个基础湿润为宜。养护期满即可培土捣固或搬移基础集中堆放。

目前信号基础施工大多采取集中预制方式,并使用水泥搅拌机,各种电动振动棒,既加快了施工进度,又提高了工程质量。

五、混凝土施工中出现各种不良现象的原因

混凝土施工如材料使用不当,搅拌不良或其他操作不良时,均会发生各种不良现象。现将这些现象及其发生原因综合如下:

1. 砂和水泥拌和后不呈青灰色而呈土黄色的原因

质量良好的普通水泥是均匀的灰色细粉尘,与纯净的河沙拌和后应当呈青灰色。如果采用的水泥质量不良或已变质,或者河沙混入相当部分的泥质,甚至误用了泥沙,拌和后的灰沙便会呈土黄色。用这种灰沙搅拌成的混凝土强度是不会符合要求的,混凝土制品凝固后不会成为灰白色,仍然带土黄色。

2. 搅拌混凝土时碎石与灰浆不能和易的原因

拌和的灰沙加水搅拌成灰浆,加入碎石后应能搅拌成和易的混凝土。如果搅成的混凝土和易性较差的原因:

(1)灰、沙比失调,用沙量过大。

(2)灰、沙拌和不良,加水后仍未加强拌和,灰、沙产生离析现象。

(3)水、灰比失调,拌和水加得过多,未相应增加水泥量,使拌和的灰浆过稀,含沙量过大。

(4)拌和灰浆中途,拌和水流失过多,未及时增补水泥使拌成的灰浆含沙量变大。

(5)采用的水泥质量不良或已变质。

(6)混凝土配合比失调,碎石用量过多。

3. 灌注混凝土时模板漏浆的原因

灌注混凝土时如果模板漏浆不及时堵住,将会严重影响制品质量。造成模板漏浆的原因:

(1)模板使用过久,板缝、接口处受损,模板尺寸变化。

(2)久未使用的模板,使用前未经水浸,板间裂缝过大。

(3)安装模板时固定不良或某螺栓未拧紧。

(4)灌注混凝土捣固时,模板受到捣动变形或损坏开裂。

4. 混凝土基础面酥松、脱皮的原因

质量良好的混凝土基础面应该是坚固而平整的,造成基础面酥松、脱皮的原因:

（1）搅拌混凝土时拌和水过多，用沙量过少，灌注时捣固过分，均会使拌和水中的一部分被排挤出混凝土浮于表面，形成泌水层。这种现象称为“混凝土泌水”。受过泌水的混凝土基础面，硬化后便会酥松、脱皮。

（2）混凝土基础抹面时，如果撒过多的干水泥也会出现脱皮。

5. 混凝土基础面凝结后出现裂纹的原因

造成混凝土基础面裂纹的原因：

（1）水泥标号高，用量过大，在搅拌成的混凝土内的水化过程中，水泥凝胶多，凝聚作用大，收缩力也大，容易使基础面凝结后出现裂纹。

（2）水灰比过大，拌和水中的自由水蒸发后混凝土空隙率大，混凝土缩具有可压缩性，收缩便大，也容易使基础面凝结后便出现裂纹。

（3）灌筑混凝土时捣固不良，影响混凝土密实度，使其具有可压缩性，基础面抹面时并不能改善混凝土的密实度，待充分凝结后，基础面便出现裂纹。

（4）基础抹面后受到暴晒，未及时加盖草袋洒水养护。遇此，抹面后可先用纸对基础面遮阳，待其稍干后即加草袋养护。

6. 混凝土基础面破损露沙的原因

混凝土基础面在养护期内破损露沙后，将无法恢复平整、洁净，在其整个使用期内一直呈现浮沙状态。造成混凝土基础面破损露沙的原因：

（1）采用的水泥质量不良，或水泥用量过少。

（2）灰浆的用沙量过大。

（3）基础面抹面不良。或一次抹光洁后，在尚未充分凝结前，又再次抹面，破坏了原来光洁的泥浆表层。

（4）抹面后受到雨淋，泥浆表层受到损坏，未及时处理。

（5）抹面后在养护期受到外力摩擦，泥浆表层受到损坏。混凝土基础经 28 天标准养护后，基础面层具有足够的强度，此时受到外力摩擦，泥浆表层也不会受到损坏，即使尖锐的摩擦也只会在基础表面划出痕迹，但不再会露沙。

7. 混凝土基础拆模困难的原因

如能根据气候条件掌握拆模时间，拆模不应感到困难。造成拆模困难的原因：

（1）模板内表面加工粗糙，或使用过久，灌注混凝土后与模板面发生粘连。

（2）灌注混凝土之前，模板内表面未涂脱模剂，也未用水淋湿。

（3）灌注混凝土之后，拆模时间过久。

8. 混凝土基础四周面层局部出现“蜂窝”的原因

质量良好的混凝土基础拆模后，四周面层应光洁无损，呈均匀的青灰色，可看出印在基础面上的木纹和板缝。如果四周面层尤其是拐角处，局部露出相互间无灰浆填充的硬骨料的现象，称为“蜂窝”。造成“蜂窝”的原因：

（1）混凝土搅拌不良产生混凝土离析。灌注入离析的混凝土，将会使碎石挤在模板边角或局部地区，凝固后即出现“蜂窝”。

（2）灌注动作不良。过多次的“正锹入模”使搅拌良好的混凝土灌入模板内之后被离析，也会使碎石集中在紧靠模板面的局部地区，凝固后出现“蜂窝”。如采用“扣锹入模”即可避免。

（3）灌注混凝土时捣固不良，未将灌入的混凝土捣固密实。尤其未将碎石捣离模板表面。

(4)模板局部漏浆,使该部位碎石间隙内的泥沙浆流失,凝固后形成相互贯通的空隙,出现“蜂窝”。

9. 混凝土基础凝结初期出现裂纹的原因

造成混凝土基础凝结初期出现裂纹的原因:

(1)误将不同品种的水泥混合使用。不同品种的水泥具有不同的化学性能,如误将具有不同水化热的水泥混合使用,将可能造成混凝土凝结时内部温度不一,由温差引起不均匀的收缩变形,造成混凝土基础凝结初期裂纹。此种现象称为“温度裂纹”。

(2)二次灌注间隔过久。原有的混凝土已初步凝结,新灌入的混凝土无法与其捣成和易的一体,凝结之后两者之间必然留有裂纹。

(3)灌注的混凝土基础早期受到振动。普通混凝土在气温为20℃时,养护3天其强度可达设计强度的40%左右,养护7天可达60%左右,在该段时间内如果受到强烈振动,将会使基础出现裂纹。

(4)移动基础过早。混凝土基础尚在3~7天的养护期内,如对其进行移动或堆码,均会造成基础裂纹。

10. 混凝土基础强度降低的原因

按设计配比配制混凝土,搅拌、灌注、捣固均合乎操作要求的混凝土基础,经标准养护后应具有符合设计要求的强度。造成混凝土基础强度降低的原因:

(1)采用的水泥已变质或过期,水泥活性降低,硬化之后的强度也相应降低。

(2)拌和灰、沙时混入大量杂质,尤其是混入粉状石灰。混入的杂质强度低于水泥强度,必然影响水泥经水化后的强度。杂质将吸收一部分拌和水,影响混凝土的正常硬化,最终导致混凝土强度降低。

(3)水灰比失调,水泥用量过少。

(4)灌注时模板大量漏浆,破坏了混凝土配比。

(5)混凝土搅拌或灌注时发生离析现象,未经处理即凝结成形,其强度将大大下降。

(6)灌注混凝土时未进行捣固或捣固不良,混凝土因密实性不良凝结后强度下降。

(7)混凝土凝结初期失水。尚未凝结的混凝土,因曝晒或干燥的模板吸水,造成初期失水,将不能保证水泥水解和水化作用的正常进行,最终也会使混凝土强度降低。

(8)混凝土初凝后,流动性大大降低,但尚未能具有抗震能力,这时切不可受到震动,否则将影响强度。

(9)混凝土基础拆模时间过早。

(10)混凝土基础养护期内突然受到-3℃以下的冻结,并未能及时得到初救措施。混凝土因受冻,自由水完全结冰,水泥的水化作用也停止进行。因此,混凝土基础的强度大大降低。以后即使气温回升,混凝土内的冰融化后,冰变成水的体积差形成空隙,混凝土的密实性和耐久性也将无法再得到弥补。

第四节　信号设备常用基础及用料数量

一、矮型色灯信号机基础

1. 矮型色灯信号机(一架用)基础尺寸如图9-24所示,用料数量见表9-15所列。

表 9－15　矮型色灯信号机（一架用）基础用料表

形状	体积（m^3）	混凝土标号	水泥#325号（kg）	中粗砂（m^3）	碎石 40 mm（m^3）	重量（kg）
凹	0.061	100	15.494	0.037	0.05	150
平	0.073	100	18.542	0.044	0.06	182.5

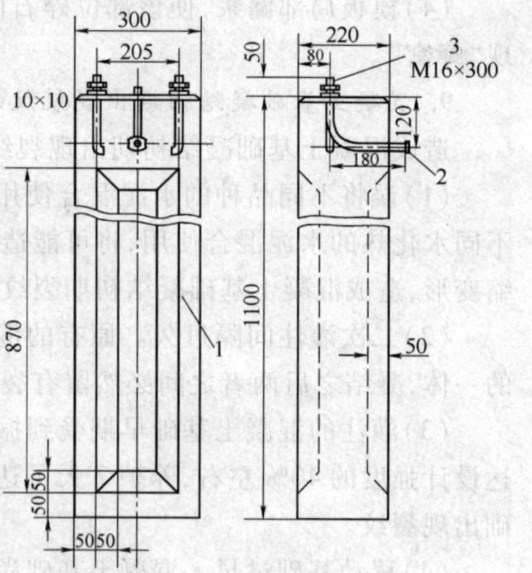

图 9－24　矮型色灯信号机基础（一架用）（单位：mm）

1—基础；2—基础螺栓；3—引线管。

2. 矮型色灯信号机（两架用）基础，分为适用于安装矮型二、三灯位色灯信号机及附有二、三灯进路表示器的矮型色灯信号机和适用于两相邻线路中心线间距离为4 300 mm，并列安装两架矮型色灯信号机两种。

(1) 矮型色灯信号机（两架用）用基础尺寸如图 9－25 所示，用料数量见表 9－16 所列。

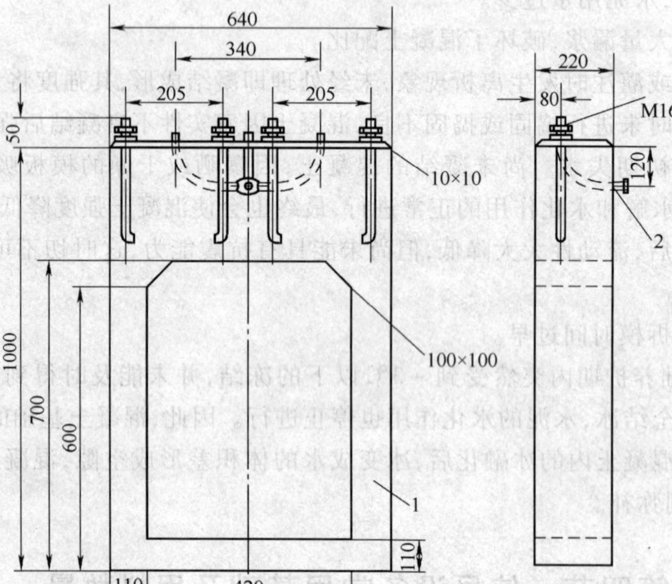

图 9－25　矮型色灯信号机基础（两架用）（单位：mm）

1—基础；2—基础螺栓；3—引线管。

表 9-16　矮型信号机(两架用)基础用料表

形状	体积(m^3)	混凝土标号	水泥#325 号(kg)	中粗砂(m^3)	碎石(m^3)		重量(kg)
					20 mm	40 mm	
通	0.088	100	22.792	0.041	0.077		220
平	0.141	100	35.519	0.066		0.123	352

(2)矮型色灯信号机(错位两架用)用基础尺寸如图 9-26 所示,用料数量见表 9-17 所列。

表 9-17　矮型色灯信号机(错位二架用)基础用料表

形状	体积(m^3)	混凝土标号	水泥#325 号(kg)	中粗砂(m^3)	碎石(m^3)		重量(kg)
					20 mm	40 mm	
通	0.116	100	30.044	0.055	0.1		290
平	0.186	100	48.174	0.087		0.162	464

二、信号机柱卡盘

信号机柱卡盘尺寸如图 9-27 所示,用料数量见表 9-18 所列,卡盘钢筋用量见表 9-19 所列,卡盘规格选用见表 9-20 所列。

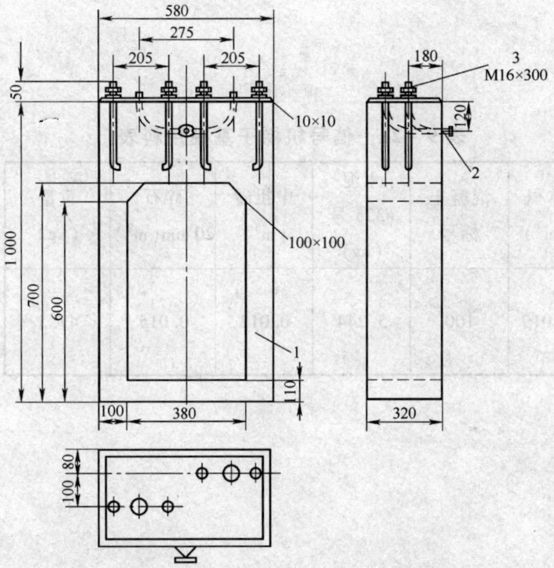

图 9-26　矮型色灯信号机基础(错位两架用)

(单位:mm)

1—基础;2—基础螺栓;3—引线管。

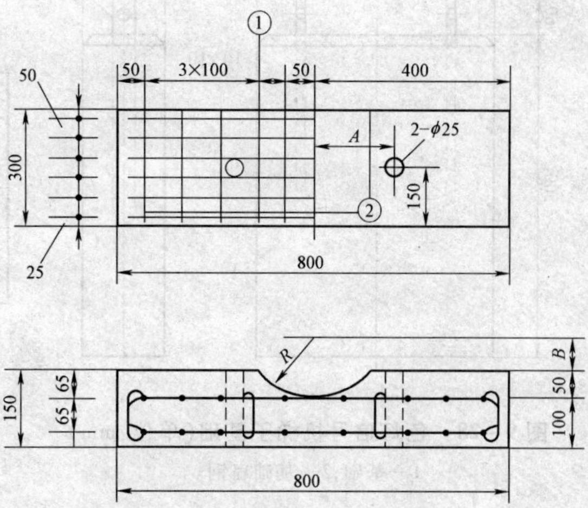

图 9-27　信号机柱卡盘

表 9-18 信号机柱卡盘用料表

体积(m^3)	混凝土标号	水泥#325 号(kg)	中粗砂(m^3)	碎石 20 mm(m^3)	重量(kg)
0.036	150	10.404	0.021	0.03	86

表 9-19 信号机柱卡盘钢筋用量表

名称	编号	直径	长度(mm)	数量	总长(m)	总重(kg)
卡盘	1	$\phi10$	880	12	10.55	6.5
	2	$\phi6$	330	16	5.28	1.17
	3	$\phi6$	150	8	1.20	0.27
	4	$\phi22$	表 9-20	1	表 9-20	表 9-20
	5		60	2	0.12	0.45
	混凝土体积 0.036 m^3			钢材合计 8.39 kg(不包括 U 形螺栓)		

表 9-20 信号机柱卡盘规格选用表

机柱类型(m)	7.0	8.5	9.5	10.0	11.0
A(mm)	120	130	135	140	150
R(mm)	117	126	132	135	142
B(mm)	67.0	76.0	82.0	85.0	92.0

三、色灯信号机梯子基础

色灯信号机梯子基础尺寸如图 9-28 所示，用料数量见表 9-21 所列。

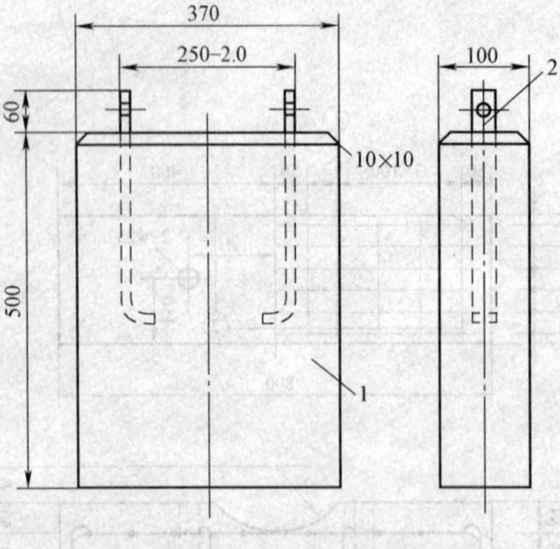

表 9-21 信号机梯子基础用料表

体积(m^3)	混凝土标号	水泥#325 号(kg)	中粗砂(m^3)	碎石 20 mm(m^3)	重量(kg)
0.019	100	5.244	0.012	0.015	47.5

图 9-28 色灯信号机梯子基础(单位:mm)

1—基础;2—基础扁钢。

四、发车表示器按钮盘、道岔局部控制盘基础

发车表示器按钮盘基础尺寸如图 9-29 所示，用料数量见表 9-22 所列；道岔局部控制盘基础尺寸如图 9-30 所示，用料数量见表 9-23 所列。

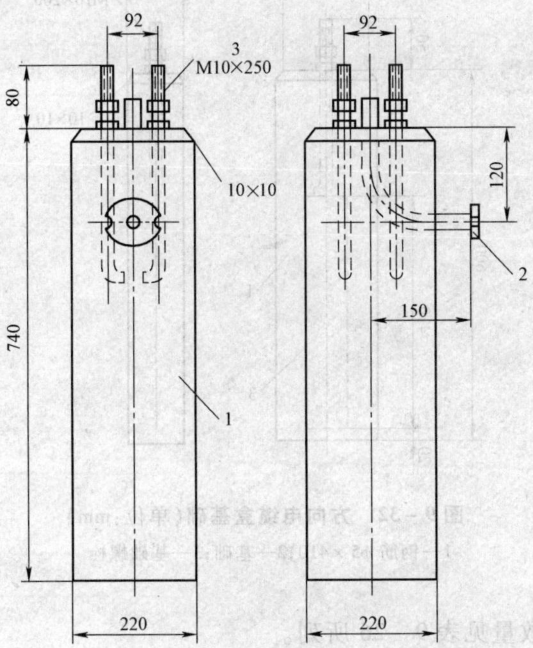

图 9－29 发车表示器按钮盘基础(单位:mm)

1—基础;2—基础螺栓;3—引线管。

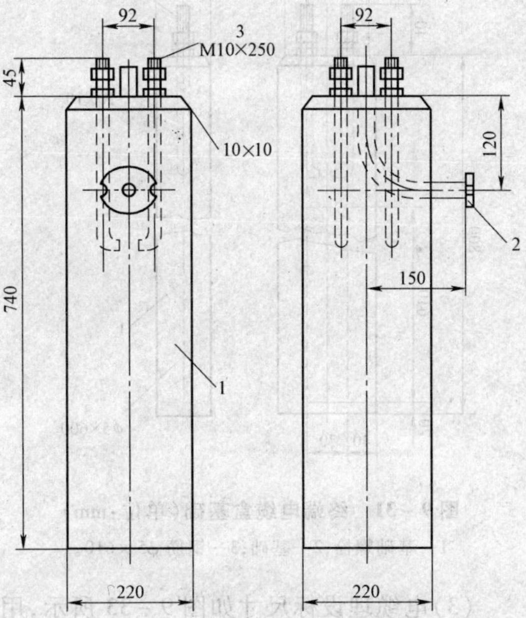

图 9－30 道岔局部控制盘基础

1—基础;2—基础螺栓;3—引线管。

表 9－22 发车表示器按钮盘基础用料表

体积(m^3)	混凝土标号	水泥#325 号(kg)	中粗砂(m^3)	碎石 20 mm(m^3)	重量(kg)
0.036	100	9.936	0.023	0.028	90

表 9－23 道岔局部控制盘基础用料表

体积(m^3)	混凝土标号	水泥#325 号(kg)	中粗砂(m^3)	碎石 20 mm(m^3)	重量(kg)
0.019	100	5.244	0.012	0.015	47.5

五、电缆盒、电缆埋设标及扼流变压器基础

(1)终端电缆盒基础尺寸如图 9－31 所示,用料数量见表 9－24 所示。

表 9－24 终端电缆盒基础用料表

体积(m^3)	混凝土标号	水泥#325 号(kg)	中粗砂(m^3)	碎石 20 mm(m^3)	重量(kg)
0.01	100	2.76	0.006	0.008	25

(2)方向电缆盒基础尺寸如图 9－32 所示,用料数量见表 9－25 所列。

表 9－25 方向电缆盒基础用料表

体积(m^3)	混凝土标号	水泥#325 号(kg)	中粗砂(m^3)	碎石 20 mm(m^3)	重量(kg)
0.007	100	1.932	0.004	0.004	17.5

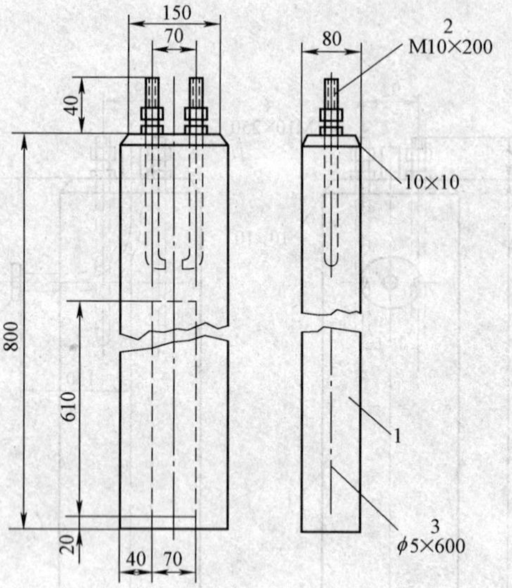

图 9-31　终端电缆盒基础(单位:mm)

1—基础螺栓;2—基础;3—钢筋 ϕ5×610。

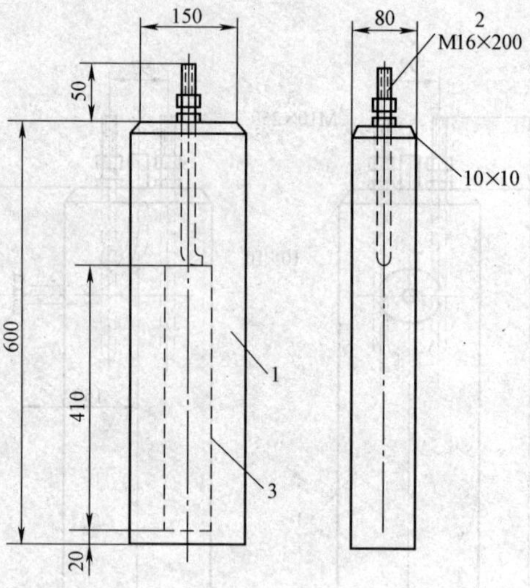

图 9-32　方向电缆盒基础(单位:mm)

1—钢筋 ϕ5×410;2—基础;3—基础螺栓。

(3)电缆埋设标尺寸如图 9-33 所示,用料数量见表 9-26 所列。

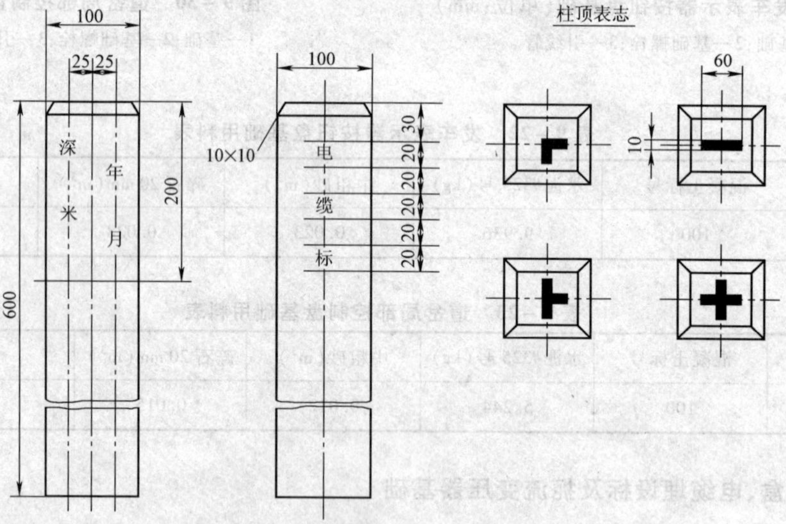

图 9-33　电缆埋设标(单位:mm)

表 9-26　电缆埋设标用料表

体积(m^3)	混凝土标号	水泥#325 号(kg)	中粗砂(m^3)	碎石 20 mm(m^3)	重量(kg)
0.006	150	1.734	0.003	0.005	15

(4)BEP 型扼流变压器基础尺寸如图 9-34 所示,用料数量见表 9-27 所列。

表 9-27　BEP 型扼变压器基础用料表

体积(m^3)	混凝土标号	水泥#325 号(kg)	中粗砂(m^3)	碎石 20 mm(m^3)	重量(kg)
0.005	100	1.38	0.003	0.004	12.5

(5)BE 型扼流变压器基础尺寸如图 9－35 所示，用料数量见表 9－28 所列。

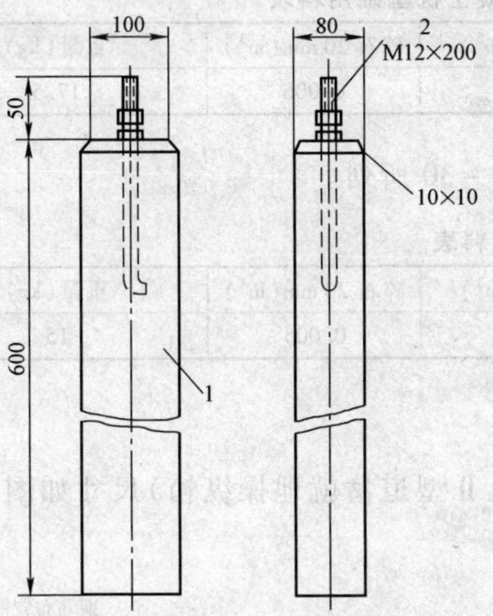

图 9－34　BEF 型扼流变压器基础(单位:mm)

1—基础;2—基础螺栓。

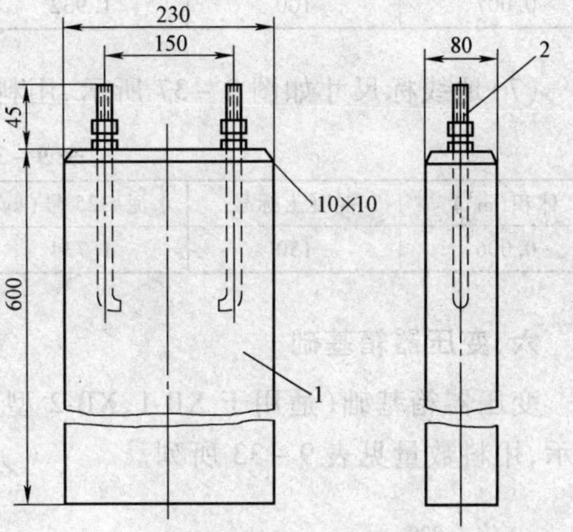

图 9－35　BE 型扼流变压器基础(单位:mm)

1—基础;2—基础螺栓。

表 9－28　BE 型扼流变压器基础用料表

体积(m^3)	混凝土标号	水泥#325 号(kg)	中粗砂(m^3)	碎石 20 mm(m^3)	重量(kg)
0.011	100	3.036	0.007	0.009	27.5

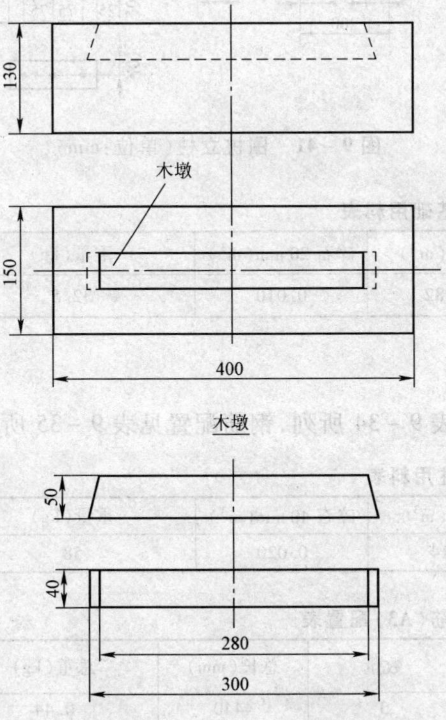

图 9－36　固定钢轨引接线用混凝土枕(单位:mm)

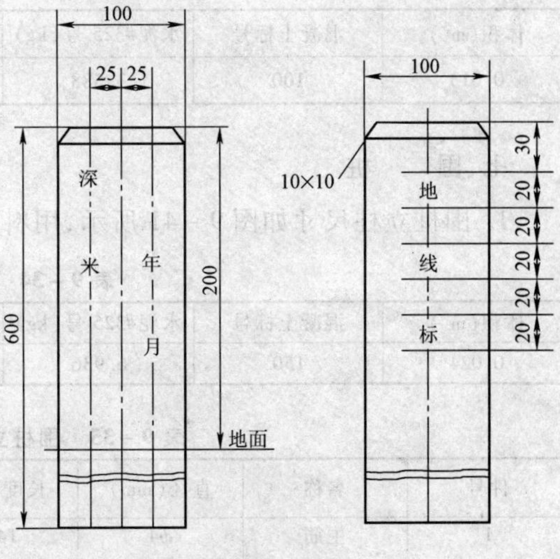

图 9－37　地线标(单位:mm)

(6)固定钢轨引接线用混凝土枕尺寸如图 9－36 所示,用料数量见表 9－29 所列。

表 9－29　固定钢轨引接线用混凝土枕基础用料表

体积(m^3)	混凝土标号	水泥#325 号(kg)	中粗砂(m^3)	碎石 20 mm(m^3)	重量(kg)
0.007	100	1.932	0.004	0.006	17.5

(7)地线标尺寸如图 9－37 所示,用料数量见表 9－30 所列。

表 9－30　地线标用料表

体积(m^3)	混凝土标号	水泥#325 号(kg)	中粗砂(m^3)	碎石 20 mm(m^3)	重量(kg)
0.006	150	1.734	0.003	0.005	15

六、变压器箱基础

变压器箱基础(适用于 XB-1、XB-2 型变压器箱及Ⅱ型道岔就地操纵箱)尺寸如图 9－40 所示,用料数量见表 9－33 所列。

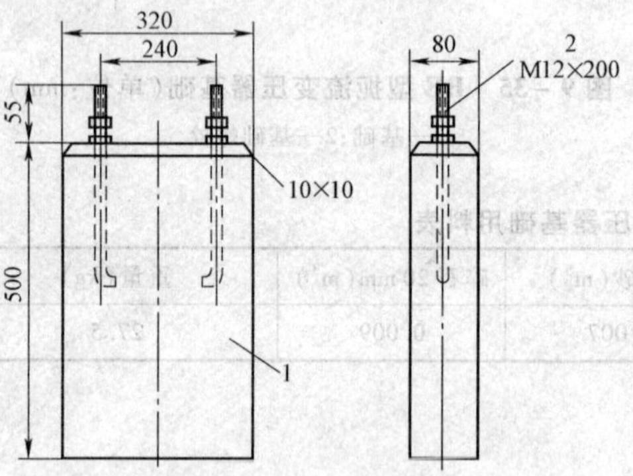

图 9－40　变压器箱基础(单位:mm)

1—基础;2—基础螺栓

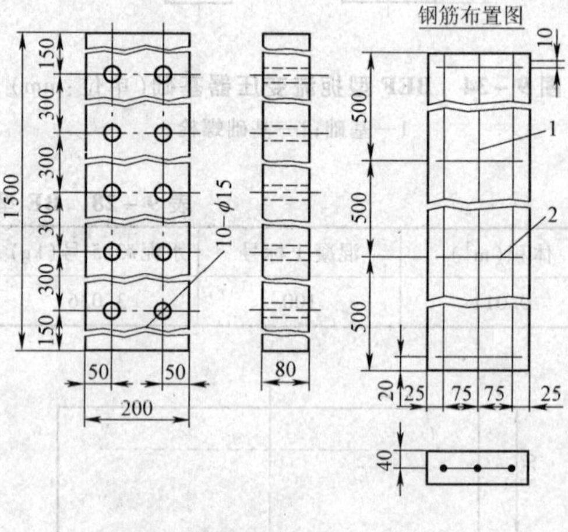

图 9－41　围桩立柱(单位:mm)

表 9－33　变压器箱基础用料表

体积(m^3)	混凝土标号	水泥#325 号(kg)	中粗砂(m^3)	碎石 20 mm(m^3)	重量(kg)
0.013	100	3.588	0.0082	0.010	32.5

七、围　　桩

1. 围桩立柱尺寸如图 9－41 所示,用料数量见表 9－34 所列,钢筋配置见表 9－35 所列。

表 9－34　围桩立柱用料表

体积(m^3)	混凝土标号	水泥#325 号(kg)	中粗砂(m^3)	碎石 40 mm(m^3)	重量(kg)
0.024	150	6.936	0.014	0.020	58

表 9－35　围桩立柱用钢筋(A3)配置表

件号	名称	直径(mm)	长度(mm)	数量	总长(mm)	总重(kg)
1	主筋	$\phi4$	1480	3	4440	0.44
2	副筋	$\phi4$	170	4	680	0.07
	绑线	$\phi1$	130	12	1560	0.01

2. 围板尺寸如图 9－42 所示,用料数量见表 9－36 所列,钢筋配置见表 9－37 所列。

表 9－36　围板用料表

体积(m^3)	混凝土标号	水泥#325 号(kg)	中粗砂(m^3)	碎石 40 mm(m^3)	重量(kg)
0.018	150	5.202	0.01	0.015	43

表 9－37　围板用钢筋配置表

件号	名称	直径(mm)	长度(mm)	数量	总长(mm)	总重(kg)
1	主筋	$\phi4$	1 170	2	2 340	0.23
2	主筋	$\phi4$	1 182	1	1 182	0.12
3	主筋	$\phi4$	296	2	592	0.06
4	副筋	$\phi4$	270	6	1 620	0.16
	绑线	$\phi1$	130	22	2 860	0.02

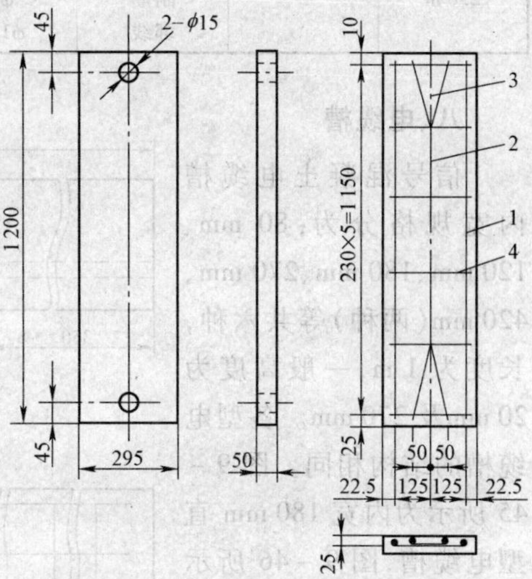

图 9－42　围板(单位:mm)

3. 围桩分 1.5 m 长(如图 9－43 所示)及 2 m 长(如图 9－44 所示),用料数量见表 9－38 所列,钢筋配制见表 9－39 所列。

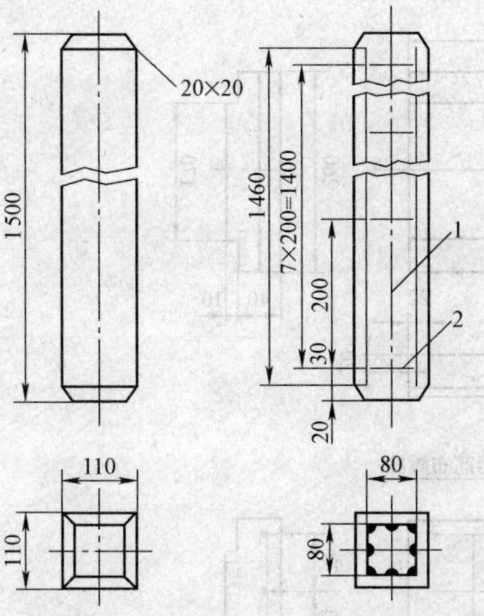

图 9－43　围桩(1.5 m)(单位:mm)

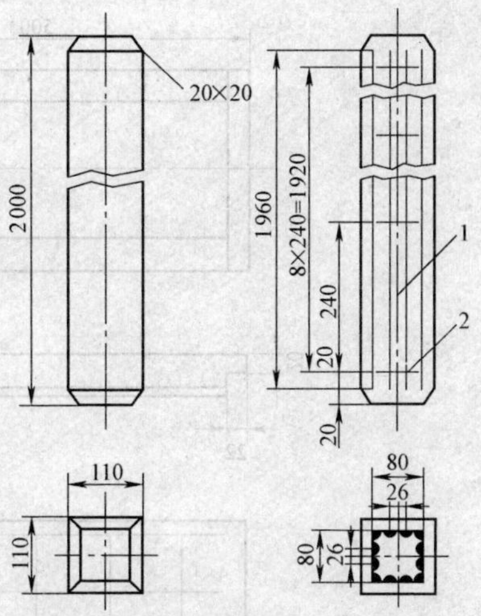

图 9－44　围桩(2 m)(单位:mm)

表 9－38　围桩用料表

形　状	体积(m^3)	混凝土标号	水泥#325(kg)	中粗砂(m^3)	碎石 20 mm(m^3)	重量(kg)
1.5 m	0.018	150	5.202	0.01	0.015	45
2.0 m	0.024	150	6.936	0.014	0.020	60

表 9－39　围桩用钢筋(A_3)配置表

形状	件号	名称	直径(mm)	长度(mm)	数量	总长(mm)	总重(kg)
1.5 m	1	主筋	$\phi4$	1 460	8	11 680	1.16
	2	副筋	$\phi4$	390	8	3 120	0.31
		绑线	$\phi4$	130	64	8 320	0.052
2.0 m	1	主筋	$\phi4$	1 960	12	23 520	2.33
	2	副筋	$\phi4$	390	9	3 510	0.35
		绑线	$\phi1.6$	130	108	14 040	0.087

八、电缆槽

信号混凝土电缆槽内宽规格分为：80 mm、120 mm、180 mm、270 mm、420 mm(两种)等共六种，长度为 1 m，一般高度为 20 mm及 270 mm。各型电缆槽的结构相同。图 9－45 所示为内宽 180 mm 直型电缆槽，图 9－46 所示为其盖。电缆槽用料数量见表 9－40 所列，钢筋用料数量见表 9－41 所列。

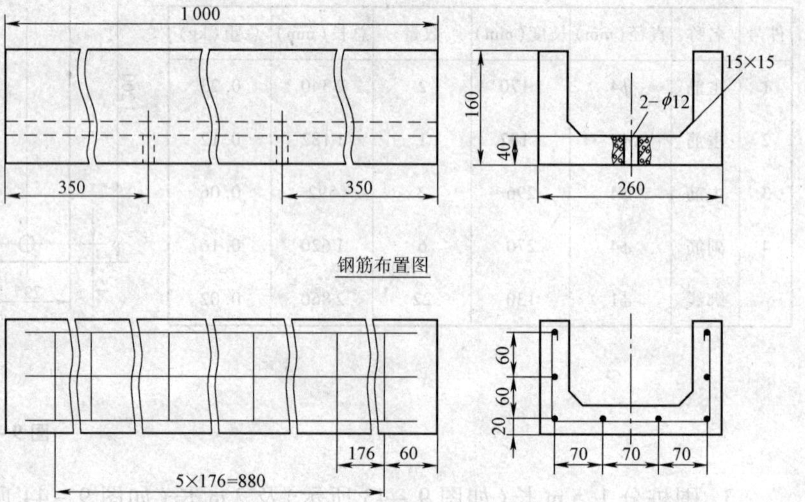

图 9－45　180 mm 直型电缆槽(单位：mm)

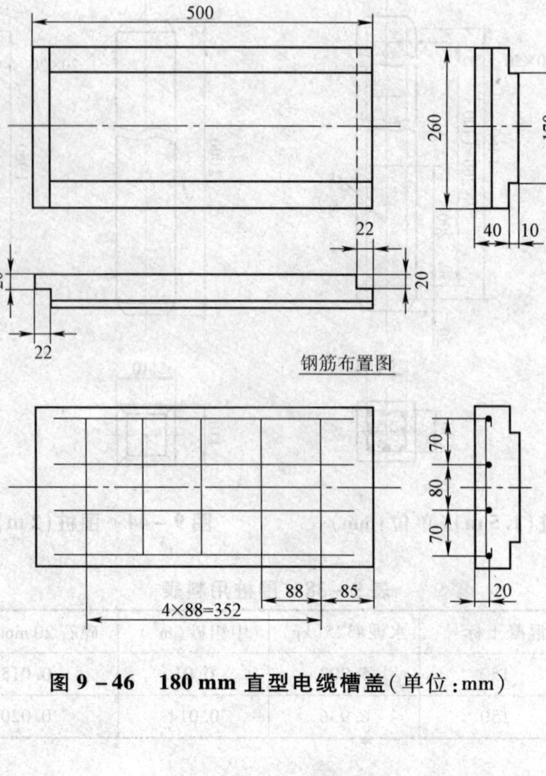

图 9－46　180 mm 直型电缆槽盖(单位：mm)

表 9－40　电缆槽混凝土用料表

型　　号	体积（m^3）	混凝土标号	水泥#325 号（kg）	中（粗）砂（m^3）	碎石 10 mm（m^3）	重量（kg）
80 型电缆槽	0.016	200	5.456	0.009	0.012	40
80 型电缆槽盖	0.004		1.364	0.002	0.003	10
120 型电缆槽	0.018		6.138	0.01	0.014	45
120 型电缆槽盖	0.005		1.705	0.003	0.004	12.5
180 型电缆槽	0.02		6.82	0.011	0.015	50
180 型电缆槽盖	0.006		2.046	0.003	0.005	15
270 型电缆槽	0.024		8.184	0.014	0.019	60
270 型电缆槽盖	0.008		2.728	0.005	0.006	20
420 型电缆槽（高 200 mm）	0.034		11.594	0.019	0.026	85
420 型电缆槽（高 270 mm）	0.04		13.64	0.023	0.031	100
420 型电缆槽盖	0.012		4.092	0.007	0.009	30
120 型分歧处电缆槽盖	0.008		2.728	0.005	0.006	20
180 型分歧处电缆槽盖	0.01		3.41	0.006	0.008	25
270 型分歧处电缆槽盖	0.039		13.299	0.022	0.03	07.5
420 型分歧处电缆槽盖	0.066		22.506	0.038	0.051	165

表 9－42　电缆槽钢筋数量表

型　号	直径（mm）	总长（m）	总重（kg）	型　号	直径（mm）	总长（m）	总重（kg）
80 型电缆槽及电缆盖	$\phi5$ $\phi1$	12.13 7.41	1.87 0.046	420 型电缆槽盖	$\phi5$ $\phi1$	5.50 3.90	0.847 0.024
120 型电缆槽及电缆盖	$\phi5$ $\phi1$	13.55 8.19	2.09 0.051	120 型分歧处电缆槽盖	$\phi5$ $\phi1$	3.88 3.12	0.597 0.019
180 型电缆槽及电缆盖	$\phi5$ $\phi1$	14.66 8.84	2.259 0.055	180 型分歧处电缆槽盖	$\phi5$ $\phi1$	5.36 4.55	0.826 0.028
270 型电缆槽及电缆盖	$\phi5$ $\phi1$	17.08 10.27	2.632 0.064	270 型分歧处电缆槽盖	$\phi5$ $\phi1$	20.12 16.64	3.10 0.101
420 型电缆槽（高 160 mm 时）	$\phi6$ $\phi1$	14.66 7.80	3.253 0.048	420 型分歧处电缆槽盖	$\phi5$ $\phi1$	33.72 27.17	5.196 0.166
420 型电缆槽（高 230 mm 时）	$\phi6$ $\phi1$	17.46 9.36	3.875 0.058				

第十章　防雷、电磁兼容及接地

各种信号设备的电源线、架空线、信号电缆、轨道电路等大都处于露天情况下，而且距离很长，极为容易受到附近大自然中雷电放电时产生的直接放电、静电感应、电磁感应等作用，在信号设备上感应出电压而在设备中流过感应电流，感应电压与电流虽然时间很短，但产生的瞬间电压和电流却是极高的。另外在电力牵引区段，由于接触网断线或绝缘子破损对地发生短路时，瞬时电流变化极大，也将造成轨道电路产生感应过电压。对过电压不采取必要的防护措施，会击穿信号设备电气绝缘，烧毁信号设备和使信号设备误动，严重危及信号设备的安全使用。为了保护信号设备及人身安全，信号设备应设安全地线、屏蔽地线和防雷地线。箱盒、信号机梯子等应设安全地线，交流电力牵引区段的电缆金属护套应设屏蔽地线，防雷保安器应设防雷地线。

第一节　一般规定

1. 信号设备防雷、电磁兼容及接地施工一般包括避雷带、避雷网、法拉第笼、设备接地连接等。

2. 信号雷电综合防护施工应由通过铁道部审定的专业公司承担。对于隐蔽工程应严格执行监理和随工验收制度，确保工程质量。

3. 信号设备安全地线、屏蔽地线和防雷地线等的设置应符合设计要求。接地导线上严禁设置开关、熔断器或断路器。

4. 信号设备防雷及接地装置的设置应符合设计要求。接地线与接地体之间应可靠连接，严禁虚焊虚接。

5. 电力牵引区段，信号机构与梯子、继电器箱、道岔握柄、带柄道岔表示器以及距接触网带电部分 5 000 mm 范围以内信号设备的裸露金属结构物应可靠接地。

6. 有屏蔽层的信号干线电缆应按设计要求屏蔽接地，其接地极引线不得接至扼流变压器中心连接板或钢轨上。

7. 水平接地体可采用以下材料：

(1)40 mm × 4 mm 热镀锌扁钢；

(2)镀层厚度大于 250 μm、直径大于 14 mm 的镀铜圆钢；

(3)不小于 50 mm^2 铜带或缠绕的电缆；

(4)与贯通地线材质相同。

8. 垂直接地体可采用石墨电极、铜包钢、铜材、热镀锌钢材（钢管、圆钢、角钢、扁钢）或其他新型接地材料，电力牵引区段宜采用石墨接地体，并符合下列要求：

(1)采用热镀锌钢管时，钢管壁厚不小于 3.5 mm；

(2)采用热镀锌角钢，角钢不小于 50 mm × 50 mm × 5 mm；

(3)采用热镀锌扁钢时,扁钢不小于 40 mm × 4 mm;

(4)采用热镀锌圆钢时,圆钢直径不小于 8 mm。

9. 接地体难以避开污水排放和土壤腐蚀性强的地点时,垂直接地体应采用石墨接地体。水平接地体应选用耐腐蚀性材料,采用热镀锌扁钢时,镀层不宜小于 60 μm。

10. 当接地电阻达不到规定值时,采取下列措施:

(1)增加接地体数量;

(2)在接地体周围添加对环境无污染的降阻剂;

(3)将接地体周围高电阻率土壤更换为低电阻率土壤;

(4)在接地体周围填入木炭、焦炭、矿砟等低电阻率物质。

11. 接地体应设置永久性明显标志。

12. 信号机房建筑物屋顶不允许设置避雷针。

13. 信号雷电综合防护施工时,圆钢与圆钢、圆钢与扁钢(角钢)的焊接长度应大于圆钢直径的 6 倍;扁钢、角钢应三面焊接,焊接长度应大于宽边的 2 倍。焊点平滑无毛刺,并做防腐处理,防腐层应在焊点四周延伸 20 ~ 25 mm,埋入地下的焊点防腐层应大于 5 mm以上。

14. 室内用于接地连接的铜材与铜材间可用螺栓连接,连接时应用双螺帽或栓接后施焊。

15. 信号设备防雷、接地应符合下列安全要求:

(1)信号室内设备的接地连接方式、接地所使用的线缆等应符合相关技术要求。

(2)信号室外设备的接地就近与贯通地线的接地连接端子连接,其引接线截面积应符合设计要求。

(3)室外设备进行接地连接前,应检查和测试贯通地线或综合接地连接端子的接地电阻不应大于 1 Ω。

(4)信号防雷设备安装前必须先做好接地连接。

(5)信号设备在进行通电前,必须做好接地连接。

(6)信号设备安全地线、屏蔽地线和防雷地线等的设置应符合设计要求。接地导线上严禁设置开关、熔断器或断路器。

(7)信号设备防雷及接地装置的设置应符合设计要求。接地线与接地体之间应可靠连接,严禁虚焊虚接。

(8)电力牵引区段有综合接地系统时,信号机构与梯子、继电器箱、道岔握柄、带柄道岔表示器以及距离接触网带电部分 5 m 范围以内信号设备的金属结构物应接入贯通地线接地端子,无综合接地系统时应可靠接地。

(9)电源室(电源引入处)防雷箱处、防雷分线室(或分线盘)处的接地汇集线应单独设置,并分别就近与环形接地装置单点冗余连接。

第二节　工 序 流 程

信号设备防雷、电磁兼容及接地施工可按图 10 - 1 所示流程进行,根据实际情况可做调整。

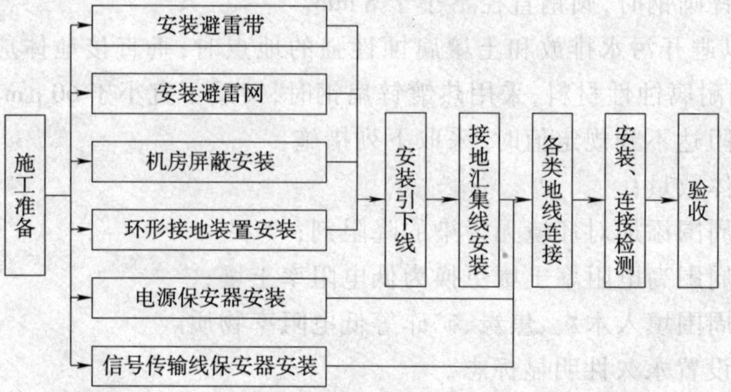

图 10 - 1　信号设备雷电及电磁兼容综合防护施工流程图

第三节　防雷及电磁兼容

1. 为抗御直击雷和降低雷电电磁干扰，信号机房的建筑物应采用法拉第笼进行电磁屏蔽，并符合下列要求：

(1)法拉第笼由屋顶避雷网、避雷带和引下线、机房屏蔽和接地系统构成。

(2)避雷网由不大于 3 m × 3 m 的方形网格构成，每隔 3 m 与避雷带焊接连通。网格由 40 mm × 4 mm 的热镀锌扁钢交叉焊接构成。热镀锌钢材的镀层厚度为 20 ~ 60 μm。

(3)避雷带应采用不小于 ϕ8 mm 热镀锌圆钢沿屋顶周边设置一圈，距墙体高度 0. 15 m，并用热镀锌圆钢均匀设置避雷带支撑柱，支撑柱间距不大于 1 m。

(4)引下线是避雷带与接地装置的连接线，沿机房建筑物外墙均匀垂直敷设 4 ~ 6 根，安装应平直，并与其他电气线路距离大于 1 m。引下线的固定卡钉布置应均匀牢固，间距宜小于 2 m。

(5)引下线宜采用 40 mm × 4 mm 热镀锌扁钢或不小于 ϕ8 mm 热镀锌圆钢，上端与避雷带焊接连通，焊接处不得出现急弯(弯角不小于 R90°)，下端与地网焊接。

(6)引下线与分线盘(柜)间距不小于 5 m。

2. 安装电子设备的机房宜进行更完善的室内法拉第笼屏蔽，并符合下列要求：

(1)其屏蔽层应选用铁板或铝板等电磁屏蔽材料，板材厚度应不小于 0. 6 mm。

(2)门窗屏蔽应采用截面积不小于 9 mm、网孔小于 80 mm × 80 mm 的铝合金网，并用不小于 16 mm^2 的软铜线与地网或屏蔽层可靠连接。

(3)金属板间每间隔 500 mm 应焊接或用不小于 2 mm^2 的软铜线可靠连接。

(4)屏蔽层应在引下线与地网连接处用不小于 25 mm^2 的软铜线可靠连接(可多处连接)。

(5)机房已经预留钢筋接地端子板的，屏蔽层还应与钢筋接地端子板栓接。

(6)机房地面宜采用防静电地板；其金属支架间应互相可靠连接，或在金属支架底部采用 0. 2 mm × 20 mm 铜箔带构成与支架一致的网格，铜箔带交叉处用锡焊接。

(7)互相连接的金属支架或网格铜箔带应采用 10 mm^2 的铜带(扁平铜网编织带)与地网或屏蔽层连接，至少 4 处，铜带一端加线鼻后与地网或屏蔽层栓接，另一端用锡焊接。

3. 安装电子设备的机房也可通过在墙体内用钢筋网设置屏蔽层形成法拉第笼。此时，钢筋网应采用不小于 $\phi 8$ mm 的圆钢焊接成不大于 600 mm × 600 mm 网格，并与主筋焊接连通，窗户设有防盗网的还应与防盗网钢筋焊接。

4. 信号设备的防雷保安器安装应符合下列要求：

(1) 防雷保安器须获得产品强制认证证书。安装前，应进行外观检查，核对规格、型号是否符合设计要求。

(2) 并联型防雷保安器与被保护设备端子连接线截面积不小于 1.5 mm^2，长度不得大于 0.5 m，受条件限制时可适当延长，但严禁超过 1.5 m；或采用凯文接法。

(3) 防雷保安器的安装应牢固可靠，便于日常维护检测，其他设备不得借用防雷设备的端子。各种防雷保安器均应设置用途及去向标准。

5. 电源防雷保安器安装应符合下列要求：

(1) 单相稳定电流小于 100 A 的机房，电源线与防雷箱的连接线长度不得大于 0.5 m，受条件限制连接线长度大于 0.5 m 时，应采用凯文接线法连接。防雷箱接地线应与电源保护地线(PE)连接，并就近与接地汇集线连接。

(2) 连接线应采用塑料外护套多芯铜线，第Ⅰ级连接线截面积不小于 10 mm^2，第Ⅱ级不小于 6 mm^2，第Ⅲ级不小于 2.5 mm^2。

6. 信号传输线防雷保安器的安装应符合下列要求：

(1) 进入建筑物的电缆金属护套和屏蔽层应与分线盘接地汇集连接，使用中的电缆芯线经防雷保安器接地端子与接地汇集线连接，电缆备用芯线直接与接地汇集线连接。

(2) 信号传输线上设置的防雷保安器接地线应与被保护设备金属外壳连接，连接线应采用截面积不小于 1.5 mm^2 的多股铜芯导线，长度应不大于 200 mm，并就近与接地汇接线连接。

(3) 室外的信号设备防雷保安器接地端子应就近与接地体可靠连接，连接线应采用截面积不小于 1.5 mm^2 的多股铜芯导线。

7. 地线连接应符合下列要求：

(1) 圆钢与圆钢、圆钢与扁钢(角钢)的焊接长度必须大于圆钢直径的 6 倍；扁钢、角钢必须三面焊接，焊接长度必须大于宽边的 2 倍。焊点平滑无毛刺，并做防腐处理，防腐层应在焊点四周延伸 20 ~ 25 mm，埋入地下的焊点防腐层必须大于 5 mm 以上。

(2) 室内的铜材与铜材间可用螺栓连接，连接时必须用双螺帽或栓接后施焊。

(3) 引接线与环形接地装置的连接可采用以下方式：

①环形接地装置使用镀铜圆钢、铜带或缠绕的电缆时，应焊接。

②环形接地装置使用热镀锌扁钢时，应栓接或焊接；栓接时，环形接地装置须采用有直径为 8 mm 圆孔的 40 mm × 4 mm 扁钢，引接线两端焊接线鼻后，用铜螺栓分别与扁钢和接地汇流线栓接。

③环形接地装置与贯通地线材质相同时，应压接或焊接。

④屏蔽层、暖气等金属管线、防静电地板金属支撑架等按上述方法与环形接地装置连接。

(4) 电缆金属护套与接地汇集线连接时，连接线一端焊接在金属护套上，另一端做线鼻后用铜螺栓与汇集线栓接；也可用线卡箍在电缆金属护套上，连接线两端做线鼻后分别与线卡和接地汇集线栓接。

第四节 接地汇集线及等电位连接

一、地网设置

信号设备采用共用接地系统时，安全地线、屏蔽地线和防雷地线等地线均由共用接地系统的地网引出。

1. 既有信号楼地网设置示意图如图 10－2 所示。

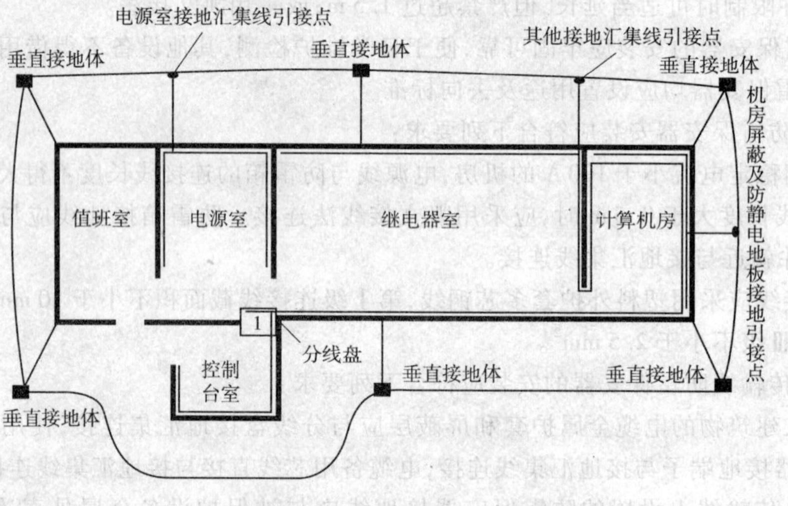

图 10－2 地网设置示意图

2. 新建信号楼地网示意图如图 10－3 所示。

二、地网连接

1. 室内信号设备的接地应构成网状(地网)，并应符合下列要求：

(1)地网由各接地体、建筑物四周的环形接地装置、基础钢筋构成的接地体相互连接构成。

(2)新建建筑物混凝土基础的钢筋应焊接成基础接地网，网格宽度不大于 3 m；既有建筑物为钢筋混凝土基础的，可利用混凝土基础钢筋作为基础接地网。

(3)环形接地装置一般由水平接地体和垂直接地体组成，应环绕建筑物外墙闭合成环，受条件限制时可不环周敷设，但应尽可能沿建筑物周围设置，以便与地网连接的各种引线就近连接。水平接地体距建筑物外墙间距不小于 1 m，埋深不小于 0.7 m。

2. 在避雷带引下线处应设垂直接地体，垂直接地体应与水平接地体可靠焊接。接地电阻不满足要求时，可增设垂直接地体，其间距不宜小于其长度的 2 倍并均匀布置。

3. 环形接地装置应与建筑物四角的主筋焊接，并应在地下每隔 5～10 m 就近与建筑物基础接地网钢筋焊接一次。

4. 控制台室、继电器室、防雷分线室(或分线盘)、机房和电源室(电源引入处)应设置接地汇集线。接地汇集线宜采用大于 30 mm × 3 mm 紫铜排，可相互连接成条形、环形或网格形，环形设置时不得构成闭合回路。

5. 接地汇集线受制造长度的限制需使用多根铜排时，铜排间直接连接的接触部分长度不少于 60 mm，接触面应打磨后用 3 个铜螺栓双螺帽连接。

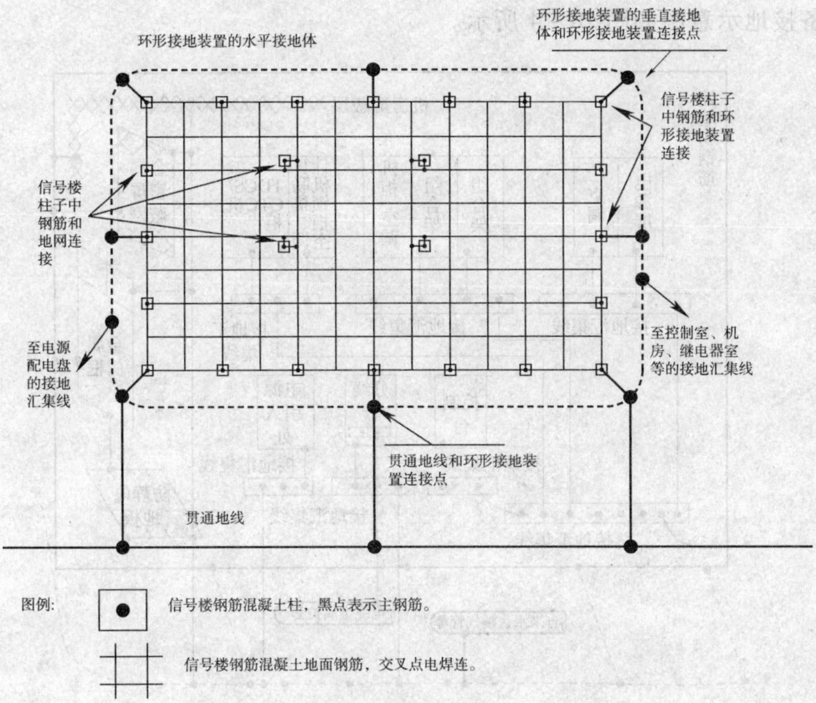

图 10－3　地网布置示意图

6. 电源室(电源引入处)防雷箱处、防雷分线室（或分线盘）处的接地汇集线应单独设置，并分别与环形接地装置单点冗余连接。其余接地汇集线可采用 2 根截面积不小于 25 mm^2 有绝缘外护套的多芯铜导线或 30 mm×3 mm 紫铜排相互连接后与环形接地装置单点冗余连接。

7. 接地汇集线及接地汇集线间的连接导体、接地汇集线与地网的连接线应与墙体绝缘。接地汇集线一般在距地面 200～300 mm(踢脚线紧上方)处设置;有防静电地板的机房,接地汇集线可在地板下方距地面 30～50 mm 处设置,距墙面宜为 100～150 mm;也可在地板下方设成条状或网格状。需要时,也可在机房房顶设置。接地汇集线上每隔 1～1.5 m 应预留接地螺栓供连接使用。

8. 室内走线架、组合架、电源屏、控制台、机架、机柜等所有室内设备应与墙体绝缘,其安全地线、防雷地线、工作地线等应以最短距离分别就近与接地汇集线连接。

9. 走线架不得布置成环形,已构成闭合回路的可加装绝缘。在不构成闭合回路的前提下,应保持走线架在电气上的连续性(可利用剥开的 25 mm^2 铜导线敷设在电缆走线架内,并将每段走线架至少在两点进行连接),用 30 mm×3 mm 紫铜排与接地汇集线栓接,连接螺栓采用 ϕ8 mm 铜质或不锈钢质,不得少于 3 枚。

10. 室内同一排金属机架、柜之间用大于 10 mm^2 多股铜导线栓接后再用不小于 50 mm^2 有绝缘外护套多股铜线或 30 mm×3 mm 紫铜排就近与接地汇集线连接。

11. 机房面积较大时,可以设置与地网单点冗余连接的总接地汇集线。控制台室、继电器室、计算机房的接地汇集线可分别与总接地汇集线单点连接,也可相互连接后与总接地汇接线单点连接。

12. 机房分布在几个楼层时,各楼层可设置总接地汇集线,总接地汇集线间应采用不小于 50 mm^2 的有绝缘外护套的多股铜导线焊接或加线鼻栓接。

信号设备接地示意图如图 10－4 所示。

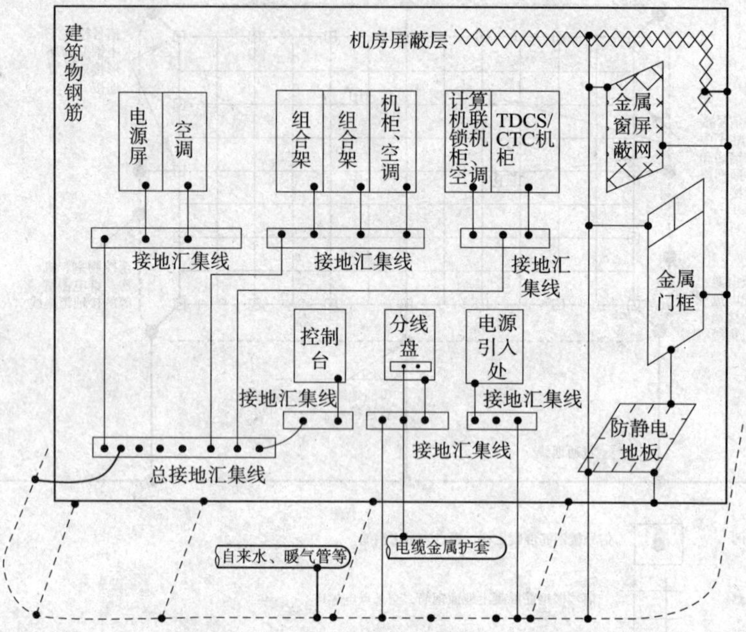

图 12－4　信号设备接地示意图

13. 接地汇集线与地网的连接线应采用不小于 50 mm^2 的有绝缘护套铜导线。电源室防雷箱处(电源引入处)接地汇集线在环形接地装置上的连接点与分线盘处接地汇集线在环形接地装置上的连接点之间,以及与其余接地汇集线在环形接地装置上的连接点之间距离宜大于 5 m。避雷带的引下线在环形接地装置上的连接点,与接地汇集线在环形接地装置上的连接点间距应大于 5 m。

14. 建筑物内所有不带电的自来水管、暖气管道等金属物体都应与环形接地装置(或与建筑物钢筋、机房屏蔽层)做等电位连接。

15. 所有传输放电电流的导线应阻燃且走最直接的路径,应减少长度(配线时不留余长)和方向变化,且这些导线的曲线半径不小于 200 mm。

16. 所有防雷保安器接地线应与接地汇集线就近可靠连接,接地线应用短而直的黄绿软塑料多股铜导线,截面积不小于 1.5 mm^2。

17. 引接线、接地汇集线间的连接线等在穿越墙体、楼板时应加装保护并保证与墙体绝缘。

18. 进出建筑物的电力线、通信线和信号传输线宜采用屏蔽电缆埋地敷设,电缆屏蔽层宜两端接地,长度小于 15 m 的屏蔽电缆可只在室内接地;采用非屏蔽电缆时,应穿金属管埋地敷设。电力电缆长度宜大于 15 m。

19. 电缆屏蔽层或金属管室内一端(末端)应连接到分线盘内的接地汇集线上,长于 15 m 的屏蔽电缆,在该电缆室外端的始端接地。电气化区段或接地系统有较大干扰时,应只在机房接地汇集线一端接地。

20. 室内信号传输线与设有屏蔽层的建筑物外墙平行敷设距离宜大于 1 m,场地条件不允许时,信号传输线路应采用屏蔽电缆或非屏蔽电缆穿钢管敷设,电缆屏蔽层或钢管应与走线架或与接地汇集线连接。

21. 电源线与信号线、高频线与低频线、进线与出线应分开敷设。室内信号传输线路与电力线路平行靠近敷设时，其间距应符合表 10－1 的要求。条件不许可时，应采用屏蔽电缆，电缆护套和电缆屏蔽层应接地。

表 10－1 通信信号电缆和电力电缆的间距表

类别	与通信信号电缆接近的情况	最小净距(mm)
380 V 电力电缆 <2 kVA	与缆线平行敷设	130
	有一方在接地的金属线槽或钢管中	70
	双方都在各自的接地的金属线槽或钢管中	10
380 V 电力电缆 2～5 kVA	与缆线平行敷设	300
	有一方在接地的金属线槽或钢管中	150
	双方都在各自的接地的金属线槽或钢管中	80
380 V 电力电缆 >5 kVA	与缆线平行敷设	600
	有一方在接地的金属线槽或钢管中	300
	双方都在各自的接地的金属线槽或钢管中	150

22. 共用接地系统的接地干线的材质宜采用钢材（等电位接地端子板的进、出线除外）或铜材，导体截面积应满足热稳定和机械强度的要求，并符合与接地网连接的接地干线，可用铜排或热镀（渗）锌扁钢埋地敷设，铜排的截面积不小于 50 mm^2；热镀（渗）锌扁钢的截面积不小于 200 mm^2，厚度均不小于 4 mm。

23. 电缆金属护套与接地汇集线连接时，连接线一端焊接在金属护套上，另一端做线鼻后用铜螺栓与汇集线栓接；也可用线卡箍在电缆金属护套上，连接线两端做线鼻后分别与线卡和接地汇集线栓接。

24. 应在建筑物地网四周及垂直接地体处设置相关标志。

第五节 贯通地线

一、贯通地线施工的有关规定

1. 贯通地线及其引接线材质、截面积、不小于铜当量 35 mm^2、耐腐蚀并符合环保要求。

2. 与信号电缆同沟埋设于电缆沟（槽）内。

3. 隧道、桥梁应两侧敷设；与桥梁墩台接地装置的接地连接线应设置成无维修方式。

4. 上下行线路分线时，应分别敷设。

5. 引接线（贯通地线与设备接地端子的连接线）采用 25 mm^2 的多股裸铜缆焊接或压接，焊接时焊接长度不小于 100 mm，并套 150 mm 长热熔热缩带防护。

6. 贯通地线任一点的接地电阻不得大于 1 Ω。

7. 设置贯通地线的区段，铁路沿线及站内的各种室外信号设备的各种地线均应就近与贯通地线连接。

8. 贯通地线的连接宜采用操作简单、连接可靠、经济合理的压接工艺，并满足以下要求：

(1) 贯通地线的接续和"T"型引接采用铜质"C"形压接件进行连接。铜质"C"形压接件的机械性能和化学成分应满足国家标准《专用纯铜板》(GB 1837—80)的相关规定,最小厚度、宽度应满足表10-2的要求。

表10-2 "C"形压接件最小厚度和宽度

贯通地线的铜导线截面	"C"形压接件最小厚度和宽度	
	最小厚度(mm)	最小宽度(mm)
25 mm^2、35 mm^2	2.5	18
50 mm^2、70 mm^2	3.5	18
90 mm^2	5.3	26

(2)压接钳的压接力不应小于12 t,并应具有压接力未达到规定值时不能自行解锁的功能。

(3)连接处应采取可靠防腐措施,使用寿命与贯通地线相同且满足免维护要求。

9. 对贯通地线连接等工种有关的电工、焊工和电气调试人员等,应持证上岗。

10. 测试仪表、量具,应检测合格,并应在计量有效期内使用。

11. 应按规定对主要器材的电气、机械性能进行测试,并做记录。

12. 施工中的安全工作,应遵守铁道行业现行的有关施工安全规则的规定及产品技术文件安全规定。

二、贯通地线敷设

1. 人工敷设贯通地线时,严禁压、折、摔、扭曲贯通地线,不得在地上拖拉贯通地线。

2. 路基地段贯通地线的埋设应满足以下要求:

(1)直埋时沟底应平坦,沟内无石块和杂物,回填覆土并人工夯实,与其他电缆或管道交叉时应采用热镀锌钢管进行防护。

(2)贯通地线应在环境温度不低于-10 ℃时敷设。

(3)接地干线应具有牢固的机械强度和良好的电气连续性,过障碍处应采取相应的机械防护措施。

(4)各接地端子板应设置在便于安装和检查以及接近各种引入线的位置,避免装设在潮湿或有腐蚀性气体及易受机械损伤的地方。

3. 桥、隧、路基相互之间的过渡段贯通地线应平顺连接。

4. 贯通地线的连接宜采用操作简单、连接可靠、经济合理的压接工艺,并满足以下要求:

(1)贯通地线敷设于电缆槽内时,应敷设在电缆槽的最底层并采用砂防护。

(2)综合接地系统应设置供引接线接地引接的不锈钢接地端子或接地母排;室外接地端子或接地母排应直接灌注在电缆槽或其他混凝土制品中。

5. 贯通地线防护应满足以下要求:

(1)以下地点应采用上、下各覆土100 mm,然后再用砖防护:

①接近或交叉其他电缆时。

②穿越种有农作物的耕地时。

③穿越居民点时。

④必须减少贯通地线的埋设深度时。

(2)穿越轨道时可选用热镀锌钢管进行防护。穿越轨道的防护管,其两端应超出轨枕500 mm以上。

(3)穿越公路时应采用热镀锌钢管防护,其两端应伸出公路边沿500 mm以上。

(4)穿越水沟、水渠时,应采用热镀锌钢管防护。

6. 各种防护管的内径应不小于贯通地线外径的3倍。铁路综合接地系统施工过程中和施工完成后应实测接地电阻,如不满足要求,应增加人工接地体。

7. 贯通地线施工后应按设计规定的要求对标志进行编号。

第六节　分散接地

一、一般规定

1. 信号设备接地采用分散接地时，防雷、安全及电缆屏蔽接地装置的引接线严禁合用，其接地体不宜合用，分设时相互间的距离不得小于 20 m。当埋在地中的引接线达不到规定时应进行绝缘防护。接地体引接线不得通过箱、盒、架等作为连接导体。

2. 信号设备的分散接地安装应符合的要求

(1)接地体应垂直打入土壤中，其埋深不得小于 700 mm；在冻土地带，应埋于冻层以下；距设备或建筑物不得小于 1.5 m。

(2)接地体与引接线应焊接牢固，引接线应有防腐措施，地面以上部分应涂调和漆，地下部分应涂机械油。

(3)驼峰自动、半自动化机械室和计算机室采用的接地体应符合设计要求。

(4)接地体间距应为两个接地体长度之和。

室外信号设备采用分散接地的方式时，接地电阻值参照表 10－3 确定。当计算机设备接地电阻值有特殊要求时，应符合设计要求。

表 10－3　信号设备分散接地接地电阻值(Ω)

序号	接地装置使用处所	土壤分类	黑土、泥炭土	黄土、砂质黏土	土加砂	砂土	土加石
		土壤电阻率(Ω·m)	50 以下	50～100	101～300	301～500	501 以上
		设备引入回线数	接地装置接地电阻值小于				
1	轨道电路	—	10	10	10	20	20
2	信号电源线	—	10	10	10	20	20
3	站内一般信号设备	—	10	10	10	20	20

二、地线的安装

信号设备使用的接地线可分为：钢管型接地线、角钢型接地线、石墨地线、LRCP 长效降阻防腐蚀剂，现将四种接地线的加工及埋设方法分述如下。

1. 钢管型接地线

钢管型接地线又可分为单根接地体和复合接地体两种。接地钢管的长度可分为1 m、2 m、2.5 m 三种。钢管直径为 20 mm、25 mm、30 mm 三种。单根接地体从其顶部 50 mm 处开始，用 1.5 mm 直径小铁线，将适当长度的一根直径为 4 mm 铁线，绑扎 50 mm 宽圆周加焊，如图 10－5 所示。复合接地体为三根钢管构成的接地体。复合接地体按单根接地体加工，仅是顶部引出两根 4 mm 铁线，一根与连接板(图 10－6 所示)4.5 mm 孔连接，另一根与第二根单体连接。第二根单体的两根铁线，一根与连接板连接，另一根与第三根单体连接。第三根单体已引出两根铁线，另外再引出一根铁线与连接板连接。这样三个单体便构成一个复合体。它们之间用铁线形成环状沟通，环状铁线再用直径 1.5 mm 绑线绑紧几道。单体之间距离为两个接地体长度之和，组成形状如图 10－7 甲所示。

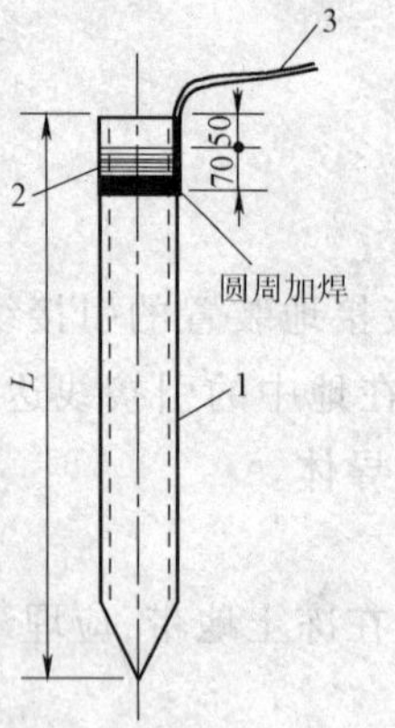

图 10－5 钢管型单根接地体加工（单位：mm）

1—接地钢管；2—铁绑线；3—导线。

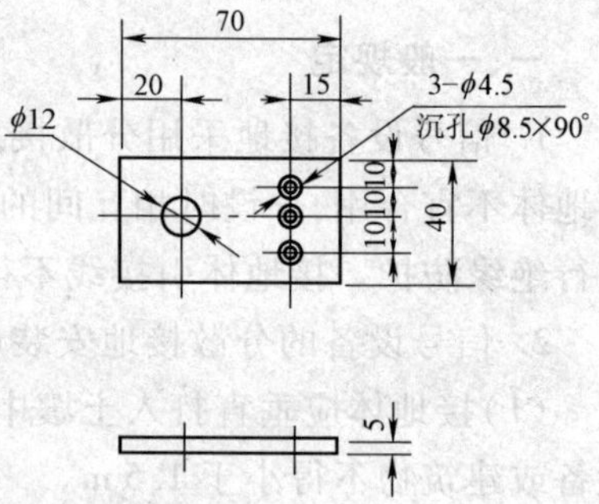

图 10－6 复合体接地线的连接板（单位：mm）

2. 角钢型接地线

角钢型接地线与钢管型接地线相比，仅是所用接地体材料不同而已。接地角钢的长度可分为：2 m、2.5 m 两种，角钢类型可分为 36×36×4，45×45×5，56×56×5，63×63×5，75×75×5 五种。角钢底部锯出 30°角呈尖端状。顶部从 100 mm 开始，用卡片将接地引线一端压住 100 mm 长 4 mm 直径铁线，用电焊将角钢焊接即成单根接地体。

角钢型复合接地体如图 10－7 乙所示。

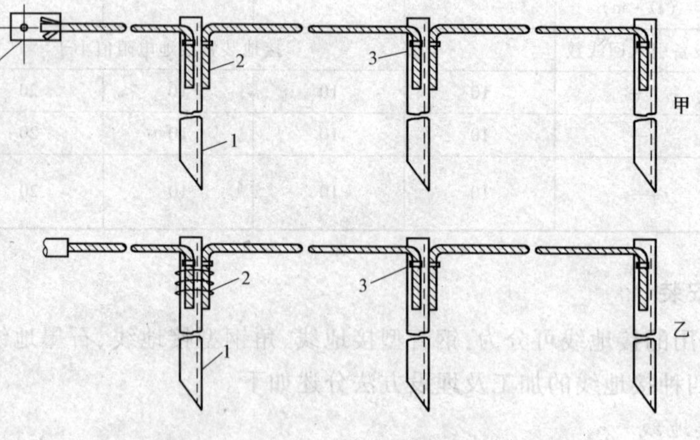

图 10－7 圆钢（角钢）多根接地体

1—圆钢（角多）；2—铁绑线；3—导线；4—连接线。

3. 钢管、角钢地线施工方法

选定打地线的适当位置，并沿地线所经路径挖沟，其沟深 700 mm，地线用大锤打入地中后将引线埋入沟中再连设备。

4. 石墨地线

高土壤电阻率地区，地线接地电阻达不到标准时，宜填加化学降阻剂；施工困难地段应采用石墨或其他耐腐蚀接地体。

在气候干燥地区夹砂、砂土、土夹石或风化石等高电阻率地区，采用角钢或钢管为接地极的地线很难达到地线接地电阻的要求时，可采用石墨接地体的地线或在普通地线周围填加化学降阻剂，在气候干燥，土质又不好的地区，采用石墨地线加装注水管定期注水，以达到降低接地电阻的目的。

石墨地线施工方法：

(1)材料

①地线降阻剂；

②直径 150 mm ± 2 mm，长度 750 mm ± 50 mm 的石墨线一根；

③内径 ϕ75 mm 长 1.2 mm 硬塑料注水管一根；

④HZ-6 电缆盒一个，附保护管两根，水泥基础一个；

⑤ 4 mm^2 铜芯聚氯乙烯绝线若干(作地线引线用)。

(2)工具

①铁锹、十字镐各一把；

②打洞工具一套；

③大盆、水勺和水桶。缺水地区还需储水设备，以备足施工用水；

④灌注降阻剂模具用薄铁皮加工成 800 mm × 250 mm 的圆筒；

⑤长把毛刷、搅拌木棒各一个。

(3)施工方法

①打洞或挖坑：在防雷设备附近选择适合埋设地线的地点，用打洞工具和铁锹挖出直径 300 mm 深 2 m 的垂直圆洞，上口挖成方型，便于安装电缆盒，安装图如图 10－8 所示。

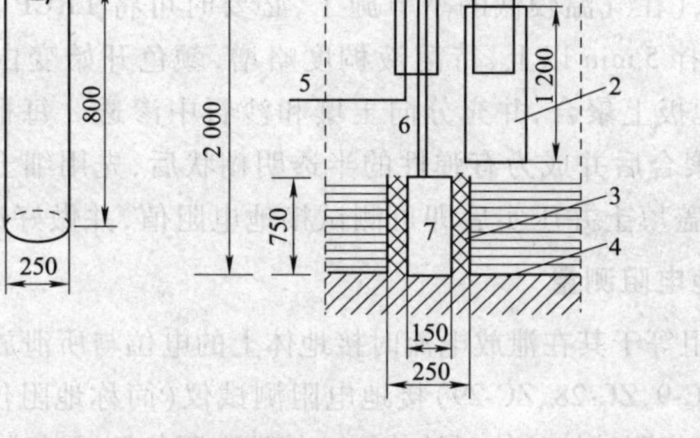

图 10－8　石墨地线安装示意图(单位：mm)

1—HZ-6 盒；2—注水管；3—降阻剂；4—回填土；5—地线引线；6—电缆；7—石墨地线。

②立模具、下石墨电极：在洞底撒少量水使土壤潮湿，模具垂直立于洞中心底部，将石墨电极垂直立于模具中心。

③灌注降阻剂回填土：将降阻剂 25 kg 倒入大盆中加等量水搅成糊状。用水勺将糊状降阻剂灌入模具与石墨地线中间，用降阻剂将石墨电极引线电缆头包住。20 min 后糊状降阻剂呈半凝固状态，此时边向上提拉模具边回填土、浇水，直到全部脱模，回填土至石墨地线顶部。注意：回填土时不要捣固，以防将降阻剂或石墨地线打碎。工具、模具及时用水和长把毛刷清洗

干净,冲洗用水倒入坑内。在石墨地线顶部垂直放置塑料注水管,在注水管周围分层填土,加水至距地面600 mm。

将石墨地线引线电缆按标准引到HZ-6电缆盒内,此时应把接地装置的引线(一根4 mm^2的铜芯塑料线)同时穿入石墨地线引线电缆的同一保护管中;再将另一根保护管插入注水管中,固定在电缆盒上。回填土至与地面平。从注水管进行第一次注水直至饱和。

做接地线装置引线:将石墨地线电缆和接地装置引线按标准配线,连接在HZ-6端子上。

由于降阻剂的渗透作用,石墨地线接地电阻安装后呈下降趋势到40天降阻剂完全固化,接地电阻不再下降,此时进行接地电阻测试。

若测试不合格,则注水后再进行测试,仍不合格,需作增加电极处理,根据情况再加一到二个电极并联,各电极之间距离应不小于2 m,远些更好。

5. LRCP长效降阻防蚀剂及接地优化设计技术

20世纪90年代初,我国研制成功了LRCP长效降阻防蚀剂及接地优化设计技术,解决了砂地、岩石地区、沙漠地带等高土壤电阻率地区接地装置阻值高、盐碱地带锈蚀地线接地极的重大课题,其降阻防蚀性能达到世界先进水平,是国内外降阻剂中最佳产品之一。利用该技术施工接地装置:工艺简单、操作方便、节省工时、经济高效。

(1)使用材料

①地线1根:采用ϕ10 mm圆钢20 m,在圆钢中间10 m处焊一根ϕ4 mm长5~10 m铁引线。

②LRCP长效降阻防蚀剂10桶(每桶20 kg),10份凝固剂(10瓶油剂,10袋粉剂)。

(2)施工操作方法

①在埋地线处开挖20 m长,0.2 m宽,0.2~0.4 m深一条沟,将地线平放沟内。

②用一个能容20 kg水的大塑料桶(盆),将摇匀的一桶(20 kg)降阻防蚀剂倒入塑料桶(盆)中,先加入凝固剂的一瓶油剂,用木棒(竹棒)以每分钟20转的速度搅拌3 min,传油剂与LRCP混合均匀。再加入粉剂,热天放半袋或署多一点,中等气温放3/4袋,冷天放一袋,在冬季施工有时需放2袋,(在气温较低的季节施工,必要时可将LRCP溶液加温到20 ℃~30 ℃,再加凝固剂搅拌。)搅拌5 min以上,待溶液稠度略增,颜色开始变白时,即将其迅速浇灌到接地极周围,使其在接地极上聚合,并充分向土壤和沙石中渗透。每桶覆盖2 m地线,总计浇灌10桶,当溶液与地线聚合后并成为有弹性的半透明糊状后,先用细土覆盖,然后填土压实。

③降阻剂用土覆盖填土并压实后即可测试接地电阻值,并做好记录。

三、接地装置接地电阻测量

接地体的接地电阻等于其在泄放电流时接地体上的电位与所泄放电流的比。目前用得最多的是ZC系列(ZC-8、ZC-9、ZC-28、ZC-29)接地电阻测试仪(简称地阻仪)。图10-9和图10-10中ZC系列接地阻测试仪测试接地体时接线图。接地电阻值测试的准确性,与地阻仪测量电极布置的位置有直接关系,按测量电极的不同布置方式,有直线布极法和三角形布极法等。

首选直线布极法,如图10-9所示,受测试场地限制时,还可将测试电极布置成三角形,如图10-10所示。当被测接地装置的面积较大而土壤电阻率不均匀时,为了得到较可信的测试结果,宜将电流极离被测接地装置的距离增大,同时电压极离被测地装置的距离也相应增大。

使用地阻仪进行接地电阻值测量时,应将地阻仪放平,调整G的指针至零位。然后将倍率调整旋钮S放在较高挡位,慢摇发电机GR,同时转动测量度盘C,使指针至零时测量度盘C示数乘以倍率调整旋钮倍数之积为接地电阻值。若C转至读数最小而指针不为零,这时应将

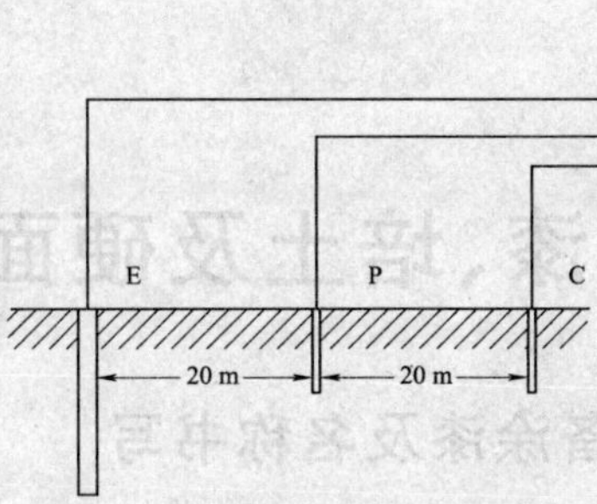

图 10－9　用 ZC-系列地阻仪测接地电阻(直线布极)

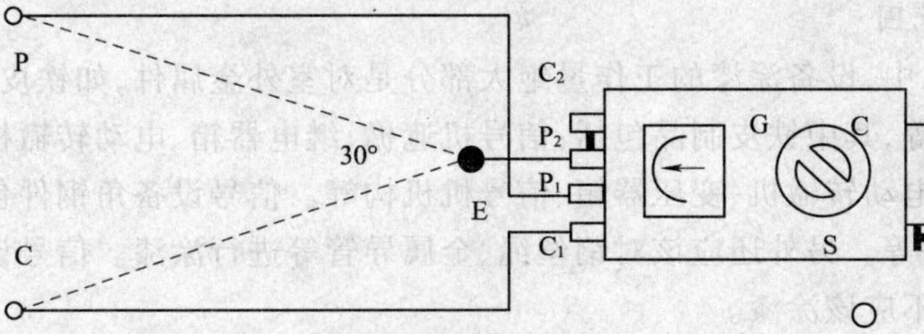

图 10－10　用 ZC-系列地阻仪测接地电阻(三角形布极,夹角 30°)

倍率调整旋钮 S 换到较小倍率挡后继续调整测量度盘 C 直至指针正好为零,这时测量度盘 C 示数乘以倍率调整旋钮倍数之积即为接地电阻值。对于地网,应当改变测试极棒的布放方向和测试点,至少测试 4 次后,每次记录,然后取平均值作为该地网的接地电阻值。

当测试现场不是平地而是斜坡的话,测试电极棒距地网的距离应是水平距离投影至斜坡上的距离。

所有测试值应当在接地电阻档案中记录。表 10－4 中接地电阻检测原始记录表。

表 10－4　接地电阻检测原始记录表

页数　　　　共　　　　页

<table>
<tr><td rowspan="4">避雷网(带)外观目测</td><td colspan="2">信号楼建筑物高度</td><td colspan="10">共　层</td></tr>
<tr><td rowspan="3">检查</td><td>材料</td><td colspan="10"></td></tr>
<tr><td>是否锈蚀</td><td colspan="10"></td></tr>
<tr><td>外观状态</td><td colspan="10"></td></tr>
<tr><td rowspan="4">引下线</td><td colspan="2">引下线根数及间距</td><td colspan="10"></td></tr>
<tr><td colspan="12">引下线各测点工频接地电阻值测量</td></tr>
<tr><td colspan="2">测点编号</td><td>1</td><td>2</td><td>3</td><td>4</td><td>5</td><td>6</td><td>7</td><td>8</td><td>9</td><td>10</td></tr>
<tr><td colspan="2">工频接地电阻(Ω)</td><td></td><td></td><td></td><td></td><td></td><td></td><td></td><td></td><td></td><td></td></tr>
</table>

第十一章　涂漆、培土及硬面化

第一节　设备涂漆及名称书写

一、设备涂漆

1. 设备涂漆的范围

在信号工程施工中，设备涂漆的工作量绝大部分是对室外金属件，如铁皮制品、铸铁件、角钢件、钢丝绳及导管等，其中铁皮制品包括：信号机遮檐、继电器箱、电动转辙机机盖、电锁器外壳等。铸铁件包括：电动转辙机、变压器箱、信号机机构等。信号设备角钢件包括：各种安装装置、信号托架、信号桥等。另外还应该对钢丝绳、金属导管等进行涂漆。信号设备的摩擦面、螺扣、有镀层的表面等不应该涂漆。

2. 设备涂漆涂色要求

设备涂漆涂色要求见表 11 –1 所列。

表 11 –1　信号设备油漆涂色

序号	机件名称	涂色
1	各种机柱（混凝土柱除外）	白色
2	室内设备	按工厂产品原色
3	信号机及表示器的遮檐、信号机的机构、机构内部、各种灯筐外部、减速器	黑色
4	道口自动栏杆、遮断信号机及其预告信号机的机柱	宽 200 mm、45°的黑白相间的斜线
5	自动闭塞区段进站色灯信号机前第一架通过信号机机柱	宽 200 mm、45°的黑白相间的三条黑斜线
6	四显示自动闭塞区段进站信号机前的第二架通过信号机机柱	宽 200 mm、45°的一条白底黑斜线
7	储风缸、风管线	银灰色
8	各种箱、盒内部	白色或淡蓝色
9	其他室外设备外部	灰色

注：表中未列的机构内部颜色均按工厂产品原色。

3. 设备涂漆的施工方法

涂漆工具：漆刷、美术笔、大楷笔、刮漆刀、钢丝刷、砂布等。

材　料：红丹防锈漆、灰、黑、白调和漆及稀释溶剂。

施工方法：

(1)信号设备中的金属制品在涂漆之前，首先应进行表面除锈工作，经处理之后的金属件表面应保持清洁，无油垢和泥土，并保证表面干燥。

(2)信号设备铁皮制品，在涂漆之前一般使用砂布将防锈漆表面轻轻打磨一次。若防锈漆表膜有皱纹、流堕、遗漏，应使用刮漆刀将其铲平，再用砂布打磨干净，涂上红丹防锈漆。

(3)信号设备铸铁制品，因其不易生锈，产品出厂时涂过的防锈漆膜只要不起皱，不破损，不流堕，涂两遍调和漆即可。箱、盒内部涂调和漆前只需将其中的粉尘除净，不必涂防锈漆。

(4)信号设备角钢件包括各种安装装置、信号桥等。这些角钢件在涂漆之前,应将所有眼孔预先钻毕。若角钢面产生锈蚀,用敲锈锤将所有锈蚀敲净,再用钢丝刷用力刷净表面铁锈,砂布打磨干净,涂一遍防锈漆干燥后,涂调和漆两遍即可。

(5)裸钢丝绳油漆前用小铁线扎住悬空吊起,将表面油腻用汽油棉纱抹净,拉住钢丝绳下部自上而下顺序涂刷防锈漆。镀锌钢丝绳不必涂防锈漆。

二、设备名称书写

1. 设备名称书写的技术要求

(1)信号设备的名称符号,应与竣工图相符,不得使用未经批准的符号。

(2)信号设备的名称、符号、编号应书写黑体字,黑体字母书写尺寸如图 11－1 所示(请注意:符号为斜体字,型号为正体字。),黑体字书写尺寸如图 11－2 所示,数字书写尺寸如图 11－3 所示,设备为白色者写黑字,黑色、灰色者写白字。

(3)字体特大或特小不能按图示标准书写时可按比例放大或缩小。

(4)信号机、转辙机、继电器箱等,应书写大号字(60 mm×40 mm),电锁器、信号握柄、电缆盒、杆上盒、变压器箱等,应书写小号字(30 mm×20 mm)。如图 11－3 所示。

图 11－1　黑体字书母书写尺寸(单位:mm)

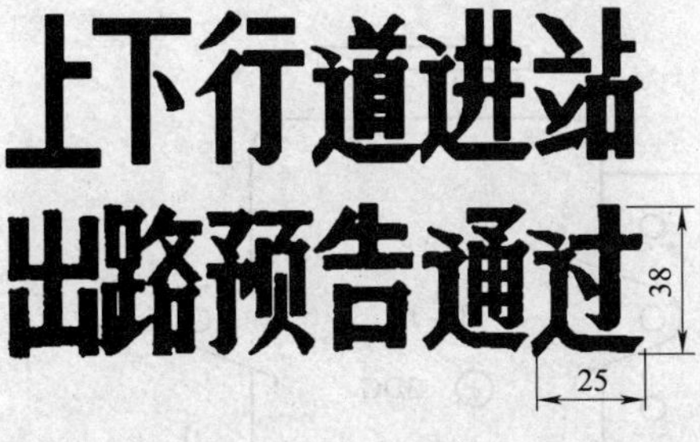

图 11－2　黑体字字写尺寸(单位:mm)

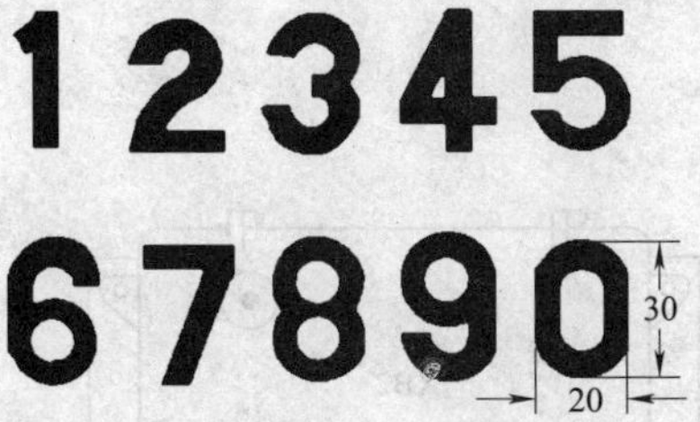

图 11－3　黑体数字书写尺寸(单位:mm)

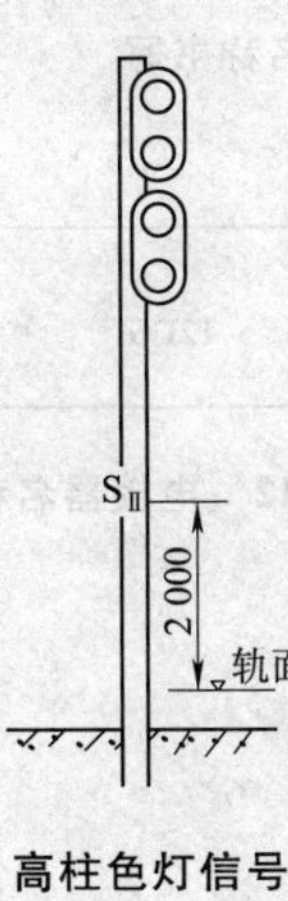

图 11－4　高柱色灯信号机名称书写

图 11－5　矮型色灯信号机名称书写

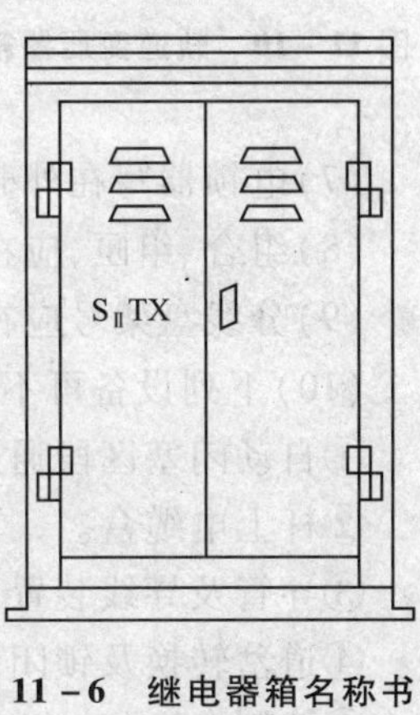

图 11－6　继电器箱名称书写

（5）区间通过信号机应书写 158 mm × 112 mm，粗 22 mm 的黑体字，字体应符合从机械制图字体（GB 4457 · 3—84）规定。如图 11 – 3 所示。

2. 设备名称书写位置

（1）高柱信号机，名称应书写在机柱的正面，距轨面 2 000 mm 为宜。采用反光材料信号机码牌时，应安装在机柱正面，距轨面 2 000 mm 为宜。如图 11 – 4 所示。

（2）矮型色灯信号机名称书写在机构门中间，如图 11 – 5 所示。

（3）继电器箱名称书写在箱子正面门上，如图 11 – 6 所示。

（4）电动、电液转辙机名称书写在机盖子上，如图 11 – 7 图所示。

（5）信号变压器箱、方向电缆盒名称书写在箱盒盖上，如图 11 – 8、图 11 – 9 所示。

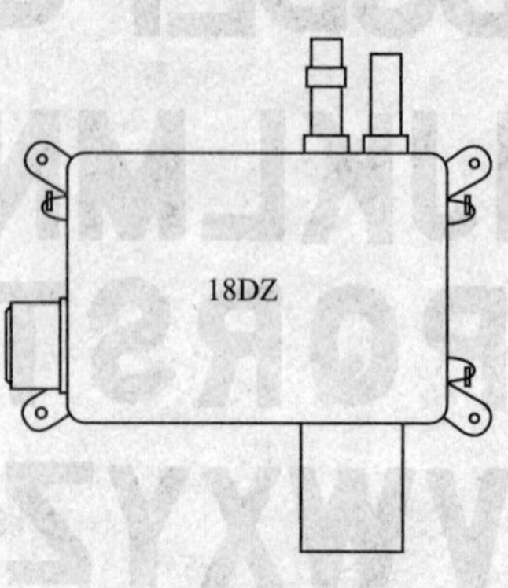

图 11 – 7　电动转辙机名称书写

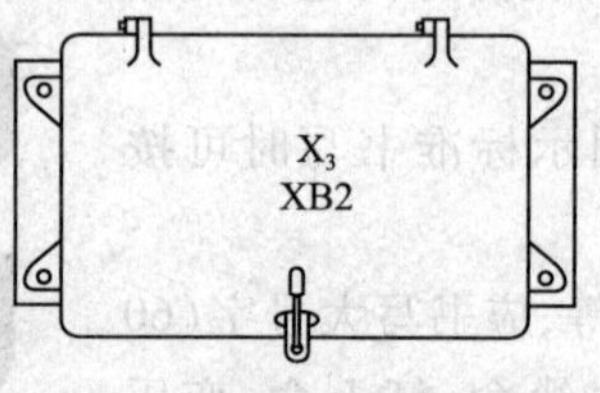

图 11 – 8　变压器箱名称书写

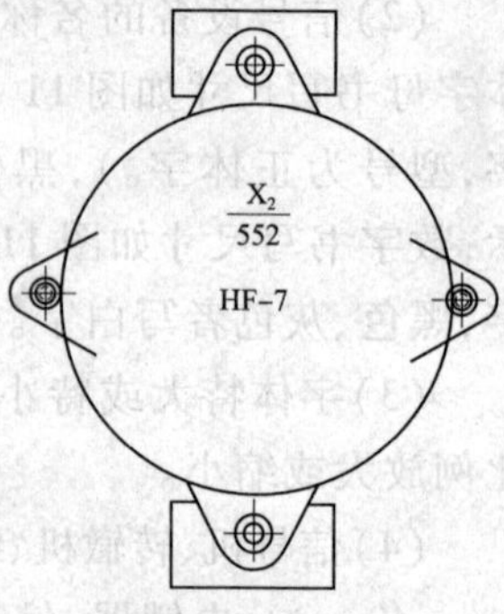

图 11 – 9　电缆盒名称书写

（6）轨道变压器箱、轨道电缆盒名称书写在箱、盒盖上，如图 11 – 10、11 – 11 所示。

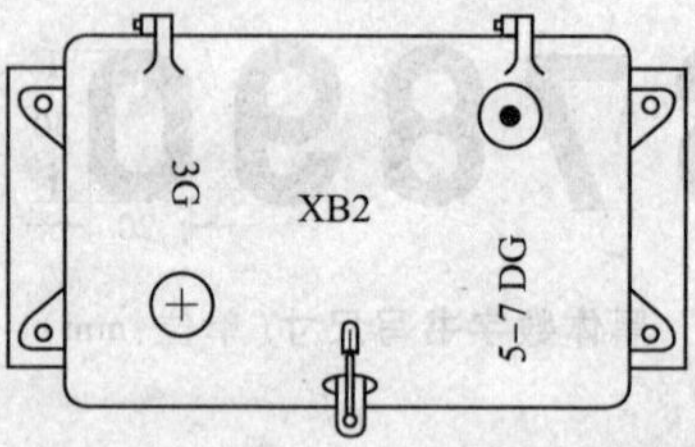

图 11 – 10　轨道变压器箱名称书写

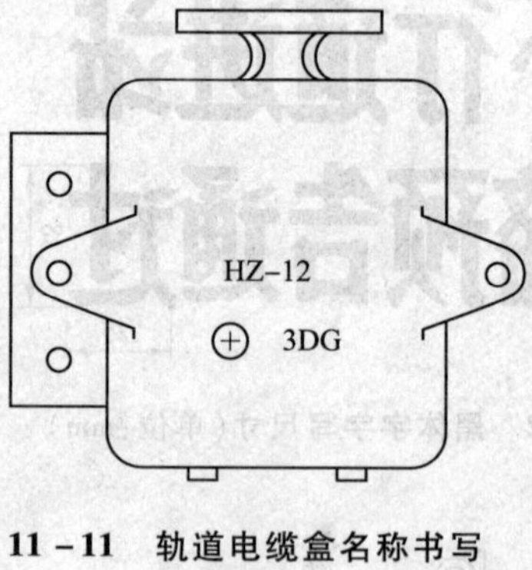

图 11 – 11　轨道电缆盒名称书写

（7）电锁器写在外壳的侧面，如图 11 – 12 所示。

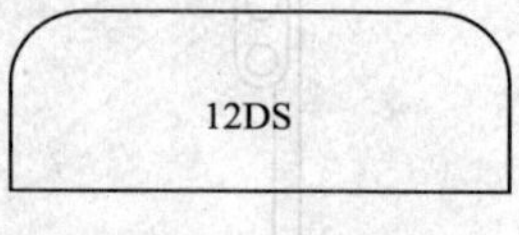

图 11 – 12　电锁器名称书写

（8）组合、组匣，应在框架正面的左侧。

（9）分线盘架号应在正面的上方居中，层号应在左侧。

（10）下列设备可不书写名称符号：

①自动闭塞区段通过信号机处的继电器箱、电缆盒（只有一个时）。

②杆上电缆盒。

③导管及导线装置，驼峰风、液压管道及油、水分离器等。

④道岔转换及锁闭装置。

⑤控制台。

第二节　信号设备培土

一、信号设备培土要求

1. 室外信号设备的混凝土基础培深不足时，应培土夯实，并有一定的斜边坡。

2. 各种柱类所用电缆盒，培土不得高于电缆盒与电缆保护管接口。

3. 信号设备培土应符合表 11－2 的规定。

表 11－2　信号设备培土标准　(mm)

序　号	设备名称	培　土　标　准		
		高　度	顶　面	
1	道岔握柄	基础面以下　40	距基础边缘　300	
2	道岔表示器	基础面以下　200	距基础边缘　200	
3	导管调整器	基础面以下　100	距基础边缘　300	
4	各种拐肘	基础面以下　100	距基础边缘　300	
5	高柱信号机	与所属箱、盒同	距基础或机柱边缘　500	
6	继电器箱	基础面以下　250	距基础边缘	前面 800
				后、侧面 400
7	变压器箱	基础面以下　150	距基础边缘	前面 600
				后、侧面 400
8	矮型信号机	基础面以下　500	距基础边缘　200	
9	方向电缆盒	基础面以下　150	距盒中心　500	
10	终端电缆盒	基础面以下　150	距盒中心　400	

二、信号设备砌固

信号机、继电器箱等设在路基面较窄、坡度较陡的地点，不能培土或培土不牢固时，应砌片石或做围桩，达到加固设备基础和日后便于维修的目的。

1. 围桩

低道床小面积培土可采用围桩，钢筋混凝土围桩的规格有 110 mm × 110 mm × 1 500 mm，110 mm × 110 mm × 2 000 mm 方型预制件。

根据培土面范围挖沟，如图 11－13 所示。深度以围桩露出地面部分不超过一半为宜。围桩排好后，沟内培入适量土并夯实，以稳住围桩不使倾倒。用 ϕ4.0 mm 镀锌铁线将全部围桩紧紧箍住，上下箍四道整个围桩略略向内倾斜，然后向沟内填土夯实，直填至与原来土面相平。向围桩内分层填土夯实，直至与围桩顶面相平，围桩又恢复垂直，这样围箍的铁线便能充分受到向外的张力，使整个围子结实牢固。

2. 片石砌固

如图 11－14 所示，从路基底部向平地挖宽 900 mm，深 600 mm 的沟，长按培土范围。围砌坡度应与该处路基坡度相同，培土以距设备 800 mm 为准。

原路基坡面挖出一段平台并夯实，然后顺斜坡向上砌第一层片石，片石层厚 300 mm，层内填土夯实。第一层片石向上斜坡砌第二层片石并填土夯实。石围两端同样按坡度挖入路基内

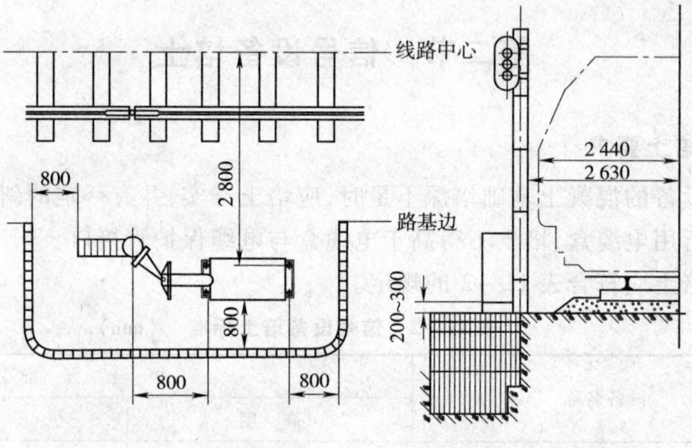

图 11-13　高柱色灯信号机围桩加固示意图(单位:mm)

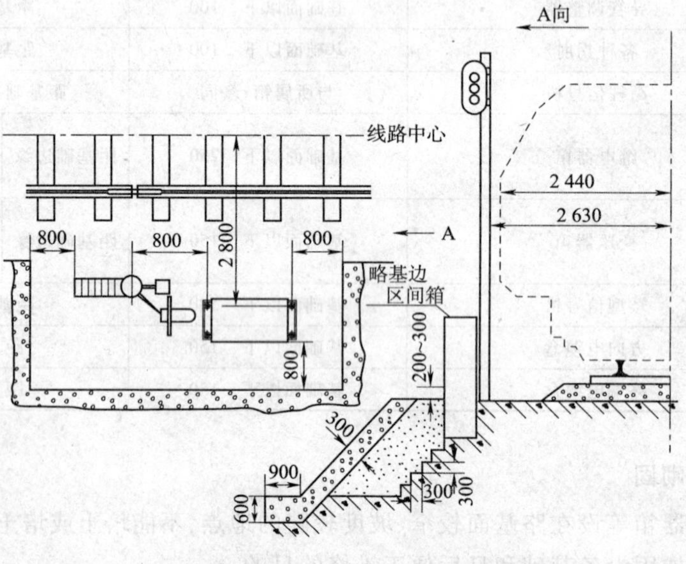

图 11-14　高柱色灯信号机砌石加固示意图(单位:mm)

向上砌片石,整个路基须挖成300 mm×300 mm 阶梯形,将台面夯实,直至所需高度。土面应平正,不积水。

第三节　硬　面　化

室外设备基础地面硬化一般规定:

1. 室外设备基础地面硬化应在室外信号设备加固后进行,硬化面的范围同信号设备培土标准(见表 11-2)。

2. 硬面化表面应抹平,水平面的倾斜量不应大于60:1。硬面化不应影响道砟排水。

3. 培土后的信号设备硬化面范围应包括培土立面。

4. 地面硬化的混凝土施工应参照本书第九章有关的规定执行。

第十二章　系统调试与验收交接

设备调整试验与验收交接是施工的最后一道工序。设备调整试验包括:电路导通试验、电气特性调整和机械特性调整试验。经过调整试验后,设备应能保证性能良好,动作正确,使用灵活,符合设计要求。验收交接后,整套设备投入正式运营使用,并向维修单位提交竣工资料。至此,一件车站信号工程施工完毕。

车站信号工程的联锁试验,一般分两步进行。第一步是在室内工程完成后,进行室内设备的局部调试,即不接入室外设备的联锁试验;第二步是与室外设备相连接,进行整个站(场)设备的联锁试验,即接入室外设备的联锁试验。室内设备调试是以分线盘为界,断开与室外色灯信号机、电动转辙机、轨道电路等设备的联系,在室内通过封闭条件及模拟各种室外电路单独进行的。室内设备调试包括:控制台、组合架(或电码架)、电源屏等项设备电气特性调整及电路导通试验。

室内外设备分别调试正确后,恢复分线盘配线,进行全站(场)的联锁试验。由于各项设备已达局部调试正确,合成整体后的联锁试验能比较迅速、顺利地完成。

第一节　室内局部导通试验模拟电路制作及联锁试验

一、一般规定

1. 信号系统调试范围应包括各单项调试、各子系统调试、系统联合调试。

2. 信号系统调试应以设计文件、验收标准及相关技术标准为依据。

3. 信号系统调试方法应按照相关技术标准或产品说明书进行。没有技术标准规定时,可参照设备供货商提供的测试方法进行调试。

4. 单项设备上电调试之前,应确定供电正常,防雷接地良好。

5. 信号系统调试所用仪器、仪表应经计量检验,并在计量检验有效期内。

6. 信号系统调试前,各系统设备单机调试应完成。子系统和系统调试前应确认所使用的通信通道良好。

7. 系统调试流程(见图 12-1)

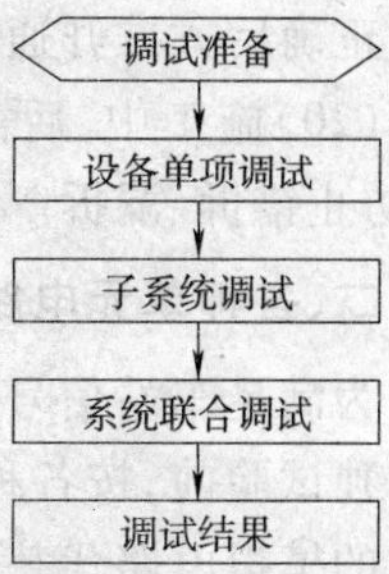

图 12-1　系统调试流程

8. 通电调试应符合下列安全要求:

(1)试验前应对设备部件进行检查,并应确认各种接地连接符合设计要求。

(2)楼内电源主开关由专人负责,按照指令进行操作。

(3)试验过程中,出现异常时应立即断电查找原因。

(4)室内外联合调试时,应以室内负责人指挥为主,通断电应相互告知。

(5)电源屏在外部电源接入前,必须检查电源屏元器件是否齐全,各部端子压接、焊接必须正确牢固,开关动作良好。

(6)电源屏在进行电源引入时,必须核对引入电源的电压、极性、相位等相关参数。

(7)电源屏、配电盘必须在安全地线、防雷地线连接良好、测试通过后方能通电。

(8)信号机在安装完成,检查各个灯位的安装、排列顺序、配线是否正确后,再从室内分线盘处对各灯位逐一进行送电试验。

(9)送电试验前,应检查各部件的接地连接、送电电压等是否符合相关技术规范规定,检查死区段的长度是否符合设计要求。

(10)轨道区段应逐个区段进行送电试验,室内送电电压必须符合规定,并对轨面电压、电流、分路状态、残压、死区段等逐项进行测量,并符合有关技术条件的要求。

(11)营业线轨道电路试验不得影响既有轨道电路的使用,如需接入试验必须要点进行,试验结束后必须恢复既有轨道电路。

(12)工程竣工验收合格后,施工单位组织编写开通方案和要点计划,按照相应的程序上报监理、建设单位。

(13)施工单位应与车务、工务、电务、供电等施工配合单位联系,协商确定施工配合工作内容、时间等。

(14)施工单位应做好开通前的安全技术交底工作,安全技术交底应对照开通方案进行,必须明确开通范围、目的和开通次序,对既有设备和行车的影响范围及时间。交底必须填写交底记录,交底人与接受交底人共同签字确认。

(15)施工单位应设驻站联络员,施工封锁前应提前要点登记,登记后由车站值班员向铁路局调度索取命令,并在登记本上注明调度命令签认后,驻站联络员通知施工负责人施工命令已下,由施工负责人发布开始施工命令。

(16)营业线施工过渡工程开通,先编制施工过渡技术方案,并按规定报有关单位审核批准后方可实施。

(17)施工过渡中,信号设备变化涉及修改列控及 LKJ 数据的,应根据规定提前上报有关单位。

(18)插入、移设或应拆除尚未拆除的道岔,必须按过渡工程设计施工,将道岔纳入联锁。

(19)过渡施工设备安装完毕,必须对修改内容进行联锁试验,经设备管理单位确认联锁关系正确后方准开通使用。

(20)施工中、后需拆除的设备,必须由施工单位与设备管理单位提前共同确认,并做好标志,防止错拆、漏拆。

二、各种单元电路的模拟电路制作

为满足车站信号楼内设备不与室外设备连接进行局部导通试验和联锁试验的需要,在室内单独试验前,按各种控制和监督对象的单元电路,分别制作成模拟电路。所有室外设备均由各自的模拟电路代替,接受控制台控制及向控制台发送相应的表示。一般做以下几种模拟:

(1)轨道模拟电路;

(2)信号机灯光模拟电路;

(3)电动转辙机模拟电路;

(4)接近模拟电路;

(5)离去模拟电路;

(6)场间联系模拟电路。

三、不接入室外设备的联锁试验

道岔、轨道区段、信号机在室内改成模拟电路，电源屏正常向设备供电，在分线盘断开与室外设备联系后，可进行不接入室外设备的联锁试验，以达到不转换室外道岔，不改变室外信号机显示，不需车列占用、出清轨道区段，完成电气集中室内电路联锁试验的目的。通过室内电路联锁试验正确，与室外业已试验良好的各项设备连接后，能加快施工进度，收到一次开通、联锁正确的效果。

由上所述可见，不接入室外设备的联锁试验是电气集中室内施工的安装、配线、电气特性调试的总检查，是关系到电气集中设备能否保证一次开通，安全投入运行的重要试验项目。为此，在可能的条件下应与维修单位共同进行，至少应争取维修单位的配合。

室内联锁试验的依据是设计文件中的进路联锁表，凡是进路联锁表内所包括的进路应一条一条地排列试验，排出的每条进路，应按联锁表内容一项一项地进行性能试验，并将试验结果详细填入联锁试验表内，作为工程验收的根据。联锁试验表如表 12－1 所列。

表 12－1　进路联锁试验表

方向			进路号码	进路	进路方式	排列进路按压按钮	确定运行方向的道岔	信号机		道岔	敌对信号	侵入限界轨道区段
								名称	显示			
北京方向	列车进路	接车	1	至Ⅲ股道	1	XLA、$S_{Ⅲ}$LA	5/7	X	⊘⊘	5/7、1/3、9/11、13/15、17/19(23/25)	D_3、D_7、D_9、$D_1$3、SⅢD	21DG
			2	至Ⅲ股道	1	XDLA、SMLA		XD	⊘⊘	5/7、1/3、9/11、21、23/25	D_3、D_7、D_9、$D_1$2、$S_{Ⅱ}$D	21DG
			3	至Ⅱ股道	1	XLA、$S_{Ⅱ}$LA	5/7	X	⊘⊘	5/7、1/3、9/11、13/15、(17、19)/27	D_3、D_7、D_9、$D_1$3、SⅡD	
		发车		由Ⅲ股道	2	$S_{Ⅲ}$LA、SLZA	(23、25)	$S_{Ⅲ}$	◎或⊘	(23、25)、17/19、13/15、9/11、(1/3)	D_1、D_7、D_9、$D_1$3、$S_{Ⅲ}$D	21DG、5DG
	调车进路	调车		从 D_1 到 D_{15}	1	D_1A、D_5A		D_1	◎	1/3	D_5	
天津												

室内联锁试验是一项细致、繁重、技术性要求较高的工作。全站的每一条进路都是按联锁表要求，经过严格的试排，每一项联锁关系均需达到正确无误，故工作量很大。

1. 室内联锁试验的方法

(1)试验前的检查核对

①检查核对各模拟电路、试验盘接线正确，操纵意图与继电器动作、控制台表示完全相符。

轨道、信号机、道岔局部电路由模拟电路代替之后,首先应对部分电路进行局部导通试验。顺序扳动轨道模拟盘上的每个开关,其所控制的轨道继电器应可靠地励磁或失磁,失磁时控制台上相应的轨道区段点亮红色表示。使用信号机灯光模拟盘时,盘上的各信号机应点亮红灯或蓝灯,摘去点亮的灯泡时,相应的灯丝继电器应可靠地失磁,改变信号继电器接点位置时,灯光应能做相应的变换。在控制台上顺序按压各道岔的操纵按钮和总定位、总反位按钮,该道岔和第一、第二启动继电器应随之动作,相应的表示继电器应可靠地励磁,并改变该道岔在控制台上的表示。其他模拟电路也同样按电路要求进行试验。

②检查所有组合架、控制台所设的熔丝容量应与设计相符,接触良好。

③检查确认所有继电器已进入定位状态,所在位置与电路要求相符。

④单独操纵所有进路的每一个始端按钮,检查核对方向继电器、方向电源及控制台表示与操纵动作一致。根据方向电路中的信号机排列位置,依列车接车、调车接车、调车发车的顺序进行试验。按下进路按钮后,它的按钮继电器励磁,使相应的方向继电器励磁,点亮排列进路表示灯,按钮继电器励磁后,还使按钮表示灯闪光。按压总取消按钮,方向继电器失磁落下,继而按钮继电器失磁落下。

(2)控制台按钮试验(6502 电气集中)

联锁试验前,还应对控制台上的各种按钮进行试验。一般先试不受其他条件控制的按钮,后试不但受按钮控制,而且还受其他条件电源、条件接点控制的按钮。试验方法分别如下:

①按压总取消按钮,总取消继电器应励磁(ZQJ↑),条件电源“KF-ZQJ-Q”有电,控制台总取消表示灯亮红灯;松开总取消按钮,总取消继电器失磁(ZQJ↓),条件电源“KF-ZQJ-Q”无电,控制台总取消表示灯灭灯。

②按压总人工解锁按钮,总人工解锁继电器应励磁(ZRJ↑),总取消继电器也被带动励磁(ZQJ↑),条件电源“KF-ZQJ-Q”有电,控制台总人工解锁和总取消表示灯亮红灯;松开总人工解锁按钮,总人工解锁继电器失磁(ZRJ↓),总取消继电器也随之失磁(ZQJ↓),条件电源“KF-ZQJ-Q 无电”,控制台总人工解锁和总取消表示灯灭灯。

③按压道岔总定位按钮,道岔总定位继电器应励磁(ZDJ↑),条件电源“KF-ZDJ”接通,控制台总定位表示灯亮绿灯;松开道岔总定位按钮,道岔总定位按钮继电器失磁(ZDJ↓),条件电源“KF-ZDJ”无电,控制台总定位表示灯灭灯;按压道岔总反位按钮,道岔总反位继电器应励磁(ZFJ↑),条件电源“KF-ZFJ”有电,控制台总反位表示灯亮黄灯;松开道岔总反位按钮,道岔总反位继电器失磁(ZFJ↓),条件电源“KF-ZFJ”无电,控制台总反位表示灯灭灯。

④按压接通道岔按钮,接通道岔表示继电器励磁(TCJ↑),条件电源“JF-TCJ”有电,本咽喉道岔表示灯亮灯;拉出接通道岔按钮,接通道岔表示继电器失磁(TCJ↓),条件电源“JF-TCJ”无电,本咽喉道岔表示灯灭灯。

⑤按压接通光带按钮,接通光带继电器励磁(TGJ↑),条件电源“JZ-TGJ”有电,根据道岔开通位置点亮白光带;松开接通光带按钮,接通光带继电器失磁(TGJ↓),条件电源“JZ-TGJ”无电,已点亮的白光带灭灯(注意接通光带按钮不要按压时间过长,以免烧毁熔断器)。

⑥按下表示灯调压按钮,控制台表示灯变暗,供夜间使用;拉出表示灯调压按钮,控制台表示灯变亮,供白天使用。

⑦按下信号调压按钮,控制台点亮信号夜间点灯表示黄灯,电源屏信号点灯电压变成180 V,拉出信号调压按钮,控制台点亮信号昼间点灯表示绿灯,电源屏信号点灯电压恢复220 V。

⑧按下引导总锁闭按钮，本咽喉的道岔应锁在原来位置并且不影响其他咽喉道岔（有特殊规定除外），拉出引导总锁闭按钮，本咽喉道岔恢复正常。

⑨主、副电源切换试验：平时由主电源供电，主、副电源切换继电器落下（ZFDJ↓），控制台主电源灯亮绿灯，若主电源停电改由副电源供电时，控制台切换电铃立即鸣响，主电源灯灭灯，副电源灯亮黄灯，按下主、副电源切换按钮，主、副电源切换继电器吸起（ZFDJ↑），切换电铃停止鸣响，同时继续监督副电源运行状态。副电源停电改由主电源供电时，控制台切换电铃立即鸣响，副电源灯灭灯，主电源灯亮绿灯，拉出主、副电源切换按钮，主、副电源切换继电器落下（ZFDJ↓），切换电铃停止鸣响，同时继续监督主电源运行状态。

⑩单独操作每一组道岔，仅能动作被操纵的道岔，道岔动作与操纵意图一致，表示正确，拉出道岔操纵按钮，该道岔被锁在原来位置。

⑪道岔挤岔时，挤岔继电器励磁（JCJ_1↑），经延时 13 s，JCJ_2↑，自动接通道岔表示电路，使全站接通道岔表示继电器励磁（TCJ↑），点亮全站道岔表示灯，同时接通挤岔报警电路，使挤岔电铃鸣响，挤岔表示灯点亮红灯。按下挤岔按钮，挤岔按钮继电器励磁（JCAJ↑），切断挤岔电铃；挤岔故障恢复，挤岔继电器失磁（JCJ_1↑、JCJ_2↓），使全站接通道岔表示继电器失磁（TCJ↓），全站道岔表示灯灭灯，挤岔表示灯灭灯，挤岔电铃再度鸣响，拉出挤岔按钮，JCAJ↓，设备恢复原状。

（3）排列进路试验

控制台上的所有按钮（变更和仅能作终端的按钮除外）试验良好后，可开始进行排列进路试验。排列进路试验可分以下三步进行：

①排列试验。先排列调车进路后列车进路，先排短进路后长进路，先排基本进路后变更进路，先排直进路后弯进路，先排由左向右后由右向左，将所有进路按选排一致原则，逐条排通。

表 12－2　室内联锁技术条件试验表

进路顺号	进路名称	信号机名称																	
1	2	3	4	5	6	7	8	– –	– –	– –	– –	25	26	27	28	29	30	31	32
1																			
2																			
3																			
4																			

②技术条件试验。进路全部排通后，可对每条进路做技术条件试验。为确保技术条件不被遗漏，并能有次序规则地检查，可根据联锁表预先填写技术条件试验表，如表 12－2 所列。表内横栏共 32 项，各项内容如下：

· 顺序　为试验进路的先后顺序，根据排列进路的先后填写。

· 进路名称　按所排进路的性质填写，比如：正线接车、调车、发车等。

· 信号机名称　填写所排进路需开放信号的信号机名称。

· 始端按钮　填写所排进路的始端进路按钮名称。

· 进路排列灯显示　填写按下始端按钮后，至终端进路选择继电器励磁时止，进路排列表示灯显示情况。

·变更按钮　填写排列变更进路时需按压的变更按钮(包括代用变更按钮)名称。

·终端按钮　填写所排进路的终端进路按钮名称。

·进路中道岔动作及其显示　排列进路前,先将道岔单独操纵至与进路相反的位置,通过选排检查进路上的道岔是否受进路操纵,并规定有表示后方能排出进路。

·带动道岔或防护道岔　所排进路有带动道岔或防护道岔时,预先将其单独操纵至相反位置,检查是否受进路操纵将其带至规定位置。

·进路锁闭过程及其显示　填写排列进路后的锁闭情况是否良好。进路锁闭后,显示白光带,同时检查有无错误锁闭或漏锁闭。

·信号机显示　填写所排进路的信号机显示灯光。

·信号复示器显示　填写控制台上信号复示器的显示情况。

·延续进路的锁闭　填写延续进路的锁闭情况。

·敌对信号及敌对进路　填写所排进路的敌对进路顺号。本进路排列后所有进路应无法排出,敌对信号无法开放。

·平行进路　填写与所排进路相平行的进路顺号。本进路排列后再排平行进路,检查平行进路是否被错误锁闭。

·超限界检查　填写所排进路内超限界区段名称。将超限界区段占用,进路应无法排出。超限界区段空闲时,排出进路然后再占用超限界区段,信号应能自动关闭。在有平行进路的超限界区段的道岔,将被自动带至平行进路位置,在区段再次占用时,不能使信号关闭。

·进路上道岔锁闭　填写排出进路后,进路上道岔锁闭情况。

·道岔表示故障关闭信号　进路排出后,逐组中断进路中各道岔的表示,信号应自动关闭,但进路不会解锁。道岔表示恢复后,信号不会重复开放,进路不会解锁。如再次按压始端按钮,信号能恢复开放。

·防护区段故障关闭信号　信号开放后,接、发车进路上任一区段发生故障后,信号应自动关闭,但进路不会解锁。故障恢复后,信号不会重复开放,进路不会解锁。如再次按压始端按钮,信号能恢复开放。

·区段有车不能预排进路　填写所排进路中区段有车占用时,不能排列进路情况。

·进路接近锁闭的工人解锁　填写所排进路接近锁闭后,同时按压总取消和始端按钮,进路不能解锁。如同时按压总人工解锁按钮和始端按钮,点亮人工解锁表示灯,接车或正线出发延迟 3 min;调车或非正线出发延迟 30 s 使进路解锁。

·区段锁闭不能预排进路

·进路逐段解锁

·灯丝断丝关闭信号　将已开放信号的灯泡摘除,信号继电器应失磁落下,但进路不会解锁。灯泡恢复后,信号不会重复开放,进路不会解锁。再次按压始端按钮,信号能恢复开放。

·信号机正常关闭　已开放的列车信号在占用第一防护区段后,列车信号应正常关闭。调车信号在占用接近区段和第一防护区段并出清接近区段后,调车信号应正常关闭。

·区段分路不良不解锁　进路逐段解锁中,某区段分路不良轨道继电器未失磁,车列出清进路后,该区段和前各一区段均不能解锁。

·小车跳动试验　进路逐段解锁中,在同一区段人为使占用—出清—占用的时间为 1 s,检查该区段的解锁情况。

·故障关闭信号　填写按压进路上任一区段的故障按钮和总人工解锁按钮后的信号关闭

情况。

·长调车进路信号机开放顺序　填写办理长调车进路时，调车信号机由终端向始端依次开放的情况。

·调车进路中途折返解锁

·引导信号

·引导总锁闭

③联锁试验。联锁试验基本上重复了技术条件试验的一些部分，这是因为在技术试验中没有按联锁表顺序进行，而联锁试验是对技术试验结果的一次复查，为了保证试验正确可靠，此项复查是必要的。

现以图 12－2 所示站场及其各种按钮配置为例，叙述车站信号联锁各种性质的进路联锁试验内容及方法。

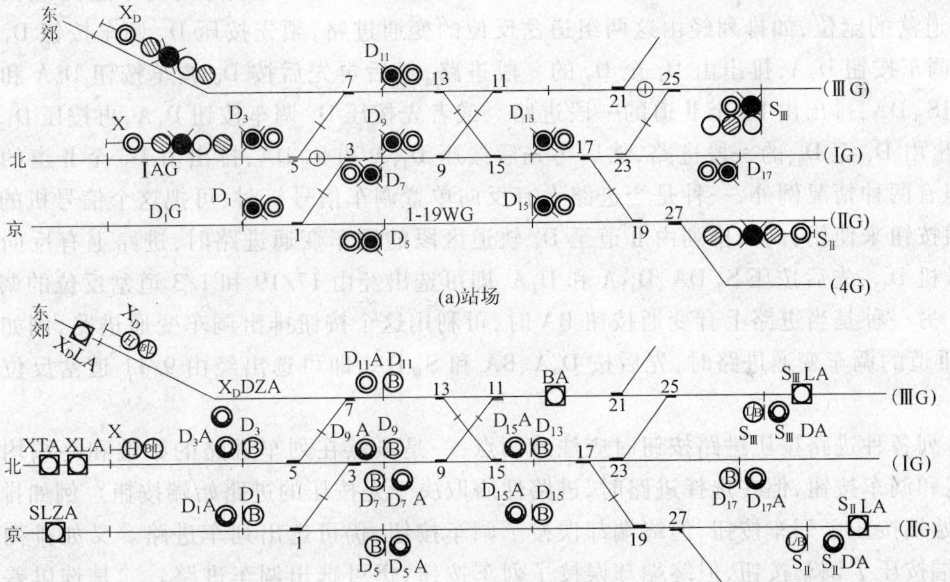

图 12－2　6502 大站电气集中进路按钮配置

为联锁试验叙述方便起见，先将进路按钮的使用方法简述如下：

排列接车进路：以北京方面向Ⅲ道接车为例，先按压下行进路按钮 XLA，后按压上行Ⅲ道进路按钮 $S_{Ⅲ}$LA（先按压的为进路始端按钮，后按压的为进路终端按钮，下同）。

排列接车变通进路：例如北京方面向Ⅲ道接车的基本进路经过 23/25 道岔反位，排列经由 9/11 道岔反位的变通进路时，先按压下行进路按钮 XLA，再按压变通按钮 BA，后按压上行Ⅲ道进路按钮 $S_{Ⅲ}$LA。如排列经由 5/7 道岔反位的变通进路时，先按压 XLA，再按压 D_{11} 进路按钮 D_{11}A，后按压 $S_{Ⅲ}$LA。由此可见，调车进路按钮也可作列车进路的变通按钮使用。

排列发车进路：以排列Ⅱ道上行发车进路为例，先按压上行Ⅱ道进路按钮 $S_{Ⅱ}$LA，后按压上行列车终端按钮 SLZA。

排列发车变通进路：例如Ⅱ道上行发车的基本进路经过 17/19 和 1/3 道岔定位，排列经由 17/19 和 1/3 道岔反位的变通进路时，先按压 $S_{Ⅱ}$LA，再按压 D_7 按钮 D_7A（或 D_9A、D_{13}A 均可),后按 SLZA。

排列通过进路:以排列下行通过进路为例,先按压下行通过按钮 XTA,后按压车站另一端的下行列车终端按钮 XLZA(图中未画出)。也可分成下行接车进路和本站另一端下行发车进路两段排列。

排列短调车进路:中途不经过其他同方向调车信号机的调车进路,称为短调车进路。例如排列由Ⅲ道至 X_D 进站信号机内方的调车进路,先按压Ⅲ道调车按钮 $S_{Ⅲ}DA$,后按压 X_D 方向调车终端按钮 X_DZA。

排列长调车进路:中途经过其他同方向调车信号机的调车进路,称为长调车进路。例如排列由Ⅰ道至ⅠAG 轨道区段的调车进路,中间经过同方向的调车信号机 D_7,先按压 D_{17} 调车按钮 $D_{17}A$,后按压 D_3 调车按钮 D_3A。

排列调车变通进路:排列调车变通进路的方法与接车变通进路不同。一般来说,调车变通进路须分段排列,例如排列由 D_1 调车信号机至Ⅱ道的长调车进路,其基本进路经由 1/3 和 17/19 道岔的定位,如排列经由这两组道岔反位的变通进路,须先按压 D_1 调车按钮 D_1A,再按压 D_7 调车按钮 D_7A,排出由 D_1 至 D_9 的一段进路,然后再先后按 D_9 调车按钮 D_9A 和Ⅱ道调车按钮$S_Ⅱ DA$,排出由 D_9 至Ⅱ道的一段进路。或者先按压 D_1 调车按钮 D_1A,再按压 D_{13}调车按钮,排出由 D_1 至 D_{13}的一段进路,然后再先后按压 $D_{13}A$ 和 $S_ⅡDA$,排出由 D_{13}至Ⅱ道的一段进路。但有两种情况例外,一种是当进路上有反向单置调车信号机时,可把这个信号机的按钮当作变通按钮来使用,例如排列由Ⅱ道至 D_1 轨道区段的调车变通进路时,进路上有反向单置调车信号机 D_{13},先后按压 $S_ⅡDA$、$D_{13}A$ 和 D_1A,即可选出经由 17/19 和 1/3 道岔反位的调车变通进路。另一种是当进路上有变通按钮 BA 时,可利用这个按钮排出调车变通进路,例如排出由 D_9 至Ⅲ道的调车变通进路时,先后按 D_9A、BA 和 $S_ⅢDA$,即可选出经由 9/11 道岔反位的变通进路。

排列各种进路按压进路按钮时应注意两点:一是虽然在列车进路的始端和终端均设有列车按钮和调车按钮,但在选择进路时,进路性质取决于先按压的进路始端按钮。例如排列列车进路,始端按压了列车按钮,但终端却误按了调车按钮,仍可选出列车进路。又如排列调车进路,始端按压了调车按钮,但终端却误按了列车按钮,仍可选出调车进路。二是选以差置或单置调车信号机为阻拦信号的调车进路时,进路终端按钮不是阻拦信号的调车按钮,而是背向调车信号机的调车按钮。

室内联锁试验时,控制台、继电器室、电源室均应连通临时电话,控制台设人办理排列进路,操纵轨道模拟盘及观察各种表示,继电器室设人检查继电器动作,观察信号机模拟盘上的灯光显示,以及查找故障。所有参加联锁试验的人员,听从专人统一指挥,按进路联锁表循序排列所有进路。

2. 各种性质进路的联锁试验方法

(1)选排接车进路及试验方法

以选排北京方面向Ⅱ道接车进路为例:

①6502 大站电气集中选排接车进路时的电路动作过程如图 12－3 所示。按压进路始端按钮 XLA,下行列车按钮继电器 XLAJ 吸起并自闭。XLAJ 吸起后使下行列车接车方向继电器 XLJJ 吸起,供出方向电源。同时使排列进路表示灯 PLBD 点亮红灯,下行列车按钮表示灯 XLABD 点亮绿灯闪光。当按压进路终端按钮 $S_ⅡLA$ 时,使 $S_ⅡLAJ$ 吸起并自闭。$S_ⅡLAJ$ 吸起后构成方向继电器 XLJJ 自闭电路,并使按钮表示灯 $S_ⅡLABD$ 点亮绿灯闪光。按钮继电器 XLAJ

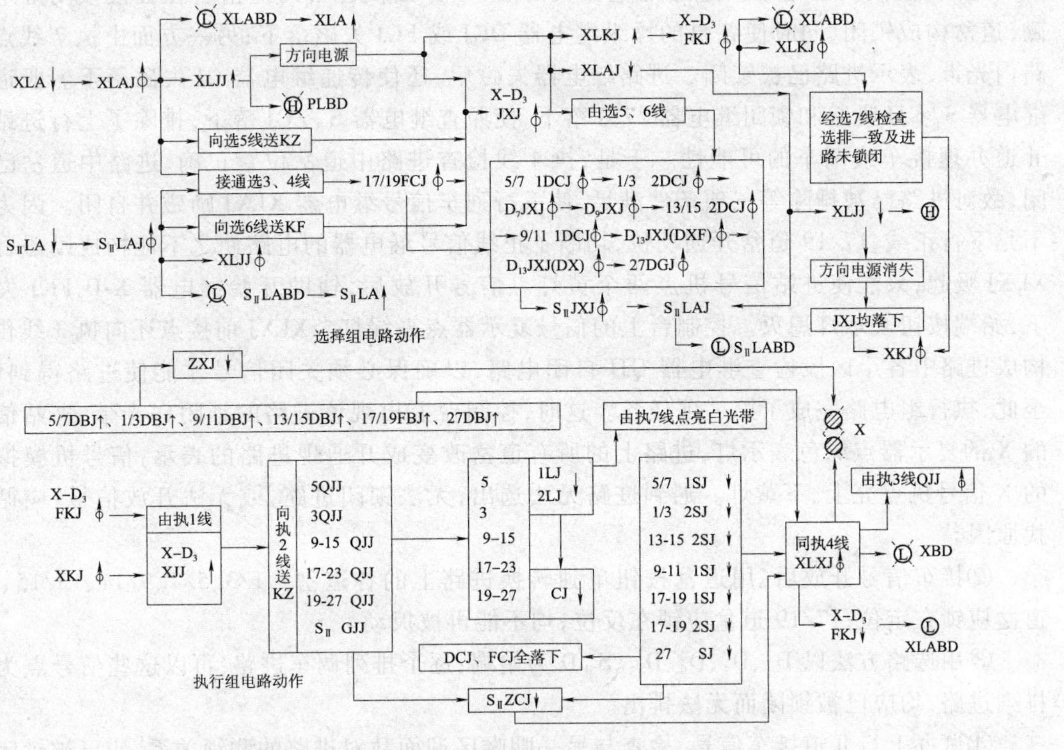

图 12－3　选排接车进路时的电路动作过程

—励磁并自闭；Ⓛ—闪光。

和 S_{II} LAJ 吸起后，首先接通选 3、4 线（通过 XLAJ 前接点向选 3 线供 KZ，通过 S_{II} LAJ 前接点向选 4 线供 KF，使八字第二笔双动道岔 17/19 的反位操纵继电器 FCJ 吸起并自闭。17/19FCJ 吸起后，通过其前接点和 XLAJ、S_{II} LAJ 的前接点接通选 5、6 线（通过 XLAJ 前接点向选 5 线送 KZ，通过 S_{II} LAJ 前接点向选 6 线送 KF），首先使进路选择继电器 X-D_3JXJ 吸起并自闭。X-D_3JXJ 吸起使 XLAJ 失磁落下，由 X-D_3JXJ 前接点代替，向选 5 线送 KZ，选 5、6 线继续被接通，使 5/7 1DCJ、1/3 2DCJ、D_7 JXJ、D_9JXJ、13/15 2DCJ、9/11 1DCJ、D_{13}JXJ（DXF 组合内）、D_{13}JXJ（DX 组合内）、27DCJ 和 S_{II} JXJ 相继吸起并自闭。进路内的道岔受其操纵继电器控制转换到应开通位置，进路选出。S_{II} LAJ 失磁使按钮表示灯 S_{II} LABD 熄灭，表示可以再选排其他进路。在 X-D_3JXJ 励磁时，列车开始继电器 XLKJ 励磁，然后使辅助开始继电器 X-D_3FKJ 励磁并自闭，X-D_3FKJ 吸起又构成 XLKJ 自闭，始端按钮表示灯 XLABD 点亮稳定绿灯。此时，如本进路的道岔表示继电器位置与道岔操纵继电器位置相同，即选排一致，而且各道岔锁闭继电器 SJ 均在吸起状态，即进路处于未锁闭状态，则选 7 线被接通，开始继电器 XKJ 励磁并自闭，确定了所排进路为下行接车进路，选择组电路动作完成。

X-D_3FKJ 和 XKJ 励磁后，它们的前接点将信号检查继电器 X-D_3XJJ 的 3-4 线圈接到执 1 线上，检查进路空闲（轨道继电器 GJ 吸起）、道岔位置正确（道岔定位或反位表示继电器吸起）、本咽喉未建立敌对进路（开始继电器 KJ 或终端继电器 ZJ 落下），并且对方咽喉也未建立敌对进路（X_{II} ZCJ 吸起）等四项条件满足，执 1 线被接通，X-D_3XJJ 励磁。X-D_3XJJ 吸起后，由前接点向执 2 线送 KZ，使区段检查继电器 5QJJ、3QJJ、9-15QJJ、17-23QJJ、19-27QJJ 和股道检查继电器 S_{II} GJJ 同时励磁。区段检查继电器 QJJ 吸起后，切断各自区段的进路继电器 1LJ 和 2LJ

自闭电路，使其失磁落下。进路继电器失磁后，一方面使各自的道岔所在区段锁闭继电器失磁，道岔构成锁闭，同时使各自的操纵继电器 DCJ 或 FCJ 失磁落下；另一方面由执 7 线点亮进路白光带，表示进路已被锁闭。进路继电器失磁后，还使传递继电器 CJ 失磁落下。股道检查继电器 S_{II}GJJ 吸起和锁闭继电器 27SJ 落下，使照查继电器 S_{II}ZCJ 落下，排除了上行进站口向Ⅱ道办理接车或调车的可能性。于是，执 4 线检查进路中道岔位置正确、进路中道岔已被锁闭，敌对进路已被排除等三项条件满足，使下行列车信号继电器 XLXJ 励磁并自闭。因为Ⅱ道不是下行正线，17/19 道岔开通反位，切断了正线信号继电器的电路使之不能构成励磁，所以，XLXJ 吸起，只能使进站信号机点两个黄灯。信号开放后，辅助开始继电器 X-D_3FKJ 失磁落下，始端按钮表示灯熄灭。控制台上的信号复示器点亮绿灯。XLXJ 前接点还向执 3 线供 KF，构成进路中各个区段检查继电器 QJJ 自闭电路，以确保必须关闭信号才能使进路得到解锁。至此，执行组电路完成了第一项任务。这时，控制台上出现该进路的锁闭白光带，进站信号机的 X 的复示器点绿色表示灯，进路上的所有道岔改变成开通现进路的表示，信号机模拟盘上的 X 信号机点亮上、下黄灯。遇到进路无法选出，无法锁闭进路，或无法开放信号，应循序查找原因。

②接车信号开放后，用道岔按钮单独转换进路上的各道岔。1/3、5/7、9/11、13/15、27 等道岔应锁在定位，17/19 道岔应锁在反位，均不能再被扳动。

③用选路方法以 D_3、D_7、D_9、D_{13}、S_{II}D 为始端，逐个排列调车进路，再以这些信号点为终端排列进路，均应已被锁闭而无法排出。

④试办上行Ⅱ道接车信号，检查与另一咽喉区迎面敌对进路的联锁关系，应已被锁闭而无法开放。

⑤按压 X 进站信号机的引导按钮，X 信号机应能开放出引导信号，并且使原已开放的接车信号自动关闭，恢复红灯信号。进站信号机模拟电路以及控制台上的信号复示器应有相同变化。原接车进路的锁闭仍然有效。

⑥如改为选排北京方面向Ⅲ道接车进路，将 21# 道岔单独转换至定位，切断轨道模拟盘上 21# 道岔区段开关，使 21# 道岔区段轨道继电器失磁落下，控制台上 21# 道岔区段点亮红色占用灯的同时，X 进站信号应自动关闭，恢复红灯复示，以此检查超限绝缘引起的联锁关系正常。

⑦用轨道模拟盘上的开关，使进路上所有轨道区段的轨道继电器逐一失磁落下一次，每次均应使 X 信号机的接车信号自动关闭。该区段轨道继电器再次励磁后，接车信号不会自动重复开放，但原路不会被解锁。只需按压进路始端按钮即能重复开放信号。以此检查重复开放信号的功能正常。

⑧同时按压总取消按钮 ZQA 和进路始端按钮 XLA（或先按压 ZQA，在 3 s 内按压 XLA），应能将接车进路取消，接车信号关闭，进路 3 s 后得到解锁（白光带熄灭），以此检查能办理取消进路。

⑨切断轨道模拟盘上 X 进站信号机的第二接近轨道开关，第二接近区段点亮红灯，接车进路构成完全锁闭。按压总人工解锁按钮 ZRA 和进路始端按钮 XLA，接车信号应立即关闭，3 min 以后接车进路方能得到解锁（白光带熄灭），以些检查进路人工解锁正常。

⑩顺序由第二接近区段开始，切断轨道模拟盘上接车进路各区段的轨道开关，进站信号机内方区段点红灯时，进站信号自动关闭。操纵轨道开关至少两个区段点亮红灯，方可将后一区段轨道开关闭合以示车辆出清，不可单独一个区段的轨道开关切断、闭合一次向前推移。

⑪在信号机模拟盘上将 X 信号机已开放接车信号的灯泡摘下（或将熔丝中断），X 信号机

应能立即点亮红灯，但接车进路不会被解锁。

接车进路经过以上几项试验即能满足进路联锁表对本进路的技术要求，可换试下一条进路，按此试毕每一条进路后，还需试验一些共同项目：

a. 按压一端的接通光带表示按钮 JGA，该端所有道岔区段点亮与所开通进路相一致的白光带，松开 JGA，白光带熄灭。

b. 按下一端的接通道岔表示按钮 TCA，该端所有道岔点亮现位置定、反位表示灯，拔出 TCA，道岔现位置表示灯熄灭。

c. 一端的任一道岔定、反位表示均无法构成（道岔处于挤压状态）时，挤岔电铃鸣响，同时点亮本端挤岔表示红灯。按下 TCA 能发现何组道岔无定位或反位表示，按下切断挤岔电铃按钮 JCA，挤岔电铃停止鸣响。道岔恢复某一位置的表示后，挤岔表示灯熄灭，挤岔电铃再次鸣响，拔出 JCA 挤岔电铃停止鸣响。

d. 办理若干条进路，然后将轨道模拟盘的总电源 JZ12 切断一次，使所有轨道继电器失磁一次（模拟轨道停电），不按压轨道停电恢复按钮 GDA，用上述第 10 条正常试验办法模拟车辆通过进路后，进路应无法自动解锁。按下总人工解锁按钮 ZRA 及区段人工解锁盘上本进路所有区段的事故按钮 SGA，进路应无法人工解锁。此时按压一次本端轨道停电恢复按钮 GDA，再办理区段人工解锁应能将进路逐区段解锁。

e. 电源屏使用一路电源时，控制台应点亮绿色主电源表示灯。转换使用二路电源，绿色主要电源表示灯应变换成点亮白色副电源表示灯，并且报警铃鸣响。按下主、副电源切换按钮，报警电铃停止鸣响。恢复使用一路电源时，绿色主电源表示灯点亮（副电源表示灯熄灭），报警电铃鸣响，拔出主、副电源切换按钮，报警电铃停止鸣响。

f. 分别按下信号降压按钮 XJYA，信号调压按钮 XTA 以及表示灯调压按钮 BTA，应得到相应的调压效果。

g. 本站特殊联锁关系试验。

（2）接车进路正常解锁的试验方法

列车占用接车进路（进站信号机内方第一区段），进站信号即被自动关闭，列车依次每出清一个轨道区段，该区段即行解锁，列车全部进入股道后，接车进路全部解锁，设备自动复原，这是 6502 电气集中执行组电路的第二项任务，称为“正常解锁”。以下行Ⅱ道接车进路为例，正常解锁电路动作过程如图 12－4（a）所示。使用轨道模拟盘上的轨道开关，模拟列车占用信号机内方第一区段，轨道继电器ⅠAGJ 失磁落下，ⅠAGJ 落下使信号检查继电器 X-D_3XJJ 失磁，又使下行列车信号继电器 XLXJ 失磁，从而自动关闭进站信号。再用轨道模拟盘上的轨道开关使轨道继电器 5DGJ 失磁，它的反复示继电器 5FDGJ 励磁，切断区段检查继电器 5QJJ 自闭电路使其失磁落下。由ⅠAGJ 后接点和 5FDGJ 前接点使 5#道岔区段的第 1 进路继电器 5DG 1LJ 励磁并自闭。同样使轨道继电器 3DGJ 失磁，切断区段检查继电器 3QJJ 自闭电路使其失磁落下。闭合轨道开关使ⅠAGJ 和 5DGJ 恢复励磁表示列车出清（下同），5DGJ 吸起使该区段的第 2 进路继电器 2LJ 励磁并自闭。此时，5/7 道岔的第 1 锁闭继电器 5/7 1SJ 励磁，使道岔得到解锁。进路的开始继电器 XKJ 失磁落下。5#道岔区段的 1LJ、2LJ 均吸起后，在轨道反复示继电器 5FDGJ 缓放，5DG 的传递继电器 CJ 尚未吸起的瞬间，构成 3#道岔区段的第 1 进路继电器 3DG 1LJ 励磁电路，使其吸起并自闭。列车占用 9-15 道岔区段，9-15QJJ 失磁落下，出清 3#道岔区段使 3DG 2LJ 励磁并自闭。此时，1/3 道岔的第 2 锁闭继电器 1/3 2SJ 励磁，使道岔得到解锁。3#道岔区段的 1LJ、2LJ 均励磁后，在 3FDGJ 缓放，3DG 的传递继电器 CJ 尚未吸起的瞬间，构成 9-15DG 1LJ 励磁电路，使其吸起并自闭。列车占用 17-23 道岔区段，出清 9-15 道岔区段后，又使 9-15 2LJ 励磁并自闭，使 9/11 1SJ 和 13/15 2SJ 励磁吸起，这两组道岔得到解锁。这个逐段解锁过程随着列车的运行重复发生，直至列车全部进入股道，设备自动复原。综上所述，接车进路和正常解锁可更简单地归纳成图 12－4(b)，每个道岔区段的解锁，使用两个进路继电器 1LJ、2LJ 来完成；1LJ 吸起证明先一个区段和本区段曾被占用过，2LJ 吸起证明本区段已被出清，下一区段已被占用，以此满足进路解锁的三点检查。

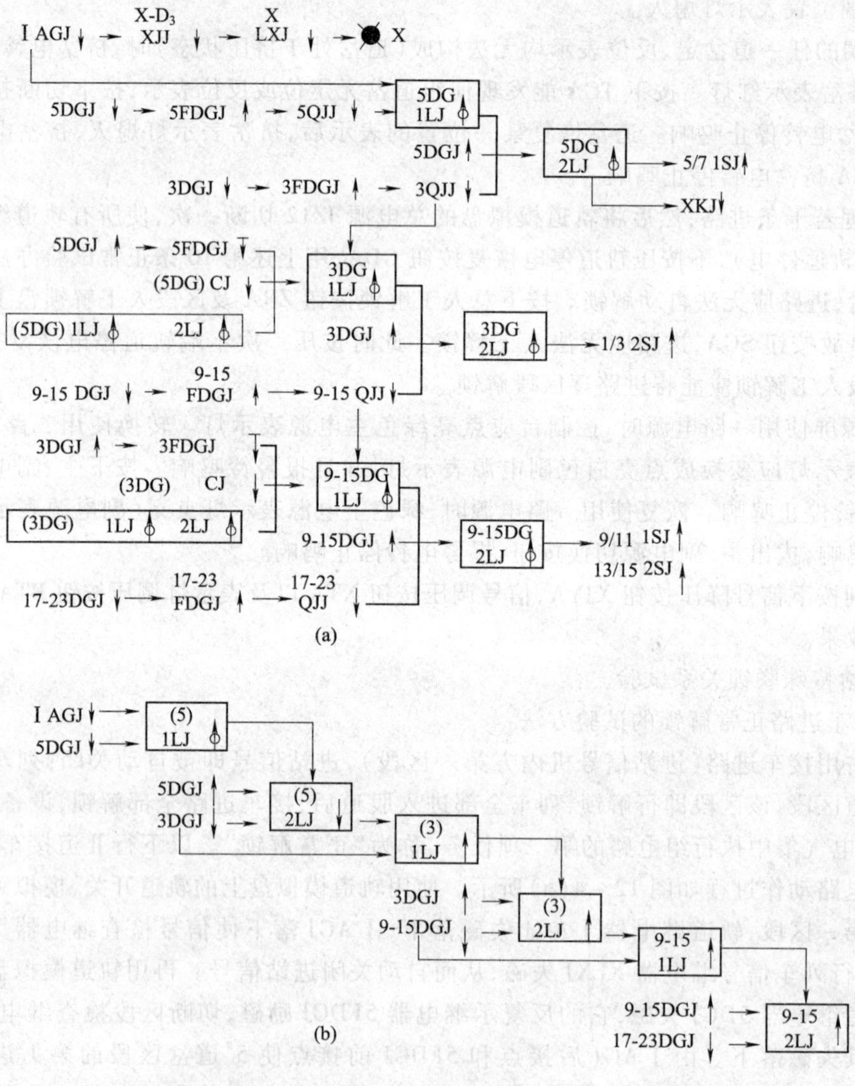

图 12－4 接车进路正常解锁时的电路动作过程

(3)取消接车进路的试验方法

接车进路建立后，列车未进入接近区段之前，按压一下总取消按钮 ZQA 和进路始端按钮，即可关闭接车信号，取消接车进路。以取消下行Ⅱ道接车进路为例，电路动作过程如图 12－5 所示。按压总取消按钮 ZQA 使总取消继电器 ZQJ 励磁，由 ZQJ 前接点供出 KF-ZQJ-Q 条件电源。按压进路始端按钮 XLA，使按钮继电器 XLAJ 吸起。该两项条件满足时，下行进站咽喉共用的取消继电器 XQJ 励磁吸起。XQJ 吸起后，一方面切断信号继电器 XLXJ 励磁电路使其失磁落下，使接车信号立即关闭；另一方面切断执 2 线供出的 KZ 电源，切断进路上各个区段检查继电器 QJJ 励磁电路，XLXJ 落下后，又切断它们的自闭电路，使之均失磁落下。在 5QJJ、5CJ 落下和 XXJJ、XJYJ 吸起的条件下，构成 5DG 1LJ 励磁并自闭。5DG 1LJ 吸起后，因为进路未被占用，故 5DG 区段的传递继电器 5CJ 立即励磁并自闭。5CJ 吸起后，执 5 线由左向右传递，使 3DG 1LJ 励磁并自闭。同样，3DG 1LJ 吸起后，传递继电器 3CJ 励磁并自闭，3CJ 吸起后由执 5 线继续向右传递，使 9-151LJ 励磁并自闭。同样动作使 9-15CJ、17-23 1LJ、17-23CJ、19-27 1LJ、19-27CJ 和 $S_{Ⅱ}$GJJ 相继励磁吸起。$S_{Ⅱ}$GJJ 吸起后，执 6 线被接通，首先使 19-27 2LJ 励磁并自闭，使 19-27 道岔区段得到解锁，道岔锁闭继电器 27SJ 和 17/19 2SJ 励磁。19-27 2LJ 吸起后，执 6 线由右向左传递，使 17-23 2LJ 励磁并自闭，使 17-23 道岔区段得到解锁，道岔锁闭继电器 17/19 1SJ 和 23/25 1SJ 励磁。同样动作使 9-15 2LJ、3DG 2LJ 和 5DG 2LJ 相继励磁并自闭，9-15DG、3DG 和 5DG 道岔区段相继得到解锁。所以，取消接车进路是由最末一区段开始，向始端逐段解锁，直至设备自动复原。

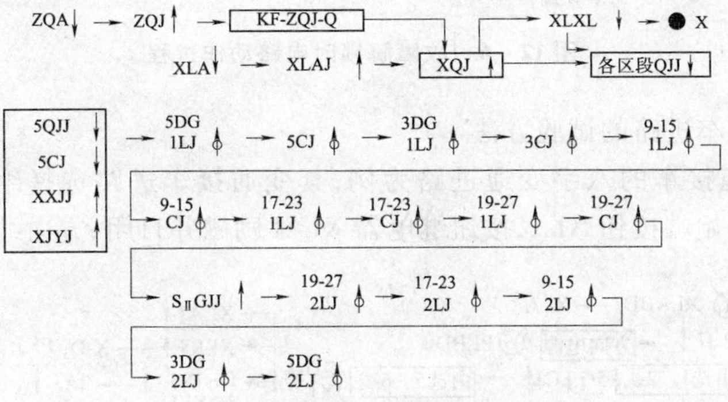

图 12－5　取消接车进路电路动作过程

(4)接车进路人工解锁的试验方法

接车进路建立后，用轨道开关使接近区段占用，接近预告继电器 JYJ 失磁落下，按压一下总人工解锁按钮 ZRA 和进路始端按钮，即可关闭接车信号，但接车进路须 3 min 以后方能得到解锁。接车进路人工解锁执行组电路动作与办理取消接车进路大致相同，唯一的区别是接近区段被占用。办理接车进路人工解锁时，接近预告继电器 JYJ 后接点和列车开始继电器 LKJ 前接点将延时解锁电源 KF-3 分引向执 5 线，所以，在接车信号自动关闭 3 min 之后，5DG 1LJ 方能励磁并自闭。5DG 1LJ 励磁后的进路解锁动作过程，与取消接车进路时完全相同。

(5)故障解锁的试验方法

所谓办理故障解锁，就是对发生错误锁闭的道岔区段（或无岔区段）办理解锁手续。发生错误锁闭的原因大致可归纳为两种：一种是发生在建立进路的过程中，由于电路发生故障，个别区段的区段检查继电器 QJJ 未吸起，因而进路没有建成，但是其他区段的 QJJ 已吸起，被错误锁闭了；另一种是发生在建立进路之后，列车通过进路的过程中，由于个别区段的轨道电路发生故障，区段检查继电器虽已落下，但区段未解锁（也称漏解锁）。这两种情况的区别在于区段检查继电器 QJJ 的状态不同，前者，被错误锁闭区段的 QJJ 在吸起状态，后者，漏解锁区段的 QJJ 在落下状态。区段检查继电器 QJJ 落下是区段解锁的重要条件，因此，前一种情况要办理错误锁闭区段故障解锁，必须首先办理取消进路手续，使错误锁闭区段的 QJJ 失磁，然后再逐个办理错误锁闭区段的故障解锁手续。后一种情况因个别漏解锁区段的 QJJ 已经落下，故可直接办理故障解锁。试验故障解锁时，预先使进路中某一区段的 QJJ 无法励磁，然后办理该进路，即可得到前一种错误锁闭；或者办理接车进路正常解锁时，将某一区段的轨道继电器始终处失磁状态，即可得到后一种漏解锁。一人按压控制台上的总人工解锁按钮 ZRA，另一人按压区段人工解锁按钮盘上该区段的事故按钮 SGA，故障解锁电路的动作过程如图 12－6 所示。按压 ZRA 使总人工解锁继电器 ZRJ 励磁，供出总人工解锁电源 KF-ZRJ-Q，按压某区段的 SGA 使该区段的传递继电器 CJ 励磁。CJ 吸起后其前接点和 SGA 的按下接点直接使本区段的进路继电器 1LJ 和 2LJ 励磁并自闭，本区段得到解锁。然后松开本区段 SGA，再逐一按压其他未解锁区段的 SGA，直至错误锁闭进路上的所有区段得到解锁。

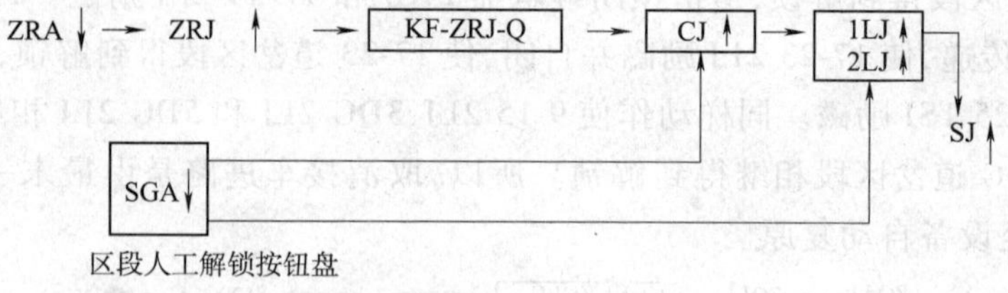

图 12－6　故障解锁时电路动作过程

（6）选排变通接车进路的试验方法

以选排下行Ⅱ道接车的八字变通进路为例，其变通接车进路选择组电路动作过程如图 12－7 所示。先按下始端按钮 XLA，按钮继电器 XLAJ 励磁并自闭，方向继电器 XLJJ 励磁供出

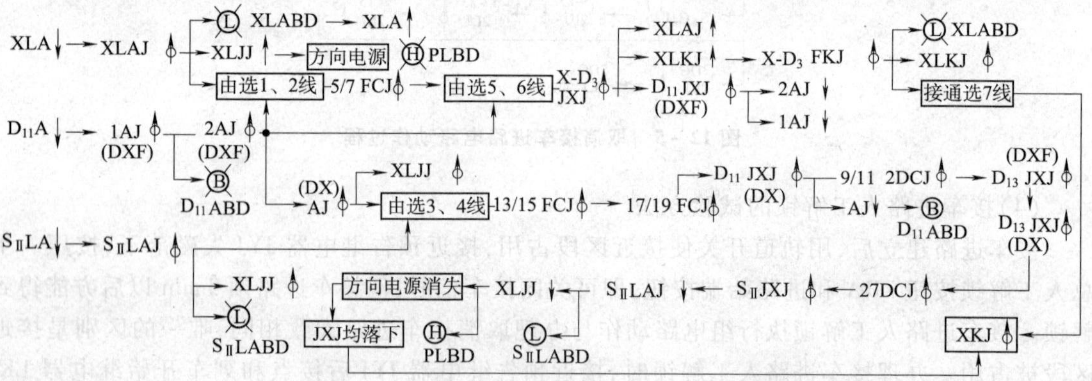

图 12－7　变通接通进路选择组电路动作过程

方向电源，排列进路表示灯 PLBD 亮红灯，按钮表示 XLABD 点亮绿灯闪光。松开 XLA 再按下调车按钮 D_{11}A，D_{11} 调车信号辅助组合（DXF）内的按钮复示继电器 1AJ 励磁并自闭，按钮表示灯 D_{11}ABD 闪白灯，并使同一组合内的 2AJ 和调车信号组合（DX）内的 AJ 相继励磁并自闭。AJ↑构成 XLJJ 自闭电路。2AJ 吸起后与 XLAJ 相配合，接通选 1、2 线使 5/7FCJ 励磁并自闭。5/7FCJ 吸起后，由选 5、6 线使进路选择继电器 X-D_3JXJ 和 D_{11}（DXF）内的 D_{11}JXJ 相继励磁并自闭。D_{11}JXJ（DXF）吸起后，切断 1AJ 和 2AJ 的自闭电路使它们失磁落下。按下终端按钮 S_{II}LA 时，S_{II}LAJ 励磁并自闭。S_{II}LAJ 吸起后使按钮表示灯 S_{II}LABD 点亮绿灯闪光及构成 XLJJ 自闭电路。同时，与 D_{11}（DX）AJ 相配合，接通选 3、4 线，使 13/15FCJ 和 17/19FCJ 相继励磁并自闭。这两个反位操纵继电器吸起后，接通选 5、6 线，首先使 D_{11}JXJ（DX）励磁并自闭，切断 AJ 自闭电路使其失磁落下，按钮表示灯 D_{11}ABD 熄灭。然后，陆续接通 9/11 2DCJ、D_{13}JXJ（DXF）、D_{13}JXJ（DX）、27DCJ 和 S_{II}JXJ 励磁电路，使这些定位操纵继电器和进路选择继电器吸

起并自闭。$S_{Ⅱ}$JXJ 吸起后使 $S_{Ⅱ}$LAJ 落下。$S_{Ⅱ}$LAJ 落下后,一方面使按钮表示灯 $S_{Ⅱ}$LABD 熄灭,表示办理进路动作完毕;另一方面使方向继电器 XLJJ 落下,排列进路表示灯 PLBD 熄灭,表示可以另排其他进路。同时,切断方向电源,使原来励磁的进路选择继电器 JXJ 均失磁落下。此外,X-D_3JXJ 吸起后,列车开始继电器 XLKJ 和辅助开始继电器 X-D_3FKJ 相继励磁并自闭,使始端按钮表示灯 XLABD 点亮稳定绿灯,并在检查选排一致的条件下,接通选 7 线使开始继电器 XKJ 励磁并自闭。执行组电路与选排基本接车进路时相同。

(7)选排发车进路的试验方法

单线双方向区段,试验选排发车进路时,以Ⅲ道向东郊方向发车为例,应先按压始端按钮 $S_{Ⅲ}$LA,再按压终端按钮 XDLA,双线单方向区段,试验选排发车进路时,以Ⅲ道向北京方向发车为例,应先按压始端按钮 SⅢLA,再按压终端按钮 SLZA。按压始、终端按钮后的选择组、执行组电路动作过程,与选排接车进路时相同。

(8)发车进路正常解锁的试验方法

发车进路的正常解锁电路动作过程与接车进路相似,也是使用三点检查方法。以上行Ⅱ道向北京方向发车为例,电路动作过程如图 12-8 所示。发车列车运行方向与接车时相反,通过各个道岔区段的顺序也相反,所以各个道岔区段进路继电器 1LJ 和 2LJ 励磁顺序也是相反的,即先是 2LJ 励磁,后是 1LJ 励磁。

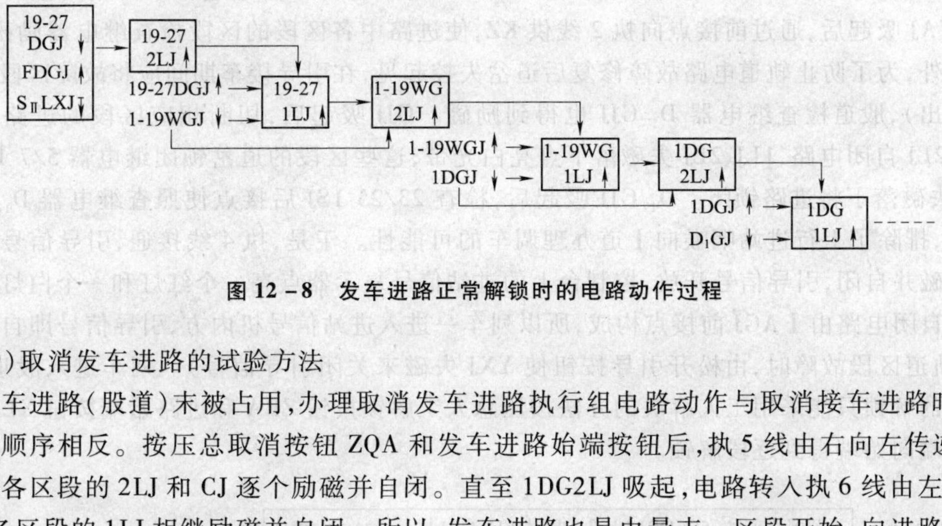

图 12-8 发车进路正常解锁时的电路动作过程

(9)取消发车进路的试验方法

发车进路(股道)未被占用,办理取消发车进路执行组电路动作与取消接车进路时相似,仅传递顺序相反。按压总取消按钮 ZQA 和发车进路始端按钮后,执 5 线由右向左传递,使发车进路各区段的 2LJ 和 CJ 逐个励磁并自闭。直至 1DG2LJ 吸起,电路转入执 6 线由左向右传递,使各区段的 1LJ 相继励磁并自闭。所以,发车进路也是由最末一区段开始,向进路始端逐段解锁,直至设备复原。

(10)发车进路人工解锁的试验方法

发车进路(股道)已被占用,发车进路已构成接近锁闭,办理发车进路人工解锁时的电路动作过程,与接车进路人工解锁时相同。试验方法也相同,仅限时解锁时间为 30 s 不同。

(11)选排通过进路的试验方法

选排通过进路的办理办法有三种:以下行Ⅰ道通为例。

①先按压通过进路的始端按钮 XTA,后按压终端按钮 SLZA。

②先选排下行Ⅰ道接车进路(先后按压 XLA 和 D_{17}A),再选排下行Ⅰ道发车进路(先后按压 $X_{Ⅰ}$LA 和 XLZA)。

③先选排下行Ⅰ道发车进路,再选排下行Ⅰ道接车进路。

上述三种选排方法的选择组电路和执行组电路动作过程与选排接、发车进路时相同。下行Ⅰ道接车进路排出后，由于各对向道岔均处定位，使下行正线信号继电器 XZXJ 励磁，XZXJ 吸起后检查下行进站列车信号继电器 XLXJ 前接点和下行Ⅰ道出站列车信号继电器 X_1LXJ 前接点，构成下行通过信号继电器 XTXJ 励磁。由 XLXJ、XZXJ 和 XTXJ 的前接点使 X 进站信号机点亮一个绿灯。由 X_1LXJ、XZXJ 和第二离去继电器 2LQJ 前接点使 X_1 出站信号机点亮一个绿灯。

如先选排下行Ⅰ道接车进路时，X 进站信号机点亮一个黄灯，待下行Ⅰ道发车进路选出后，由下行通过信号继电器吸起，而改点一个绿灯。

(12)引导进路锁闭的试验方法

进站信号机因故障不能开放，或因进路中某段轨道电路发生故障，使进站信号无法开放时，因为道岔表示继电器还能正常工作，虽然选择组电路和执 1、3 线不能工作了，但执 2、4 线还可以进行工作，所以仍可用先锁闭进路，后开放引导信号的方法进行接车，称为“引导进路锁闭”。以办理下行Ⅰ道引导信号为例，引导进路锁闭电路动作过程如图 12－9 所示。用道岔按钮(或手柄)将 1/3、5/7、9/11、13/15、17/19、23/25 道岔均扳向定位开通Ⅰ道进路。按压引导按钮 YA，在终端继电器 D_3ZJ 落下(表示没有建立敌对调车进路，因Ⅰ道没有上行接车进路，故可不考虑对方咽喉敌对照查)的条件下，引导按钮继电器 YAJ 励磁并自闭(自闭电路由 IAGJ 前接点构成，如该区段发生故障ⅠAGJ 落下，则办理引导信号过程中需始终按压引导按钮)。YAJ 吸起后，通过前接点向执 2 线供 KZ，使进路中各区段的区段检查继电器励磁(故障区段除外，为了防止轨道电路故障修复后道岔失控起见，在引导接车期间应将故障区段的道岔按钮拉出)，股道检查继电器 D_{17}GJJ 也得到励磁。QJJ 吸起后，切断相应区段的进路继电器 1LJ 和 2LJ 自闭电路，1LJ、2LJ 失磁落下点亮白光带，这些区段的道岔锁闭继电器 5/7 1SJ、1/3 2SJ 均失磁落下将进路锁闭。D_{17}GJJ 吸起后，检查 23/25 1SJ 后接点使照查继电器 D_{17}ZCJ 失磁落下，排除了上行进站咽喉向Ⅰ道办理调车的可能性。于是，执 4 线接通，引导信号继电器 YXJ 励磁并自闭，引导信号开放，控制台上的进站信号复示器点亮一个红灯和一个白灯。因为 YXJ 的自闭电路由ⅠAGJ 前接点构成，所以列车一进入进站信号机内方，引导信号即自动关闭(ⅠA 轨道区段故障时，由松开引导按钮使 YXJ 失磁来关闭引导信号)。列车进入股道后，引导进路的解锁只能采用工人解决的办法按压总人工解锁按钮 ZRA 和进路始端按钮 XLA，使进路由终端向始端得到逐段解锁。

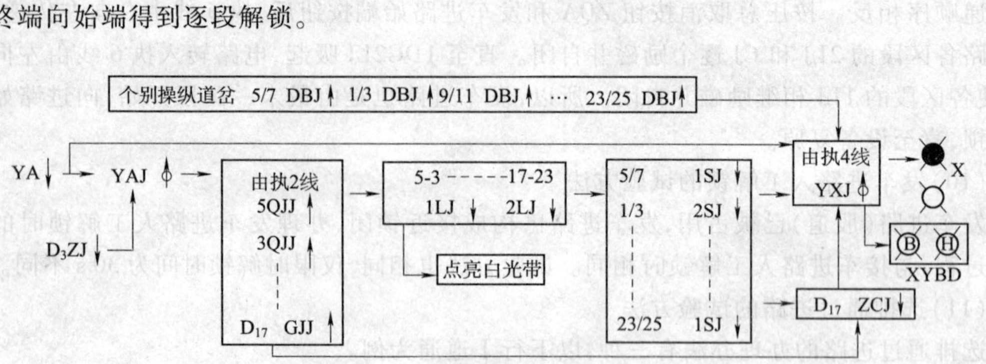

图 12－9　引导进路锁闭电路动作过程

(13)引导总锁闭的试验方法

进路中的道岔表示发生故障，道岔表示继电器不能正常工作；或向非接车进路的编组线上接车时，所有网路均无法工作，遇此，只能采用将全咽喉的联锁道岔锁闭，开放引导信号接车，称为“引导总锁闭”。办理引导总锁闭时的电路动作过程如图 12－10 所示。先用道岔按钮开通引导接车进路，确认引导进路正确和未建立敌对进路后，将引导总锁闭按钮 YZSA 按下，引导总锁闭继电器 YZSJ 励磁，切断了条件电源 KZ-YZSJ-H，于是，全咽喉联锁道岔的锁闭继电器 SJ 均失磁落下。引导总锁闭表示灯 YZS 点亮白灯。按压一次引导按钮 YA，引导信号继电器 YXJ 励磁并自闭，进站信号机显示一个红灯和一个月白灯，控制台上进站信号复示器也显示一个红灯和一个白灯，引导进路无白光带。列车进入进站信号机内方时，因 YXJ 自闭电路被切断而失磁落下，引导信号自动关闭。列车进入股道后，拔出引导总锁闭按钮 YZSA，YZSJ 失磁落下，恢复供给条件电源 KZ-YZSJ-H，使各组道岔的锁闭继电器 SJ 重新励磁，使各道岔解锁。

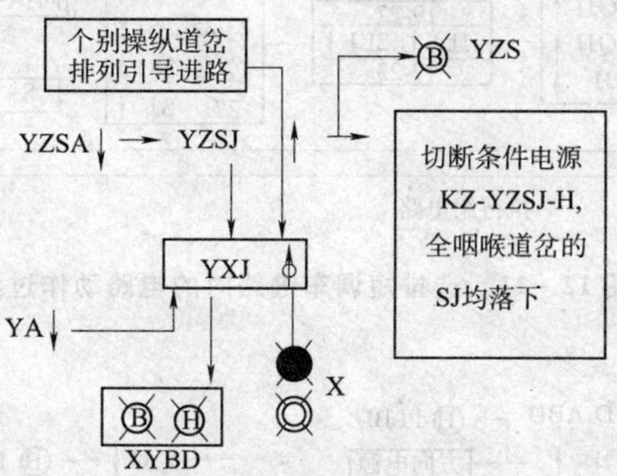

图 12－10　引导总锁闭时的电路动作过程

(14)选排短调车进路的试验方法

以选排由 D_{13} 至Ⅱ道的短调车进路为例，它的电路动作过程如图 12－11 所示。按压始端按钮 D_{13}A，按钮继电器 1AJ 和 AJ 励磁并自闭。D_{13}AJ 吸起后，使按钮表示灯 D_{13}ABD 点亮白灯闪光。同时构成调车接车方向继电器 XDJJ 励磁，XDJJ 吸起供出方向电源，使排列进路表示灯 PLBD 点亮红灯。按压终端按钮 $S_{Ⅱ}$DA，按钮继电器 $S_{Ⅱ}$DAJ 励磁并自闭。$S_{Ⅱ}$DAJ 吸起后，构成方向继电器 XDJJ 的自闭电路，使按钮表示灯 $S_{Ⅱ}$DABD 点亮白灯闪光，同时与 D_{13}AJ 合作，接通选 3、4 线使 17/19FCJ 励磁并自闭。17/19FCJ 吸起后，因通过 D_{13}AJ 前接点向选 5 线送 KZ，通过 $S_{Ⅱ}$DAJ 前接点向选 6 线送 KF，所以 D_{13} 调车信号组合(DX)中的 D_{13}JXJ 励磁并自闭。D_{13}JXJ 吸起后切断 D_{13}AJ 自闭电路使其失磁落下，接通辅助开始继电器 D_{13}FKJ 励磁并自闭，使按钮表示灯 D_{13}ABD 点亮稳定白灯。同时经由选 5、6 线使 27DCJ 和 $S_{Ⅱ}$JXJ 相继吸起并自闭。$S_{Ⅱ}$JXJ 吸起后，一方面切断 $S_{Ⅱ}$DAJ 自闭电路使其失磁落下，按钮表示灯 $S_{Ⅱ}$DABD 熄灭。在 $S_{Ⅱ}$DAJ 和 D_{13}AJ 均失磁落下后，切断方向继电器 XDJJ 励磁使其落下，停止方向电源，排列进路表示灯熄灭。方向电源消失使 D_{13}1AJ 和 D_{13}JXJ、$S_{Ⅱ}$JXJ 均失磁落下。另一方面，通过 $S_{Ⅱ}$JXJ 前接点接通终端继电器 $S_{Ⅱ}$ZJ 励磁并自闭。$S_{Ⅱ}$ZJ 吸起后，通过其前接点向选 7 线供 KZ，检查选排一致和进路未锁闭的条件满足后，使开始继电器 D_{13}KJ 励磁并自闭，选择组电路动作完成。

D_{13}FKJ 和 D_{13}KJ 前接点向执 1 线送 KZ，$S_{Ⅱ}$ZJ 前接点向执 1 线送 KF，检查 17-23DGJ 和 19-27DGJ 吸起(进路空闲)，对方咽喉的照查继电器 $X_{Ⅱ}$ZCJ 吸起(没有建立敌对进路)，或 $X_{Ⅱ}$ZCJ 虽落下，但 $X_{Ⅱ}$ZJ 吸起(对方咽喉向ⅡG 建立的是调车进路)等条件满足后，执 1 线被接通，信号检查继电器 D_{13}XJJ 励磁并自闭。D_{13}XJJ 前接点向执 2 线送 KZ，使区段检查继电器17-23

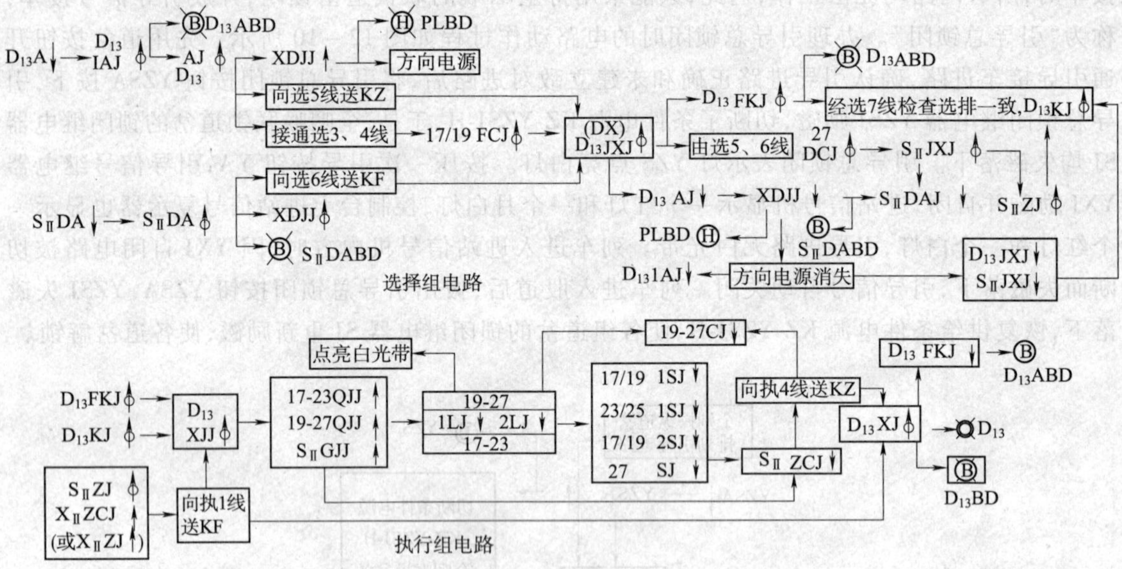

图 12-11　选排短调车进路时的电路动作过程

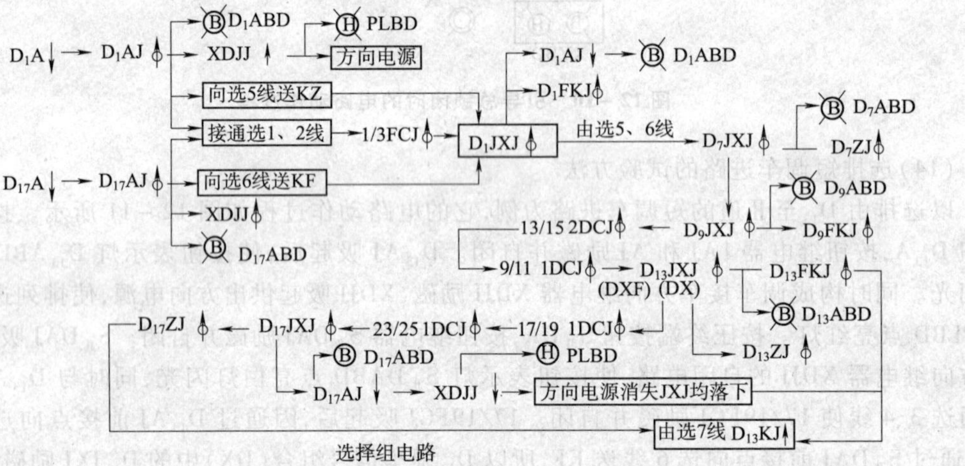

图 12-12　选排长调车进路时的电路动作过程

QJJ、19-27QJJ 和股道检查继电器 $S_{Ⅱ}$GJJ 同时励磁吸起。17-23QJJ 和 19-27QJJ 吸起后，切断了这两个区段的进路继电器 1LJ 和 2LJ 的自闭电路使它们落下。进路继电器落下后点亮进路白光带，同时使传递继电器 CJ 失磁落下，道岔锁闭继电器 17/19 1SJ、23/25 1SJ、17/19 2SJ 和 27SJ 失磁落下。27SJ 落下和 $S_{Ⅱ}$GJJ 吸起，切断照查继电器 $S_{Ⅱ}$ZCJ 励磁使其落下，排除了上行进站咽喉向ⅡG 建立接车进路的可能性。$S_{Ⅱ}$ZCJ 和 19-27CJ 后接点向执 4 线送 KZ，$S_{Ⅱ}$ZJ 前接点向执1线送KF，使调车信号继电器D_{13}XJ励磁，开放D_{13}调车信号，控制台上的D_{13}复示器点亮白灯。D_{13}XJ吸起后，D_{13}FKJ失磁落下，按钮表示灯D_{13}ABD熄灭，执行组电路动作完成。

(15)选排长调车进路的试验方法

以选排由D_1至Ⅰ道的长调车进路为例，它的电路动作过程如图12－12所示。这条长调车进路由三段短调车进路组成：D_1至D_9、D_9至D_{13}和D_{13}至ⅠG。第一段以D_1为始端，D_7为终端，所以D_{13}FKJ、D_1FKJ、D_1KJ和D_7ZJ应励磁；第二段以D_9为始端D_{13}为终端，所以D_9FKJ、D_9KJ和D_{13}ZJ应励磁，第三段以D_{13}为始端D_{17}为终端，所以D_{13}KJ和D_{17}ZJ应励磁。但是，为了保证这条长调车进路中的三架调车信号机由远而近地顺序开放，在选择组电路工作结束时，只有防护最后一段的调车信号机D_{13}的开始继电器D_{13}KJ励磁。D_9KJ要等到D_{13}确已开放后才励磁，D_1KJ要等到D_9确已开放后才励磁。选排时先按压始端按钮D_1A，按钮继电器D_1AJ励磁并自闭，按钮表示灯D_1ABD点亮白灯闪光。下行调车接车方向继电器XDJJ励磁，供出方向电源，排列进路表示灯PLBD点亮红灯。按下终端按钮D_{17}A，按钮继电器D_{17}AJ励磁并自闭。D_{17}AJ吸起后，按钮表示灯D_{17}ABD点亮白灯闪光，构成方向继电器XDJJ自闭电路，并与D_1AJ配合接通选1、2线，使1/3FCJ励磁并自闭。此外，D_1AJ前接点向选5线送KZ，D_{17}AJ前接点向选6线送KF，并经过1/3FCJ前接点，使进路选择继电器D_1JXJ励磁并自闭。D_1JXJ吸起后，使D_1FKJ励磁并自闭，D_1AJ失磁落下，D_1ABD点亮稳定白灯，并由选5、6线使D_7JXJ、D_9JXJ、13/15 2DCJ、9/11 1DCJ、D_{13}JXJ(DXF)、D_{13}JXJ(DX)、17/19 1DCJ、23/25 1DCJ、D_{17}JXJ相继励磁并自闭。D_7JXJ吸起后，使D_7ZJ励磁并自闭，并使按钮表示灯D_7ABD点亮白灯闪光(方向电源消失，D_7JXJ落下后熄灭)。D_9JXJ吸起后，使D_9FKJ励磁并自闭，并使按钮表示灯D_9ABD点亮白灯闪光(方向电源消失，D_9JXJ落下后改为稳定白灯)。D_{13}既是第二段的终端，又是第三端的始端，所以，当D_{13}JXJ(DX)吸起时，一方面使D_{13}ZJ励磁并自闭，另一方面使D_{13}FKJ励磁并自闭，D_{13}ABD点亮白灯闪光(方向电源消失，D_{13}JXJ落下后改为稳定白灯)。D_{17}是进路终端，所以当D_{17}JXJ吸起时，D_{17}ZJ励磁并自闭，并且，D_{17}AJ落下，D_{17}ABD灭灯。在D_1AJ和D_{17}AJ均落下后，方向继电器XDJJ失磁落下，排列进路表示灯PLBD熄灭，方向电源消失，原来励磁的进路选择电器JXJ均失磁落下，于是，经由选7线检查选排一致和进路未锁闭等条件使D_{13}KJ励磁，选择组电路动作完成。

选择组电路完成后的检查与锁闭进路的电路动作过程与选排短调车进路时相同。图12－12的执行组电路突出了选排长调车进路时，调车信号机由远而近顺序开放的这一特点。D_{13}FKJ、D_{13}KJ和D_{17}ZJ均吸起后，配合照查继电器X_1ZCJ吸起(或X_1ZJ吸起)的条件，在由D_{13}至ⅠG的进路锁闭后，调车信号机D_{13}的信号继电器D_{13}XJ励磁并自闭，D_{13}首先开放调车信号。D_{13}开放后，D_{13}FKJ失磁落下，使D_9KJ吸起，配合D_{13}ZJ和传递继电器9-15DGCJ落下的条件，在由D_9至D_{13}的进路锁闭后，D_9XJ励磁并自闭，D_9开放调车信号。同样D_9XJ吸起后，D_9FKJ失磁落下，使D_1KJ吸起，再配合D_7ZJ吸起和3DG CJ落下的条件，在由D_1至D_9的进路锁闭后，D_1XJ励磁并自闭。D_1最后开放调车信号。整个长调车进路排出，执行组电路动作完成。

(16)调车进路正常解锁的试验方法

调车进路正常解锁电路动作过程与列车进路正常解锁电路动作过程基本相同，只是在进路始端、终端部位所接的控制条件不一样。

调车进路的正常解锁一般均能达到三点检查，但在股道或无岔区段上留有一部分车辆向外调车时，只能实现两点检查。在特殊情况下，比如1/19WG区段停留有车辆，$S_{Ⅱ}$D的调车进路又只有一个道岔区段19-27DG，在Ⅱ道上留有车辆，这时调机从Ⅱ道到1/19WG区段去取车，对19-27DG区段的正常解锁来说，只能达到一点检查。

（17）调车进路中途折返解锁的试验方法

以由ⅠG向ⅡG转线的调车作业为例，它的中途折返解锁电路动作过程如图12－13所示。假如车列较长，当车列由ⅠG牵出时，不仅需开放D_{17}，还需开放D_7，也就是说，不仅建立了由D_{17}至D_7的进路，还建立了由D_7至D_3的进路。当车列尾部出清17-23DG时，头部刚刚进入3DG。这时，17-23DG区段解锁，17/19道岔可转换成反位，D_{13}开放调车信号。于是，调车车列掉转方向向ⅡG推送。结果，在原来建立的长调车进路中由D_{17}至D_7一段，包括两个道岔区段，其中17-23DG已被解锁，但9-15DG未被解锁；由D_7至D_3一段，也包括3DG和5DG两个道岔区段，均未得到解锁。对这些车列已出清但未能得到解锁的区段，是以调车中途折返解锁电路来完成区段解锁的。在执行组电路中，用尚未落下的终端继电器ZJ前接点向执1线送KZ，沿执1线检查车列已出清道岔区段，将电路转入执5、6线，使未解锁区段的进路继电器相继励磁，从而使原来建立的长调车进路自动解锁。车列向ⅡG推进，出清9-15DG区段，9-15DGJ励磁。9-15FDGJ缓放之际，通过D_3ZJ前接点向执1线送KF，沿执1线检查5DGJ和3DGJ吸起，经D_7KJ和D_7JYJ前接点和D_7XJ后接点（证明车列已退出9-15DG和调车信号机D_7已关闭），将电路转入执5线，接通3DG 2LJ的励磁和自闭电路。3DG 2LJ吸起后，使传递继电器3CJ励磁并自闭，电路沿执5线继续向左传递，使5DG 2LJ励磁并自闭。5DG 2LJ吸起后，传递继电器5CJ励磁并自闭，电路沿执5线继续向左传递，并通过D_3ZJ前接点5FDGJ后接点将电路转入执6线，使5DG 1LJ和3DG 1LJ相继励磁并自闭，于是，这两个区段自动解锁，如图12－13(a)所示。

9-15DG未解锁前，D_9ZJ是吸起的，通过D_9ZJ前接点向执1线送KF，检查9-15DG区段空闲，经D_{13}XJJ后接点，D_{13}KJ前接点（证明车列已按照D_{13}的开放进入17-23DG，并出清了9-15DG），将电路转入执5线，使9-15DG 2LJ励磁并自闭。9-15DG 2LJ吸起后，传递继电器9-15CJ励磁并自闭，使电路沿执5线由右向左传递，经D_9ZJ前接点和9-15FDGJ后接点转入执6线，使9-15DG 1LJ励磁并自闭。于是，道岔区段9-15DG解锁，如图12－13(b)所示。

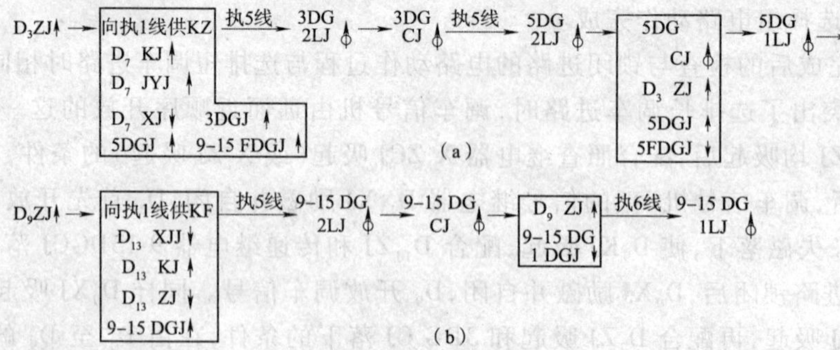

图12－13　调车进路中途折返解锁时的电路动作过程

（18）调车进路工人解锁的试验方法

排列调车进路后，使调车信号机的接近区段占用。此时，办理调车进路人工解锁的电路动作，与办理接车进路人工解锁时基本相同，在进路终端部位的接线与取消进路时完全相同。办理时检查列车开始继电器LKJ处在落下位置，以此证明是调车而不是列车，再通过条件电源“KF-30 s”送电，办理调车进路人工解锁，30 s之后方使进路解锁。

四、室内联锁试验故障处理

以上叙述了不接入室外设备的室内联锁试验的内容及方法。当然，真正试验时决不会像上述叙述那么顺利，将会遇到形形色色的故障现象。查找这些故障的原因，经验固然是重要的，但认真的科学态度以及熟悉的电路结构更是不可忽视的条件。要熟悉某一型号电路的结构，并非一日之功，除了刻苦的钻研之外，耐心和坚持是学好电路的基本保证。为了更好地理解与记忆，还必须有正确的学习方法。电气集中电路结构严密电路复杂，学习电路之前，应先掌握电路动作方框图，搞清电路动作层次，电路动作方框图不但是学习电路的“钥匙”，也是分析故障的“向导”。

现以6502大站电气集中电路为例，将室内联锁试验可能遇到的故障及判断、处理方法汇总如下。

1. 按压一次进路按钮，进路按钮表示灯不闪光的原因

按下进路按钮，进路按钮表示灯不闪光的原因有两种可能：一是控制台进路按钮表示灯灯泡断丝；二是进路按钮继电器未构成励磁电路。前者虽然进路按钮表示灯未闪光，但进路按钮继电器是正常励磁和自闭的，可从排列进路表示灯的点亮来判断。如果仅是进路按钮表示灯泡断丝，并不影响进路的排列和开放信号。按钮电路比较简单，进路按钮继电器无法励磁的原因：

(1)单元控制台的该进路按钮单元按下接点接触不良；单元座松动，按下按钮时单元座向后移动。调整按钮接点或拧紧按钮座固定螺栓即可。

(2)大站控制台零层端子至组合架零层端子间的电缆配线错误或假焊、脱焊。

(3)进路按钮继电器LAJ(DAJ)3-4线圈断线或插入后接触不良。安全型继电器以被碰歪斜或防震钢丝松动使继电器松出插座为常见；组匣以插座与组匣接触不良为常见。

2. 按压一次进路按钮，进路按钮表示灯仅闪一下光，然后熄灭的原因

按压一次进路按钮，进路按钮表示灯仅闪一下光，然后熄灭的原因可肯定为它的按钮继电器无法构成自闭电路。按下进路按钮后直接使它的按钮继电器3-4线圈励磁吸起，进路按钮表示灯闪光。若是进路始端按钮，那么排列进路表示灯也将点亮。松开进路按钮后，按钮继电器由1-2线圈自闭，可参与选路工作。如果自闭电路未能构成，按钮继电器随着进路按钮的松开而失磁，中断方向继电器励磁电路，进路按钮表示灯仅闪一下光，然后熄灭。

进路按钮继电器无法构成自闭电路的原因：

(1)自闭电路中某接点接触不良，尤以组匣式为常见。分段测试KZ电压即可查明中断点。

(2)按钮继电器1－2线圈断线。

(3)按钮操纵过速，只需按正常速度操纵按钮，按钮继电器自闭电路即能正常构成。

3. 按压进路始、终端按钮后，两个进路按钮表示灯均闪光，但进路排列表示灯不点亮的原因

按压进路始、终端按钮后，两个进路按钮表示灯均闪光，说明进路按钮继电器自闭电路已构成。排列进路表示灯的点亮仅受方向继电器前接点控制。它不能点亮的原因有两种可能：一是排列进路表示灯泡断丝；二是方向继电器未构成励磁吸起。前者排列进路表示灯虽不点亮，但选路电路仍能继续构成，这能从进路始端按钮表示灯由闪光变为稳定灯光，终端按钮表示灯由闪光变为熄灭得到证明，并不影响进路的排列和开放信号。后者两进路按钮只是闪光而不会变化，因为有关的方向继电器未构成励磁吸起，选路电路无法向下进行。方向继电器未

构成励磁吸起的原因无非是某进路按钮继电器接点接触不良，或方向继电器线圈断线等常见原因，分段测试以查明原因，作出处理。

如果方向继电器能构成励磁吸起，但无法构成自闭电路，此时排列进路表示灯点亮一下随即熄灭，如果道岔已在进路要求位置，且进路较短所需动作继电器的时间小于方向继电器缓放时间，进路尚可排出，对于长进路或有一组道岔未在所需位置，那么进路是无法排出来的。只需依据所排进路的性质，查明自闭电路无法构成的原因，即可断定故障所在。

4. 进路始端按钮表示灯不由闪光变为稳定灯光，进路无法选出的原因

按压进路始、终端按钮后，两个进路按钮表示灯均闪光，说明进路按钮继电器自闭电路已构成。排列进路表示灯点亮。说明相应的方向继电器也已励磁并自闭。

（1）始端按钮继电器前接点，未能与终端按钮继电器前接点配合，接通选1、2、3、4线或选5、6线。此种故障以选岔网路内的堵截二极管被击穿，造成选岔电路错误动作，以致整条进路无法选出为常见。观察哪一道岔选择错误，从电路上加以分析，查明更换已击穿的二极管，故障即被排除。造成进路无法选出还有一种情况：选岔网路如采用硅二极管，在排列长进路时，因硅二极管压降过大或接近断路，而使选岔继电器无法励磁。改用锗二极管（硅管导通时管内电压降为0.6～0.7 V，锗管导通时管内电压降为0.2～0.3 V）能减小压降。

（2）进路始端的进路选择继电器JXJ未励磁吸起，或方向继电器未能构成其自闭电路。进路始端的进路选择继电器JXJ不能构成励磁吸起，故障一般出在选6线，只需分段测试进路始端的进路选择继电器JXJ，应得的KF电源在选6线的中断点，即可查明故障原因。一般均为接点接触不良。

5. 进路终端按钮表示灯不由闪光变为熄灭的原因

（1）终端按钮继电器前接点，未能与始端按钮继电器前接点配合，接通选1、2、3、4线或选5、6线，使选岔电路中断。

（2）进路终端的进路选择继电器JXJ未构成励磁吸起。

6. 按压进路始、终端按钮后，始端按钮表示灯已由闪光变为稳定灯光，排列进路表示灯由点亮变为熄灭，终端按钮表示灯由闪光变为熄灭，但进路白光带不出现的原因

进路始端按钮由闪光变为稳定灯光，说明进路始端的辅助开始继电器FKJ已构成励磁并自闭。排列进路表示灯由点亮变为熄灭，说明进路已经选出，相应的方向继电器已失磁落下。终端按钮表示灯由闪光变为熄灭，说明进路终端的进路选择继电器JXJ已吸起并自闭，并且切断了按钮继电器AJ自闭电路。

由以上分析，可判为选择组电路已完成，故障发生在执行组电路内。进路白光带不出现，说明已选出的进路无法构成锁闭。故障原因：

（1）进路始端的开始继电器KJ未构成励磁吸起。开始继电器KJ的励磁，由选7线检查进路选排的一致性和进路在解锁状态后，只需从进路终端逐段测量KZ电压，即可迅速查明故障点。如所选道岔未转到要求位置并构成表示时，由挤岔电铃的鸣响便能立即发现。

（2）进路始端的信号检查继电器XJJ未构成励磁吸起。信号检查继电器XJJ的励磁由执1线检查进路上各轨道区段空闲，各道岔位置正确，本咽喉区段未建立敌对进路和另一咽喉未建立迎面敌对进路后，从进路终端得到KF电源。上述四项检查条件中只要有一处中断，信号继电器XJJ便无法构成励磁吸起。

（3）进路内所有区段的区段检查继电器QJJ未构成励磁吸起。进路内所有区段检查继电器QJJ是并接在执2线上的。从进路始端，经过信号检查继电器XJJ前接点，向执2线送KZ

电源。各区段的区段检查继电器 QJJ_{3-4} 线圈，检查本区段轨道继电器前接点构成励磁电路。区段检查继电器 QJJ 吸起后，切断本区段进路继电器 1LJ、2LJ 自闭电路，使本区段光节点亮白光。进路内所有区段的进路继电器 1LJ、2LJ 失磁落下便构成进路白光带。

从执 2 线来看，如果进路内所有区段的区段检查继电器 QJJ 全无法励磁吸起，无疑是执 2 线得不到 KZ 电源，故障可缩小到进路始端信号检查继电器 XJJ 第 2 组前接点。如果个别区段的区段检查继电器 QJJ 无法励磁，那么，故障可缩小到该区段的区段检查继电器 QJJ_{3-4} 线圈电路。这种情况时，进路白光带能出现，仅是中间缺少一节而已。未点亮白光带的区段，说明它未构成锁闭，可判为它的进路继电器 1LJ、2LJ 未失磁落下。

(4) 办理调车进路时，进路终端经过终端继电器 ZJ 的前接点向网路发送 KZ 或 KF 电源，此时应检查终端继电器 ZJ 是否吸起。查找故障时，往往由于所选进路终端按钮表示灯已经熄灭，无法判别进路的终端所在，因为 6502 电路中，进路终端的辅助开始继电器 FKJ 是不励磁的，故进路选出后，进路终端按钮表示灯即由闪光变为熄灭，这给查找故障带来一定的困难。查找此类故障时，可以先办理取消进路，然后按上述四点分析，一边重新办理，一边观察继电器动作，能较快地查明故障点。

7. 进路选出后，进路白光带已经出现，信号复示器没有开放表示，进路始端按钮保持稳定灯光的原因

进路白光带已经出现，说明所办进路已处于正常锁闭。信号复示器没有开放表示，并不能证明信号继电器 XJ 未吸起或信号未开放。但始端进路按钮表示灯保持稳定灯光，却能证明进路始端的辅助开始继电器 FKJ 未落下，也就是信号继电器 XJ 未吸起。信号继电器 XJ 的励磁由执 4 线（涉及选 7 线和执 1 线）检查进路空闲，道岔位置正确，进路已锁闭，敌对进路未建立并锁在未建立状态后，经始端开始继电器 KJ 前接点从终端得到 KF 电源（调车电路由终端继电器 ZJ 前接点向执 4 线发送 KZ 电源）构成励磁。判明此类故障时首先应测量信号继电器 XJ_{3-4} 线圈有无电压，如有正常电压，可判为信号继电器 XJ 本身有故障；如没有电压，应进一步测量是缺 KZ 还是缺 KF 还是全缺，然后按照所办进路性质，查明所缺电源的中断处。故障排除后，信号继电器 XJ 构成吸起，切断辅助开始继电器 FKJ_{1-2} 线圈自闭电路，信号开放，进路始端按钮表示灯熄灭。

8. 进路白光带出现后，进路始端按钮表示灯熄灭，但信号复示器显示一次开放表示后又恢复关闭的原因

进路白光带出现，进路始端按钮表示灯熄灭，说明所选进路已正常锁闭，信号继电器 XJ 构成励磁电路，并且进路始端的辅助开始继电器 FKJ 也已失磁。在信号继电器 XJ 励磁后，辅助开始继电器 FKJ 即开始缓放。信号开放后，由灯丝继电器 DJ 前接点构成信号继电器自闭电路，此时，辅助开始继电器方才断开前接点。正常情况下，信号机应按进所办进路性质开放相应信号，并构成控制台信号复示器的开放表示。

信号复示器显示一下开放表示后又恢复关闭，说明信号机的开放信号点灯电路有故障，使信号继电器不能自闭励磁。故障原因：

(1) 信号机允许灯光的主、副灯丝均已断丝。

(2) 灯丝继电器 DJ 第 1 组或信号继电器 XJ 第 4 组前接点接触不良。

上述两点原因中，后一种可直接观察发现，前一种可在分线盘上将送向信号机红灯（或蓝灯）的电源线改送向接、发信号（或调车）灯光，可迅速查明灯丝是否完整。

第二节 单项调试

一、单项调试的准备工作

设备调试前,应做好以下几项准备工作:

(1)制作信号点灯、电动转辙机控制、轨道电路、场间联系等模拟电路试验盘,供各单项设备调试用。

(2)认真检查核对室内配线正确无误。

(3)插入继电器前检查组合架、控制台所有熔丝容量,须与设计图规定相符。

(4)将各种电源试送至组合架、控制台等设备的电源端子。测试各种电源的电压,检查对地及混电、环线送电断线等是否符合设计、施工技术要求。将熔断器更换成临时熔丝,以降低调试成本。

(5)按设计要求插入规格相符的继电器,做到型别盖与鉴别销均与设计要求一致。

(6)插入继电器后,逐架试送电,各种电源应不存在短路、接地和混电现象。

二、色灯信号机调试

无论高柱或矮型色灯信号机,它们的调试方法是相同的。未进行单项调试之前,从分线盘断开室内外电路的连接,室内用色灯信号机模拟电路做联锁试验,室外做色灯信号机单项试验情,况良好后再与室内电路连通,直接受点灯控制电路控制点灯。

1. 色灯信号机室外电路试验和故障处理

(1)色灯信号机室外回路导通

色灯信号机正式送电试验前,应先用低电压对点灯回路进行导通试验。这样做有两个好处:一是减少送电试验时的故障,如不预先进行逐架信号机的回路导通,只要有一处发生短路,就有可能使整个电源无法送上;二是保护设备和试验人员安全,未经导通即送高电压,极有可能使电流误入其他设备或其他试验回路。现以进站信号机灯光电路为例说明导通方法:

室内分线盘与进站信号机点灯变压器箱间有 8 条线。使用电缆配线图中规定的电话芯线,或预先约定借用的某两条芯线通话。室内单独使用一只变压器或整流器,经 0.5 A 熔丝向第 3 和第 7 芯线发送低电压(12 V 或 24 V 均可),通知室外测量 3 与 7 芯线间电压。室外在测到略低于室内发送的电压后,通知室内中断送电两次,3 与 7 芯线间电压如与室内同时中断,证明红灯回路两线连接正确。室内将电压改送第 2 和第 6 线,室外测 2 与 6 芯线间电压。同样方法测其余各线。如向某两线送电后,0.5 A 熔丝被熔断,或电压降低过大,均说明有故障,应根据电缆配线图从回路始端开始,逐段测试,查明故障。8 条回路导通无误恢复连接。如不采用低电压导通回路,采用室内将两线短路,室外测回路电阻的方法亦可。室外万用表测到 3 与 7 芯线间电阻(直径为 1 mm 的单芯铜线,当温度在 20℃时,有效电阻不大于 23.5 Ω/km)后,室内同样中断短路两次,以证明红灯回路连接正确。如两线不通,万用表测不到电阻或电阻过大,均说明该两线间有故障。

(2)色灯信号机室外电路试验

色灯信号机室外回路导通无误后,可进行点灯试验。仍以进站信号机灯光电路为例说明试验方法:

在室内经 0.5 A 熔丝通过分线盘向第 3 和第 7 芯线发送交流 220 V 电压,进站信号机的红灯变压器Ⅰ次端子应收到210 V左右电压，Ⅱ次端子输出交流10 V左右，点亮红灯位灯泡主丝。其他各灯位的灯泡不能同时点亮，也不得有灯丝发红的现象。双丝灯泡的副灯丝在主丝断丝之后，由灯丝转换装置自动将其点亮。检查主、副灯丝，可用小竹片插入灯座底部的主丝簧片内，轻轻挑离灯泡电极，副灯丝即能点亮，松开簧片又恢复点亮主灯丝。

红灯位灯泡点亮，灯丝转换试验良好之后，室内改向第2和第6芯线发送点灯电压，试验绿灯位灯泡。同样方法试验其他各灯位点灯电路。全部灯位试验正确后，将该信号机各灯位的灯光遮没并将机构向线路外侧方向扭转，以免联锁试验中被司机误认信号。

色灯信号机接受室内电路控制点灯后（即室内已开始进行接入室外设备的联锁试验时），每架信号机还应试验各灯位主灯丝断丝报警，红灯（或蓝灯）主、副灯丝同时断丝报警，以及绿、黄、月白各灯位主、副丝同时断丝时自动恢复红灯等项。试验方法如下：

①各站上、下行端均设主灯丝断丝报警继电器ZDBJJ一台，本端所有信号机的灯丝转换继电器后接点串接后，各自与报警回路并联，设有两个方向显示的信号机需增加一根报警回线。

主灯丝断丝报警继电器采用安全型时间继电器、缓吸时间调整为3 s，缓吸功能是为了防止开放信号时报警。以试验进站信号机为例：断开红灯位灯泡主丝，红灯灯丝转换继电器HDZJ失磁，接通主灯丝断丝报警电器励磁电路使其3 s后吸起，发出电铃报警及灯光报警，按下停止报警按钮TBJA使铃声停止。恢复点亮红灯主丝使HDZJ励磁，切断主灯丝断丝报警继电器励磁，报警电铃再度鸣响，拔起停止报警按钮，铃声停止。其他显示的主丝断丝报警试验方法相同。进站信号机显示双黄灯或引导信号，出站信号机显示两个绿灯时，断开其中任一个主灯丝，同样能实现报警功能。

②进站信号机红灯位点亮时，控制台上点亮相应的红灯复示。将红灯位灯泡摘除（相当于主、副灯丝同时断丝），第一灯丝继电器1DJ失磁落下，原先点亮的红灯复示改为红灯闪光复示。闪光复示直至恢复主丝或副丝点灯，第一灯丝继电器励磁吸起为止。出站兼调车信号机红灯位点亮时，控制台上不设相应的红灯复示。但当红灯位灯泡主、副丝同时断丝时，灯丝继电器失磁落下，使控制台与其相应的复示器点亮白色闪光复示。闪光复示直至恢复主丝或副丝点灯为止。调车信号机蓝灯位灯泡主、副丝同时断丝时，灯丝继电器失磁落下，使控制台与其相应的复示器点亮白灯闪光复示。闪光复示直至恢复主丝或副丝点灯为止。

③进站信号机开放单黄灯、双黄灯或绿灯后，控制台与其相应的复示器点亮绿色复示。如果已点亮的信号机灯泡主、副灯丝同时断丝，由第一灯丝断电器失磁落下，切断信号继电器自闭电路，自动关闭进站信号，点亮红灯位灯泡。复示器在信号继电器缓放期间（即允许信号已熄灭，红灯信号尚未恢复），点亮红色闪光复示。闪光复示直至红灯点亮，第一灯丝继电器励磁吸起为止。进站信号机开放引导信号后，复示器点亮白色复示。如果引导信号灯泡主、副灯丝同时断丝，由第二灯丝继电器2DJ失磁落下，切断引导信号继电器自闭电路，自动关闭引导信号。在引导信号继电器缓放期间，复示器的白色复示改为白色闪光复示。

(3)色灯信号机室外电路故障处理

设备在工程施工导通试验中所发生的故障，与设备开通使用后发生的故障，具有不同的情况和特点。施工引起的故障原因，主要是配线错误，设备安装不良，器材规格不符，电气回路中断，电气特性调整不良，机械特性调整不良，电缆芯线接地，外界影响等。

故障处理的基本方法是：根据故障现象，按照其控制电路的逻辑关系和设备动作过程，分析引起的原因，查出故障点并给予排除。现将色灯信号机点灯电路试验时可能出现的各种故障汇集如下：

①交流 220 V 点灯电源已送至分线盘端子,但信号机灯泡不点亮室外设备的原因(本例尚未与室内电路连接):

a. 分线盘至点灯变压器箱端子间电缆配线错误。按电缆配线图从分线盘开始逐段导通,即可查出错误。

b. 分线盘至点灯变压器箱端子间,电缆配线于端子处中断。按电缆配线图逐段检查;如电缆芯线制环在端子垫片处折断,应重新制环;如端子螺母未拧紧,应按芯线上端子要求,给予充分拧紧。

c. 电缆芯线中间断线。按电缆配线图逐段导通,查明断线电缆,更换电缆。

以上三原因造成不点灯时,在信号机点灯变压器箱端子上是测不到点灯电压的。如已测到电压,仍不点灯的原因有:

d. 变压器箱端子至点灯变压器Ⅰ次端子间配线错误。如变压器箱端子已测到电压,但变压器Ⅰ次端子测不到电压,可按图导通预配线把。

e. 点灯变压器线圈引出端折断或与端子螺栓接触不良。此时,在变压器箱端子可测到电压,但在点灯变压器端子上测不到电压。如点灯变压器Ⅰ次端子已测到电压,仍不点灯的原因:

f. 点灯变压器内部损坏,Ⅱ次线圈无输出。

g. 点灯变压器Ⅱ次端子与灯座端子间配线,误被压入机构底部折断,点灯回路中断。

h. 灯座接点簧片调整不良,或灯泡电极锡面过低,中断与灯泡电极的接触;或灯座端子螺母未拧紧;或灯泡材质不良,回路脱焊;或灯泡插口松动。如果分线盘向点灯变压器Ⅰ次端子送电后,0.5 A 熔丝立即熔断,在这段配线内肯定有短路现象。大致有配线错误,变压器内部短路等原因。

②灯泡虽能点亮,但所点灯丝不正确或灯丝转换不正常的原因:

a. 灯丝转换继电器与灯座端子间连接时,灯泡经常点亮主丝。主丝断丝后,无法转换点副丝的配线。

b. 灯丝转换继电器与灯座端子间连接时,灯泡经常点亮副丝。副丝烧断后,无法转换点主丝的配线。

c. 灯丝转换继电器与灯座端子间连接时,灯泡经常点亮副丝。副丝烧断后,能转换点主丝的配线。

d. 灯丝转换继电器与灯座端子间连接时,灯泡主、副丝同时点亮,主丝烧断时,单独点副丝。副丝烧断时,主丝亦熄灭的配线。

e. 灯丝转换继电器与灯座端子间连接时,灯泡主、副丝同时点亮,副丝烧断时,单独点主丝。主丝烧断时,副丝亦熄灭的配线。

f. 主、副灯丝配线间绝缘不良或配线对地绝缘不良;或信号灯电源接地;或电缆盒端子间绝缘不良时,也会在主灯丝点亮的同时,副灯丝微微发红。更换端子或配线即可克服。

g. 离信号楼较远的信号机,由于长电缆分布电容的存在,使处于灭灯状态的灯泡芯线与负极芯线间会存在较高电压,使灯丝微微发红。分布电容量不同,灯丝发红亮度也不同。在点灯电路内增加小型隔离变压器,使芯线间分布电容互不干扰即可避免。使用低电容电缆能防止此类故障发生。

2. 色灯信号机电气特性调整及测试

色灯信号机电气特性指:点灯变压器Ⅰ次侧、Ⅱ次侧端电压,主、副灯丝端电压,灯丝转换

继电器(或灯丝转换装置)端电压等项。现将其调整及测试方法分述如下:

(1)点灯变压器Ⅰ次侧、Ⅱ次侧电压调整及测试

交流电源屏输出的信号机点灯电源为220 V、180 V、127 V三挡。昼间正常采用220 V。根据规定:电缆线路末端的电压降不应大于额定电压的5%。故点灯变压器Ⅰ次侧电压应保持在209 ~ 220 V。将万用电表置交流250 V挡,两表棒与Ⅰ次端子接触,即可测出点灯变压器Ⅰ次侧电压。

BX_1-34型变压器Ⅱ次侧有13 V、14 V、16 V三挡电压。具体选用应视灯泡点亮后的灯丝端电压高低而定。万用电表置交流25 V挡,两表棒与选用的Ⅱ次端子接触,即可测出点灯变压器Ⅱ次侧电压。

离信号楼较远的信号机,收到的点灯电源低于210 V时,Ⅰ次侧应改用$Ⅰ_1$、$Ⅰ_2$端子,以保持Ⅱ次电压不变。

BX-40型变压器Ⅱ次侧有10 ~ 16 V共7挡不同电压,具体选用应视灯泡点亮后的灯丝端电压高低而定。万用电表置交流25 V挡,两表棒与Ⅱ次使用端子(连接端子须加跨线)接触,即可测出点灯变压器Ⅱ次侧电压。此时,测试灯丝端电压是否符合要求,不符时,可由改变变压器Ⅱ次侧使用端子及连接端子的跨线来升高或降低电压。

(2)主、副灯丝端电压调整及测试

根据规定:色灯信号机、信号表示器、道口信号机的灯丝端电压应保持在额定值的85% ~ 95%范围内。

灯丝最高端电压不超过灯泡额定电压的95%,是为了保证灯泡使用寿命。如超过灯泡额定电压的95%时,灯泡使用寿命将减少一半。灯丝最低端电压不低于灯泡额定电压的85%,是为了保证灯光有足够的显示距离。

灯泡点亮主灯丝时,万用电表置交流25 V挡,两表棒与灯座主丝端子、回线端子接触,即可测出主灯丝端子电压。与主丝端子接触的一棒移到副丝端子,人工将主丝回路中断,转换成点副丝,即可测出副灯丝端子电压。根据实测电压,可在点灯变压器Ⅱ次端子进行调整。同样方法测试、调整其他灯泡的主、副丝端电压。但需要注意的是测其他灯泡的灯丝端电压时,不可向红灯(或蓝灯)点灯变压器Ⅰ次侧或Ⅱ次侧借电源,因为各个点灯回路的电气特性均匀有差异,故应由室内改变信号显示,使用各自点灯回路来测试不同显示的灯丝端电压。色灯信号机有两种灯光同时显示时,应以两只灯泡同时点亮时测试、调整为准。

信号灯泡的光电参数和最低寿命见表12-3所列。

表12-3　信号灯泡参数表

灯泡型号	额定值 电压(V)	额定值 功率(W)	额定值 光通量(lm)	极限值 最大功率(W)	极限值 最小光通量(lm)	寿终光通量(lm)	最低寿命(h)	备　注
TX $\frac{12-25}{12-25}$A	$\frac{12}{12}$	$\frac{25}{25}$	$\frac{285}{285}$	$\frac{27.5}{27.5}$	$\frac{242}{242}$	$\frac{218}{218}$	$\frac{1\,000}{200}$	
TX $\frac{12-30}{12-30}$	$\frac{12}{12}$	$\frac{30}{30}$	$\frac{450}{450}$	$\frac{33}{33}$	$\frac{380}{380}$	$\frac{340}{340}$	$\frac{1\,000}{200}$	用于XSZ-135型组合式机构

(3)灯丝转换继电器(或灯丝转换装置)端电压测试

使用JZXC-H18型继电器作灯丝转换继电器,主灯丝端子电压大于灯泡额定电压的85%,

并正常点亮时,万用电表置交流 10 V 挡,与继电器线圈端子接触,即可测出灯丝转换继电器电压。或者用交流电流挡,串入主灯丝点灯电路测出点灯电流,然后换算出灯丝转换继电器端电压亦可。

灯丝转换继电器端电压无法单独调整,只能随着主灯丝端子电压变化而变化。从点灯电路来看,应该是:灯丝端电压,加上灯丝转换继电器端电压,等于点灯变压器Ⅱ次输出电压。如果转换继电器线圈阻值发生了变化,其端压降也随之变化,这是造成灯丝端电压不正常的原因之一。如果两者电压相加后,小于点灯变压器Ⅱ次输出电压,说明回路压降过大。以上弊病,通过测试均可被发现。

3. 色灯信号机灯光调整

信号机机构的显示方向,透镜组的组装质量,色玻璃的厚薄和颜色深浅,光源的发光强度,光源的位置等全是影响色灯信号机灯光显示的因素。要使色灯信号机取得足够的显示距离,必须对上述因素加以调整。工程施工对色灯信号机灯光调整有以下几种方法。

(1)色灯信号机灯光现地调整

施工班组在工程开通前,对色灯信号机灯光调整,重点放在光源的位置和信号机机构显示方向的调整两项。灯光调整应在端电压调整之后,以取得正常的光源强度。色灯信号机灯光现地调整有以下两种方法。

①瞭望调整法

色灯信号机灯泡点亮后,通过透镜组有一股直射光束向前发射。白昼在光源后方(即立于色灯机构门侧)看不到直射光束,在灯光显示的直线方向才能看到发出光芒的光束。夜间不但在灯光显示的直线方向能看到光束,而且在光源后方,也能清楚地看到在遮沿下向前直射的光束。如果移动灯泡位置,还可看到光束的强度变化及光束中主光束直射方向的变化。这时,在灯光显示的直线方向,能明显地区分灯光显示的强弱,光芒的大小,以及光亮面的饱满程度。

瞭望调整法由一人站立在灯光显示的正前方,离信号机约 200 m 处,瞭望信号灯光显示情况,另一人在机构背面调整灯泡前后左右的位置。瞭望者可将光束发射情况通过对讲机详细地告诉调整者,调整者根据光束发射情况加以调整到在外透镜周围出现光芒为止。此时,瞭望者应站到线路两侧,确认光束发射方向是否对准线路,也就是调整色灯机构的左右方向。然后站到该信号机的规定显示距离处,确认灯光显示距离是否符合要求,也就是调整色灯机构俯仰角,在规定显示距离处仍应能看到外透镜周围有光芒。

在夜间调整,调整者本人也能清晰地看到光束的发射情况,移动灯泡位置时,光束强度变化更能明显地反映出来。所以,夜间调整灯光比较容量达到最佳状态。故采用瞭望法调整灯光,可以安排在夜间进行,并在昼间最不利条件下进行复核,看其是否能保证显示距离。

虽经反复调整,灯光显示距离仍然达不到要求,或者颜色暗淡,调不出光芒,或者光亮面缺损时,可更换色玻璃(滤光器),选用体薄、颜色鲜明、较淡的试试,或者更换灯泡、反射镜试试。如果仍不见效,则可能是透镜组组装不良引起。遇此,现场灯光调整是无法达到较佳效果的。

现场灯光调整,还应检查灯位、灯光颜色是否正确,尤其是月白色与蓝色更应仔细核对。灯箱间是否串光等。

②影透调焦法

透镜式色灯信号机现地调整灯光,还可采用影透调焦法。用厚为 0.5 mm 铁皮,制成直径分别与内、外透镜最里层的棱圈相同的圈片,并在圆心上钻直径为 1 ~ 2 mm 小孔。将铁片分别安在内、外透镜最里层棱圈内，并将铁片中心点画到透镜上去，取去圆铁片，该点也为透镜中心。这两个中心点的连线即为透镜组的光轴。

调整时，将主灯丝的下垂点与内、外透镜中心点调至三点一线。视线与光轴在同一水平向左作直线移动，在内透镜第一棱边找到一点，观察该点处内、外透镜第一棱边是否重合。如果不能重合，说明内、外透镜主光轴不重合或夹有角度，应移动内透镜，使光轴重合。如能重合，将主灯丝下垂点沿光轴前后（即灯泡左右，上下位置不再变动）移动，调整到与内、外透镜第一棱边所找两点成一线。这时，灯丝即处于入射光路与光轴的交点上。同样方向找出光轴右侧内、外透镜第一棱边上的两点，如果主灯丝下垂点也能与此两点成一线，灯光即算调毕。如果不能与此两点成一线，需调整灯泡前后位置，然后再复核左侧。色灯信号机采用影透调焦法，灯光显示一般均可过到 1 000 m 以上。

(2)色灯信号机激光调整

色灯信号机激光调整是在室内进行的灯光调整方法。应用激光调整两块透镜的主光轴，检验透镜组合的相应棱梯是否对应。

采用氦氖激光器，发出波长为 0.632 8 μm 的红色激光，由专用的氦氖直流激光电源供电，工作电压约 1 200 ~1 400 V，电流为 4 ~6 mA，输出功率约 1 mW。激光的方向性非常好，发散角仅约 0.1147°。在激光束传播的路径上喷入烟雾，立即可看到又细又亮的直射红色光束。激光调整就是利用该激光束，寻找透镜的主光轴和灯泡的位置点。激光调整方法如下：

①透镜组合的调整和检验

从激光器发出的激光束，直射到屏上 P 点处如图 12 -17，以此线为调整透镜组合的基准线。在激光基准线中，先放入内梯大透镜（直径为 212 mm 或 163 mm），调节透镜的上下、左右位置和偏转空间方位，使通过透镜的透射光束仍射在 P 点，在透镜面上的反射光束又与入射激光束重合在一条直线上。就是说，入射光、透射光和反射光都在同一直线上，这条线就表示出透镜的主光轴方向，如图 12 -17 所示。调出主光轴方向后，将该透镜位置固定。

内梯大透镜位置调整完毕，再放入外梯小透镜（直径为 139 mm），重复上述过程，使通过两个透镜的反射光和透射光仍与入射光重合。这时激光束的方向就是该透镜组合的主光轴方向。最佳组合的两透镜，除了要求主光轴一致外，还要求它们在合适间距下，相应棱梯必须一一对应。因为只有在这样的情况下，通过透镜组的光量才获得最大的利用。

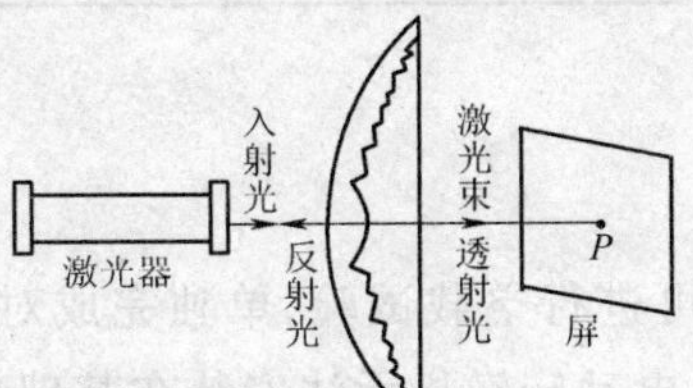

图 12 -17　一块透镜的主光轴方向

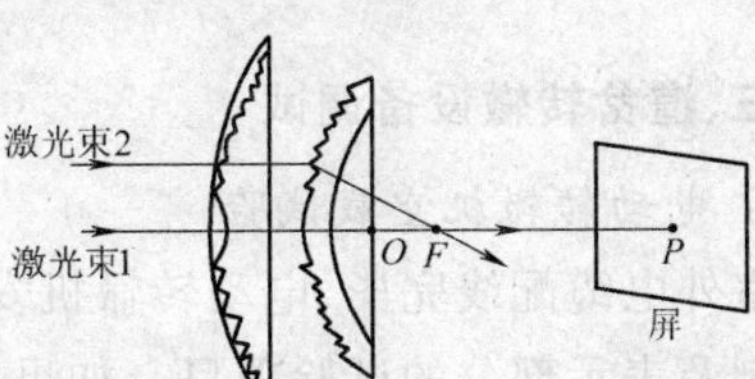

图 12 -18　透镜组合焦点测定

②透镜组合焦点的测定

主光轴方向已调整完毕的透镜组，可用两条激光束来测定它的焦点，如图 12 -18 所示。激光束 1 为主光轴的方向，激光束 2 是与激光束 1 平行的，且可作平行移动。两光束在主光轴上有一交点 F，即为焦点。两光束在 F 点相交的现象可以直观到，也可以在放入的毛玻璃屏上观察到。平行移动激光束 2，可得到不同长度的焦点位置，其范围从 35.5 ~55 mm（以 OF 长度计算)。由此可见,透镜组的焦点不是一个点,而是一个区域。逐一测得的各棱梯组合焦距,为灯光调整提供了较为准确的数据。还可依据数据,分析整个信号机光学系统的焦距误差,以确定外梯透镜产品是否可用。

③灯丝位置的确定

虽然焦点 F 是一个区域,但总在主光轴上,所以应当把灯丝放在主光轴上。灯泡在机构内有上下、左右、前后六个可调方位。激光束1是主光轴方向,所以调节灯泡的左右、上下位置,使灯丝的对称中垂线对准主光轴。否则信号光束不是直射正前方,而将偏左或偏右。对于主灯丝的上下位置,各说不一,实际调整时,可将主灯丝点亮,将主灯丝光量最强点落在主光轴上,这样可使信号光束的最亮点沿着主光轴方向发射。主光轴方向调整良好的透镜组,不同有效光量区的焦点区域虽各不一,但有一个共同的重叠区域,称为焦点密集区。

在室内采用激光调整透镜组合及灯泡位置,并加以固定,安装使用后,额定电压为12 V的灯泡,只要灯丝电压保持在11 V,灯光显示均可达到1 200 m以上。

信号机、表示器灯光调试良好、显示正确,正常情况下显示距离为:

a. 进站、通过、遮断、接近信号机不得少于1 000 m;

b. 高柱出站、高柱进站信号机,不得少于800 m;

c. 预告、驼峰、驼峰辅助信号机,不得少于400 m;

d. 调车、矮型出站、矮型进站、复示信号机,容许、引导信号及各种表示器不得少于200 m;

e. 在地形、地物影响视线的地方,进站、通过、预告、遮断、接近信号机的显示距离,在最坏条件下不得少于200 m。

信号单项调试应按表12－4做好调试记录。

表12－4　信号机单项调试记录

序号	信号机名称	灯位排列	一次电压(V)	灯端电压(V)	灯路转换	断丝报警	DJ电流(mA)	双断试验	显示距离(m)	调试人

三、道岔转辙设备调试

1. 电动转辙机空载试验

室外电缆配线完毕,电动转辙机安装及配线后,即可进行空载试验,单独完成对电动转辙机控制及表示部分的试验项目。如果原转辙设备影响,电动转辙机无法安装在基础角钢上时,可将转辙机暂放地面,仍然安装与变压器箱或电缆盒之间的配线线把,只要不使动作杆、表示杆伸出部分受到阻碍,空载试验同样可进行。

(1)电动转辙机控制及表示回路的导通

电动转辙机空载试验前,先将控制及表示回路导通正确,将有利于试验顺利进行。

(2)电动转辙机空载试验器

电动转辙机空载试验可在室内配线完毕后,由各自的道岔手柄直接进行。在室内、外施工进度不一时,亦可用开室内条件,采用电动转辙机空载试验器,提前完成电动转辙机的控制及表示试验，有利于室内、外平行施工，缩短施工周期。

电动转辙机空载试验器也可以在施工现场利用道岔单动组合制作，亦可按图 12－19 另行配线。

试验器制作方法如下：

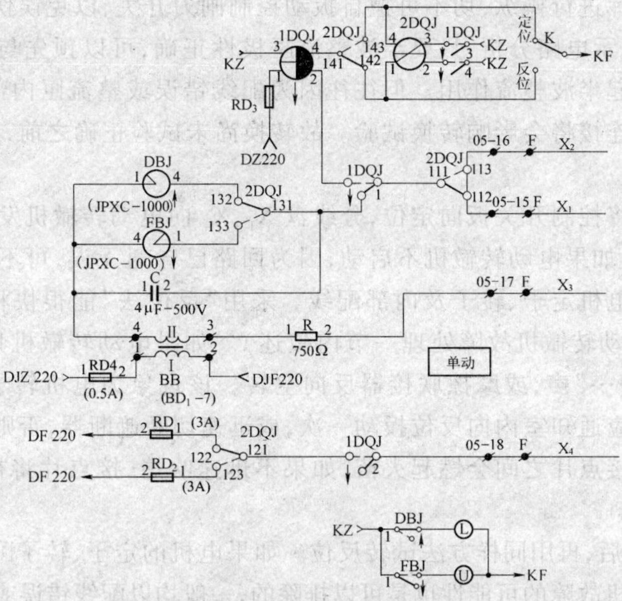

图 12－19　电动转辙机空载试验器

①取组合框架一只，按单动道岔组合布置熔断器、稳压滤波电容、降压电阻。第 1 继电器位置设 BD-10 型变压器，第 2 继电器位置开始，顺序设置第一启动继电器 1DQJ、第 2 启动继电器 2DQJ、定位表示继电器 DBJ、反位表示继电器 FBJ 共四只。第 7 或第 8 继电器位置设单刀双掷开关或双刀双掷开关一只，向上接通位置为控制定位，向下接通位置为控制反位。

②用宽为 20 mm 的扁铁弯成 L 形，竖边按组合框尺寸钻孔，横边任钻两孔，用木螺钉将组合固定在木桌上。

③组合按图 12－19 配线，经过熔断器引入 KZ、KF、DZ220 V、DF220 V、DJZ220 V、DJF220 V 电源线共 6 条，引出转辙机控制及表示线 X_1、X_2、X_3、X_4 共四条。直接从 DBJ 前接点接出定位表示灯，从 FBJ 前接点接出反位表示灯。

电动转辙机空载试验器本次工程使用完毕，可留作以后工程继续使用。

中国铁路通信信号集团公司天津工程分公司参照电动转辙机控制电路，制成 DS-4 型电动转辙机空载试验器，该试验器只需输入交流 220 V 电源，即可完成对电动转辙机的单独手动转换、表示试验，经现场多年使用，效果良好。

(3)电动转辙机空载试验方法

①单动道岔电动转辙机空载试验

电动转辙机空载试验时，ZD6 型转辙机，可将表示杆抽除，使转辙机能正常空转。室内一人操纵试验器，室外 1～2 人进行试验。室内外先试通道岔维修电话，通知室内试验某组道岔。室内先将三组电源引入试验器，不与室外连接，单独动作试验器。此时，以 2DQJ 处于定位位置(其接点接通 111-112)为例，试将道岔闸刀开关扳向反位，$1DQJ_{3-4}$ 线圈励磁，前接点使

$2DQJ_{2-1}$线圈有电，接点转极成111-113接通，然后1DQJ失磁落下。再将闸刀开关扳向定位，$1DQJ_{3-4}$线圈励磁，前接点使$2DQJ_{3-4}$线圈有电，接点转极成111-112接通，然后1DQJ失磁落下。反复操纵数次。试验器控制正常，可与室外连接试验。根据电缆配线图，找出试验道岔在分线盘上的端子号，分别将试验器引出的X_1、X_2、X_3、X_4与电缆芯线连接。室内应通知室外连接完毕，听从室外指挥进行操纵，切不可擅自扳动控制闸刀开关，以免误伤室外试验人员。

从电动转辙机表示电路分析，只要半波整流匣极性正确，可以预先与电路端子连接，当表示电路沟通时，即可起半波整流作用。但往往因为配线错误或整流匣内部极性相反或元件故障，预先与电路端子连接将会影响转换试验。故转换尚未试验正确之前，半波整流匣两线暂不与电路端子连接。

先试定位启动，将控制开关扳向定位，分线盘X_1、X_4向电动转辙机发送动作电源，电动转辙机应向定位转换。如果电动转辙机不启动，因为回路已导通无误，可不再怀疑，故障局限在一组定位启动接点、电机定子、转子及内部配线。采用“反位法”能很快将启动电路中断点查明（“反位法”将在电动转辙机故障处理一节内叙述）。如果电动转辙机只是朝相反方向扭动一下，然后发出“嗡……”声，或摩擦联接器反向空转。该现象为电机转子线圈或定子线圈配线错误引起。遇此，应通知室内向反位扳动一次，或迅速切断遮断器，否则电机线圈容易烧毁。切断遮断器时，在两接点片之间会燃起火苗，如果不迅速吹熄，接点片将被烧损。纠正该部分配线，故障即可消除。

定位转动正常之后，再用同样方法试转反位。如果电机的定子、转子配线已经正确，那么即使反位无法启动，电机故障的可能性也是可以排除的，一般均以配线错误或接点中断为常见。

转辙机定、反位转换正常之后，将其操纵到定位，把半波整流匣两线头按接线图上的极性与电路端子试接。如果试验器定位表示继电器励磁（定位表示灯点亮），再将转辙机操纵到反位，看看是否也有反位表示，必须达到定、反位均有表示，方向将两线头正式固定。如果两个位置全无表示，首先测量一下端子1与3之间有无交流220 V电压。如没有，可判为室内故障，如有电压，可判为表示回路配线有错误或接点中断。将万用电表置交流250 V挡，一棒接端子1，另一棒由端子3按图逐段测查，直至整流器端子2，然后一棒接端子3，另一棒由端子1按图逐段测查，直至整流器端子1，即可查出错线或接触不良处。如整流器端子1、2间电压为交流100 V左右（改用直流挡可测为直流50 V左右），说明故障已被排除，表示继电器已励磁吸起。

由以上试验过程可看出，一组电动转辙机的转换、表示均试验良好时，它的控制与表示必须是一致的。也就是：道岔手柄扳定位，道岔第二启动继电器向定位转极，电动转辙机向定位转换，道岔定位表示继电器励磁。道岔手柄扳反位时，其余三位也必须随之变为反位。其中任一位与实际要求相反，或配线位置定、反位颠倒，均会使电动转辙机转换或表示出现故障。在此特别要强调：室内外核对道岔定、反位位置，不应只看电动转辙机是不是来回转动，而应按进路图确定其定位应开通几道（即动作杆是伸出还是拉入）为准。因为单以定位或反位核对，在几个故障因素同时影响的条件下，往往会发生内外表示一致，但实际开通股道（即动作杆位置）相反的现象。所以，核对开通的股道，能从根本上卡死这一隐患。

转换及表示试毕，再做切断试验。将道岔操纵至定位，用0.5 mm厚的硬塑料片（或其他绝缘片）逐组插入转辙机表示接点间，试验器上定位表示应中断三次。塑料片插入反位启动接点间，转辙机应无法向反位启动，抽出塑料片将道岔操纵至反位。同样方法试切断反位表示和切断定位启动。最后试切断遮断器，在转换中途将遮断器切断，电机应停止转动。通过以上试验，方能确定转辙机配线正确，转换正常。

电动转辙机空载试验分成转辙机转换、表示两层,这样能分清故障,使之缩小在各自的范围内。如将转换、表示合在一起试,极易发生混乱,分不清故障范围。

单动道岔电动转辙机试验方法是电动转辙机空载试验的基本方法。试验联动道岔转辙机时,将联动道岔视成各个单动道岔,由第一动开始,逐台采用单动道岔转辙机试验方法进行试验。

②双动(或三动、四动)道岔电动转辙机空载试验

现以双动道岔 ZD6 型转辙机四线制控制电路(定位时 1、3 排接点闭合)为例:

将 A 动转辙机电缆盒端子 6 的电缆线与转辙机 32、8 与 22 间的连线分开,停止 B 动转辙机启动。按单动道岔电动转辙机试验方法,试验 A 动转辙机定、反位转换。

A 动转辙机处定位时,测量电缆盒端子 6(转辙机引来之电线,下同)与 7,处反位时测量变压器箱端子 8 与 4 之间应有交流 220 V 表示电压。如没有电压,改为测量端子 1、2 与 3 之间有无电压,如有电压可判为 A 动转辙机三组表示接点或表示配线有故障;如无电压可判为室内未发送表示电压。排除故障使正常表示电压在转辙机定位时能送到变压器箱端子 6 与 7,反位时能送到 8 与 4 间。A 动转辙机暂停试验,恢复端子 6、8 的电缆芯线与电线连接。

试验 B 动转辙机时,A 动转辙机已能正常转换。在 A 动转辙机转毕后,对 B 动转辙机仍按单动转辙机试验方法进行试验。

B 动转辙机转换试验正常后,在 B 动试接整流匣,试验双动道岔转辙机表示回路,双动的表示回路要检查 A 动和 B 动转辙机相应的表示接点后,才能使试验器点亮相应的道岔位置表示灯。

从 B 动开始作转换、表示切断试验正确之后,再对 A 动作切断试验,一组双动道岔电动转辙机空载试验完毕。如将双动同时试验,往往 B 动影响 A 动,互相牵制容易混乱。分开试验,故障局限在本转辙机,便于查找和处理。对三动或四动道岔的电动转辙机空载试验,同样按其转换传递顺序分开试验,然后合成联动试验。

2. 电动转辙机试装及密贴调整

室外设备安装完成了电动转辙机的安装工作量(原转辙设备影响,无法安装除外),在电气集中设备开通使用前,应逐组与道岔试装。如行车时间允许,试装后再进行转辙机带动道岔试转并电气特性调整,以确保顺利开通使用。本点内仅叙述电动转辙机试装及密贴调整。电动转辙机电气特性调整及测试,将在下两点内叙述。

(1)配合工务调整道岔开程

电动转辙机安装时,工务部门已对道岔尖轨进行了方正调整。试装电动转辙机时,还需请工务部门对道岔开程(亦可称尖轨开程)进行调整。工务对道岔的开程是在尖轨尖部与基本轨之间计量的,转辙设备对道岔的开程是在尖轨第一连接杆处尖轨与基本轨之间计量的。密贴调整杆在杆架内的空动距离(即游间),须在 5 mm 以上,根据转辙机动作杆的动程,安装 ZD6 型电动转辙机的道岔开程应保持在 142 ~ 151 mm。要求工务调整道岔开程时,应以电动转辙机安装密贴调整杆使用的第一连接杆长度为准,若开程过大,可请工务在第一连接杆与尖轨连接的"T"形铁(或耳铁)之间加铁垫板,相当于增加第一连接杆长度。

道岔开程也不宜调整得过小,应保证车轮安全通过。开程过小会使密贴调整杆空动距离增大,ZD6 型电动转辙机空动距离过大(超过 30 mm)时,容易影响表示杆缺口的调整。

(2)第一连接杆及杆架安装

电动转辙机使用的第一连接杆有多种。均以增强机械强度,将尖轨受力点向上移为原则,对旧第一连接杆进行改造。在车站信号工程开通使用前,有条件更换原第一连接杆的,尽可能提前更换,以缩短开通时间。

试装电动转辙机之前,由工务部门改造或更换第一连接杆。施工班组将密贴调整杆杆架安装在第一连接杆中部。常见的一种第一连接杆由两根短杆组成,在中间空缺部分放入"十"字形绝缘,或用中间带长方形凸起的绝缘板,将凸起部分嵌入空缺内。在第一连接杆上的杆架固定孔内塞入绝缘管,上下均加绝缘板,底部再加垫板。杆架固定螺栓加铁垫片从下向上穿出上部绝缘板面。密贴调整杆杆架压在上部绝缘板上,穿出的螺栓加弹簧垫圈、螺母略微拧紧。用撬棍将第一连接杆调整成直线,不使其中部歪斜,然后用大扳手充分拧紧,如图 12－20 所示。安装第一连接杆时,应同时调整道岔开程,然后将与尖轨连接的"T"铁螺栓充分拧紧,否则,尖轨密贴调整不准确。安装第一连接杆时,也应检查第二连接杆的使用情况,以及绝缘安装情况。使用 ZD6 型电动转辙机,还须安装尖端杆。

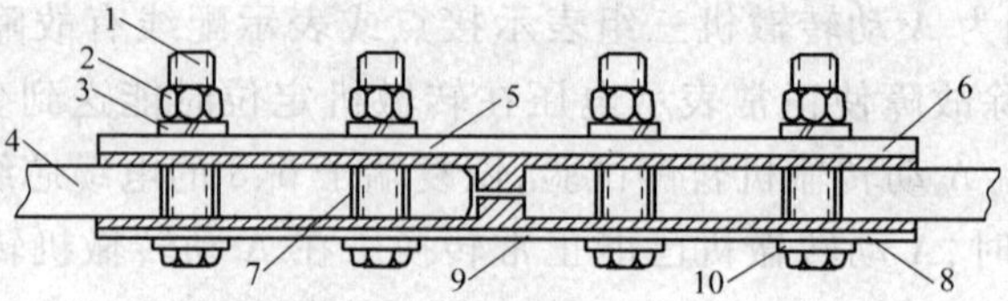

图 12－20　密贴调整杆杆架安装

1—第一连接杆;2—弹簧垫圈;3—螺母;4—螺栓;5—密贴调整杆杆架;
6—上部绝缘板;7—下部绝缘板;8—铁垫片;9—铁垫板;10—绝缘管。

(3)电动转辙机试装及密贴调整

①电动转辙机试装

电动转辙机试装应区别不同道岔及旧有转辙设备的情况,采用不同方法进行。有以下几种情况。

a. 新设道岔未开通使用,亦未装设转辙设备。此类道岔一般由工务部门负责管理,加锁钉闭。在此类道岔上安装电动转辙机可以全部就位,由工务部门配合整治道岔,使之拨动灵活、密贴良好,开程符合要求。试装完毕后,可拆杆件与转辙机连接销,将杆件用铁线绑扎在第一连接杆上,并注意不影响电动转辙机的空动试验,仍由工务工程部门钉闭加锁。

b. 新设道岔,加锁并钉闭于一个位置或装有临时转辙设备,道岔已设入运用。进行试装时,除由工务工程部门配合外,须进行要点登记,停用临时转辙设备。

c. 在旧有道岔上进行电动转辙机试装时,如电动转辙机与旧有转辙设备安装于不同侧,新设电动转辙机能够安装就位,则可以进行试装。

d. 在旧有道岔上进行电动转辙机试装时,如电动转辙机与旧有转辙设备安装于同侧,则新设转辙机须待旧有设备拆除或采取假施设措施后方能就位。在未采取假施设措施时,除装设带柄标志这样简单的转辙设备的道岔外,其他带有转换锁闭器等旧有转辙设备的道岔是很难将使用设备全部拆除进行试装的。遇此情况,应在工、电维修部门的配合下,经过联系要点,进行局部试装。局部试装的内容包括:方正道岔、调整枕木位置、调整尖轨开程、整治道岔、更换或改造第一连接杆、安装杆架、复核电动转辙机安装尺寸等。通过局部试装,为开通换装工作做好准备,保证开通时一次换装成功,减少开通换装的工作量,缩短开通换装的工作时间。

以上述第三种情况为例,说明试装方法。

电动转辙机试装应会同信号工区、工务部门共同配合,逐组登记要点进行。值班员给点后暂停使用原转辙设备,将密贴调整杆穿入杆架,然后拧入轴套及调整螺母等附件,将尖端杆与道岔连接。密贴调整杆、表示杆暂不与电动转辙机连接。请工务用撬棍将尖轨向基本轨撬去，检查尖轨能否密贴基本轨。如果尖轨部分枕木捣固不良，尖轨低于基本轨过多，密贴基本轨时爬坡不上，或者尖轨滑床板凸面磨耗过度，也会使尖轨密贴基本轨时爬坡不上。尖轨滑床板吊板，会使尖轨转换沉重。如尖轨存在弓背，密贴基本轨时会有反弹，或者第二连接杆嫌长，密贴基本轨时，尖轨第二连接杆处提前密贴，使尖轨尖部产生弹性。如尖轨根部的套管螺栓拧得过紧，会使尖轨密贴基本轨时存在反弹。以上问题均应请工务一一克服。最终，使用撬棍拨动尖轨，能使之顺利地与基本轨密贴，抽出撬棍后，尖轨仍然密贴基本轨。

②密贴调整

道岔尖轨密贴调整的基本方法是：将尖轨的开程距离，加上密贴调整杆空动距离（即游间），调成等于转辙机动作杆的动程距离。动作杆开始移动，首先跑完游间距离，然后推动或拉动尖轨跑完开程距离，动作杆停止移动时尖轨应完全密贴另一基本轨，在完成内锁闭的同时，转辙机表示杆继续移动一定距离，完成自动开闭器的第二次变位，切断动作电路。从理论上讲，此时尖轨从密贴调整杆上承受到的推力或拉力（即密贴力）应等于零。尖轨对基本轨的密贴力由转辙机内锁闭来保证，即使使用撬棍插入尖轨和基本轨间也无法将尖轨撬离基本轨。

由于种种不利因素影响，要做到尖轨密贴后受到的力为零是比较困难的。根据维修实践，不存在病害的道岔，采用 ZD6 转辙机牵引的道岔转换力为 70～100 kgf（686～980 N），此类道岔按上述方法密贴调整后，尖轨受到的密贴力为 0～40 kgf（392 N），可保证 4 mm 不被错误锁闭，并且转辙机的摩擦电流不会超限。

如果将尖轨开程距离加上游间距离，调得不小于动作杆动程距离，一种情况是转辙机不能锁闭，另一种情况是会造成尖轨密贴过紧，使电动转辙机动作电流的锁闭值增大，因而影响其他电气特性的调整，并会使锁闭齿上的锁闭圆弧磨耗过度。如果将尖轨开程距离加上游间距离，调得大于动作杆动程距离，尖轨将不能密贴于基本轨，造成错误锁闭，这是不允许的。由此可见，电动转辙机动作杆的动程距离是不变的，尖轨开程经调整固定后也不再变动，那么，尖轨密贴调整实际上仅是对密贴调整杆空动距离加以调整。采用 ZD6 型电动转辙机时的尖轨密贴调整方法如下：

a. 单开道岔密贴调整

暂不连接表示杆。先调动作杆伸出位置，密贴程度以动作杆停止移动，尖轨密贴基本轨，手摇把再空摇 3 圈至 4 圈转辙机方才锁闭（即自动开闭器的第二次变位）为好。转辙机锁闭后，继续摇动手摇把，检查一下摩擦联接器松紧程度如何，在调整故障电流之前，一般应以一只手稍微用力便可摩擦摇动为好。如尖轨已密贴，转辙机无法锁闭，摩擦联接器空转，说明密贴调整太紧；如尖轨尚未密贴，转辙机即已锁闭，说明调整太松。调整轴套可使密贴过紧、过松现象消除。调整轴套时以稍松一点为好，因紧固螺母时，轴套会被挤紧，密贴就显得正好。如调整时就正好，那么紧固螺母后，密贴就会显得过紧。

密贴调整良好后，摇动电机使转辙机解锁，让密贴调整杆轴套在不受力的情况下紧固螺母，因为这样才能真正紧。然后试一下密贴有无变化。表示杆尚未调整时，用手拉动转辙机表示杆，使其随动作杆移动。

动作杆伸出位置密贴调整完成后，调整尖端杆上舌铁的位置（如采用表示杆杆架，则调整杆架两侧的调整螺母），即移动表示杆位置，使检查柱落入检查块缺口，自动开闭器第二次变位，侧隙应调整到 1.5 mm ±0.5 mm。充分拧紧舌铁固定螺母。摇动道岔复查两次，然后在尖轨第一连接杆处与基本轨之间夹入 4 mm 厚铁板，检查柱不能落入检查块缺口内，转辙机无法构成内锁闭。

将尖轨摇至动作杆拉入位置。同样方法调整动作杆拉入位置的密贴调整，然后松开转辙机表示杆上的横穿螺栓，卸去尾端外罩，拧动调整螺杆，使拉入位置的检查柱落入检查块缺口，自动开闭器第二次变位，侧隙为 1.5 mm ±0.5 mm。充分拧紧表示杆上的横穿螺栓，摇动道岔复查两次，并试验 4 mm 不锁闭。

ZD6 型电动转辙机处于定位或反位时，其动接点均应打入两静接点片内不少于 4 mm，但与静接点座边缘间隙不得少于 3 mm。为达到此要求，可用大螺丝刀别住速动爪背部上的螺钉，用扳手松开设在速动爪调整架上的紧固螺母，拧动速动爪背部上的螺钉，即可调整动接点的打入深度，然后再用大螺丝刀别住螺钉，用扳手拧紧螺母。拆下一个连接销，可调整拉簧的拉力，拆下两个连接销，可更换拉簧，以达到调整动接点组打入静接点组时的压力。调整后，须将上述各调整螺母充分拧紧。全部调整完毕后，用小铁线在密贴调整杆、表示杆的各固定螺母根处扎紧。如附有防松装置，则将防松装置用开口销固定。

b. 复式交分道岔双转辙器密贴调整

不论转辙机设于双转辙器左侧还是右侧，它们的密贴调整方法是相同的。密贴调整时，将设于主密贴调整杆上的舌铁销子拔除，使副密贴调整杆不随主密贴调整杆移动，副表示杆的销子也同时拔除。然后按单开道岔密贴调整方法，先将主密贴调整杆带动的两根尖轨进行密贴调整。调整良好后，连上副密贴调整杆，使另两根尖轨同时移动，仍用单开道岔密贴调整方法，调整副密贴调整杆带动的两根尖轨密贴。

四根尖轨密贴调整良好后，仍然使用单开道岔调整表示杆缺口的方法，先调整电动转辙机动作杆伸出位置时的表示杆缺口。调整合适后，将电动转辙机摇向拉入位置，最后调整电动转辙机动作杆拉入位置时的表示杆缺口。

3. 电动转辙机摩擦电流调整

电动转辙机摩擦电流是直接影响转辙机正常使用的重要电气特性之一。

通过转辙机电机的电流在正常转换过程中称为动作电流。道岔在正常转换时，摩擦联接器不应有摩擦空转现象。当尖轨因故无法转换到底，外来的阻力大于摩擦联接器的摩擦力，使摩擦联接器由传动变为摩擦转动时，转辙机启动电路通过的电流称为摩擦电流。由此可见，所谓转辙机的摩擦电流是指：转辙机摩擦空转时，流经电机转子线圈、定子线圈串激励磁电路的电流，图 12－21 是 ZD6 型电动转辙机双动道岔（三线制电路）分两次记录到的动作电流及摩擦电流合成图。从图中可看出：室内启动电路构成，向 X_1、X_3 线发送道岔动作电源后，首先使 A 动、B 动电动转辙机的转极继电器 ZJ 并联转极，从图中最右边的两个峰值可看出，A 动转极继电器反向励磁电流的峰值是 7.5 A，紧接着的电流峰值是 B 动转极继电器反向励磁电流 7 A。A 动转极继电器反向转极后，立即构成电机启动电路，A 动电机启动峰值是 10 A，然后迅速下降到正常的动作电流，电动转辙机的解锁电流无法显示出来，被下降曲线掩盖了过去。

从转极继电器动作后的 0.4 s 开始至 1.7 s 止，是电动转辙机的正常动作电流。从 1.7 s 开始至 2 s 为止，是电动转辙机内锁闭阶段，动作电流出现上升的锁闭值，随着内锁闭完成，动作电流又恢复原状，至 2 s 启动电路被切断，动作电流回零。这一段锁闭电流直接反映道岔密贴的松紧程度，如果密贴调整过紧，锁闭电流就增大，摩擦电流也相应要加大；密贴调整过松，锁闭电流就减小，小到一定程度就无法保证 4 mm 不锁闭。这一因果关系从记录图中可明显看出。

从 2 s 开始至 4.1 s，是 B 动道岔动作电流的全过程，与 A 动相同，不再重复。在电动转辙机正常转换过程中，因故开始摩擦空转，动作电流立即出现一个近 4 A 的峰值，然后成为比较

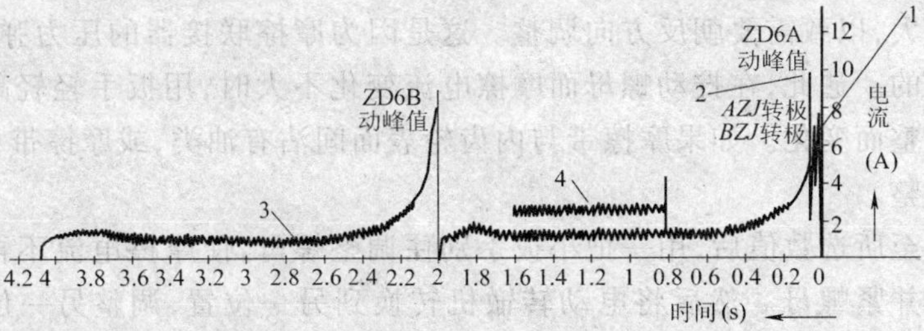

图 12-21 ZD6 型电动转辙机双动道岔(三线制电路)
动作电源及摩擦电流合成图

1—电动转辙机动作电流;2—电动转辙机摩擦电流;3—电动转辙机动作电流峰值;4—转极继电器转极电流。

稳定的摩擦电流约为 2.6 A,直至停止摩擦空转为止。ZD6 型电动转辙机采用四线制电路时,不存在转极继电器 ZJ 转极电流,其余部分与上相同。

动作电流的大小直接受整组道岔转换时的轻重,转辙机各部件安装良好与否,尖轨锁闭或解锁时的轻重,尖轨密贴调整松紧等因素影响。动作电流只能通过对上述不良因素的改善去降低,无法用人工的方法去调整。因而,动作电流的测试,有助于检查道岔的状况是否良好和电动转辙机的安装与调整的质量是否符合要求。摩擦电流的调整要在动作电流正常的前提下进行。

摩擦电流的大小在动作电流不变的情况下,不直接受外界因素影响,仅受摩擦联接器摩擦力大小的影响。摩擦电流是用人工的方法去调整其大小的。摩擦联接器的压力调得越大,摩擦片之间或摩擦带与输出轴之间的摩擦力将相应增大,摩擦电流也越大;反之则越小。摩擦力调整的大小,要考虑外界因素影响,外界条件不良,动作电流增大,为了保证转辙机在遇到最不良情况的仍能将尖轨转换,必须加大摩擦力,也就是增加转辙机的输出功率。相反,如果外界条件很好,动作电流处于最低限度,这样,摩擦电流无需调整得很大,即摩擦力不是很大的情况下,就能保证转辙机正常运转。

摩擦联接器的摩擦力调到刚能起传动作用,也就是摩擦电流较小时,转辙机是能正常转换的,但经不起不外界条件变化的影响,只要上述不良现象稍稍出现,道岔转换的阻力便大于摩擦联接器的摩擦力,摩擦联接器空转,无法将道岔正常转换。如果将摩擦力调到很大,转辙机除非遇到尖轨内有异物,是不会发生空转的,即使外界条件变化,增大的阻力仍小于摩擦力。但负载的变大迫使电机动作电流随之变化,过大的摩擦力使摩擦联接器仍起传动作用,将尖轨硬性转换过去。如果尖轨仍无法密贴,过大的摩擦电流将影响转辙机其他电气特性,并会影响 4 mm 不锁闭,这是不可取的。铁路信号维护规则规定 ZD6 型电动转辙机的摩擦电流为 2.6 ~ 2.9 A,只要在这个范围内调整,都应是正常的。最不良的道岔,其摩擦电流也不得超过 3 A。如果将摩擦力调至极限,那么摩擦联接器也就失去了摩擦联接的作用,无法以摩擦空转来保护电机,这样极易使转辙机的机件受损。

实际调整摩擦电流前,应先将道岔按上述密贴调整方法,做良好的密贴调整。然后将量程为 5 A 的直流电流表串入启动电路,或直接观察控制台上的直流电流表,转换道岔并记录正常的动作电流,根据动作电流的大小,决定摩擦电流调到多少。在尖轨第一连接杆处与基本轨之间插入厚为 4 mm、宽为 20 mm 的铁板条,转换道岔使电动转辙机处于摩擦空转后,根据电流表上的读数，用小扳手拧动摩擦联接器的调整螺母，以调整摩擦压力大小。调整时往往会出现这种情况：已经拧动螺母一圈左右，但摩擦电流变化不大，再稍稍拧动螺母，摩擦电流却朝调整值方向一下变化过大，以致需要朝反方向调整。这是因为摩擦联接器的压力弹簧控制摩擦带夹板不够灵活引起的。遇此，在拧动螺母而摩擦电流变化不大时，用扳手轻轻敲击压力弹簧，摩擦电流即能随调整而变化。如果摩擦带与内齿轮表面间沾有油类，或摩擦带材质不良，将会影响摩擦电流的调整。

摩擦电流调至所选数值后，用一把小扳手别住调整螺母，使摩擦电流不再变化，同时用另一把小扳手拧紧并紧螺母。然后将电动转辙机转换到另一位置，调整另一位置的摩擦电流。定反位摩擦电流相差不大于 0.2 A。

转辙机摩擦电流应符合下列要求：

ZD6-A 型、D 型、F 型转辙机单机使用时，摩擦电流为 2.3 ~ 2.9 A。

ZD6-E 型和 ZD6-J 型转辙机双机配套使用时，单机摩擦电流为 2.0 ~ 2.5 A。

4. 电动转辙机电气特性调整及测试

电动转辙机电气特性调整得良好与否，直接影响它的安全使用。个别特性调整不良，一时不会有所反应，须在特殊情况下才会表现出来，甚至造成事故。因此，电气集中开通使用前，须认真调整及测试电动转辙机的各项电气特性。这些特性包括以下几项：

(1) 电动转辙机动作电压

电动转辙机动作电压由直流电源屏（盘）供给，直流屏（盘）输出的直流电源（DZ220 V、DF220 V）减去线路压降即为电动转辙机动作电压。DZ220 V 电压经过 $1DQJ_{1-2}$ 线圈送至分线盘 X_1、X_2 端子，DF220 V 电压经过 1DQJ 第 2 组前接点，送至 X_4，经室外电缆送至电动转辙机。将万用电表置直流 250 V 挡与电缆盒 1、5 或 2、5 端子并接，室内扳动本道岔即可测出转辙机动作电压。如电压极性与表棒相反，应迅速移开一棒，再次扳动便能认准极性。直流电源屏 220 V 整流变压器输出电压可分成 −5%、0、+5%、+10%，即 210 V、220 V、230 V、240 V 四挡，电气集中车站使用 ZD6 型电动转辙机的电机额定电压为直流 160 V，故直流屏输出 220 V 电压较合适。室内发送直流 220 V 电压，ZD6 型转辙机尚未启动时，电缆盒 1、5 端子应能测到 210 V 左右，启动时应能测到 180 ~ 200 V。

(2) 电动转辙机故障时动作电压

转辙机摩擦空转时，动作电压变为故障时的动作电压，动作电流变为摩擦电流。摩擦电流的增大并不是因为动作电压变高或线路电阻变小，而是电机承受的负荷变大。摩擦电流增大，势必使动作电压降低，不论摩擦电流调整到多少，故障时动作电压应不小于所用电机的额定电压。为了满足这一条，班组应做到摩擦电流调整不超限。电缆线路压降应由电缆芯线计算加以保证。

(3) 动作电流

直流电流表置 5 A 或 15 A 挡串入电机启动电路，或直接从控制台上的电流表观察，扳动道岔即可测出转辙机动作电流。电气集中车站采用 ZD6 型转辙机，凡是道岔不存在严重病害，转辙机动作良好时，动作电流一般均在 0.9 ~ 1.3 A，相当于转辙机出 100 ~ 150 kgf(980 ~ 1 470 N) 的力。动作电流的大小随整组道岔转动灵活、轻重的变化而变化，也受转辙机内部机件安装良好与否的影响，对于个别动作电流过大的道岔，不应采用加大摩擦电流来维持使用，而应克服转辙机内部机械安装不良或请工务整治道岔病害，以降低动作电流。

(4)摩擦电流

电动转辙机摩擦电流的调整及测试已叙述,不再重复。

(5)动作时间

电动转辙机动作时间为:从电动转辙机的电机开始传动起,至尖轨密贴另一基本轨,构成内锁闭时止。电动转辙机动作时间,可采用401型电秒表测试。401型电秒表有两组电源端子,可引入交流220 V或110 V电源。还有一组三个端子组成的测试端子,如图12－22所示,其中Ⅰ、Ⅲ端子称为"甲",Ⅰ、Ⅱ端子称为"乙"。另外还有一只使用选择开关,可选连续性或触动性使用方法,相应位置各设一只白色表示灯,也有只设一只白色表示灯。401型电秒表连续性动作时,选用测试端子与表针动作情况如表12－5所列。

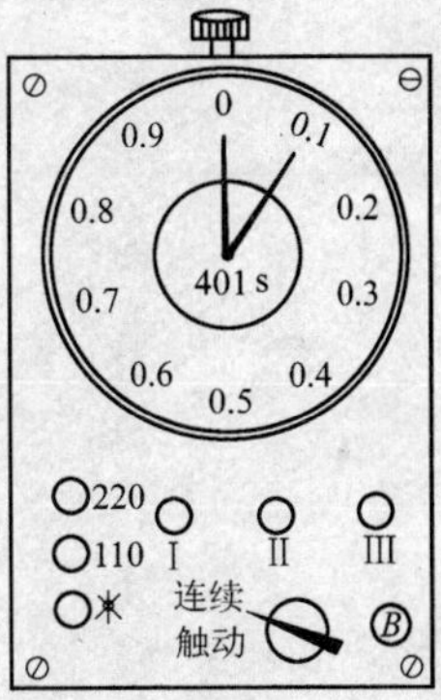

图12－22　401型电秒表

表12－5　401型电秒表连续性动作时端子选用表

顺　序	未测试时端子接通情况	选用端子接通或中断与表针动作情况	连　续　性
1	Ⅰ、Ⅲ不通 Ⅰ、Ⅱ不通	Ⅰ、Ⅲ接通,秒表开始转动 Ⅰ、Ⅱ接通,秒表停止转动	甲乙原不通 甲通乙通
2	Ⅰ、Ⅲ不通 Ⅰ、Ⅲ不通	Ⅰ、Ⅲ接通,秒表开始转动 Ⅰ、Ⅲ中断,秒表停止转动	甲乙原不通 甲通甲断
3	Ⅰ、Ⅲ接通 Ⅰ、Ⅱ接通	Ⅰ、Ⅱ中断,秒表开始转动 Ⅰ、Ⅲ中断,秒表停止转动	甲乙全通 乙断甲断
4	Ⅰ、Ⅲ接通 Ⅰ、Ⅱ接通	Ⅰ、Ⅱ中断,秒表开始转动 Ⅰ、Ⅱ接通,秒表停止转动	甲乙全通 乙断乙通

掌握选用端子接通或中断及表针动作情况,即可根据被测对象接点条件,以及测试要求,选用其中一种方法。测转辙机动作时间,可采用甲乙原不通,变为甲通乙通(如图12－23(a))测反位动作时间;甲乙原通,变为乙断乙通(如图12－23(b))测定位动作时间。

5. 电动转辙机故障处理

电动转辙机调试时将会遇到的故障,从动作层次可分为:转换故障和表示故障两部分。从结构可分为:电路配线故障和设备机械故障两部分。电动转辙机虽然会发生各种各样的故障。但分析判断这些故障的方法却是共同的。现将判断电动转辙机转换故障和表示故障的方法归纳如下,供参考。

(1)判断控制电路故障的方法

按照电动转辙机控制电路动作方框图(如图12－24所示)去分析扳动电转辙机之后,控制台上电流表及道岔表示灯变化情况,可缩小判断故障的范围。现以四线制控制电路,单动道岔电动转辙机处于定位(有正常定位表示),无法单独操纵至反位为例,说明如何依据"电路动作方框图"判断电动转辙机转换故障:

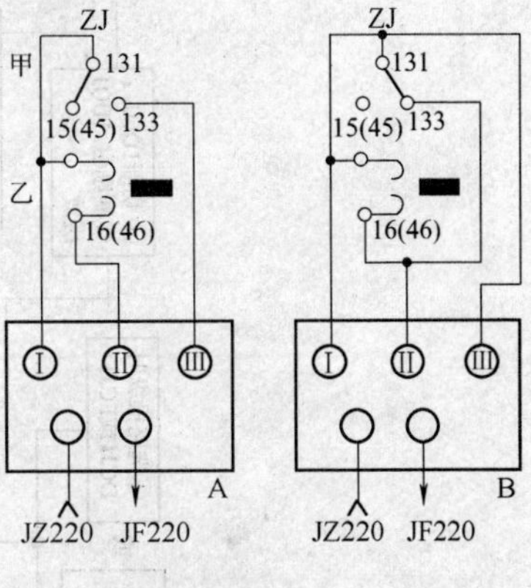

图12－23　转辙机动作时间测试接线

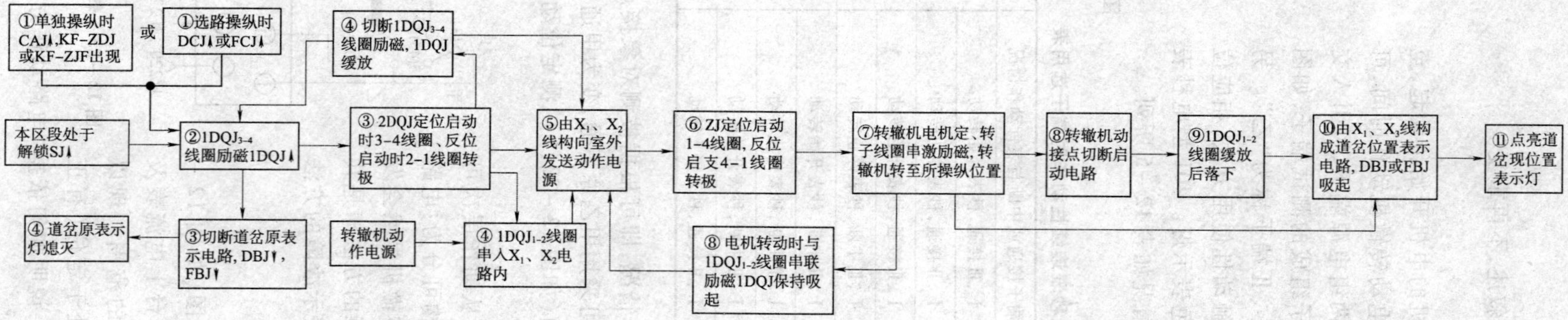

图 12－24　电动转辙机控制电路动作方框图

①按下该道岔单独操纵按钮 CA 及总反位操纵按钮 ZFA 之后，如定位表示灯不熄灭，可判为室内启动电路有故障，道岔第一启动继电器 1DQJ 尚未励磁，还没有向室外发送动作电源。第一启动继电器无法励磁有三种可能：①控制台按钮或条件电源在故障；②本道岔区段处于锁闭状态（包括区段锁闭）；③继电器本身故障。

②按下单独操纵按钮 CA 和总反位操纵按钮 ZFA 后，如定位表示灯熄灭，说明道岔第一启动继电器已经吸起，如果控制台上的电流表指针不动，可判为室外电动转辙机反位启动电路尚未构成。

此时应在室内观察道岔第二启动继电器 2DQJ 是否转极。如果控制台离继电器室很近，可听继电器动作的声音：按压按钮后，第一声是第一启动继电器吸起声，因其有加强接点，线圈阻抗较小（125 Ω），吸起声比较响；第二声是第二启动继电器转极声，比第一声较轻；第三声是定位表示继电器 DBJ 失磁落下声，比较轻微。如缺少第二声，可判为室内启动电路有故障。松开按钮后定位表示应能自动恢复。如三声俱全或直接观察到第二启动继电器已转极，则应在扳动道岔时从分线盘本道岔 X_2、X_5 线端子上测直流 220 V 电压。如有电压可判为分线盘向室外有故障；如无电压可判为室内动作电源发送电路部分有故障。

③按下单独操纵按钮 CA 和总反位操纵按钮 ZFA 后，定位表示灯熄灭，经 13 s 后挤岔电铃鸣响，须改按总定位操纵按钮 ZDA 约 1 ~ 3 s 后方出现定位表示，可判为反位启动时，不但第一启动继电器吸起，而且第二启动继电器也已反位转极，只是转辙机并未启动，或启动后未转到底，或转到底之后反位表示电路故障。

④按下单独操纵按钮 CA 和总反位操纵按钮 ZFA 后，如果定位表示熄灭，并且控制台上的电流表在 3 s 内指示 1 A 左右，然后升高至 2 ~ 3 A 并持续不降，可判为电动转辙机无法转换到底，已摩擦空转。应迅速将道岔扳回原位，故障肯定在室外。如果电流表一直指示 1.3 A 左右，可判为摩擦联接器压力过小（即摩擦电流调整过小），无法启动道岔或无法密贴到另一位置。如果电流表仅在 0.5 s 之内指示 1 A 左右，然后立即回零，可判为电动转辙机刚一启动，它的启动回路便被中断，此类故障室内以第一启动继电器 $1DQJ_{3-4}$ 线圈缓放时间小于 0.4 s 为常见；室外以转辙机反位启动接点接触不良，转辙机转动后接触中断为常见。

⑤室内操纵道岔按钮时，在电动转辙机电缆盒端子 2、5 间，如能测到动作电压，可判为电动转辙机反位启动电路有故障。如测不到启动电压，可判为 X_2、X_5 电缆芯线故障，一般以芯线制环处折断为常见。

（2）判断电动转辙机表示故障的方法

①电动转辙机正常表示灯突然熄灭，但挤岔电铃不鸣响，挤岔红灯亦未点亮，可判为表示电路未中断，已励磁的表示继电器并未失磁，只是点亮的表示灯泡断丝。如挤岔电铃鸣响，则说明励磁的表示继电器已失磁落下。

②扳动道岔后，从电流表上观察转辙机并未出现摩擦空转，但定反位均无表示，可判为表示电路定反位共用部分有故障（如半波整流盒、X_3 回线、表示电源、降压电阻等）。如一个位置有表示，另一位置无表示，可判为该位置独用部分有故障（如转辙机表示接点、表示继电器等）。

③扳动道岔后，如电流表指示电动转辙机摩擦空转，挤岔电铃鸣响，挤岔红灯点亮，应首先检查动作电路及转辙机内外机械部分故障。

（3）电动转辙机空载试验时的故障现象汇集及处理方法

①办理道岔转换，道岔第一启动继电器不励磁的原因。

办理道岔转换，道岔第一启动继电器的3-4线圈（125 Ω）构不成励磁的故障原因如下：

a. 三位式道岔操纵手柄扳动后的接点接触不良，或有按下接点的手柄，因按下接点接触不良。扳动手柄后，逐段测量送向第一启动继电器1DQJ线圈4的KF电源，查出中断点，用调整钳调整手柄接点，故障即可消除。

b. 单元式控制台二位自复式道岔操纵按钮按下接点接触不良，或室内连接电缆中断，总定位操纵继电器ZDJ或总反位操纵继电器ZFJ未吸起，或吸起后其发送条件电源的前接点接触不良，使条件电源KF-ZDJ或KF-ZFJ未送出。办理转换后测量有无条件电源，并逐段测量是否送至第一启动继电器1DQJ线圈4。

c. 单独操纵时动作正常，而办理进路时某个道岔不能正常动作，则应在选路操纵时，确认本道岔的定位操纵继电器DCJ或反位操纵继电器FCJ是否吸起。如尚未吸起，应以选岔电路着手寻找原因。如已吸起，则可能是它们的第六组前接点或道岔按钮继电器CAJ第一或第二组后接点接触不良或连续线路中断。同样方法逐段测量KF电压查出故障点。

d. 道岔第一启动继电器$1DQJ_{3-4}$线圈（125 Ω）断线。安全型继电器插座板质量不良，继电器接点与插簧片接触中断。或配线错误，配线脱焊。或本架KF电源中断。

e. 本区段处于锁闭状态，锁闭继电器SJ落下。或道岔区段轨道继电器DGJ落下。处理时应从解锁电路着手。

处理此类故障时，不必考虑室外因素，因为道岔第一启动继电器1DQJ未吸起，还未构成室外启动电路。

②办理道岔转换时，原来的表示灯熄灭，但电流表指示为零，电动转辙机不转换，扳回原位能恢复原表示的原因。

某道岔使用空载试验器已试验正确，由控制台操纵时发生此类故障。原来的表示灯熄灭，说明第一启动继电器$1DQJ_{3-4}$线圈已构成励磁，前接点闭合，并且第二启动继电器也已构成反向转动，中断原表示电路。电流表指示为零，电动转辙机不转换，扳回原位能恢复原表示说明道岔第二启动继电器2DQJ又构成向原位转极，待第一启动继电器1DQJ接点缓放落下后，又构成原表示电路。

处理时应首先将万用表置直流250 V挡接于分线盘X_1、X_4或X_2、X_4端子，然后重办一次，如启动电压已送至，可判为分线盘以外有故障。因道岔试验良好，故此时室外故障以转辙机安全接点未闭合为常见。如无电压，可判为室内动作电源部分有故障。造成动作电源部分故障的原因有以下几点：

a. 直流电源屏内道岔动作电源熔丝被熔断，停止输出DZ220 V、DF220 V电源。由此原因造成时，全场道岔均无法转换。

b. 向定位转换时RD_1熔断，向反位转换时因RD_2熔断，或不论向定、反位转换时RD_3熔断，或熔丝与熔断器座接触不良，道岔第二启动继电器2DQJ转极后，无法将动作电压送至X_1、X_4或X_2、X_4。

c. 道岔第一启动继电器$1DQJ_{3-4}$线圈（即励磁线圈）励磁后，首先使道岔第二启动继电器2DQJ转极。2DQJ转极后，向电动转辙机发送动作电压的同时，切断第一启动继电器的3-4线圈励磁电路。在电机电路尚未构成之前，是利用第一启动继电器3-4线圈缓放，来保持动作电压的发送。电机电路构成后，第一启动继电器1-2线圈（即保持线圈）串入电路，保持第一启动继电器接点不落下。如果第一启动继电器3-4线圈缓放时间不够（24 V时缓放时间应大于0.4 s），在电机电路构成之前，前接点即已断开，那么电动转辙机便无法转换。此时应更换道岔第一启动继电器。

d. 道岔第一启动继电器 $1DQJ_{1-2}$线圈(0.4 Ω)断线,或组合配线错误,或配线脱焊,或第二启动继电器的两组有极接点接触不良。故障处理后应在分线盘 X_1、X_4 或 X_2、X_4 端子测量到动作电压。

③办理道岔转换后,动作电压已送至电缆盒 1、5 或 2、5 端子,电动转辙机不转换的原因及其处理。

办理道岔转换后,动作电压已送至电缆盒 1、5 或 2、5 端子,电动转辙机不转换,可判断为电动转辙机局部启动电路有故障。电动转辙机局部启动电路由一组自动开闭器启动接点和电机定子、转子线圈,加上一组安全接点组成。接点接触良好与否,用眼不一定能看得清楚,此时可采取"反位法"用交流表示电压能迅速、简便、准确地查出中断处。

所谓"反位法"就是人为地将第二启动继电器 2DQJ 控制到与电动转辙机相反位置,借表示电压查找启动电路故障点的方法。现以电动转辙机反位不能启动为例,说明用"反位法"查找中断处的方法:将故障道岔由定位向反位操纵,电动转辙机未转换仍在定位,室内第一启动继电器 1DQJ 落下,第二启动继电器 2DQJ 向反位转极,此种状态称为"反位"。实际上电缆盒端子 2、5 正是电动转辙机反位启动电路的始末端(局部电路),但因动作电路已被切断,反位动作电压不可能一直送出,故只能借表示电压查找故障点。

将万用表置交流 250 V 挡,一棒接端子 3 不动,另一棒接端子 2,应能测到交流 220 V 电压,然后移至电动转辙机接点 11-12→电机定子线圈 2-3→电机转子线圈 3-4→安全接点 05-06→电缆盒端子 5。至此,如电缆盒端子 3、5 间测到交流 220 V 电压,说明反位启动电路通畅。否则在另一棒逐点移动中已将中断处查出,根据不同故障情况给予不同处理,电动转辙机即可反位启动。

④电动转辙机局部启动电路中断原因

a. 电缆盒与转辙机间配线错误,或电线中断。

b. 转辙机启动接点调整不良,使动接点与静接点接触中断,或动接点与静接点接触面不清洁,甚至有绿霉块,使电路中断。应重新调整接点或清扫接触面。

c. 电机定子或转子线圈断线;或电机内部跨线碰转子,脱焊或线尾相碰。

d. 电机炭刷夹头断裂,炭刷落入电机壳内底部,启动电路无法构成。如炭刷与整流子面接触不良也会使启动电路中断。

e. 安全接点轴承螺母松动,或胶木接点臂断裂、脱落后使安全动接点与静接点接触中断;或静接点压力调整不良,中断与动接点接触,使启动电路无法构成。

⑤电动转辙机电机启动后无法实现内解锁,或转换到另一位置后无法实现内锁闭的原因。

此类故障与电动转辙机启动电路无关。造成的原因有以下几点:

a. 室内发送的动作电压不足,电机启动后降至电机额定电压以下,无法正常转换道岔。由此原因造成转换故障时,伴有转速明显变慢的现象。处理时,首先查明直流屏输出动作电压是否正常,再查明本转辙机启动回路有无接地、漏电、回路阻值变大等现象。如直流屏输出电压不足,应从电源屏着手处理。如仅是本转辙机启动回路有故障,应以电缆芯线着手查明原因。

b. 摩擦电流调整过小,电机转动力无法通过摩擦联接器向动作杆传递。摩擦联接器空转,转辙机无法实现内解锁。按规定调整摩擦电流即可避免。

c. 电动转辙机动作杆伸出时,有"低头"现象,或内锁闭过紧,尖轨有反弹,或动作齿上的锁闭圆弧与动作杆上的削尖齿之间缺油，或检查柱与柱孔间缺油。应请工务配合搞好道岔整治，并注意保持转辙机各部机械动作灵活。

d. 尖轨密贴调整过紧，基本轨高于尖轨过多，或滑床板面局部磨损使尖轨密贴基本轨时爬坡不上，尖轨与基本轨内有异物，或动作齿条面上落入了异物，或密贴调整杆杆架与枕木摩擦，尖轨转换到另一位置后无法实现内锁闭。应合理调整尖轨密贴，工务配合整治道岔。

e. 表示杆调整不良，尖轨密贴基本轨后，转辙机的检查柱与表示杆缺口间隙过小，出现卡缺口引起无法实现内锁闭。应重新调整表示杆缺口。

f. 电动转辙机前、后表示杆连接螺栓松动，尖轨转换时，会使缺口错位而造成卡缺口，无法构成内锁闭。

⑥电动转辙机摩擦电流无法调大，或无法调小，或调整后自动下降的原因及处理。

电动转辙机摩擦电源无法调大的原因：

电动转辙机摩擦带与齿轮表面之间沾上了油类。尽管压力调整弹簧已拧得很紧，但摩擦面被油类润滑，摩擦力调不上去。影响程度视沾上的油类多少而定。应更换摩擦带或将摩擦带用碱水洗刷晾干，用干净棉纱抹净内齿轮表面。

电动转辙机摩擦电流无法调小的原因：

电动转辙机摩擦联接器的压力调整弹簧已拧得很松，但左、右夹板并未随着压力减小而松开，故摩擦带与内齿轮表面的摩擦力也未减小，摩擦电流仍然保持原状。遇此，只须用扳手轻轻敲击压力调整弹簧，左、右夹板便会随调整而松紧，摩擦电流随之也能正常调整。

⑦电动转辙机摩擦电流调整后自动下降的原因。

a. 电动转辙机，摩擦联接器压力弹簧调整螺母在转动中被松动，摩擦力逐渐减小，摩擦电流自动下降。摩擦电流调整后，在原压力弹簧调整螺母外，再增加一只并拧紧螺母。

b. 气候炎热地区，夏季极易使减速器内的润滑剂溶滴。溶滴的润滑剂落到摩擦联接器夹板轴上，随着内齿轮的转动，沾入摩擦带面上。摩擦力减小，摩擦电流自动下降，并且无法再往上调。应更换减速器润滑剂并更换摩擦带。

⑧电动转辙机断续性一向不转换，另一向转换正常的原因及其处理。

a. 转辙机内故障一向的启动接点调整不良，有时接时断现象。

b. 道岔第二启动继电器 2DQJ 向故障一向转极时动作不良，或转极后的接点接触不良。

⑨办理道岔转换时，电动转辙机的电机不转，并发出“嗡……”声，或电机朝相反方向扭动一下，然后摩擦联接器空转的原因。

办理道岔转换时，动作电压已送至电缆盒端子，电动转辙机不但不正常转动，而且朝相反方向扭动一下，并发出“嗡……”声，或电机朝相反方向扭动一下，然后摩擦联接器空转，均可判为电机部分配线错误。

如果将电动转辙机安全接点 05 与电机转子线圈 4 之间的连线，误配至电机转子圈 3，而将 4 误与定子线圈连接；或者修配电机时，从电机内部将转子线圈 3、4 接反，均会造成电动转辙机启动电路构成后，转子线圈电流方向相反，使电机朝控制方向相反转动。但尖轨无法再朝密贴方向移动，此时，视摩擦联接器压力调整大小，会出现两种不同故障：

a. 如果摩擦联接器压力调得过大，电机反向转动的动作电流无法使其空转，电机转子被迫停止转动，此时流经电机的电流大大超过正常的摩擦电流，于是电机便发出“嗡……”声。如不及时切断遮断器，电动转辙机动作电源熔丝将会熔断。切断遮断器时，在两接点片之间会出现很大电弧，如不迅速吹熄，接点片会被烧损。

b. 如果摩擦联接器已按规定调整了压力,电机转子能反向空转。此时,流经电机的电流已变为摩擦电流,摩擦联接器反向空转。

处理时应纠正转子配线或更换电机,切不可采取改动定子配线,硬性使电机朝控制方向转动。

⑩电动转辙机启动后,转速变慢的原因及其处理。

电动转辙机启动后,转速变慢的故障可判为转辙机内部机械传动有问题。如果是尖轨移动受阻,势必会使动作电流增大。转辙机转速变慢的原因:

a. 电动转辙机电机转子线圈发生单线圈断线,也会使转辙机转速变慢。如果转动停止时,炭刷正巧接触在断线的整流子面,那么下一次启动电路便无法构成。

b. 摩擦联接器压力弹簧调整过松(即摩擦电流调整过小),刚刚能带动道岔转换,在道岔转换过程中可明显看到摩擦联接器打滑空转,也会使转辙机转速变慢。

c. 动作电压小于电机额定电压(此时动作电流相应减小),电机转速变慢使转辙机转换变慢。查明动作电压过低的原因,恢复应有动作电压即可。

⑪电动转辙机不受遮断器控制的原因及处理。

a. 电机转子引向遮断器接点,以及遮断器接点引向启动箱端子 3 的两条线,在线把内同一处受损,造成两线间短接,使遮断器接点不起作用。或两线环误入遮断器同一端子。

b. 遮断器两接点片的固定螺母,在胶木座内相碰,或胶木座绝缘不良,均使两接点片之间相通而失去切断作用。

此类故障对人身安全危害较大,而且不易发现。只有当切断遮断器,室内仍能扳动道岔(试验转换时,室内人员未按室外要求,自行扳动)时,或做遮断器切断试验时,才会被发现。

⑫单独操纵电动转辙机一切正常,进路操纵时无法启动的原因及其处理。

电动转辙机采用进路操纵时,大站电气集中电路的定位或反位操纵继电器(DCJ 或 FCJ)确已吸起,或小站电气集中电路的始、终端进路按钮继电器 LAJ 确已吸起,发生此类故障时,可判为它的单独操纵按钮继电器第一、二组后接点,或单独操纵小手柄中间位置接点接触不良。此类故障以使用单独操纵小手柄的小站电气集中车站为常见。处理时单独操纵正常,说明道岔启动电路的共用部分无故障。进路操纵无法启动的原因在于独用部分——单独操纵小手柄中间位置接触接点(或按下位置接触接点),或定、反位操纵继电器前接点。只需对该部分接点调整良好,或更换定、反位操纵继电器,故障即可消除。

⑬电动转辙机单独操纵时,转辙机刚启动便停止转动,故障一例及其处理。

某电动转辙机刚启动,其动作电源熔丝便被熔断,并且玻璃管爆裂。根据玻璃管熔丝被熔断的三种不同现象,可判断出不同的原因:

a. 电路接通后,熔丝慢慢弓曲变形,接着从中部被切断。熔断后的熔丝不会出现“焊珠”。原因是电路内存在低阻短路,电路接通后,电流不是突然猛增,而是比较稳定地超过熔丝容量。超过容量较多的电流,使熔丝开始发热、伸长,不久便在伸长部分(即熔丝中部已变为最细部分)熔断。熔断时因为短路电流不十分大,尚不能将熔丝熔化成“焊珠”状。

b. 电路接通后,熔丝几乎立即全部熔断,并被熔成“焊珠”状,甚者能将玻璃管内壁烧成灰黑色。造成此种现象的原因有两种:一是所用熔丝容量与电路实际电流相差过大,电路接通后,正常的大电流迅速将熔丝熔断。二是电路中有短路,并且在电路接通前已存在。电路接通后,过大的短路电流迅速将熔丝熔断。因为电流较大,玻璃管内有空气,所以出现“焊珠”和灰黑色现象。

c. 电路接通后，熔丝立即全部熔断，并且玻璃管爆裂，但熔丝熔化后无附着现象。电路接通时，短路回路尚未构成，电流正常。随着短路回路构成，骤然增大的短路电流将熔丝烧断，大电流放电使玻璃管内空气膨胀而爆裂。

如果属于接通电路后冲击电流引起熔丝熔断，只在金属帽附近烧断熔丝，则既无“焊珠”，也不会使玻璃管爆裂。

造成电动转辙机动作电源熔丝熔断、玻璃管爆裂的故障原因：

· 电机定子或转子线圈短路（以转子线圈短路为多）。

· 转辙机动作电源接地，同时转辙机内启动电路存在接地，并且接地电阻几乎等于零。

· 转辙机内部配线错误，存在电源极性短路。

⑭转换双动道岔时，A 动转换正常，B 动未转换的原因及其处理。

转换双动道岔室内启动电路构成后，动作电源 DZ220 V 从 X_1 或 X_2 线向双动道岔 A 动发送，DF220 V 从 X_4 向 A 动和 B 动同时发送。以控制电动转辙机向反位转换出现此故障为例：DZ220 V 检查 A 动定位接通接点 11-12，构成电机定子、转子激磁电路，使 A 动转辙机向反位转换。此时，B 动电动转辙机是得不到 DZ220 V 电源的。

待 A 动电动转辙机转至反位，自动开闭器第二次变位，接通反位接点 21-22，切断 A 动启动电路后，DZ220 V 检查 21-22 接通，从电缆盒端子 8 向 B 动发送，同样检查 B 动定位接通接点 11-12，构成 B 动启动电路，使其向反位转换。

造成 B 动未转换故障，室外原因：

a. 动转辙机反位接通接点 21-22 接触中断。调整该组接点即可。

b. 动电动转辙机内部配线 11-21 或 22-电缆盒端子 8 的配线中断。

c. 动电缆盒端子 8 与 B 动电缆盒端子 2 之间电缆芯线故障。

d. 动电动转辙机接点 11-12 接触不良或内部配线中断。

判断 3、4 点故障时，只需在 B 动电缆盒端子 2 与 5 之间测动作电源，A 动正常转毕后，如能测到动作电源，可判为故障在 B 动；如测不到电源，可判为故障在 A 动或 A、B 动之间，然后分段查明故障点，即可按不同情况予以排除。

室内原因：

A 动电动转辙机动接点第二次变位时间（即从 11-12 断开至 21-22 接通，还需加上 B 动启动电路构成的总时间），因故大于 0.3 s，超过第一启动继电器 1DQJ 的 0.44 线圈（即保持线圈）缓放时间，使其中途失磁落下，停止发送动作电源，影响 B 动电动转辙机正常转换。遇此，在查明室外设备一切正常时，测 A 动电缆盒端子 8、5 之间在 21-22 接点接通时，是否有动作电源。如在 21-22 接点接通时测不到电源，即可判为启动电路中断时间超出 0.3 s，查明 A 动第二次变位故障原因即可排除。此故障现象是室内，真正原因是室外。

⑮电动转辙机转换正常，无法构成表示的原因及其处理。

电动转辙机正常转换，说明它的启动电路正确。无法构成表示的原因：

a. 三线或四线控制电路，道岔小型变压器（BD-10 型）表示电源 0.5 A 熔丝熔断，或线圈脱焊、断线、烧毁等原因，使表示电源中断。五线制控制电路，因道岔组合上的 KZ 电源 1 A 熔丝熔断。

b. 道岔表示继电器 DBJ 或 FBJ 线圈断丝、脱焊，或继电器插入不良，或线圈部分配线错误，或继电器内部机械故障等原因，使表示继电器无法吸起。

c. 分线盘 X_1、X_3 端子至 BD 型变压器（或 KZ 电源熔丝端子）间的组合配线中断、脱焊，或配线错误,无法构成表示继电器励磁电路。应采用逐段测交流 220 V(或 KZ24 V)电压的方法查出中断或错误配线点,给予接通。

d. 表示继电器降压电阻(20 W1000 Ω)断丝或脱焊,表示电源的一极无法送至 X_3 线,中断表示继电器励磁电路。

e. 分线盘至道岔变压器箱的 X_3 电缆芯线中断,或某段配线错误,或对地绝缘不良,中断表示回路或表示电压下降。从分线盘 X_1、X_3 端子能测量到正常的表示电压,然后向道岔变压器箱逐段测量,查明中断点或错误配线处,纠正配线或更换绝缘良好的芯线。如电缆芯线绝缘良好而使用的胶木端子对地绝缘不良,也会使电压下降,应查明胶木端子对地绝缘是否良好,更换绝缘不良的端子或采用瓷端子。

f. 转极继电器 ZJ 第一组有极接点接触不良,应重新插紧或更换继电器。

g. 半波整流匣失效,如二极管被击穿,或匣内 1 000 Ω 电阻断线,或连线脱焊等,使表示电路中断或不起半波整流作用。

h. 启动箱与转辙机间配线中断,或配线错误。将万用电表置交流 250 V 挡,两棒接启动箱端子 1 与 15,逐段测表示电压,查明中断或配错点,重新接通或纠正配线。

i. 转辙机内表示接点接触不良。以四线制控制电路为例,定、反位均由三组接点检查转辙机位置,其中任一组接触不良,均会使表示电路中断。分别借 X_1、X_2 或 X_3 电压,逐组测电压即可查明哪一组中断。

j. 转辙机静接点片固定根母松动。尤其是尼龙制静接点座,根母更容易松动。根母松动后,动接点打入两静接点片内由旷动使接触不良,造成时接时断。用手指按压,查明松动的静接点片,给予充分拧紧并重新调整。

k. 转辙机动接点或静接点片表面有油垢或霉绿,使接点接触不良。除尽油垢或霉绿,用干净布条抹净接点表面。

测量半波整流匣端电压的电压变化,能迅速判断表示电路是否构成。以交流 220 V 表示电压已送至半波整流匣两端为例:

· 万用电表置交流 250 V 挡,两棒与半波整流匣两端连接。如没有电压,可判为转辙机内检查接点有中断。

· 如有交流 220 V 电压,可判为半波整流匣内中断。

· 如有交流 400 V 左右(峰值可达交流 500 V 以上),可判为表示继电器线圈中断,或道岔第二启动继电器 2DQJ 第三组有极接点中断(即与稳压电容并接部分)。

· 如有交流 100 V 左右,或直流 50 V 左右,可判为表示继电器已正常励磁吸起。

⑯道岔表示继电器接点吸起后,出现连续颤动的原因及其处理。

采用交流 220 V 或 127 V 作电动辙机表示电路电源,电路构成后,经半波整流匣使半波电流流过表示继电器。在另一半波用稳压电容器 C(4 μF/500 V)放电,使励磁的表示继电器保持稳定吸起。表示继电器吸起后,接点出现连续颤动,可判为它的稳压电容器失效,或配线脱焊,或配线错误。因为稳压电容不起作用,表示继电器在另一半波得不到励磁电流,其接点便出现连续颤动。处理时应测试稳压电容是否良好,更换损坏的电容,或接通中断,或纠正配线。

⑰尖轨已转换密贴,电动转辙机接点无法实现第二次变位的原因及其处理。

尖轨已转换密贴,电动转辙机动接点无法实现第二次变位,道岔部分可判为密贴调整过紧,或表示杆位置调整不良。转辙机部分可判为内部机械故障。原因有以下几点:

a. 电动转辙机表示杆缺口空隙调整不当,检查柱无法落入缺口。

b. 表示杆销子孔或销子磨耗,旷动使表示杆缺口变位,出现卡缺口。用消灭磨耗的办法解决。

c. 电动转辙机前、后表示杆连接螺栓松动,表示杆缺口变位,出现卡缺口。应重新调整表示杆缺口,充分拧紧螺栓。

d. 电动转辙机转换完毕,检查柱不能入缺口的原因有以下几点:

·检查柱与自动开闭器座孔之间缺油,或沾有油漆,检查柱上下动作受到卡阻,无法落入表示杆缺口。检查柱周身注油或除去油漆即可。

·检查柱与座铁孔边摩擦,或旷动,偶尔影响检查柱落入表示杆缺口。应更换整台自动开闭器,或送检修工厂整治。

·速动爪拉簧松弛拉力不足,速动爪落入启动片缺口,拉力无法将调整架拉至应处位置,动接点也就无法第二次变位。卸去弹簧连接销,略为拧动拉簧接头,缩短拉簧长度以增加拉力。但不可增加过多,以防动接点打入静接点时力量过大。

·动接点与调整架之间的连接板与接点座平面边沿摩擦,或拐肘与接点铸口凸面摩擦,使连接板动作受阻,影响调整架就位,也影响动接点第二次变位。分解零件,消灭摩擦部分即可。

四、轨道电路调试

信号设备采用的轨道电路种类繁多,它们的调试方法大同小异。本节将叙述 JZXC-480 型交流轨道电路、25 Hz 相敏轨道电路的调试以及故障处理。

1. 轨道电路送、受电试验

现以 JZXC-480 型交流轨道电路为例,叙述其送、受电试验方法。

室内向所有轨道电路区段发送轨道电源之前,所有区段的受电端可以与轨道连接,处于受电状态,但送电端应在轨道变压器Ⅰ次端子断开一个线头,使其处于断电状态。这是为了防止轨道变压器内部有短路,或轨道区段有短路,或向轨道送电电压不当,接通交流 220 V 电源后,有可能使设备受损。室内发送轨道电源后,室外逐区段进行调试。将调试区段送电端轨道变压器Ⅰ次端子配线接通,根据区段的长度,受电端的多少,以及道床电阻等具体情况,决定Ⅱ次侧发送电压。一般情况下,一送单受区段Ⅱ次侧电压为交流 2 ~ 3 V;一送多受区段为交流 3 ~ 4 V。如属正常区段,其轨道继电器应励磁吸起。轨道电路在调整状态下,轨道继电器交流端电压一般在 10.5 ~ 16 V,特殊情况也不准超过 18 V。

轨道电路区段开路电阻的大小,受道床石砟清洁程度,道床排水良好与否,道岔区段各部件排列是否有碰连,各种拉杆、轨距杆、电动转辙机基础角钢的绝缘是否良好等因素影响。

轨道电路闭路电阻的大小,受塞钉线铆接是否良好(或焊接线是否良好),送受电引接线与变压器配线是否接续良好等因素影响。如果上述两项全能达到良好程度,那么该区段的闭路电阻也一定能在限定不得大于 1.2 Ω/km 的标准之内。

以上两项切实做到之后,必定能提高轨道电路的分路灵敏度。以交流连续式轨道电路为例:如开路电阻很大,闭路电阻很小,那么即使送电端送较低的电压,受电端也能保证轨道继电器可靠动作,轨面电压低,分路灵敏度相应就高。反之,如果开路电阻很小,而闭路电阻很大,那么送电端势必要抬高电压,受电端方能使轨道继电器动作,送电端轨面电压高,分路灵敏度相应就低。

轨道电路送电端的限流电阻,按规定在道岔区段不得小于 2 Ω;在道床不良的到发线上,可适当减小,但不得小于 0.5 Ω。调整轨道电路送电端电压时,首先应将限流电阻调整到 2 Ω。如果受电端电压嫌小,不应以减小限流电阻值来使受电端电压升高,而应抬高轨道变压器Ⅱ次电压。因为车辆占用轨道区段后，轨道变压器Ⅱ次电压除了消耗在限流电阻的部分外，仍有一部分被送上轨道。限流电阻值较大时，其压降也增大，这样相应会使轨道继电器残压降低，也就是轨道电路的分路灵敏度提高了。

轨道变压器Ⅱ次电压送上轨道，并与受电端变压器Ⅰ次侧构成回路时，限流电阻两端即能测出电压。轨道变压器Ⅱ次电压减去限流电阻电压降，应等于或略大于送电端轨面电压。送电端轨面电压经过轨道传输，至受电端轨面时会被降低，受电端轨面电压只要能保持有交流 0.8 V，经 BZ_4 变压器升压为交流 16 V，减去电缆线压降送至继电器架，便能使本区段轨道继电器励磁，线圈端电压保持在交流 12 V 左右。如果线圈端电压低于交流 10.5 V，可将送电端轨道变压器Ⅱ次电压调高；线圈端电压高于交流 16 V，应将轨道变压器Ⅱ次电压调低。为了提高轨道电路分路灵敏度，轨道继电器线圈端电压不宜调得过高，如果轨道区段的开路电阻能有几十欧姆以上，轨道继电器线圈端电压即使只调到交流 11 V，也能达到一次调整的目的，不需要随着天气或季节变化而进行调整。

轨道电路各部电压调整完毕后，用 0.06 Ω 标准分流线在区段任何点分流轨道电路，轨道继电器应可靠落下，线圈端电压(残压)应小于交流 2.7 V。

其他种类型轨道电路送受电试验的方法相同，只是各部电压或电流调整数字不同而已。

2. 轨道电路电气特性调整及测试

各种类型轨道电路有共同的电气特性，但也有各自单独的电气特性，下面详细介绍这些特性的调整及测试方法。电气特性调整不良的轨道区段，轨道继电器往往会自行失磁落下，或车辆占用区段后轨道继电器不失磁落下，或车辆出清区段后轨道继电器不励磁，极易造成行车事故。因此，电气集中开通使用前，须认真调整及测试轨道电路的各项电气特性。现将这些电气特性调整及测试方法分述如下。

(1) JZXC-480 型交流轨道电路(以下简称 480 型轨道电路)电气特性测试

①送电端电压

测轨道变压器(BG-1 型或 BG-5 型)Ⅰ次电压应保持在交流 210～220 V。测轨道变压器Ⅱ次电压：在轨道电路调整状态、轨道区段开路电阻在 100 Ω 以上时，480 型轨道电路道岔区段送交流 2.5 V 左右。一送多受或站内股道区段视具体情况适当抬高电压。如轨道区段的开路电阻在 10 Ω 以下，只能提高送电电压，以保持轨道继电器正常动作。如开路电阻较高，轨道变压器Ⅱ次电压可调整到下限，以提高分路灵敏度。

②送电端限流电阻

将限流电阻器上部线头拆下，万用表指针校准 ×1 Ω 电阻挡。两棒接电阻器上、下端子，移动电阻调整接点，即可得到不同阻值。480 型轨道电路限流电阻(包括引接线电阻)不得小于 2 Ω。

③送电端限流电阻压降

轨道电路调整状态时，送电端限流电阻压降随着轨道变压器Ⅱ次电压变化。区段开路电阻不变时，Ⅱ次电压升高，限流电阻两端的压降增大，送电端轨面电压也随之提高；Ⅱ次电压降低，限流电阻的压降减小，送电端轨面电压也随之下降。

④送电端轨面电压

将万用表置交流 10 V 挡，两棒与送电端轨面明亮面做良好接触即可测出。本区段与相邻区段间轨端绝缘良好时，送电端轨面测得的电压，加上送电端限流电阻压降电压，应等于或略小于轨道变压器Ⅱ次电压。

⑤受电端轨面电压

受电端轨面电压受轨道区段长短、受电端多少、轨道传输中的压降大小等因素影响。480 型轨道电路受电端轨面电压一般保持在交流 0.8 ~ 0.9 V。一送多受的各受电端轨面电压会有高低不同，比如较远的受电端轨面电压为 0.9 V，较近的受电端轨面电压有可能已高于交流 1 V。

⑥受电端轨道变压器电压

480 型轨道电路受电端使用 BZ_4 型轨道变压器升压，升压比为 1:20。受电端轨面电压减去引接线压降，为 BZ_4 变压器Ⅰ次电压。

⑦轨道继电器交、直流端电压

轨道电路在调整状态时，万用表置交流 25 V 挡，两棒并接于轨道继电器交流端子（接线图标为继电器 5、6 接点，实际接至 53、63 接点），可测出 JZXC-480 型轨道继电器交流端电压。在 1、4 接点可测出直流端电压。480 型轨道电路在调整状态下，轨道继电器交流端电压，应保持在 10.5 ~ 16 V 之间，越出本范围时，可通知室外抬高或降低送电端轨道变压器Ⅱ次电压。交流端电压一般调整在 12 ~ 14 V。

⑧轨道继电器残压、残流

480 型轨道电路用 0.06 Ω 标准分路线分路时，轨道继电器交流端电压即变为“残压”。轨道继电器交流残压不得大于 2.7 V，轨道继电器接点应可靠落下。残压大于 2.7 V 时，如果标准分路线确与轨面接触良好，那么应检查送电端限流电阻阻值是否在 2 Ω 以上，还应检查调整状态时，受电端轨面电压是否过高。

⑨轨道电路区段开路电阻

将轨道电路区段的送电端及所有受电端配线，在轨道引接线处断开，轨道电路区段便成开路状态。万用表置 ×1 Ω 电阻挡并校准表针，两棒与轨道引接线端子连接，电表即指示出该区段的开路电阻值。按照规定，区间碎石道床，交流轨道电路不小于 1 Ω/km；站内碎石道床不小于 0.6 Ω/km。

⑩极性交叉

相邻区段的绝缘两侧应为不同极性的电压，移频轨道电路为不同的频率，交流连续式轨道电路为相反的相位，这叫做“极性交叉”。检查交流连续式轨道电路双受电端是否有极性交叉的方法：用两根导线将两个绝缘节跨接起来，若两个轨道继电器均落下，说明极性交叉正确，如不落下，说明不存在极性交叉。受电端的极性交叉是无法自行改变的，只能通过改变送电端送电极性，才能使受电端极性改变。一送一受端的检查方法：先测出受电端电压 U_1，然后将电压表跨接于一组绝缘节上，另一组绝缘节用电线连通，测得另一个电压 U_2。若 U_2 大于 U_1，说明极性交叉正确。双送电端的检查方法与一送一受端的检查方法相同。若进行极性交叉的调整，应根据设计图纸做全站调整。改变绝缘两侧的极性，只能用倒换轨道变压器（BG-1 型或 BG-5 型）Ⅱ次配线来取得。

（2）25 Hz 相敏轨道电路电气特性调整及测试

25 Hz 相敏轨道电路采用集中调相方式供电，电源屏输出的局部电源电压（交流 110 V）超前于轨道电源电压 90°。所以，在 25 Hz 相敏轨道电路的调整工作中不再对轨道电路进行个别调相，25 Hz 相敏轨道电路的调整主要是指供电压的调整，也就是在轨道电路的送电端变压器上调整向轨道输送的电压值，使受电端轨道继电器获得的端电压符合标准范围。

①初调

初调就是对轨道电路中主要器材的运用状态进行调整，其内容有：

a. 送电端限流电阻调整。首先应对送电端限流电阻的数值按扼流变压器的设置情况加以固定,有扼流变压器时,固定为4.4 Ω,将两个限流电阻器的滑动手柄都固定在最大阻值位置上,无扼流变压器时固定为2.2 Ω,固定后不变。

b. 变比调整,主要是受电端中继变压器变比调整,调整时根据轨道电路有无扼流变压器分别调整中继变压器二次侧的使用端子。变比的使用规定见表12－6所列。

表12－6　中继变压器变比调整表

中继变压器类型	变　化		使用端子	
	有扼流	无扼流	有扼流	无扼流
BG_1-65/25	1:18.3	1:40	$Ⅱ_1$-$Ⅲ_3$ $Ⅱ_3$-$Ⅲ_1$ 连	$Ⅱ_2$-$Ⅲ_3$ $Ⅱ_3$-$Ⅲ_1$ 连
BG_1-72/25	1:16.7	1:36.4		

c. 检查相位,主要是检查元件间是否同名端相连,和钢轨的连接是否符合相位要求。

d. 空扼流补偿电路的确定,对设有空扼流的轨道电路,由于设置地点不同,需要补偿的电容也不同。因此,还应对被偿电容进行选择。其方法是送电端先供一任意电压值,分别测补偿电容为0 μF、2 μF、4 μF、6 μF、8 μF时,轨道继电器的端电压,选端电压最高时的电容值。

在实际现场施工时,以上初调的大部分内容,都可一并安排在器材安装工序中进行,以减少调试工作量,加快调试速度。

初调完毕后,即可全部送电试验测试。可先从控制台上的表示初步看出整个车站轨道电路的完好状态。判明哪些轨道区段好了,哪些区段还有故障,找出下步测试微调工作的重点。一般情况下,只要配线正确,通过初调后绝大部分的轨道区段应该是完好的,即做到一次调整正确。当然,也可以在初调之前,先送电试验一下,因为25 Hz相敏轨道电路每个区段都有独立的回路,互不干扰,能一目了然地判明各个轨道电路区段工作的好坏。

②测试和微调

测试和微调工作是同步进行的,边测边调。先进行测试,并根据测试结果进行必要的微调,由于各轨道区段长度不一,有不同的调整曲线。为叙述简便,现以区段长度分别为200 m和850 m为例介绍其测试及调整方法。

a. 继电器端电压测试及调整

继电器端电压测试是指在室内的二元二位轨道继电器的3、4线圈上的端电压测试,其电压标准见表12－7所列,用万用表交流50 V挡,将两表棒接在二元二位轨道继电器插座板3、4接点片上测量。也可以将两表棒接在该区段防护盒的1、3端子上测试,如图12－25所示。所测得的电压应满足表12－7的规定。

表12－7　长度为200 m和850 m时轨道继电器端电压值(V)

区段长度	双扼流	送端扼流	受端扼流	无扼流
200 m	16～20	15～21	16.5～20.5	15～18.5
850 m	15～24.5	15～28.7	15～27.5	15.5～34.5

当所测得的电压不符合标准时,就要调整送电端供电压,其方法是在送电端变压器调整二次侧的使用端子,要两人同时进行,一人室内测试,一人在室外调整端子,边调边测,直至调至标准值为止,调整一个固定一个,做好记录。

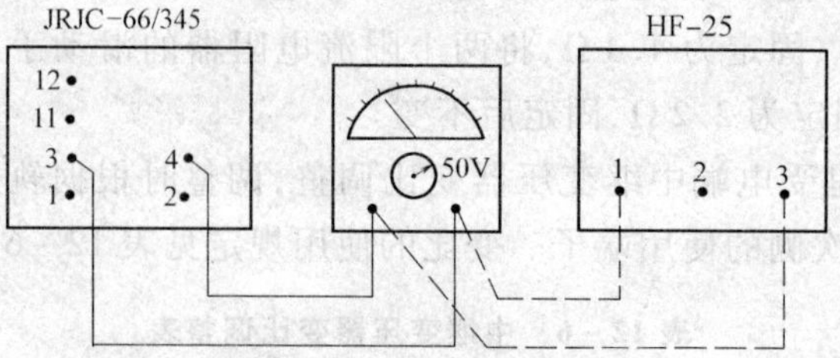

图 12-25　二元二位轨道继电器端电压测试

b. 送电端电压测试

(a)轨道变压器一次侧电压测试。25 Hz 相敏轨道电路采用的中继变压器有 BG_1-72/25 和 BG_1-65/26 两种型号，使用万用表交流 250 V 挡在 1、3 端子或 2、4 端子上测量。当使用 220 V 电压时，用万用表交流 250 V 挡在 1、4 端子上测量(2、3 端子连接。)

(b)轨道变压器二次侧电压测试。用万用表交流 50V 挡测量，其电压值随使用端子的不同而不同。所测得的电压应满足表 12-8 的规定。

表 12-8　长度为 200 m 和 850 m 时轨道送端变压器二次侧电压值(V)

区段长度	双扼流	送端扼流	受端扼流	无扼流
200 m	2.5～4	3.4～6.4	1.6～3.75	1.2～4.4
850 m	4.8～6.8	8.7～11.75	2.75～5	2.5～6

(c)送电端限流电阻压降测试

在调整状态时，限流电阻的压降随着供电电压变化而变化，车列占用后，供电电压全部加到限流电阻上，送电端的限流电阻一经初调后就应固定不变，所以，限流电阻的压降值每个区段不尽相同，也很难确定。测试时，用万用表交流 10 V 挡在限流电阻的上、下两端子上测。

(d)扼流变压器特性测试

扼流变压器主要是为防止牵引电流干扰而设置的，其变比为 1:3，用在送电端时，起降压作用，它的一次侧与送电端供电变压器二次侧相连，它的二次侧直接连接到轨道上。如图 12-26 所示。

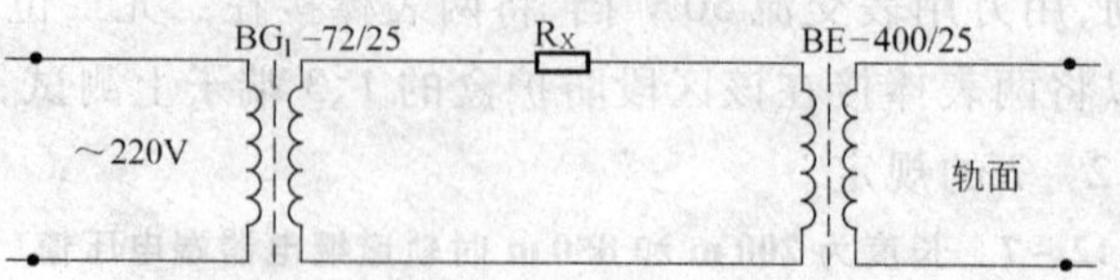

图 12-26　扼流变压器在轨道电路中接线图

扼流变压器的一、二次侧电压均用万用表交流 10 V 挡测量，其常用方法是：用一表棒接在限流电阻的一个端子上，另一表棒接在 BG_{25} 变压器二次侧的一个端子线头上，其电压为零时，说明是同一电位的两点(故障除外)，应将其中一表棒调换到另一个端子上再测。二次侧电压一般在轨面上测。将测得的一、二次侧电压进行比较，若符合 3:1 比例，说明扼流变压器的特性是完好的，反之，说明扼流变压器有故障需查找。

(e)送电端轨面电压测试

将万用表置于交流 10 V 挡,两表棒与送电端处明亮的轨面做良好的接触即可测出。当相邻两区段的轨道绝缘良好时,所测得的轨面电压值乘以 3,加上限流压降,应等于送电变压器二次侧电压,若计算结果相差太大,说明有关接触部分有接触不良故障,应仔细检查克服。

c. 受电端电压测试

受电端的电压测试与送电端的测试方法相同,只是受电端的扼流变压器起升压作用,轨面电压值乘 3 应等于限流压降加上轨道变压器二次侧电压。轨道变压器一、二次侧电压之比,应满足初调中固定的变比要求。

d. 一送多受轨道电路的平衡调整

一送多受轨道电路常用于道岔区段,常见有一送二受和一送三受轨道电路,也是 25 Hz 相敏轨道电路调试的重点和难点,主要电气特性标准见表 12 - 9 所列。初调和测试与前述的一送一受相同,相比之下,对一送多受轨道电路,为优化其分路灵敏度,还应做几个受电端的平衡调整,也就是通过平衡调整使几个受电端的继电器端电压比较接近。其方法是调整受电端的限流电阻来获得:先从几个受电端中继电器端电压最低的调起,调整电阻时不能调得过猛,从小慢慢地向大调,边调边测,逐渐使几个端电压间的差值最小。

表 12 - 9　一送多受轨道电路电气特性调整表

一送多受类型	顺号	扼流变压器数		供电变压器二次电压(V)		继电器轨道线圈电压(V)	
		送	受	最低	最高	最低	最高
一送二受	1	1	2	7.1	10.2	17.7	23
	2	1	1	7.0	11.1	16.6	
	3	1	0	5.1	11.8	15.4	
	4	0	0	3.7	14.9	15.0	
	5	0	1	5.7	14.3	16.4	
	6	0	2	6.7	11.8	18.0	

e. 分路灵敏度试验及测试

当采用 0.06 Ω 标准分路线在轨面上分路时,在二元二位轨道继电器 3、4 线圈上所测得的电压称为“残压”,是轨道电路的一个十分重要的参数。25 Hz 相敏轨道电路的“残压”应小于或等于 7 V,并保证二元二位轨道继电器可靠地落下,分路灵敏度的检查一般在送、受电端进行分路试验,对一送多受的轨道电路,因道岔布置不同,分路最不利的地点也不同,所以,除在送、受电端进行分路外,还应在岔尖处做分路检查。带有无受电分支时,还应在无受电分支的末端检查。当所测得的残压大于 7 V 时,应检查分路线是否与轨面接触良好,送电端的限流电阻是否在原理图所规定的数值上,受电端轨面电压是否过高等。当判断为轨面电压过高时,不能盲目改变送电端的限流电阻和受电端的中继变压器变比,这样做会使轨道电路的分路检查恶化和破坏受电端器材的阻抗匹配条件,只能改变送电端的二次侧供电电压值,改变时只能做一些微调,使得满足分路检查的要求。

f. 极性交叉检查

25 Hz 相敏轨道电路的极性交叉的检查方法有两种:一种是常用的绝缘破损检查法,这种方法也在交流连续式轨道电路中有介绍,不再重复;另一种是“电压比较法”,如图 12 - 27 所示。

用万用表交流 10 V 挡分别测量绝缘节两侧各点间的电压。若测量结果满足 $2V_{bc} > V_{ce}$ 或 $2V_{be} > V_{bd}$ 或 $2V_{de} > V_{bd}$ 时，则说明极性交叉是成立的。

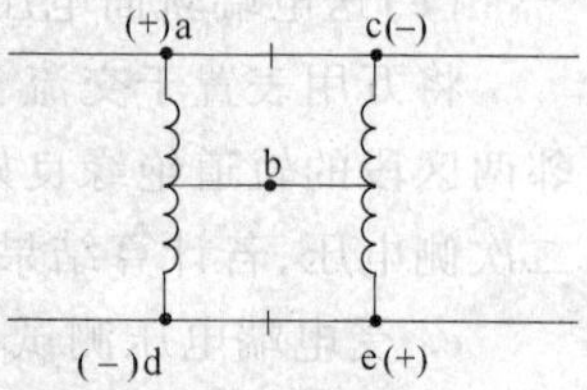

图 12 - 27　极性交叉检查

极性交叉的调整，应根据设计图做全站调整，对于小站，一般从咽喉区开始一直推到另一咽喉区，而对大站，则要从股道开始分别推向两咽喉区，因为大站设备繁多，按小站的方法去调整的话，很容易造成在某些设备处就无法进行极性交叉了。当发现极性交叉不成立时，只需调换送、受电端变压器二次侧的两根配线就可以，但要注意一点，在线头调换时，不能改变原端子的使用情况，以免破坏已调整好的轨道电路特性。反之，若极性交叉在前，轨道电路调整在后，如维修中的测试调整、器材更换时，也要注意原端子配线的线头不能调换，否则将破坏已有的极性交叉。

(3)25 Hz 相敏轨道电路故障处理

①室内故障处理

a. 当在分线盘测得受电端有正常电压送回时，首先测量二元二位轨道继电器 3-4 线圈是否有电压，若没有，可判为继电器至分线盘间这段配线有错误，应进行配线核对，若测得有正常电压，首先应检查插座板是否牢固，局部电压是否正常，对这些检查无误后，则说明二元二位轨道继电器本身有故障。应进一步用万用表测量线圈是否断线，在 1-2 线圈上测应有 345 Ω 直流电阻，在 3-4 线圈上测应有 66 Ω 直流电阻。

b. 当在分线盘上测得送电端有电压送回，但很低，这时不能盲目判断故障在室外，要在分线盘端子上将电缆线和软配线分开进一步测试，以便作出准确结论。

②室外的故障处理

分两大类：一是短路故障，二是开路故障，最直接的判断方法是测送电端限流电阻上的压降，若电压很高，几乎接近供电变压器的二次侧电压，则说明轨道及受电端有某处短路，若电压为零则说明回路中无电流属开路故障. 下面就以一送一受(双扼流)轨道电路为例说明故障的查找方法。

开路故障处理：

一般应从送电端开始，在确认二次侧有正常电压输出之后，第一步用表棒固定接在供电变压器的一个端子上，另一表棒分别测限流电阻上端子，若有，再测下端子，若无电压，则说明限流电阻开路，可能是其滑动手柄接触不良，若有电压则说明送电端轨道变压器箱内无故障；第二步测送端轨面电压，若有则说明扼流变压器是好的，若无则扼流变压器内部有开路；在判明送电端工作正常后，应仔细检查钢轨回路中的配件，特别是轨端导接线，检查无误后，第三步在受电端处测轨面电压，如有则可判定开路故障点在受电端变压器箱内或受电端扼流变压器上，其查找方法与送电端相同。

这里要注意一点，每测试一步都要进行认真分析，并确认每个数据的真实性、准确性，因为在电气化区段干扰严重，有时测得的电压是虚电压。

短路故障处理：

当在送电端初步判断为短路故障时，可先将受电端甩开，用 25 Hz 专用钳形表从送电端开始测试电流。在正常情况下，钢轨上应测得的电流是 1 A 左右。短路以后电流增大(每个区段不相同)。其方法是：先测送端扼流变压器引接线，再测钢轨。重点在轨距杆、岔群内要反复测量比较。

短路故障常发生在轨距杆、跳线卡钉、配线、器材等部位。处理时要重点查找这些地方，看一看卡钉钉得是否合理，配线端子是否有“毛刺”，摸一摸器材线包是否发烫等。

3. 轨道电路故障处理

下面将常见的轨道电路故障汇集如下：

(1)轨道电路常点红灯的原因及其处理

轨道电路出现常点红灯故障时，首先用测试盘判明是室内还是室外原因。室内原因不外是轨道继电器GJ线圈断线或整流部分故障、继电器插入不紧、配线脱焊等。

室外故障原因较多，判断方法：

①万用表置交流250 V挡，测送电端轨道变压器Ⅰ次侧线圈有无交流220 V。如无电压，应改量熔丝端子，检查熔丝是否良好，如室内引来的电缆端子亦无电压，可判为电缆故障，或配线错误。如变压器Ⅰ次侧已有电压，应改量Ⅱ次侧使用端子有无电压，如没电压，原因可能为：变压器Ⅱ次线圈断线，线圈脱焊，线圈中间抽头与端子连接中断，Ⅱ次线圈连接端子未设跨线、跨线错误等。应查明故障点，更换变压器，或接通中断点，正确使用Ⅱ次线圈端子。如Ⅱ次侧有正常低电压，改量引接线端子有无电压，如无电压，可判为限流电阻中断，调整弹簧片与电阻丝接触中断，或配线错误。将电阻丝与端子做良好连接，或重新调整簧片、纠正配线。如有电压，可判为送电端变压器箱内无故障。故障在受电端或轨道区段内。

②如送电端轨道变压器Ⅰ、Ⅱ次侧均有电压，限流电阻压降略低于Ⅱ次电压，而两引接线端子间几乎没有电压，可判为轨道区段开路电阻已变为0 Ω。从引接线端子上拆除线头时，会有电火花出现。拆下后将万用表置交流10 V挡，一棒接拆下的线头，另一棒与未拆下的线相接，如能量出正常电压，可判为箱内送电良好。此时将拆下的线头连带表棒一起试送一下，如果电压立即降为0 V，可肯定轨道区段有短路；如大幅度下降，但尚未到0 V，可判为该区段开路电阻已不符合要求。

处理轨道区段有短路故障的较快方法，是作轨道区段开路测试。一般情况下，如果送电后电压降为0 V，使用万用表已无法测出该区段的开路电阻。如尚未降为0 V，但无法保持轨道继电器正常吸起，该区段的开路电阻已小于1 Ω·km的最低要求。在开路状态下，如果送、受电端引接线没有碰连，道床质量没有明显不良，轨道区段有短路或开路电阻小于1 Ω·km，一般可肯定为绝缘件严重破损，或受到外来短路，其中以新式轨距杆绝缘破损为常见。绝缘破损处查出后，应会同工务进行更换。

③如送电端轨面有正常电压，可判为送电端正常和轨道区段无短路故障。逐段测轨面电压直至受电端，如某段突然下降过多，可判为此段钢轨电阻不良，敲紧或更换导电不良的轨端接续线和道岔跳线即可克服。

④如受电端轨面电压已进入BZ_4型变压器Ⅰ次端子，Ⅱ次无输出，可能由以下原因引起：BZ_4变压器损坏，端子连接不良，或变压器面板装反，使Ⅰ、Ⅱ次线圈使用错误，或防雷装置击穿后将Ⅰ次线圈短路。更换良好的变压器，纠正Ⅰ、Ⅱ线圈位置，或更换防雷装置即可克服。

⑤如BZ_4型变压器Ⅱ次侧已有交流输出，但在室内分线盘端子测不到正常电压，可判为配线错误或芯线对地绝缘不良，或线路中断(以芯线制环处折断为常见)。如Ⅰ次侧交流输入正常，但Ⅱ次侧交流输出偏低，可判为BZ_4型变压器变压比变化，应更换良好的变压器。

⑥还有一种原因是：变压器箱严重渗漏水，日久端子间产生绿霉，造成端子间短路。处理方法是清除铜绿或更换端子，并根除渗漏水。

（2）轨道电路间断性点红灯的原因及其处理

①轨道继电器插入不紧。应重新插紧或加设防震带。如属继电器插座板产品质量造成，应更换插座板。

②电缆芯线与相邻区段发生混线，造成送、受电电压不正常。应纠正配线或更换备用芯线。

③轨道电路电气特性调整不良，轨面电压处于临界点，勉强保持轨道继电器励磁吸起，随着电压波动或区段开路电阻的变化，轨道继电器间断失磁落下。应调整轨道电路电气特性。

④轨道电路绝缘杆件破损并且未安装牢固，因震动使杆件破损处短路或半短路时，轨面电压下降，轨道继电器 GJ 失磁。震动又使破损处的短路或半短路分离开，轨面电压又恢复正常，轨道继电器 GJ 恢复励磁吸起。可用轨道绝缘件测试方法查明绝缘破损处，并更换已破损的绝缘。

⑤送、受电端过轨引接线的固定卡钉松动，使引接线与另一轨间断性相碰，造成短路，或引接线螺栓与变压器箱内配线松动，使轨面电压间断性停电，都会造成轨道继电器 GJ 间断性失磁。

⑥送、受电端过轨引接线与轨距保持杆或防爬器（与另一轨连接部分）间断相碰，一向行车时造成轨道电路短接。另一向行车时，相碰稍稍分开，轨道电路又能恢复正常。应将轨距保持杆或防爬器敲离过轨引接线并做充分固定。

⑦与公路交叉道口的过道水泥板边框铁，在过车辆时受到压挤、震动与两轨相碰，履带式拖拉机或行人拖拉铁丝、铁链过轨，使轨道电路瞬间短路，均会使轨道继电器间断失磁落下。前一种情况应请工务部门将水泥板反叩一块，使边框铁构不成两轨短接。后一种原因只能加强宣传，并请道口人员协助，禁止行人拖拉金属件过轨。

（3）钢轨绝缘故障使轨道电路点红灯的原因及其处理

有极性交叉的相邻两区段，一组钢轨绝缘破损时，两区段均不会出现红灯。相邻两区段的两组绝缘均已破损或道岔区段内辙岔部分的一组钢轨绝缘破损，均会使轨道电路出现红灯。

①设钢轨绝缘的钢轨连接夹板固定螺栓中部各与一轨相碰，并且与钢轨连接夹板间的绝缘又同时破损。正常情况下，钢轨连接夹板固定螺栓由带片绝缘管的隔离使其与钢轨、钢轨连接夹板间绝缘。将万用表置 ×10 电阻挡，测螺栓与轨面间的阻值，至少应有几百欧姆才对。如果轨条爬行或钢轨连接夹板与轨端眼孔不对，螺栓须砸弯方可穿入，其中部便会与轨端眼孔相碰，加上螺栓与带片绝缘之间未加铁垫片，直接加弹簧圈拧紧，日久弹簧圈楔入绝缘片内，螺栓与钢轨连接夹板碰接，钢轨连接夹板等于将轨端绝缘短路，使本组钢轨绝缘失去隔离作用。处理办法是约请工务配合，将爬行轨拉正，增加防爬设备、防止钢轨连接夹板固定螺栓中部弯曲。在带片绝缘管与螺栓之间加设相同圆径的铁垫片，然后加弹簧圈再拧紧螺帽。

②设钢轨绝缘处的钢轨连接夹板两侧道钉钉固方向错误，其他枕木的道钉伸出口全卡向轨侧，但钢轨绝缘在连接夹板处应相反。如同样固定，道钉伸出口便与连接夹板处碰，道钉由轨底垫板将本轨极性送入钢轨连接夹板，另一端同样如此的话，本组钢轨绝缘失去隔离作用。处理办法是撬出道钉，将其伸出口改向外侧。

③两轨端接缝处道床捣固不良，列车通过时，两轨端上下跳动错位，尤其是夏季由于热膨胀使轨缝变小时，很快将轨端绝缘挤擦殆尽。轨条爬行也会将轨缝挤没，日久轨端绝缘被挤压成极薄的片，以至消失。上述两种情况均直接使本组钢轨绝缘失去隔离作用。处理方法：前者可在轨端底部加设一段小枕木，减少两轨端错位，要求工务部门在两轨接缝处加强捣固。后者

请工务协助拉轨,并增设防爬器,改善爬行。

④轨端表面出现"肥边",从轨缝上部短接。处理办法是请工务将"肥边"凿去,更换良好的轨端绝缘。

⑤槽型绝缘与轨腰间积存油垢铁屑过多,也会影响该组钢轨绝缘的隔离作用,检查时只能测量出其绝缘不良,但并没破损短路之处。处理办法是铲尽油垢铁屑,必要时更换槽型绝缘。

(4)轨距保持杆故障使轨道电路点红灯的原因及其处理

①装新式轨距杆时,带片绝缘管套未完全进入铁爪孔内就狠紧固定螺帽,将绝缘管套挤裂、挤碎,使轨距杆一端与轨连通。安装时应将绝缘管套妥帖地塞入爪孔内,然后加铁垫片、弹簧圈,拧紧螺帽。

②新式轨距杆带片绝缘管套与固定螺帽间未加同样圆径的铁垫片,直接加弹簧圈拧紧螺帽。

③轨距杆绝缘件埋入道床石砟、炉砟或油垢污泥内,受潮气侵蚀绝缘下降。处理方法是请工务清理道床,至少不使轨距杆埋入道床内。

④安装在道岔区段的轨距杆顶端与另一轨距杆杆身或铁爪相碰,造成两区段或本区段两极性短路。处理方法是请工务移动轨距杆,避免两杆间碰连,并充分拧紧不使铁爪有自行移动的可能。

⑤安装在送、受电端的轨距杆与过轨引接线相碰。

⑥安装在轨端绝缘旁侧的轨距杆,两铁爪松动,窜至钢轨连接夹板中部,由铁爪将两轨端连接,使轨端绝缘失去隔离作用。

⑦安装在尖轨前的轨距杆窜动,两爪与电动转辙机基础角钢相碰,角钢将轨距杆连通,使轨道电路短接。

(5)送、受电引接线故障使轨道电路点红灯的原因及其处理

①钢丝绳与塞钉或与丝扣螺栓间的焊接脱焊,中断轨道电路送、受电,使轨道电路点红灯。如存在虚焊,会出现间断性点红灯。处理方法是更换焊接质量良好的引接线,安装时焊口朝地面并涂一层牛油。

②引接线受雨露、列车排出的脏物、冷藏车盐水的腐蚀使强度下降,甚者能蚀断,中断轨道电路送、受电。处理方法是引接线安装前,提高防锈漆、油漆施工质量。安装后,信号工区加强维修,每季进行一次沥青防腐,并及时更换不良引接线。

③引接线卡钉钉得过紧,损伤了钢丝绳强度,日久,受水的浸蚀使其蚀断。如涂塑钢丝绳钉得过紧,表皮易发生破裂,日久雨水渗入内部使其蚀断,并不易发现。处理方法是更换良好引接线并按技术要求钉固。

④过轨引接线卡钉脱落,或该处枕木腐朽使钢丝绳弹起,与轨底相碰造成短接。处理方法是按技术要求钉固卡钉,过轨两端钉双卡钉。遇到枕木腐朽时,约请工务克服后再做过轨引接线安装。

⑤固定过轨引接线盘成圈形余量的卡钉松脱,余量与另轨垫板边角相碰,使轨道电路短接。处理方法与上相同。

⑥固定过轨引接线的卡钉过长,与过轨垫板相距太近,卡钉钉入枕木内与道钉相碰,造成轨道电路短接。处理时测轨道区段开路电阻为 0 Ω,测全区段绝缘件全部良好。此时应考虑将送、受电引接线的塞钉冲出轨外,并切断其与轨道变压器间的连接,直接从轨面测开路电阻,即可查明是轨道部分短路还是引接线部分短路。此时,引接线已成为前后不接设备的单独体,

对其与轨间测量绝缘值,即可查明是哪一根引线与另一轨间有短路,找出哪一只卡钉与道钉相碰,将该卡钉拔出,挪位重钉。

⑦引接线螺栓与变压器箱之间的连接松动。螺栓采用铜质螺母作固定根母,过分拧紧时容易使丝扣滑牙,造成螺栓松动。如未充分拧紧或根母滑牙,在箱外扳动钢丝绳能将螺栓来回拧动。螺栓松动会使箱内配线与螺栓接触不良,造成送、受电电路中断。处理方法是采用铁质螺母作螺栓的根母,充分拧紧根母,确保配线接触良好。

(6)轨道电路电气特性调整不良使轨道电路点红灯的原因及其处理

①送电端交流220 V熔丝接触不良或霉断,停止发送轨道电路电源。处理方法是加强熔丝与配线的接触强度,根治变压器箱渗漏水。

②BG_1 型轨道变压器线圈引出线脱焊,或与端子连接松脱。处理方法是重新焊接,保证焊接质量。充分拧紧端子根母。

③限流电阻的滑动调整簧片与电阻丝接触中断。处理方法是将电阻丝尾端与调整滑杆尾端相连,这样即使调整簧片与电阻丝断开,电阻全部串入轨道电路,至多降低轨面电压,但不致使供电中断。滑动调整螺栓的"八字形"簧片应保持一定压力不可劈度过大,与电阻丝接触后应先拧紧紧固螺母。注意保持电阻丝与滑动簧片接触良好,如电阻丝接触面已呈黑色,应使用零号砂布将其略略擦亮。

④受电端 BZ_4 型变压器特性变化、线圈中断,无法将所收到的电压作20倍升压。

⑤轨道区段开路电阻过低。测量区段内所有的绝缘杆件绝缘,查出绝缘不良处,更换绝缘,以提高区段开路电阻。

⑥轨道电路送电端Ⅱ次电压过低,受电端勉强收到交流0.5 V以下,轨道继电器GJ交流端电压处于临界点。

五、电源屏调试

室内设备调试首先应进行电源屏调试,以保证向室内设备的正常供电。现以大站电源系列供电为例,叙述其调试方法。

电源屏通电调试检查应符合下列要求:

(1)指示灯表示正确。

(2)报警系统动作正常。

(3)手动或自动调压装置作用良好,动作灵活。

(4)手动或自动转换主用、备用时工作稳定可靠。两路电源转换时间不少于0.15 s。

(5)各项输出电源参数符合设计及相关技术标准的规定;液晶显示清晰,显示值与实际测量值相等,显示参数全面。

(6)开关熔丝应接触良好。在有负载的情况下,触头无过热现象。

(7)接入额定负载,检查各部件的温升,应符合设备说明书。

(8)其他附属功能,如远程监测、故障自动拨叫等工作正常。

调试电源屏时,在电源屏的输出端子,各种电源供向设备的电源配线尚未连接,将所有电源屏的转换开关置于关闭位置。电源屏调试的顺序是:接通三相电源、调试交流调压屏、交流电源屏、直流电源屏、转换屏。现将各屏调试方法分述如下:

1. 两路电源引入,自动转换及交流调压屏调整、试验方法

交流调压屏的作用是三相电源输入后进行交流稳压。经过稳压后的交流电源,供给交、直流电源屏使用,故它对交、直流电源屏的正常工作有直接影响,一般应先调试好,由其供出稳压

电源，再调试交、直流电源屏。

外电网三相交流引入电源屏的走线方式有两种：一种是三相电源首先进入转换电源屏，两路电源分别由 1HK、2HK 控制线路接触器 1XLC、2XLC 励磁，由 1XLC、2XLC 触头构成两路电源转换电路，将其中一路三相电源输入到交流调压屏。另一种是三相交流通过交流电源屏内与第一种相同的两路电源转换电路，然后输入到交流调压屏。

不论采用上述方法中的哪一种，调试交流调压屏时，先扳动万能转换开关 1WHK，顺相检查一、二路电源的各相电压是否在允许范围内。如某相间电压大于或小于允许范围，均应与供电部门联系，检查外电网输入电压是否正常，输入熔断器是否完整。外电网供电正常，用临时熔丝连通交流电源屏 RD1 ~ RD6，然后合上两路三相电源闸刀，两只电源表示灯 1HD、2HD 应同时点亮红色表示灯。闭合 1HK，一路电源使用表示灯 1BD 点亮白色表示灯。闭合 2HK，然后按压一次 1TA，由使用一路电源手动转换成使用二路电源，一路电源使用表示灯熄灭，二路电源使用表示灯 2BD 点亮。再按压一次 2TA，能将使用二路电源手动转换成使用一路电源，使用表示灯作相应变换。手动转换试验正常后，拉断一路电源闸刀使 1XLC 失磁，其常开接点 3-4 断开 1XLC 励磁电路，停止一路电源供电，1XLC 常闭接点 21-22 使 2XLC 励磁，自动转换成使用二路电源。闭合一路电源闸刀，再拉断二路电源闸刀，同样能使二路电源自动转换成使用一路电源。以此进行两路电源自动转换试验。

外电网两路电源调试正常后，进行交流调压屏调整试验，步骤如下：

(1)各熔丝座规格换成临时熔丝。扳动转换开关 2WHK 至手动位置，按压升压按钮，设于交流调压屏的电压表应指示电压上升，同时点亮红色表示灯 HD。

(2)手动升压至 400 V 时，过压继电器(YJ)应吸起，切断升压回路。如果不能吸起，打开过压继电器外壳，调整电压调节手柄，直调到电压升至 400 V 时能够吸起为止。

(3)交流调压屏输出电压手动升至 400 V 后，改按降压按钮，电压表应指示电压下降，同时点亮绿色表示灯 LD。手动降压至 380 V ± 11.4 V 时，松开降压按钮。

(4)扳动转换开关 2WHK 至自动位置，当外电网压在 380 V ± 11.4 V 的范围内时，控制继电器(电话继电器)1KJ、2KJ 应可靠励磁，不发生自动升、降压动作。如果此时 1KJ 吸起，2KJ 落下，会产生降压动作；如果 1KJ 落下，2KJ 吸起，会产生升压动作，使输出电压高于或低于 380 V ± 11.4 V 的范围。遇此，应调整差动板上的电位器 W_4(未修改之电路为 W_2)，以保证输出电压在 380 V ± 11.4 V 的范围内，W_1 及 W_2 电位器出厂时均已调好，一般不必再调整。再将 2WHK 扳向手动位置，用手动方法升压至 380 V ± 11.4 V 范围以外，将 2WHK 扳向自动位置，输出电压应能自动调回到 380 V ± 11.4 V 以内。同样方法，用手动降压至 380 V ± 11.4 V 范围以外，试验调压屏应能自动调到 380 V ± 11.4 V 范围以内。

(5)不论手动或自动升压、降压，调压电机应在按钮松开时立即停转。如有惯性转动，应适当调整电位器 W_{12}(未修改之电路为 W_5)，改变制动继电器缓放时间，以保证电机的可靠制动。

2. 交流电源屏调整、试验方法

交流调压屏将稳压后的交流电源送入交流电源屏，交流电源屏调整、试验步骤如下：

(1)外电网两路电源转换试验已在上一点内叙述。交流电源屏调试前，应先核对主、副屏与外电网并联配线是否同相，如互相之间存在交叉配线，在交流主、副电源屏转换时，极易将输入熔丝烧断，使交流调压屏得不到外电网的电源输入。

(2)扳动万能开关 2WHK，逐项检查信号、轨道、道岔电源电压是否正常。特别注意检查各电流互感器次级电路是否正确,避免开路时产生高压击穿设备。

(3)在控制台操纵表示灯调压按钮,检查表示灯降压点灯是否正常。降压设备失效时,应能供出最高表示灯电压。

(4)在控制台操纵信号灯电源按钮,信号点灯电路应能供三种不同电压。但同时只能有一种电压输出,调压及降压设备失效时,应供出最高信号点灯电压。

(5)闪光盘上接入 100 W 以下的 24 V 灯泡应有明显的闪光。闪光频率应可调至 90 ~ 120 次/min,闪光太快或太慢时,可调节电位器 W_1 及 W_2。调节适合后,进行 50 ~ 60 s 的老化试验。

(6)主屏及副屏的各种电源输出端子是并联的,主、副屏倒换使用时,有瞬间并联运行。如果两屏中某种电源变压器的极性不一致,就会烧坏设备或熔丝,或倒换时接触器发生跳动。用交流电压表(量程应大于回路电压一倍),逐项测量各种电源输出回路,两屏对应端子间有无电压,检查主、副屏输出端子是否同极性。

测量方法是先把两屏对应的各输出回路中的一端连接起来,另一端与交流电压表连接,接通电源,如果电压为零或很低,表示该对应端子为相同极性;如果电压很大,则表示它们之间为相反极性。遇此,必须在变压器输出端子上倒换其中一屏配线。最终,要保证两个屏所有的输入、输出回路极性都一致方可。并应使所有电压可调回路置于同一位置,输出电压相等。

(7)在转换电源屏(或其他转换方法)进行主、副交流电源屏倒换试验。倒换时不应出现瞬间断电现象,应能保证先接后断。主、副交流屏中停电屏的控制开关应置于切断位置。

3. 直流电源屏调整、试验方法

交流调压屏稳压后的交流电源送入直流电源屏,直流电源屏调整、试验步骤如下:

(1)开启本屏控制开关 1HK ~ 4HK,检查电压表直流电压是否为 24 V、220 V。并点亮表示灯 1LD、2LD。

(2)在直流 24 V 电源输出端,接入可通过 50 A 电流的可变负载,从额定负载的 30% ~ 100%,即 15 ~ 50 A 变动,输出电压的变化范围不低于 23 V,不高于 25 V。如果电压变化大,应检查导线与端子接触是否良好。

(3)24 V 或 220 V 电源出现二次侧故障短路或过负载时,过流继电器 1GLJ 或 2GLJ 应吸起,切断电源并点亮红灯,报警电铃鸣响。

(4)主、副直流电压屏的控制开关应经常置于闭合位置,使用屏过流停机时,能自动倒换至备用屏供电。

(5)使用直流电压表检查主、副屏 24 V、220 V 电源相应的输出端子极性是否相同。应确保并联端子均处于同极性。

(6)在转换电源屏(或其他转换方法)进行主、副电源屏倒换试验。倒换时不应出现瞬间断电现象,应能保证先接后断。

(7)检查 24 V 及 220 V 整流变压器上的高电压和低电压抽头,能否分别供 22 V、26 V 及 210 V、230 V、240 V。

4. 转换电源屏调整、试验方法

主、副电源屏切换方法,大致可归纳成两种:一种是采用交流接触器动作来完成倒换任务,在倒换过程中会出现先断后接,并且备用屏无法达到完全断电;另一种是采用组合开关来完成倒换任务,在倒换过程中能达到先接后断,并且备用屏能完全不带电。

由于自动转换使用接触器多,给使用与维修带来不少困难,故较多安装一种全采用双刀

(三刀)单掷闸刀,手动转换主、副电源屏的电路。该转换电路结构简单,操作方便,转换时能达到先接后断,并且备用屏完全不带电。现叙述转换电源屏调整、试验方法:

(1)闭合1HK使1XLC得到励磁。1XLC主触头闭合,使一路电源经过1K闭合,供向调压屏。闭合2HK。按压1TA使1XLC失磁,2XLC励磁。2XLC主触头闭合,改为二路电源供向调压屏。1HK、2HK全闭合后,两路电源自动切换的动作情况在交流调压屏调试时已叙述。

(2)外电网三相电源供给调压屏之后,经过稳压处理,通过2K(闭合调压位置)送向交、直流电源屏。如将2K改为闭合直通位置,三相电源便不经调压屏调压,直接送向交、直流电源屏。断开1K,调压屏即被从供电网路中断开,三相电源不再受调压屏调压。转换2K时,交、直流电源屏将瞬间断电。先闭合1K,再将2K改为闭合调压位置,调压屏即能恢复工作。

(3)闭合3KA,A交流屏得到输入电源开始工作。闭合4KA、5KA、6KA、7KA、8KA,各种交流电源便向室内、外供电。试验由A屏供电转换为B屏供电时,先闭合3KB,B交流屏同时得到输入电源,此时因为两屏的交流检查继电器AJJJ、BJJJ同时励磁,使1DL鸣响。闭合4KB~8KB,B交流屏输出电压与A交流屏的输出电压并联供向室内、外。输出电源的容量增加,但电压不应变化。切断5KA~8KA,A交流屏停止输出,再切断3KA,A交流屏停止输入,1DL停止鸣响。B交流屏正常工作,A交流屏完全断电,两屏转换时,实现了先接后断。同样方法试验由B交流屏供电转换成A交流屏供电。

(4)闭合9KA,A直流屏得到输入电源开始正常工作。闭合10KA、11KA,直流电源便向室内、外供电。试验由A屏供电转换为B屏供电时,先闭合9KB,B直流屏同时得到输入电源,此时因为两屏的直流检查继电器AZJJ、BZJJ同时励磁,使2DL鸣响。闭合10KB、11KB,B直流屏输出电压与直流屏的输出电压并联供向室内、外。输出电源的容量增加,但电压不应变化。切断10KA、11KA,A直流屏停止输出,再切断9KA,A直流屏停止输入,2DL停止鸣响。B直流屏正常工作,A直流屏实现完全断电,两屏转换时,实现了先接后断。同样方法试验由B屏供电转换至A屏供电。

两套交流屏或两套直流屏同时供电时,任一种电源的两把闸刀间相位(或极性)交错时,均会使电源屏内的接触器、继电器跳动或局部熔丝被熔断。遇此,只需查明哪把闸刀配线错误,即可将故障排除。

5. 改进型电源屏调整、试验方法

随着电源屏主、副屏切换方式的变化和电路结构的简化,除了已定型生产使用的大站电源屏之外,改进型大站电源也投入运用。其调整、试验方法如下:

(1)断相报警及断相时两路电源转换试验

本路三相电源正常供电时,电容器C_1、C_2、C_3或C_4、C_5、C_6的公共点(中性点)电位近似零,CZ桥式整流无输入,故断相继电器DXJ得不到励磁,后接点分别为本路供电路中的线路接触器1XLC或2XLC励磁沟通条件。本路供电的三相中任一相断路时,电容器中性接点对地产生一电压,向CZ桥式整流器输入,使防护本路的断相继电器DXJ励磁吸起。DXJ↑由其第5组前接点使报警电铃鸣响,第1组后接点切断线路接触器XLC励磁电路,由本路XLC常闭接点自动转换至另一路电源供电。

试验时分别拧出转换屏的1RD、2RD、3RD,一路电源应三次断相报警并自动转换至二路电源供电。分别拧出4RD、5RD、6RD,二路电源应三次断相报警,并自动转回一路电源供电。

试验三相中任何一相断路,分别拧出调压屏1RD、2RD、3RD时,调压屏中的电机断相报警电路会发出声、光报警,并切断电机驱动电路。

(2)各种电源输出故障报警试验

交流电源屏的信号、轨道、道岔表示、表示灯等电源的输出端子间,分别并接信号继电器 XHJ、轨道继电器 GDJ、道岔继电器 DCJ 及表示继电器 BSJ 等四个特制安全型继电器。直流电源屏的 24 V 控制电源及 220 V 道岔动作电源输出端子间,分别并接继电器电源继电器 JDJ 及道岔动作电源继电器 DDJ 等两个安全型继电器。这些继电器在各自监视的输出电源正常供电时励磁吸起,点亮设于屏面上各自的表示灯,输出电源发生断电故障时失磁落下,接通设于转换屏内的报警电铃,点亮使用屏故障表示灯,恢复供电或手动倒至另一屏供电后,电铃停止鸣响,故障表示灯熄灭。其中轨道继电器 GDJ 需检查所有供电线束的 GDJ 励磁吸起方能构成励磁。

6. 电源屏试送电方法

电源屏经过以上各项调试后,恢复零层端子上各种电源供向设备的原配线,开始向设备试送电。所有用电设备的熔丝暂不连接。开启主电源屏并使用一路电源供电,启动直流电源屏,注意直流电压表读数是否正常,以此检查室内电源配线是否正确。如发现某一电源两线间短路或与另一种电源混电,应查明故障点并加以排除。

查找故障点的方法有两种:一是断线法,按信号楼内电源环线配线图,在已送电的范围内逐架或每隔几架断开环线,如属双环供电,必须断开另一环,以此逐渐缩小故障点。二是中间分割法,即在已送电的范围内将某一架甩去,用临时线跳开该架直接向后送电。如故障仍然存在,说明不在此架;如故障消除,证明故障点在此架。试送电正常之后,再逐一将各用电设备的直流 24 V 及 220 V 电源熔丝连接,在试验阶段使用额定电流相同的铅锡熔丝代用。逐架安装熔丝后,再逐架插继电器,插继电器过程中不断注意直流电流表读数的变化,如发生电流大幅度上升或熔丝被熔断,可从最末所插继电器的供电回路寻找故障点。如继电器全部安装完毕未发生异状,证明直流在静态供电回路正确,可开始连续供电。同样方法启动交流电源屏,逐一将用电设备的交流熔丝全部连接上之后,也开始连续供电。如果不将所有用电设备的熔丝断开,直接启动交、直流电源屏,万一供电回路内存在故障,则容易损坏设备,并不易区分故障范围,最后还须采用逐步供电,方能查明故障点。

交、直流电源屏向设备连续供电后,室外即可进行轨道电路及信号机调试,道岔区段轨道电路调整良好后,可直接用道岔手柄单独操纵道岔,以检查直流 220 V 电源供电回路。

电源屏连续供电正常之后,即使暂停供电,再次启动电源屏,也可直接开机向所有设备供交、直流电源。

7. 电源屏电气特性测试

现以 15 kVA 电源屏为例,叙述电气特性测试方法:

(1)交流调压屏满载测试

电源屏满载测试是检查各屏满载时,它们的相电压不得小于额定相电压值的 90%,直流 24 V 输出电压不得小于 24 V - 0.96 V。

交流调压屏满载测试接线方法如图 12 - 28 所示。测试时先将交流调压屏 2WHK 扳向手动位置,将额定电压手动调至 380 V。合上三相闸刀 K,调整电阻 R_1、R_2、R_3 阻值,使每相流过的电流均为 23 A(即交流电流表 A_1、A_2、A_3 均指示为 23 A),此时的相电压不小于交流 342 V(即交流电压表 V_1、V_2、V_3

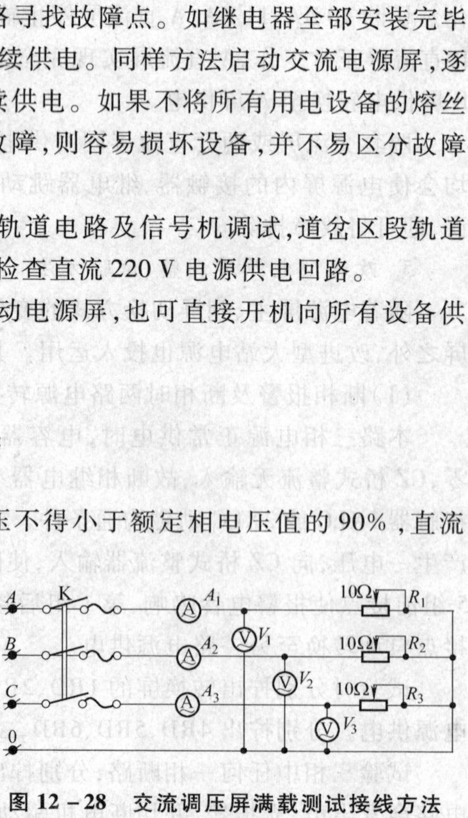

图 12 - 28　交流调压屏满载测试接线方法

均指示 342 V 以上）。

（2）交流电源屏满载测试

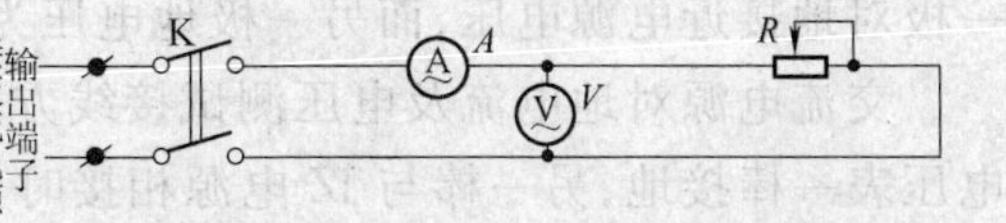

图 12－29　交流电源屏输出的各种电源满载测试方法

交流电源屏包括信号点灯电源、轨道电路电源、道岔表示电源、表示灯电源、闪光电源等电源。测试接线方法如图 12－29 所示。测试各种交流输出电源时，先将交流调压屏 2WHK 扳向手动位置，将接受测试的交流输出电源手动调至其额定值，合上单相闸刀，调整电阻 R 的阻值，使交流电流表的读数为该电源额定输出电流，此时交流电压表的读数不小于该电源额定输出电压值的 90%。因上述各种交流输出的额定电流、电压不同，故测试电路所使用的电阻值出不同，具体选用见表 12－10 所列。

表 12－10　交流电源屏满载测试数值调整表

测试电源	额定输出电压（V）	额定输出电流（A）	可调电阻 R 值（Ω）	满载时输出电压不小于（V）
信号点灯电源	220	20	15/4 400 W（注）	198
轨道电路电源	220	10	25/2 200 W	198
道岔表示电源	220	5	50/1 100 W	198
表示灯电源	24（或 12）	20	2/480 W	21.6
闪光电源	24（或 12）	5	5/120 W	21.6

注：大功率可调电阻可采用 3 kV 或 5 kV 调压器。

（3）直流电源屏满载测试

直流电源屏测试包括电动转辙机动作电源、继电器控制电源的满载测试，测试接线方法与图 12－30 相同。测试电动转辙机动作电源时，先将交流调压屏 2WHK 扳至手动位置，调整直流电源屏变压器输出端子，使直流电压为额定值，合上单相闸刀，调整电阻 R 的阻值，使直流电流表读数为 30 A，此时直流电压表的读数不得小于额定电压值的 90%。测继电器控制电源时，调整变压器输出端子，使输出电压为 24 V ±0.96 V，调整电阻 R 的阻值，使直流电流表读数为 50 A，此时直流电压表的读数不得不小于 23.04 V。测试电路数值调整如表 12－11 所列。

表 12－11　直流电源屏满载测试数值调整表

测试电源	额定输出电压（V）	额定输出电流（A）	可调电阻 R 值（Ω）	满载时输出电压不小于（V）
电动转辙机动作电源	220	30	10/6 600 W	198
控制电源	24 ±0.96	50	2/1 200 W	23.04

（4）交流电源对地电流及电压测试

电源屏虽然采取了对地绝缘措施，但是电气集中联锁车站的电源，均有不同的对地电压存在，交流电源还有一定的电流值存在。其中除因导线（主要是室外电缆芯线）对地绝缘均不可能达到理想的无限大，而必然有漏泄电流存在外，主要还由于电缆芯线的总延长成正比（一般 50 组道岔的电气集中站，全站电缆单芯总延长达几十万米）。想确定是因电源接地，还是由于上述条件构成“假接地”现象，有一定的困难。直流电源较易判断，使用直流电压表测量，开始接通时电压较高，随后逐渐下降，如正、负极对地电压值均为电源电压的半值，可判为由电缆分布电容充电的结果。反之，若一极对地电压为 0 V，另一极接近电源电压时，则可判为有接地现象。交流电流的接地和“假接地”现象较难判断，一般单相电源用测量两极的对地电压来确认，若两电源线对地电压值接近并均为电源电压半值，通常为电缆分布电容所致。反之，若有一极对地接近电源电压,而另一极地电压为0 V时,则对地为0 V者表示有接地现象。

交流电源对地电流及电压测试接线方法如图12－30所示。测交流电源对地电压时,交流电压表一棒接地,另一棒与JZ电源相接时,所测电压实际为JF电源接地电压;若另一棒与JF电源相接时,测JZ电源接地电压。各种交流电源未接负载时,两极接地电压之比应不小于3,而当接入负载时,两极接地电压之比应不大于3。

测交流电源对地电流时,先将电阻调至最大值,电流表另一棒串接一只0.5 A熔丝,然后与JZ电源相接,所测电流为JF电源接地参考电流。如接地参考电流大于100 mA,说明JF电源接地严重,不得再将电阻值调小,以防电源短路。遇此,应将JF电源接地故障点查出。如接地参考电流小于100 mA,可将电阻值逐渐调小直至零,以测出直接接地电流值。当电源输出端接有负载时,信号点灯电源、轨道电源、道岔表示电源、表示灯电源对地电流均不得大于20 mA。电源屏空载时,上述电源对地电流均应为零。

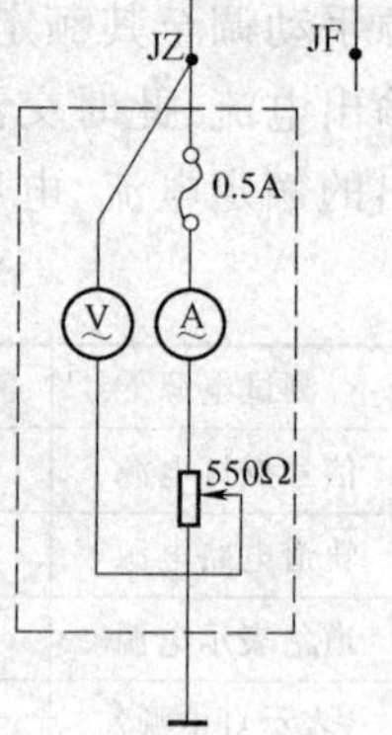

图12－30　交流电源对地电流及电压测试方法

测24 V表示灯电源时,图12－30中的可调电阻换成60 Ω;测12 V表示灯电源时,换成30 Ω,测试方法相同。

(5)直流电源对地电流及电压测试

直流电源对地电流及电压测试,除改用直流电压、电流表及所接电源端子不同处,其余接线与图12－30相同。测直流电源对地电压时,直流电压表另一棒与DZ(或KZ)电源相接时,所测为DF(或KF)电源接地电压;若与DF(或KF)电源相接,所测为DZ(或KZ)电源接地电压。直流电源屏空载时,各种直流电源对地电压均应为0 V,而当接入负载时,两极接地电压之比应不大于3。

测直流电源对地电流时,将图12－30中的可调电阻值换成60 Ω,直流电流表正棒串一只0.5 A熔丝,与DZ(或KZ)电源相接,与测交流电源对地电流方法相同,测出直流电源对地电流。

电源输出端有负载时,电动转辙机动作电源(无任何道岔转换时)及控制电源接地电流均不得大于1 mA,电源屏空载时,上述两种直流接地电流应为0 V。

(6)二路电源切换时间测试

二路电源切换时间测试接线如图12－31所示。测二路电源切换时间时,应将电源开关1HK、2HK关断。测一路电源切换到二路电源时间,双刀开关K_1的3、4接点与二路电源的线路接触器2XLC常开接点1、2并联,常开接点1、2上的原配线临时卸除。401型电秒表置连续位置,开启动作电源。闭合K_1使电秒表Ⅰ-Ⅲ、Ⅰ-Ⅱ端子间沟通(即甲乙原通),同时K_1的1、2接点连通,相当于1HK闭合,使1XLC励磁,一路电源供电。闭合2HK二路电源准备供电。断开K_1,电秒表Ⅰ-Ⅱ端子断开,表针开始转动计时,K_1的1、2接点断开使1XLC失磁,相当于一路电源外电网断电,1XLC常闭接点21、22接通,将一路电源自动切换到二路电源使2XLC励磁,2XLC常开接点1、2接通使电秒表Ⅰ-Ⅱ端子间又沟通(即乙断乙通),表针停

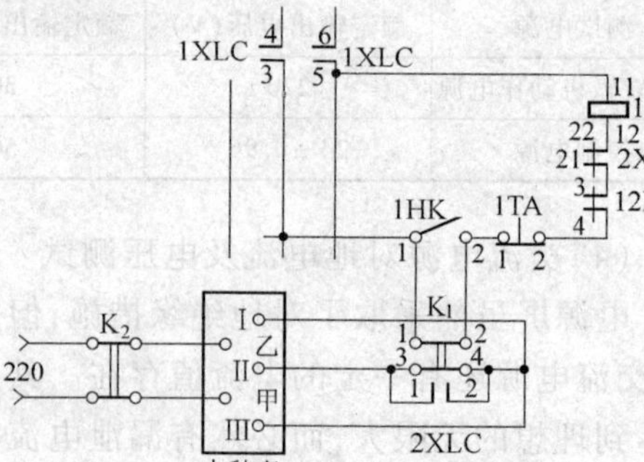

图12－31　交流电源对地电流及电压测试方法

止转动,所计时间即为一路电源切换到二路电源时间。测二路电源切换到一路电源时间时,只需将 K_1 的 1、2 接点与 2HK 的 1、2 接点并联,3、4 接点与 1XLC 的常开接点 1、2 并联,其他接线以及测试方法相同。两路电源切换时间不得超过 0.15 s。

8. 电源屏供电故障处理

现以 15 kVA 电源屏为例,叙述电气集中调试中以及开通使用后,电源屏的故障处理方法及实例:

(1)正常供电的交流电源屏,一路、二路电源的 B 相熔丝相继被熔断,控制台上的电源切换电铃鸣响一下,然后全场停电的原因

已正常供电的交流电源屏,突然一路、二路电源的 B 相熔丝相继被熔断,控制台上的电源切换电铃鸣响一下,然后全场停电。更换熔丝后恢复正常,但日后仍会再度发生,有三种不同的原因会造成此种故障:

①交流调压屏的电流表转相开关 3WHK 处于中间位置时,检查 B 相电流。转相开关中间位置接触点接触不良,偶尔发生中断,使 B 相电流互感器初级线圈电流猛增,将交流电源屏一路电源的 B 相熔丝熔断。一路电源自动切换至二路电源向交流调压屏供电,但仍因 3WHK 接点接触不良,又使二路电源的 B 相熔丝熔断,造成全场停电。更换熔丝或查找故障时使交流调压屏的 3WHK 接点恢复接触,故障暂时排除,能恢复正常供电,但只要 3WHK 接点再度中断,相同的故障亦再次发生。若 3WHK 处于检查 A 相或 C 相电流接点接触不良时,则熔断 A 相或 C 相的熔丝。

②交流调压屏内的感应调压器 B 相炭刷与转子绕组偶尔接触不良,自动调压时 B 与 A、C 两相不同步,造成相间电压差过大,使交流电源屏一路电源的 B 相熔丝熔断 。自动切换至二路供电后,同样原因又使二路电源的 B 相熔丝熔断,造成全场停电。自动调压时如果炭刷与转子绕组未发生接触不良,本则故障不会出现。如 A 相或 C 相炭刷接触不良,则发生 A 相或 C 相熔丝被熔断。

③交流电源屏两路电源引入端子 1D-1、2、3 与 1D-4、5、6 不对应同相。如果 1XLC 或 2XLC 中有一只特性不良,失磁时主触头(常开接点)断开时间后于辅助触头(常闭接点)闭合时间,在两路电源自动切换时,将会发生外电网输入的两路电源并联,引入端子间有两相不同相时,至少主、副电源各有一相熔丝被熔断,三相均不同相时,主、副电源的六根熔丝将被同时熔断,造成全场停电。

(2)交流调压屏手动调压失灵的原因

①交流调压屏“自动或手动”选择开关 2WHK 的手动位置接点 6-7 接触不良或配线中断,或开关的机械传动松动,使接点不到位,升压或降中间继电器无法构成励磁电路。

②升压按钮 1KA 按下接点 3-4 接触不良或配线中断,无法构成升压中间继电器 2ZJJ 励磁,手动升压失灵。按下 1KA,如果 2ZJJ 线圈接点 1-2 已有交流 220 V 电压仍不励磁,可判为 2ZJJ 线圈断线。

③降压按钮 2KA 接点 3-4 接触不良或配线中断,无法构成降压中间继电器 1ZJJ 励磁,手动降压失灵。按下 2KA,如果 1ZJJ 线圈接点 1-2 已有交流 220 V 电压仍不励磁,可判为 1ZJJ 线圈断线。

④感应调压器的驱动电机熔断器接触不良,或有一根被熔断,即使 1XLC 或 2XLC 已被励磁,但驱动电机无法转动。

⑤感应调压器的行程开关磨耗过度,上次调压时开关臂运转过头,本次调压便无法转动。

⑥交流接触器 1XLC 或 2XLC 线圈接点 11-12 已有交流 220 V 电压,但因线圈断线无法励磁时接触器内无响声。接触器已励磁,但主触头机械卡阻无法闭合常开接点时,接触器内应有响声,可判为接触器故障。

(3)交流调压屏自动或手动调压后驱动电机空转不停的原因

交流调压屏自动或手动调压时,用行程开关在调压器输出电压达到最高或最低极限时,切断升压或降压电路,以保护电机不受损坏。用限位器限制转子只能在规定的机械角度内转动。这一功能的完成,以及在感应调压器内位置的调整是互相配合的。驱动电机受控带动感应调压器转子做升压或降压转动后,如果行程开关的接触面因磨耗或位置调整不当,均会发生转子已转动到位,但行程开关未被切断的现象。此时,驱动电机便不停地空转。遇此,应首先停止升压或降压,然后拉出离合器(平齿轮),感应调压器的蜗轮蜗杆便受手轮传动控制。摇动手轮将转子分别摇到两个极限位置,重新调整行程开关位置,或更换已被磨耗的零件,达到转子转到极限位置受到限位器阻挡,同时可靠地切断行程开关。调整完毕,将离合器推入耦合机构,恢复对感应调压器蜗轮蜗杆的电动控制。

(4)交流调压屏自动或手动升压时,调压器输出电压过高的原因

感应调压器升压转动将输出电压调到交流 400 V 时,使跨接于 A、B 两相间的过压继电器 YJ 励磁吸起。过压继电器常闭接点断开,切断升压中间继电器 2ZJJ 励磁电路,从而停止升压。如果过压继电器励磁电压调得过高,在线圈得到交流 400 V 电压仍不励磁时,将会出现交流调压屏升压输出电压过高的现象。遇此,只需打开过压继电器外壳,调节手柄将过压继电器励磁电压调至交流 400 V。

(5)交流调压屏第二次手动升压往往出现失灵的原因

第一次手动升压达到交流 400 V 时,过压继电器 YJ 得到励磁,自动切断手动升压电路。但过压继电器在切断升压电路之后,感应调压器输出电压降到交流 320 V 之前(DJ-131/400 型过压继电器返还系数为 0.8,励磁电压调在 400 V 时,必须降至 320 V 方能失磁),是不会自行失磁的。如果第一次手动升压后,感应调压器输出电压由于负载变化又下降至 360 V,需第二次升压,按下升压按钮 1 KA,因为过压继电器常闭接点 5-7 仍处于断开状态,故无法构成升压电路。遇此,只需先办一次手动降压,使降压电路的中间继电器 1ZJJ 励磁,1ZJJ 常闭接点 7-9 断开,切断过压继电器断电落下。此时即可停止降压,办理第二次手动升压。

(6)交流调压屏升压降压正常,但驱动电机发热的原因

感应调压器在调压转动已达额定输出电压后,升压降压电路已被切断,但驱动电机因惯性继续转动一些时间,使电压超出极限,称为过调现象。为了克服这一现象,交流调压屏采用了能耗制动方法,对驱动电机实行电制动。升压降压电路切断,驱动电机断电后,立即向定子绕组输入直流电源,由转子电流与固定磁场相互作用,产生相反方向的转矩,起制动作用。为了可靠而迅速地实现制动,制动直流电流约为电机空载电流的 4～5 倍。直流制动时间实际上是制动中间继电器 3ZJJ 的缓放时间,这个时间可由电位器 RW_{12} 来调节,如制动时间过长,对驱动电机来说,大电流通过的时间也长。

另外,驱动电机的启动电流约为额定电流的 5～7 倍,也属于大电流流过电机。如果感应调压器过频地调压,上述两种大电流便经常流过驱动电机使电机发热。

(7)驱动电机的直流电制动电路失效的原因

驱动电机的动作电压为交流 380 V,动作完毕断电瞬间会发生很高的反电势,这一反电势在正常情况下,被并接于整流桥两端的浪涌吸收器吸收。如果浪涌吸收器中的电阻发生

断路或电容器发生短路，或它们的连线中断，使之不起高电压吸收作用时，驱动电机的反电势便全数进入整流桥，很容易将二极管击穿或将熔丝熔断。这样，驱动电机的直流电制动电路也就失去了效用。有一部分自动调压屏直流电制动电路内未设熔断器，对此将容易使变压器烧毁。所以，必须确保浪涌吸收器以及整流元件的质量，接线牢靠。

(8)交流调压屏自动调压过频的原因

交流调压屏自动调压是应用晶体管差动放大电路来控制控制继电器 1KJ、2KJ，根据选定的额定稳压电压及调整灵敏度，由 1KJ、2KJ 的动作代替人工手动去控制升压中间继电器 2ZJJ 及降压中间继电器 1ZJJ，以达到调压的目的。

外电网电压过高，使感应调压器输出电压高于选定的额定稳压电压时，较高的取样电压进入差动电路，经过晶体管电路作用，使 2KJ 无法继续励磁，同时使 1KJ 更可靠地励磁。由 1KJ 吸起 2KJ 落下，使降压中间继电器 1ZJJ 吸起，于是构成调压器降压。感应调压器输出电压降至额定值时，1KJ、2KJ 又能同时吸起，停止降压。外电网电压降低，感应调压器输出电压随之低于选定的额定稳压电压时，较低的取样电压进入差动电路，使 1KJ 无法继续励磁，而 2KJ 能更可靠地励磁。由 1KJ 落下，2KJ 吸起，使升压中间继电器 2ZJJ 吸起，于是构成调压器升压，直至恢复输出额定电压时为止，1KJ、2KJ 又能同时吸起。

由上述动作可见，感应调压器存在一个当外电网电压变化到什么程度才开始调整的问题，即调整灵敏度。从理论上讲，感应器输出电压越接近交流 380 V 越好，也就是灵敏度越高越好，但这会给感应调压器带来自动调压过频的不良后果。交流调压屏对调整灵敏度规定为 380 V ±11.4 V，外电网电压比 380 V 高于或低于 11.4 V 时即开始调整。根据各局电气集中使用情况来看，这个灵敏度显得高了一些，在许多地区都带来自动调压过频。遇此，应根据当地外电网电压波动情况，调节不同的灵敏度。一般调节在 4%，即 ±15.2 V 比较合适。

(9)交流调压屏自动调压失灵的原因

交流调压屏自动调压失灵时，可先试用手动调压是否正常。如手动调压正常，可判为自动调压独用部分(即差动电路及其附属接线，手动、自动选择开关 2WHK 的自动位置接触接点)有故障。如手动调压同时失灵，可判为调压电路的共用部分(即中间继电器 1ZJJ、2ZJJ，交流接触器 1XLC、2XLC，驱动电机、感应调压器及其附属接线)有故障。手动调压正常，自动调压失灵的原因有以下几点：

①手动、自动选择开关 2WHK 置自动位置时接触接点 1-4 和 5-8 接触不良。

②感应调压器的输出电压由三个单相变压器 SB_1、SB_2、SB_3 接成三相变压器降压电路，该电路在调压器输出交流 380 V 时，变压后成为 12 V 相电压，该电压一是作为差动放器的电源，二是随着调压器输出电压的变化，向差动电路提供取样电压。如果其中有一只变压器断线、内部短路或熔丝被熔断，均会造成取样电压偏低，使感应调压器不断向升压方向转动的故障。如三个变压器同时损坏，或熔丝同时被熔断，差动电路因得不到取样电压而无法工作，自动调压也就随之失灵。

③差动电路采用的晶体管或电阻器等元件损坏，影响差动电路正常工作。

④差动电路中的继电器 1KJ、2KJ 故障或接点接触不良，无法构成中间继电器 1ZJJ 或 2ZJJ 励磁电路。

(10)无法开启交流电源屏的原因

已正常供电的交流电源屏，突然停止工作使全场停电，检查屏内两路电源输入熔丝并未熔断，但人工开启主、副电源无效，倒至副屏同样无法开启。遇此，可判为外电网供电故障。使用屏内三相电源电压转换开关1WHK检查两路电源相间电压,可发现两路电源的某相电压大幅度下跌,使交流电源屏无法正常工作。两路电源某相电压下跌的原因,一般为杆上熔丝(俗称跌落开关)熔断,不同相的熔丝被熔断,在交流屏上能有不同的反应,可从两路电源表示灯来分析判断:

①两路电源的A相(供给1RD、4RD)熔丝熔断时,交流接触器12XLC、13XLC均失磁落下,屏面上的两路电源红色表示灯以及原来使用的某路电源白色表示灯同时熄灭。

②两路电源的B相或C相熔丝熔断时,交流接触器12XLC、13XLC仍能正常励磁,但1XLC、2XLC无法励磁,屏面的两路电源红色表示灯仍然点亮,但原来点亮的使用一路或二路电源白色表示灯熄灭。

上述故障通知电力工区更换熔丝即可恢复。如果正在使用的交流屏突然停止工作,并且无法开启使用另一路电源,但倒至另一交流屏即能恢复正常供电,则不是外电网供电故障,可判为故障屏的1HK、2HK或1TA、2TA同时接触不良,或12XLC、13XLC的常开主触头3-4接点接触不良,或1XLC、2XLC的常闭辅助触头21-22接触不良,或1XLC、2XLC线圈故障。

(11)交流电源屏人工切换两路电源失灵的原因

本故障可判为切断开关1HK或2HK、切断按钮1TA或2TA未按下时接点接触不良。

一路电源人工切换至二路电源时,按下1TA使1XLC失磁。2XLC检查2HK闭合,2TA闭合接点,13XLC常开主触头3-4接点接通,1XLC常闭辅助触头21-22已闭合,构成2XLC励磁电路,向交流调压屏供出二路电源。上述四项条件中有一条未构成时,2XLC便无法励磁,使人工切换至二路电源失灵。二路电源人工切换至一路电源时,同样是上述相应的四项条件。其中以切断按钮安装不良,使其不能正常弹出接触常闭接点为常见。

(12)交流电源屏自动切换两路电源失灵的原因

使用一路电源正常供电的交流电源屏,遇到A相(或称供给1RD的某相)断电,不能向交流稳压屏正常供电时,无法自动切换至二路电源的故障可判为交流接触器12XLC未失磁落下。交流接触器12XLC、13XLC是检查A相与地线之间的交流220 V电压构成励磁的,如果三相电源中仅A相断电,而B、C两相电压正常时,这两相电压可通过直流屏中的三相变压器串到A相,如串入的电压较高或12XLC(或13XLC)落下电压值偏低时,将会继续保持励磁,其常开主触头仍然接通,故无法自动切换至二路电源。

此外,如果交流接触器1XLC常闭辅助触头21-22,13XLC常开主触头3-4,2HK闭合接点,切断按钮2TA未按压时接点之中有一处接触不良,就会造成交流电源屏自动切换至二路电源失灵。同样,相对应的一些接点接触不良时,二路电源无法自动切换至一路电源。

(13)使用中的交流电源屏内设备被烧毁的原因

采用交流接触器作自动或手动倒换主、副交流电源屏时,两屏的两路电源输入以及各路交流电源输出端子是并联使用的。不论手动或自动倒接主、副屏使用时,主屏(或副屏)的1XLC及2XLC,或主屏的1XLC与副屏的2XLC,或主屏的2XLC与副屏的1XLC(具体视采用二路电源及主、副屏的工作状态而定)的常开主触头总会瞬间同时接通,使用主、副交流屏并联运行。如果两屏中的两路电源引入不同相,会使输入熔丝烧毁。如果两屏中变压器的使用极性不一致,或同一种电源的两变压器所调电压高低不一,均会使屏内设备烧毁。尤其备用交流屏的切断开关1HK、2HK同处接通状态时的自动倒换(无人在室内),更易发生此类故障,甚者能引起继电器室或电源屏室火灾(已有此类故障记载)。

为防止此类故障发生,应注意以下几点:

①备用交流屏的切断开关应置于断开位置。

②两屏的输入输出回路应严格同相同极。

③各种电源的电压参数应调整在同一数值。

(14)交流接触器故障分析

①主触头吸起或释放时间超过标准。15 kVA 电源屏常用四种交流接触器基本参数见表 12－12 所列。

表 12－12　15 kVA 电源屏使用接触器参数表

型　号	额定电流		吸引线圈的视在功率		吸引线圈功率(W)	动作时间(ms)	释放时间(ms)	释放电压是额定电压的(%)
	主触头	辅助触头	启动	吸持				
CJ10-10	10	5	65	11	5	17	21	45
CJ10-20	20	5	140	22	9	16	18	47
CJ10-40	40	5	230	31	12	23	22	55
CJ10-60	60	5	495	70	26	65	40	42

②接触器线圈励磁后,因内部机械卡阻使常开触头无法接通,或常闭触头无法断开。

③接触器线圈两端已有正常励磁电压,但线圈无法励磁。

④接触器线圈励磁后,常开触头虽能接通,但出现"蜂鸣"现象。

⑤接触器线圈断电后,线圈仍保持励磁(残磁过大)。

⑥接触器线圈电失磁后,因内部机械卡阻使常开触头无法断开,或常闭触头无法接通。

⑦接触器主触头接点被大电流烧损并四周发黑,使接触不良。

⑧主触头与辅助触头动作不同步。

(15)交流电源屏内的变压器温升过高的原因

①负载回路中某处有低阻短路,负载电流增大超过变压器额定容量。

②实际使用的负载电流超过变压器额定容量,长期使用必然就会使变压器温升过高。遇此,可考虑选择同型号变压器,判明极性与原使用变压器并联使用。

(16)闪光电源不闪光的原因

①电容器 C_1 充放电失调。调节电位器 W_1、W_2 阻值,使 C_1 能正常充放电,晶闸管得到导通,关断即可送出闪光电源。

②如调节电位器 W_1、W_2 仍无法取得闪光电源,应测量电容器 C_1 是否良好。如电容器容量减小或接线中断,无法向晶闸管发送触发电流,遇此,应更换良好的 50 V 1 000 μF 电解电容器。

③晶闸管 3CT-5 控制极触发电流变化。3CT-5 控制极触发电压为 0.3～3.5 V,电流为 0.4～50 mA,如电容容量偏小,而晶闸管所需触发电流较大时,晶闸管无法触发,送不出闪光电源。

④闪光电路内部配线脱焊或中断,电阻器断路,熔丝被熔断等原因造成中断闪光电源的发送。

⑤如闪光频率过低,应调节电位器 W_1、W_2 数值使之减小,加快电容器 C_1 的充放电时间,以加快闪光频率。如闪光频率过快,应调节电位器 W_1、W_2 数值使之增大,缩短电容器 C_1 放电时间,以减慢闪光频率。

⑥如闪光电源供出恒定电压,灯光明亮不闪光,可判为晶闸管已击穿或电路短路。遇此,应更换良好的3CT-5A/100 V晶闸管,查出短路点加以排除。

(17)使用电源屏屏面上的转换开关,检查电压时,出现烧毁本屏熔丝的原因

如果只有在扳动某一转换开关时才会发生此类故障,而不扳动该开关则供电正常时,可判为该转换开关内部有故障。原因:

①转换开关内部的活动接点,因松动在转换后发生被检查的两极间短路。

②转换开关内部落入原来被紧固的附件(如小螺钉、垫片等),附件落入的位置刚巧将两极短路,转换开关未检查该两极时,极间短路无法构成,待检查该两极时构成极间短路,使熔丝烧毁。

③转换开关内部配线错误,待转换开关接通错误配线时,沟通短路电路。

(18)直流电源屏主、副屏倒换失灵的原因

①按下主屏切断按钮1TA后,主屏1XLC因残磁未使常开主触头断开,主屏继续供电。

②副屏的切断开关1HK或切断按钮1TA接点接触不良,主屏1XLC常闭辅助触头21-22接点接触不良,副屏的1ZJJ常闭接点7-9接触不良,均会使副屏的1XLC无法励磁,在主屏停止供电时,副屏无法接续供电。

③副屏输入C相(即3RD)熔丝熔断。

此外,对于主、副屏倒换时间过长,倒换时熔丝被熔断等故障,可参照交流电源屏中类似故障处理。

(19)直流电源屏开机时过流报警过频的原因

直流电源屏开机时,变压器的冲击电流较大,加之接触器的吸起有时引起较大的振动,极易使串接于B相电源的过流继电器误动,接通常开接点使1ZJJ(或2ZJJ)励磁,从而切断变压器一次线圈电源,使直流屏关机。如果过流继电器的整定值调得较小,则更容易引起直流屏开机时报警,使开机困难。遇此,应根据设备所用电流大小调整过流继电器的整定值,一般将24 V用的过流继电器1GLJ调在9 A,将220 V用的过流继电器2GLJ调在10 A比较合适。

浪涌吸收器故障原因:

正常情况下整流桥两端输出的直流电源中的交流成分能通过电容器与电阻器,故浪涌吸收器的电阻器应微微发热,而电容器不发热。如果电容器发热或漏油,表明它已被损坏,此时电阻器亦比正常情况时更热。如果电容器干枯或断路,交流成分不再经过电阻器,故电阻器失去应有的微热。以上两种情况均会使浪涌吸收器失效不起过压保护作用。

第三节　信号联锁试验

车站信号联锁试验的内容、程序、步骤和方法,必须遵照铁运〔2010〕149号《铁路信号联锁试验暂行办法》执行。要认真做好以下三个方面检查试验:①基本联锁关系检查试验;②站内单项设备联锁关系检查试验;③各种联系电路联锁关系检查试验。

室内外设备检查试验完毕后,可进行接入室外设备的联锁试验,即室内外联锁试验。如果室内、外各自进行的调试能确保无误,那么对于接入室外设备的联锁试验来说,主要是通过控制台办理进路,室内外校对道岔开通位置,信号机的灯光显示以及跑车试验。

接入室外设备的联锁试验要分两步进行:第一步是在室内外分别调试完成后,将室外信号机、轨道电路、电动转辙机与室内电路连通。此时,室外设备除由于旧设备影响须待开通时方

能就位的以外,已与正常使用状态相同,只是信号灯光遮没,电动转辙机动作杆表示杆不与密贴调整杆、表示杆连接(电动转辙机空动)。这一步试验是整个电气集中工程(尤其是新站场工程)开通的前夜,施工班组还可抓紧这最后一次试验,按联锁表做细致的联锁试验。第二步是在开通时通过封锁换装设备,所有室外设备就位后进行的联锁试验。在这一步试验中,所有设备的工作条件已与正式使用完全相同。通过试验再次确认联锁关系正确,设备运转正常,但施工单位一般没有必要再按联锁表做逐项试验。经验收单位试验证明设备运转正常,即可与调度联系,得到调度命令,正式开通使用。

室内外联锁试验的内容及方法:

(1)将进行不接入室外设备联锁试验时,组合架所增加的封闭线全部拆除,恢复原来的接线,并仔细复查。

(2)拆除各种模拟电路与分线盘之间的连线,恢复分线盘原电缆芯线配线。

(3)恢复电源屏因制作各种模拟电路,改送电源所作的临时改线,并按图复查各种电源发送情况。

(4)交流电源屏向已达到正常工作条件的轨道区段发送轨道电路电源,控制台上红光带应熄灭。如有空闲区段点亮红光带,应查明原因将故障排除。使用轨道电路测试盘,测量各区段轨道继电器交流端电压应在10.5~16 V。使用标准分路线从轨面逐区段做分路试验,控制台校核相应区段应点亮红光带。

(5)使用道岔手柄或按钮,逐组进行单独操纵电动转辙机,室内、外校核操纵位置与电动转辙机转动后的位置(包括有关继电器的状态),以及与控制台上的道岔表示位置必须一致(俗称对道岔位置)。道岔区段人工分路后,控制台应无法再操纵电动转辙机。所有电动转辙机单独操纵试验正确后,控制台办理进路操纵,室内、外校核所办进路与各电动转辙机位置以及进路白光带必须一致(俗称对进路)。

(6)控制台办理进路开放信号后,室外校核信号机的灯光显示,应与所办进路要求的灯光显示,以及控制台上的信号复示器显示一致(俗称对灯光显示)。

(7)如条件允许,办理进路后利用列车通过进路,检查进路解锁情况则更好。当然,各种进路的各种解锁动作,已在室内联锁试验时做过细致试验,但对主要接发车进路的自动解锁,主要调车进路的中途返回解锁,做一次实车试验是很有必要的。

(8)将各种临时熔丝换成正式熔丝,准备开通。

以上几项联锁试验正确,表明室内、外所有设备的配线、电气特性调试完毕,已经具备了开通使用的条件。

第四节　验收交接

铁路信号设备要在铁路运输中发挥良好的作用,就必须具有良好的设备质量。信号工程的施工对于投入运营生产的信号设备质量起着"决定终身"的作用。如果工程质量不好,给投产设备留下隐患,尽管一时也能开通使用,但是设备故障多、使用寿命短,给使用和维修带来种种不便,甚至会酿成重大的事故。所以,信号施工必须树立"百年大计、质量第一"的思想,提高工程质量,认真做好验收交接工作。

评定铁路信号工程质量的依据,主要有以下几项:

(1)《铁路技术管理规程》,即《技规》。

(2)《铁路信号工程施工质量验收标准》。

(3)铁道部颁发的有关标准、标准设计图、经审定的有关通用图等。

(4)其他有关国家标准、部标准。

(5)经批准的该工程的工程设计文件。

一、施工阶段的质量检验

施工阶段的质量检验,包括对工厂制造的器材设备的检验和对建筑安装的分项工程,分部工程和单位工程的检验。

器材设备的产品质量应由制造工厂负责。所以施工单位的任务,主要是根据设计要求,正确选用具有出厂合格证的器材设备,选用适当的规格、品种和质量的产品来用于信号工程。对于继电器、变压器、电源屏、控制台等主要电气设备,在安装前,应对其结构及主要电气特性进行检验和测试;对于电缆,必须进行芯线导通和绝缘测试;对于组合进行导通试验,测试合格后方准安装使用。凡是不符合质量要求的器材,应予以更换,或要求制造工厂予以解决。

器材设备的检验、测试工作,应预先取得接管维修部门的配合,监理单位共同进行;或交电务段检修所进行,例如继电器的测试工作。在接管维修部门配合下,共同进行器材设备的预先检验、测试,有助于把好器材设备的质量关,改善器材的性能、方便使用与维修,为提高整个工程质量打下良好的基础。

在施工阶段对建筑安装施工质量的检验,由施工单位负责进行。为了加强施工质量的检验工作,使工程竣工后的验收工作更为顺利,在施工过程中,施工单位应主动取得接管维修部门、监理单位的配合,听取意见和要求,对隐蔽工程和主要工程项目,共同进行质量检验。

工程质量的检验和评定,按检验批、分项工程、分部工程及单位工程四级进行。信号建筑安装工程的单位工程、分部工程、分项工程检验批的划分见 12－12 表。

对交付国家运营的铁路信号工程质量,均以《验标》的技术规定为依据进行验收。这对于施工过程中,由施工单位负责进行的质量检验,和工程竣工后进行的验收交接,同样是适用的。

工程质量评定为“合格”。不合格的工程为未完工程,不予验收。

表 12－12　单位工程:分部工程、分项工程、检验批划分

单位工程	分部工程	分项工程	检验批
车站信号	地面固定信号机	高柱色灯信号机	每 10 架信号机
		矮型色灯信号机	每 10 架信号机
		信号标志牌	每 10 个标志牌
	转辙设备	安装装置	每 10 组道岔范围
		电锁器及道岔握柄	每 10 组道岔范围
		转换锁闭器管装置	每 10 组道岔范围
		转辙机	每 10 组道岔范围
		道岔表示器和联锁脱轨器	每 10 组道岔范围
		分动外锁闭转辙装置	每 10 组道岔范围

续上表

单位工程	分部工程	分项工程	检验批
车站信号	轨道电路	轨道电路轨旁设备	每10区段
		钢轨绝缘	每10对
		钢轨引接线	每10区段
		钢轨接续线	每一股道、每一咽喉、每一闭塞分区、每一进站信号机接近区段
		道岔跳线	每10组道岔范围
	电(光)缆线路	电缆线路敷设	20组及以下道岔的车站(驼峰场)为1站(场),21组以上道岔的车站为1个咽喉,区间为半个区间
		电缆防护	20组及以下道岔的车站(驼峰场)1站(场),21组以上道岔的车站为1个咽喉,区间为半个区间
		电缆接续	20组及以下道岔的车站(驼峰场)1站(场),21组以上道岔的车站为1个咽喉,区间为半个区间
		光缆线路	20组及以下道岔的车站(驼峰场)为1站(场),21组以上道岔的车站为1个咽喉,区间为半个区间
		箱盒安装	每10个
	室内设备	控制设备	每台
		人工解锁按钮盘	每台
		机柜(架)	每个机械室
		分线盘(柜)	每个机械室
		电缆间	每个机械室
		电源设备	每个机械室
	机车信号设备与超防设备	车载设备	每套
		地面设备	每套
	其他信号设备	防雷及接地装置	每10处
		电气化区段信号设备的防护	每10处
		计轴室外设备安装	每套
		道口信号	每1处道口
		机务同意按钮盘	1个站(场)
		发车表示器	1个站(场)
		室外信号设备硬面化	每10处
	联锁试验	室内单项试验	1个系统
		室外单项试验	1个系统
		综合试验	1个系统

二、工程竣工后的验收交接

1. 检验批质量验收

信号工程检验批由施工单位自检合格报监理单位,由监理工程师组织施工单位专职质量检查员等进行验收。检验批质量验收记录按表12－13填写。

2. 分项工程质量验收

分项工程由监理工程师组织施工单位分项工程技术负责人进行验收。并按表12－14填写记录。

3. 分部工程质量验收

分部工程由监理工程师组织施工单位项目负责人和技术质量负责人等进行验收。并按表12－15填写记录。

表 12－13　检验批质量验收记录

单位工程名称				
分部工程名称				
分项工程名称			验收部位	
施工单位			项目负责人	
施工质量验收标准名称及编号				
施工质量验收标准的规定			施工单位检查评定记录	监理单位验收记录
主控项目	1			
	2			
	3			
	4			
	5			
	6			
	7			
	8			
	9			
一般项目	1			
	2			
	3			
	4			
	5			
施工单位检查评定结果	专职质量检查员 分项工程技术负责人 分项工程负责人			年　月　日 年　月　日 年　月　日
监理单位验收结论	监理工程师			年　月　日

表 12－14　分项工程质量验收记录

单位工程名称			
分部工程名称		检验批数	
施工单位		项目负责人	
序号	检验批部位	施工单位检查评定结果	监理单位验收结论
1			
2			
3			
4			
5			
6			
7			
8			
9			
10			
11			
12			
13			
14			
说明：			
施工单位检查评定结果	分项工程技术负责人		年　月　日
监理单位验收结论	监理工程师		年　月　日

表 12－15　分部工程质量验收记录

单位工程名称				
施工单位				
项目负责人		项目技术负责人		项目质量负责人
序号	分项工程名称	检验批数	施工单位检查评定结果	监理单位验收结论
1				
2				
3				
4				
5				
6				
7				
8				
9				
10				
质量控制资料				
安全和功能检查（检测）报告				
验收单位	施工单位	项目负责人　　年　月　日		
	勘察设计单位	项目负责人　　年　月　日		
	监理单位	项目负责人　　年　月　日		

表 12－16　单位工程质量验收记录

单位工程名称				
开工日期		竣工日期		
施工单位				
项目负责人		项目技术负责人		项目质量负责人
序号	项目	验收记录		验收结论
1	分部工程	共　　分部 经查符合标准规定及设计要求　　分部		
2	质量控制资料核查	共　　项 经查符合要求　　项 不符合要求　　项		
3	安全和主要使用功能核查及抽查结果	共核查、抽查　　项 符合要求　　项 不符合要求　　项		
4	观感质量验收	共检查　　项 评定为合格的　　项 评定为差的　　项		
5	综合验收结论			
验收单位	施工单位 （公章） 单位负责人 年　月　日	监理单位 （公章） 总监理工程师 年　月　日	勘察设计单位 （公章） 项目负责人 年　月　日	建设单位 （公章） 项目负责人 年　月　日

4. 单位工程质量验收

单位工程完工后，施工单位自行组织有关人员进行检查评定，向建设单位提交单位工程验收报告，建设单位收到单位工程验收报告后，由建设单位项目负责人组织施工、设计、监理单位负责人进行单位工程验收，并按表12－16填写记录。

验收交接工作的结果是该工程项目的验收报告。验收报告对该工程的工程质量，按“合格”作出质量评语，对于不影响工程投产使用的工程遗留问题，经验收组织同意，可记录在验收报告上，由施工单位限期予以克服。

在验收工作完成后，即可由施工单位与运营接管部门共同商定工程启用投产时间。由行车调度部门发出工程开通封锁施工的电报。工程的开通投产，既是信号工程施工的最后一个环节，又是验收交接工作的一个组成部分。在工程开通时所进行的新旧设备的倒替和试验，使整个工程的施工最终得以完成，工程质量和联锁条件在与实际使用完全相同的条件下得到检验。施工单位在完成新旧设备倒替换装及试验以后，交由运营接管单位加以试验，在确认全部联锁关系正确无误后，即可在行车设备登记簿上共同加以签认，由调度所发出调度命令，宣告新设备的开通使用。

当然，为了改进工作，提高工程质量，施工单位应本着“为用户服务”的精神，组织工程回访，克服工程遗留问题，帮助运营维修部门管好用好新设备。这是施工单位应尽的责任。但是，就一件工程的施工来说，至此是告一段落了。

第五节　开通使用

车站信号工程经过安装、配线、调整试验，直至接入室外设备的联锁试验，经验收后确认是否达到开通使用的条件。车站的规模大小不同，投入开通工作的人力、物力也不一致，故车站信号开通的施工组织，以及封锁换装时间，应本着尽量减少对行车影响的原则，视具体工程情况而定。开通前将所能完成的工作量全部完成；将所能调整的电气特性全部调整良好，并且会同设备管理部门确认；将能做的准备工作（包括工具、材料）全部做好，以此将开通封锁时间压缩到最短。

车站信号开通必须在施工、设备管理部门和车务人员密切合作下进行，由施工负责人统一指挥封锁施工和换装试验工作。开通过程既要有严密的组织分工，又要有周密的安全防护措施，以确保车站信号开通后的正常使用，确保行车安全。

一、开通联锁试验

工程经过了室内模拟试验，室内外连通试验，对联锁关系及主要电气特性均进行了检验。但是开通联锁试验是检查信号联锁关系的最后一关，因此必须制订严密的开通联锁试验方案，既能将联锁关系进行彻底检查、复核，又不烦琐而延误开通时间影响运输。

1. 室外设备换装后的试验

（1）道岔

①检查机械性能符合要求后，确认道岔的操纵意图和开通位置与室内继电器位置、控制台表示位置四者一致。

②调整道岔摩擦电流符合规定要求。

（2）轨道电路

①检验轨道电路的调整状态、分路状态符合规定要求，验证每个区段的室外状态与室内继

电器动作、控制台表示一致。

②一送多受或被分割的轨道区段，分别短路每一个分支轨道区段，相应的分支轨道继电器和主轨道继电器均应失磁。

③复核全站的轨道电路极性交叉。

(3)信号机

在道岔倒装完毕，轨道区段调整好，可以开放信号机的情况下进行信号机的试验。

①复核显示与操纵目的一致。

②信号机开放后，核对道岔、轨道电路与信号机的联锁关系。

③当有自动闭塞和非自动闭塞两个方向发车时，应核对出站信号机的显示，符合设计要求。

2. 室内联锁试验

车站信号开通时室内联锁试验主要是对没有在室内模拟试验及连通试验中进行检验的设备进行检验，对联锁关系的复核。因为是在要点倒装中进行，要做到能试什么试什么，见缝插针。另外室内是指挥中心，对于试验项目要进行组织，集中室内、外人员对试验项目进行核对，做到调度合理、决策果断，做到充分利用一切机会组织好试验工作。

(1)在道岔倒装中及时配合现场进行核对操纵目的与现场开通位置，继电器动作与控制台四者一致，组织好双动及多动道岔的试验。

(2)抽专人配合室外轨道电路的调整工作，并认真核对轨道电路状态与继电器动作及控制台表示三者一致。

(3)当道岔和轨道电路的调整形成一定的进度后，及时组织人员进行联锁关系复核。

(4)组织好结合电路的试验工作

①自动闭塞结合：

a. 要核对接近、离去区段控制台表示和室外列车实际运行一致。

b. 离去继电器的动作状态应与离去口接收区间的信息(频率或码形)一致，出发信号机的显示与离去占用状态一致。

c. 进站口向区间发出的信息(频率或码形)与进站信号机的显示一致，并符合设计要求。

d. 单线双方向自动闭塞区段要试验四线制方向电路，正常办理时方向电路应能随进路意图自动转换，区间占用所不能再办理改变方向，若因区间故障或站内出现“双接”能通过辅助办理改变运行方向。

②继电半自动闭塞：

a. 检查半自动闭塞的建立、取消与故障复原符合设计要求。

b. 复核半自动闭塞区间占用后，不能办理取消和复原手续，列车到达后，可以办理正常复原，设备运转正常，表示正常。

③设备运转正常，表示正确。

④场间联系电路，按照试验内容进行复核。

⑤对有特殊信号显示或有特殊要求的，应按设计文件进行试验。

二、认真填写联锁试验记录表

按照有关文件规定，认真填写联锁试验记录，并将记录表作为归档文件。

三、开　　通

施工的站场有新站场和营业线站场两大类。新站场上较少行车作业，也没有正式联锁设备，在开通前，新设备即可以安装调试完毕。营业线站场装设有保证行车完全的旧有信号联锁设备，因而大部分（除不影响原有设备使用一部分外）要到开通换装后才能就位。本节以营业线站场上的车站信号工程开通为例，说明工程的开通方法。车站信号设备开通工作的步骤如下：

1. 施工负责人于预定封锁时间开始之前，在行车设备登记簿上详细写明本站车站信号设备开通封锁施工的依据（电报或文件号），施工范围以及施工时间，施工期间行车作业办理方法。登记须经车站当班值班员签认同意。值班员接调度同意封锁施工命令后，向施工负责人传达，施工负责人再向现场待命的施工人员下达施工命令。

2. 施工人员须得到开始命令，方可进行新旧设备的倒替工作。将原转辙设备拆除，安装新密贴调整杆、表示杆并与电动转辙机连接，然后密贴调整及表示杆缺口调整，并通电试验调整摩擦电流。

3. 将信号机构（或基础）就位，调整灯光显示方向。然后用遮掩物挡住灯光或挂上“无效”标志，直至接到正式开通命令方可拆除。影响信号显示的旧有信号机须加以拆除，不影响新设备使用的，可拆除或移开色灯机构，并挂无效标志，以示停用。

4. 将轨道电路送、受电引接线塞钉铆入轨内，并进行电气特性调整。如预先已作过调整，则不必再次调整。

5. 施工负责人在控制台通过电话与广播，统一指挥新旧设备倒替工作，对已完成换装的设备逐个进行试验。其优先顺序为：先轨道电路，再电动转辙机，再信号机。现场施工人员应服从统一指挥，在所负责倒换的设备未经控制台试验良好之前，不得擅自撤离。

6. 新设备连接及新旧设备换装完毕后，施工负责人在行车设备登记簿上取消施工封锁，取得车站值班员签认，恢复行车作业。此时，旧有联锁设备已不存在，新联锁设备尚未启用，站内行车作业已无联锁保障，因而须由行车部门组织人员在现场确认进路，以手信号指挥行车。

7. 新旧设备倒替工作完成后，先由施工单位进行必要的试验复核，确认联锁关系全部正确后，交电务段进行试验。在此期间仍由车站人员确认进路，以手信号指挥行车，保证行车安全。为行车方便起见，试验负责人可根据值班人员要求办理进路，由值班员确认。

8. 电务段试验确认全部联锁关系正确后，即可向调度员请求新设备开通使用。根据调度所发出的新设备开通使用的调度命令，新设备交车站使用。此时开始，除车站值班人员外，施工人员不得再擅自操纵，代办进路或按压任何按钮。

9. 车站信号设备开通后，24 小时内由施工单位协助维修单位值班及处理故障，保证设备的正常使用。如联锁关系正确，电路动作及设备运转正常，施工单位人员方可撤离。